全国高等院校物流专业“十二五”精品规划系列教材

国际物流学教程

（第 2 版）

蒋长兵　编著

中国物资出版社

图书在版编目（CIP）数据

国际物流学教程/蒋长兵编著．—2版．—北京：中国物资出版社，2012.8（2018.8重印）
（全国高等院校物流专业“十二五”精品规划系列教材）
ISBN 978－7－5047－4388－6

Ⅰ．①国…　Ⅱ．①蒋…　Ⅲ．①国际贸易—物流—高等学校—教材　Ⅳ．①F252

中国版本图书馆CIP数据核字（2012）第168937号

策划编辑 张　茜　　**责任印制** 梁　凡
责任编辑 张　茜　　**责任校对** 孙会香　杨小静

出版发行 中国物资出版社
社　　址 北京市丰台区南四环西路188号5区20楼　　**邮政编码** 100070
电　　话 010－52227588转2048/2028（发行部）　　010－52227588转321（总编室）
010－68589540（读者服务部）　　010－52227588转305（质检部）
网　　址 http://www.cfpress.com.cn
经　　销 新华书店
印　　刷 北京京都六环印刷厂
书　　号 ISBN 978－7－5047－4388－6/F·1816
开　　本 787mm×1092mm　1/16　　**版　　次** 2012年8月第2版
印　　张 28　　**印　　次** 2018年8月第3次印刷
字　　数 734千字　　**定　　价** 48.00元

作者简介

蒋长兵（1976—），男，四川资阳人，副教授，浙江工商大学工商管理学院在读博士研究生，教育部省部共建人文社会科学重点研究基地“浙江工商大学现代商贸研究中心”研究员，浙江工商大学电子服务与现代物流研究中心研究员，主要从事供应链管理、物流系统建模与仿真的教学、科研和培训工作。2003 年 3 月毕业于北京物资学院获硕士学位，师从中国物流与采购联合会培训部陈梅君教授。现任教于浙江工商大学信息学院物流管理与工程系，是中国物资储运协会个人理事、中国高等学校物流专业青年骨干教师、中国物流学会特约研究员、中国物流与采购联合会特聘高级物流师培训师、国际贸易中心 ITC 注册采购师培训师。

近年来在 *Journal of Shanghai Jiaotong University*（*Science*）、*Journal of Software*、*Journal of Computer*、*Journal of Service Science and Management*、*International Journal on Advances in Information Sciences and Service Sciences* 等国内外期刊和会议上以第一作者身份发表论文 60 多篇（其中 20 多篇论文被 EI 检索、2 篇被人大复印资料全文转载）；主持包括 1 项教育部人文社会科学研究项目、1 项浙江省自然科学基金课题、2 项浙江省哲学社会科学规划重点课题以及一般课题、2 项教育部省部共建人文社会科学重点研究基地“浙江工商大学现代商贸研究中心”资助课题、多项浙江工商大学校级预研课题、多项中国物流学会年度研究课题以及企业横向课题 10 多项；出版专著、译著、编著近 20 部，以第二作者身份出版专著、编著 8 部；获中国高等教育学会论文一等奖一次（2004）；获中国物流学会年会论文一等奖一次（2006）、二等奖一次（2009）、三等奖一次（2009）；获中国物流学会年会优秀课题一等奖两次（2007、2010）、二等奖一次（2008）、三等奖一次（2009）。

内容提要

本书共分十二章，主要内容为国际物流学导论、国际物流与国际贸易、进出口货物报关、国际物流仓储与包装、国际货运保险、国际物流信息系统、国际海上运输实务、国际集装箱运输实务、国际航空运输实务、国际多式联运实务、综合实务操作和单证示例。为增强实践性，在大部分的章节里附有案例并附有案例分析。

本书可作为物流管理人员、物流科研人员、物流营销人员的参考书，同时也可作为高校物流管理、物流工程、电子商务、工商企业管理、国际贸易、信息管理与信息系统等专业的教学参考书。

本书特色

本书自2008年第1版出版以来，作者经过几年的教学实践，并在吸取同行意见基础上进行了修订。第2版是一本既具有理论性，又具有实践性的国际物流学教程，内容涉及国际物流的方方面面且具有一定的操作性。作者结合多年来从事物流领域的科研、教学和培训经验，采用了大量的图表、案例和单证，较为透彻完整地阐述了国际物流操作上的一些基本方法。

为方便教师备课和学生自学，本书配备有：①近4GB的70个物流案例视频；②全书PPT格式多媒体幻灯片；③2000道习题与测评系统；④模拟考试系统；⑤10套考试试卷。这些内容一起构成了《国际物流学教程（第2版）》的完整教学资源，目的是为国内高等学校、高职院校、培训中心及个人提供一本国际物流教学与自学的通用教程，全部教辅材料可以直接向出版社或作者索取。

第2版序言

早在20世纪60年代，美国经济学家彼得·德鲁克就预言，物流产业是每个国家经济增长的“黑大陆”，是“企业降低成本的最后边界”，是“一块未被开垦的处女地”。日本早稻田大学西泽修教授认为，降低物流成本是降低制造成本与增加销售之后的“第三利润源”，并提出了“物流冰山说”，物流成本就像一座冰山，人们只看到了水面上的那部分，其实水面下面的冰山更大，企业的利润空间就蕴藏在那里。英国经济学家克里斯多夫认为，“市场上只有供应链，而没有企业”，“真正的竞争不是企业与企业之间的竞争，而是供应链与供应链之间的竞争”。

物流作为一种社会经济运动的形态，自古至今已持续了上千年，但未能受到人们的青睐，直到最近才在我国热了起来。从20世纪90年代末开始，国家物资部门和贸易部门开始了现代物流管理的推广与组织实施，以物流中心、配送中心等全新的模式形态为标志，在我国流通业掀起了一场广泛的、意义深远的变革。

2004年8月，国家发改委、商务部、公安部、铁道部、交通部、海关总署、国家税务总局、中国民用航空总局、国家工商行政管理总局等九部委联合下发了《关于促进我国现代物流业发展的意见》，指出大力发展现代物流业，对于推动和提升相关产业的发展，提高经济运行质量和效益，增强综合国力和企业竞争力具有十分重要的意义，也把发展物流配送中心列为重点鼓励发展的内容。2005年4月，由国家发改委牵头，建立了国家发改委、商务部、铁道部、交通部、信息产业部、民航总局、公安部、财政部、海关总署、工商总局、税务总局、质检总局、国家标准委、中国物流与采购联合会、中国交通运输协会15个单位共同参加的“全国现代物流工作部际联席会议制度”，强调切实加强对全国现代物流工作的综合组织协调，充分发挥各部门的职能作用，促进现代物流全面快速协调健康发展。2006年3月，在全国十届人大四次会议通过的《国民经济和社会发展第十一个五年规划纲要》中，第四篇“加快发展服务业”里单列一节“大力发展现代物流业”，这在历史上从未有过，标志着现代物流作为产业的地位在国家层面得到确认。2009年2月25日，国务院总理温家宝主持召开国务院常务会议，审议并通过了《物流业调整和振兴规划》，如果说2006年国家正式确定现代物流业的产业地位，是我国物流发展的“里程碑”的话，这次物流调整振兴规划的出台，在我国物流业发展的历史上将具有“奠基石”的作用。2011年5月，中央电视台财经频道推出系列节目“聚焦物流顽症”在社会上引发巨大反响，不但行业关心，也引起政府部门高度关注。2011年6月8日，国务院总理温家宝主持召开国务院常务会议，研究部署促进物流业健康发展工作。推出了推动物流业发展的八项配套措施。这八项措施被业界称为物流业的“国八条”，是继2009年国务院颁布实施《物流业调整和振兴规划》之后的又一重大政策调整。

在全国各地深入推进现代物流业发展、高等院校努力培养物流合格人才的时候，蒋长兵老师的《国际物流学教程（第2版）》出版了，这是非常及时和必要的，它为国内高校物流类专业课的教学提供了一本很好的教材，也为广大物流工作者、物流爱好者学习研究现代物流管理提供了一套重要的参考用书。

同济大学讲席教授、博士生导师
中国物流学会副会长
上海物流研究院首任院长

2012年4月

第 1 版序言

2006 年 11 月在武汉召开的第 5 届物流学术年会上，浙江工商大学的蒋长兵教师曾获得了论文一等奖，我在会后向他表示祝贺的同时我们对我国当前本科物流教育中的问题进行了探讨，我们都感到随着我国国际贸易不断发展的需要，在大学教学中应相应增加有关国际物流方面的知识，如：国际贸易、国际支付和结算、国际法律法规以及各种单证的实践操作等内容。此时他提到了关于编写“国际物流学立体教材系列丛书”的设想，当时我感到这个小伙子在这方面有一定的超前意识，也很有创意，表示要支持这个项目。没想到在短短的一年多时间里，蒋长兵与伍蓓、王姗姗等教师编写出了《国际物流学教程》、《国际物流实务》和《国际物流学教程习题集》系列教材。

这一方面在于他本人的努力；另一方面也在于他所处的环境，给他创造了良好的条件。浙江工商大学从 2004 年开设物流管理本科专业以来，先后建立健全了现代物流系统仿真、智能物流、电子商务与物流三个专业的物流实验室，这些实验室中的物流技术达到了国内先进水平。

本丛书的特点在于既兼顾到国际物流理论阐述，也兼顾到国际物流理论的实践应用。相信本丛书的出版对国际物流实践和应用的研究、对现代物流人才的培养，将起到非常积极的促进作用。该丛书的问世，不仅反映了几年来我国物流教学实践的客观需要，也说明我国的物流教学又迈上了一个新的台阶，该书既可以说是首创，也可以说是一次大胆的尝试。该书出版发行以后，必将会引起广泛的关注，这会有利于促进我国物流教学质量的提高，也将进一步推动我国物流教学与科学研究不断向前发展。

中国物流与采购联合会培训部

2007. 10

前　言

自人到处，物之所及。人们生活生产范围越来越广，物流的活动范围也日渐扩大。随着经济全球化时代的来临，在国际贸易中，国与国之间的联系也愈发紧密。而能将这些资金、信息、货物等连接起来的，便是国际物流。可以说，在当今世界，无国际物流便无国际贸易，国际物流是全球化经济的有力支撑。

国际物流（International Logistics）是指货物（包括原材料、半成品和制成品等）及物品（包括油品、展品、捐赠物资等）在不同国家（地区）间的流动或转移，是相对于国内物流而言的。其总目标是为国际贸易和跨国经营服务的，即选择最佳的方式和路径，以最低的费用及最小的风险，保质、保量、适时地将货物从某国的供方运到另一国的需方，使国际物流系统整体效益最大。自 2008 年年末，全球金融危机爆发以来，国际物流的总量一度呈下降趋势，但后又继续上扬。我们相信，总体向上的趋势是不会变的。

本书的写作，正是着眼于这种长期发展的形势。既为未来企业间的竞争打桩培土，也为大背景下中国在国际贸易中的地位夯实地基。未来的竞争，说到底还是人才的培养与竞争，这也将是教育与企业所要共同面临的课题。本书致力于站在一个较高的起点，统筹规划，从国际物流的概念、国际物流与国际贸易的关系、进出口贸易、国际物流保险、国际海上运输、集装箱运输、航空运输、多式联运实务、操作实务以及单证示例等全方位地展现当今的国际物流理念、国际物流新形势，适用于本科物流管理、物流工程、电子商务、国际贸易等专业。

在本书的编写过程中，借鉴了国内外许多专家学者的学术观点，参阅了许多报刊媒体和专业站点的资料，在此特别鸣谢。同时，学校领导与同事等都给予了我不遗余力的帮助。在此，特别感谢琚春华教授、吴承健教授、彭建良教授、伍蓓教授、彭扬博士、张芮博士和陈达强博士等，同时也感谢浙江工商大学物流协会的赵芳芳、邵赛灵、周怡等同学在本书的校稿过程中所做的工作。

成书仓促，难免谬误，敬请斧正。联系邮箱：johncabin@mail. zjgsu. edu. cn。

蒋长兵

2012 年 3 月于钱塘江畔

目 录

第一章　国际物流学导论

网络经济的发展尤其是电子商务的发展，加快了世界经济的一体化，凸显了国际物流在整个商务活动中的重要性。2000—2010年，我国国民经济生产总值平均保持10%以上的年增长速度，对外贸易增长速度达到年均20%左右，同期国际物流中，集装箱运量增长速度为25%以上，我国国际物流量和对外贸易量均超过了同期国民生产总值的增长速度。由此可见，国际贸易的顺利进行，要以有效的国际物流作为保证和支持。据有关权威机构统计，目前跨国公司控制着全球生产总值的40%左右、国际贸易的50%以上和国际投资的90%以上。跨国公司正在由各国子公司独立经营的阶段向围绕公司总部战略、协同经营一体化方向发展，从而对国际物流提出了更高的要求。我国大型企业要进入世界企业100强或500强的行列，必须积极地提高我国国际物流的支持能力。

本章主要介绍国际物流的概念、分类、作用、特点、国际物流系统的组成及模式，并介绍了国际物流的发展趋势。

第一节　国际物流概述

目前我国已正式成为世界贸易组织成员国，国际贸易和跨国经营都面临了巨大商机和严峻挑战，为了使我国在世界贸易格局中占据有利的地位，提高中国公司的竞争能力和成本优势，开展和加强国际物流的研究具有重要意义。

一、国际物流的概念

国际物流（International Logistics）是跨越不同国家（地区）之间的物流活动（见GB/T 18354—2006中2.30条）。国际物流的实质是按国际分工协作的原则，依照国际惯例，利用国际化的物流网络、物流设施和物流技术，实现货物在国际间的流动与交换，以促进区域经济的发展和世界资源优化配置。

国际物流的总目标是为国际贸易和跨国经营服务的，即通过选择最佳的方式与路径，以最低的费用和最小的风险，保质、保量、适时地将货物从某国（供方）运送到另一国（需方）。国际物流使各国物流系统相互“接轨”，因而与国内物流系统相比，具有国际性、复杂性和风险性等特点。

国际性是指国际物流系统涉及多个国家，系统地理范围大。这一特点又称为国际物流系统的地理特征。国际物流跨越不同地区和国家，跨越海洋和大陆，运输距离长，运输方式多，这就需要合理选择运输路线和运输方式，尽量缩短运输距离和货物的在途时间，加速货物的周转并降低物流成本。

在国际间的经济活动中，生产、流通和消费三个环节之间存在着密切的联系。由于各国社会制度、自然环境、经营管理方法以及生产习惯不同，一些因素变动较大，因而在国际间组织货物从生产到消费的流动是一项复杂的工作。国际物流的复杂性主要包括国际物流通信系统设置的复杂性、法规环境的差异性和商业现状的差异性等。

国际物流的风险性主要包括政治风险、经济风险和自然风险。政治风险主要指由于所经过国家的政局动荡，如罢工、战争等原因造成货物可能受到损害或灭失；经济风险又可分为汇率风险和利率风险，主要指从事国际物流必然要发生的资金流动，因而产生汇率风险和利率风险；自然风险则指在物流过程中，可能因自然因素而引起的风险，如台风、暴雨等。

二、国际物流的发展阶段及未来趋势

国际物流的概念是最近才提出并得到人们的重视，国际物流活动随着国际贸易和跨国经营的发展而发展。国际物流在20世纪主要经历了以下几个阶段。

第一阶段：20世纪50年代至80年代初。这一阶段，物流设施和物流技术得到了极大的发展，建立了配送中心，广泛运用计算机进行管理，出现了立体无人仓库，一些国家建立了本国的物流标准化体系等。物流系统促进了国际贸易的发展，物流活动已经超出了一国范围，但物流国际化的趋势还没有得到人们的重视。

第二阶段：20世纪80年代至90年代初，随着经济技术的发展和国际经济往来的日益扩大，物流国际化趋势开始成为世界性的共同问题。美国密歇根州立大学教授波索克斯认为，进入80年代，美国经济已经失去了兴旺发展的势头，陷入长期倒退的危机之中。因此，必须强调改善国际性物流管理，降低产品成本，改善服务和扩大销售，在激烈的国际竞争中获得胜利。与此同时，日本正处在成熟的经济发展期，以贸易立国，实现与其对外贸易相适应的物流国际化，并采取了建立物流信息网络和加强物流全面质量管理等一系列措施，提高物流国际化的效率。这一阶段物流国际化的趋势局限在美国、日本和欧洲一些发达国家和地区。

第三阶段：20世纪90年代初至今，这一阶段国际物流的概念和重要性已为各国政府和外贸部门所普遍接受。贸易伙伴遍布全球，必然要求物流设施国际化、物流技术国际化、物流服务国际化、货物运输国际化以及包装国际化和流通加工国际化等。世界各国广泛开展国际物流方面的理论和实践方面的大胆探索。人们已经形成共识：只有广泛开展国际物流合作，才能促进世界经济繁荣，物流无国界。

目前，国际物流的发展趋势主要有以下几个方面：

1. 国际物流发展步伐加快

随着国际贸易的扩大，国际物流跨国公司也在不断向全球扩张。

2. 电子商务技术推进现代化物流快速发展

电子商务以因特网为基础网络环境，模拟跨国界的实体市场环境，以计算机网站为基本单位，虚拟市场的实际单元，使现实的商务事务处理数字化、电子化，极大地提高了物流运行效率和经济效益。

3. 物流形式多样，规模不断扩张，集约化程度提高

目前国际上流行的物流形式主要有以下几种：

(1) 综合物流中心是将两种以上不同类型的物流中心集约在一起，成为一个综合职能和高效率的物流设施，如将铁路货站、公路运输货栈集约在一起等形式。

(2) 专业物流中心是集约经营的一种业态。物流中心有时也称为“配送中心”，比如台湾环玮物流公司先后在台北、台中、高雄、林口成立了四个物流中心，为客户提供全省性、全通路和及时性的物流服务。

(3) 物流园区，在国内也称物流基地。是政府从城市整体利益出发，在小区域城乡结合部、主要交通干道附近开辟专用场地，通过逐步配套完善各项基础设施、服务设施，提供各种优惠政策，吸引大型物流（配送）中心在此聚集，使其获得规模效益，降低物流成本，同时减轻大型配送中心在市中心分布所带来的种种不利影响，物流园区是一家或多家物流（配送）企业在空间上集中布局的场所，它提供一定品类、一定规模、较高水平的综合物流概念，与工业园区、科技园区等概念一样，是具有产业一致性或相关性，且集中连片的物流用地空间。

4. 第三方物流发展迅速

第三方物流是中间商以合同的形式在一定期限内，提供企业所需的全部或部分物流服务。他们并不在供应链中占有一席之地，仅是第三方，但通过提供一整套物流活动来服务于供应链。

5. 物流作业高度自动化

高新技术的引入正在使国际物流业发生一场深刻的变革，计算机的普遍使用和自动分拣系统、无人驾驶搬运系统等构成了物流业的智能化和自动化。

6. 配送中心功能多样化

目前国外主要有 9 种类型的配送中心。一是专业配送中心；二是柔性配送中心；三是供应配送中心；四是销售配送中心；五是城市配送中心；六是区域配送中心；七是储存配送中心；八是流通配送中心；九是加工配送中心。

7. 传统物流业转型步伐加快

从国际范围看，传统的物流正在抓紧时机转型。

(1) 传统批发企业。已经逐步变为以物流中心或信息中心、配送中心为外壳而存在的批发企业。

(2) 连锁业。在发达国家大型连锁企业的背后，都有一套强大的物流支撑系统，这种物流支撑系统，要么由连锁企业自己拥有，要么由专业化第三方物流企业向连锁企业提供。这套物流支撑系统的存在，使得连锁经营企业能迅速、灵活地满足瞬息万变的市场需求。

(3) 制造业。可以划分为充实原材料、零部件等调度活动的物流，生产产品搬运过程中的制造业物流或企业内部物流，以及将生产出的产品向批发商或零售商传递的销售物流三种类型。

(4) 港口。是远洋运输的起点和终点。

8. 物流设施、技术进步促使零售业发展周期缩短

物流设施的飞跃发展，大大地推进了物流和零售业的发展。20 世纪 20 年代，美国高速公路的修建衔接了城乡，带动了家庭大批量、长周期的消费，从而支持了购物中心、仓储超市等快速周转的运营方式。同时，物流技术的进步促进了零售业成熟期不断缩短。

总之，国际物流正在快速的发展。在发展的过程中，也面临一些新的问题，主要有以下几个方面：一是国际物流日趋复杂化，在国际物流经营中，跨越国界线的各种壁垒较多，尤其是一些国家间设置的人为障碍，使国际物流更增添了诸多困难。由于国际物流环

节多，加之国际货运运输时间一般较长，使国际物流更加复杂。二是国际物流发展不平衡，物流发达国家的物流管理理念、物流意识、物理基础设施建设、物流管理技术，大大领先于世界水平。而物流发展落后的国家和地区基础设施、技术手段都相对滞后。并呈现管理技术、经营实力差距不断拉大之势。三是国际物流频繁而批量小，使现代物流的难度加大。四是跨国公司垄断日益加剧。五是土地紧缺和发达国家劳动力不足导致物流成本上升，物流业面临着发展空间不足、增加物流成本的问题，对物流经营效益有一定的负面影响。

三、国际物流的分类

1. 按照货物流向进行划分

按照货物流向进行划分可分为进口物流和出口物流。凡存在进口业务中的国际物流行为被称为“进口物流”，而存在于出口业务的国际物流行为称为“出口物流”。鉴于各国的经济政策、管理制度、外贸体制的不同，反映在国际物流中的具体表现既有交叉，又有类型的不同，因此须加以区别。

2. 按照不同国家所划定的关税区域划分

按照不同国家所划定的关税区域予以区别，可分为国家间的物流与经济区域间的物流。这两种类型物流，在形式和具体环节上存在着较大差异。如欧盟区域间物流、欧盟与其他国家、欧盟与其他地域间物流的差异现象。

3. 按照国家间进行货物传递和流动的方式划分

按照国家间进行货物传递和流动的方式划分，国际物流又分为：国际商品物流、国际军火物流、国际邮品物流、国际展品物流、国际援助和救助物资物流等。围绕国际物流活动而涉及国际物流业务的企业有：国际货运代理、国际物流公司、国际配送中心、国际运输及仓储、报关行等具体企业。

四、国际物流的特点

与国内物流相比，国际物流有以下几方面的特点：

1. 物流环境差异大

国际物流的一个非常重要的特点是各国物流环境存在较大差异，尤其是物流软环境的差异。不同国家的不同物流适用法律使国际物流的复杂性远高于一国的国内物流，甚至会阻断国际物流；不同国家的不同经济和科技发展水平会造成国际物流处于不同科技条件的支撑下，甚至有些地区根本无法应用某些技术而迫使国际物流全系统水平下降；不同国家的不同标准也造成国际间“接轨”的困难，因而使国际物流系统难以建立；不同国家的风俗文化也使国际物流受到很大局限。

由于物流环境的差异迫使一个国际物流系统需要在几个不同法律、人文、习俗、语言、科技、设施的环境下运行，无疑会大大增加物流的难度和系统的复杂性。

2. 物流系统范围广

由于物流本身的功能要素、系统与外界的沟通已很复杂，国际物流再在复杂系统上增加不同国家的要素，这不仅是地域的广阔和空间的广阔，而且所涉及的内外因素更多，所需的时间更长，广阔范围带来的直接后果使难度和复杂性增加，风险增大。企业物流是将企业作为一个系统，研究原材料从进厂到通过加工，将产品输送市场上的物流过程；城市物流研究的对象是城市系统，它是一个庞大的社会系统；而国际物流研究的领域大大地超过了企业物流和城市物流的范畴，其研究对象是国际贸易中的物流现象及其规律。正因如此，国际物流一旦融入现代化系统技术，其效果会更显著。例如，开通某个"大陆桥"运输后，国际物流速度会成倍提高，效益会显著增加。

3. 国际物流运输的主要方式具有复杂性

在国内物流中，由于运输线路相对比较短，而运输频率较高，主要的运输方式是铁路运输和公路运输。而在国际物流中，由于货物运送线路长、环节多、气候条件复杂，对货物运输途中的保管、存放要求高，因此海洋运输、航空运输尤其是国际多式联运是其主要运输方式，具有一定的复杂性。

4. 国际物流必须有国际化信息系统的支持

国际化信息系统是国际物流，尤其是国际联运非常重要的支持手段。国际化信息系统建立存在管理困难和投资巨大等问题，而且由于世界上有些地区物流信息水平较高，有些地区较低，所以会出现信息水平不均衡，使信息系统的建立更为困难。

建立国际物流信息系统一个较好的办法就是和各国海关的公共信息系统联网，从而及时掌握有关各个港口、机场和联运线路、站场的实际状况，为供应或销售物流决策提供支持。国际物流是最早发展 EDI 的领域，以 EDI 为基础的国际物流将会对物流的国际化产生重大影响。

在网络经济环境下，以网络为主体的商务活动已经极大地解决了同种物流中信息系统中信息传递问题。要求在网络经济中以网络信息为特征开展的商务活动和结算方式，需要同时与物流活动相适应的综合信息和物流经济体系，创造一个与网络经济活动相适应的国际物流中心会更好地解决商务与物流配送的问题。

5. 国际物流的标准化要求较高

要使国际间物流畅通起来，统一标准是非常重要的，可以说，如果没有统一的标准，国际物流水平是不能提高的。目前美国、欧洲基本实现了物流工具和设施的统一标准，如托盘采用 1000mm×1200mm、集装箱的几种统一规格及条码技术等，这样，大大降低了物流费用，降低了转运的难度；而不向这一标准靠拢的国家，必然在转运、换车底等许多方面要耗费更多时间和费用，从而降低其国际竞争能力。

在物流信息传递技术方面，欧洲各国不仅实现企业内部的标准化，而且也实现了企业之间及欧洲统一市场的标准化，这就使欧洲各国之间比亚、非洲等国家交流更简单、更有效。

五、国际物流运作的主要业务活动

随着物流全球化的形成，企业物流国际化运作已成为必然。但其业务活动较为广泛，且远比国内物流复杂，主要有如下几个方面。

1. 进出口业务

一个典型和较完整的进出口物流流程如图 1-1 所示。在实际业务中，有可能只涉及其中的一部分。

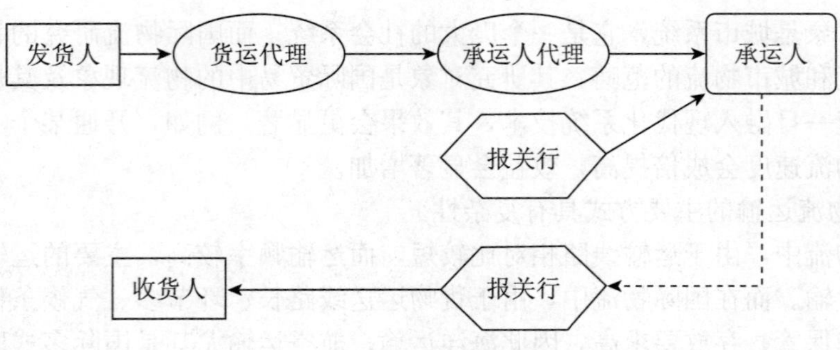

图 1-1 进出口物流流程

注：虚线表示跨国运输。

进出口业务涉及的有关参与方有以下几方面。

(1) 发货人（Shipper）

进出口业务中的发货人即是供应商。它可以是生产厂家或它们的经销商，有时也可能是货运公司或货运代理。

(2) 货运代理（Forwarder）

货运代理是随着国际贸易的发展及货运业务的日益复杂以及传统承运人（船东或航空公司）的业务专门化，在近二三十年新发展起来的行业。货运代理是介于货主和实际承运人之间的中间商，它一方面代为货主租船订舱，另一方面又代为实际承运人揽货，从中收取整箱（车）货和零担货之间的差价或收取佣金。对于承运人，货运代理被相对地看做是货主（发货人或收货人）；对于货主，货运代理则被相对地看做是承运人。

货运代理角色的出现，使得整个货运行业日趋专业化。目前大多数的进出口货物运输均是与货运代理打交道，因此了解货运代理的业务，将使企业对国际货运中的成本和时间控制有很大帮助。此外，当前的许多货运代理正不断地演变成第三方物流企业。

20 世纪 90 年代以后，随着国际贸易和货运体系的不断完善，特别是银行信用证、海关和商业保险体系对货运代理运单的认可，使得货运代理的地位逐渐提高。

(3) 承运人代理（Shipping Agent）

承运人代理主要是替承运人（如船东、航空公司）在港口安排接泊、装卸、补给等业务，有时代理承运人签发运单。承运人代理在海运中较为常见，而在空运中较为少见。有的承运人代理也从事货运代理的业务。

(4) 承运人（Carrier）

承运人是实施运输的主体，在国际贸易运输中主要指船东或航空公司。虽然有的承运人也直接面对货主，但在多数情况下，货主已经不直接与其打交道了。

(5) 报关行（Customs Broker）

虽然各国对进出口货物的管制政策有所不同，但基本上各国海关都要求进出口货物进行申报。有些货主有自己的报关人员，这时就不需要报关行的介入。许多货运代理也有报关资格，也不需要单独的报关行介入。报关行或货运代理的报关服务都需要货主提供必要的单据（主要包括进口报关单、提单、商业发票、原产地证书、进口许可证或进口配额证书、品质证书和卫生检验证书等），由他们代理在海关进行申报。有的报关行还提供代为商检等服务工作。海关产生关税单后，由货主缴纳关税（有时还包括由海关代收的其他税收）并自行提货或由服务机构代为提送货。关税一般用征税国本国货币支付。许多国家为吸引海外投资和促进本国进出口贸易的发展还采取了多种报关方式，如电子报关、提前报关实货放行、内陆站点报关等，以缩短货物的在途时间，缓解进出口口岸的交通工具和货物拥挤情况。

(6) 收货人 (Consignee)

运单上所指的收货人情况较为复杂。一般来说收货人应是货物的进口人。有时，由于进口管制的原因，最终的收货人并不体现在运单上。运单上的收货人往往是进口代理商，而在"通知人 Notify Party"上显示的可能才是真正的收货人。另外，在复杂的货运情况下，主运单和分运单上所示的收货人的意义有所不同。分运单上的收货人往往才是真正的收货人，而主运单上的收货人则往往是货运代理人。

进出口业务流程是通过各种业务单证的流转来完成的，业务单证是上述各关系人业务交接、责任划分、风险承担及费用结算的凭证和法律依据。因此，在进出口业务过程中，单证起着重要作用。进出口业务中主要单证有：进出口合同 (Import & Export Contract)、运单 (海运的提单 Bill of Lading，或空运的运单 Airway Bill)、商业发票 (Commercial Invoice)、信用证 (Letter of Credit)、保险单 (Insurance Policy)、装箱单 (Packing List)、原产地证书 (Certificate of Origin) 等单据。

2. 国际运输

国际运输是指跨越一国边界的货物或服务的出口或进口。最常用的国际运输方式是海洋运输，此外还有航空运输和铁路运输。

由于国际运输中货物需要跨越国境，且多为远洋运输，货物在途时间往往较长并一旦赴运就很难更改目的地，这就极大地限制了企业物流运作的弹性。企业在进行跨国经营时必须具有较高的市场预测能力，才能保证将正确数量的正确货物在正确的时间内配送到目标市场，否则就会导致有些市场断货，而有些市场则有过剩库存。企业一旦将一定数量的商品运到目标市场，再进行不同市场之间的调货就会造成大量的额外开支，并造成供需时间不一致，长此以往必然削弱企业的竞争能力。

随着现代通信手段的进步和专业物流企业服务水平的提高，现在已经有一些物流企业通过采用全球定位系统 (GPS) 实现对货主货物的全程监控，并可以对在途货物重新进行调度，使货主可根据市场需求情况重新进行库存定位，随时修改货物目的地，避免地区性调货带来的额外成本，并使企业的配送活动成效得以极大提高。

3. 库存与仓储管理

目前，存货管理已成为最关键也最有挑战性的物流活动之一。在跨国范围内管理存货更加困难。由于距离远、港口工作拖延、海关拖延以及转运时间长，需要保有比国内物流更多的存货，这当然提高了存货的成本。而政府对于外贸的管制以及关税的征收更加剧了存货管理的问题。企业不得不保有额外存货以应付断货情况。

国际仓储与国内仓储功能相同，包括收货、转运、配货及发运。但通常人们会更重视货物在仓库系统中的快速运转。

4. 包装与物料搬运

保护性包装在跨国经营中所起的作用比在国内更为重要，这是由于货物在途时间长，搬运次数多，要经历更恶劣的天气变化，等等。通常，跨国性经营的产品的包装会大幅度地增加物流成本，其中一部分是由于特殊的包装要求，此外还有标签和包装标志方面的原因。由于目的国不同，标签要求也不相同。各国对产品标签有许多不同的规定，总的来说，标签规定的目的在于：①迫使货主遵守现行产品标准；②对添加剂的使用加以限制和控制；③禁止使用误导性信息；④建立对产品的标准说明。

物料搬运系统在全球各地都不相同，澳大利亚、新西兰、中国香港、新加坡等地的物料搬运系统属于世界上最先进的系统，均已实现了机械化或自动化。然而，在许多发展中国家，大多数物料搬运系统仍然是人工的，产品在仓库和工厂中的搬运效率很低，并且对有些货物可能根本就无法进行处理。例如集装箱装卸，有些港口只能处理 20 英尺集装箱。

5. 信息作业

国际物流中的信息作业主要包括物流过程中所涉及的各种单据传输的电子化、在途货物的跟踪定位以及市场信息的跨国传递。主要信息通信手段包括电子数据交换 EDI（Electronic Data Interchange）、Internet 以及卫星通信系统。

尽管许多发达国家已经具备了复杂的物流信息系统，而许多第三世界国家仍停留在纸和笔的年代，上述先进系统在这些国家根本就无法加以利用，这不仅造成了企业物流国际化运作中的信息传递受阻现象，也使这些国家在国际物流网络中只能处于附属地位。

六、国际物流系统的组成及模式

国际物流系统是由商品的运输、储存、装卸搬运、包装、检验、外贸加工及国际物流信息等子系统构成的。运输和储存子系统是物流系统的主要组成部分，国际物流通过商品的储存和运输，实现其自身的时间和空间效益，满足国际贸易活动和跨国公司经营的要求。

1. 国际货物运输子系统

运输的作用是将商品使用价值进行空间移动，物流系统的运输作业克服商品生产地和需要地点的空间距离，创造了商品的空间效益。国际货物运输是国际物流系统的核心。商品通过国际货物运输作业由卖方转移给买方。国际货物运输具有路线长、环节多、涉及面广、手续繁杂、风险性大和时间性强等特点。运输费用在国际贸易商品价格中占有很大比重。国际运输主要包括运输方式的选择、运输单据的处理以及投保等有关方面。

我国国际物流运输存在的主要问题是：

(1) 海运力量不足、航线不齐、港口较少等，影响了进出口货物及时流进流出，特别是出口货物的运输更加不足。我国出口货物主要靠海运。20 世纪 90 年代初期曾发生过的最严重的月份缺船量达 30 艘。目前，现有的船型结构也不合理，中等船舶奇缺。由于船舶较大，运输间隔时间又长，这对要求批量小、需求供货快是很不适应的。我国港口不足和布局不合理也比较突出。例如我国输往中南美、澳大利亚、新西兰、南太平洋和西非等地的货物几乎全部运到香港地区中转，运费较高，严重地影响了我国出口商品的竞争力。

(2) 铁路运输不足，内陆出口更困难。我国同朝鲜、蒙古、越南等虽然有铁路连接，但运力仍然不足。如供香港地区作为港口运输的货物中有 1/3 是靠铁路运输，其运输量是很大的。又如内陆有的省份即使有货，而且有些货也是国际市场急需的，但由于铁路运力不足也不能卖出。

(3) 航空运输力不足，加上运价昂贵，难以适应外贸发展需要。20 世纪 80 年代以来，世界空运货物已被广泛采用，而我国在这方面却很落后。目前主要靠客运飞机捎带，真正的货运飞机数量少，远远满足不了外贸发展的需要。

总之，为解决外贸出口运输的困难，必须由国家和地方联合发展船队，加速沿海码头建设和海运事业的发展。

2. 进出口商品储存子系统

商品储存、保管使商品在其流通过程中处于一种或长或短的相对停滞状态，这种停滞是完全必要的。因为，商品流通是一个由分散到集中，再由集中到分散的源源不断的流通过程。国际贸易和跨国经营中的商品从生产厂或供应部门被集中运送到装运港口，有时需临时存放一段时间，再装运出口，是一个集和散的过程。如外贸商品从生产厂或工业部门被集中运送到装运出口港（站、机场）以备出口，有时需临时存放一段时间，再从装运港装运出口，是一个集和散的过程。为了保持不间断的商品往来，满足销售出口需要，必然有一定量的周转储存；有些出口商品需要在流通领域内进行出口商品贸易前的整理、组装、再加工、再包装或换装等，形成一定量的贸易前的准备储存；有时，由于某些出口商品在产销时间上的背离，例如季节性生产但常年消费，常年生产但季节性消费的商品，则必须留有一定数量的季节储备。当然，有时也会出现一些临时到货，货主一时又运不走，更严重的是进口商品到了港口或边境车站，但通知不到货主或无人认领，这种特殊的临时存放保管也是有的，即所谓压港、压站现象的出现。可见，这种情况下，国际物流就被阻塞了，给贸易双方或港方、船方等都带来损失。因此，国际货物的库存量往往高于内贸企业的货物库存量也是可以理解的。

由此可见，国际货物运输是克服了外贸商品使用价值在空间上的距离，创造物流空间效益，使商品实体位置由卖方转移到买方；而储存保管是克服外贸商品使用价值在时间上的差异，物流部门依靠储存保管创造商品的时间价值。

3. 进出口商品外贸加工子系统

流通加工是随着科技进步，特别是物流业的发展而不断发展的。它是物流中具有一定特殊意义的物流形式。流通加工的兴起，是为了促进销售，提高物流效率和物资利用率以及为维护产品的质量而采取的，能使物资或商品发生物理或化学以及形态变化的加工过程，并保持进出口商品质量达到要求。出口商品的加工业，其重要作用是使商品更好地满足消费者的需求，不断地扩大出口；同时也是充分利用本国劳动力和部分加工能力，扩大就业机会的重要途径。

进出口商品的流通加工包括服务性的流通加工和生产外延性的流通加工，服务性的流通加工具体内容包括：袋装、定量小包装、贴标签、配装、挑选、混装、刷唛等为出口贸易商品服务；生产外延性的流通加工包括：剪断、平整、套裁、打孔、折弯、拉拔、组装、改装、服装的检验和熨烫等。这种出口加工或流通加工，不仅能最大限度地满足客户的多元化需求，同时，由于是比较集中的加工，它还能比没有加工的原材料出口赚取更多的外汇。

4. 进出口商品装卸与搬运子系统

进出口商品的装卸搬运作业，相对于商品运输来讲，是短距离的商品搬移，是仓库作业和运输作业的纽带和桥梁，实现的也是物流的空间效益。它是保证商品运输和保管连续性的一种物流活动。搞好商品的装船、卸船、商品进库、出库以及在库内的搬倒清点、盘库、转运转装等，对加速国际物流十分重要，而且节省装卸搬运费用也是物流成本控制的重要环节。有效解决装卸搬运和保管之间的摩擦，充分发挥商品的储存效率。

5. 商品检验子系统

由于国际贸易和跨国经营具有投资大、风险高、周期长等特点，使得商品检验成为国际物流系统中重要的子系统。通过商品检验，确定交货品质、数量和包装条件是否符合合同规定。如发现问题，可分清责任，向有关方面索赔。在买卖合同中，一般都订有商品检验条款，其主要内容有检验时间与地点、检验机构与检验证明、检验标准与检验方法等。

根据国际贸易惯例，商品检验时间与地点的规定可概括为三种做法：

（1）出口国检验。这种做法可分为两种情况。在工厂检验，卖方只承担货物离厂前的责任，运输中品质、数量变化的风险概不负责；装船前或装船时检验，其品质和数量以装船后的检验结果为准，买方对到货的品质与数量原则上一般不得提出异议。

（2）进口国检验。这种做法包括卸货后在约定时间内检验和买方营业处所或最后用户所在地查验两种情况。其检验结果可作为货物品质和数量的最后依据。在此条件下，卖方应承担运输过程中品质、数量变化的风险。

（3）出口国检验、进口国复验。货物在装船前进行检验，以装运港双方约定的商检机构出具的证明作为付货款的凭证，但货到目的港后，买方有复验权。如复验结果与合同规定不符，买方有权向卖方提出索赔，但必须出具卖方同意的公证机构所出具的检验证明。

在国际贸易中，从事商品检验的机构很多，包括卖方或制造厂商和买方或使用的检验单位，有国家设立的商品检验机构以及民间设立的公证机构和行业协会附设的检验机构。在我国，统一管理和监督商品检验工作的是国家进出口商品检验局及其分支机构。究竟选定由哪个机构实施和提出检验证明，在买卖合同条款中必须明确加以规定。

商品检验证明即进出口商品经检验、鉴定后，应由检验机构出具具有法律效力的证明文件。如经买卖双方同意，也可以采用由出口商品的生产单位和进口商品的使用部门出具证明的办法。检验证书是证明卖方所交货物在品质、重量、包装和卫生条件等方面是否与合同规定相符的依据。如与合同规定不符，买卖双方可据此作为拒收、索赔和理赔的依据。此外，商品检验证也是付货款的单据之一。

商品检验可按生产国的标准进行检验，或按买卖双方协商同意的标准进行检验，或按国际标准或国际习惯进行检验。商品检验方法概括起来可分为感官鉴定法和理化鉴定法两种。理化鉴定法对进出口商品检验更具有重要作用，一般是采用各种化学试剂、仪器器械鉴定商品品质的方法，如化学鉴定法、光学仪器鉴定法、热学分析鉴定法以及机构性能鉴定法等。

6. 商品包装子系统

国际市场上的消费者是通过商品来认识企业的，而商品的商标和包装就是企业的面孔，它反映了一个国家的综合科技文化水平。在考虑出口商品包装时，应把包装、装卸、搬运、储存、运输有机地联系起来，实现现代物流系统的“包、储、运一体化”。即从商品一开始包装，就要考虑储存的方便、运输的快速，以加速流通，方便储运，减少物流费用等现代物流系统涉及的各种要求。

现在我国出口商品存在的主要问题有：出口商品包装材料主要靠进口；包装产品加工技术水平低，质量上不去；外贸企业经营者对出口商品包装缺乏现代意识，表现在缺乏现代包装观念、市场观念、竞争观念和包装的信息观念。仍存在着“重商品、轻包装”以及“重商品出口、轻包装改进”等思想。

为提高商品包装系统的功能和效率，应提高广大外贸企业对出口商品包装工作重要性的认识，树立现代包装意识和包装观念；尽快建立起一批出口商品包装工业基地，以适应国际贸易发展的需要，满足国际市场、国际物流系统对出口商品包装的各种特殊要求；认真组织好各种包装物料和包装容器的供应工作。这些包装物料、容器应具有品种多、规格齐全、批量小、变化快、交货时间急和质量要求高等特点，以便扩大外贸出口和创汇能力。

7. 国际物流信息子系统

该子系统的主要功能是采集、处理和传递国际物流的信息情报。没有功能完善的信息系统，国际贸易和跨国经营将寸步难行。国际物流信息的主要内容包括进出口单证的作业过程、支付方式信息、客户资料信息、市场行情信息和供求信息等。

国际物流信息系统的特点是信息量大，交换频繁，传递量大，时间性强，环节多，路线长。在建立技术先进的国际物流信息系统中，一方面，EDI 的发展是一个重要趋势。我国应该在国际物流中加强推广 EDI 的应用；另一方面，在国际贸易与国际物流中建立基于 Internet 的物流信息系统，建设国际贸易和跨国经营的信息高速公路，也是势在必行。

上述主要系统应该和配送系统、流通加工系统等有机联系起来，统筹考虑全面规划，建立我国适应国际竞争要求的国际物流系统。

建立在这些子系统之上，国际物流系统的一般模式包括：系统的输入、处理和输出三个部分。现以国际物流系统出口模型来阐述国际物流系统的模式，国际物流系统出口模式如图 1-2 所示。

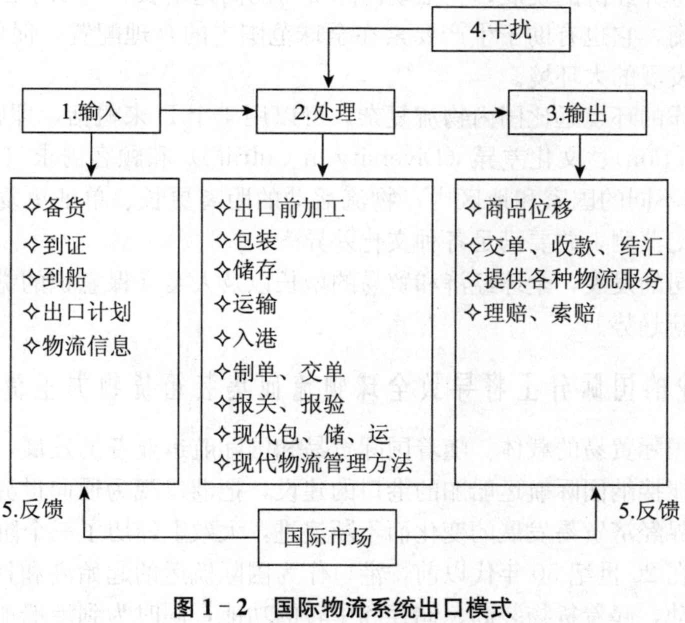

图 1-2 国际物流系统出口模式

国际物流系统输入部分的内容有：备货、货源落实；到证，接到买方开来的信用证；到船，买方派来船舶；编制出口货物运输计划；其他物流信息。

国际物流的处理部分包括：商品出口前的加工整理；包装、标签；储存；运输；商品进港、装船；交单；保管；报验；以及现代物流管理方法、手段和现代物流设施的介入。

输出部分内容有：商品实体从卖方经过运输过程送达买方手中；交齐各项出口单证；

结算、收汇；提供各种物流服务；经济活动分析及理赔、索赔。

除了上述三项主要内容外，还经常有许多外界不可控因素的干扰，使系统运行偏离原计划内容。这些不可控因素可能受国际的、国内的、政治的、经济的、技术上的和政策法令、风俗习惯等的制约，这是很难预先控制的。它对物流系统的影响很大，如果物流系统具有很强的应变能力，遇到这种情况，马上能提出改进意见，变换策略，那么，这样的系统具有很强的生命力。如 1956—1967 年苏伊士运河封闭，直接影响国际货物的外运。这是事先不可预见的，是因为受到外界政治因素的严重干扰的结果。当时日本的外贸商品运输，正是因此而受到严重威胁，如果将货物绕道好望角或巴拿马运河运往欧洲，则航线增长、时间过长、经济效益太差。为此，日本试行利用北美横贯大陆的铁路线运输，取得良好的效果，大陆桥运输得名于此。这说明当时日本的国际物流系统设计，面对外部环境的干扰，采取了积极措施，使系统具有新的生命力。

第二节　物流的全球化

经济全球化作为世界经济发展的必然趋势，其发展进程在 21 世纪将更快速地推进和深化。经济全球化同时也是各国经济未来发展依赖的外部环境。处于全球化环境中的企业，不论它们设在何处，市场在哪里，都必须在其竞争战略分析中，考虑到世界上的其余部分，厂商不能忽视其他国家所发生的经济发展趋向或技术创新。就总体和长远而言，经济全球化有利于世界经济的发展，它推动国际贸易的高速增长，有助于国际贸易在更大范围内实现供求平衡，它也有助于生产要素在全球范围内的合理配置，促使物流的全球化。这也是国际物流发展的大环境。

全球物流运作的环境远比国内物流复杂，可以用 4 个 D 来概括，即距离（Distance）、单证（Documentation）、文化差异（Diversity in Culture）和顾客需求（Demands of Customers），也即在不同的国家和地区内，物流活动的距离更长、单证更复杂、在产品和服务上顾客需求变幻莫测，并要满足各种文化差异。

随着跨国公司的发展，全球经济和贸易的增长以及人类环保意识的觉醒，全球物流呈现出如下的变化新趋势。

一、新一轮的国际分工将导致全球物流向集装箱货物为主流的方向发展

国际航运是国际贸易的载体。随着国际贸易和国际航运业务的发展，有条件的国家和地区都十分重视能接纳国际航运船舶的港口的建设，把港口视为通向世界的门户。港口发展的模式随着世界经济贸易发展的变化而不断演进，大致上经历了三个阶段。

第一阶段：在 20 世纪 50 年代以前，港口作为国际航运的起始港和目的港，主要服务于国际贸易的流动，起着货物装卸、储存和中转的功能，同时为到港船舶提供供应和维修等服务，港口是水陆运输的枢纽，主要发挥着运输功能的作用。城以港兴、港以城荣。随着国际贸易的开展，在靠泊国际船舶和接卸国际贸易货物的港口所在地逐步发展起居民集中的繁荣的商业贸易城市。

第二阶段：20 世纪 50 年代以后，即第二次世界大战以后，世界经济出现了国际分工的格局，即国际间的贸易不再局限于将本国或地区的产品销往其他国家和地区，而是经济发达国家将原料从产地国和地区运往本国进行生产，然后将制成品销往全球各地，原料加

工后的制成品增加了附加值。要发展这样的国际分工格局必须具备：

(1) 原料产地的矿产品位高、质量好，值得长途运输进行加工，如中东的石油、巴西和澳大利亚的铁矿砂。

(2) 经济发达国家具有雄厚的资金和掌握技术的高素质的人才，足以发展资金技术密集型的大型工业企业，如炼油厂、钢铁厂、发电厂、汽车制造厂等。

(3) 要有运输成本低廉的运输工具，以补偿远距离运输所增加的运输费用，为此在该时期开发了10万～30万吨载重量的大型油轮和运矿砂的散货船，通过规模经济效益，大大降低了运输成本。日本用几十万吨的大型油轮从中东运输石油的成本要比在沿海用小型油轮运输的成本还要低。从经济学角度分析，归根结底是运输成本的降低，而不是运输距离的缩短。

(4) 要有能接纳大型船舶的深水港湾。第二次世界大战以后，经济发达国家，如西欧和日本，在重建战争中被毁坏的港口时，充分利用了临海的深水岸线的良好条件和大型船舶海运成本低廉的特点，发挥深水海港的区位优势，将发展中国家的优质、廉价的原料和能源运到临海港口，建设大型的临海工业区。这次国际分工和全球经济的资源优化配置，对发达国家战后经济的迅速恢复和高速增长起了巨大的推动作用，对世界经济的发展也有促进作用。临海工业区就成了被称之为第二代港口发展的经典模式。然而这一切均基于工业社会的国际经济分工，即发展中国家输出原材料和初级产品，发达国家利用发展中国家的原材料和初级产品加工成制成品再销往全球市场。这种工业社会的国际经济分工模式在新经济时代将不再是发展的典范模式。

第三阶段：在新经济时代，发展中国家将自己加工原材料，制造并输出普通工业品；发达国家则转而生产和输出高科技产品和知识产品，特别是控制高科技产品和知识产品的研究和开发。一般工业品的生产和销售由跨国公司根据资源优化配置的原则在全球范围内进行组织。全球将出现原工业社会国际分工格局与新经济时代新一轮国际分工格局并存的局面，由于发展中国家经济发展的需要，大宗原料和能源的国际运输仍会占有重要地位，但作为全球物流发展的主流将是集装箱运输，当前全球集装箱运输量的快速增长正是印证了这一科学论断。

中国远洋运输集团

中国远洋运输集团（以下简称中远或中远集团）是以国际航运、物流码头和船舶修造为主业的大型跨国企业集团，在《财富》世界500强企业中排名第327位。

目前，中远集团拥有和控制各类现代化商船近800艘，5600多万载重吨，年货运量超4亿吨，远洋航线覆盖全球160多个国家和地区的1600多个港口，船队规模稳居中国第一位、世界第二位。其中集装箱船队规模在国内排名第一位、世界排名第六位；干散货船队世界排名第一位；专业杂货、多用途和特种运输船队综合实力居世界前列；油轮船队是当今世界超级油轮船队之一。中远集团在全球范围内投资经营着32个码头，总泊位达157个，根据Drewry2009年7月发布的最新统计，2008年中远集团所属中远太平洋的集装箱码头吞吐量继续保持全球第五位。

中远集团拥有丰富的物流设施资源，控制各种物流车辆超过4000台，包括具有289个轴线、最大承载能力达8000吨的大件运输车，堆场249万平方米，拥有和控制仓库297

万平方米，在家电、化工、电力、融资等领域为客户提供高附加值服务，为青藏铁路、天津空客、印度电站等国内外多个重大项目提供物流服务，创造多项业界纪录。

中远集团在国内的多家船舶修造基地，拥有含30万吨级、50万吨级的各类型船坞16座，业务涉及大型船舶和海洋工程建造、改装及修理，生产设备装配水平、生产管理水平国内领先，技术能力、生产效率及生产成本等指标居世界前列。年修理改造大型船舶500余艘，年造船能力840万吨，是中国最大的修船企业及技术最先进的造船企业。

中远集团已形成以北京为中心，以中国香港、美洲、欧洲、新加坡、日本、澳洲、韩国、西亚、非洲等九大区域公司为辐射点的全球架构，在50多个国家和地区拥有千余家企业和分支机构，员工总数约13万人，其中驻外人员400多人，外籍员工4000多人，资产总额超过3000亿元人民币，海外资产和收入已超过总量的半数以上，正在形成完整的航运、物流、码头、船舶修造的全球业务链。

中远集团是最早进入国际资本市场的中国企业之一，早在1993年中远投资就在新加坡借壳上市，目前在境内外控股和参股中国远洋、中远太平洋、中远国际、中远投资、中远航运、中集集团、招商银行等上市公司。2010年5月30日，中国远洋成功入选英国著名财经媒体《金融时报》发布的全球500强企业排行榜（FT Global 500），名列第450位，这是中国远洋自2008年以来连续第三年蝉联该榜单。

作为一家中国的跨国公司，中远很早就注重承担广泛的“企业公民”责任。中远集团明确提出自身的使命为“逐步发展和确立在航运、物流和修造船领域的领先地位，保持与客户、员工和合作伙伴诚实互信的关系，最大程度地回报股东、社会和环境”。2001年，中远就建立起了包括国际环境管理体系、职业安全卫生管理体系在内的综合管理体系，成为中国国内首家获得三大管理体系认证的企业。2004年，中远正式加入联合国“全球契约”计划，更加自觉和积极地践行“全球契约”十项基本原则并努力实现可持续发展。中远集团可持续发展报告连续四年被联合国全球契约评为了典范报告，成为唯一连续四年登上全球契约典范报告榜的亚洲企业。

中远集团把积极履行企业社会责任与企业发展战略相结合，积极培育“绿色竞争力”，主要国际化经营指数正接近联合国“全球跨国公司100强”标准，正逐步确立国际航运、物流码头和修造船领域系统集成者的地位，朝着“全球发展，和谐共赢”的世界航运领先企业和“打造百年中远”的世纪愿景前进。

（资料源自中远集团官网之集团简介，经编者整理）

二、交通流的强化导致许多地区基础设施能力不足

由于全球经济和贸易量的增长，当今世界许多地方各种运输方式能力过载的现象十分普遍，例如在欧洲，由于拥堵和交通流瓶颈等造成发运时间延长和运输可靠性降低，从而导致服务质量降低、物品运送延误、生产中断、车辆利用率降低、能耗增加和工人工时损失等相关的额外成本支出。这些因素迫使物流组织在寻求新的运输方式、新的仓库设置地点或重新配置存货方面作出努力，大致上是沿着下面三个思路去改进以回应基础设施紧张的问题：

（1）实施国际资源政策，扩大采购区域；

（2）使生产设施的设置在地域上分布更广泛；

（3）实施全球的市场营销。

可见，一个国家和地区要使全球物流在本地区得到顺畅的流转和发展，必须加强交通

基础设施的建设。

三、逆向物流快速增长

为了满足市场的需要，企业在制造产品或提供服务的过程中必须完成下列实物流中的部分或全部：

（1）将原料从初始地发运到客户地；

（2）半制成品从制造厂或供应商仓库运出；

（3）机器或机具从一个制造厂运往另一个制造厂；

（4）制成品在工厂、公司自有仓库、客户仓库或物流服务公司仓库之间运移；

（5）易耗品和备件从仓库运往修理厂或客户的产品所在地；

（6）销售的支持设备，如展台、广告牌和资源等从公司运往代理商；

（7）客户需要修理的物品或部件从客户处运送到修理厂（逆向物流）；

（8）将空包装从货物送达地往回运到装货地（逆向物流）；

（9）将已售出的产品或部件从货物送达地往回运到仓储或制造的初始地（逆向物流）；

（10）将已使用过的产品再循环、再使用或废弃（逆向物流）。

早先，物流的投资主要集中在从公司流向市场的物流上，而近年来由于环境保护意识的觉醒和对资源保护的日益增长的关注导致对从市场返回公司的逆向物流进行管理的需要，着重在对使用过的物品进行再使用、再包装、修理或废弃。

日益加剧的竞争和取悦客户也是逆向物流大量增加的一个重要原因。公司的销售策略中包含了将未销售出去的过时产品回收的行动和对不符合质量标准的产品实行“召回”制度，有些公司则提供30天试用期内可退还货款的保证，这样一些销售策略大大增加了逆向的物流量，有些公司甚至达到总订单销量的20%。

四、信息与通信技术的发展为物流全球化创造了必要条件

技术的更新实质上也是一种内在的经济活动。因此，市场的经济活动与科技的开发活动不断相互作用必然会引发技术的创新。全球化的物流系统需要众多的企业及各国政府、国际组织的广泛合作才能建立，而这种合作离不开信息技术的发展与应用。信息技术在国际物流全球化发展中起到十分重要的作用，为此，一个国家的信息基础设施的建设及普及程度往往就能反映出该国（或地区）的物流竞争力。智能化运输系统（一种安全、高效、对环境无污染的且集聚了许多高新技术及众多功能的运输系统）及信息高速公路的应用程度说明一个国家的国际物流竞争力。

通常人们认为，只有当物流的硬件基础设施完善后，新的信息技术才能够服务于先进的物流系统，然而事实并非如此。信息技术的威力是奇妙无穷的，它完全可以用来作为战略性调整物流运行系统的有效手段，而且，未来的物流硬件设施规划与实施建设均不可能离开信息技术的基础设施的结构、信息系统的特点及先进的物流网络，如同一个企业的价值链管理已扩张为全球化那样，物流网络也日趋全球化。然而，物流硬件设施、信息技术的基础设施及其先进的全球物流网络系统的综合发展必须考虑众多社会性因素。跨地区、跨国家的物流必将面临许多挑战，如怎样处理各国不同的法规、不同的经济利益关系以及不同的文化背景等，因此，在发展全球物流网络中还应充分重视国与国之间的差异。1995年，时任美国副总统戈尔在阿根廷布宜诺斯艾利斯举办的世界电信会议上提出了全球信息

基础设施（Global Information Infrastructure，GII）的概念，说明美国也已经开始着手制定鼓励和推动这方面合作的政策。GII 的概念将会为物流全球化提供完善的信息交流的条件，必将会促进国际物流全球化的进程。

物流技术中综合了许多现代信息技术，如 GIS（地理信息系统）、GPS（全球定位系统）、EDI（电子数据交换）、Bar Code（条码）等。现代物流信息技术的应用，使全球物流网络更加科学，并由此产生更大的经济效益。

第三节　案例——国外物流公司在我国的运作

1. 海陆公司（Sea-Land）

海陆公司（Sea-Land）是物流服务的先行者，当亚洲的生产商 30 年前开始进军美国零售业务时，海陆公司就相应地提供了如集装箱运输、仓储等增值服务。1971 年建立的 Buyers 集团，主要从事为美国一些零售出口商提供从亚洲至美国之间的集装箱综合服务，现在它以 Sea-Land、Sea-Land Buyers 集团、全球服务公司及物流公司等身份来提供服务。海陆公司能高效地为零售业提供运送时效性强的流行商品，并正以自己的船队、港口、仓库等资产以及人才和服务项目，与在我国的全球货代进行竞争，并努力使服务水平达到一流。

现在，Buyers 设有 60 个办事机构（处）以及大约 300 万平方英尺的仓储面积。海陆公司拥有大量的集装箱船，继续扩展亚洲市场。如华南、印尼和亚洲其他地区的集卡服务以及在中国香港、大陆及亚洲其他国家的陆上服务。海陆公司是第一家允许经营城市间集装箱运输的外商公司，该公司的服务还包括海、空代理。

除此之外，海陆公司于 1997 年 1 月 14 日在我国成立了第三方物流公司（SLLC），它是海陆公司的全资子公司，其服务目标是提供在中国支持跨国公司运作的供应链管理服务，其总部设在北京，并在上海、厦门、广州、武汉、青岛和深圳等地设有办事处。海陆公司亚洲总裁说："我们在中国的客户不断扩大，这些客户中大多数来自出口的制造业。他们需要货物的国际运输，包括卡车运输。由于中国国内需求猛增，国民收入增长，会有更多的货物涌入中国市场，来到消费者面前"。

（注：目前海陆公司已由马士基航运集团兼购。）

2. 美国总统轮船公司（APL）

美国总统轮船公司（APL）的物流很有成效，在 21 个亚洲国家里，它经营着 42 个大型仓库，并通过众多的办事处及仓库提供全方位的物流服务。APL 新成立的中国公司成为第一个获得中国政府认可的可在中国提供全方位物流服务的独资企业。从 1985 年开始就通过代理，在中国的 12 个城市中提供国际一体化服务。其战略目标是与客户建立一个统一的、长期的关系，并将自己融入客户的供应链中。目前，APL 不仅为客户提供减少运输成本管理工作，而且提供将一定的商品按时送到目的地的零售店的物流管理。这意味着 APL 不但将贯穿零售公司的整个物流供应链，还要简化操作而进行必要的供应链的连接，与客户形成战略联盟。

3. 铁行渣华（P&O Nedlloyd）

为在中国发展物流服务，铁行渣华已在中国成立了较多的机构，如主要从事集装箱业的集装箱部；从事通过代理商在中国运作的国际货物转运商 Damco Maritime 公司；在上海建立的运输展览物品的合资企业；与天津港务局合资的主要从事设计仓储转运、运输和输运货物的天津商业保税仓库等。

目前，铁行渣华在运输环节上有干线服务、支线服务、铁路服务以及其他物流服务。

干线服务是利用国际服务网络，直接为中国港口提供快速安全服务。除了直接连接中国港口外，铁行渣华亚洲公司还与世界上每一个市场建立起了联系，与总部的国际网络联系密切，利用中国香港、新加坡、釜山和日本港口装运出入中国的物资。

支线服务对我国其他海港和内地主要河流与其他支线承运人建立了联系，这些支线能及时在转运港口配合该公司和干线运输。目前铁行渣华已在我国开发了多条支线。

除了沿海港口及沿江港口外，该公司还与内陆城市通过铁路取得联系，由于铁行渣华具有相当的运输能力，所提供的服务类型和项目很多，如场站、仓储、上门送货、清关、服务运输、压缩包装、加固/解固、特殊货物处理、供应链管理、疏散、货物跟踪等。目前，铁行渣华还正在开发许多项目，以满足客户日益增长的需求，并致力于公司地理覆盖面积扩大，增加在中国的服务类型，并创建更多的注册实体，以更多地参与中国物流业的发展。

（注：目前铁行渣华已由马士基航运集团兼购。）

4. 马士基航运集团（Maersk）

马士基航运集团的母公司为埃·彼·穆勒集团（AP moller)。它是迄今丹麦最大的企业集团，在全球 80 多个国家拥有 300 多家办事处，是最早进入中国物流市场的外国航运商之一。

马士基航运集团于 1994 年 3 月在中国成立独资船务公司，总部在北京。通过直航干线和支线船服务网络，在我国所有主要港口提供全面的运输服务。另外在大连、天津、青岛、宁波、厦门和深圳设立分公司，在南京、扬州、广州、重庆、珠海和汕头设立办事处。

1996 年 6 月，公司成立上海铁洋多是联运有限公司，目前在许多内陆地区提供国际、国内货物铁路运输往返服务。

1998 年，公司在上海成立有利（中国）集团服务有限公司，并于 1999 年获准在沈阳、天津、青岛、广州和深圳设立分公司，提供供应链物流服务。

5. 美国 DLCMS 公司

DLCMS 是一家专业物流公司，总部在新泽西州的克兰福德。专长于鞋类业务，耐克是 DLCMS 的主要客户。公司根据亚洲各国经济发展情况，已设立包括中国在内的 13 家当地机构。公司在当地的职员代表美国进口商与亚洲厂商联系，了解工厂生产建设和交货时间，并把这些信息输入称为 LOG-NET 的 DLCMS 的系统。公司可对整个拆拼箱和运输过程进行全程跟踪，因此，进口商可以即时了解最新的货物状态。亚洲的 DLCMS 职员将收到的厂商发出的货物后储存到公司的货仓，并签发货物收据，据此，卖主可凭必要的文件和信用证提取货款。

6. 环球捷运物流公司（AEI Logistics）

环球捷运在上海建立了一家名为环球捷运物流（上海）有限公司的物流公司，该公司主要为华东地区日益增长的第三方物流供应链管理的需求提供服务。AEI 远东区认为："跨国公司以前所未有的速度进入中国高科技领域，这为开展第三方物流服务打下了基础"。该公司是在中国提供全面分拨服务的第一家公司，设立在上海浦东外高桥保税区，占地 2.5 万平方英尺，距浦东国际机场 20 英里。物流中心可以容纳 1600 多货盘；可以为客户提供分拣包装、编码及粗装配等增值服务。

由以上可见，目前在我国建立物流公司的主要形式有以下几种：

第一，部分国际班轮公司在我国设立的所谓物流公司（办事处），其主要目的是为本公司的航班揽货。目前以这种形式的居多。这些公司多设在沿海城市等我国经济最活跃的地区。如果从揽货这一目标考虑，其并不是真正的物流公司，因为它揽取的只是适合本公司经济范围的货源，并未提供一整套物流服务，只不过是海运的局部延伸。随着班轮公司之间组建新联盟，未来提供的服务将日益完善。由于运输环节在物流管理中所占的成本较大，班轮公司更具有提供全面服务的成本优势，未来也许会成为专业物流公司的主要竞争对手。

第二，一些国际著名的物流经营者先投入少量的资金，在中国成立公司、办事处等机构，以揽取集装箱作为拓展市场的首选目标。现阶段大多数这类公司所经营的业务与货代公司没有什么区别，但一旦条件成熟（如找到合适的客户），即可领先国外母公司的技术和财务支持而很快为客户提供一整套的供应链服务。

第三，一些跨国公司为了配合其在各国的生产而涉足物流业。如日本雅马哈电器，它在中国天津及东南亚地区设有生产厂家，该公司领先的完善物流服务可高效地组织各国生产的零部件，经过组装后分销往世界各地。

第四，一些物流公司提供向内陆地区拓展的服务，或者说海上集装箱运输向内陆公路、铁路运输拓展，许多内陆地区的进出口贸易可通过铁路、公路直接经香港等港口转移。

第二章　国际物流与国际贸易

贸易自由化，全球资本市场的成长和结合，信息技术和通信技术的逐步发展，使原本零乱的国家和地区的市场逐步演变成为统一的全球市场。在世界范围内生产经营的跨国公司或进行进出口贸易的企业为了实现竞争优势，增加利润，必须在全球的范围内统筹资源，安排其生产物流活动。但是由于世界各地的消费者有着不同的需求，加上运输距离的加长和供应链作业的扩大，使世界范围内的物流活动变得越来越复杂。所以如何解决全球市场成长，全球供销渠道多样化与全球物流复杂化之间的矛盾，已成为每个进行国际贸易活动的企业迫切解决的问题。

本章通过分析国际贸易和国际物流的关系入手，阐述了国际贸易的概念和分类、国际贸易的主要方式、国际贸易术语和对外贸易合同的磋商及主要条款等内容。

第一节　国际贸易概述

随着生产力的发展，科学技术的进步和国际间经济联系的增强，在当代，国际贸易这一概念所包含的内容进一步扩大了。本节将对基本的国际贸易知识进行逐一介绍。

一、国际贸易的概念

国际贸易是指世界各国（地区）之间的商品以及服务和技术交换活动，包括进口和出口两个方面。从一个国家的角度看这种交换活动，称为该国的对外贸易，从国际范围看，世界各国对外贸易的总和，就构成了国际贸易，也称世界贸易。

从前，国际贸易只包括实物商品的交换，而现在，还包括服务和技术等非实物商品的交换。所谓实物商品交换是指原材料、半成品及工业制成品的买卖；服务交换是指在运输、邮电、保险、金融、旅游等方面为外国人提供服务，或本国工人、技术人员在国外劳动、服务，从而获得外国货币报酬；技术交换包括专利、商标使用权、专有技术使用权的转让以及技术咨询和信息等的提供和接受。

二、国际贸易方式

国际贸易方式是指国际间商品流通的做法或形式。随着国际贸易的发展，进行贸易的具体方式也日趋多样化。除了常见的逐笔售定的单边出口方式外，还有诸如独家经销、代理、寄售、展卖、招标投标、拍卖、期货交易、对销贸易、加工贸易等做法。本节阐述的是除逐笔售定外的其他灵活多样的贸易方式。

（一）经销与代理

1. 经销

经销（Distribution）是指进口商即经销商（Distributor）根据他与国外出口商即供货

商（Supplier）达成的协议，在规定的期限和地域内购销指定商品的一种做法。经销方式按经销商权限的不同分为两种：一种是独家经销（Sole Distribution），也称包销（Exclusive Sale），指经销商在协议规定的期限和地域内，对指定的商品享有独家专营权的经销方式；另一种是一般经销（Non-exclusive Distribution），也称定销，指经销商不享有独家专营权，供货商可在同一时间、同一地区内，确定几个商家经销同类商品。

2. 代理

代理（Agency）是指代理人（Agent）按照委托人（Principal）的授权，代表委托人与第三人订立合同或实施其他法律行为，而委托人直接负责由此产生的权利与义务的贸易方式。

国际贸易中的代理按委托人授权的大小分为总代理、独家代理和一般代理。总代理（General Agent）是委托人在指定地区的全权代表，有权代表委托人从事一般商务活动和某些非商务性事务。独家代理（Sole Agent or Exclusive Agent）是指定地区和期限内单独代表委托人从事代理协议中规定的有关业务的代理。一般代理又称佣金代理（Commission Agent），是指不享有独家经营权的代理，即在同一地区和期限内可以有几个代理人同时代表委托人从事有关业务。

代理按照行业性质的不同又可分为销售代理、购货代理、运输代理、广告代理、诉讼代理、仲裁代理、银行代理和保险代理等。

3. 独家销售代理与独家经销

在出口业务中，独家销售代理与独家经销有着相似之处，但从当事人之间的关系来看，两者却有着根本的区别。独家经销商与供货人之间是买卖关系，经销商完全是为了自己的利益购进货物后转销，自筹资金，自负盈亏，自担风险。而在代理方式下，代理人只是代表委托人从事有关行为，两者建立的契约关系是属于委托代理关系。代理人一般不以自己的名义与第三者订立合同，只居间介绍，收取佣金，并不承担履行合同的责任，履行合同义务的双方是委托人和当地客户。

（二）招标与投标

招标和投标是一种传统的贸易方式，在国际工程承包和大宗物资、设备采购业务中被普遍采用。

1. 招标与投标的含义及特点

招标（Invitation to Tender）是指招标人（买方）发出招标通知，说明拟采购的商品名称、规格、数量及其他条件，邀请投标人（卖方）在规定的时间、地点按照一定的程序进行投标的行为。

投标（Submission of Tender）是指投标人（卖方）应招标人（买方）的邀请，按照招标的要求和条件，在规定的时间内向招标人递价，争取中标的行为。

招标与投标是一种贸易方式的两个方面，投标是针对招标而来。与其他贸易方式相比，招标与投标的特点在于：其一，不经过磋商；其二，没有讨价还价的余地；其三，招标与投标属于竞卖方式，即一个买方对多个卖方，卖方之间的竞争使买方在价格及其他条件上有较多的比较和选择，从而在一定程度上保证了采购的商品和工程项目的最佳质量和相对较低的价格。

2. 国际招标的方式

招标有不同的方式和不同的使用范围，不同方式各有优势，须视具体情况选用。国际招标方式主要有以下几类。

(1) 国际竞争性招标（International Competitive Bidding）

国际竞争性招标指招标人邀请几个乃至几十个国内外企业参加竞标，从中选择最优投标人的方式。通常有两种做法：一种是公开招标（Open Bidding），即招标人通过国内外报刊、电台等发出招标通告，使多个具备投标资格者有均等机会参加投标；另一种是选择性招标（Selected Bidding），即招标人有选择地邀请某些信誉好、经验丰富的投标人，经资格预审合格后参加投标。

(2) 谈判招标（Negotiated Bidding）

谈判招标又称议标，是招标人直接同卖方谈判，确定标价，达成交易。

(3) 两段招标（Two Stage Bidding）

两段招标又称两步招标，是在采购某些复杂的货物时，因事先不能准备完整的技术标准而采用的招标方法。第一步，邀请投标人提出不含报价的技术投标；第二步，邀请投标人提出价格投标。

3. 招标与投标的基本程序

招标与投标的基本程序包括招标、投标、开标、评标、决标及中标后签约等环节。

(1) 招标

招标包括三项基本工作：编制招标文件，发布招标公告，投标资格预审。

招标文件又称标书，也就是招标的贸易条件和技术条件。物资与设备采购的标书，主要应列明商品名称、各种交易条件和投标人须知，如投标人资格、投标日期、投标保证金和投标单寄送方法等。工程项目的标书还应包括项目规范、工程量表、合同条件及图纸等。

发布招标公告要根据招标的种类，选择公开发布还是在一定范围内发布的形式。

资格预审主要是审核投标人的能力和资信情况，一般包括投标人的概况、经验与信誉、财务能力、人员能力和施工设备等，预审合格方可参加投标。

(2) 投标

投标人认真制作投标文件并正确及时递送。

(3) 开标与评标

开标是按照招标人规定的时间、地点，在投标人或其代理出席的情况下，当众拆开密封的投标文件，宣读文件内容。

评标是指招标人在开标后，对各个投标书中的条件进行评审、比较，选择最佳投标人为中标人的过程。

(4) 签订协议

招标人选定中标人以后，要向其发出中标通知书，中标人必须依约与招标人签订协议。

(三) 拍卖、寄售与展卖

1. 拍卖

(1) 拍卖的含义及范围

拍卖（Auction）是由专营拍卖业务的拍卖行接受货主的委托，在一定的地点和时间，按照一定的章程和规则，以公开叫价竞购的方法，最后由拍卖行把货物卖给出价最高的买主的一种现货交易方式。

以拍卖方式出售的商品主要有艺术品、烟叶、木材、羊毛、毛皮、纸张、水果、蔬菜及鱼类等品质不易标准化或难以久存的商品。

（2）拍卖的形式

①增价拍卖（English Auction）。增价拍卖也叫英格兰拍卖或买主叫价拍卖，是由拍卖人宣布预定的最低价格，然后由买主竞相加价，直至出价最高时，由拍卖人接受并以击槌动作宣告成交。

②减价拍卖（Dutch Auction）。减价拍卖也叫荷兰式拍卖或卖方叫价拍卖，是由拍卖人先开出最高价，然后由拍卖人逐渐减低叫价，直至有人表示接受而成交。

③密封递价拍卖（Seal-Bid Auction）。它也称招标或拍卖，是由拍卖人事先公布每批商品的具体情况和拍卖条件，然后由竞买者在规定时间内将密封标书递交拍卖人，由拍卖人选择条件最合适者表示接受而成交。

（3）拍卖的基本程序

①准备阶段。货主事先把商品运到拍卖人指定的仓库，由拍卖人挑选、整理、分类、分批编号及印发拍卖目录并刊登广告。

②查看货物。买主既可查看拍卖人提供的样品，也可去仓库查看整批货物，还可以抽取一定数量的样品，以供分析。

③正式拍卖。即在规定的时间和地点，按照拍卖目录规定的次序，逐笔喊价成交。拍卖主持人作为货主的代理人掌握拍卖的进程。货主对货物可提出保留价，也可无保留价。

④付款与提货。拍卖成交后，买主按规定付款和提货。拍卖行收取一定比例的佣金，佣金一般不超过成交价的5%。

2. 寄售

（1）寄售的含义及性质

寄售（Consignment）是一种委托代售的贸易方式，指寄售人（Consignor）先将准备销售的货物运往国外寄售地，委托当地代销人（Consignee）按照寄售协议规定的条件代为销售后，再由代销人向货主结算货款。在寄售方式中，寄售人和代销人之间是委托与受托关系，而非买卖关系。与代理人可以用委托人名义，也可用自己的名义从事授权范围事宜有所不同，代销人只能用自己的名义处理寄售协议中规定的事务，而且代销人同第三方从事的法律行为不能直接对寄售人发生效力。

由于寄售是凭实物进行的现货交易，商品售出前所有权属寄售人。代销人不承担任何风险和费用，只收取佣金作为报酬。因此，寄售有利于把握市场机会，节约交易成本，有利于调动代销人的积极性。但寄售人要承担一定的贸易风险，且资金周转期长，收汇很不安全。

（2）寄售协议

寄售协议（Agreement of Consignment）是寄售人和代销人之间就双方的权利、义务及有关寄售条件和具体做法而签订的书面协议。协议的重点是商品价格的确定、各种费用的负担和安全收汇三个问题。协议一般包括：①协议名称及双方权利与义务。②寄售区域及寄售商品。③定价方法。一般有由寄售人规定最低售价、随行就市和在销售前逐笔征得寄售人同意三种方法。④佣金。一般应规定佣金的计算基础、佣金率以及佣金的支付时间和方法等。⑤付款。商品售出后的货款，一般由代销商扣除佣金及代垫费用后汇付寄售人。为保证收汇安全，以利资金周转，协议中应明确规定付款的时间和方式。此外，还应规定货物保险、各种费用的负担等预防性条款。为减少风险，也有必要规定由代销人提供银行保函或备用信用证等。

3. 展卖

(1) 展卖的含义和种类

展卖（Fairs and Sales）是利用展览会和博览会及其他交易会形式，对商品实行展、销结合的一种贸易方式。

展卖可以采取各种不同的方式。从展卖商品的所有方和客户的关系来看，展卖的做法主要有两种：一种是将货物通过签约方式卖断给国外客户，双方是一种买卖关系，由客户在国外举办或参加展览会，货价有所优惠，货款可在展览会后或定期结算。另一种是由双方合作，展卖时货物所有权不变，展品出售的价格由货主决定，国外开展期间由客户承担运输、保险、劳务及其他费用，货物出售后收取一定手续费作为补偿。展出结束后，未售出的货物可以折价卖给合作的客户，或运往其他地方进行另一次展卖。

除此之外，还可以将寄售和展卖方式结合起来进行。即在寄售协议中规定，代销人将寄售的商品在当地展卖。至于展卖的有关事项，可在该协议中规定，也可另签协议作出规定。

无论是哪一种做法，展卖作为一种商品推销方式，其基本特点可概括为：把出口商品的展卖和推销有机结合起来，边展边销，以销为主。

展卖这种方式的优点主要表现在：①有利于宣传出口商品，扩大影响，招揽潜在买主，保证交易。②有利于建立和发展客户关系，扩大销售地区和范围。③有利于开展市场调研，听取消费者的意见，改进产品质量，增强出口竞争力。

(2) 我国一般采用的展卖方式

我国一般采用的展卖方式主要有以下两种：①国际博览会（International Fair）。它是指在一定地点定期举办的，由一国或多国联合组办，邀请各国商人参加交易的贸易形式。如 2010 年在上海举办的世界博览会。②中国出口商品交易会（Chinese Export Commodities Fair）。因其总在广州举办，故它又称广交会，是集展览与交易相结合的展销会。

(四) 加工贸易

加工贸易是国际上普遍采用的一种贸易方式。从本质上看，加工贸易是以加工为特征，以商品为载体的劳务出口。在我国，加工贸易的形式主要有进料加工和对外加工装配两种。进料加工指企业自主进口加工所需的原材料、元器件、零部件，在加工装配成为成品后，再出口销往国外市场的贸易方式。而对外加工装配则是指来料加工和来件装配，是一种委托加工方式。加工企业对原材料、零部件以及加工后的成品均不具有所有权，只收取工缴费或加工费。原材料、零部件以及加工后成品的所有权归国外委托方拥有。

国际两大拍卖行

1. 苏富比拍卖行

敏锐的反应能力与规范的运作，使有 100 多年历史的苏富比，仍然保持了旺盛的生命力。随着全球经济的增长，拍卖业也进入繁荣周期，苏富比2006 年的收入达到 6.65 亿美元，其赢利则上升了 70%。它与佳士得两大巨头的垄断，也令其他拍卖行面临新的整合。

如今，世界艺术品市场总值的 70%被两家“百年老字号”的拍卖行控制着，苏富比就是其一。它的成长经历也许可以带给中国拍卖企业一些启示。

苏富比的主要业务包括美术品、古董、装饰品、珠宝等拍卖。一般来说，拍卖行每年举行春秋两季拍卖，并按成交价收取一定比例的佣金获得利润，因此其每年的大部分收入都是在春秋两次拍卖会的四周内实现的（苏富比65%的收入来自于此）。此外，苏富比也为私人交易充当经纪人和交易商，并提供相关的金融服务。借款人可以用艺术品作抵押进行贷款，利息比银行略高。这项业务的收入虽然只占公司收入的2%，但是通过贷款业务，苏富比与艺术品的拥有者建立了良好的关系，而这些人很可能成为公司未来的客户。

苏富比目前有三个主要的分公司，分别设在纽约、伦敦和中国香港。其2006年1.07亿美元的总利润中，纽约和伦敦的业务占了大部分，6%来自1973年成立的香港分公司。2007年的苏富比香港春拍中，首场拍卖总成交额就超过2亿港元。苏富比目前还没有在中国内地展开拍卖业务，但2007年其成立了北京办事处。

2. 佳士得拍卖行

佳士得拍卖行（CHRISTIE' S，旧译克里斯蒂拍卖行），世界著名艺术品拍卖行之一。拍品汇集了来自全球各地的珍罕艺术品、名表、珠宝首饰、汽车和名酒等精品。现在，佳士得所设立的办事处分布于全球共90个主要城市，并在全球16个地点定期举行拍卖会，此外还提供与拍卖有关的服务，包括艺术品储存及保安、教育、艺术图片库及物业等方面。2005年，佳士得全球拍卖总成交额高达18亿英镑（32亿美元），为佳士得有史以来的最高纪录，进一步印证了其在业内的领导地位。

（资料源自新华网及百度百科，经编者整理）

三、国际贸易术语

（一）贸易术语的含义和有关的国际惯例

1. 贸易术语含义

贸易术语（Trade Terms）又称贸易条件或价格术语，它是用一个简短的概念或三个字母的缩写来说明价格的构成和买卖双方在货物交接过程中有关手续、费用和风险的责任划分。

使用贸易术语可以简化交易磋商的过程和买卖合同的内容，缩短洽谈的时间，并且还能节省有关的费用。

2. 有关贸易术语的国际惯例

早在19世纪初，国际贸易中已开始使用贸易术语。随着国际贸易的发展，经过长期实践逐步形成了一系列的贸易术语，各种贸易术语的含义亦是逐渐定型下来的。为了消除不同国家关于贸易术语解释方面的分歧，国际上某些商业团体、学术机构试图统一对贸易术语的解释，于是根据公认的习惯做法和解释，分别制定了一些有关贸易术语的通用规则。这些规则目前已为大多数国家的工商团体和企业所接受，成为有关贸易术语的国际惯例。其中在国际上影响较大的主要有以下三种。

(1)《1932年华沙—牛津规则》

国际法协会于1928年在波兰华沙举行会议，制定了有关CIF买卖合同的统一规则，共22条，称为《1928年华沙规则》。后经1930年纽约会议、1931年巴黎会议和1932年牛津会议修改为21条，并更名为《1932年华沙—牛津规则》（WarSaw Oxford Rules 1932)，一直沿用至今。该规则主要说明CIF买卖合同的性质和特点，并具体规定了采用CIF条件买卖双方的责任划分，其解释的内容比较具体与详尽。

(2)《1941年美国对外贸易定义修订本》

本定义是1919年由美国9个大商业团体制订的，1940年曾进行修订，1941年经由美国商会、美国进出口商会及全国对外贸易协会所组成的联合委员会通过，定名为《1941

年美国对外贸易定义修订本》（Revised American Foreign Trade Definitions 1941）。该定义对以下 6 种贸易术语作了解释：①原产地交货 Ex（Point of Origin）。②指定地点运输工具上交货 FOB（Free On Board）。③在运输工具旁边交货 FAS（Free Along Side）。④成本加运费 C&F（Cost & Freight）。⑤成本加保险费、运费 CIF（Cost，Insurance and Freight）。⑥目的港码头交货 Ex Dock（Named Port of Importation）。

《1941 年美国对外贸易定义修订本》在美洲国家采用较多，其中 FOB 术语使用范围很广，既适用于内陆交货，也适用于装运港交货，甚至适用于进口地交货。只有其中的 FOB Vessel 与国际贸易中一般使用的 FOB 术语含义相类似，这是值得特别注意的。

（3）《2000 年国际贸易术语解释通则》

国际商会于 1936 年在巴黎制定了《1936 年国际贸易术语解释通则》。之后，为了适应国际贸易业务发展的需要，先后于 1953 年、1967 年、1976 年、1980 年、1989 年进行过五次修改和补充。现在使用的是《2000 年国际贸易术语解释通则》，由国际商会根据 20 世纪 90 年代国际贸易的发展变化，在《1990 年国际贸易术语解释通则》的基础上修订产生的，并于 2000 年 1 月 1 日起生效。《2000 年国际贸易术语解释通则》仍按《1990 年国际贸易术语解释通则》的做法，将国际贸易中使用的贸易术语归纳为 13 种，并将这 13 种术语按不同的性质、不同的交货地点以及卖方承担责任、费用、风险的程度，从小到大，划分为 E、F、C、D 四个组。目前较多采用的有 FCA，FOB，CFR，CIF，CPT 和 CIP 6 种。如表 2-1 所示。总之，在有关贸易术语的国际贸易惯例中，《2000 年国际贸易术语解释通则》是包括内容最多、使用范围最广和影响最大的一种。

表 2-1　《2000 年国际贸易术语解释通则》

贸易术语	注　释
E 组（Group E）	启运（Departure）
EXW（Ex Works）	工厂交货
F 组（Group F）	主要运费未付（Main Carriage Unpaid）
FCA（Free Carrier）	货交承运人
FAS（Free Alongside Ship）	装运港船边交货
FOB（Free on Board）	装运港船上交货
C 组（Group C）	主要运费已付（Main Carriage Paid）
CFR（Cost and Freight）	成本加运费
CIF（Cost，Insurance and freight）	成本，保险费加运费
CPT（Carriage Paid To）	运费付至指定目的地
CIP（Carriage and Insurance Paid To）	运费，保险费付至指定目的地
D 组（Group D）	抵达（Arrival）
DAF（Delivered At Frontier）	边境交货
DES（Delivered Ex Ship）	目的港船上交货
DEQ（Delivered Ex Quay）	目的港码头交货
DDU（Delivered Duty Unpaid）	未完税交货
DDP（Delivered Duty Paid）	完税后交货

(二) 几种常用的贸易术语

目前FOB，CIF和CFR是国际贸易中，也是在我国对外贸易中被广泛使用的三种传统的贸易术语。同时，随着运输技术的发展，在这三种传统术语基础上发展起来的FCA，CPT和CIP三种术语也是国际贸易中适用面很广的主要术语。现将这六种贸易术语的主要内容及应用阐述如下。

1) FOB

Free On Board (... named port of shipment)，即船上交货（…指定装运港），通常称作装运港船上交货。术语后面要注明装运港的名称，如FOB Shanghai，即在上海港的船上交货。该术语仅适合于海运和内河运输。FOB术语买卖双方的责任见表2-2。

表2-2 FOB术语买卖双方责任

卖方	买方
·交货（按合同规定）、移交单据 ·办理出口清关手续、支付费用	·付款、接单、提取货物 ·办理进口清关手续、支付费用 ·租船订舱、支付运费 ·办理保险、支付保险费
·承担货物越过装运港船舷之前的一切风险和费用	·承担货物越过装运港船舷之后的一切风险和费用

(1) 货物的交付

卖方在合同约定的时间和装运港，将合同规定的货物交到买方所派的船上，完成交货。

(2) 风险的转移

货物在装运港装船时，越过船舷之前的风险由卖方承担，货物越过船舷之后的风险转移给买方承担。

(3) 通关手续的办理

卖方自负风险和费用，取得出口许可证或其他官方批准证件，并且办理货物出口所需的一切海关手续。

买方自负风险和费用，取得进口许可证或其他官方批准证件，并且办理货物进口所需的一切海关手续。

(4) 主要费用的划分

卖方承担交货前所涉及的各项费用，包括需要办理出口手续时所应缴纳的关税和其他费用。

买方承担交货后所涉及的各项费用，包括从装运港到目的港的运费和保险费，以及办理进口手续时所应缴纳的关税和其他费用。

(5) 在使用FOB术语时应注意的问题

"船舷为界"的确切含义。按照国际商会《2000年国际贸易术语解释通则》的规定，以FOB术语成交的合同，卖方须"按照港口惯常办法，把货物装上买主指定的船只"。而买卖双方风险的划分是以货物"越过船舷为界"，即货物装船之前的风险，包括装船时货物跌落海中所造成的损失，均由卖方承担；货物装船后，包括在运输过程中所发生的损失，则由买方承担。这里究竟何谓“装船”，是以货物“越过船舷”为准，还是要将货物“装上船只”呢？事实上装船作业是一个连续的过程，它包括货物从岸上起吊，越过船舷，装入船舱。如果卖方承担了装船责任，就必须完成上述作业，而不可能在船舷办理交接。所以严格地讲，以船舷为界是说明买卖双方风险划分的界线，而不能确切地作为划分买卖双方承担的责任和费用的界限。

船货衔接。在FOB合同中，规定由买方负责租船订舱，并将船名、装船地点和装船时间通知卖方，而由卖方负责在合同规定的时间和装运港，将货物装上买方指定的船只。于是便有个船货衔接的问题。按照有关法律和惯例，如果船只按时到达装运港，而卖方货未备妥，则卖方应承担由此而造成的空舱费或滞期费。反之，如买方延迟派船或未经对方同意提前派船到装运港，卖方都有权拒绝交货，由此而引起的卖方仓储等费用支出的增加，以及因迟收货款而造成的利息损失，均将由买方负责。因此，在FOB合同中，买卖双方对船货衔接事项，除了合同中作出明确规定外，在订约后尚需加强联系，密切配合，防止船货脱节。

此外采用FOB术语时，买卖双方可以协商，由买方委托卖方安排运输，办理租船订舱，这是代办性质，运费仍由买方负担。如卖方租不到船或订不到舱位，不承担违约责任。

装船费用的负担问题。为了说明装船费用由谁负担，买卖双方往往在FOB术语后加列附加条件，这就形成了FOB的变形。它们主要有：

①FOB Liner Terms（FOB班轮条件）。指装船费用按照班轮的做法来办，即由船方或买方承担。所以，采用这一变形，卖方不负担装船的有关费用。

②FOB Under Tackle（FOB吊钩下交货）。指卖方负担费用将货物交到买方指定船只的吊钩所及之处，而吊装入舱以及其他各项费用概由买方负担。

③FOB Stowed（FOB理舱费在内）。指卖方负责将货物装入船舱并承担包括理舱费在内的装船费用。理舱费是指货物入舱后进行安置和整理的费用。

④FOB Trimmed（FOB平舱费在内）。指卖方负责将货物装入船舱并承担包括平舱费在内的装船费用。平舱费是指对装入船舱的散装货物进行平整所需的费用。

在许多标准合同中，为表明由卖方承担包括理舱费和平舱费在内的各项装船费用，常采用FOBST，它代表FOB Stowed and Trimmed。

FOB的上述变形只是为了表明装船费用由谁负担问题而产生的。通常它们并不改变风险划分的界限，如果当事人有相反的意图，应在合同中加以具体规定。

2）CFR

Cost and Freight（... named port of destination），即成本加运费（…指定目的港），又称运费在内价，以前业务上用“C&F”表示，《1990年国际贸易术语解释通则》将其国际代码改为CFR。由于实际业务中仍有人使用“C&F”，国际商会在《2000年国际贸易术语解释通则》的引言中，再次提倡使用CFR。它也是国际贸易中常用的贸易术语之一。CFR术语后面需要加注的是目的港的名称，如CFR Qingdao，这表明我方为进口方，目的港是青岛。该术语仅适合于海运和内河运输。CFR术语买卖双方的责任见表2-3。

表 2-3　　CFR 术语买卖双方责任

卖　方	买　方
交货（按合同规定）、移交单据	付款、接单、提取货物
办理出口清关手续、支付费用	办理进口清关手续、支付费用
租船订舱、支付运费	
	办理保险、支付保险费
承担货物越过装运港船舷之前的一切风险和费用	承担货物越过装运港船舷之后的一切风险和费用

（1）货物的交付

卖方按合同中约定的时间和装运港，将合同规定的货物交到卖方自己所派的船只的船上，完成交货。

（2）风险的转移

货物在装运港装船时，越过船舷之前的风险由卖方承担，货物越过船舷之后的风险转移给买方承担。

（3）通关手续的办理

卖方自负风险和费用，取得出口许可证或其他官方批准证件，并且办理货物出口所需的一切海关手续。

买方自负风险和费用，取得进口许可证或其他官方批准证件，并且办理货物进口所需的一切海关手续。

（4）主要费用的划分

卖方承担交货前所涉及的各项费用，包括需要办理出口手续时所应缴纳的关税和其他费用，支付从装运港到目的港的运费和相关费用。买方承担交货后所涉及的各项费用，以及办理进口手续时所应缴纳的关税和其他费用。

（5）在使用 CFR 术语时应注意的问题

装船通知的重要性。按 CFR 术语成交，需要特别注意的是装船通知问题。按照国际惯例，不论是 FOB、CIF，还是 CFR 合同，卖方都必须于货物装船后及时向买方发出装船通知。在 CFR 合同中，卖方及时发出装船通知尤为重要，因为这关系到买方能否为进口货物及时办理保险的问题。

关于卸货费用的负担问题。按 CFR 术语成交，卖方负责将合同规定的货物运往约定的目的港，并支付正常的运费。至于货到目的港后，卸货费用由谁负担也是一个需要考虑的问题。如果使用班轮运输，费用中已包括了装卸费用，故在装卸费的负担问题上不会引起争议。而在程租船运输的情况下，船方通常不负担装卸费用，这就需要双方在合同中订明卸货费用由谁负担，以避免争议。为解决大宗货物的租船运输中的卸货费用负担问题，产生了 CFR 的变形。业务中常见的变形有：

①CFR Liner Terms（CFR 班轮条件）。指卸货费按班轮做法办理，即买方不负担卸货费。

②CFR Landed（CFR 卸至码头）。指由卖方承担卸货费，包括可能涉及的驳船费在内。

③CFR Ex Tackle（CFR 吊钩下交接）。指卖方负责将货物从船舱吊起后直接卸到吊

钩所及之处（码头上或驳船上）的费用。船舶不能靠岸时，驳船费用由买方负担。

④CFR Ex Ship's Hold（CFR 舱底交接）。指船到目的港后，由买方自行起舱，并负担货物由舱底卸至码头的费用。

3）CIF

Cost，Insurance and Freight（... named port of destination）即成本、保险费加运费（…指定目的港）。CIF、CFR、FOB 同为装运港交货的贸易术语，也是国际贸易中常用的 3 种贸易术语。CIF 后面注明的港口名称是目的港，这一点与 CFR 相同，而不同于 FOB。如 CIF Qingdao，这里的青岛即目的港。该术语仅适合于海运和内河运输。CIF 术语买卖双方的责任如表 2-4 所示。

表 2-4　CIF 术语买卖双方责任

卖　方	买　方
交货、转移单证	付款、接单、提取货物
办理出口清关手续	办理进口清关手续、支付费用
租船订舱、支付运费	
办理保险、支付保险费	
承担货物越过装运港船舷之前的一切风险和费用	承担货物越过装运港船舷之后的一切风险和费用

（1）货物的交付

卖方按合同中约定的时间和装运港，将合同规定的货物交到卖方自己所派的船只的船上，完成交货。

（2）风险的转移

货物在装运港装船时，越过船舷之前的风险由卖方承担，货物越过船舷之后的风险转移给买方承担。

（3）通关手续的办理

卖方自负风险和费用，取得出口许可证或其他官方批准证件，并且办理货物出口所需的一切海关手续。

买方自负风险和费用，取得进口许可证或其他官方批准证件，并且办理货物进口所需的一切海关手续。

（4）主要费用的划分

卖方承担交货前所涉及的各项费用，包括需要办理出口手续时所应缴纳的关税和其他费用，支付从装运港到目的港的运费和相关费用，并且承担办理水上货运保险的费用。买方承担交货后所涉及的各项费用，以及办理进口手续时所应缴纳的关税和其他费用。

（5）在使用 CIF 术语时应注意的问题

保险险别问题。在 CIF 术语下，卖方必须自费办理货物运输保险，但应投保何种险别，不同惯例所作规定不同。根据《INCOTERMS 2000》规定，卖方只需要投保保险公司责任范围最小的一种险别，而最低投保金额应为合同规定的价款加成 10%，同时须以合同货币投保。其他国际惯例则有不同规定。为了明确责任，在中国外贸业务中应与国外客户明确投保险别的名称和投保金额。

卸货费用负担问题。CIF 术语与 CFR 关于卸货费用问题相类似，有同种变形。

关于象征性交货问题。以 CIF 贸易术语成交，属于象征性交货。

4）FCA

Free Carrier（Named Place），即货交承运人（指定地点）。所谓承运人，是指受托运人的委托，负责将货物从约定的起运地运往目的地的人。他既包括拥有运输工具、实际完成运输任务的运输公司，也包括不掌握运输工具的运输代理人。FCA 术语之后要加注双方约定的交货地点，即承运人接运货物的地点。本贸易术语适用于各种运输方式。FCA 术语买卖双方责任如表 2－5 所示。

表 2－5　　FCA 术语买卖双方责任

卖　方	买　方
交货（按合同规定）、移交单据	付款、接单、提取货物
办理出口清关手续、支付费用	办理进口清关手续、支付费用
	办理运输、支付运费
	办理保险、支付保险费
承担货物交承运人控制之前的一切风险和费用	承担货物交承运人控制之后的一切风险和费用

（1）货物的交付

卖方按合同中约定的时间和地点，将合同中规定的货物交给买方指定的承运人或其他人，完成交货。

（2）风险的转移

卖方承担将货物交给承运人控制之前的风险，买方承担将货物交给承运人控制之后的风险。

（3）通关手续的办理

卖方自负风险和费用，取得出口许可证或其他官方批准证件，并且办理货物出口所需的一切海关手续。

买方自负风险和费用，取得进口许可证或其他官方批准证件，并且办理货物进口所需的一切海关手续。

（4）主要费用的划分

卖方承担在交货地点交货前所涉及的各项费用，包括办理出口所需的一切海关手续的相关费用。

买方承担在交货地点交货后所涉及的各项费用，包括办理进口所需的一切海关手续的相关费用。此外，买方要负责签订从指定地点承运货物的合同，支付有关的运费。此贸易术语的性质除运输方式外均与 FOB 术语相似。

（5）使用 FCA 术语时应注意的问题

交货点和风险转移。由于 FCA 可适用于各种运输方式，它的交货点需按不同的运输方式和不同的指定交货点而定。《1990 年国际贸易术语解释通则》对 FCA 合同的卖方在不同运输情况下，如何完成交货，作了不同的规定。由于这些规定比较复杂，而对装货和卸货的义务，却不尽明确，为此，《2000 年国际贸易术语解释通则》对此做了修订，予以简化，使之便于理解和应用。新版本将 FCA 卖方如何完成交货义务概括为：交货点在卖方所在处所，则当货物被装上由买方指定的承运人的收货运输工具上，卖方即完成了交货义务；交货点在买方所在处所，且在卖方的送货运输工具上（未卸下），被交由买方指定的承运人处置时，卖方即完成了交货义务。

买方安排运输。FCA 适用于各种运输方式，包括公路、铁路、江河、海洋、航空运输以及多式联运。采用这一交货条件时，买方要自费订立从指定地点起运的运输契约，并及时通知卖方。如果买方有要求，或者根据商业习惯，买方没有及时提出相反意见，卖方也可按通常条件订立运输契约，但费用和风险要由买方承担。假如，买方有可能较卖方取得较低的运价，或按其本国政府规定必须由买方自行订立运输合同，则买方应在订立买卖合同时明确告知卖方，以免双方重复订立运输合同而引起问题和发生额外费用。反之，如卖方不愿按买方的请求或商业惯例协助买方订立运输合同，也必须及时通知买方，否则，遗漏安排运输，也将引起额外费用和风险。

货物集合化的费用负担。由于在 FCA 术语下，卖方要承担完成交货义务之前所发生的一切费用，而使用 FCA 术语时，货物大都作集合化或成组化包装，如装入集装箱或托盘，因此，卖方应考虑将货物集合化所需的费用也计算在价格之内。

5）CPT

Carriage Paid To（... Named Place of Destination），即运费付至（…指定目的地）。CPT 与 FCA 是同一种类型的贸易术语，但与 FCA 相比，CPT 条件下卖方的义务有所增加，即由交货地点至指定目的地的运输责任和费用改由卖方承担。在 CPT 后面要注明双方约定的目的地的名称，它可以是两国的边境，也可以是进口国的港口，还可以是进口国的内陆地点。如按 CPT 条件进口，可规定 CPT Beijing。CPT 术语买卖双方的责任如表 2－6所示。

表 2－6　　CPT 术语买卖双方责任

卖　方	买　方
交货（按合同规定）、移交单据	付款、接单、提取货物
办理出口清关手续、支付费用	办理进口清关手续、支付费用
办理运输、支付运费	
	办理保险、支付保险费
承担货物交承运人控制之前的一切风险和费用	承担货物交承运人控制之后的一切风险和费用

（1）货物的交付

卖方按合同中约定的时间和地点，将合同中规定的货物交给卖方自己指定的承运人或第一承运人，完成交货。

（2）风险的转移

卖方承担将货物交给承运人控制之前的风险，买方承担将货物交给承运人控制之后的风险。

（3）通关手续的办理

卖方自负风险和费用，取得出口许可证或其他官方批准证件，并且办理货物出口所需的一切海关手续。

买方自负风险和费用，取得进口许可证或其他官方批准证件，并且办理货物进口所需的一切海关手续。

（4）主要费用的划分

卖方承担在交货地点交货前所涉及的各项费用，包括办理货物出口所需的一切海关手续的费用。此外，卖方要负责签订从指定地点承运货物的合同，支付有关的运费。

买方承担在交货地点交货后所涉及的各项费用，包括办理货物进口所需的一切海关手续的费用。

（5）使用 CPT 术语时应注意的问题

保证买方及时办理保险。卖方将货物交给承运人后，应及时向买方发出货已交付的通知，以便买方能及时办理保险及在目的地受领货物。关于这一问题的重要性及其处理方法，已在 CFR 术语中阐述过。

风险划分的界限问题。按照 CPT 术语成交，虽然卖方要负责订立从起运地到指定目的地的运输契约，并支付运费，但是卖方承担的风险并没有延伸至目的地。按照《2000 年国际贸易术语解释通则》的解释，货物自交货地点至目的地的运输途中的风险由买方承担，而不是卖方，卖方只承担货物交给承运人控制之前的风险。

6）CIP

Carriage and Insurance Paid to（... Named Place of Destination），即运费、保险费付至（…指定目的地）。CIP 术语买卖双方责任如表 2-7 所示。

表 2-7　CIP 术语买卖双方责任

卖　方	买　方
交货（按合同规定）、移交单据	付款、接单、提取货物
办理出口清关手续、支付费用	办理进口清关手续、支付费用
办理运输、支付运费	
办理保险、支付保险费	
承担货物交承运人控制之前的一切风险和费用	承担货物交承运人控制之后的一切风险和费用

（1）货物的交付

卖方按合同中约定的时间和地点，将合同中规定的货物交给卖方自己指定的承运人或第一承运人，完成交货。

（2）风险的转移

卖方承担将货物交给承运人控制之前的风险，买方承担将货物交给承运人控制之后的风险。

（3）通关手续的办理

卖方自负风险和费用，取得出口许可证或其他官方批准证件，并且办理货物出口所需的一切海关手续。

买方自负风险和费用，取得进口许可证或其他官方批准证件，并且办理货物进口所需的一切海关手续。

（4）主要费用的划分

卖方承担在交货地点交货前所涉及的各项费用，包括办理货物出口所需的一切海关手续的费用。卖方要负责签订从指定地点承运货物的合同，支付有关的运费，此外，还要办理货运保险，承担保险费。

买方承担在交货地点交货后所涉及的各项费用，包括办理货物进口所需的一切海关手续的费用。

（5）使用 CIP 术语时应注意的问题

卖方办理保险问题。与在 CIF 条件下由卖方办理保险的代办性质相类似，在 CIP 条件下，如果买卖双方事先未在合同中规定保险险别和保险金额，卖方只需按最低责任的保险险别取得保险，最低保险金额为 CIP 合同价款的 110%，并以合同货币投保。保险责任的起讫期限必须与有关货物的运输相符合，并必须自卖方需负担货物灭失或损坏的风险时起开始生效，直至货物到达约定的目的地为止。

确定价格。与 FCA 相比，CIP 条件下卖方要承担较多的责任和费用。他要负责办理从交货地至目的地的运输，承担有关的运费；办理货运保险，并支付保险费。这些都反映在货价之中。所以，卖方对外报价时，要认真核算成本和价格。在核算时，应考虑运输距离、保险险别、各种运输方式和各类保险的收费情况，并要预计运价和保险费的变动趋势等方面问题。

（三）常用价格术语的转换

在国际贸易发盘中，经常涉及贸易价格术语的换算问题，主要包括两类，一类是净价之间的换算；另一类是合佣价的换算。

1. 净价之间的换算

净价是指价格中不包含佣金和折扣。为了明确表示双方成交的价格是净价，在贸易术语后可以加注“净价”（Net）字样。例如，每打 4.20 美元 FOB 净价上海（FOB NET SHANGHAI）。因此，凡是直接用贸易术语表示价格的都是净价，一般情况并不用另行注明。净价之间的换算主要是有关运费和保险费的转换。

（1）FOB 与 CFR 或 CIF 的换算

FOB 换算为 CFR：

$$\text{CFR}=\text{FOB}+\text{运费}$$

FOB 及 CFR 换算为 CIF：

$$\text{CIF}=\text{FOB}+\text{运费}+\text{保险费}$$

$$\text{CIF}=\text{CFR}+\text{保险费}$$

式中：保险费——保险金额×保险费率

保险金额——CIF×（1＋保险加成率）

投保加成——1＋保险加成率

如保险加成率为 10%，则：

$$\text{CIF}=\frac{\text{CFR 或（FOB}+\text{运费）}}{1-\text{投保加成}\times\text{保险费率}}=\frac{\text{CFR 或（FOB}+\text{运费）}}{1-1.1\text{R}}$$

式中：R——保险费率。

为了简化计算程序，中国人民保险公司制订了一份保险费率常用表，将 CFR 价格直接乘以表内所列常数便可算出 CIF 价格。

反向

FOB＝CIF×（1－投保加成×保险费率）－F

CFR＝CIF×（1－投保加成×保险费率）

（2）FCA价与CPT或CIP价的换算

FCA换算为CPT：

CPT＝FCA＋运费

FCA及CPT价换算为CIP：

CIP＝FCA＋运费＋保险费

CIP＝CPT＋保险费

式中：保险费——保险金额×保险费率

保险金额——CIF×（1＋保险加成率）

投保加成——1＋保险加成率

如保险加成率为10%，则：

$$\text{CIP}=\frac{\text{CPT 或（FCA＋运费）}}{\text{1－投保加成×保险费率}}=\frac{\text{CPT 或（FCA＋运费）}}{1-1.1R}$$

式中：R——保险费率。

（3）反向

FCA＝CIP×（1－投保加成×保险费率）－F

CPT＝CIP×（1－投保加成×保险费率）

2. 合佣价的换算

（1）佣金（Commission）和折扣（Discount）

佣金是中间商因介绍买卖而取得的报酬，包括明佣、暗佣和双头佣。明佣是在贸易合同的价格条款明确规定佣金的比例；暗佣是佣金问题没有在贸易合同中体现出来，而由当事人另行约定；双头佣是中间商/代理商向贸易合同的买卖双方都收取的佣金。

折扣则是卖方按原价格给买方一定比例的价格减让。

佣金和折扣的运用，可以调整价格，增强竞争力，促进客商经营积极性，从而扩大交易。但应掌握佣金和折扣的幅度。

（2）佣金和折扣的表示方法

凡价格中包含佣金的称合佣价。

合佣价可以文字说明。例如：每公吨250美元CIF伦敦包括佣金3%（USD 250 Per Metric ton CIF London including 3% commission）。也可以在贸易术语之后加佣金的缩写英文字母和所给佣金的百分率。例如：每公吨200美元CIFC2%伦敦（USD 200 Per Metric CIFC2% London）。

折扣可以文字说明。例如：每公吨200美元CIF伦敦减1%折扣（USD 200 Per Metric ton CIF London Loss 1% discount）。有时也可以用R（Rebate的缩写）表示包含折扣。例如：每公吨200美元CIFR1%伦敦。

（3）佣金的计算方法

在我国进出口业务中，一般是以发票金额（即合佣价）为基数计算佣金的，即发票金额乘以佣金率。

在国际贸易的做法中，也有按FOB净价为基数计算佣金的。

如签订CIF买卖合同时，双方洽定以FOB净价为基数计算佣金，就必须将CIF价换算成FOB价再行计算应付的佣金数。

（4）佣金和折扣的支付方式

佣金一般是由卖方收妥货款后，再另行付给中间商；折扣一般可由买方在付款时予以扣除，至于具体如何支付，则应按照买卖双方事前的约定办理。

（5）净价与合佣价之间的换算

净价与合佣价的差别是佣金。它们之间的换算关系如下：

$$合佣价=净价+佣金$$

$$佣金=合佣价\times佣金率$$

$$净价=合佣价\times（1-佣金率）$$

$$合佣价=\frac{净价}{1-佣金率}$$

（四）贸易术语的选用

1. 13种贸易术语的特征

由于每个贸易术语都说明了价格的构成，对买卖双方在货物交接过程中有关手续、费用和风险责任划分等细节作了明确的规定，其主要内容包括：

（1）什么时候、什么地方卖方将货物交给买方，什么时候、什么地方买方必须按照合同价格付款；

（2）对出口/进口许可证、关税、税务等事项的职责界定；

（3）对安排和支付运输和保险费用的职责界定；

（4）卖方的交付条件和买方的接受条件；

（5）货物丢失、损坏的风险责任分配；

（6）货物移动所产生的成本分配；

（7）对货物出发和交付的通知的规定；

（8）交付的确认——运输文件或是电子信息；

（9）对卖方需要按合同检查货物和数量，提供适当的包装和标示的要求；

（10）双方有责任互相帮助、提供信息和相应文件。

为理解和描述方便，用表2-8说明13种贸易术语适用的运输方式、货物的交货地点、买卖双方的责任和运费和保险费的支付；用图2-1说明对贸易双方特别关注的有关风险的转移地点（如FOB、CFR、CIF都以货物越过装运港船舷为风险的转移地点）；用图2-2说明费用的划分界线（如DES、CFR、CIF都以目的港船上为费用的划分界线）。

表2-8　　13种贸易术语特征

组别		运输方式		交货地点	责任				费用	
		海、水运	各种	风险转移	安排运输	投保	办理手续		运费	保费
							出口	进口		
E	EXW		√	工厂交货	买	买	买	买	买	买
F	FCA		√	货交承运人	买	买	卖	买	买	买
	FAS	√		船边交货	买	买	卖	买	买	买
	FOB	√		装运港越过船舷	买	买	卖	买	买	买

续 表

<table>
<tr><th colspan="2" rowspan="3">组别</th><th colspan="2">运输方式</th><th>交货地点</th><th colspan="4">责任</th><th colspan="2">费用</th></tr>
<tr><th rowspan="2">海、水运</th><th rowspan="2">各种</th><th rowspan="2">风险转移</th><th rowspan="2">安排运输</th><th rowspan="2">投保</th><th colspan="2">办理手续</th><th rowspan="2">运费</th><th rowspan="2">保费</th></tr>
<tr><th>出口</th><th>进口</th></tr>
<tr><td rowspan="4">C</td><td>CFR</td><td>√</td><td></td><td rowspan="2">装运港越过船舷</td><td>卖</td><td>买</td><td>卖</td><td>买</td><td>卖</td><td>买</td></tr>
<tr><td>CIF</td><td>√</td><td></td><td>卖</td><td>卖</td><td>卖</td><td>买</td><td>卖</td><td>卖</td></tr>
<tr><td>CPT</td><td></td><td>√</td><td rowspan="2">视不同运输方式而定</td><td>卖</td><td>买</td><td>卖</td><td>买</td><td>卖</td><td>买</td></tr>
<tr><td>CIP</td><td></td><td>√</td><td>卖</td><td>卖</td><td>卖</td><td>买</td><td>卖</td><td>卖</td></tr>
<tr><td rowspan="5">D</td><td>DAF</td><td></td><td>(除空运)</td><td>边境交货</td><td>卖</td><td>卖</td><td>卖</td><td>买</td><td>卖</td><td>卖</td></tr>
<tr><td>DES</td><td>√</td><td></td><td>目的地船上交货</td><td>卖</td><td>卖</td><td>卖</td><td>买</td><td>卖</td><td>卖</td></tr>
<tr><td>DEQ</td><td>√</td><td></td><td>目的地码头交货</td><td>卖</td><td>卖</td><td>卖</td><td>买</td><td>卖</td><td>卖</td></tr>
<tr><td>DDU</td><td></td><td>√</td><td>目的地指定地点交货</td><td>卖</td><td>卖</td><td>卖</td><td>买</td><td>卖</td><td>卖</td></tr>
<tr><td>DDP</td><td></td><td>√</td><td>目的地指定地点交货（完税）</td><td>卖</td><td>卖</td><td>卖</td><td>卖</td><td>卖</td><td>卖</td></tr>
</table>

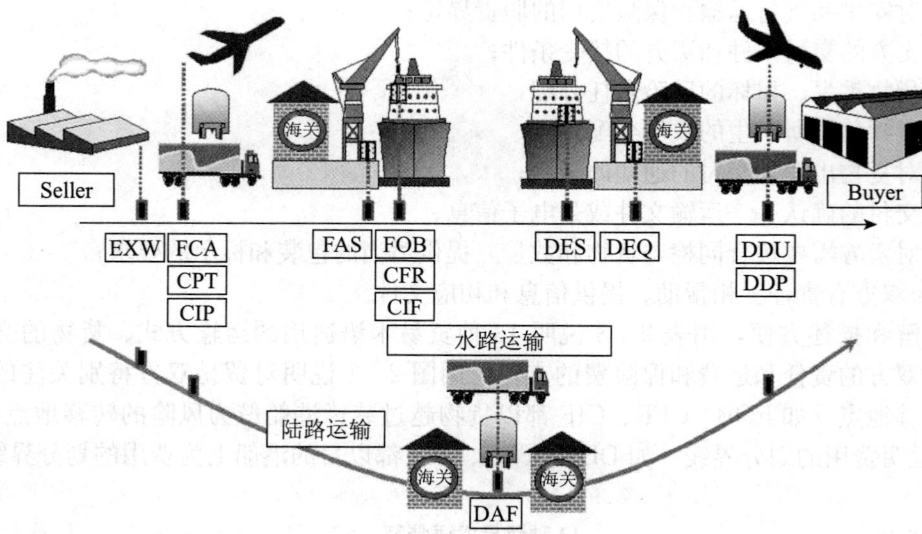

图 2-1 风险转移地点

2. 贸易术语选用时要考虑的因素

在实际业务中，当事人如能选用适当的贸易术语，不仅有利于交易的达成，而且对于顺利执行合同和提高经济效益都具有重要作用。根据经验教训，选用贸易术语时应注意以下几个问题。

(1) 考虑运输问题

在本身有足够运输能力或安排运输无困难，而且经济上又合算的情况下，可争取按由自身安排运输的条件成交（如按 FCA、FAS 或 FOB 进口，按 CIP、CIF 或 CFR 出口）；否则，则应酌情争取按由对方安排运输的条件成交（如按 FCA、FAS 或 FOB 出口，按

CIP、CIF 或 CFR 进口）。

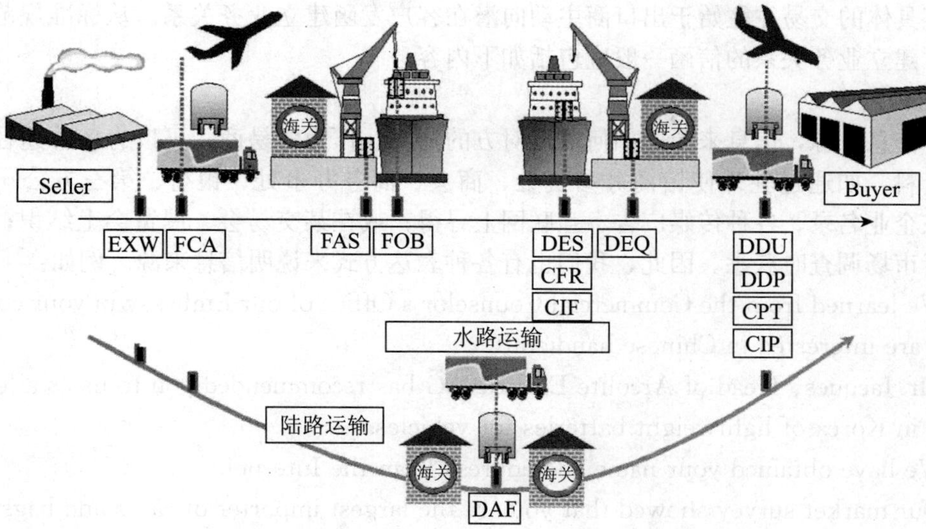

图 2－2　费用划分界线

（2）考虑货源情况

国际贸易中的货物品种很多，不同类型的货物具有不同的特点，它们在运输方面各有不同要求，故安排运输的难易不同，运费开支大小也有差异。这是选用贸易术语应考虑的因素。

（3）考虑运费因素

运费是货价构成因素之一，在选用贸易术语时，应考虑货物经由路线的运费收取情况和运价变动趋势。一般来说，当运价看涨时，为了避免承担运价上涨的风险，可以选用由对方安排运输的贸易术语成交。

（4）考虑运输途中的风险

在国际贸易中，交易的商品一般需要通过长途运输，货物在运输过程中可能遇到各种自然灾害、意外事故等风险，特别是当遇到战争或正常的国际贸易遭到人为障碍与破坏的时期和地区，则运输途中的风险更大。因此，买卖双方洽商交易时，必须根据不同时期、不同地区、不同运输路线和运输方式的风险情况，并结合购销意图来选用适当的贸易术语。

（5）考虑办理进出口货物结关手续的难易

当某出口国政府当局规定，买方不能直接或间接办理出口结关手续，则不宜按 EXW 条件成交，而应选用 FCA 条件成交；若进口国当局规定，卖方不能直接或间接办理进口结关手续，此时，则不宜采用 DDP，而应选用 DES 条件成交。

四、对外贸易的磋商

（一）建立业务关系

进出口业务英语函电，包括信函、电报、电传、传真及电子邮件，是当今国际间货物买卖磋商的主要载体。无论其采取何种形式，目的都是为了有效传递商务信息。因此，合格的英语函电必须是以简洁的语言、明晰的结构来表述完整的内容，同时还要体现出成熟的业务思维。

一笔具体的交易往往始于出口商主动向潜在客户发函建立业务关系。从标准规范的角度而言，建立业务关系的信函一般应包括如下内容：

1. 信函内容

(1) 信息来源，信息来源即如何取得对方的资料。作为贸易商，可以有各种途径来了解客户资料，如通过驻外使馆商务参赞处、商会、商务办事处、银行、第三方公司的介绍；或在企业名录、各种传媒广告、互联网上寻得；或在某交易会、展览会上结识；甚至是在进行市场调查时获悉。因此，我们也有各种表达方式来说明信息来源。例如：

◇ We learned from the Commercial Counselor's Office of our Embassy in your country that you are interested in Chinese handicraft.

◇ Mr. Jacques, Head of Arcolite Electric AG has recommended you to us as a leading importer in Korea of lightweight batteries for vehicles.

◇ We have obtained your name and address from the Internet.

◇ Our market survey showed that you are the largest importer of cases and bags in Egypt.

(2) 致函目的，一般来说，出口商主动联系进口商，总是以扩大交易地区及对象、建立长期业务关系、拓宽产品销路等为目的。例如：

◇ In order to expand our products into South America, we are writing to you to seek cooperation possibilities.

◇ We are writing to you to establish long-term trade relations with you.

◇ We wish to express our desire to enter into business relationship with you.

(3) 本公司概述，我们这里所说的公司概述，包括对公司性质、业务范围、宗旨等基本情况的介绍以及对公司某些相对优势的介绍，例如，贸易经验丰富，供货渠道稳定，有广泛的销售网等。例如：

◇ We are leading company with many years' experience in machinery export business.

◇ We enjoy a good reputation internationally in the circle of textile.

◇ We have our principle as" Clients' needs come first" .

◇ A credible sales network has been set up and we have our regular clients from over 100 countries and regions worldwide.

◇ Located in Shanghai, we take the advantage to set up our solidified production basis in coastal and inland areas.

(4) 产品介绍，在这部分，可能会出现两种不同的产品介绍：在明确对方需求时，我们会选取某类特定产品，进行具体推荐性介绍；否则，我们通常只就公司经营产品的整体情况，如质量标准、价格水平、目前销路等，作较为笼统的介绍。当然，附上目录、报价单或另寄样品供对方参考也是公司经常采取的做法。例如：

◇ Art. No 76 is our newly launched one with superb quality, fashionable design, and competitive price.

◇ We have a good variety of colors and sizes to meet your different needs.

◇ Our products are enjoying popularity in Asian markets.

◇ To give you a general idea of our products, we are enclosing our catalogue for your reference.

（5）激励性结尾，与其他商业促销信函一样，在结尾部分，我们通常都会写上一两句希望对方给予回应或劝服对方立即采取行动的语句，例如：

◇ Your comments on our products or any information on your market demand will be really appreciated.

◇ We are looking forward to your specific inquiries.

2. 信函的格式

（1）信头（Letterhead），信头往往印制在信笺的正上方或右上方，一般包括：公司名称、公司地址、电话号码、传真号、邮编、E-mail 等。

如果没有印制信头，写信时需要在信纸右上方附上发信人的公司名称和地址。

（2）信内地址（Inside Address），信内地址指收信人名称和地址，在信头左下方位置。

若发信人指名要求某人注意或某人亲自阅读此信时，可在信内地址之下或称呼行的右侧注明“Attention”（Attn.）一词。

例如：

××× 信头 ×××
××× 信头 ×××
××× 信头 ×××

××× 信内地址 ×××
××× 信内地址 ×××
××× 信内地址 ×××
Attn：Mr. ××
Dear Sir or Madam：
或
Dear Sir or Madam：　　　　Attn：Mr. ××

（3）称谓（Salutation），称谓部分应注意以下两点：

①应与信内地址对齐并相距两行；

②美国、加拿大一般用 Gentlemen：复数，后接冒号，英国一般用 Dear Sirs，或 Dear Mr. ××，后接逗号。

（4）事由项（Subject），例如：

Dear Sirs,
Subject：Sales of ×× Machine
或
Gentlemen：
Subject：Sales of ×× Machine

另：可以用 Reference 代替 Subject，也可用二者的缩写：Ref.，Subj.

（5）正文（Text），根据本次函电的目的撰写。

（6）结尾谦称（Complimentary Close），撰写结尾谦称时，第一个字母必须大写，最后用逗号。例如：

Yours truly（faithfully，sincerely），

或

Sincerely（faithfully，truly）yours，

（7）签署（Signature），一般应在结尾谦称和打印签名之间留出几行间隔的空间供寄信人亲笔签名。仅有打印名字而无亲笔签名的信函不但有失礼貌，而且也无法判定其真伪。

打印签名应包含三个部分：①撰写信函的公司名称；②打印签名。如果与对方是初次进行函电往来，还应写明自己的性别以便于对方回信；③发信人所在的部门名称或职位。如：营销部（Marketing department）、营销部经理（Manager of marketing department）等。

例如：

Sincerely yours，

×××××

×××××

××××× ←亲笔签名

×××××

ABCDE Co.，Ltd ←（打印的公司名称）

XYZ（Mr. MissMrs.） ←（便于对方回信）←（打印的签名）

MMNN Division（Department） ←（打印的部门名称或职位）

（8）附件（Enclosure）。

有时信文内容提到随附××文件或东西（例如：样品、报价单等），为提醒对方注意，在签署下面附加一行：

Encles：a/s

（意为：Enclosure：as stated←附件如信文所示）

（9）附言（Postscript）。

例如：P. S. ××××××××××

【样单 2-1】

信函范本

×××××

××××× ←信头

×××××

March 1，2007 ←时间

×××××

××××× ←收信人地址

×××××

Attn：××××× ←注意事项

Gentlemen： ←称谓

Subject：××××× ←事由

正文

Yours faithfully,　←信尾谦称

××××× ←公司名称

××× ←手签

××× ←打印签名

××××× ←打印签名人所在部门或职位

Encles：a/s ←附件

Postscript：××××× ←附言

（二）交易磋商

1）询盘

（1）询盘的含义

询盘又称邀请发盘或邀请要约，是指交易一方为出售或购买某项商品而向交易的另一方询问该商品交易的各项条件。所以通俗地说，询盘就是请将来可能的交易对象向自己发盘。

（2）询盘的作用

询盘在通常的交易中并非必不可少的环节。询盘所起的作用，仅仅是笼统地询问对方能否供应或购买某种商品，具体、详尽的交易条件还需在沟通信息之后，根据双方的真实意图进一步磋商。所以一般可以说，它只起到了解供求情况、寻找交易机会的作用。但对于某些交易形式如国际的招标投标或拍卖等来说，询盘就可能是必经环节。询盘的主要目的是寻找买主或卖主，而不是同买主或卖主正式洽商交易条件。所以询盘仅仅是对一项交易进行询问，是正式进入磋商过程的先导。

（3）询盘的形式与约束力

询盘可以是口头的表示，也可以是书面的表达，它既没有法律上的约束力，也没有固定的格式。我国合同法第十五条也有类似的规定："要约邀请是希望他人向自己发出要约的意思表示"。寄送的价目表、拍卖公告、招标公告、招股说明书、商业广告等为要约邀请。询盘的对象可以是特定的个别对象，也可以是公开地对不特定对象的询盘。在国际贸易中，询盘不能像国内贸易一样可以采用报刊、广播、电视等公开询盘。由于距离远，信息传递不方便等，在国际贸易中，一般是采用一定的方式对特定的对象进行询盘，如通过电话、电子邮件、电传等形式对某一选定的对象进行询盘。

（4）询盘的内容

在一般的情况下，询盘可以不具备任何具体的内容，仅仅是要求对方向自己发盘，了解与对方是否有交易可能。询盘也是对市场作一次初步的试探，看看市场和用户对自己的交易条件有何反应；或者询盘者在急需解决自己的需求或销售的情况下，也可以在询盘时将自己的交易条件稍加说明，以便尽快找到买主或卖主。由于询盘可以理解为邀请对方向自己发盘，所以在询盘中可体现这些要求，如在询盘中可涉及价格、规格、品质、数量、包装、交货期以及索取样品、商品目录等，以便在对方发来盘时及时得到自己所需要的信息，或即可判断对方的交易条件是否有可能满足自己的要求。

询盘可以分为买方询盘和卖方询盘两种。例如：

买方询盘："对 2007 年产山东大粒花生仁有兴趣，请报 CIF 鹿特丹最低价格 11 月装运。"（Interested large size Shandong Groundnut Kernels 2007 crop. Please offer lowest price CIF Rotterdam shipment Nov.）

卖方询盘："可供山东花生仁 3 月装如有兴趣请电告"

(CAN SUPPLY SHANDONG GROUNDNUT KERNELS MARCH SHIPMENT CABLE IF INTERESTED)

2）发盘

（1）发盘的含义

发盘又称要约，是交易的一方因想出售或购买某项商品，而向交易的另一方提出买卖该项商品的各种交易条件，并表示愿意按照这些交易条件订立合同。发盘可以是由卖方发出，也可以由买方发出。但一般情况下是由卖方发出，表示愿意按一定的条件出售商品给特定的买主。所以，在一般情况下，一个发盘有两个关系人，即发盘人和受盘人。一项有效的发盘一经成立，如果该项发盘按所适用的法律的规定具有约束力，则发盘人就成为义务方，他有义务在对方接受时按发盘中所规定的条件与对方订立合同；而受盘人就成为权利方，他有权利在发盘的有效期内要求对方按发盘中所规定的条件与之签订合同。发盘的约束力与发盘是否有效，这两者是不一样的。

（2）发盘形式

①书信式发盘，采用传统信函的方式进行发盘，一般在正文中直接将报价条件一一列出即可。

②表格式发盘，书信式发盘的一种特殊方式，即在正方中专门列出表格说明报价条件，以起到醒目和提示对方注意的作用。表格式发盘中的表格一般只列出和商品本身有关的条件，而付款条件、装运条件、注意事项等往往在表格下方列出。

③电报式发盘，即在电报中直接列出报价条件。

④E-mail 发盘，通过 E-mail 进行发盘是互联网发展起来后常用的一种发盘方式。因其具有速度快、成本低、效率高的特点，故使用越来越广泛，有替代传统发盘方式的趋势。

（3）发盘应包含的基本项目

一方发盘时应提出主要交易条件，发盘后不得任意撤销或修改其内容。在发盘的有效期内，发盘一经对方接受，就算达成交易，买卖合同即告成立，双方均受合同的约束。发盘应包含以下基本项目：

①编号，即使是同种商品在不同的时期也可能以不同的价格和条件发盘，因此注明编号可便于核对、查询。

②日期，作用同编号。

③规格，规格是表示商品本身的一些指标，一般包括品名、品质、数量、包装等。

④付款方式，国际贸易中常用的付款方式有三种，即汇付、托收和信用证。不同的付款方式对买卖双方的风险、费用、责任和义务均不相同。发盘时应说明希望采用的付款方式。

⑤价格，发盘简称报价，可见价格是发盘中最核心和最敏感的部分。报价时不但要包括单价的四个方面（计量单位、单位价格金额、计价货币、贸易术语）和表明是否包含佣金与折扣，还应注明总金额。

⑥交货条件及日期，交货条件和日期对买卖双方风险责任的划分意义重大，必须在发盘中报明以免将来产生纠纷。

⑦报价方式和有效期，发盘分为发实盘和发虚盘：实盘具有法律效力，报价时很确

定；虚盘不确定，仅表明报价意向，不具法律效力。

发盘通常都规定一个有效期，作为对方表示接受的时间限制，超过发盘规定的时限，发盘人即不受约束。发盘人对发盘有效期可作明确的规定，也可不作明确的规定。明确规定有效期的发盘，从发盘被传达到受盘人开始生效，到规定的有效期届满为止。不明确规定有效期的发盘，按法律在合理时间内有效。

完整准确地拟写发盘函可以避免争议，有利于缩短交易磋商的时间，尽快达成协议。

(4) 发盘函内容

一般而言，一封规范的发盘函应包括如下三方面内容：

①准确阐明各项主要交易条件。这里所指的主要交易条件，一般包括品名规格、价格、数量、包装、装运、付款、保险等七大要件。例如：

◇ For the Fancy Brand AGT-4 Garment sewing machine，the best price is USD78.00 per set FOB Shanghai.

◇ The minimum quantity is one 20’ FCL and with the purchase of two or more containers，the price is reduced by 2%.

◇ All these blankets are packed in plastic bags with zip of 1 piece each，20 pieces to a carton.

◇ Delivery is to be made within 45 days after receipt of order.

◇ Our usual terms of payment are by confirmed irrevocable L/C available by draft at sight.

◇ The insurance shall be effected by the seller covering the invoice value plus 10% against Institute Cargo Clauses (A).

②声明此发盘的有效期及其他约束条件。为了防止日后的争议或是敦促对方早下订单，我们通常会在发盘函中明示该报价的有效期，或指出其有效的条件。例如：

◇ This offer is valid for ten days.

◇ The quotation is for acceptance within two weeks.

◇ This quotation is effective while stocks last.

◇ This offer is subject to our final confirmation.

③鼓励对方订货并保证供货满意。发盘的目的是为了获得订单，所以我们通常会以一些鼓励、刺激对方下订单的语句来结尾。例如：

◇ We hope you will agree that our prices are very competitive for these good quality clothes，and we look forward to receiving your initial order.

◇ As we have been receiving a rush of orders now，we would advise you to place your order as soon as possible.

◇ This favorable offer will not be repeated for some time，and we accordingly look forward to an early order from you.

◇ Any orders you place with us will be processed promptly.

3) 出口价格核算

价格核算是出口业务的关键环节，它直接关系到交易磋商的成败和买卖双方的利益，因此，只有掌握出口价格核算，才能保证所报价格的准确与合理。

(1) 出口价格的表示方法

出口商品的价格可以用单价（Unit Price）和总值（Total Value）两种方法表示。单价是由计价货币、计价金额、计量单位和贸易术语四个部分组成，例如：每公吨30美元CIF东京（US$30.00 Per Metric Ton CIF Tokyo）；总值是单价与数量的乘积。

(2) 出口价格构成

国际贸易的价格主要由成本、费用和预期利润三部分构成。

①成本（Cost）。成本是整个价格的核心。它是出口企业或外贸单位为出口其产品进行生产、加工或采购所产生的生产成本、加工成本或采购成本，我们通常称之为含税成本。

②费用（Expenses，Charges）。出口价格中的费用主要有国内费用和国外费用两部分。其中国内费用主要包括：包装费、仓储费、国内运输费、认证费、港口费、商检报关费、捐税、购货利息、经营管理费、银行费用等；国外费用包括出口运费、出口保险、佣金等。

③预期利润（Expected Profit）。

(3) 出口报价核算要点

①成本核算。一般来说，我们掌握的成本是采购成本或含税成本，即包含增值税。但很多国家为了降低出口商品的成本，增强其产品在国际市场上的竞争能力，往往对出口商品采取增值税全部或部分退还的做法。在实施出口退税制度的情况下，在核算出口商品价格时，就应该将含税的采购成本中的税收部分根据出口退税比率予以扣除，从而得出实际采购成本。

因为：

实际采购成本＝含税成本－退税成本

退税收入＝含税成本×出口退税率/（1＋增值税率）

由此得出实际采购成本的计算公式：

实际采购成本＝含税成本［1－出口退税率/（1＋增值税率）］

例如：某产品每单位的购货成本是28元人民币，其中包括17%的增值税，若该产品出口有13%的退税，那么：

该产品每单位的实际采购成本＝含税成本［1－出口退税率/1＋增值税率］

＝28［1－13%/（1＋17%）］

＝24.89（元人民币/单位）

②运费核算。本书仅就海洋班轮运输运费的计算进行讲述。班轮运输运费的计算又分为件杂货物与集装箱货物运费计算。一般来说，它们可以用如下公式计算：

班轮运费＝基本运费＋附加运费＝基本运费费率×运费吨＋附加运费

集装箱运费＝包箱费率×集装箱的数量

关于集装箱的数量计算，关键在于确定整箱货还是拼箱货。若为拼箱，应先算出所装箱的确切数量，再按件杂货的计算方法查表计算；若为整箱货，直接按表中给出的单箱运费计算即可；若部分装整箱，部分以拼箱方式运输时，需混合这两种计算方式。关于集装箱数量通常是按照货物的总重量或体积除以集装箱的有效载货重量或有效容积取整得出。通常20英尺集装箱的有效载重量为17.5公吨，有效容积为25立方米；40英尺集装箱的有效载重量为24.5公吨，有效容积为55立方米。

③保险费核算。在出口交易中，在以 CIF 或 CIP 术语成交的情况下，出口报价中应包含保险费。保险费通常是按照货物的保险金额乘以保险费率计算。用公式表示即：

保险费＝保险金额×保险费率

保险金额＝CIF（CIP）货价×（1＋保险加成率）

由上面公式可以进一步得出 CFR（CPT）价格换算为 CIF（CIP）价格的公式：

CIF（CIP）＝CFR（CPT）/［1－（1＋保险加成率）×保险费率］

④佣金核算。在出口报价中，有时对方要求包含佣金，这样在出口报价中应将佣金考虑进去，包含有佣金的价格称为含佣价。

含佣价＝净价/（1－佣金率）

⑤预期利润核算。利润是出口价格的三个组成部分之一，出口价格中包含利润的大小由出口企业自行决定。利润的确定可以用某一固定的数额表示，也可以用利润率即百分比表示。用利润率表示时应当注意计算的基数，可以用某一成本作为计算利润的基数，也可以用销售价格作为计算利润的基数。

⑥FOB、CFR、CIF 三种价格的报价核算。

FOB 报价＝（实际采购成本＋各项国内费用之和）/（1－预期利润率）

CFR 报价＝（实际采购成本＋各项国内费用之和＋国外运费）/（1－预期利润率）

CIF 报价＝（实际采购成本＋各项国内费用之和＋国外运费）/

［1－预期利润率－（1＋投保加成率）×保险费率］

4）还盘

还盘又称反要约，或称新的发盘，是指受盘人在接到发盘后，对发盘的内容不完全同意，为了进一步协商，反过来向发盘人提出需要变更内容或建议的表示。还盘不能是指受盘人完全不同意发盘的条件，否则，就是拒绝而不是还盘。

发盘人如果对受盘人发出的还盘提出新的修改意见，并再发给受盘人，其效果与还盘一样。在国际贸易中，一笔交易的达成，往往要经过多次还盘和再还盘的过程。这也就是合同谈判的主要过程。

在出口方发盘后，进口方往往会就价格进行还盘。这时出口方通常面临三种选择：一是完全接受对方的还价，交易即告达成；二是坚持原价，即拒绝对方的还价；三是针对对方的还价进行再还价，或是有条件地接受对方的还价。虽然这三种情形在具体语言运用上有所不同，但一般均需包含如下内容：

（1）确认对方来函

还价函总是一封回信，因此在信的开头，我们会礼节性地感谢对方的来函。而且，通常还会先简洁地表明我方对来函的总体态度。例如：

◇ We are glad to receive your letter of March 22 but sorry to learn that your customers find our quotation too high.

◇ Thank you for your fax of March 19. We regret to say that we can not accept your counter offer.

（2）强调原价的合理性，并列明理由

无论最后是否接受对方的还价，我们一般都会先坚持原价的合理性，同时给出各种适当的理由，或认为报价符合市价，或强调产品品质超群，或言明利润已降至极限，或指出目前原料价格上涨、人工成本提升等。例如：

◇ As business has been done extensively in your market at this price, we regret to say we cannot make further concession.

◇ We believe our prices are quite realistic; it is impossible that any other suppliers can underquote us if their products are as good as ours in quality.

◇ The price we quoted is accurately calculated. We have cut the profit to the minimum in order to expand the market.

◇ We feel that your counter offer is not proper because the price for such material is on the increase present.

(3) 提出我方条件，并催促对方行动

这部分的写法非常灵活，并没什么定式可言，关键是要具有说服力，而且常常带有促销的性质，如以数量折扣吸引对方大批订购，以库存紧张激励对方早下订单等。即便是在拒绝还价、不作任何让步的情况下，我们一般也会推荐一些价格低廉的替代品，以寻求新的商机。例如：

◇ However, in order to develop our market in your place, we have decided to accept your counter offer as an exceptional case.

◇ In order to assist you to compete with other dealers in the market, we have decided to reduce 2% of the price quoted to you previously, if your order reaches 5000 sets at one time.

◇ Owing to the great demand for the product, this offer is valid only for 5 days.

◇ As an excellent substitute for this article, we would suggest you our Fine range shoes, which are sold at a lower price but also enjoy a good popularity in the world market.

5) 接受

接受又称承诺，是受盘人同意发盘的意思表示。受盘人在接到发盘后，如果同意发盘的全部内容，向发盘人发出通知表示同意，即构成接受。

接受与发盘是一组对合的概念，两个意思表示对合一致时，合同即宣告成立。应当注意的是发盘经接受而使合同成立后，并不等于合同就具有法律效力。如果双方所成立的合同不具备法律规定的合法有效的条件，合同即使成立了也没有法律效力，它可能导致合同是无效的。无效合同不仅不能产生当事人所期望的权利和义务，还可能引起当事人不愿意其发生的法律后果。

同时，为了便于履约和监督，双方通常会签订一份合同（采购确认书或销售确认书）。当出口方向进口方寄送销售确认书的时候，往往会附上一封短信，这封信就是我们这里所说的出口成交函。成交函是一种典型的通知类信函，在写法上与我们在之前提及的建交函、发盘函和还盘函有所不同。

成交函最主要目的是要告诉对方销售合同已寄出，希望其予以会签。例如：

◇ We are sending you our Sales Confirmation No. 990123 in duplicate. Please sign it and return one copy for our file.

当然，作为成交函，我们通常还会对本次成交表示高兴，并希冀合同顺利履行。例如：

◇ We are that through our mutual effort finally we have reached the agreement.

◇ We believe the first transaction will turn out to be profitable to both of us.

◇ You may rest assured that we shall effect shipment strictly as contracted.

另外，在信用证交易中，信用证能否及时开到出口方直接影响着出口方能否按时履约交货。所以拟写成交函时，特别是在距规定到证日较近的情况下，我们还会加上一些催促对方尽早开立信用证的语句。例如：

◇ It is understood that a letter of credit in our favor covering the above-mentioned goods will be established promptly.

◇ Please instruct your banker to issue the letter of credit as early as possible in order that we may process with the goods immediately.

◇ We wish point out that the stipulations in the relevant credit should strictly conform to the terms we have agreed upon so as to avoid subsequent amendments.

第二节　国际贸易与国际物流的关系

国际物流是随着国际贸易的发展而产生和发展起来的，在当前已成为影响和制约国际贸易进一步发展的重要因素。国际贸易与国际物流之间存在着非常紧密的关系。

一、国际贸易与国际物流的关系

1. 物流是国际贸易的必要条件

世界范围的社会化大生产必然会引起不同的国际分工，任何国家都不能够包揽一切，因而需要国际间的合作。国际间的商品和劳务流动是由商流和物流组成，前者由国际交易机构按照国际惯例进行，后者由物流企业按各个国家的生产和市场结构完成。为了克服它们之间的矛盾，就要求开展与国际贸易相适应的国际物流。对于出口国企业来说，只有物流工作做好了，才能将国外客户需要的商品适时、适地、按质、按量、低成本地送到，从而提高本国商品在国际市场上的竞争能力，扩大对外贸易。

2. 国际贸易促进物流国际化

第二次世界大战以后，出于恢复重建工作的需要，各国积极研究和应用新技术、新方法，从而促进生产力迅速发展，世界经济呈现繁荣兴旺的景象。国际贸易也因此发展得极为迅速。同时，由于一些国家和地区资本积累达到了一定程度，本国或本地区的市场已不能满足其进一步发展的需要，加之交通运输、信息处理及经营管理水平的提高，出现了为数众多的跨国公司。跨国经营与国际贸易的发展，促进了货物和信息在世界范围内的大量流动和广泛交换。

二、国际贸易对国际物流提出新的要求

随着世界技术经济的发展和政治格局的风云变幻，国际贸易表现出一些新的趋势和特点，从而对物流提出了更新、更高的要求。

1. 质量要求

国际贸易的结构正在发生着巨大变化，传统的初级产品、原料等贸易品种逐步让位于高附加值、精密加工的制成品。由于高附加值、高精密度的商品流量的增加，对物流工作质量提出了更高的要求。同时由于国际贸易需求的多样化，形成物流多品种、小批量化，

要求国际物流向优质服务和多样化发展。

2. 效率要求

国际贸易活动的集中表现就是合约的订立和履行，而国际贸易合约的履行很大部分涉及国际物流活动，因而要求物流有很高的效率。从输入方看，提高物流效率最重要的是如何高效率地组织所需商品的进口、储备和供应。也就是说，从订货、交货，直至运入国内保管、组织供应的整个过程，都应加强物流管理。

3. 安全要求

由于社会分工和社会生产专业化的发展，大多数商品在世界范围内分配和生产。国际物流所涉及的国家多，地域辽阔，在途时间长，受气候、地理等自然条件和政局、罢工、战争等社会政治经济因素的影响。因此，在组织国际物流中，当选择运输方式和路线时，要密切注意所经地域的气候条件、地理条件，还应注意沿途所经国家和地区的政治局势、经济状况等，以防这些人为因素和不可抗拒的自然力造成货物灭失。

4. 经济要求

国际贸易的特点决定了国际物流的环节多、储运期长。随着国际市场竞争的加剧，降低物流成本以获得价格优势是大势所趋。从可能性上看，控制物流费用、降低物流成本具有很大潜力。对于国际物流企业来说，选择最佳物流方案，提高物流经济性，降低物流成本，保证服务水平，是提高竞争力的有效途径。

总之，国际物流必须适应国际贸易结构和商品流通形式的变革，向国际物流合理化方向发展。国际贸易结构、市场结构的巨大变化，需要专业化、国际化的物流运作。如果国际物流业者无法实现在低成本或不增加客户费用的条件下，跨国货物交付的安全、准确、准时、无差错或少差错，国际贸易合同的履约率就会受到限制，就会影响到国际贸易企业的生存和发展。

第三节　国际贸易结算

两个不同国家的当事人，不论是个人间的、单位间的、企业间的或政府间的，因为商品买卖、服务供应、资金调拨、国际借贷而需要通过银行办理的两国间外汇收付业务，叫做国际结算。国际贸易经常发生贷款外结算，以结清买卖双方间的债权债务关系，称之为国际贸易结算。本节主要讲解国际贸易结算中的几种重要方式。

一、国际贸易结算概述

随着国际贸易的发展，逐渐形成了当今在国际货物买卖过程中货款结算方式的多样化。不同的结算方式要求在国际货物买卖合同订立不同的支付条款。在我国的国际贸易和国际物流实践中，目前多采用通过银行现汇结算方式。当今世界经济动荡不定，商人信誉良莠不齐，各国外币汇率波动频繁，为减少收汇风险，除了要考虑有利于加速资金周转和降低费用成本外，还要及时掌握国际金融市场的动态，客户的资信和经营作风，恰当选择支付货币，并灵活运用各种结算方式。

国际货款结算（支付）的基本方式有汇付、托收和信用证三种。接下来主要介绍汇付和托收两种方式及其在国际贸易中的运用。

二、汇付

汇付（Remittance）也称汇款，是指付款人通过银行将货款汇交收款人的一种结算方式。采用汇付方式结算货款时，卖方将货物直接交付给买方，由买方径自通过银行将货款汇交给卖方。货运单据由卖方自行寄送买方，除以票汇方式汇付外，银行也不处理票据。

1. 汇付方式的当事人

汇付方式涉及四个基本当事人，即汇款人、汇出行、汇入行和收款人。

汇款人（Remitter），即付款人。在国际贸易中，通常是进口人，买卖合同的买方。

汇出行（Remitting Bank）是接受汇款人的委托或申请，汇出款项的银行，通常是进口人所在地的银行。

汇入行（Receiving Bank）又称解付行（Paying Bank），即接受汇出行的委托，解付汇款的银行。汇入行通常是汇出行的代理行，出口人所在地的银行。

收款人（Payee）在国际贸易中，通常是出口人，买卖合同的卖方。

2. 汇付方式的种类及其业务程序

采用汇付方式结算货款的情况下，汇款人在委托汇出行办理汇款时，通常要出具汇款申请书，写明收款人的名称和地址，汇款金额，具体采用的汇款方式（Type of Remittance）等内容交汇出行，汇出行接受委托后即有义务按照申请书的指示，用申请书列明的方式通知汇入行将汇款解付给收款人。汇款人在申请汇款时除应交付所汇全部金额现金外，还应向汇出行缴付规定比率的手续费，或称汇费。

根据不同的汇款方法，汇付方式有电汇、信汇和票汇三种。

(1) 电汇（Telegraphic Transfer，T/T）

电汇是由汇款人委托汇出行用电报、电传等电讯手段发出付款委托通知书给收款人所在地的汇入行，委托它将款项解付给指定的收款人。

汇出行在发电后，为防止传递电文有误，通常还应立即以航空信件向汇入行寄发“电汇证实书”（Cable Confirmation），供汇入行查对。

汇入行在收到电汇委托通知书并经核对密押无误后，即通知收款人凭适当身份证明文件取款，收款人收取款项后出具收据作为收妥汇款的凭证。汇入行解付汇款后，除向汇出行收回垫款或邮寄付讫借记通知（Debit Advice）进行转账外，应将收据寄交汇出行，以便在必要时交给汇款人，作为汇款已经交付清楚的凭证。

电汇的优点是交款迅速，在三种汇款方式中，电汇使用最广，也最受收款人欢迎，但缺点是费用较高。

(2) 信汇（Mail Transfer，M/T）

信汇与电汇类似，只是不是使用电讯，而是使用信汇委托书（M/T Advice）或支付通知书（Payment Order），通过邮政航空信件方式寄发。汇入行在收到汇出行邮寄来的委托书或通知书后首先要核对汇出行的签字或印鉴，经证实无误后才能付款给收款人。

信汇的优点是费用较为低廉，但收款人收到的时间较晚。电汇和信汇的业务程序见图2－3。

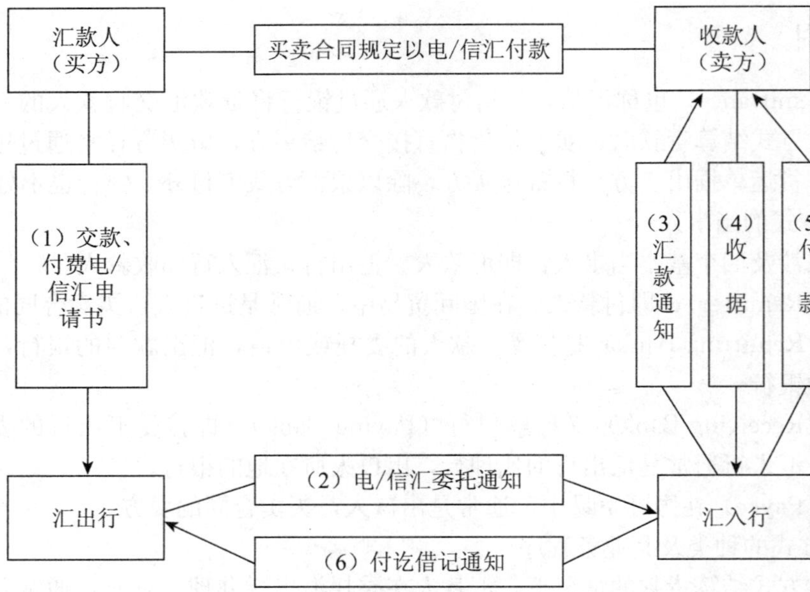

图 2-3　电/信汇业务程序

（3）票汇（Remittance by Banker's Demand Draft，D/D）

票汇是以银行即期汇票作为支付工具的一种汇付方式。一般是指汇出行应汇款人的申请，开立以其代理行或其他往来银行为付款人的银行即期汇票，列明收款人名称、金额等，交由汇款人自行寄交给收款人，凭票向付款行取款的一种汇付方式。

票汇除使用银行汇票外，近年来，使用其他票据如本票、支票等日益增多。在我国出口业务中使用票汇方式时，当收到国外进口商寄来票据后，如付款在国外的，均需委托出口企业所在地银行通过国外代理行向付款银行或其他付款人代为收款。这也就是票据托收业务。待收到国外代收行的收妥通知方可据以结汇。票汇的业务程序见图 2-4。

无论采用电汇、信汇还是票汇，其所使用的结算工具（委托通知或汇票）的传送方向与资金的流动方向相同，因此均属顺汇。但这三种汇付方式也有不同之处，例如在付款速度上，以电汇最快，信汇次之，票汇最慢。所以，电汇最受卖方欢迎，但银行收取的费用也最高。

3. 汇付方式的性质及其在进出口贸易中的使用

在进出口贸易使用汇付方式结算货款的过程中，银行只提供服务而不提供信用，因此，使用汇付方式完全取决于买卖双方中的一方对另一方的信任，并在此基础上向对方提供的信用和进行资金融通。据此，汇付实属商业信用性质。由于商业信用不如银行信用可靠，提供信用的一方所承担的风险很大，所以在我国的外贸实践中，除对本企业的联号或分支机构和个别的极可靠客户用以预付货款以及交货后付款（Cash on Delivery——C. O. D.）、随订单付现（Cash with Order——C. W. O.），统称赊账交易（Open Account Trade——O/A）外，主要用于定金、货款尾数，以及佣金、费用等的支付。大宗交易使用分期付款或延期付款办法时，其货款支付也常采用汇付方式。

在出口业务中，如采用汇付方式预付货款的，应在买卖合同中明确规定使用何种具体方式（电汇、信汇还是票汇）和货款汇到的期限。汇到期限应结合合同中确定的装运期，并留有适当余地，以免影响对外按时交货。

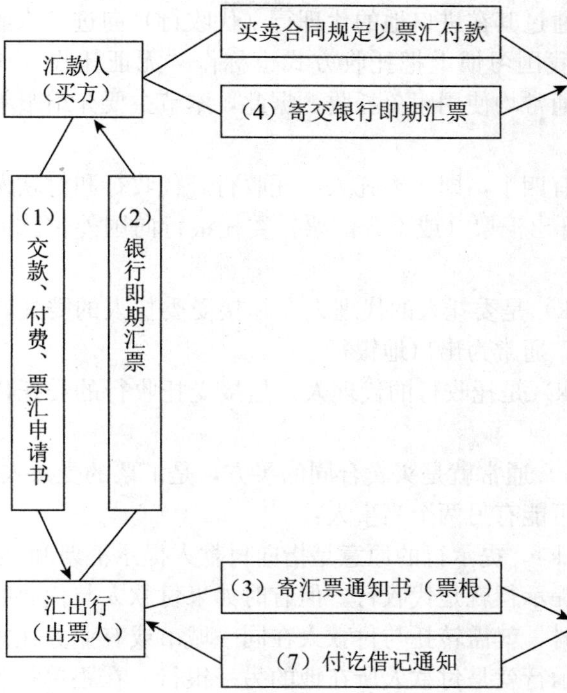

图 2-4 票汇业务程序

值得注意的是，对于在出口业务中采用票汇预付货款的交易，为保证收汇安全，除确实可靠的银行汇票、银行本票并经我国银行审查认可同意收受的以外，均应先将收到的票据交我当地银行，并委托其通过国外的代理行向付款行收取货款，在接到收妥通知后，方可对外发运货物，以防止国外不法商人伪造票据、出票行破产倒闭、签发空头支票或其他原因收不到票款而蒙受损失。

三、托收

托收（Collection）是指出口人于货物装运后，开具以进口人为付款人的汇票，连同有关单据（主要是提单、发票和保险单等）委托当地银行通过它的分支行或代理行向进口人收取货款的方式。目前，在我国的外贸实践中，有些交易的货款也采用托收方式进行收付。

1. 托收的定义

《托收统一规则》（国际商会第 322 号出版物）对托收作了如下定义：

托收是指由接到委托指示的银行办理金融单据和/或商业单据以便取得承兑或付款，或凭承兑或付款交出商业单据，或凭其他条件交出单据。

托收分为光票托收和跟单托收两种。光票托收是指金融单据不附带商业单据的托收，即仅把金融单据委托银行代为收款。前述票汇业务中的票据托收即属光票托收。光票托收可以用于货款尾数、小额交易货款、贸易从属费用和索赔款的收取。跟单托收是指金融单据附带商业单据或不用金融单据的商业单据的托收。跟单托收的基本做法是，出口人根据买卖合同先行发运货物，然后开立汇票（或不开汇票）连同有关货运单据（即商业单据）委托出口地银行（托收行）通过其在进口地的代理行（代收行）向进口人收取货款。为区别于凭信用证收付方式，在我国习惯上把托收方式也称作“无证托收”。在国际贸易中，货款结算使用托收方式时，通常均使用跟单托收。据此，本节主要介绍跟单托收。

2. 托收方式的当事人

托收方式的基本当事人有四个，即：委托人、托收行、代收行和付款人。

委托人（Principal）是开出汇票（或不开汇票）委托银行向国外付款人收款的出票人（Drawer），通常就是卖方。

托收行（Remitting Bank）是委托人的代理人，是接受委托人的委托转托国外银行向国外付款人代为收款的银行。通常为出口地银行。

代收行（Collecting Bank）是托收行的代理人，是接受托收行的委托代向付款人收款的银行，通常为进口地银行。

付款人（Drawee；Payer）通常就是买卖合同的买方，是汇票的受票人（Drawee）。

在托收业务中，有时还可能有另两个当事人：

提示行（Presenting Bank）。提示行的原意是指向付款人提示汇票和/或单据并收取款项的银行。在一般情况下，提示行就是代收行。但有时如果付款人与代收行不在同一城市或者因无往来关系处理不便时，就需转托与付款人在同一城市或有业务往来关系的银行代向付款人提示收款。此时提示行就是付款人所在地的另一银行。在跟单托收情况下，付款人为了便于向银行融通资金，有时也会主动要求指示代收行转托与其有业务往来并对其有融资关系的银行凭提示行向其提示汇票和/或单据。

需要时的代理——委托人的代表（Principal's Representative in Case of Need）。需要时的代理是委托人指定的在付款地代为照料货物存仓、转售、运回或改变交单条件等事宜的代理人。

按《托收统一规则》规定，委托人如需指定需要时的代理人，应对授予该代理人的具体权限在托收申请书和托收委托书（Collection Order）中作出明确和充分的指示。否则，银行对需要时代理的任何命令可以不受理。

根据《托收统一规则》，托收行可利用委托人指定的银行担任代收行，如委托人未指定，则可由托收行视情况选择在付款或承兑所在国的任何银行为代收行。

托收行在接受出口人（委托人）的托收申请书后，双方之间就构成了委托代理关系。同样，代收行接受了托收行的托收委托书后，双方也就构成了委托代理关系。托收申请书和委托书也均成为一项委托代理合同，被委托人有义务各自按委托的指示办理。若有越权行为致使委托方受到损失，由代理人负全部责任。

3. 跟单托收的种类

跟单托收按交单条件的不同，分为付款交单和承兑交单两种：

(1) 付款交单

付款交单（Documents Against Payment，D/P）是卖方的交单需以买方的付款为条件，即出口人将汇票连同货运单据交给银行托收时，指示银行只有在进口人付清货款时才能交出货运单据。如果进口人拒付，就不能拿到货运单据，也无法提取单据项下的货物。付款交单按支付时间不同又可分为即期付款交单和远期付款交单两种。

①即期付款交单（D/P At Sight）。是由出口人通过银行向进口人提示汇票和货运单据，进口人于见票（或见单）时即需付款，在付清货款后，领取货运单据。

②远期付款交单（D/P After Sight）。是由出口人通过银行向进口人提示汇票和货运单据，进口人即在汇票上承兑，并于汇票到期日付款后向银行取得单据。在汇票到期付款前，汇票和货运单据由代收行掌握。

（2）承兑交单

承兑交单（Documents Against Acceptance，简称D/A）。是指出口人的交单以进口人的承兑为条件。进口人承兑汇票后，即可向银行取得全部货运单据，待汇票到期日才付款。承兑交单只适用于远期汇票的托收。

4. 跟单托收的一般业务程序

托收属逆汇法。跟单托收业务一般按照以下程序进行：

（1）出口人按照合同规定发货后取得货运单据，即连同汇票及发票等商业单据，填写托收申请书一并送交托收行，委托代收货款。

（2）托收行根据出口人的指示，向代收行发出托收委托书连同汇票单据寄交代收行，要求按照申请书的指示代收货款。

（3）代收行收到汇票和单据后，应及时向进口人作付款或承兑指示。如为即期汇票，进口人应立即付清货款，取得全套货运单据；如为远期汇票，进口人应立即承兑汇票。若属付款交单方式，代收行保留汇票及单据，待汇票到期再通知付款赎单。若属承兑交单方式，则进口人在承兑汇票后即可从代收行取得全套单据。

（4）代收行收到货款后，应即将货款拨付托收行。

（5）托收行收到货款应即拨交出口人。

以下分别是即期付款交单、远期付款交单和承兑交单一般业务程序示意图（如图2-5、图2-6和图2-7所示）。

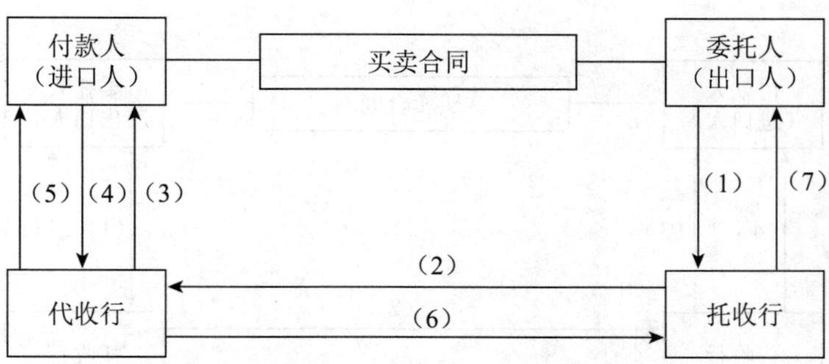

图2-5　即期付款交单收付程序

图2-5说明：（1）出口人按合同规定装货后，填写托收申请书，开立即期汇票，连同货运单据（或不开立汇票，仅将货运单据）交托收行委托代收货款。

（2）托收行根据托收申请书缮制托收委托书连同汇票（或没有汇票）、货运单据寄交进口地代收银行委托代收。

（3）代收行按照委托书的指示向买方提示汇票与单据（或仅提示单据）。

（4）买方审单无误后付款。

(5) 代收行交单。

(6) 代收行办理转账并通知托收行款已收妥。

(7) 托收行向卖方交款。

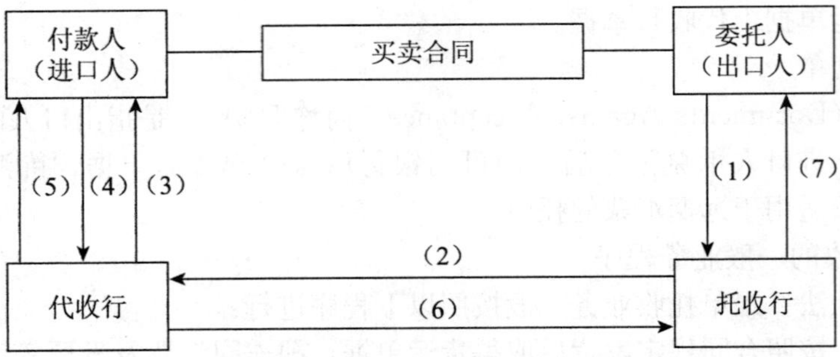

图 2-6 远期付款交单收付程序

图 2-6 说明：(1) 出口人按合同规定装货后填写托收申请书，开立远期汇票连同货运单据交托收行，委托代收货款。

(2) 托收行根据托收申请书缮制托收委托书，连同汇票、货运单据寄交代收行委托代收。

(3) 代收行按照委托书的指示向进口人提示汇票与单据，进口人经审核无误在汇票上承兑后，代收行收回汇票与单据。

(4) 进口人到期付款。

(5) 代收行交单。

(6) 代收行办理转账，并通知托收行款已收到。

(7) 托收行向出口人交款。

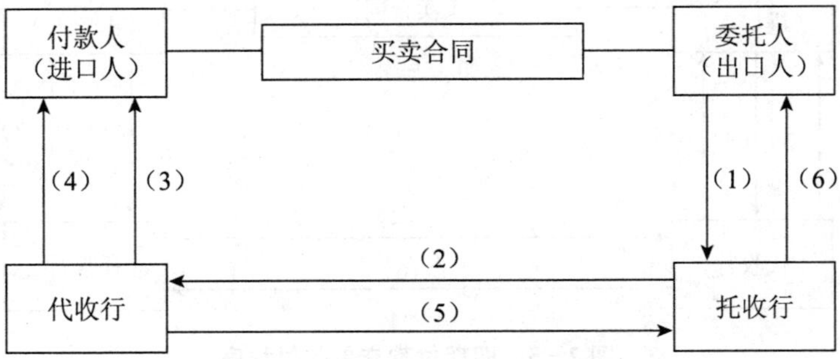

图 2-7 承兑交单收付程序

图 2-7 说明：(1) 出口人按合同规定装货后填写托收申请书，开立汇票，连同货运单据交托收行，委托代收货款。

(2) 托收行根据托收申请书缮制托收委托书，连同汇票、货运单据寄交代收行委托代收。

(3) 代收行按照托收委托书的指示，向进口人提示汇票和单据，进口人在汇票上承兑、代收行在收回汇票的同时，将货运单据交给进口人。

(4) 进口人到期付款。

(5) 代收行办理转账并通知托收款已收到。

(6) 托收行向出口人交款。

5. 跟单托收方式下的进出口押汇

进出口押汇业务，是银行在进出口商品流通期间为经营进出口业务的工商企业提供资金融通的一种方式，是工商企业以代表货物所有权的单据作为抵押品，由银行叙做的一种抵押贷款。在跟单托收业务中，银行所做押汇业务可分为托收出口押汇与托收进口押汇两种。

(1) 托收出口押汇

托收出口押汇是托收银行采用买入出口人向进口人开出的跟单汇票的办法向出口人融通资金的一种方式。出口人为了加速资金周转和扩大业务量，经常依靠银行的资金融通，在采用跟单托收方式进行出口结算时，所做托收出口押汇则是常用的一种融资方式。它的具体做法是出口人在按照出口合同规定发运货物后，开出以进口人为付款人的汇票，并将汇票及所附全套货运单据交托收银行委托收取货款时，由托收银行买入跟单汇票及其所附单据，按照汇票金额扣除从付款日（即买入汇票日）至预计收到票款日的利息及手续费，将款项先行付给出口人。这先付的款项，实际上是托收银行对出口人的一种垫款，也是以汇票和单据作为抵押品的一种放款。此时，托收银行即作为汇票的善意持票人，将汇票和单据寄至代收银行并通过代收银行向进口人提示。票款收到后，即归还托收银行的垫款。

托收银行所做托收出口押汇可以使出口人在货物装运取得货运单据后，立即得到银行的资金融通，有利于出口人加速资金周转和扩大业务量。但是，银行仅凭一张出口人开立的汇票和提交的货运单据，缺乏第三者，特别是没有其他银行对于进口人的付款作出的信用保证。因此，托收银行所做托收出口押汇，有较大风险。在实际业务中，除非托收银行认为这笔业务的出口人特别是进口人的资信可靠，有关出口商品的种类、价值合适，该商品的销售情况和进口地区的政治经济情况良好，许多银行不愿承做或很少承做。在承做时，大都也只根据托收的交单条件（大都仅限于付款交单）酌情发放一部分汇票金额的贷款，例如按汇票金额贷放一半或70%、80%不等，很少仿照信用证项下出口押汇那样发放全额贷款。目前，我国银行在国外进口商信用可靠的前提下，也酌情做跟单托收项下的出口押汇业务。

(2) 托收进口押汇

托收进口押汇是代收银行给予进口人凭信托收据（Trust Receipt：T/R）提货便利的一种向进口人融通资金的方式。在付款交单条件下，进口人为了不占用资金或减少占用资金的时间，或者为了抓住有利行情，不失时机地转售货物，而提前付款赎单又有困难，希望能在汇票到期前、或在付款以前先行提货，就可以要求代收银行做托收进口押汇。其具体做法是由进口人承兑汇票后出具信托收据向代收银行借取货运单据先行提货。信托收据是进口人借单时提供的一种书面信用担保文件，用以表示出据人愿意以代收银行的受托人身份代为提货、报关、存仓、保险、出售，同时承认货物的所有权仍属银行。货物售出后所得的货款在汇票到期日偿还代收银行，收回信托收据。这种做法纯粹是代收银行自己向进口人提供的信用便利，与出口人和托收银行无关。所以对代收银行来说，有一定风险，为此，代收银行在接到做这种进口押汇要求时，首先必须审查进口人的资信。只有资信较好的进口人，或者在多数情况下还要求进口人提供足够的担保或抵押品。如果在借出货运单据后，发生汇票到期不能收到货款，代收银行应对出口人和托收银行负全部责任。但是，如果凭信托收据借单提货的做法，是由出口人主动通过托收银行授权办理的，即通常称之为“付款交单凭信托收据借单”（D/P at… days after sight to issue trust receipt in exchange for documents，D/P·T/R）方式。这种做法是指出口人在办理托收申请时指示银行允许进口人在承兑汇票后可以凭信托收据先行借单提货，日后进口人如到期拒付时，则与银行无关，一切风险概由出口人自己承担。所以，这种做法的性质与承兑交单差不多，所不同的是由于代收银行握有进口人出具给代收银行的信托收据，在事先得到代收银行同意的条件下，出口人可以委托代收银行作为当事人的一方，向进口人追偿，或向法院起诉。

四、信用证

随着全球商品经济的增长和国际贸易的发展，在银行参与国际贸易结算时从仅提供服务逐步演变到既提供服务，又提供信用和资金融通的过程中形成的。目前，信用证已成为国际贸易结算中被广泛使用的最为重要的一种结算方式。

（一）信用证的含义

信用证（Letter of Credit，L/C）又称信用状，是出证人以自身名义开立的一种信用文件，就广义而言，它是指由银行或其他人应客户请求作出的一项书面保证（Written Engagement），按此保证，出证人（The Issuer）承诺在符合信用证所规定的条件下，兑付汇票或偿付其他付款要求（Other Demands for Payment）。在国际贸易中使用的信用证则都是由银行开立的，是指开证银行应申请人的要求并按其指示，向第三者开具的载有一定金额，在一定期限内凭符合规定的单据付款的书面保证文件。在国际贸易中，信用证通常是开证银行根据进口人的请求和指示，授权出口人凭所提交的符合信用证规定的单据，和开立以该行或其指定的银行为付款人的不超过规定金额的汇票，向其或其指定的银行收款，并保证向出口人或其指定人进行付款，或承兑并支付出口人开立的汇票。

《跟单信用证统一惯例》（国际商会第 500 号出版物）（以下简称 UCP 500）第 2 条对信用证作了以下定义：

“就本惯例条文而言，‘跟单信用证’和‘备用信用证’（以下称‘信用证’），不论其如何命名或描述，意指一项约定，根据此约定，一家银行（开证行）按其客户（申请人）的要求和指示，或为其自身行事，在与信用证条款相符的条件下，凭规定的单据：i. 向第三者（受益人）或其指定人付款，或承兑并支付受益人出具的汇票；或ii. 授权另一银行进行该项付款，或承兑并支付该汇票；或 iii. 授权另一银行议付。”

按上述定义，信用证也可以不经客户申请，由开证银行根据自身业务需要，径自向受益人开立。这是银行自己为了向他人融资或购买物品时向对方开立的备用信用证。

（二）信用证的当事人

信用证的基本当事人有三位，即开证申请人、开证行和受益人。如果信用证是由开证行为其本身的业务需要主动开立的，这类信用证的基本当事人中就不存在开证申请人，而只有开证行和受益人。此类信用证通常被称作双名信用证。此外，还有其他关系人，即通知行、保兑行、付款行、偿付行、议付行等。现分述如下：

1. 开证申请人（Applicant）

开证申请人又称开证人（Opener）、出账人（Accountee）。是指向银行提出申请开立信用证的人，一般为进口人，就是买卖合同的买方。开证申请人为信用证交易的发起人。

2. 开证行（Opening Bank；Issuing Bank）

开证行指接受开证人的要求和指示或根据其自身的需要，开立信用证的银行，一般是进口地的银行。开证人与开证行的权利和义务以开证申请书为依据。信用证一经开出，按信用证规定的条款，开证行负有承担付款的责任。

3. 受益人（Beneficiary）

受益人指信用证上所指定的有权使用该信用证的人，一般为出口人，也就是买卖合同的卖方。受益人通常也是信用证的收件人（Addressee），他有按信用证规定签发汇票向所指定的付款银行索取价款的权利，但也在法律上以汇票出票人的地位对其后的持票人负有担保该汇票必获承兑和付款的责任。

4. 通知行（Advising Bank；Notifying Bank）

通知行指受开证行的委托，将信用证通知（或转递）给受益人的银行。通知行一般是出口所在地的银行，而且通常是开证行的代理行（Correspondent Bank）。通知行如愿意将信用证通知受益人，则应合理审慎地鉴别信用证的表面真实性，如不愿通知或无法鉴别，则必须毫不迟延地告知开证行；如无法鉴别而又决定通知受益人，则在通知时必须告知受益人它未能鉴别该证的表面真实性。除此之外，通知行无须承担其他义务。

5. 议付行（Negotiating Bank）

议付行又称押汇银行、购票银行或贴现银行。系指根据开证行的授权买入或贴现受益人开立和提交的符合信用证规定的汇票及/或单据的银行。开证行可以在信用证中指定议付行，也可以在信用证中不具体指定议付行。在不指定议付行的情况下，所有银行均是有权议付的银行。议付行审单无误，即可垫付汇票和/或单据的款项，在扣减垫付利息后将净款付给受益人。在信用证业务中，议付行通常又是以受益人的指定人和汇票的善意持票人的身份出现的，因此它对作为出票人的信用证受益人的付款有追索权。

6. 付款行（Paying Bank；Drawee Bank）

付款行是开证行授权进行信用证项下付款或承兑并支付受益人出具的汇票的银行。付款行通常是汇票的受票人，故亦称受票行（Drawee Bank）。开证行一般兼为付款行，但付款行也可以是接受开证行委托的代为付款的另一家银行。例如，开立的信用证是以第三国货币支付时，通常指定在发行该货币的国家的银行为付款行。这种付款行又称代付行（Paying Bank Agent）。付款行如同一般的汇票受票人，一经付款，即使事后发现有误，对受款人也无追索权。

7. 偿付行（Reimbursing Bank）

信用证的偿付行又称信用证清算银行（Clearing Bank），是指受开证行的指示或授权，对有关代付行或议付行的索偿予以照付的银行。偿付行接受开证行的委托或授权，凭代付行或议付行的索偿电讯或航邮进行偿付，但此偿付不视作开证行终局性的付款，因为偿付行并不审查单据，不负单证不符之责。开证行在见单后发现单证不符时，可直接向寄单的议付行、代付行追回业已付讫的款项。根据 UCP 500 第 19 条 b、c、d 款规定：开证行在向偿付行发出指示或授权时，不应以索偿行必须向偿付行提供与信用证条款相符的证明为先决条件；如偿付行未能进行偿付时，开证行并不能解除其提供偿付的任何义务；如偿付行未能于第一次提示时即按信用证规定或双方同意的方式进行偿付时，开证行应承担代付行或议付行即索偿行的任何利息损失。

8. 保兑行（Confirming Bank）

保兑行是指应开证行请求在信用证上加具保兑的银行，它具有与开证行相同的责任和地位。保兑行在信用证上加具保兑后，即对受益人独立负责，承担必须付款或议付的责任。在已经付款或议付之后，不论开证行倒闭或无理拒付，都不能向受益人追索。在实际业务中，保兑行通常由通知行兼任，但也可由其他银行加具保兑。

9. 承兑行（Accepting Bank）

承兑行指对承兑信用证项下的票据，经审单确认与信用证规定相符时，在汇票正面签字承诺到期付款的银行。承兑行可以是开证行本身，也可以是通知行或其他指定的银行。倘若承兑行在承兑汇票后倒闭或丧失付款能力，则由开证行承担最后付款责任。

10. 转让行（Transferring Bank）

转让行是应受益人（在转让信用证时又称第一受益人）的委托，将可转让信用证转让给信用证的受让人（即第二受益人）的银行。转让行一般为通知行，也可以是议付行、付款行或保兑行。

11. 第二受益人（Second Beneficiary）

第二受益人是接受转让的可转让信用证的受益人，又称信用证的受让人或被转让人（Transferee）。一般为提供货物的生产者或供应商。而可转让信用证的转让人（Transferor）即第一受益人（First Beneficiary）则通常是中间商或买方驻卖方所在地的代理人。第二受益人受让信用证后，不能再将可转让信用证转让给其他人使用，但允许转回给信用证的第一受益人，即信用证的原受益人。

此外，信用证还可能出现一些其他的当事人，如转开行、局外议付行等。

在上述信用证的当事人中，付款行、承兑行、议付行、偿付行和转让行均为开证银行的指定银行（Nominated Bank）。

（三）信用证的内容

信用证的内容，随不同交易的需要而定，各开证行习惯使用的格式也各不相同。因此，形式纷杂，处理费事，而且容易引起误解，影响业务的顺利进行。鉴于此，国际商会曾先后设计并介绍过几种不同的标准格式，其中包括议付信用证、承兑信用证、即期付款信用证和延期付款信用证。但是，目前，除广泛使用环球银行金融电讯协会的SWIFT格式外，采用国际商会标准格式的银行不是很多，在实际业务中，有些银行采用的是在本身原用格式基础上参照标准格式略加修改的格式。

信用证虽然至今尚无统一格式，但其基本内容大致相同。总的来说，就是国际货物买卖合同的有关条款与要求受益人提交的单据，再加上银行保证。通常主要包括以下内容：

（1）信用证本身方面的说明：如信用证的编号，开证日期、到期日和到期地点、交单期限等。

（2）兑付方式：是即期付款、延期付款、承兑还是议付。

（3）信用证的种类：是否可以撤销、是否经另一银行保兑、可否转让等。

（4）信用证的当事人：开证申请人、开证行、受益人、通知行等。此外，有的信用证还有指定的付款行、偿付行、承兑行、指定议付行等。

（5）汇票条款：包括汇票的种类、出票人、受票人、付款期限、出票条款及出票日期等。凡不需汇票的信用证无此内容。

（6）货物条款：包括货物的名称、规格、数量、包装、价格等。

（7）支付货币和信用证金额：包括币别和总额，币别通常应包括货币的缩写与大写，总额一般分别用大写文字与阿拉伯数字书写。信用证金额是开证行付款责任的最高限额，有的信用证还规定有一定比率的上下浮动幅度。

（8）装运与保险条款：如装运港或启运地、卸货港或目的地、装运期限、可否分批装运、可否转运以及如何分批装运、转运的规定。以 CIF 或 CIP 贸易术语达成的交易项下的保险要求，所需投保的金额和险别等。

（9）单据条款：通常要求提交商业发票、运输单据和保险单据，此外，还有包装单据，例如装箱单、重量单，以及产地证、检验证书等。

（10）特殊条款：视具体交易的需要而异。常见的有要求通知行加保兑；限制由某银行议付；限装某船或不许装某船；不准在某港停靠或不准选取某条航线；俟具备规定条件信用证方始生效，等等。

除此以外，信用证通常还有开证银行的责任条款，根据《跟单信用证统一惯例》开立的文句，以及信用证编号、到期地点和日期、开证行签字和密押等（信用证实例见本书附件）。

（四）信用证的收付程序

信用证的收付程序随信用证类型的不同而有所差异，但就其基本流程而言，大体要经过申请、开证、通知、议付、索偿、偿付、赎单等环节。由于在以信用证方式结算的情况下，结算工具（汇票、单据、索偿证明等）与资金流向相反，因此，也属逆汇。现以最为常见的即期不可撤销跟单议付信用证为例，简要说明其收付程序，以及各环节的具体内容。

即期不可撤销跟单议付信用证收付程序（见图 2-8）。

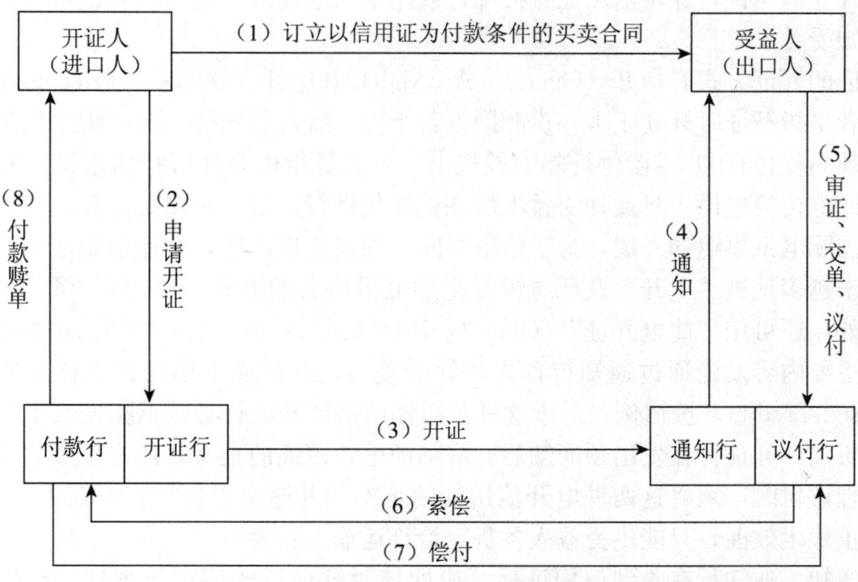

图 2-8　即期不可撤销跟单议付信用证收付程序

图 2-8 说明：（1）订立以信用证为付款条件的买卖合同。进出口人双方先就国际货物买卖的交易条件进行磋商，达成交易后订立国际货物买卖合同，明确规定进口人以信用

证方式支付货款，其中一般还应规定开证银行的资信地位、信用证的类型、金额、到期日、信用证开立并送达卖方的日期等。

(2) 申请开证。开证申请人，即进口人，在买卖合同规定的时限内向所在地的银行申请开立信用证。申请开证时要递交开证申请书。开证申请书除明确提出请开证行按所列条件开立信用证的要求以及受益人的名称和地址、信用证的种类与到期日和到期地点外，主要是两方面的内容：一是要求开证行在信用证上列明的条款，其基本内容也就是要求受益人提交的符合买卖合同的单据条款，是开证行凭以向受益人或其指定人例如议付行付款的依据。二是开证人向开证行的保证与声明。在后一部分内容中，开证人承认在其付清货款前，开证行对单据及其所代表的货物拥有所有权，必要时，开证行可以出售货物，以抵付开证申请人的欠款；承认开证行有权接受"表面上合格"的单据，对由于伪造单据，货物与单据不符或货物中途灭失、受损、延迟到达，开证行概不负责；保证单据到达后如期付款赎单，否则，开证行有权没收开证人所交付的押金，以充当开证人应付价金的一部分；承认电讯传递中如有错误、遗漏或单据邮递遗失等，银行不负责任，等等。

开证申请人申请开证时，应向开证行交付一定比率的保证金，习称押金（margin）或其他担保品。押金的多少视开证人的资力和信誉、市场动向、商品销售的滞畅而定。

开证申请人填写开证申请书时，应严格履行买卖合同的买方义务，申请书所列内容不能与买卖合同规定的条款相矛盾，所列条款内容的表述须符合《跟单信用证统一惯例》的规定。所需单据的名称、份数以及传递方法等，均应本着既完整、明确，又简单、适用的原则，不要把与信用证无关的内容和买卖合同中过多的细节写入申请书，更不能将含糊不清的、模棱两可的、可作弹性解释的，或有争议的内容写入申请书。

(3) 开证。开证行接受开证申请人的开证申请书后，必须按申请书规定的内容向指定的受益人开立信用证，并将信用证直接邮寄或用电讯通知出口地的代理银行（通知行）转递或者通知受益人。

信用证的开证方式有信开（Open by Air Mail）和电开（Open by Telecommunication）两种。前者是指开证时开立正本一份和副本若干份，航寄通知行。如另指定代付行或偿付行，则还须向代付行和/或偿付行邮寄授权书。后者是指由开证行将信用证内容加注密押后用电报或电传等电讯工具通知受益人所在地的代理行，请其转知受益人。

随着国际电讯事业的发展，为了争取时间、加快传递速度，上述信用证的"信开"方式，已越来越多地被"电开"及环球银行金融电讯协会的方式（By SWIFT Message）所替代。此外，还可用"简电开证"（Open by Brief Cable）的方法，即用简略的电讯将信用证的某些主要内容发电通过通知行预先通知受益人。这种简电信用证也称预通知信用证（Pre-advised Credit），按惯例，对于这种预通知信用证开证行必须承担使其生效的不可撤销责任。所以，开证行在发出预通知后，应随即电告该证的全文，使之生效。受益人在向议付行办理议付时，须将这两种电开信用证的正本一并递交议付行。而在未收到全文时，即信用证正式生效前，只能供受益人备货、洽订运输工具参考。

(4) 通知。通知行在收到信用证后，应即核对开证行的签字与密押，经核对证实无误，除留存副本或复印件备查外，必须尽快将信用证转交受益人。如收到的信用证是以通知行本身为收件人的，则通知行应以自己的通知书格式照录信用证全文通知受益人。

按 UCP 500 第 7 条规定：信用证可经由另一银行（通知行）通知受益人，而该通知行无须承担责任，但如该行愿意通知，则应合理审慎地鉴别通知的信用证的表面真实性。

如该行不愿通知，则必须毫不迟延地告知开证行；如通知行无法鉴别信用证的表面真实性，它必须毫不迟延地通知开证行说明它无法鉴别，如通知行仍决定通知受益人，则必须告知受益人它未能鉴别该证的真实性。其作此规定的原因是如当通知行鉴别信用证的表面真实性发生困难时即应按规定办法处理，防止影响正常的业务进行。

（5）审证、交单、议付。受益人在收到经通知行转来的信用证后，应即根据买卖合同和《跟单信用证统一惯例》对其进行认真审核，主要审核信用证中所列的条款与买卖合同中所列的条款是否相符。如发现条款有差错，时间有矛盾，概念不清，词义不明，数字有误等与买卖合同不符，不能接受或无法照办的内容时，均应通知开证人，要求修改信用证。如开证人同意修改，开证人就应向开证行提交修改申请书；如开证行同意修改，即据以作成修改通知书函寄或电告通知行，经通知行审核签字或密押无误后转知受益人。信用证修改通知书的传递方式与开证相同。

受益人收到信用证经审查无误，或需修改的经收到修改通知书认可后，即可根据信用证或经过修改认可的规定发运货物。在货物发运完毕后，缮制并取得信用证所规定的全部单据，开立汇票连同信用证正本（如经修改的还需连同修改通知书）在信用证规定的交单期和信用证的有效期内，递交有权议付的通知行或与自己有往来的其他有权议付的银行或信用证限定的议付行办理议付。

所谓“议付”（Negotiation）就是由议付行向受益人购进由他出立的汇票及所附单据。根据 UCP 500 第 10 条 bii 款解释：“议付是指被授权议付的银行对汇票及/或单据付出对价的行为。只审核单据而不付出对价不构成议付。”而国际商会银行委员会在 1994 年 9 月 1 日发布的立场声明（Position Paper）第 2 号中又指出：“在第 10 条 bii 款中的‘付出对价’可以解释为立即付款（例如现金、支票通过清算系统汇付或贷记某一账户）或对付款承担义务（承担延期付款义务及承兑汇票除外）。”议付实际上是议付行在受益人向议付行提交符合信用证条款单据的前提下，对受益人的垫款。所以，议付也是银行叙做的“出口押汇”业务。由于在议付时要扣除一个来回邮程的利息，因此，它也是一种汇票的“贴现”行为，在我国，习惯上把议付称作“埋单”。议付行办理议付后成为汇票的善意持票人，如遇开证行拒付，有向其前手出票人即受益人进行追索的权利。

议付行一般为出口地银行，它可以由开证行在信用证中指定，如在信用证中未指定，则可由受益人酌情选择通知行或与其有往来的其他银行担任议付行。

议付行在议付后，通常在信用证正本背面作必要的有关议付事项的记录，俗称“背批”。其目的主要是防止超额和重复议付。

（6）索偿。索偿就是议付行办理议付后，根据信用证规定，凭单向开证行或其指定的银行（付款行或偿付行）请求偿付的行为。其具体做法是：由议付行按信用证要求将单据连同汇票和索偿证明（证明单据符合信用证规定）分次以航邮寄给开证行或其指定的付款行。如信用证指定偿付行，则开证行应在开出信用证后立即向偿付行发出偿付授权书（Reimbursement Authorization）通知授权付款的金额、有关信用证号码、有权索偿的押汇与偿付费用由何方承担等内容。议付行在办理议付后，一方面把单据分次直接寄给开证行，另一方面就给偿付行发出索偿书（Reimbursement Claim），说明有关信用证的开证行名称和信用证号码、声明已按信用证规定进行议付，并请求按指明的方法进行偿付。偿付行收到索偿书后，只要索偿金额不超过授权书金额就立即根据索偿书的指示向议付行付款。

凡信用证规定有电汇索偿条款的，议付行就需以电报、电传或 SWIFF 网络传递的方式向开证行、付款行或偿付行进行索偿。

（7）偿付。在信用证业务中的偿付（Reimbursement）是指开证行或被指定的付款行或偿付行向议付行进行付款的行为。

开证行或指定的付款行收到议付行寄来的汇票和单据后，经核验认为与信用证规定相符，应即将票款偿付议付行。如发现单据与信用证规定不符，可以拒付，但应在不迟于收到单据的次日起7个营业日内通知议付行表示拒绝接受单据。

如信用证指定付款行或偿付行，则由该指定的银行向议付行进行偿付。

（8）付款赎单。开证行履行偿付责任后，应即向开证人提示单据，开证人核验单据无误后，办理付款手续。如申请开证时，曾交付押金，则付款时予以扣减。如曾提交其他抵押品，则在付款后由开证行退还。开证人付款后，即可从开证行取得全套单据，包括可凭以向承运人提取货物的运输单据。若此时货物已经到达，便可凭运输单据立即向承运人提货。如货物尚未到达，应先查询到货日期，等到货时凭单提货。

（五）信用证的性质和作用

1. 信用证的性质

（1）信用证属于银行信用，一般银行信用要优于商业信用

在国际贸易结算中，使用建立在商业信用基础上的汇付和托收方式，已不能适应现代国际贸易发展的需要。在采用汇付方式预付货款情况下，进口人担心出口人不交货或所交货物不符合合同规定。如先发货后付款，出口人又担心对方不付款或不如期付款，如通过银行托收，也可能遭到拒付。于是，随着国际贸易的发展，在19世纪后期开始出现了由银行保证付款的信用证。采用信用证方式，只要出口人按信用证的要求提交单据，银行即保证付款。所以，信用证的性质属银行信用，是建立在银行信用基础上的。由于银行信用一般优于商业信用，故较易被出口人接受，有利于交易的达成和国际贸易的发展。但是，进口人办理了开立信用证手续，并不等于已经付了款，如果开证行倒闭，失去偿付能力，进口人仍须重新开证或用其他方式付款。因而，实际是，出口人获得的是商业信用保证之外又增加了银行信用保证。

（2）出口人可以获得银行信用和商业信用的双重保障

对出口人来说，只要按信用证规定发运货物，向指定银行提交单据，收取货款就有了保障。而且在货物装运前，有时还可凭信用证向银行申请打包贷款（Packing Credit），在货物装运后将汇票和单据交议付行议付，通过押汇可及时收取货款，有利于加速资金周转。

（3）进口人开证时只需缴纳少量押金，减少了资金占用

对进口人来说，申请开证时只需缴纳少量押金或凭开证行授予的授信额度开证。有些国家的银行对信誉良好的开证人还可免收押金。大部分或全部货款，俟单据到达后再行支付，这就减少了资金的占用。如开证行在履行付款义务后，进口人筹措资金有困难，还可开立信托收据要求开证行准予借单先行提货出售或使用，以后再向开证行付款。而且，通过信用证上所列条款，可以控制出口人的交货时间，以及所交货物装运前的质量和数量等检验要求，并按规定的方式交付货物和所需的单据和证件，以保证收到的货物符合销售和使用时令和买卖合同的规定。

（4）银行获得利息和手续收入

对银行来说，开证行只承担保证付款责任，它贷出的只是信用而不是资金，在对出口人或议付行交来的跟单汇票偿付前，已经掌握了代表货物的单据，加上开证人缴纳的押

金，故并无多大风险，即使尚有不足，仍可向进口人追偿。至于出口地的议付行，议付出口人提交的汇票及/或单据有开证行担保，只要出口人交来的汇票、单据符合信用证条款规定，就可以对出口人进行垫款、叙做出口押汇，还可从中获得利息和手续费等收入。此外，通过信用证业务，可带动其他开户往来、保险、仓储等业务，为银行增加收益。

2. 信用证的作用

信用证方式在国际贸易结算中可以起到以下两个主要作用：

(1) 安全保证作用

由于银行信用一般优于商业信用，通过信用证方式就可缓解买卖双方互不信任的矛盾，而且可以使本来彼此不熟悉或并不很了解的买卖双方，以及资历和声誉一般的中小企业，只要采用信用证方式结算贷款，也能顺利地进行交易。

(2) 资金融通作用

在信用证业务中，银行不仅提供信用和服务，而且还可以通过打包贷款、叙做出口押汇（即议付）向出口人融通资金，可以通过凭信托收据借单、叙做进口押汇向进口人进行资金融通。

但是，应当指出，信用证方式在国际贸易结算中也并不是完美无缺的。例如：买方不按时开证、不按合同规定条件开证或故意设下陷阱使卖方无法履行合同，或履行交货、交单后因不符信用证规定被拒付而使出口人遭受损失。再如，受益人如果变造单据使之与信用证条款相符，甚至制作假单据，也可从银行取得款项，从而使进口人成为欺诈行为的受害者。此外，使用信用证方式在具体业务操作上一般手续较之汇付和托收烦琐，费用也较多，业务成本较高。而且无论是申请开证，还是审证、审单，技术性均较强，稍有不慎，容易产生疏漏、差错，以致造成损失。

(六) 信用证的特点

根据 UCP 500 规定，信用证有以下三个主要特点：

1. 开证银行负首要付款责任（Primary Liabilities for Payment）

信用证支付方式是由开证银行以自己的信用作保证，所以，作为一种银行保证文件的信用证，开证银行对之负首要的即第一性的付款责任。按 UCP 500 第 2 条规定，在规定的单据符合信用证条款的情况下，开证银行自己或授权另一银行向受益人或其指定人进行付款，或承兑并支付受益人开立的汇票，或授权另一银行议付。因而，信用证开证银行的付款责任，不仅是首要的而且是独立的、终局的，即使进口人在开证后失去偿付能力，只要出口人提交的单据符合信用证条款，开证行也要负责付款，付了款如发现有误，也不能向受益人和索偿行进行追索。

2. 信用证是一项自足文件（Self-sufficient Instrument）

信用证虽然是根据买卖合同开立的，但信用证一经开立，它就成为独立于买卖合同以外的约定。信用证的各当事人的权利和责任完全以信用证中所列条款为依据，不受买卖合同的约束，出口人提交的单据即使符合买卖合同要求，但若与信用证条款不一致，仍会遭银行拒付。对此，UCP 500 第 3 条中明确规定："信用证按其性质与凭以开立信用证的销售合同或其他合同，均属不同的业务。即使信用证中援引这些合同，银行也与之毫无关系并不受其约束。"该条又进一步指出："银行的付款、承兑并支付汇票或议付及/或履行信用证下任何其他义务的保证，不受申请人提出的因其与开证行之间或与受益人之间的关系所产生的索赔或抗辩的约束"。

3. 信用证方式是纯单据业务（Pure Documentary Transaction）

银行处理信用证业务时，只凭单据，不问货物，它只审查受益人所提交的单据是否与信用证条款相符，以决定其是否履行付款责任。UCP 500 第 4 条明确规定："在信用证业务中，有关各方所处理的是单据，而不是与单据有关的货物、服务及/或其他履约行为。"在信用证业务中，只要受益人提交符合信用证条款的单据，开证行就应承担付款责任，进口人也应接受单据并向开证行付款赎单。如果进口人付款后发现货物有缺陷，则可凭单据向有关责任方提出损害赔偿要求，而与银行无关。但是，值得注意的是，根据 UCP 500 第 13 条、第 14 条规定，银行虽有义务"合理审慎地审核信用证规定的一切单据"，但这种审核只是用以确定单据表面上是否符合信用证条款，开证行只"凭表面上符合信用证条款的单据付款、承担延期付款责任、承兑汇票或议付……"。同样，开证人也根据表面上符合信用证条款的单据承担接受单据并对履行以上责任的银行进行偿付的义务。这里，"表面上"（on face）一词的含义是指要求单据同信用证对单据的叙述完全相符。换言之，仅是对于单据的文字叙述，而并非指质量、正确性或有效性。受益人提示的单据可能是假冒或伪造的，但如果其文字叙述与信用证条款一致，而且无论是总体上和相互之间都一致，那就构成了合格的提示。据此理由，UCP 500 第 15 条强调指出："银行对任何单据的格式、完整性、准确性、真实性、伪造或法律效力，或单据上规定的或附加的一般及/或特殊条件，一概不负责；对于任何单据所代表的货物的描述、数量、重量、品质、状态、包装、交货、价值或存在，或货物的发货人、承运人、运输商、收货人或保险人或其他任何人的诚信或行为及/或疏漏、清偿能力、履责能力或资信情况，也不负责"。

此外，需要特别注意的是，银行虽只根据表面上符合信用证条款的单据承担付款责任，但这种符合的要求却十分严格，在表面上决不能有任何差异。也就是说，银行在信用证业务中是按"严格符合的原则"（The Doctrine of Strict Compliance）办事的。

"严格符合的原则"不仅要求"单证一致"，而且还要求各种单据之间的一致，即所谓"单单一致"。按照 UCP 500 第 13 条规定："单据之间出现的表面上的彼此不一致，将被视为单据表面上与信用证条款不符"。

（七）信用证的种类

从各个不同角度分，信用证主要有以下几种：

1. 跟单信用证和光票信用证

根据付款凭证的不同，信用证可分为跟单信用证和光票信用证两种。

（1）跟单信用证（Documentary Credit）是指凭跟单汇票或仅凭单据付款、承兑或议付的信用证。这里的"单据"是指代表货物所有权或证明货物业已装运的货运单据，即运输单据以及商业发票、保险单据、商检证书、产地证书、包装单据等。依照 UCP 500，跟单信用证的适用范围包括备用信用证，据此，备用信用证项下的"单据"泛指任何依据信用证规定所提供的用以记录或证明某一事实的书面文件。

（2）光票信用证（Clean Credit）是指开证行仅凭受益人开具的汇票或简单收据而无须附带货运单据付款的信用证。

在国际贸易货款结算中，主要使用跟单信用证，光票信用证通常仅被用于总分公司间货款清偿和非贸易的费用结算等。

2. 可撤销信用证和不可撤销信用证

根据开证银行的保证性质，信用证可分为可撤销信用证和不可撤销信用证。这两种信用证就开证行的保证责任和受益人所得到的保障而言，有着本质差别。因此，这也是信用证的最基本和最重要的分类方法。

（1）可撤销信用证（Revocable L/C）是指开证行在付款、承兑或被议付以前，可以不经过受益人同意也不必事先通知受益人而随时修改或取消的信用证。但开证行对其指定或被授权的银行在接到修改或撤销通知前，已经根据表面上符合信用证的单据所进行的即期付款、承兑或议付或在延期付款情况下已接受了单据的，仍予承认并负责偿付。对此，UCP 500 第 8 条作了具体明确的规定。可撤销信用证通常在证中表明“可撤销”字样，或列有可以取消或修改的文句。例如：

“本信用证可随时取消或修改而无须事先通知受益人。”（This credit is subject to cancellation or amendment at any time without prior notice to the beneficiary.）

“本银行保证照付议付银行接到取消通知之前，已根据本信用证条款议付的汇票。”（We undertake to honour your drafts drawn and negotiated in conformity with the terms of this credit provided such negotiation has been made prior to receipt by you of notice of cancellation.）

由于可撤销信用证的开证行可以片面地随时取消或修改，使受益人缺乏足够保障，因而在国际贸易中极少采用。在我国的出口贸易中，如约定以信用证方式支付货款的，原则上不应接受可撤销信用证。在进口业务中，我国一般也不开立可撤销信用证。

（2）不可撤销信用证（Irrevocable L/C）是指一经通知受益人，在有效期内未经受益人及有关当事人包括开证行、保兑行（如有的话）的同意，既不能修改也不能取消的信用证。只要受益人提交的单据符合信用证规定，开证行必须履行付款义务。这种信用证对受益人收款比较有保障，在国际贸易中，凡以信用证方式结算的，基本上都使用这种信用证。

一份信用证开立以后是否可以撤销对当事人来说事关重大，因而在信用证中均应清楚地表明是可撤销的还是不可撤销的。值得提出注意的是：信用证上如对此未写明的，即视作是不可撤销的。

3. 保兑信用证和非保兑信用证

不可撤销信用证中，按其是否有另一家银行参加负责保证兑付，可分为保兑信用证与非保兑信用证两种：

（1）保兑信用证（Confirmed L/C）是指另一家银行，即保兑行（Confirming Bank）应开证行请求，对其所开信用证加以保证兑付的信用证。经保兑行保兑的信用证，保兑行保证凭符合信用证条款规定的单据履行向受益人或其指定人付款的责任，而且付款或议付后对受益人或其指定人无追索权。这种信用证有开证行与保兑行两家银行对受益人负责。所以，一般说来，它对出口人的安全收汇是有利的。在实践中，保兑行通常由通知行担任，但通知行是一家，保兑行是另一家银行的情形，也不少见。按 UCP 500 解释，信用证一经保兑，即构成保兑行在开证行承诺以外的一项确定的承诺（A Definite Undertaking），保兑行对受益人承担必须付款或议付的责任。保兑行不是以开证行的代理人的身份，而是以“本人”（Principal）身份对受益人独立负责，并对受益人负首先付款的责任，受益人不必先向开证行要求付款，而可径向保兑行交单索偿。因此，在首先付款的责任方面，保兑行与开证行相同。保兑行与开证行的关系，相当于开证行与开证申请人的关系。保兑行有必须议付或付款之责，而在议付或付款后，即使开证行倒闭或拒付，都不能向受益人追索。总之，保兑行对信用证的责任相当于本身开证，无论开证行发生什么变化，在信用证的有效期内都不能撤销保兑行保兑的责任。在实际业务中，为发挥保兑行的作用，一般均应向保兑行办理交单议付手续。

（2）非保兑信用证（Unconfirmed L/C）是指未经除开证行以外的其他银行保兑的信用证，即一般的不可撤销信用证。

4. 即期付款信用证、延期付款信用证、承兑信用证和议付信用证

按兑付方式的不同，信用证又可分为即期付款信用证、延期付款信用证、承兑信用证和议付信用证四种。UCP 500 第 10 条 a 款也明确规定："所有信用证必须清楚地表明该证适用于即期付款、延期付款、承兑或议付。"现分述如下：

（1）即期付款信用证（Sight Payment L/C）是指规定受益人开立即期汇票随附单据，或不需要汇票仅凭单据向指定银行提示，请求付款的信用证。对这种信用证，开证行、保兑行（如有的话）或指定付款行承担即期付款的责任。即期付款信用证的付款行有时由指定通知行兼任。如规定需用汇票，以指定银行为汇票付款人。

（2）延期付款信用证（Deferred Payment L/C）又称迟期付款信用证，或称无承兑远期信用证，是指仅凭受益人提交的单据，经审核单证相符确定银行承担延期付款责任起，延长一段时间及至付款到期日付款的信用证。确定付款到期日的方法有三个：①交单日后若干天；②运输单据显示的装运日期后若干天；③固定的将来日期。这种信用证的受益人不开具汇票，因此也无须开证行承兑汇票。由于这种信用证不使用汇票，不作承兑，因此也不能贴现。在实践中大多使用于金额较大的资本货物的交易，而且付款期限较长，一年或数年不等，所以常与政府出口信贷相结合。UCP 500 第 9 条规定：如信用证规定为延期付款，开证行和保兑行（如有保兑）应"按信用证规定所能确定的到期日付款"。

（3）承兑信用证（Acceptance L/C）是指被信用证指定的付款行在收到符合信用证规定的远期汇票和单据时，先在汇票上履行承兑手续，俟汇票到期日再行付款的信用证。按 UCP 500 第 9 条"信用证不应要求凭申请人为付款人的汇票支付"的规定，付款人将仅限于被指定的银行。这种信用证又称为银行承兑信用证（Banker's Acceptance L/C）。承兑信用证通常使用于远期付款的交易。

（4）议付信用证（Negotiation L/C）是指开证行在信用证中，邀请其他银行买入汇票及/或单据的信用证。即允许受益人向某一指定银行或任何银行交单议付的信用证。通常在单据符合信用证条款的条件下，议付行扣去利息后将票款付给受益人。议付信用证按是否限定议付行，又可分为公开议付信用证和限制议付信用证两种。前者是指任何银行均可办理议付；后者则是指仅由被指定的一家银行办理议付。议付与付款的主要区别之一是：议付行在议付后如因单据与信用证条款不符等原因而不能向开证行收回款项时，还可向受益人追索；而指定的付款行（以及开证行、保兑行）一经付款，即再无权向受款人追索。对开证行在议付信用证项下的责任，UCP 500 第 9 条规定："支付受益人所开立的汇票及/或信用证项下提交的单据，并对出票人及/或善意持票人无追索权。"而对保兑行在议付信用证项下的责任，则规定为："议付受益人所开立的汇票及/或提交的单据，并对出票人及/或善意持票人无追索权。"

5. 即期信用证和远期信用证

按付款时间的不同，信用证可分为即期信用证和远期信用证。

（1）即期信用证（Sight L/C）是指开证银行或其指定的付款行在收到符合信用证条

款的汇票及/或单据后即予付款的信用证。使用即期信用证方式付款时，进口人在开证行或其指定付款行对受益人或议付行付款后，也须立即偿付由开证行垫付的资金，赎出单据，而不能如远期信用证那样，可获得进一步的资金融通。在即期信用证中，有时还带列电汇索偿条款（T/T Reimbursement Clause），这是指开证行允许议付行用电报、电传或SWIFT网络传递方式通知开证行或指定付款行，说明各种单据与信用证规定相符，开证行或指定付款行、偿付行应即以电汇方式将款项拨交议付行。由于电讯传递较邮寄快，因此，信用证带列电报索偿条款的，出口方可加快收回货款，但进口方则要提前付出资金。付款后如发现收到的单据与信用证规定不符、开证行或付款行对议付行有行使追索的权利。这是因为此项付款是在未审单的情况下进行的。即期付款信用证和即期议付信用证都是即期信用证。

（2）远期信用证（Time L/C；Usance L/C）是指开证行或其指定的付款行在收到符合信用证条款的汇票及/或单据后，在规定的期限内保证付款的信用证。其主要作用是便利进口人资金融通。承兑信用证、延期付款信用证和远期议付信用证都是远期信用证。使用远期信用证时，其远期利息或远期汇票贴现利息和费用一般均由受益人承担。现在，在实际业务中，还有一种“远期”信用证，它规定远期汇票可按即期议付。这通常是由于进口人为了融资方便，或利用银行承兑汇票以取得比银行放款利率为低的优惠贴现率，在与出口人订立即期付款的合同后，要求开立银行承兑信用证，证中规定受益人应开立远期汇票，而这种“远期汇票可即期付款，所有贴现和承兑费用由买方负担”（The usance draft is payable on a sight basis，discount charges and acceptance commission are for buyer's account）。由于这种信用证的贴现费用由买方负担，因此，又称为“买方远期信用证”（Buyer's Usance L/C），在我国习惯上称它为“假远期信用证”（Usance Credit Payable at Sight）。使用这种信用证，对受益人来说，能够即期十足收款，但要负一般承兑信用证汇票到期遭到拒付时被追索的风险。这种信用证的汇票付款人可以是开证行，也可以是出口地或第三国银行，开证人为了利用较便宜的资金，往往选择贴现率比较低的地方的银行开证，或指定其为付款行。对开证申请人来说，在远期汇票到期时才向银行付款。所以，使用这种“远期”信用证，实际上是开证行或贴现银行对进口商融通资金。

6. 可转让信用证与不可转让信用证

按受益人是否有权转让给其他人使用，信用证可分为可转让信用证和不可转让信用证两种。

（1）可转让信用证（Transferable L/C）是指受益人（第一受益人）有权将信用证的全部或部分金额转让给第三者（即第二受益人）使用的信用证。按UCP 500第48条规定，只有明确注明“可转让”的信用证方能转让。可转让信用证只能转让一次。但允许第二受益人将信用证重新转让给第一受益人。如信用证允许分批装运/支款，在累计不超过信用证金额的前提下，可以分成几个部分分别转让，即可同时转让给几个第二受益人，各项转让金额的总和将视为信用证的一次转让。信用证只能按原证规定条款办理转让，但信用证的金额和单价、到期日、运输单据出单日期后必须交单的最后期限（即交单日）、装运期限等项可以减少、提前或缩短。保险加保比例可以增加到原信用证要求保足的金额。第一受益人的名称可替代申请人的名称，但如原信用证特别要求在除发票外的其他单据上注明申请人的名称，该项要求必须予以满足。进口人开立可转让信用证，意味着他同意出口人将交货、交单义务由出口人指定的其他人来履行。但并不等于买卖合同也已被转让。

如果发生第二受益人不能交货，或交货不符合合同规定，单据不符合买卖合同的要求时，原出口人仍要承担买卖合同规定的卖方责任。

在要求转让行办理转让手续时，第一受益人有权要求受让人（第二受益人）将单据交给转让银行，以便把自己开立的按原信用证的单价及金额所制作的汇票、发票替换受让人的汇票、发票，从而获取差额。按 UCP 500 第 48 条规定，凡被授权付款、承担延期付款责任、承兑或议付的银行均可作为转让行接受第一受益人的要求办理转让手续，在自由议付信用证情况下，只有被特别授权的转让行才有资格办理转让手续。转让行转让信用证时要收取转让手续费。

对买主来说，使用可转让信用证要冒一定的风险。因为买主对受让人的资信和经营能力并不了解，受让人提供的货物能否符合买卖合同要求也无把握。所以，除非有特殊需要和第一受益人的可靠保证，买方一般不会同意开立可转让信用证。这也就是《跟单信用证统一惯例》所以作出“只有开证行明确注明为‘可转让’的信用证才能转让”规定的原因。

按 UCP 500 第 48 条 b 款规定，使用“可分割”（Divisible）、“可分开”（Fractionable）、“可让渡”（Assignable）、“可转移”（Transmissible）等词语不能使信用证成为可转让。如使用这类词语，银行将不予置理。

（2）不可转让信用证（Untransferable L/C）是指受益人无权转让给其他人使用的信用证。凡在信用证上没有注明“可转让”字样的信用证，均为不可转让信用证。不可转让信用证只限于受益人本人使用。

7. 循环信用证

循环信用证（Revolving L/C）是指受益人在一定时间内利用规定金额后，能够重新恢复信用证原金额并再度使用，周而复始，直至达到该证规定次数或累计总金额用完为止的信用证。循环信用证一般适用于货物比较大宗单一，可定期分批均衡供应、分批支款的长期合同。对进口人来说，可节省逐笔开证的手续和费用，减少押金，有利于资金周转；对出口人来说，可减少逐批催证和审证的手续，又可获得收回全部货款的保障。

循环信用证循环的方式通常有以下三种：

（1）自动循环（Automatic Revolving），即受益人在规定时期内装运货物议付后，无须等待开证行通知即可自动恢复到原金额供再次使用。例如在信用证中规定以下条款：“本信用证项下总金额于每次议付后自动循环。”（The total amount of this credit shall be restored automatically after date of negotiation.）又如，在信用证中规定：“本信用证项下支付金额，系于每次议付后自动恢复，直至用完全部金额 XX 美元为止。”（The amounts paid under this credit are again available to you automatically until the total of the payments reaches US$…）

（2）半自动循环（Semi-automatic Revolving），即受益人每次装货议付后在若干天内，开证行未提出不能恢复原金额的通知，即自动恢复到原金额。例如在信用证中规定如下条款：“每次议付后七天之内，议付银行未接到停止循环的通知时，本信用证项下尚未用完的余额，可增至原金额。”（Should the negotiating bank not be advised of stopping renewal within seven days after each negotiation, the unused balance of this credit shall be increased to the original amount.）

（3）非自动循环（Non-automatic Revolving），即受益人每次装货议付后，需经开证行通知，才能恢复原金额使用。例如在信用证中规定："每次议付后，须待收到开证银行通知，方可恢复到原金额。"（The amount shall be reinstated after each negotiation only upon receipt of issuing bank's notice stating that the credit might be renewed.）

此外，循环信用证还有可累积使用（Cumulative）和不可累积使用（Non-cumulative）两种做法。前者允许受益人在其一批货物因故未交时，在下一批补交，并可连同下一批可交货物一起议付。后者是指信用证未明确允许可累积使用，即不能累积使用。如因故未能及时装出的部分以及原来规定的以后各批，未经开证行修改信用证，均不能再装运出口。

8. 对开信用证

对开信用证（Reciprocal L/C）是易货交易或来料来件加工装配业务中采用的一种结算方式。由于双方顾虑对方只使用权利而不履行义务，于是采用相互开立信用证的办法，把进口和出口联结起来。其特点是：第一张信用证的受益人和开证申请人分别是第二张回头信用证的开证人和受益人。第一张信用证开证行也就是回头证通知行；第二张信用证通知行，一般也是回头证开证行。两证金额可以相等，也可以不等。两证可以同时生效，也可以先后生效。

在来料来件加工装配业务中，为避免垫付外汇，我方进口原料、配件时可争取开立远期信用证，在出口成品时可争取对方开具即期信用证，以便用收到的加工出口的货款来偿付应付到期原料、配件的货款。

9. 对背信用证

对背信用证（Back－to－Back L/C）也有译作背对背信用证。对背信用证又称转开信用证、从属信用证、桥式信用证，是指原证受益人要求原证的通知行或其他银行以原证为基础和担保，另行开立的一张内容相似的新信用证。对背信用证通常是由中间商为转售他人货物，从中图利，或两国不能直接进行交易需通过第三国商人以此种办法沟通贸易而开立的。对背信用证的受益人可以是国外的，也可以是国内的，其装运期、到期日、金额和单价等可较原证规定提前或减少，但货物的质量、数量必须与原证一致。对背信用证的开证人通常以原证项下收得的款项来偿付对背信用证开证行已垫付的资金。所以，对背信用证的开证行除了要以原证用作开新证的抵押外，为防止原证发生意外收不到款，一般还要求开证人缴纳一定数额的押金或担保品。由于受原证的约束，对背信用证的受益人如要求修改内容，须征得原证开证人和开证行的同意，所以，修改比较困难，需时也多。如发现单证不符时，也还须征得原证开证行的同意。因此，对背信用证的受益人在处理业务时必须特别谨慎，不能稍有疏忽。

10. 预支信用证

预支信用证（Anticipatory L/C）是指允许受益人在货物装运交单前预支货款的信用证，有全部预支和部分预支两种。部分预支信用证上可预支的部分，多为包括在信用证总额之内的买方付给卖方的定金。在预支信用证项下，受益人预支的方式有两种：一种是向开证行预支，出口人在货物装运前开具以开证行为付款人的汇票光票，由议付行买下向开证行索偿；另一种是向议付行预支，即由出口地的议付行垫付货款，待货物装运后交单议付时，扣除垫款本息，将余额支付给出口人。如货未装运，由开证行负责偿还议付行的垫款和利息。如果开证人在开立大额预支信用证时担心受益人预支后不履行供货义务，可在预支条款中加列受益人须提供银行保函或备用信用证，以保证受益人不履约时退还已预支的款项。为引人注目，这种预支货款的条款，在以往曾常用红字打出，因此俗称“红条款信用证”（Red Clause L/C）。目前，我国在补偿贸易中有时采用这种信用证。

11. 当地信用证

当地信用证（Local L/C）或称本地信用证，是指开证人、开证行与受益人都在同一国家的信用证。在多数情况下，被作为转开信用证之用。例如，出口人收到国外开来的信用证之后，出于保守商业秘密的需要，防止本国供应货物的厂商知悉国外进口人的名称、地址或出售价格，故不愿将原证转让给本国厂商，而要求本地银行以原证为基础向本地厂商开立当地信用证。又如，不可转让信用证受益人如需要转让其使用权利时，若受让人的营业地在本国，也可通过开立当地信用证进行转让，若受让人在其他国家，则可开立对背信用证。当地信用证的基本做法与对背信用证相同。因此，当地信用证也可说是一种对背信用证。

第四节 案例——国际贸易结算问题

案例 1 1990 年 3 月，为了履行江南公司与海湾公司签发的代理出口乙腈的合同，江南公司与香港东如行公司签订了售货合同，江南公司为卖方，货物由上海经香港运到美国。上述外贸合同、报关单、信用证和发票上标明的价格条件均为 FOB 上海价格条件。之后，江南公司在空白的货运委托书上的委托人处盖上本公司公章后，交给海湾公司由其转给上海外运。上海外运接受货运委托后，代为清关、订舱、装船并取得已装船提单，当着卖方海湾公司经理的面，将提单交给买方香港东如行公司，买卖双方对此行为均未表示异议。因江南公司在货运委托书上未注明运费支付方式，上海外运在海运提单上也未注明，承运人根据与上海外运之间的惯例，凡未在提单上注明运费支付方式的均视为运费预付，向上海外运收取运费。事后，上海外运于同年 8 月 4 日开具收费账单，向海湾公司托收，遭拒付；又于 1992 年 6 月与 7 月向江南公司托收，也被拒付。同年 12 月，上海外运与江南公司达成还款协议，江南确认委托上海外运代理出口配舱、运输业务，同意在 1993 年 5 月 31 日前将此笔运费付给上海外运，但江南公司仍未如期支付。

（1）江南公司主张 FOB 上海价格条件下，运费应由买方香港东如行公司支付，是否正确？

（2）上海外运是否负有委托不明的过错责任？

（3）上海外运是否违反了提单交单程序？

（4）本案对货运代理办理订舱业务提供了哪些启示？

解答：（1）错误。买卖合同与货运代理是两个法律关系，前一关系并不影响后一关系中当事人依一定法律事实而发生的支付责任。按照江南公司与买方香港东如行公司签订的售货合同规定，FOB 的价格条件下，理应由买方负责订舱、货运并支付运费，但江南公司代为履行了买方的义务，由其自行委托上海外运办理订舱、货运等手续，且又未在货运委托书上注明运费支付方式，故应向代理人支付运费。

（2）货运委托书的填写是委托人的责任而非受委托人的义务，江南公司在向上海外运委托办理货运手续时，提交了空白委托书，可视为其对实际发生的委托事项同意负完全责任，因而江南公司应承担本案委托不明的过错责任。

（3）上海外运本应将提单交付给海湾公司或其代理，但当上海外运当着卖方海湾公司经理的面，将提单交给买方香港东如行公司的收货人时，买卖双方对此行为均未表示异议，因此，上海外运这一交单行为并无不当。

（4）一般而言，货运代理应根据协议，按照客户的指示提供服务，如果指示不准确、不完整或与合同不符，货运代理则可以按其认为合适的方式行事，而客户须承担风险和费用。然而，从提高业务管理和提供优质服务的角度讲，货运代理在此情况下，对于提单上所订运费条款“运费预付”，还是“运费到付”，事先不但要尽量了解清楚，而且应请求客户书面明确支付方式。如在合理期限内客户不予答复，货运代理将其认为合适的处理方式向客户声明，这是不足为过且力求主动、完善的处理方法。

案例 2　某公司（中方，卖方）与外商（外方，买方）就某商品按 CIF 和即期信用证付款条件达成一项数量较大的出口合同。合同规定当年 11 月装运，但未规定具体开证日期，后因该商品市场价格趋降，外商便拖延开证。我方为防止延误装运期，从 10 月中旬起多次电催开证，终于使该外商在 11 月 6 日开来信用证。但由于该信用证太晚，使我方安排装运发生困难，便要求对方对信用证的装运期和议付有效期进行修改，分别推迟 1 个月。但外商拒不同意，并以我方未能按期装运为由单方面宣布解除合同，我方也就作罢。

（1）我方如此处理是否适当？

（2）应从中吸取哪些教训？

解答：（1）在合同中未规定信用证开证日期，不妥。

（2）按惯例即使合同未规定开证期限，买方也应于装运期前开出信用证，买方未及时开出信用证，我方应保留索赔权。对于外商以我方未能按时装运为由，单方面宣布解除合同，我方有权因买方晚开证，将装运期作相应推迟。

第三章 进出口货物报关

新中国成立以来的60多年间，根据我国经济建设和贸易发展的需要，海关在不同时期的任务和指导方针有所不同。新中国成立初期，我国海关将把守国家经济大门作为指导方针。20世纪50年代中期以后，海关将经济政治保卫和政治经济保卫作为指导方针。改革开放后，海关“以促进为主，依法行政管理，为国把关”作为指导方针。

1987年7月1日我国历史上第一部《海关法》正式实施。此后，以《海关法》为核心对进出口货物进行监管的法规体系初步建立。2001年1月1日新修订的《海关法》的实施，使得21世纪我国海关法律法规体系更加成熟和完善，有利于维护进出口企业的合法权益，进一步与国际惯例接轨。

本章介绍海关的基本知识、进出境货物的通关程序、进出口转关运输货物的通关以及货物的退关等内容。

第一节 海关概述

海关是国家主权的象征，其产生和发展与对外贸易及国际交往的发展息息相关。新中国海关是从中华人民共和国成立后建立起来的，实行统一管理，受中央垂直领导，关税收入统一归中央。

一、海关的性质、任务和权力

1. 海关的性质

海关是一国在沿海、边境或内陆口岸设立的执行进出口监督管理的国家行政机构，它根据国家法令，对进出国境的货物、邮递物品、旅客行李、货币、金银、证券和运输工具等实行监管检查、征收关税、编制海关统计并查禁走私等任务。海关是国家主权的象征，因此，海关的性质体现在：

（1）海关是国家的监督管理机关。海关体现的是国家的权力意志，对外维护国家的主权和利益；对内体现国家、全社会的整体利益。

（2）海关监管的范围是进出关境活动。海关监管的对象包括进出关境的货物、货币、金银、证券、行李物品、邮递物品，以及与上述货物和物品有关的仓库场所和国内运输工具等。

关境通常是指适用于同一海关法或实行同一关税制度的领域。因此，关境可以大于或小于国境。海关法所指的关境范围是除享有单独关境地位的地区以外的中华人民共和国全部领陆、领空和领海，本书所指“出入境”均指“出入关境”。

2. 海关的任务

海关监督管理进出境活动的职能，具体体现在海关监管、海关征税、海关缉私和海关统计四大任务之中（见图3-1）。

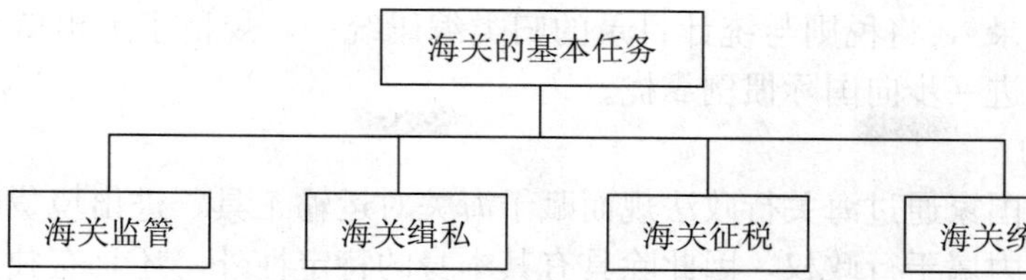

图 3－1　海关的基本任务

（1）海关监管

海关监管是指海关运用国家赋予的权力，通过报关注册登记、审核单据、查验放行、后续管理、违章处理等环节，对进出境活动实施有效的监督管理。海关监管可分为两个部分：①货物和运输工具的监管；②行李、邮递物品的监管。海关通过对进出境"物"的监管，来确认当事人进出境活动以及进出口企业经营活动是否符合法律规范和海关监管要求。

海关监管的主要模式是海关稽查制度。海关稽查制度是在进出口货物放行之后的规定时间内，海关对进出口企业的会计账簿、会计凭证、报关单证以及其他有关资料和有关进出口货物进行核查，监督企业进出口活动的真实性和合法性的一项监管制度。海关监管不仅通过审单、查验、核销、稽查等方式对进出关境的运输工具、货物和物品等进行监管，还通过执行或监督国家其他对外贸易管理制度和法律法规维护国家利益和主权。

（2）海关征税

海关征税包括征收关税和其他税费。关税是由海关按照国家制定的关税政策、法律法规和进出口税则，对进出境的货物、物品所征收的一种流转税。征收关税是指对贸易性货物征收进口关税、出口关税以及对非贸易性的行邮物品征收的进口关税；征收其他税费则是指海关代国家税务总局征收的进口环节增值税、消费税以及代交通部征收的船舶吨位税。海关征税的基本依据是《关税条例》和《中华人民共和国海关进出口税则》（简称《进出口税则》）。

（3）海关缉私

海关缉私是指海关依照法律赋予的权力，在各监管场所和设关地附近的沿海沿边规定地区内，为发现、制止、打击、综合治理走私而进行的一种管理活动。走私是指进出关境活动的当事人有意逃避海关监管的违反海关法的行为。走私以逃避监管、偷逃税费、牟取暴利为目的，严重扰乱经济秩序，损害国家利益。海关缉私的目标是：制止和打击一切非法进出口货物、物品的行为，维护国家的主权和利益。

（4）海关统计

海关统计是以数字形式反映实际进出口情况。列入我国海关统计监督的货物有两类，即实际出入境的对外贸易货物和直接影响我国物资储备增减的进出境物品。在海关统计中，以实际进出口货物作为调查和统计、分析的对象，通过搜集、整理、加工处理进出口货物报关单或经海关核准的其他申报单证，对进出口货物的品种、数（重）量、价格、国别（地区）经营单位、境内目的地、境内货源地、贸易方式、运输方式、关别等项目分别进行统计和综合分析，全面、准确地反映对外贸易状况，及时提供统计信息和咨询，实施有效的统计监管，开展国际贸易统计的交流与合作，促进对外贸易的发展。

海关总署在国际通用的《商品名称及编码协调制度》基础上，编制了《中华人民共和国海关统计商品目录》，将税则与统计目录的归类编码统一，规范了进出口商品的命名和类别，使海关统计进一步向国际惯例靠拢。

3. 海关的权力

海关权力是指国家通过海关行政法规而赋予海关对运输工具、进出境货物、物品的监督管理权。海关权力属于行政权，因此除具有其本身的特定性外，还具有独立性和强制性的特点，并接受法律和社会的监督（海关权力的具体内容见表 3-1）。

表 3-1　海关的权力

序号	海关权力	内　容
1	检查权	·检查并查验进出境运输工具、货物、行李物品、邮递物品 ·在监管区内和附近沿海沿边地区，检查走私嫌疑的运输工具和场所 ·在监管区内和附近沿海沿边地区，检查走私嫌疑人的身体
2	查阅权	·监管区内查阅进出境人员的证件 ·监管区内外查阅与进出境运输工具货物、物品有关的合同、发票、账册、单据、记录、文件、业务函电、录音录像制品和其他的有关资料
3	查问权	·查问有关违反《海关法》及其他有关法律法规嫌疑人的权力
4	复制权	·复制与进出境运输工具、货物、物品有关的合同、发票、账册、单据、记录、文件、业务函电、录音录像制品和其他资料
5	调查权	·调查违反《海关法》或其他有关法律法规的当事人或嫌疑人的违法行为。调查被稽查人在金融机构的存款账户
6	扣留权	·扣留违反《海关法》或者其他有关法律法规而进出境的运输工具、货物和物品 ·扣留与上述内容有关的合同、发票、账册、单据、记录、文件、业务函电、录音录像制品和其他资料
7	封存、质押权	·封存有关账簿、凭证、进出口货物等 ·向有关当事人收取等值保证金或者抵押物
8	追缉权	·对违抗海关监管逃逸的进出境运输工具和个人连续追至海关监管区和海关附近沿海沿边规定地区以外，并可将其带回处理
9	处罚权	·依法没收违法进出境货物、物品及走私所得，并可变价缴库 ·对违法行为处以规定幅度内的罚款 ·对违法情事的报关企业和报关员处以暂停或取消报关资格
10	佩带和使用武器权	·海关为履行职责，可以依法佩带武器，并可在履行职责时使用武器
11	强制执行权	·可依法采取强制手段，迫使当事人履行法定义务，如强制扣税、强制履行海关处罚决定等 ·缉私警察对有关嫌疑人可行使刑事诉讼所规定的强制措施，如侦查、拘留、逮捕、预审的权力

二、海关的体制与机构

1. 海关的体制

《海关法》第三条明确规定："国务院设立海关总署，统一管理全国海关""海关依法独立行使职权，向海关总署负责""海关的隶属关系，不受行政区划的限制"。这一规定进一步强调了海关垂直统一领导的体制。海关体制的主要特点是集中统一，垂直领导。

(1) 统一政令。全国各级海关都只执行全国性的法律、行政法规以及海关总署制定的规章。国家对特定地区实行的特殊管理和关税优惠，是由国务院作出规定，海关依照执行的，并不是依据当地政府的规定。各地海关都是中央设在地方执行国家对进出境监督管理工作的派出机构，而不是当地人民政府的组成部分。

(2) 税收统归中央。海关税收是中央收入，归中央掌握使用，对关税和进口环节代征税、减征或免征，必须由国务院规定，由海关总署命令地方海关执行。

(3) 全国海关的机构和人员编制、财务、基建都由海关总署统一管理。

2. 设关原则

《海关法》第三条规定："国家在对外开放的口岸和海关监督业务集中的地点设立海关。海关的隶属关系，不受行政区划的限制"。

对外开放的口岸有下列几种地点：沿海港口，与海洋相通的江河港口，与邻国交界或相通的江河港口，边境火车站和国际联运火车站，航空港，国际邮包、邮件交换地点，陆地边境上的公路车站或其他国界孔道。只有对外开放的口岸，才能与境外直接进行客货往来。开放口岸、设立海关，统一由国务院批准。

海关监管业务集中的地点主要是内陆各省的省会城市及部分大中城市。为便于有关企业就近办理海关手续，经国务院批准，在口岸以外的这些地点也设立海关。对于进出境货物、物品的报关纳税手续，一般在口岸海关办理，经收发货人申请、海关同意，也可用"转关运输"的方式，到内陆收发货地海关办理。对于减免税的申请手续和加工业务的备案和核销，则划分管理区域，由主管海关就近分别管理。

随着我国经济特区、沿海开放城市、开放地区不断地增加，经国务院批准，许多开放城市、开放地区以及内陆省份相继设立海关机构。海关机构的设立从沿海沿边扩大到内陆和沿江、沿边海关业务集中的地点，为我国对外经济贸易活动提供了方便。

中国海关总署

中华人民共和国海关是国家的进出境监督管理机关，实行垂直管理体制，在组织机构上分为3个层次：第一层次是海关总署；第二层次是广东分署，天津、上海2个特派员办事处，41个直属海关和2所海关学校；第三层次是各直属海关下辖的562个隶属海关机构。此外，在布鲁塞尔、莫斯科、华盛顿以及中国香港等地设有派驻机构。中国海关现有关员（含海关缉私警察）48000余人。目前，共有国家批准的海、陆、空一类口岸253个，此外还有省级人民政府原来批准的二类口岸近200个。

海关总署是中国海关的领导机关，是中华人民共和国国务院下属的正部级直属机构，统一管理全国海关。海关总署机关内设15个部门，并管理6个直属事业单位、4个社会团体和3个驻外机构。中央纪委监察部在海关总署派驻纪检组监察局。现任海关总署署长年新生。

依照《中华人民共和国海关法》等有关法律法规，中国海关主要承担4项基本任务：监管进出境运输工具、货物、物品；征收关税和其他税、费；查缉走私；编制海关统计和办理其他海关业务。根据这些任务主要履行通关监管、税收征管、加工贸易和保税监管、海关统计、海关稽查、打击走私、口岸管理等7项职责。中国海关实行“依法行政，为国把关，服务经济，促进发展”的工作方针和“政治坚强、业务过硬、值得信赖”的队伍建设要求。

中国海关实行关衔制度。关衔设五等十三级。分别为一等：海关总监、海关副总监；二等：关务监督（一级、二级、三级）；三等：关务督察（一级、二级、三级）；四等：关务督办（一级、二级、三级）；五等：关务员（一级、二级）。

（资料源自百度百科，经编者整理）

三、海关的主要业务制度

海关的业务制度是海关为完成监督、征税、查缉走私、编制海关统计四项基本任务，依据《海关法》及有关法律法规制定的一套管理程序。根据海关不同业务工作的特点，海关业务制度分为监管制度、关税制度、保税制度、稽查制度、统计制度五项主要业务制度，使国家的有关政策、法令和规章得以有效实施。

1. 监管制度

监管制度是海关依据《海关法》等有关法令法规的规定，在对进出境的货物、物品和运输工具进行监督管理的过程中形成的一套科学、规范的管理程序和管理方法。海关监管制度是国家进出境活动的行政管理的组成部分。海关监管的对象分为贸易性货物、运输工具和非贸易性的物品三部分。因而，海关监管制度也分为货运监管制度、非贸易性物品监管制度和运输工具监管制度三大体系。虽然三个监管体系在具体监管对象、范围、手法等方面有所不同，但整个监管工作的程序和原则要求是基本一致的。如海关对进出关境的运输工具、货物、物品进行监管的过程可分为申报、查验、征税、放行四个环节。

2. 关税制度

关税制度是国家关税法令和关税稽征办法的具体化。关税立法是关税制度的核心。我国的关税制度是根据《海关法》《进出口关税条例》《进出口税则》等有关规定制定的。这些法律法规是我国关税的基本立法。

3. 保税制度

保税制度是指经海关批准的境内企业所进口的货物，在海关监管下，在境内指定的场所储存、加工、装配并暂缓缴纳各种进出口税费的一种海关监管业务制度。保税制度的最大特点是境内企业经海关批准进口的货物，可暂缓纳税，并在境内储存、加工、装配，如复运出境，可予免征进出口税；如用于内销，则要补征关税和进口环节税。这可减少企业资金占压和利息支出，有利于降低生产成本，提高产品竞争能力。

4. 稽查制度

海关稽查制度是指海关在规定期限内依法对进出口经营企业及相关单位的会计账簿、凭证、报关单证及其他有关资料实施稽查，以审查有关企业、单位有无违反海关法规行为的一项业务制度。一般是在进出口货物放行之日起三年内，或保税货物进境之日起至结关后三年内，或者减免税进口货物的海关监管期限内。海关稽查主要依据是1997年制订的《海关稽查条例》中的规定。

5. 统计制度

海关统计制度是以进出境的货物为调查和分析对象，运用一系列统计指标对国家的对外贸易发展状况进行统计监督，提供统计信息和咨询，促进对外贸易的发展。海关统计是国家统计的一个重要组成部分。海关统计主要依据是1994年制订的《海关统计制度》中的规定。统计的原始资料是进口货物的收货人、出口货物的发货人或者他们的代理人提供的《进口货物报关单》《出口货物报关单》或经海关核发的其他申报单证。

第二节　通关程序概述

货物的进出口，不可绕过的一个环节就是海关。海关相当于一个国家的咽喉，了解通关的程序有助于我们更好地了解进出口货物报关。

一、进出口货物通关

1. 通关含义

根据《海关法》的规定，进口货物自进中国关境起到办结海关手续为止，出口货物自向海关申报起到出中国关境止，过境、转运和通运货物自进境到出境止，都必须接受海关的监管。海关为使监管达到有效目的，建立了一套进出口货物通关的基本制度。

进出口货物通关制度是指根据有关进出口货物的货物性质、贸易方式、贸易目的不同，海关给予不同进出口货物在通关环节不同的政策待遇，需要其履行特定报关于续的一系列制度的总和。

2. 通关制度

通关制度是一系列制度的总称，主要包括一般进出口货物的通关制度、保税进出口货物的通关制度、特定减免税进出口货物的通关制度、暂时进出口货物的通关制度等。这套制度运用于不同的监管对象以及体现海关监管的各个业务部门的形式和要求是有区别的。

特定的进出口货物总是在一定的条件下才适用某一通关制度，超出特定范围的进出口货物将不再适用原来的通关制度，转而适用新的通关制度。

3. 电子口岸通关系统

(1) 海关H883/EDI通关系统

海关H883/EDI通关系统是中国海关报关自动化系统的简称，是我国海关利用计算机对进出口货物进行全面信息化管理，实现监管、征税、统计三大海关业务一体化管理的综合性信息利用项目。

H883/EDI——海关(H)开发于1988年3月(883)，EDI是英文“Electronic Data Interchange”的缩写，意即“电子数据交换”。

(2) 海关H2000通关系统

海关H2000通关系统是H883/EDI通关系统的全面更新换代项目，是按照建设我国现代化海关的要求，通过利用计算机网络技术，建立全国集中式的海关通关业务数据库，在海关各业务领域全面联网应用的大型信息化管理系统。该项目于2002年开发完成。

(3) 中国电子口岸系统

中国电子口岸系统又称口岸电子执法系统，简称电子口岸。是与进出口贸易管理有关的国家12个部委利用现代化计算机信息技术，将各部委分别管理的进出口业务信息电子数据集中存放在公共数据中心，为政府管理机关提供跨部门、跨行业联网数据核查，为企业提供网上办理各种进出口业务的国家信息系统。电子口岸是“中国电子政府”的雏形。

（4）电子口岸与海关通关系统的关系

进出口企业可以通过电子口岸中的报关单申报子系统向海关通关系统发送电子数据报关单，海关通关系统对电子数据报关单进行处理。并将结果反馈给企业。进出口企业在其办公室使用一台计算机，用一张 IC 卡，通过电子口岸特别服务号 17999 上网，就可以向海关以及国家各有关部委办理与进出口贸易有关的各种手续；海关以及国家各有关部委也能对有关进出口贸易活动进行有效的监督管理。

（5）通关与报关区别与联系

通关是指进出境运输工具的负责人、进出口货物的收发货人及其代理人、进出境物品的所有人向海关申请办理进出境手续，海关对其呈交的单证和申请进出境的货物、运输工具和物品依法进行审核、查验、征缴税费，批准进口或者出口的全过程。

报关与通关既相联系又有区别：①两者的工作对象相同，都是对运输工具、货物、物品的进出境而言。②两者的考察角度不同，报关是从进出口货物的收发货人、进出境物品的所有人、进出境运输工具的负责人或者他们的代理人的角度，仅指办理进出境手续有相关手续；通关则是从海关管理的角度，不仅包括海关管理相对人向海关办理有关手续，还包括海关对进出境运输工具、货物、物品依法进行监督管理，核准其进出境的管理过程。

二、进出口货物分类及通关环节

（一）进出口货物分类

进出口货物报关程序根据一般进出口货物与非一般进出口货物的属性不同，分别有前期报关、进出境报关与后续报关。一般进出口货物的所有手续，在进出境报关程序中得以解决；而非一般进出境货物（保税加工货物、特定减免税货物、暂准进出口货物等）必须经过前期报关、进出境报关以及后续报关这三个阶段（见表 3-2）。

表 3-2　报关过程

<table>
<tr><th>种　类</th><th>前期报关阶段</th><th>进出境报关阶段</th><th>后续报关阶段</th></tr>
<tr><td>一般进出口货物</td><td></td><td rowspan="4">1. 进出境申报（海关接受或不接受申报）
2. 配合查验（海关决定是否查验及查验方式）
3. 缴纳税费（海关决定征、减、缓、免税费）
4. 提取（或装运）（海关签印放行）</td><td></td></tr>
<tr><td>保税货物</td><td>加工贸易合同备案（设立银行保证金台账和海关核发登记手册）</td><td>合同核销申请（海关核销结案）</td></tr>
<tr><td>特定减免税货物</td><td>特定减免税申请（海关核发特定征免税证书）</td><td>解除海关监管申请（海关办理结关手续）</td></tr>
<tr><td>暂准进出口货物</td><td>暂准进出口担保申请（海关审核担保形式）</td><td>担保销案申请（海关办理担保销案）</td></tr>
</table>

（二）一般进出口货物通关基本特点

一般进出口货物通关主要具有以下特点：

1. 必须在进出境环节完纳进出口税费

这里所说的"进出境环节"是指货物提取或装运前的通关环节；"进出口税费"是指货物在通关时，因其直接发生了一次合法的进口或出口，在海关税法上被规定应税，而需向海关缴纳的关税、国内税及其他费用；"完纳"则是指按照《进出口税则》的税率全额计征。但是，对于《进出口税则》规定零税率的或《关税条例》列明免予征税（即法定减免）的进出口货物则无须缴纳进出口税费。

2. 进出口时需交验相关的进出境国家管制许可证件

对于进出口货物涉及的各项进出境国家管制，均应在货物进出口前办妥审批手续，其许可证件在货物通关时随报关单一并向海关交验。

3. 货物在提取或装运前办结海关手续

适用一般进出口通关制度的货物在申报、接受查验并缴清进出口税费，经海关复核放行后，报关人方能提取或装运。对于适用一般进出口通关制度的货物而言，海关放行即意味着通关货物的各项海关手续业已办结。

4. 货物进出口后可自由流通

所谓自由流通，是指货物办结了海关手续即可由报关人自行处置。一般进出口货物进口后或出口运离关境后可以自由流通，不再接受海关监管。

（三）通关基本环节

我们根据一般进出口货物通关的几个基本环节，如图 3－2 所示，将一般进出口货物报关和通关的作业步骤归纳为以下 9 个具体步骤。

1. 电子申报

电子申报这一步骤的主要内容是：货物的收货人或其代理人根据《中华人民共和国海关进出口货物报关单填制规范》和海关监管、征税、统计等要求录入电子报关数据并通过网络传输方式向海关传输电子数据，进行电子申报。

在一般正常情况下，进口货物应当由收货人或其他代理人在货物的进境地向海关申报，并办理有关进口海关手续；出口货物应当由发货人或其代理人在货物的出境地向海关申报，并办理有关出口海关手续。

（1）申报前的准备工作

报关企业申报前的准备工作主要有：

①进口须接到进口提货通知，出口须备齐出口货物。

②委托报关者须办理报关委托，代理报关者须接受报关委托。

③准备报关单证，包括基本单证、特殊单证、预备单证。

④填制报关单及其他报关单证。

⑤报关单预录入。报关单预录入是指在实行报关自动化系统处理进（出）口货物报关单的海关，报关单位或报关人将报关单上申报的数据、内容录入电子计算机，并将数据、内容传送到海关报关自动化系统的工作。

（2）申报前看货取样

《海关法》规定，进口货物的收货人经海关同意，可以在申报前查看货物或者提取货样。需要依法检验的货物，应当在检验合格后提取货样。

申报前看货取样的原因是：进口货物的收货人在办理海关手续时，应当承担如实申报的义务，包括准确归类，正确填报数量、规格等有关项目，但由于境外发货人在传递信息资料或装运环节上的问题，就有可能造成境内收货人单证不全，不能准确把握进境货物的真实状况，即使通过函电等方式，也无法予以确认，致使所到货物不能及时、准确申报。在这种情况下，就有必要实行看货取样。《海关法》关于申报前允许看货取样的规则有着积极意义：一方面可以严格要求收货人履行如实申报的义务，加快通关速度，提高贸易效率；另一方面也可以避免在出现申报内容与实际货物不符时，当事人以错发货为由逃避承担责任。

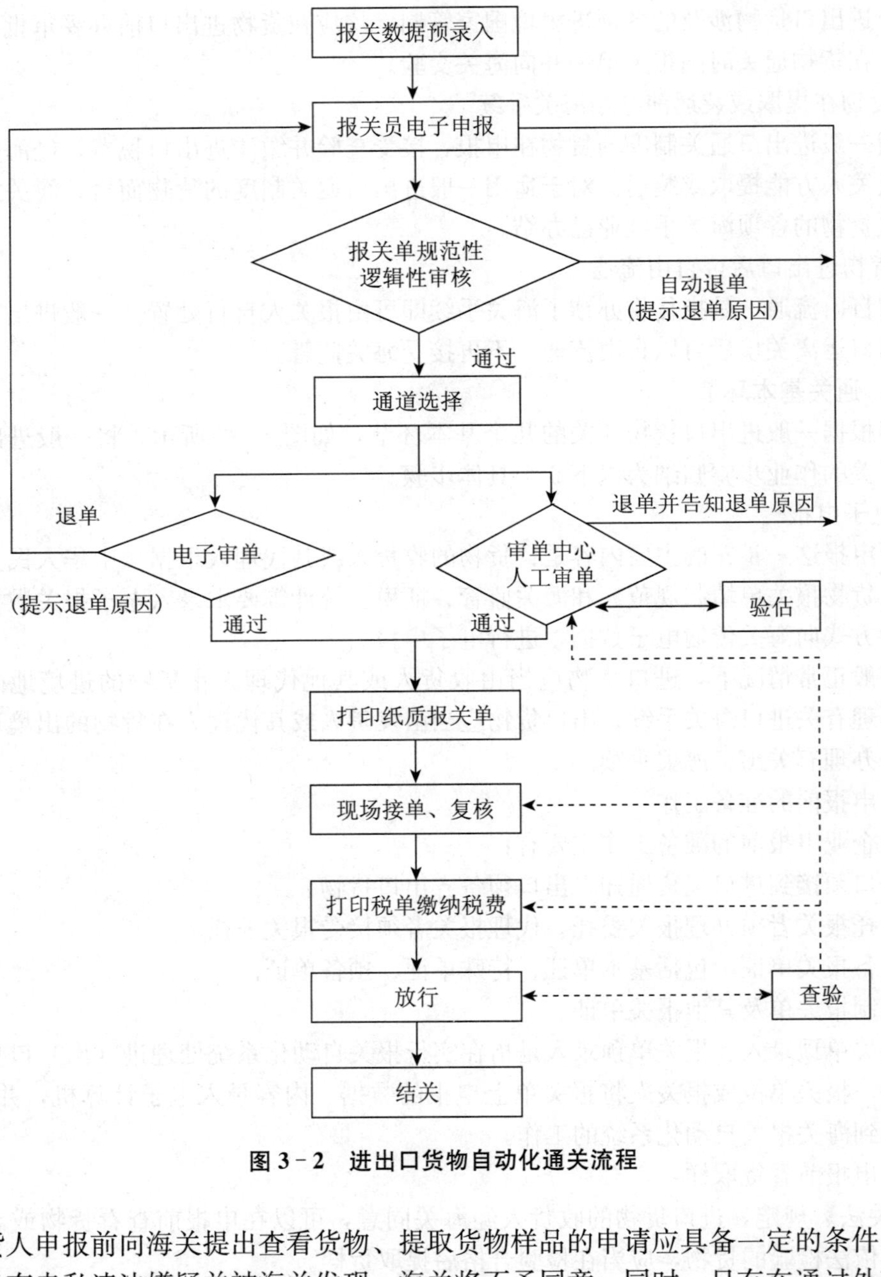

图 3－2　进出口货物自动化通关流程

收货人申报前向海关提出查看货物、提取货物样品的申请应具备一定的条件，如果货物进境已有走私违法嫌疑并被海关发现，海关将不予同意。同时，只有在通过外观无法确定货物的归类等情况下，海关才会同意收货人提取货样。法律对收货人借查看货物或提取货物样品之机进行违法活动也有严厉查处的规定。

（3）如实与及时申报

《海关法》规定，进口货物的收货人、出口货物的发货人应当向海关如实申报，交验进出口许可证件和有关单证。国家限制进出口的货物，没有进出口许可证件的，不予放行。

①如实申报。所谓“如实申报”，是指进出口货物收发货人在向海关申请办理货物通关手续时，按规定的格式（报关单）真实、准确地填报与货物有关的各项内容。从法律意义上说，申报对收发货人意味着向海关报告进出口货物的情况，申请按其填报的内容办理相关的通关手续，并承诺履行该项海关手续对货物及收发货人所规定的一切义务。收发货人在申报时必须向海关提供一切辨认货物及货物适用的管理法规所必需的法律要件，并对这些法律要件的真实性、完整性和准确性负全部责任。

申报内容主要包括进出口货物的经营单位、收发货单位、申报单位、运输方式、贸易方式、贸易国别以及货物的实际状况（主要包括名称、规格型号、数/重量、价格等内容）。

②申报的期限。出口货物报关期限与进口货物报关期限是不同的。出口货物的发货人或其代理人除海关特许外，应当在装货的 24 小时以前向海关申报。进口货物的收货人或其代理人应当自载运该货物的运输工具申报进境之日起 14 天内向海关办理进口货物的通关申报手续。如果在法定的 14 天内没有向海关办理申报手续，海关将征收滞纳金。

进口货物的收货人自运输工具申报进境之日起超过 3 个月未向海关申报的，其进口货物由海关提取，并依法变卖处理。所得价款在扣除运输、装卸、储存等费用和税款后，尚有余款的，自货物依法变卖之日起 1 年内，经收货人申请，予以发还；其中属于国家对进口有限制性的规定，应当提交许可证件而不能提供的，不予发还。逾期无人申请不予发还的，上缴国库。

（4）申报的方式

办理进出口货物的海关申报手续，应当采用纸质报关单或电子数据报关单的形式。电子数据报关单与纸质报关单具有相同的法律效力。随着我国电子通关工程的不断完善，电子数据报关已成为主要的申报方式。本章的阐述就是基于电子数据报关的。

（5）交验单证

申报的“有关单证”系指与所报货物相适应的，凭以支持“报关单”填报的单据和证件。除进出口货物报关单外，报关单证可分为基本单证、特殊单证、预备单证 3 大类。

①进口货物报关时须提供的单证

由报关员自行填写或由自动化报关预录入人员录入后打印的进口货物报关单。

基本单证主要有：货运单据，例如海运进口提货单；陆、空运运单；邮运包裹单；商业发票（须报关单位盖章）；货物装箱单（须报关单位盖章）。

特殊单证主要有：进口货物许可证；入境货物通关单及其他相关入境检验检疫证书；其他各种特殊管理证件。

预备单证主要有：贸易合同；货物原产地证书；委托单位的工商执照证书。

②出口货物报关时须提供的单证

由报关员自行填写或由自动化报关预录入人员录入后打印的出口货物报关单一式多份，其所需份数根据各部门需要而定，出口退税时加填一份黄色出口退税专用报关单。主要单证包括：出口许可证和其他证明文件；商业发票、装箱单、合同；出境货物通关单；原产地证明；出口收汇核销单；其他有关文件。

2. 集中审单

集中审单这一步骤的主要内容是：

首先，报关人向海关递交报关单后，海关接受报关、审单。海关计算机系统根据预先设定的各项参数对电子报关数据的规范性、有效性和合法性进行电子审核，审核结果将通过现场大屏幕显示器或计算机网络等通信手段通知申报人。

其次，通关管理处审单中心对需人工审单的报关单数据进行人工审核，并将审核结果通知申报人。

我国海关建立了三位一体的审单作业系统。审单作业系统包括计算机电子审单、直属海关审单中心专业化审单和隶属海关现场接单审核，它们是既分工协作又相互制约的报关单证和数据处理系统。

通关管理处审单中心自收到电子报关数据之时起，一般1个工作日内完成对报关单电子数据的审核工作，并根据审核结果发送审结、退单等信息。

海关审单作业主要分为两个环节：电子审单和现场接单审核。

（1）电子审单

海关收到报关单电子数据，通过计算机系统对报关企业及报关员进行资格认证后，开始进入计算机自动审核程序，所有报关单数据按以下步骤先后接受各业务职能部门预先设定的相关审单参数数据的审核和筛选。

第一步，规范性审核。

根据各职能部门设定的规范性参数数据对报关单电子数据进行规范性审核，审核结果分为：

①不接受申报：报关单电子数据不能通过规范性审核的，不接受申报，报关人按海关要求修改报关单电子数据后，可以重新办理电子申报。

②接受申报：报关单电子数据通过规范性审核的，计算机自动接受申报，并记录接受申报时间，此项处理构成报关人向海关申报及海关接受申报的法律行为。

③电子审单通道判别：所有报关单数据接受计算机审单通道判别表的审核，并作出3类判别结果：

第一种，转为人工专业审核（M通道）：对经通道判别为人工专业审核的报关单电子数据，计算机系统按预先设置的派单标准分派至审单中心（按商品分类划分）的各专业化审单岗位（由直属海关根据本关的进出口商品结构等设定），实施人工专业审单。

第二种，现场复核验放通道（F通道）：判别为F通道的报关单电子数据直接进入现场放行环节办理复核验放手续。

第三种，交由现场海关进行接单审核/征收税费处理（C通道）：报关单电子数据经通道判别为C通道的，交由现场海关进行接单审核/征收税费处理后，系统自动完成计征税费处理，核销《进口减免税证明》，核注《预归类决定书》，核扣《加工贸易登记手册》进口料件和进（出）口许可证等备案数据，并向隶属海关通关现场发送审核结果。

第二步，电子专业化审单。

①以贸易管制措施、税费征管、贸易及业务统计等有关法规为依据，对报关单的商品归类、监管条件、完税价格、征免税规定（方式）及其他项目进行审核，确定其是否正

确、合法、有效。

②根据各业务职能部门设定的通关风险预警提示（指导性通关风险布控），结合现场实际情况及自己的分析，借助调阅风险数据库数据辅助决策，采取相应的风险处置措施。

③根据各业务部门的预定式通关风险布控（指令性通关风险布控）指令，采取相应的风险处置措施。

电子专业化审单的审核结果有以下 3 种情况：

第一种，符合计算机自动审核条件的，计算机自动完成审证环节的全部作业，向现场海关下达作业指令，同时向申报人发出“到现场海关办理货物验放手续”的回执或通知。

第二种，对因申报不规范而不能通过计算机综合审核的报关单数据，计算机自动退单，向申报人发出回执或通知，并在回执或通知中注明退单原因。

第三种，需人工审核的报关单数据，计算机将按设定的派单条件，将报关单数据派人通关管理处审单中心相应的人工审单岗位，同时向申报人员发出“等待处理”的回执或通知。

第三步，人工审单审核。

人工审单审核结果有以下 3 种情况：

①审核通过：如报关单数据经审核，符合海关审证作业要求，即预审核通过，通关管理处审单中心向业务现场海关发送有关指令和数据，同时向申报人发出“到现场海关办理货物验放手续”的回执或通知。

②人工退单：对明显不符合海关统计、征税、监管等有关业务要求且又不构成伪报瞒报的报关单电子数据，予以退单处理，并向申报人发出注明退单原因的通知或回执。申报人应根据有关退单原因，作出修改后，重新申报。

③挂起：在审核过程中，审单关员认为有必要与申报人或有关部门联系，以了解或确定报关单数据有关内容的，可采用报关单挂起的措施，并向申报人发出“与海关联系”或“待海关通知”的通知或回执。申报人在收到“与海关联系”的通知或回执时应根据通知或回执中的联系电话，及时与通关管理处审单中心取得联系，说明有关情况或按通关管理处审单中心要求提供有关资料；在收到“待海关通知”的通知或回执时，则应静待进一步的审核通知。

（2）现场接单审核/征收税费

接单审核/征收税费的海关人员接受报关人递交的纸质单证后，按各项业务审核要求进行以下审核。

①纸质单证审查：审查报关单及其随附单证是否齐全、有效、真实。

②单单相符审查：审查随附单证内容与报关单填制内容是否相符。

③单机相符复核：复核报关单电子数据与纸质报关单填制内容是否相符。

④税费复核：实际审查报关单和随附单证及货物查验结果（指需要查验的），按商品归类、价格及原产地等计税要求计算税额是否正确，其中因审单中心核定商品归类、适用税率或汇率、完税价格、原产地等征免税要素有误造成税费计算差错的，按规定程序联系审单中心重新核定税费。

⑤统计指标复核：依据海关统计制度审核报关单及随附单证和货物查验结果（指需要查验的），确认该票进出口货物申报的统计指标是否准确。

⑥纠正差错：在接单审核/征收税费环节的作业过程中发现差错时，分别做如下处理：

a. 属于报关单证不齐的，要求报关人补齐所缺单证；

b. 属于纸质单证差错的，要求报关人重新提供正确单证；

c. 属于报关单电子数据差错的，按规定程序联系审单中心修改报关单电子数据；

d. 怀疑有走私违法行为但需要查验货物才能作进一步认定的，进行查验布控；

e. 立即可以认定涉嫌走私违法的，移交调查部门处理；

f. 立即可以排除走私违法嫌疑的，系统按规定做报关人差错记录；

g. 验估：接单审核/征收税费关员在审核单证过程中，由于商品归类和估价的需要或根据审单中心提出的验估要求，应进行验估；

h. 选择查验：接单审核/征收税费关员根据通关风险预警提示，自行开展通关风险分析，采取即决式通关风险布控方式向查验环节提出实际查验货物的要求；

i. 纸质单证的批注、签章：对进（出）口货物报关单、进（出）口货物征免税证明、进（出）口许可证、加工贸易登记手册等纸质证书或单证进行批注、签章后，按规定退还报关人或由海关存档；

j. 征收税费：各项要求审核无误后，打印、签发各类税费专用缴款书，纳税义务人缴纳各项税费；

k. 报关单证流转：纸质报关单应通过内部渠道在海关各作业环节流转，确有必要由报关人代为传递时，必须制作关封以确保单证安全可靠。

3. 现场通关——接单

现场通关——接单这一步骤的主要内容是：

(1) 口岸海关和通关现场以及区域海关为进口接单现场，申报人到现场海关接单窗口或派单窗口（一些业务量较大的现场）递交书面单证，办理单证审核手续。

(2) 海关验核申报人的报关资格，验核通过的，现场接单关员进行接单。有派单窗口的现场派单人员则核对书面单证是否齐全并分派接单窗口。

(3) 现场接单关员验核书面单证。审核书面单证的各项内容是否单单（报关单与随附单证）、单机（报关单与电子数据）相符；对申报价格、商品归类等项目进行复核；按作业要求对有关单证进行批注，如发现单证不齐全、不合法，及时查明原因，并按有关规定处理。

4. 现场通关——查验

现场通关——查验这一步骤的主要内容是：

(1) 申报人持《查验通知单》、报关单备用联、提单场站收据、海运提单、发票、装箱单（复印件），到现场海关查验受理部门办理查验计划（一般当天安排第二天的查验计划），申报人员应做好查验准备。

(2) 海关对需要查验的货物实施现场查验。进口货物的收货人、出口货物的发货人或其代理人应派员到场协助查验，协助查验人员应出示有效证件并负责搬移货物，开拆和重封货物的包装，当海关对相关单证或货物有疑问时应负责解答。（注意：法律规定，当海关认为必要时，可以径行开验、复验或者提取货样。）

(3) 海关查验完毕后，报关员应向海关关员索要“海关进出境货物查验记录”，特别要注意记录单记录内容是否与实际相符，其中的重点内容是：开箱具体情况；货物残损情况及造成的原因；提取货样情况；查验结论。若上述内容的记录符合实际，应当场签字。

5. 现场通关——税费征收

现场通关——税费征收这一步骤的主要内容是：

（1）海关对应税货物征收税款（关税、增值税、消费税），对列为反倾销货物的，征收反倾销税，并打印税款缴款书；对逾期纳税货物，征收滞纳金，打印滞纳金缴款书。

（2）海关对减免税货物、保税货物按规定征收监管手续费，对超出规定期限向海关办理报关手续的进口货物征收滞报金，打印海关行政事业性专用票据，到指定银行缴款。

（3）海关对暂时进出口货物或根据有关规定须征收保证金的，打印保证金收据。

（4）海关对缴纳的税费进行核销。

6. 现场通关——单证放行

现场通关——单证放行这一步骤的主要内容是：接单现场的单证复核关员对电子报关数据、书面单证及批注情况进行复核，对于情况正常、未设定查验的，办理单证放行手续，并在提货单或运单上加盖“单证专用章”及“工号章”，报关单备用联和提货单退还货主或其代理人；对已设定查验的，直接在提货单或运单上加盖“单证专用章”和“工号章”，报关单备用联和提货单退还货主或其代理人。接单现场对查验的单证不再制作关封。

7. 口岸海关——实货放行

口岸海关——实货放行这一步骤的主要内容是：在获得运输工具到港信息后，货主或其代理人持提货单或运单及报关单备用联交口岸风险管理/放行部门，根据计算机的提示进行放行处理。如计算机提示“货物未到港”，则不予办理放行手续；如计算机提示“与实卸情况不符或未找到实卸记录”，海关根据实际情况办理放行手续。对无须查验的，海关在处理完计算机操作后即在正本提货单或运单上加盖放行章，计算机自动将有关实货放行电子信息传送至港区或机场货代，货主即可办理放行手续。对须查验的货物，放行关员在提货单或运单上加盖查验章退还货主，由货主带至查验点接受海关对货物的查验。

现场海关对查验和化验货物，在查验和化验完毕后，情况正常的，在半个工作日内办理放行手续。所有货物在货主或报关企业付清税费后，海关及时办结放行手续。放行对于一般贸易进出口货物来说是海关监管过程的结束，即货物可以进入自由流通状态，此种方式称为放行即结关。从收发货人的角度看，放行只是海关在报关单及有关单证上签盖放行章并将其退还收发货人的一种形式，然而在实际操作上，放行必须以海关审单和查验完毕并办理了征税手续或提供担保的手续作为前提条件。对于违反进出口政策、法令规定，尚未缴纳应缴纳的税款，以及海关总署批示不准放行的进出口货物，海关均不予以放行。

8. 签发进口货物报关单

签发进口货物报关单这一步骤的主要内容是：申报人到业务现场办理报关单证明联的签证手续。进口货物放行后，海关向申报人签发进口收汇证明联和加工贸易海关核销联。进出口货物报关单证明联自海关受理企业申请之日起一般3日内签发。

对需出口退税的货物，出口货物的发货人向海关申报出口时，应增附一份浅黄色的出口退税专用报关单。海关放行后，在报关单上加盖“验讫章”和已向税务机关备案的标记，海关审核出口退税负责人的签章，并加贴防伪标签后，退还报关单位送交退税地税务机关，对申报出口的高税率产品，海关将报关单制作关封退还给报关单位送交退税地税务机关。

对属于进口付汇、出口收汇的进出口货物的报关单，海关在办结放行手续后，出具一份盖有海关验讫章的计算机打印报关单，并在报关单的右上角加贴防伪标签，交进口或出口单位专门用于办理进口付汇或出口收汇核销手续。

9. 进口凭单取货与出口货物装运

进口凭单取货与出口货物装运这一步骤的主要内容是：

（1）进口凭单取货。经过进口报关、报检等手续后，如进口货物的品名、品质、数量、重量、包装等符合交易合同的规定，进口商便可提货。如订货或用货单位在卸货港所在地，则可就近转交货物；订货或用货单位不在卸货地区的，则可委托货运代理或物流公司将货物转运内地并转交给订货或用货单位。

（2）出口货物的退关。办理出口退关手续时，出口货物的发货人或其代理人应在得知出口货物未装上运输工具，并决定不再出口之日起 3 天内向海关申请退关，经海关核准且撤销出口申请后方能将货物运出海关监管场所。已缴纳出口税的退关货物，可以在缴纳税款之日起 1 年内，提出书面申请，向海关申请退税。

（3）出口货物装运。对出口货物的报关，海关经过审核报关单据，查验实际货物，依法办理征收税费手续或减免税手续，在行关单据上签盖放行章后，货物的所有人或发货人或其代理人可以装运货物。

第三节　常见各种进出口货物通关流程

一般进出口货物，是指在进出境环节缴纳了进出口税费并办结了所有必要的海关手续，海关验收后不再进行监管的货物。“一般进出口”指的是海关的一种监管制度，以区别于“保税”等类别的海关监管制度。而不同种类进出口货物，其通关形成条件、办理手续、境内存在形态和通关保障措施均不相同（如表 3－3 所示）。

表 3－3　　不同种类进出口货物通关制度

种类	形成条件	进出境时的通关手续特征	境内存在形态	海关保障措施	要点
一般出口	进口以进入境内销售、使用为目的，出口以销往境外为目的	在进出境环节交纳全额税费；验核国家贸易管制证件；完成进出境手续时即已结关	在境内使用、销售，通过通常的买卖交易赚取销售利润	货物在进出境后自由处置，不再受中国海关管理	正式进出口；没有特殊的优惠待遇
保税出口	以存储、加工、装配后复出口为目的	暂缓纳税；转入手册（加工贸易/保税仓储）管理，复出口并完成手册核销后结案	未被投入境内经济循环中的使用和销售，转让；在境内进行存储、加工、装配，赚取仓储费、工缴费	严密的海关担保和监管机制，如：加工贸易手册、出口加工区封闭管理等；在手册规定的期限内复出口；如转为内销需正式交纳关税、交验贸易管制证件	临时进出口；缓税、缓证

续　表

种类	形成条件	进出境时的通关手续特征	境内存在形态	海关保障措施	要点
特定减免税进口	国家对特定地区、特定企业和特定用途进口货物实行特殊的减免税政策，此类进口货物不得脱离以上三个“特定”	在进出境环节根据海关免表核定的税收待遇，或减征，或免征，完成纳税手续；交验国家贸易管制证件；转入企业资产管理，解除海关监管后结案	在境内使用，一般不得自行销售、转让	在监管年限内接受海关后续监管，直至办结解除海关手续之日；在监管年限内出售、转让或移做他用，需补缴折旧后原来减免的进口税	正式进口；减征或免税关税、不免证
暂准（时）进出口（除租赁进口）	在境内外展览、施工、演出、体育竞赛、采访、拍摄、装载进出口货物的临时进出口展品、工具、容器等，使用完成后复出或复进口	在进出境环节暂时免交关税、免交进出口许可证件，其他贸易管制证件不免；转入担保程序，复出口后结案	在境内外投入展出、使用，或作为容器装载进出口货物，保持原有状态，不得加工、改换、销售	以保金、保函或ATA单证册向海关提出担保；在境内使用过程中接受海关监管；在担保规定的期限内复出口；如转为销售需交纳正式关税、交验进出口许可证	临时进出口；缓税、缓证
租赁进口	租赁设备的使用价值转移到境内消费，以租金来体现。租赁期毕，设备可复运出境，或按残值征税后转为进口	以海关核定的租金作为完税价格征收进口税费，可在进境时一次缴付（金融租赁可按货物到岸价一次支付，即一般贸易）或在使用期间分期缴付；进境环节验核国家贸易管制证件；租赁设备或复出口，或转进口后结案	租赁设备的使用价值进口	在租赁期内接受海关监管；对转化为境内消费的设备使用价值或设备本身（残留）价值进行征税；在租赁期毕复出口或留购进口	比照一般贸易

一、保税进出口货物通关实务

1. 保税货物的含义与特征

保税货物是指进入一国关境，在海关监管下未缴纳进口关税，存放后再复运出口的货物。由于各国实行保税制度的目的不同，各国海关保税制度所涉及的范围也有差异，因此，各国对保税货物的解释也不同。

我国《海关法》关于保税货物的定义是："保税货物，是指经海关批准未办理纳税手续进境，在境内储存、加工、装配后复运出境的货物。"

根据《海关法》对保税货物所下的定义，保税货物具有以下特征：

（1）经海关批准

保税货物必须经海关批准。任何货物，不经过海关批准，不能成为保税货物。海关批准保税的范围包括批准成立保税仓库、保税工厂、保税集团；海关接受加工贸易备案，核发登记手册，包括核发电子的或纸质的登记手册，实际上就是在行使批准保税的权力；保税区和出口加工区是由国务院审批的，但是具体批准这些区域的某些进口货物的保税，仍是海关的权力，也属于海关批准保税的范围。

（2）暂缓纳税

《海关法》规定："经海关批准暂时进口或暂时出口的货物，以及特准进口的保税货物，在货物收发货人向海关缴纳相当于税款的保证金或者提供担保后，准予暂时免纳关税。"可见，保税货物是未办理纳税手续进境的，属于暂时免税，待货物确定最终流向后，海关再决定征税或免税。

（3）海关监管

因为保税货物是在没有办理纳税手续的情况下进境的，所以，保税货物从进境之日起就必须置于海关的监管之下，它在境内的运输、储存、加工、装配，都必须接受海关监管，直到复运出境或改变性质、办理正式进口手续为止。

保税货物未经海关许可，不得开拆、提取、交付、发运、调换、改装、抵押、质押、留置、转让、更换标志、移作他用或者进行其他处置。海关对保税货物施加的封志，任何人不得擅自开启或者损毁。当保税货物失去保税条件时，海关有权依法对该保税货物作出处置。

（4）复运出境

保税货物的最终流向应当是复运出境。因此，经海关批准保税进境后的货物，一旦决定不复运出境，就改变了保税货物的特性，不再是保税货物，而应当按照留在境内的实际性质办理相应的进口手续。如加工贸易进口料件经批准内销、保税仓库货物出库进入国内市场等。

复运出境是构成保税货物的重要前提。

2. 保税形式和保税货物的分类

（1）保税形式

与国际通行做法一致，我国海关目前保税的主要形式有以下三种：

①保税储存。保税储存是进口货物在海关监管下储存于指定场所，暂缓缴纳进口税的一种保税形式。它使进口货物可以在不必缴纳进口税的状态下较为长期地储存，使货物储存人有充分的时间在国内或国外推销货物。

保税储存的表现形式有保税仓库、寄售代销、免税商店等。

②保税加工。保税加工是指拟用于制造、加工的货物在海关监管下暂缓缴纳进口税，作为原材料、半成品临时进口，经加工后复运出口的一种保税形式。它为货物为特定目的暂时进入境内使用或加工制造提供了便利，尤其有利于促进我国对外加工制造业的发展。

保税加工主要有来料加工、进料加工、保税工厂、保税集团等。

③区域保税。区域保税是指在特定区域实行保税制度，主要有保税区、出口加工区。

(2) 保税货物的分类

根据《海关法》对保税货物定义的表述，保税货物可以分为储存类和加工装配类两大类。

①储存类保税货物。储存类保税货物，即保税储存货物，又可以分为两种：第一种，储存后复运出境的保税货物。其包括：国际转运货物，主要是指转口贸易货物；供应国际运输工具的货物，主要是指从境外进口在保税仓库存储的供应给国际运输船舶、航空器在国际运输途中所需要的燃料、物料等。第二种，储存后进入国内市场的保税货物。其包括进口寄售用于维修外国商品的零配件、经海关批准存入保税仓库的未办结海关手续的一般贸易货物和其他未办结海关于续的货物。

②加工装配类保税货物，即保税加工的货物，又称加工贸易保税货物。经海关准予保税的加工贸易监管形式下进口的料件以及用这些料件生产的半成品、成品都属于加工装配类保税货物。

(3) 保税进出口货物通关的基本环节

保税进出口货物（以下简称保税货物）的通关与一般进出口货物不同，它不是在某一个时间上办理进口或出口手续后即完成了通关，而是从进境、储存或加工到复运出境的全过程。保税货物的报关程序除了和一般进出口货物报关程序一样有进出境报关阶段外，还有合同备案和核销结案阶段。保税货物通关的基本程序如图 3-3 所示。

图 3-3　保税货物通关的基本程序

①合同备案。合同备案是指经营保税货物的单位持有关证件、对外签约的合同及其他有关单证向主管海关申请办理合同登记备案手续，海关核准后，签发有关登记手册。合同登记备案是向海关办理的第一个手续，须在保税货物进口前办妥，它是保税业务的开始，也是经营者与海关建立承担法律责任和履行监管职责的法律关系的起点。

②进口货物。进口货物是指已在海关办理合同登记备案的保税货物实际进境时，经营单位或其代理人应持海关核发的该批保税货物的登记手册及其他单证，向进境地海关申报，办理进口手续。

③储存或加工后复运出口。储存或加工后复运出口是指保税货物进境后，应储存于海关指定的场所或交付给海关核准的加工生产企业进行加工制造，在储存期满或经加工后复运出境。经营单位或其代理人应持该批货物的登记手册及其他单证，向出境地海关申报办理出口手续。

④核销结案。核销结案是指在备案合同期满或加工产品出口后的一定期限内，经营单位应持有关加工贸易登记手册、进出口货物报关单及其他有关资料，向合同备案海关办理核销手续，海关对保税货物的进口、储存、加工、使用和出口情况进行核实并确定最终征免税之后，对该备案合同予以核销结案。这一环节是保税货物整个通关程序的终点，意味着海关监管关系解除。

保税区出境货物备案清单共五联。第一联供出境地海关存查，第二联海关统计专用，第三联主管海关存查，第四联备案单位存查，第五联出境结汇。

保税区进境货物备案清单共五联。第一联进境地海关存查，第二联海关统计专用，第三联主管海关存查，第四联备案单位存查，第五联付汇核销专用。

二、加工贸易货物的通关

加工贸易主要包括来料加工装配、进料加工、出料加工等。

保税加工经营过程包括直接生产过程（加工或装配）和流转过程（料件进口、成品复出口），从保税加工料件进境到完成产成品的复出口须经过3个阶段。

第一，料件的进口阶段。在该阶段，经营者在履行加工贸易合同的同时须向海关办理登记备案手续，并在货物运抵口岸时办理进口手续，提取料件运至加工企业。

第二，直按加工阶段。在该阶段，进口料件经过加工或装配，逐步改变它的性质、形态，最后生产出所需的制成品。

第三，成品复出口阶段。在该阶段，保税加工的经营人按照对外所签合同的约定，办理货运、出口等手续后将制成品复运或返销出口。

保税加工均是以复出口产品为前提条件，国家对进口料件实行银行保证金台账制度，海关采取保税制度予以监管。

(一) 加工贸易保税货物概述

1. 加工贸易保税货物的含义

加工贸易保税货物是指专为加工、装配出口产品而从国外进口且海关准予保税的原材料、零部件、元器件、包装物料、辅助材料（简称料件）以及用这些料件生产的成品、半成品。

加工贸易俗称“两头在外”的贸易，即料件从境外进口，在境内加工装配后成品运到境外的贸易。

2. 加工贸易保税货物的形式

（1）来料加工

来料加工是指国外委托方，提供料件和必要的机器设备及生产技术，委托国内生产企业作为承接方，由国内加工者加工成品后，运交委托方在国外销售使用，国内加工者收取约定的工缴费（加工费）。

（2）进料加工

进料加工是指国内生产者进口部分或全部料件，加工成品或半成品后再销国外市场的一种贸易方式。

（3）外商投资企业履行产品出口合同

外商投资企业经营的来料加工和进料加工统称为外商投资企业履行产品出口合同。

（4）保税工厂

保税工厂是指由海关批准的专门从事保税加工的工厂或企业。这是在来料加工、进料加工和外商投资企业履行产品出口合同的基础上，发展形成的一种保税加工的监管形式。

（5）保税集团

保税集团是指经海关批准，由一个具有进出口经营权的企业牵头，在同一关区内，同行业若干个加工企业联合对进口料件进行多层次、多工序连续加工，直至最终产品出口的企业联合体。

3. 加工贸易货物通关

加工贸易货物通关不同于一般进出口通关，它涉及货物进境、储存或加工、复运出境的全过程，只有办理了全过程的各种海关手续后，才完成其通关任务。

加工贸易货物通关的基本程序：登记备案→申报进口→储存加工→复运出口→核销结案。

（1）登记备案

经营保税与加工贸易货物的单位持有关批件、对外签订的合同及其他有关单证向主管海关申请办理合同登记备案手续，海关核准后，签发有关登记手册。登记手续必须在保税与加工贸易货物进口前办妥。

（2）申报进口

在海关办理合同登记备案的保税与加工贸易货物实际进境时，经营单位或其代理人应持海关核发的该批货物的《登记手册》及其他单证，向进境地海关申报，办理进口手续。

（3）储存加工

保税与加工贸易货物进境后，或储存在海关指定的场所，或交付给海关核准的加工企业进行加工制造。

（4）复运出口

保税与加工贸易货物在储存期满或经加工制制造成品后，再复运出口。经营单位或其代理人持该批货物的《登记手册》及其他单证，向出境地海关申报办理出口手续。

（5）核销结案

在备案合同期满或加工产品出口后的一定期限内，经营单位持有关加工贸易登记手册、进出口货物报关单及其他有关资料，向合同备案海关办理核销手续，海关对保税货物的进口、储存、加工、使用和出口情况进行核实并确定最终征免税意见后，对该备案合同予以核销结案。

（二）进料加工通关

1. 进料加工含义

进料加工是指中方用外汇购买进口的原料、材料、辅料、元器件、零部件、配套件和包装物料加工成成品或半成品后再外销出口的交易形式。

进料加工是国际上使用较多的加工贸易方式，是扩大出口、增加外汇收入的重要手段。它的基本概念是：用外汇购买进口原料、材料、辅料、元器件、零部件、配套件和包装物料（以下简称料件），加工或装配成成品或半成品后返销出口。

2. 进料加工的业务和通关程序

合同登记备案→进口料件报关→出口产品报关→合同核销。

（1）合同登记备案

开展进料加工的单位必须是经商务部或其授权的外经贸主管部门批准的有进出口经营权的企业，加工生产企业必须具有法人资格并有能力承担进口料件加工出口产品的生产企业。

经营单位开展进料加工应在有关货物进口前到加工生产企业所在地主管海关办理合同登记备案手续，提交有关单证。海关审查经营单位提交的合同登记备案单证后，对加工企业实地验厂验库。主管海关签发《银行保证金台账联系单》，经营单位凭此到主管海关所在地指定中国银行办理设立银行保证金台账手续，银行设立台账后，签发《银行保证金台账登记通知单》。

主管海关对已开设银行保证金台账手续的合同，根据合同备案单证是否齐全、有效以及验厂验库情况，确定不同的征免税比例，在《登记手册》上签署海关备案意见，并加盖海关业务印章，将《登记手册》核发给经营单位。经营单位凭此《登记手册》办理有关货物进出口和合同的最终核销手续。

(2) 进口料件报关

进料加口的料件进口时，经营单位或其代理人持《登记手册）及其他有关报关单证，填制进料加工专用进口货物报关单，向进境地海关申报。

进境地海关审核无误后，按规定收取海关监管手续费，验放进口货物，并在《登记手册》以及进口货物报关单上加盖海关印章后退还经营单位或其代理人，作为今后合同核销的单证依据。

(3) 出口产品报关

进口料件经加工生产为成品返销出口时，经营单位或其代理人持《登记手册》及其他报关单证，填制进口加工专用出口货物报关单，并在《登记手册》填明有关出口产品内容后，向出境地海关申报。

出境地海关审核单证无误后，验放有关出口货物。并在《登记手册》以及出口货物报关单上加盖海关印章后退还经营单位或其代理人，作为今后合同核销的单证依据。

(4) 合同核销

进料加工合同执行完一个月内，经营单位持有关单证到主管海关办理合同核销手续。核销的单证包括：《登记手册》、进料加工进出口专用报关单、核销申请表或进口料件使用情况表。

海关对经营单位提供的核销单证进行审核，对合同执行情况正常的，海关对登记备案的进料加工合同予以核销结案，签发《核销结案通知书》，同时，对开设银行保证金台账的合同，签发《银行保证金台账核销联系单》。经营单位凭此向银行办理保证金台账的销账手续。

3. 进料加工单证

进料加工料件和加工后的成品进出境时，经营单位须持由主管海关核发的进料加工登记手册，向入、出境地海关申报，申报时，须交验下列单证：

(1) 注有“进料加工专用”字样的粉红色进（出）口货物报关单（注：专用报关单与普通报关单所要填列的内容完全一样）一式四份，（注：产品出口时还须递交一份黄色的出口货物报关单，以便凭单办理退还国内产品税）。

(2) 发票、装箱单。

(3) 进（出）口货物许可证。对于属国家限制进口商品，免领进口许可证；出口成品如列入许可证管理的，须交验出口许可证。

(4) 国家质检部门出具的商检证明（如属于实施检验商品种类表的，则须提交商检证明或在报关单上加盖商检印章）。

海关对经营进料加工业务单位交验的上述单证进行审核，并查验货物。如符合进（出）境要求，则由海关在专用报关单上加盖印章，予以放行。

第四节 进出境货物的通关程序

通关是指进出境的运输工具的负责人、货物的收发货人及其代理人、物品的所有人向海关申请办理进出口货物的进出口手续，海关对其呈交的单证和申请进出口的货物依法进行审核、查验、增缴税费，批准进口或出口的全过程。

根据《海关法》的有关规定，国家在对外开放的口岸和海关监管业务集中的地点设立海关，进出境运输工具、货物、物品都必须通过设立海关的地点进境或出境。

进出口货物的通关，通常要经过申报、查验、征税、放行四个基本环节。

一、申报

1. 申报有关概念

申报即报关，是进出境运输工具的负责人、进出境货物的所有人、进出口货物的收发货人或其代理人向海关办理运输工具、货物、物品进出境手续的全过程。

申报是进出口货物通关的第一个环节。申报方式有四种：①终端申报方式；②委托EDI 申报方式；③自行 EDI 方式；④网上申报方式。为了保证申报行为的合法性，海关对进出口货物的申报资格、申报时间和地点、申报单证、申报内容等方面作了明确的规定。

(1) 申报资格。必须是经海关审核准予注册的专业报关企业、代理报关企业和自理报关企业及其报关员。

专业报关企业是指已在海关注册登记，专门从事代理报关的具有境内法人地位的经济主体。

代理报关企业是指已在海关注册登记，代理进出口货物的报关、纳税等事项的国际货物运输代理企业或国际运输工具代理企业。国际货物运输代理企业或国际运输工具代理企业只有经海关批准获得代理报关权后，才能成为代理报关企业。

自理报关企业是指已在海关注册登记，仅为本企业（单位）办理进出口货物报关手续的报关企业。

(2) 申报时间和地点。根据我国《海关法》第十八条的有关规定，按出口货物的发货人，除海关特准者外，应当在装货的 24 小时以前向海关申报；进口货物的收货人应当自运输工具申报进境之日起 14 日内向海关申报，如超过海关规定时限申报和办理手续，海关将依法征收一定数额的滞报金，另有规定除外。一般而言，进出口货物在货物的出入境地海关申报。

(3) 申报单证。办理进出口报关手续时，需向海关提供下列单证：①进出口货物报关单。进出口货物报关单是海关凭以进行监管、查验、征税、统计的基本单据。报关单上的项目，申报人必须如实正确无误地填写清楚，并在报关单上签字盖章。②发票一份。③装箱单一份。散装货物或单一品种且包装内容一致的件装货物可免交。④装货单或提货单一份。非海运货物为运单。经海关查验放行后加盖放行章退还报关人凭以办理货物的提取与装运事宜。⑤出口收汇核销单。⑥减税、免税或免检的证明文件。⑦各类特殊管制的证件。如：出口许可证，商品检验，动植物卫生检验检疫证件，机电产品进口证明文件。⑧合同一份。⑨报关委托书（必须有双方单位公章）。

(4) 申报内容。指进出口货物的经营单位、收发货单位、申报单位、运输方式、贸易

方式、贸易国别以及货物的实际状况（主要包括名称、规格型号、数量、重量、价格等）。

2. 申报的程序

一般来说，向海关申报需要经过以下程序的运作：

（1）接受报关委托

代理报关企业必须获得委托单位的正本报关委托书方可代理报关。

（2）准备报关单证并进行报关单预录入

进出口货物能否顺利通关很大程度上取决于正确的报关单证，因此，报关单位及其报关员必须在向海关申报进出口货物前，认真准备报关的必备单证，如实正确地填写每一项内容，做到每张单证的内容相符，单与单之间、单与证内容相一致，单、证、货必须相一致。如有疏忽，就会导致时间上的延误，进口贸易中将会产生很多额外的费用；出口贸易中，不仅仅会产生增加的费用，严重的会引起货物无法及时装运出境，致使出口企业不能顺利地履行贸易合同给公司带来严重的损失。

报关单预录入是指在实行报关自动化系统处理《进出口报关单》的海关进行申报的一个程序。经计算机传送数据的报关单与手工填写的报关单具有同等的法律效力。报关单预录入工作一般要满足以下两个条件：报关单位和报关数据录入服务单位须经海关批准方可负责计算机数据录入工作；数据录入单位对录入计算机的报关单据的完整性和准确性承担责任。

（3）向海关递交报关单

报关员在递交报关单后发现有填报错误或由其他情况需要变更填报内容时，应主动及时地向接受申报的海关递交更改单。出口报关后发生退关事情的，应当在 3 天内向海关办理更改手续。报关员向海关递交报关单，意味着通关工作正式开始。报关单位及其报关员必须承担相应的法律和经济责任。

（4）海关接受报关

海关接受报关，首先审核报关单位和报关员的报关资格即其签章及签名是否合法有效；报关单的填制是否符合海关规格，经计算机传递的报关数据是否准确；是否符合海关统计指标数据的要求。经过审核，符合上述要求的则可接受报关，否则不予接受，报关单证退给报关员作必要更正或补充后再确定是否接受报关，可见接受报关是海关与进出口货物的收发货人或其他代理人发生法律关系的开始，也是海关依法对进出境货物进行实际监督管理的开始。

二、查验

进出口货物在通过申报环节后，即进入查验环节，进出口货物按照国家规定，国际惯例以及经海关总署特准的可予免验除外，根据《海关法》第 19 条规定进出口货物应当接受海关查验。查验是海关对进出口货物实施监管的一种具体行为。

1. 查验的概念

查验是指海关在接受报关单位的申报后，依法为确定进出境货物的性质、原产地、货物状况、数量和价值是否与货物申报单上已填报的详细内容相符，对货物进行实行检查的行政执法行为。海关查验的目的，一是通过核对实际进出口货物与报关单证来验证申报环节所申报的内容与验证的单、货是否一致，通过实际的查验发现申报审单环节不能发现的有无瞒报、伪报和申报不实等走私违规事情或其他进出口问题。二是通过查验可以验证申报审单环节提出的疑点，为征税、统计和后续管理提供可靠的监督依据。进口货物的税则归类及适用税率、申报的到岸价格海关是否接受，均首先决定于查验。

2. 查验的地点

海关查验货物，一般在海关监管区内的进出口口岸码头、车站、机场、邮局或海关的其他监管场所进行。对进出口大宗散货、危险品、鲜活商品、落驳运输的货物，经进出口收发货人或其代理人的申请，海关审核同意，也可派员到规定的时间和场所以外的工厂、仓库或施工工地查验货物。

3. 查验的要求

(1) 进出口货物的收发货人或其代理人必须到场，并按海关的要求负责办理货物的搬运、拆装箱和重封货物的包装等工作。

(2) 海关认为必要时，也可以进行开验、复验或者提取货样，货物保管人员作为见证人应当到场。

4. 报关员应注意事项

查验时，报关员需在场，报关员应积极配合海关，以保证顺利通关。报关员在向海关申报前，应对即将申报的进出口货物有一定的了解，对各种单证进行初步的审查，有不清楚或不符合规定的地方应及时向被委托人了解或指出。

(1) 海关查验进出口货物时，报关员必须在场，并按照海关的要求负责搬移货物、开拆和重封货物的包装等。

(2) 在海关查验时，报关员应随时答复海关查验人员提出的问题或提供海关需要的相关单证，配合海关的查验监管活动。海关在查验时发现的走私违规事情，报关员应积极配合海关进行调查。

(3) 对要求海关派员到监管区域以外办理海关手续的，要事先向海关办理申请手续。

(4) 对海关在查验进出口货物时造成损坏的，报关员应向负责查验的海关提出予以赔偿的要求，并办理有关手续。

三、税费征收

税费征收，是指海关根据国家的有关政策、法规就单证货物进行审价，核定税单和计征关税的行为。申报人在海关审价过程中应在场随时答复或提供海关征税部门提出的问题或所需文件。海关按规定计征关税并开出银行缴款书给申报人，申报人凭海关开出缴款通知书及时到指定银行缴纳税款。

我国海关征税包括关税和其他税费。关税是由海关按照国家制定的关税政策、法律法规和进出口税则，对进出境的货物、物品所征收的一种流转税。征收关税是指对贸易性货物征收进口关税、出口关税以及对非贸易性的行邮物品征收的进口关税；征收其他税费则是指海关代国家税务总局征收的进口环节增值税、消费税以及代交通部征收的船舶吨位税。

海关征税首先要对进出口货物申报进行审核。核实申报的主要内容包括：品名、规格、数量、单价、总值、成交金额、产地、贸易性质等。对申报进行审核后，对相关的货物证征税费。海关计征税费的一般程序是：①税则规类。②税率的适用。③完税价格的审定。④税费的计算。⑤税费的缴纳。

1. 税则归类

税则归类就是将进出口货物按照《海关进出口税则》的归类总规则（样表见表 3-4）归入适当的规则编号，以确定其适用的税率。

报关单位一般是根据委托单位的要求和具体的商品情况将商品归入一定的税则，填写报关单上该项内容时一定要非常仔细，以免造成不必要的麻烦甚至会给客户带来直接的经济损失。如海关审核认为税则归类有误，往往会退还报关员重新归类，或按照海关认定的税则归类征税。报关员必须仔细核查税则归类，如有出入，报关员及其报关单位必须及时向委托单位汇报情况，如委托单位能提供详细资料如以往同一商品的征税单、商品商检单、成分说明书等说明该商品归类是准确的，报关员及其报关企业会同委托单位需就此向海关说明情况，必要时海关会查验货物以证实货物被准确归类征税。

只有合理地将货物归类确定其适用的税率，才能保证税款的正确计收。

表 3-4 归类总规则样表

税则号列 Tariff No.	货品名称	进口税率（%） Import Duty Rate			增值税税率（%） VAT	消费税税率（%） CT	计量单位 Unit	监管条件 S&C
		最惠国 MFN	曼协 BA	普通 Gen				
01.01	马、驴、骡：							
	—改良种用：							
0101.1010	—马	0		0	13	0	头	
0101.1010 10	改良种用野马	0		0	13	0	头	AFB
0101.1010 90	其他改良种用马	0		0	13	0	头	AB
0101.1020	—驴	0		0	13	0	头	
0101.1020 10	改良种用的野驴	0		0	13	0	头	AFB
0101.1020 90	改良种用的其他驴	0		0	13	0	头	AB
	—其他：							
0101.9010	—马	10		30	13	0	头	
0101.9010 10	非改良种用野马	10		30	13	0	头	AFB
0101.9010 90	非种用马	10		30	13	0	头	AB

2. 税率的适用

（1）关税税率

关税税率是海关对进出境货物征收关税时的计征比率或每单位的税额。

关税税率可分为从价关税和从量关税：①从价关税以货物的完税价格作为征税标准，以应征税款占货物价格的百分比为其税率，货物完税价格乘以税率即为应纳税款。②从量关税以货物的计量单位（如数量、重量、容量、长度）作为征税标准，以每计量单位商品课征的关税金额作为税率，进出口（计量单位）数量乘以每单位的税额即为其应征税款。

目前完全使用从量税的国家已经很少。大多国家使用从价税，或兼用两种税率——有些税目使用从价税，另一些税目使用从量税。也有一些国家对某些商品使用混合税制，即对某些商品同时制订从价、从量两种税率，征税时分别计算其税额；有的使用两个税额之和作为其应征税额（称为复合税），有的选择其中一个（较高的或较低的）计征关税（称为选择税）。

关税税率要在海关税则税率栏中逐个税目分别列出。因为国际关税关系日益复杂，对不同的国家可使用不同的关税，如固定关税、协定关税、普通关税、优惠关税、最高关税、最低关税等，不同关税具有不同的税率。一般说来，普通税税率较高，优惠税税率较低，其中最惠国待遇优惠税税率是关贸总协定及世贸组织缔约方普遍相互使用的税率。特惠税税率是最低的。例如目前普遍优惠制中发达国家（给惠国）给予一些发展中国家（受惠国）单向的特惠关税，洛美协定中欧共体给予非、加、太地区一些发展中国家的单向特惠关税，其税率均比最惠国待遇优惠税率还低。

（2）进口环节税税率

目前，海关在进口环节代国家其他部门征收的进口环节税有增值税、消费税和船舶吨税。

增值税率有两种，进口货物除粮食、食用植物油、自来水、暖气、冷气、热水、煤气、石油液化气、沼气、居民用煤炭制品、图书、报纸、杂志、饲料、化肥、农药、农机、农膜和国务院规定的其他货物的税率为13%以外，其余货物的税率均为17%。出口货物税率为零。但国务院另有规定的除外。

消费税按不同商品设置不同税目税率。我国目前仅限于对烟、酒及酒精、鞭炮和焰火、化妆品、护肤护发品、汽油、柴油、贵重首饰及珠宝玉石、汽车轮胎、摩托车、小汽车这11类消费品征收消费税，税率计算以从价税为主，其中税率最低的为3%，最高为45%；少数商品按从量计征。如：黄酒240元/吨，啤酒220元/吨，汽油0.2元/升，柴油0.1元/升。

船舶吨税是对进出我国港口的外国籍船舶征收的一种使用税。我国船舶吨税有一般吨税和优惠吨税两种税率，其税率是以吨位数量规定的定额税率，按船舶的净吨位大小进行计征。

3. 完税价格的审定

（1）进口货物的完税价格

2004年1月1日实施的《中华人民共和国进出口关税条例》（以下简称《关税条例》）第十九条规定，进口货物的下列费用应当计入完税价格：①由买方负担的购货佣金以外的佣金和经纪费；②由买方负担的在审查确定完税价格时与该货物视为一体的容器的费用；③由买方负担的包装材料费用和包装劳务费用；④与该货物的生产和向中华人民共和国境内销售有关的，由买方以免费或者以低于成本的方式提供并可以按适当比例分摊的料件、工具、模具、消耗材料及类似货物的价款，以及在境外开发、设计等相关服务的费用；⑤作为该货物向中华人民共和国境内销售的条件，买方必须支付的、与该货物有关的特许权使用费；⑥卖方直接或者间接从买方获得的该货物进口后转售、处置或者使用的收益。第二十条规定，进口时在货物的价款中列明的下列税收、费用，不计入该货物的完税价格：①厂房、机械、设备等货物进口后进行建设、安装、装配、维修和技术服务的费用；②进口货物运抵境内输入地点起卸后的运输及其相关费用、保险费；③进口关税及国内税收。

（2）出口货物的完税价格

《关税条例》第二十六条规定，出口货物的完税价格由海关以该货物的成交价格以及该货物运至中华人民共和国境内输出地点装载前的运输及其相关费用、保险费为基础审查确定。出口货物的成交价格，是指该货物出口时卖方为出口该货物应当向买方直接收取和间接收取的价款总额。出口关税不计入完税价格。

《关税条例》第二十七条规定，出口货物的成交价格不能确定的，海关经了解有关情况，并与纳税义务人进行价格磋商后，依次以下列价格估定该货物的完税价格：①与该货物同时或者大约同时向同一国家或者地区出口的相同货物的成交价格；②与该货物同时或者大约同时向同一国家或者地区出口的类似货物的成交价格；③按照下列各项总和计算的价格：境内生产相同或者类似货物的料件成本、加工费用，通常的利润和一般费用，境内发生的运输及其相关费用、保险费；④以合理方法估定的价格。

（3）完税价格的计算公式

①进口货物完税价格计算公式。进口货物以海关审定的成交价格为基础的到岸价格为完税价格，可以采用以下计算公式：

进口货物完税价格＝CIF

进口货物完税价格＝（FOB＋运费）÷（1－保险费率）

进口货物完税价格＝CFR÷（1－保险费率）

进口货物完税价格＝国内市场批发价÷（1＋进口优惠税率＋20％）

进口货物完税价格＝国内市场批发价÷（1＋进口优惠税率）×（1＋消费税率/1＋消费税率）×（1＋增值税率＋20％）

②出口货物的完税价格的计算公式。出口货物的完税价格，以海关审定的实际成交价格为基础的售予境外的离岸价格，扣除出口税后为完税价格，可以采用以下计算公式：

出口货物完税价格＝FOB÷（1＋出口税率）

出口货物完税价格＝［CIF－F（运费）］÷（1＋出口税率）

出口货物完税价格＝［CIF－F（运费）－I（保险费）］÷（1＋出口税率）

出口货物完税价格＝［CIFC－F（运费）－I（保险费）－C（佣金）］÷（1＋出口税率）

4. 税费的计算

（1）关税

进口关税＝完税价格×关税税率

出口关税＝完税价格×出口税率

（2）消费税

从价消费税额＝（完税价格＋关税）×消费税税率/（1－消费税税率）

从量消费税额＝应税消费品数量×消费税单位税额

（3）增值税

进口增值税＝（完税价格＋关税税额＋消费税额）×增值税率

（4）船舶吨位税

船舶吨位税＝净吨位×吨税税率（元/净吨）

净吨位＝船舶有效容积×吨/立方米（吨位数四舍五入取整数）

5. 税费的缴纳

（1）纳税义务人的范围

《关税条例》第五条规定，进口货物的收货人、出口货物的发货人、进境物品的所有人，是关税的纳税义务人。

（2）缴纳期限

《关税条例》第三十七条规定，纳税义务人应当自海关填发税款缴款书之日起 15 日内向指定银行缴纳税款。

（3）汇率

《关税条例》第三十八条规定，海关征收关税、滞纳金等，应当按人民币计征。进出口货物的成交价格以及有关费用以外币计价的，以中国人民银行公布的基准汇率折合为人民币计算完税价格；以基准汇率币种以外的外币计价的，按照国家有关规定套算为人民币计算完税价格。适用汇率的日期由海关总署规定。

为保证《关税条例》的顺利实施，中华人民共和国海关总署公告 2003 年第 80 号令规定，对进出口货物的成交价格及有关费用以外币计价的，海关折合人民币计算完税价格和计征有关税费时，应当采用当月适用的计征汇率计算。每月的计征汇率为上一个月的第三个星期三（第三个星期三为法定节假日的，顺延采用第四个星期三）中国人民银行公布的基准汇率；以基准汇率以外的外币计价的，为同一时间中国银行公布的现汇买入价和现汇卖出价的中间值（人民币元后采用四舍五入法保留 4 位小数）。如上述汇率发生重大波动，海关总署认为必要时，可发布公告，另行规定计征汇率。

进出口货物应按照《关税条例》第十五条至第十七条规定的税率适用日期当日所适用的上述计征汇率计征税费。对于进口转关货物，应按货物到达指运地海关之日适用的上述计征汇率计征税费；提前报关的，按指运地海关接收到进境地海关传输的转关放行信息之日适用的上述计征汇率计征税费。

（4）滞纳金

《关税条例》第三十九条规定，纳税义务人未按期缴纳税款的，从滞纳税款之日起，按日加收滞纳税款万分之五的滞纳金。《关税条例》第三十七条规定，纳税义务人因不可抗力或者在国家税收政策调整的情形下，不能按期缴纳税款的，经海关总署批准，可以延期缴纳税款，但是最长不得超过 6 个月。滞纳金（起征额为 50 元，不足 50 元免征）。

关税滞纳金额＝滞纳关税税额×0.5‰×滞纳天数

代征税滞纳金额＝滞纳代征税税额×0.5‰×滞纳天数

监管手续费滞纳金额＝滞纳监管手续费额×1‰×滞纳天数

四、放行

1. 放行的概念

海关放行是指海关在接受进出口货物的申报，经过审核报关单据、查验货物、依法征收税费后，对进出口货物作出结束海关现场监管决定的行为。海关在决定放行进出口货物后，需在有关报关单据上签盖“海关放行章”，进出口货物的收发货人凭此办理提取进出口货物或装运货物手续。对于海关监管货物来说，盖有“海关放行章”的报关单也是海关核销的依据。

2. 放行的手续

（1）签印放行。对于一般进出口货物，按在收发货人或其代理人如实向海关申报，并如数缴纳应缴税款和有关规费后，海关在货物的进出口货运单据（如进出口提单或运单、出口装货单）或特制的放行条上签盖“海关放行章”，进口货物的收货人凭以到海关监管仓库提取货物，出口货物的发货人凭以装船启运出境。

(2) 签发《进（出）口货物证明书》。该证明书是证明某货物经海关监管合法实际进口或出口的文件，海关一般在办完放行手续后签发。

海关签发《进（出）口货物证明书》主要是为了方便进出口货物的所有人办理有关业务，海关并不是对所有进出口货物都签发《进（出）口货物证明书》。目前，海关主要是对进口汽车、摩托车等部分限制进口的商品签发《进口货物证明书》。在由国家指定的包括大连港、天津新港等几个整车进口口岸海关签发汽车进口证明书，加盖“汽车进口单证专用章”，以便进口货物的所有人凭以核发牌照手续。

根据有关规定，海关签发的《进（出）口货物证明书》，每份收取工本费及手续费人民币 10 元。

(3) 签发出口退税报关单。对需出口退税的货物，出口货物的发货人应在向海关申报出口时，增附一份浅黄色的出口退税专用报关单。海关放行后，在报关单上加盖“验讫章”和已向税务机关备案的海关审核出口退税负责人的签章，并加贴防伪标签后，退还报关单位，送交退税地税务机关。对申报出口的高税率产品，海关将报关单制作关封退报关单位送交退税地税务机关。

根据有关规定，海关签发出口退税专用报关单，每份收取签发费人民币 10 元。

(4) 签发进口付汇、出口收汇进出口货物报关单。对属于进口付汇、出口收汇进出口货物的报关单，海关在办结放行手续后，出具一份盖有海关验讫章的计算机打印报关单，并在报关单的右上角加贴防伪标签，交进口或出口单位专门用于办理进口付汇或出口收汇核销手续。

出口收汇核销适用于一切出口贸易方式项下的收汇。

五、进出口货物的担保

进出口货物的担保是担保人因进出口货物的税款或某些证件不能及时备齐而申请海关先予放行时，以法定的方式向海关保证在一定期限内履行其在通关活动中承担的义务的法律行为。因此，进出口货物因故需要海关给予特殊考虑的，可向办理进出口货物手续的海关申请担保放行。

对进出口货物实行的担保制度，是海关在严密监管制度、保证国家税收的前提下，促进对外贸易发展，方便进出口企业的一项具体措施。

对下列情况，海关可接受担保放行：

(1) 暂时进出口货物。

(2) 国家限制进出口货物，已取得进出口许可证，因故不能及时提供。

(3) 在报关时不能交验有关单证（如发票、合同等），货物已运抵口岸，亟待提取或发运，可请求海关先予放行，后补交单证的。

(4) 正向海关申请办理减免手续，亟待提取或发运，要求海关缓办进出口纳税手续的。

(5) 经海关同意，将海关未放行的货物暂存海关监管区以外场所的。

(6) 因特殊情况经海关总署批准的。

申请担保的方式一般有提交保证函和缴纳保证金：保函一式两份（按海关规定的格

式），一份由海关留存备案，另一份报关人收执，以供办理销案之用；保证金应相当于有关货物的进口税费之和，担保期限一般为两个月。

海关收取保证金后应出具收据，以便报关人在销案时凭以领取退还的保证金。

按照海关规定，申请担保人必须在担保期满时向海关办理销案手续。

第五节　货物的退关

出口货物退关，是指已申报出口的货物，在海关查验放行后，因故未能装入出境运输工具，出口申报人申请办理退运出海关监管区而不再出口的行为。

申报退关货物发货人应当在退关之日起 3 天内向海关申报退关，经海关核准后方能将货物运出海关监管场所。已征出口税的退关货物，可以在缴纳税款之日起 1 年内，提出书面申请，陈述理由，提交纳税收据向海关申请退税。

对海关接受申报并放行后，由于运输工具配载等原因，全部货物或部分货物未能装载上原申报的运输工具的，出口货物发货人应向海关递交《出口货物报关单更改申请》。

其中对全部未出口的，海关审批后，按退关处理，重新办理出口报关手续。对部分货物未出口的，海关对原申报出口的货物作全部退关处理，然后再对实际出口的货物办理重新报关手续。

第六节　案例——航运无正本提单放货

原告：中国北方工业青岛公司

被告：马士基（中国）航运有限公司

1998 年 1 月 12 日，原告（作为卖方）与澳门 AGENCLA COMETCIAL FRANCLS LDA 公司（作为买方）签订 5 万条针织女式短裤的销售合同。双方合同约定：价格条件为 C&F LIBREVILLE，单价 USD 1.18/PC. 总价款为 USD 59000 元。最迟装船期为 1998 年 3 月 15 日，装港为中国青岛，目的港为加蓬 LIBREVILLE 港。付款条件为 T/T. 1998 年 3 月，原告通过青岛中远国际货运有限公司向被告青岛分公司租船订舱。3 月 3 日，被告将原告货物配载于“WORLD LYNX”轮 739 航次，同日被告青岛分公司签发号码为 TSTME1062、TSTME1063、TSTME1064 提单。该三套提单均载明，托运人为中国北方工业青岛公司，收货人凭指示，通知方为加蓬 Dibbason& co. IMP&EXP，船名“WORLD LYNX”，739s 航次，装港为青岛，卸港为加蓬 LIBREVILLE 港，货物名称为女式棉制针织短裤。总计数量为 5 万条总重量为 5000 千克。提单载明承运人为 Dampsibsselskabet af 1912，Aktieselskabet and Dampskibsselskabet Svendborg，被告马士基（中国）航运有限公司青岛分公司作为承运人的代理签发提单。

1998 年 4 月 8 日，TSTME1062、TSTME1063、TSTME1064 号提单项下货物到达目的港加蓬 LIBREVILLE 港。因原告客户澳门 AGENCLA 公司未付款赎单，故该 TSTME1062、TSTME1063、TSWE1064 号全套正本提单仍在原告手中。随后，原告即凭全套正本提单要求被告将该三票货物回运，未果。

1998 年 12 月 14 日、17 日，原告向中国驻加蓬使馆发传真查询该三票货物下落。12 月 18 日，中国驻加蓬使馆经商处回复传真告知该三票货物下落称，“据了解，加蓬海关对进口货物滞港期限规定为一个月。如过期不提，海关有权拍卖。贵公司货物自3月初起运，货船抵达利伯维尔港（LIBREVILLE）日期为1998年4月8日，客户IBBSON&CO.在一个月内并未付款赎单，据马士基船代理称，该货物从1998年5月8日起被加蓬海关监管，到了1998年5月26日，实际买主COGETRA（一个小超市）经理通过不正当手段，仅付了17500非郎的过户费和450000非郎的仓储费，就把全部货物提走了。目前马士基船代理正在与COGETRA公司的诈骗行为打官司，估计需时2～6个月。”之后，原告继续要求被告退回货物，但被告称，货物已被加蓬海关没收。让原告自行与加蓬海关联系。

被告与A.P MOLLER集团于1997年1月1日签订代理协议，根据该协议，被告成为A.P MOLLER在中国的总代理。

原告手中持有的三套提单项下货物总价值为59000美元。

马士基（中国）航运有限公司青岛分公司是被告开办的不具有独立法人资格的分支机构。

原告于1999年3月4日向青岛海事法院起诉称，被告无正本提单放货，违反了中国《海商法》及国际航运惯例的规定，依法应赔偿原告货款USD 59000元及利息，并承担本案全部诉讼费用。

被告马士基（中国）航运有限公司辩称，本案中被答辩人是根据提单所证明的运输合同来起诉答辩人的，而从本案所涉及的提单来看，提单的正面和背面都写明承运人是Dampskibsselskabet af 1912，Aktieselskabet and Dampskibsselkabel Svendborg，被答辩人作为托运人只与该承运人之间存在货物运输合同关系；答辩人只是接受本案承运人的委托，作为本案承运人的代理来签发提单，提单项下的所有权利和义务仍然由承运人来承担，因此答辩人与被答辩人之间不存在运输合同关系。在本案中，被答辩人因其客户未能依合同约定付款而没有将提单转让给当地买方，导致货物在到港后无人及时提取，因此承运人只能将货物卸下。根据提单背面条款第22条第二、第三款以及中国《海商法》第86条的规定，承运人完全可以这样做，并且由此产生的费用和风险由收货人承担，同时承运人对该批货物的一切责任就此终结。原告主张答辩人无单放货，我们提出异议：贸易合同双方发生纠纷，导致货物到达目的地后，过了很长时间后贸易双方仍没有人出面向当地海关申报并提走货物。这样，当地海关根据有关法律，在货物到达目的港后。一个月之内没有人出面申报并提走货物，就没收了该批货物，被答辩人托运货物的时间是1998年3月3日，据查货物是在1998年4月8日到达目的港，而被答辩人书面要求有关方回运货物的时间最早是1998年10月15日，也就是说被答辩人是在货物到达目的港近半年以后才提出回运货物的，而这时货物早已被海关没收，因此承运人根本不可能按被答辩人的要求将货物回运；有关方面告知被答辩人的是，货物在目的港已被当地海关没收，因此无法回运，而并不是如被答辩人所称货物已被他人提走，即使最后真有人提走货物，那也是在海关被海关没收后，某当事方从海关手中提走的，与承运人没有关系，也非承运人所能控制的。根据中国《海商法》的规定，承运人对由于政府或主管部门的行为，检疫限制或司法扣押造成的货物灭失或损失不负赔偿责任。如上所述，被答辩人的货物损失完全是因为海关依法没收并拍卖了货物，属贸易合同项下的风险，理应由被答辩人根据贸易合同通过合适途径寻找妥善解决办法。

总而言之，被答辩人选择的被告是错误的，而且主张的无单放货又完全不能成立，请求贵院驳回被答辩人的全部诉讼请求。

1. 审判

青岛海事法院经审理认为，被告青岛分公司不具备独立法人资格，其进行的民事行为所产生的权利义务应由其开办人被告承担。海运提单是托运人与承运人签订海上货物运输合同的证明。本案所涉提单背面条款中载明适用美国法律。但原、被告均未主张适用美国法律。由于合同的履行地及被告所在地在中国，根据最密切联系原则，应适用中国法律。本案中，被告虽然在提单上载明其是承运人的代理人，被告仅提供其与 A. P MOLLER 集团的代理协议，A. PMOLLER 并非提单载明的承运人，被告没有提供证据证明 A. P MOLLER 集团与提单中载明的承运人是何关系。同时被告没有提供证据证明其签发提单的行为有提单中载明的承运人的授权。所以，被告接受原告货物，签发提单，并收取运费的行为应由行为人自己承担，也就是在原、被告之间形成了海上承托运输关系，即应将被告视为承运人对待。作为承运人，对原告托运的货物应妥善、谨慎地运输，保管、照料，在目的港，被告应凭正本提单向收货人交付货物。被告未能举证证明货物已被目的港海关没收，被告提供的有关加蓬海关的证明未经公证认证，其证明力不及中国驻加蓬使馆的证明，因此应认定，被告作为承运人未凭正本提单将货物交付给非提单持有人。未尽到承运人基本义务，违反了法律的规定和国际惯例。原告作为全套正本提单持有人，是该提单项下货物的所有人，被告无正本提单放货的行为，给原告造成了经济损失，被告应承担赔偿责任。原告的诉讼请求理由正当，证据充分，应予支持。被告应赔偿原告经济损失 59000 美元及利息，利息应自货物被提走之次日（即 1998 年 5 月 27 日）起计算。

综上，依照《中华人民共和国民法通则》第一百零六条、第一百一十一条、第一百一十二条的规定，青岛海事法院于 1999 年 10 月 29 日判决如下：

被告马士基（中国）航运有限公司赔偿原告中国北方工业青岛公司经济损失 59000 美元及该款项自 1998 年 5 月 27 日至本判决生效之日止的银行同期定期存款利息。

判决后，当事双方均未上诉。

2. 评析

本案是一起无正本提单放货案，其主要焦点在以下几点：

（1）被告的认定问题。

本案中被告辩称，本案中原告是据提单所证明的运输合同来起诉被告的，而从本案所涉及的提单来看，其正面和背面都写明承运人是：Dampskibsselskabet of 1912，Aktieselskabet and Dampskibsselkabel Dampskibsselskabet Svendborg. 被告只是承运人的代理人代为签发提单，原告是与承运人形成的合同关系，而与被告无关。所以其不能作为被告。但被告只提供了其与 A. P MOLLER 的代理协议书，而又无法证明 A. P MOLLER 与承运人的关系，故其为承运人的代理人的理由不能成立。其应为自己签发提单的行为负责。

由于本案被告无法证明其为提单上载明承运人的代理人，而其又实际承运了货物并且收取运费，被告即为原告货物的承运人。可见，原告基于此货物运输合同关系起诉，并无不当。

（2）对被告放货的责任分析。

①被告提出，“加蓬海关对进口货物滞港规定为一个月。如过期不提，海关有权拍卖。”而原告以正本提单提出将货物回运时，已超出一个月的期限。故其货物已被海关没收，被告已不能回运货物。但在本案中，被告未举出海关没收货物的证据，故本案中未被

认定；但，撇开本案，若承运人证据充分，货物确被海关没收并拍卖，承运人在海关没收货物时，其货物运输合同义务即告结束。此时原告只能向海关索要在扣除必要费用之后的货款。

②据中国驻加蓬使馆经商处查询货物的回复：“据马士基船代理称，该货物从 1998 年 5 月 8 日起被加蓬海关监管，到了 1998 年 5 月 26 日，实际买主通过不正当手段把全部货物提走了。”这一放货过程发生在被告作为承运人对货物的保管期间，故可以认定，被告作为承运人未凭证本提单将货物放给了非提单持有人，未尽到承运人的交货义务。

(3) 承运人的交货义务国际航运惯例及我国《海商法》均对承运人的交货义务作了规定。《海牙规则》第三条第三款规定：“在将货物收归其（承运人）照管后，应托运人要求，承运人或船长或承运人的代理人必须给托运人签发提单。”提单，是指用以证明海上货物运输合同和货物已经由承运人接收或者装船，以及承运人保证据已交付货物的单证。提单中载明的向记名人交付货物，或者按照指示人的指示交付货物，或者向提单持有人交付货物的条款，构成承运人据以交付货物的凭证。依海商法的理论，交付货物的人应当是承运人或其代理人，接受交付的必须是正本提单持有人或其授权的人。只有在承运人或其代理人将货物交付给正本提单持有人或其授权的人收回正本提单，才能视为有效交付。

《海商法》第四十二条也规定，“收货人”，是指有权提取货物的人。

基于承运人的交货义务，在任何情况下，承运人均不应在未见到正本提单时将货放掉。所以只要出现无单放货，承运人均应承担对因无单放货给提单持有人造成的损失负赔偿责任。

综上，青岛海事法院判令被告对原告即正本提单持有人造成的损失承担责任，是正确的。

（资料源自法律快乐网，经编者整理）

第四章　国际物流仓储与包装

商品储存、保管使商品在其流通过程中处于一种或长或短的相对停滞状态，这种停滞是完全必要的。因为商品流通是一个由分散到集中，再由集中到分散的源源不断的流通过程。国际贸易和跨国经营中的商品从生产厂或供应部门被集中运送到装运港口，有时须临时存放一段时间，再装运出口，是一个集和散的过程。如外贸商品从生产厂或工业部门被集中运送到装运出口港（站、机场）以备出口，有时须临时存放一段时间，再从装运港装运出口，是一个集和散的过程。为了保持不间断的商品往来，满足销售出口需要，必然有一定量的周转储存；有些出口商品需要在流通领域内进行出口商品贸易前的整理、组装、再加工、再包装或换装等，形成一定量的贸易前的准备储存；有时，由于某些出口商品在产销时间上的背离，例如季节性生产但常年消费，常年生产但季节性消费的商品，则必须留有一定数量的季节储备。由此可见，国际货物运输是克服了外贸商品使用价值在空间上的距离，创造物流空间效益，使商品实体位置由卖方转移到买方；而储存保管是克服外贸商品使用价值在时间上的差异，物流部门依靠储存保管创造商品的时间价值。

本章介绍国际物流货物仓储概述、保税仓库与保税区、国际物流货物仓储业务运作基本程序以及国际商品包装。

第一节　国际物流货物仓储概述

国际物流货物仓储是国际物流中不可缺少的一个环节，也是国际物流中一个较大的成本项。随着国际贸易的发展，完善仓储环节，节省仓储的空间以及时间，将会大大节约企业的物流成本，从而提升整体效益。

一、国际物流货物仓储的意义

国际物流货物仓储工作同国际物流货物运输一样，都是对外贸易及国际物流不可缺少的环节，国际物流货物仓储的意义主要有：

1. 调整商品在生产和消费之间的时间错位

由于许多商品在生产和消费之间都存在着时间间隔与地域差异，因此，为了更好地促进国际商品的流通，必须设置仓库将这些商品储存于其中，使其发挥时间效应的作用。

2. 保证进入国际市场的商品质量

商品从生产领域进入流通领域的过程中，通过仓储环节，对即将进入市场的商品在仓库进行检验，可以防止质量不合格的伪劣商品进入市场。通过仓储来保证商品的质量主要有两个关键环节：一是商品入库保管期间的质量检查；二是商品出库前的检验检查。对于前者，待入库商品应满足仓储要求，在仓库保管期间，商品处于相对静止状态使其不发生物理、化学变化，保证储存商品的质量。对于后者，保证出口商品符合国家出口标准和国际贸易合同对出口商品质量的约定，维护外贸企业的国际商业信誉。

3. 延伸生产特性的加工业务

随着仓储业的发展，仓储本身已不仅具有储存货物的功能，而且越来越多地承担着具有生产特性的加工业务，例如，分拣、挑选、整理、加工、简单的装配、包装、加标签、备货等活动，使仓储过程与生产过程更有机地结合在一起，从而增加了商品的价值。随着物流业的发展，仓储业在货物储存过程中，为物流活动提供更多的服务项目，为商品进入市场缩短后续环节的作业过程和时间，加快了商品的销售，将发挥更多的功能和作用。

4. 调节国际市场上商品的价格

国际商品的仓储业务可以克服国与国之间巨大的供求矛盾，并以储存调节供求关系，调整由于供求矛盾而造成的价格差异。所以，仓储还具有调节商品价格的作用。

5. 调节内外运输工具载运能力的不平衡

在各种运输工具中，由于其运载能力差别很大，容易出现极其不平衡的状态，外贸货物无论在出口或进口仓储皆可以减少压船、压港，弥补内陆运输工具运载量的不足，在船舶运输与内陆运输之间起着缓冲调节作用，保证国际货物运输顺利畅通。

6. 减少国际物流中的货损货差

在货物进出口过程中，无论是港口还是机场的库场在接收承运、保管时，需要检查货物及其包装，并根据货物性质、包装进行配载、成组装盘（板），有的货物还需在库场灌包、捆绑。进口货物入库后还需进行分票、点数、分拨。一旦发生因海关、检验检疫手续的延误，或因气象原因延误装船、交付、输运等，货物可暂存在库场，避免货损发生。在货物装卸过程中，若发现货物标志不清、混装等则可入库整理，这时库场又可提供暂时堆存、分票、包装等方面的业务。

二、国际物流仓库的分类

1. 按仓库在国际物流中的用途分类

按仓库在国际物流中的用途分类，国际物流仓库可分为口岸仓库、中转仓库、加工仓库和储存仓库。

(1) 口岸仓库

口岸仓库的特点是商品储存期短，商品周转快。仓库大都设在商品集中的发运出口货物的沿海港口城市，仓库规模大。主要储存口岸和内地对外贸易业务部门收购的出口待运商品和进口待分拨的商品。因此，这类仓库又称为周转仓库。

(2) 中转仓库

中转仓库也称转运仓库。其特点是大都设在商品生产集中的地区和出运港口之间。如铁路、公路车站，江河水运港口码头附近，商品生产集中的大、中城市和商品集中分运的交通枢纽地带。其主要职能是按照商品的合理流向，收储、转运经过口岸出口的商品。大型中转仓库，一般都设有铁路专用线，将商品的储存、转运业务紧密结合起来。

(3) 加工仓库

加工仓库的特点是将出口商品的储存和加工结合在一起。除商品储存外，还兼营对某些商品的挑选、整理、分级、包装、改装等简单的加工业务，以适应国际市场的需要。

(4) 储存仓库

储存仓库的商品储存期较长，主要用于储存待销的出口商品、援外的储备物资、进口待分拨、出口业务需要的储备商品等。这类仓库所储存的商品要定期检查，加强商品养护。

2. 按仓库管理体制分类

按仓库管理体制分类，国际物流仓库可分为自有仓库、租赁公共仓库和合同仓库。

(1) 自有仓库

相对于公共仓储来说，企业利用自有仓库进行仓储活动具有以下优势：

可以更大程度地控制仓储。由于企业对自有仓库拥有所有权，所以企业作为货主能够对仓储实施更大程度的控制。在产成品移交给客户之前，企业对产成品负有直接责任并可直接控制。这种控制使企业易于将仓储的功能与企业的整个分销系统进行协调。

管理更具灵活性。这里的灵活性并不是指能迅速增加或减少仓储空间，而是指由于企业是仓库的所有者，所以可以按照企业要求和产品的特点对仓库进行合理的设计与布局。高度专业化的产品往往需要专业的保管和搬运技术，而公共仓储难以满足这种要求。因此，这样的企业必须拥有自有仓库或直接将货物送至客户。

长期仓储时，自有仓储的成本低于公共仓储。如果自有仓库得到长期的充分利用，自有仓储的成本将低于公共仓储的成本。这是由于长期使用自有仓库保管大量货物会降低单位货物的仓储成本，在某种程度上说这也是一种规模经济。如果企业自有仓库的利用率较低，说明自有仓储产品的规模经济不足以补偿自有仓储的成本，则应转向公共仓储。当然，降低自有仓储成本的前提是有效的管理与控制，否则将影响整个物流系统的运转。

可为外贸企业树立良好形象。当企业将产品储存在自有仓库时，会给客户一种企业长期持续经营的良好印象，客户会认为企业经营十分稳定、可靠，是产品的持续供应者，这将有助于提高企业的竞争优势。

当然，并不是任何企业都适合拥有自己的仓库，因为自有仓储也存在以下缺点：

自有仓库固定的容量和成本使得企业的一部分资金被长期占用。不管企业对仓储空间的需求如何，自有仓库的容量是固定的，不能随着需求的增加或减少而扩大或减小。当企业对仓储空间的需求减少时，仍需承担自有仓库中未利用部分的成本；而当企业对仓储空间有额外需求时，自有仓库却无法满足。另外，自有仓库还存在位置和结构的局限性。如果企业只能使用自有仓库，则会由于数量限制而失去战略性优化选址的灵活性；市场的大小、市场的位置和客户的偏好经常变化，如果企业在仓库结构和服务上不能适应这种变化，企业将失去许多商业机会。

由于自有仓库的成本高，所以许多企业因资金问题而难以修建自有仓库。自有仓库是一项长期、有风险的投资，并且因其专业性强而难以出售。而企业将资金投资于其他项目可能会得到更高的回报。因此，投资建造自有仓库的决策要非常慎重。

(2) 租赁公共仓库

利用公共仓库进行仓储活动的优点：

①从财务角度上看，最重要的原因是企业不需要资本投资。任何一项资本投资都要在详细的可行性研究基础上才能实施，利用公共仓储，企业可以避免资本投资和财务风险。公共仓储不要求企业对其设施和设备作任何投资，企业只需支付相对较少的租金即可得到仓储服务。

②可以满足企业在库存高峰时大量额外的库存需求。如果企业销售具有季节性，那么公共仓储将满足企业在销售旺季所需要的仓储空间。而自有仓储则会受到仓库容量的限制，并且在某些时期仓库可能闲置。大多数企业由于产品的季节性、促销活动或其他原因而导致存货水平变化，利用公共仓储，则没有仓库容量的限制，从而能满足企业在不同时期对仓储空间的需求，尤其是库存高峰时大量额外的库存需求。同时，使用公共仓储的成本将直接随着储存货物数量的变化而受动，从而便于管理者掌握成本。

③使用公共仓储可以避免管理上的困难。工人的培训和管理是任何一类仓库所面临的一个重要问题。尤其是对于产品需要特殊搬运或具有季节性的企业来说，很难维持一个有经验的仓库员工队伍，而使用公共仓储则可以避免这一困难。

④公共仓储的规模经济可以降低货主的仓储成本。公共仓储会产生自有仓储难以达到的规模经济。由于公共仓储为众多企业保管大量库存，与自有仓储相比，大大提高了仓库的利用率，降低了存货的单位储存成本；另外，规模经济还使公共仓储能够采用更加有效的物料搬运设备，从而提供更好的服务；最后，公共仓储的规模经济还有利于拼箱作业和大批量运输，降低货主的运输成本。

⑤使用公共仓储时企业的经营活动更加灵活。如果自己拥有或长期租赁仓库，那么当需要设立仓库的位置发生变化时，原来的仓库就变成了企业的负担。由于公共仓储的合同是短期的，当市场、运输方式、产品销售或企业财务发生变化时，企业能灵活的改变仓库的位置；另外，企业不必因仓库业务量的变化而增减员工；再有，企业还可以根据仓库对整个分销系统的贡献以及成本和服务质量等因素，临时签订或终止租赁合同。

⑥便于企业掌握保管和搬运成本。当企业使用公共仓储时，由于每月可以得到仓储费用单据，可以清楚掌握保管和搬运的成本，有助于企业预测和控制不同仓储水平的成本。而企业自己拥有仓库时，很难确定其可变成本和固定成本的变化情况。

但是，使用公共仓库进行仓储活动也有如下缺点：

①增加了企业的包装成本。公共仓库中储存了各种不同种类的货物，而各种不同性质的货物有可能互相影响，因此，企业使用公共仓储时必须对货物进行保护性包装，从而增加包装成本。

②增加了企业控制库存的难度。企业与仓库经营者都有履行合同的义务，但盗窃等对货物的损坏给货主造成的损失将远大于得到的赔偿。因此在控制库存方面，使用公共仓库将比使用自有仓库承担更大的风险。另外，企业还有可能由此泄露有关的商业机密。

（3）合同仓库

在物流发达的国家，越来越多的企业转向利用合同仓库或称第三方仓储。所谓合同仓库是指企业将物流活动转包给外部公司，由外部公司为企业提供综合物流服务。

合同仓库不同于一般公共仓库。合同仓储公司能够提供专业化的高效、经济和准确的分销服务。企业若想得到高水平的质量与服务，则可利用合同仓库，因为合同仓库的设计水平更高，并且符合特殊商品的高标准、专业化的搬运要求。如果企业只需要一般水平的搬运服务，则应利用公共仓储。从本质上说，合同仓库是生产企业和仓储企业之间建立的伙伴关系。正是由于这种伙伴关系，合同仓储公司与传统仓储公司相比，能为货主提供特殊要求的空间、人力、设备和特殊服务。

合同仓库的优势有：

①有利于企业有效利用资源。合同仓库比自有仓储更能有效处理季节性产业普遍存在

的产品的淡、旺季存储问题。例如，合同仓储企业能够同时为销售旺季分别在冬季和夏季的企业进行合同仓库，如羽绒服与空调器。这种高峰需求交替出现的模式使得合同仓库比只处理一季产品的自有仓储能更有效地利用设备与空间。另外，由于合同仓库的管理具有专业性，管理专家更具创新性的分销理念和减低成本的方法，因此有利于物流系统发挥功能，从而提高效率。

②有利于企业扩大市场。合同仓库能通过设施齐全的网络系统扩大企业的市场覆盖范围。由于合同仓储企业具有战略性选址的设施与服务。因此，货主在不同位置的仓库得到的仓储管理和一系列物流服务都是相同的。

③有利于企业进行新市场的测试。合同仓库的灵活性能加强客户服务。企业在促销现有产品或推出新产品时，可以利用短期合同仓库来考察产品的市场需求。当企业试图进入一个新的市场区域时，要花很长时间建立一套分销设施。然而通过合同仓库网络，企业可利用这一地区的现有设施为客户服务。

有利于企业降低运输成本。由于合同仓库处理不同货主的大量产品，因此经过拼箱作业后可大规模运输，这样大大降低了运输成本。

（4）自建仓库、租赁公共仓库、合同仓库的比较

自建仓库、租赁公共仓库和合同仓库各有优势，企业决策的依据是物流的总成本最低。

租赁公共仓库和合同仓库的成本只包含可变成本，随着存储总量的增加，租赁的空间就会增加、由于公共仓库一般按所占用空间来收费，这样成本就与总周转量成正比，其成本函数是线性的。而自有仓储的成本结构中存在固定成本。由于公共仓库的经营具有营利性质，因此自有仓储的可变成本的增长速率通常低于公共仓储成本的增长速率。当总周转量达到一定规模时，两条成本线相交，即成本相等。这表明在周转量较低时公共仓储是最佳选择。随着周转量的增加，由于可以把固定成本均摊到大量存货中，因而使用自有仓库更经济。自建仓库与租赁公共仓库的成本比较如图 4-1 所示。

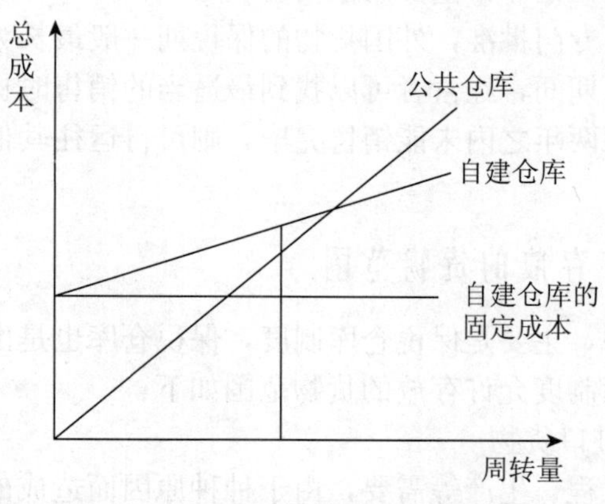

图 4-1　自建仓库与租赁公共仓库的成本比较

3. 按存储商品的性能及技术设备分类

按存储商品的性能及技术设备分类，国际物流仓库可分为通用仓库、专用仓库和特种仓库。

(1) 通用仓库。它是用以储存没有特殊要求的工业品或农用品的仓库。在各类对外贸易仓库中占比重最大。

(2) 专用仓库。它是专门用于储存某一类商品的仓库。在保养技术设备方面相应地增加了密封、防虫、防霉、防火以及监测等设施，以确保特殊商品的质量安全。

(3) 特种仓库。它是用于存储具有特殊性质，要求使用特别保管设备的商品，一般指化学危险品、易腐蚀品、石油及部分医药商品等。这类仓库配备有专门的设备，如冷藏库、保温库、危险品仓库等。

除了以上类别，还有保税仓库。保税仓库是根据有关法律和进出口贸易的规定，专门保管国外进口而暂未缴纳进口税的商品的仓库，由海关统一进行监督和管理。保税仓库有关内容将在下一节专门介绍。

第二节　保税仓库与保税区

保税仓库是保税制度中应用最为广泛的一种形式，具有较强的服务功能和较大的灵活性，对于促进国际贸易和加工贸易的开展起到了重要作用。因此，它是国际物流货物仓储中一个非常重要的部分。我国海关对保税仓库管理的基本依据是海关总署颁布的《中华人民共和国海关对保税仓库及所存货物的管理办法》。

一、保税仓库的概念

保税仓库（Bonded Warehouse）是经海关批准设立的专门存放保税货物及其他未办结海关手续货物的仓库。随着国际贸易的不断发展，贸易方式日益多样化，如进口原材料、配件进行加工装配后复出口、补偿贸易、转口贸易、期货贸易等。如果进口时要征收关税，复出时再申请退税，手续过于烦琐，必然会加大货物的成本，增加国际贸易的风险，不利于发展对外贸易。建立保税仓库后，可大大降低进口货物的风险，有利于鼓励进口，鼓励外国企业在本国投资，是非常重要的投资环境之一。

保税仓库的设立需要专门批准，外国货物的保税期一般最长为两年，在这个时期中可存放在保税仓库中。这个期间，经营者可以找到最适当的销售时机，一旦实现销售，再办理关税等通关手续。如果两年之内未能销售完毕，则可再运往其他国家，保税库所在国不收取关税。

二、保税仓库允许存放的货物范围

我国海关监管制度中，主要是保税仓库制度，保税仓库也是由海关批准并由海关监管的。我国规定，保税仓库制度允许存放的货物范围如下：

1. 缓办纳税手续的进口货物

这主要包括进口国工程、生产等需要，由于种种原因而造成的预进口货物，储存在保税仓库内，随需随提的办理通关手续，剩余的货物免税退运；也包括进口国情况变化、市场变化，而暂时无法决定去向的货物，或是无法做出最后处理的进口货物，这些都需要将货物存放一段时间。如果条件变化，需要实际进口，再缴纳关税和其他税费，这就使进口商将纳税时间推迟到货物实际内销的时间。

2. 需做进口技术处置的货物

有些货物到库后，由于不适于在进口国销售，需换包装装潢，改包装尺寸或做其他加工处理，则可入保税仓库进行技术处置，待到符合进口国的要求再内销完税，不符合的则免税退返。

3. 来料加工后复出的货物

为鼓励“两头在外”的国际贸易战略的实施，对有些来料加工，又是在保税区或保税仓库完成的，加工后，该货物复出口，则可存放于保税仓库。

4. 不内销而过境转口的货物

有些货物因内销无望而转口，或在该区域存放有利于转口，或无法向第三国直接进口而需转口，货物则可存放于保税仓库中。

保税仓库在国际物流中，不仅适于进口货物，也可用于出口货物。

三、保税仓库的类型

保税仓库的类型有专业性保税仓库、公共保税仓库、保税工厂和海关监管仓库。

1. 专业性保税仓库

这是由有外贸经营权的企业，经海关批准而建立的自管自用的保税仓库。

2. 公共保税仓库

这是具有法人资格的经济实体，是经海关批准建立的综合性保税仓库。这类保税仓库一般不经营进出口商品，只为国内外保税货物持有者服务。

3. 保税工厂

这是整个工厂或专用车间在海关监督管理下，专门生产进料加工、进件装配复出口产品的工厂。

4. 海关监管仓库

主要存放已进境而所有人未来提取的货物或行李物品，或者无证到货、单证不齐、手续不完备以及违反海关规程，海关不予放行，需要暂存海关监管仓库等海关处理的货物。海关监管仓库的另一种类型是出口监管仓库，专门存储已对外成交，并已结汇，但海关批准暂不出境的货物。

四、保税仓库的设立

1. 设立保税仓库的条件

在我国，设立保税仓库应具备以下条件：

（1）保税仓库应设有与非保税区域之间的安全隔离设施，并且配备保证货物存储和保管安全的设施。

（2）必须健全符合海关要求的仓储管理制度，建立详细的仓库账册。

（3）保税仓库应配备经海关培训认可的专职人员。

（4）保税仓库的经营人须具有向海关缴纳有关税款的能力。

2. 设立保税仓库的申请文件

仓库经营人申请设立保税仓库，应向主管海关提供下列文件：

（1）经营单位的工商营业执照，如果是租赁仓库的，还应提供仓储人的营业执照。

（2）经营单位填写的“保税仓库申请书”，应填明仓库名称、地址、负责人、管理人员、储存面积及存放何类保税货物等内容。

（3）对外贸易主管部门批准开展有关业务的批件，如仓储、寄售、维修等。

（4）其他有关资料，如租赁仓库的租赁协议、仓库管理制度等。

3. 设立保税仓库海关的审批

主管海关在审核上述申请文件后，派员到仓库实地验库，检查仓储设施，核定仓储面积，对符合海关监管条件的，区别不同类型的保税仓库，分别办理审批手续。

对设立公共保税仓库的，由直属海关审核同意后报海关总署审批；对设立加工贸易备料保税仓库的，由直属海关负责审批，并报海关总署备案。

经批准设立的保税仓库，由海关颁发“保税仓库登记证书”。

4. 我国申请设立保税仓库的程序

（1）项目立项

保税仓库项目立项时，要申报保税仓储项目建议书并具备带文号的申报项目函、投资企业营业执照、投资企业章程、开户银行资信证明、法人代表身份证明、可行性报告、工商名称等级核准通知书等；并办理申领土地使用证、建设用地规划许可证、工程规划许可证等。

（2）工商注册

保税仓库投资企业在收到项目建议书批复后，可到工商行政管理部门办理名称登记，申请开业登记，在企业提供材料齐全的情况下，工商行政管理部门在规定的期限内核发营业执照。

（3）海关登记

保税仓库投资企业持上述有关部门的批文和工商行政管理部门颁发的营业执照，向当地海关办理登记注册和报关登记备案手续。

（4）商品检验检疫登记

如果保税仓储的货物属于“商检机构实施检验的进出口商品种类表”内所列范围，或其他法律法规规定须经商检部门检验的进口商品，应向商品检验检疫部门注册登记。

（5）税务登记

经工商行政管理部门批准开业的投资企业，应在领取营业执照后的期限内向税务机构申报办理税务登记。税务机构审核有关文件后予以登记，并在限期内核发税务登记证。

（6）外汇登记和银行开户

保税仓储企业在领取工商营业执照之日起的一定期限内，应向当地国家外汇管理部门办理登记手续；并持有关文件到银行办理开户手续，分别设立人民币账户和外汇账户。

五、保税区

保税区（Bonded Area）是在境内的港口或邻近港口、国际机场等地区建立的在区内进行加工、贸易、仓储和展览由海关监管的特殊区域。

1990 年 6 月，经中央批准，在上海创办了中国第一保税区——上海外高桥保税区。1992 年以来，国务院又陆续批准设立了 14 个保税区和一个享有保税区优惠政策的经济开发区，即天津港、大连、张家港、深圳沙头角、深圳福田、福州、海口、厦门象屿、广州、青岛、宁波、汕头、深圳盐田港、珠海保税区以及海南洋浦经济开发区。

兴建保税区是我国 20 世纪 90 年代实行全方位开放战略的新产物，其设立的目的是为了改善投资环境和吸引外资。保税区是我国目前开放度最大的地区，对所在地区和全国经济发展都起着重要的作用。它是我国发展外向型经济和对外开放纵深发展的必然产物，是对我国20世纪80年代建立的“经济特区”“经济技术开发区”等开放形式的补充和发展。保税区在发挥招商引资、出口加工、国际贸易、转口贸易和仓储等功能，带动区域经济发展等方面显示出独特的优势。

我国保税区从其性质、功能以及运作方式上看，基本上类似于国外的自由贸易区这一自由经济区形式。我国现有的保税区英文名都译为“Free Trade Zone”。这表明，我国保税区与国际上通行的促进对外贸易发展的自由贸易区具有本质上的共性，是借鉴于国际通行惯例，利用特殊关税政策促进外贸发展的自由经济区形式之一。

20世纪80年代以来，自由经济区发展的一个主要特点是突破传统的自由港、自由贸易区、出口加工区的模式，由原来的单一功能向着多功能综合型方向发展，它们不仅重视对外贸易，也重视出口加工，并把金融、保险、旅游等第三产业引入自由经济区。在这一点上，我国保税区和世界自由经济区的发展趋势是一致的。在大力发展对外贸易的同时，各保税区纷纷开展出口加工、仓储、金融、保险等业务，努力走出一条有中国特色的工贸结合的综合型自由之路。

宁波保税区

宁波保税区2002年1月，经国务院批准，以土地置换方式建立了保税区南区，面积为0.4平方千米。保税区具有进出口加工、国际贸易、保税仓储、商品展示等功能。2002年6月，国务院批准设立浙江宁波出口加工区，规划面积3平方千米。两区享有“免证、免税、保税”政策，实行“境内关外”运作方式，是中国大陆对外开放程度最高、运作机制最活、政策最优惠的特殊经济区域之一。宁波保税区、浙江宁波出口加工区实行统一管理，功能政策互补，产业联动发展，是中国大陆投资环境最优越、功能最完善的区域之一。两区管委会为宁波市政府派出机构，并实行合署办公。到目前为止，已有近40个国家和地区的投资者在区内设立企业5000多家，注册资金达403064万美元，其中外商投资企业834家，总投资36亿美元。引进高科技项目128个，总投资26亿美元。尤其是台资企业集聚发展，引进台资企业137家，其中生产型企业61家，总投资11.3亿美元，成为浙江省最大的台资企业集聚地。目前，区内已初步形成计算机产业群、半导体光电产业群、精密机械产业群、留学生创业企业群、软件产业群和国际贸易、仓储物流企业群，成为华东地区高科技产业发展的高地和重要的进出口物流集散地。

（资料源自百度百科，经编者整理）

第三节 国际物流货物仓储业务运作基本程序

国际物流货物仓储业务运作基本程序包括四个环节：保税仓库货物进口、入库、储存保管和出库，如图4-2所示。下面分别加以介绍。

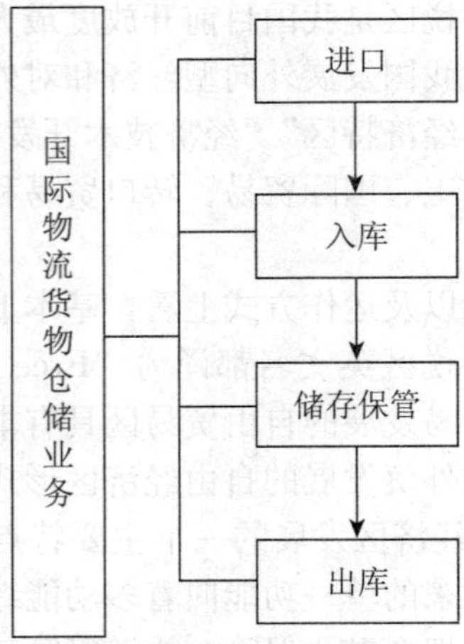

图 4-2　国际货物仓储业务运作基本程序

一、保税仓库货物进口

保税仓库货物进口主要有两种情况：本地进货与异地进货。

1. 本地进货

当进口货物在保税仓库所在地进境时，应由货物所有人或其代理人向入境所在地海关申报，填写“进口货物报关单”，在报关单上加盖“保税仓库货物”戳记并注明“存入××保税仓库”，经入境地海关审查验放后，货物所有人或其代理人应将有关货物存入保税仓库，并将两份“进口货物报关单”随货交保税仓库，保税仓库经营人应在核对报关单上申报进口货物与实际入库货物无误后，在有关报关单上签收，其中一份报关单交回海关存查（连同保税仓库货物入库单据），另一份由保税仓库留存。

2. 异地进货

进口货物在保税仓库所在地以外其他口岸入境时，货主或其代理人应按海关进口货物转关运输管理规定办理转关运输手续。货主或其代理人应先向保税仓库所在地主管海关提出将进口货物转运至保税仓库的申请，主管海关核实后，签发“进口货物转关运输联系单”，并注明货物转运存入××保税仓库。货主或其代理人凭此联系单到入境地海关办理转关运输手续，入境地海关核准后，将进口货物监管运至保税仓库所在地，货物抵达目的地后，货主或其代理人应按上述“本地进货”手续向主管海关办理进口申报及入库手续。

二、入库

入库分为卸货、入库检验、办理入库手续、贴储位标签和上架五个步骤。

1. 卸货

卸货有散货卸货和拆箱卸货两类。散货卸货是指一般货物与空运货物（未曾事先堆栈在托盘上并固定者）从仓库的收货码头卸下到堆栈在托盘上。拆箱卸货是指海运集装箱装载的货物，在仓库收货区拆封，卸至托盘上。拆箱卸货又有两种：机械拆箱，货物已打托盘或木箱，可以用堆高机直接开进集装箱内卸装；人工拆箱，货物呈松散堆栈，须以人力逐件搬出后堆放于托盘。

2. 入库验收

为了防止商品在储存期间发生各种不应有的变化，在商品入库时首先要严格验收，弄清商品及其包装的质量状况。入库验收的内容主要包括：

(1) 数量检验

在进行数量检验时，必须把好点数（过磅）、记码单和码垛三个环节，以保证数量准确。

(2) 质量检验

即对入库商品进行内在质量，亦即对商品的物理、化学性能的检验和通过耳、鼻、手等感觉器官，并利用简单工具检验。检验商品是否受潮、玷污、腐蚀、霉烂、缺件、变形、破损、损坏等。

(3) 包装验收

包装对商品安全运输和储存关系甚大，是仓库验收中必须重点检查的一项工作，尤其是对商品包装有具体规定的，如木箱板的厚度，打包铁皮的箍数等有要求的，仓库都要按规定进行验收。

3. 办理入库手续

货物入库时，应由仓库保管员填写入库通知单，完整的入库单据必须具备以下四联：送货回单、储存凭证、仓储账页和货卡，并附上检验记录单、产品合格证、装箱单等有关资料凭证、以证实该批货物已经检验合格，可以正式上架保管。

4. 贴储位标签或条码

为便于仓库保管员查找货物及理货，对办理完入库手续的货物通常贴上储位标签或条码后，在入库上架。

5. 上架

入库的最后一步工作就是把堆栈好的托盘放上货架。货品检验完毕后，依性质的不同由仓储管理系统分配储位，上架人员将依照终端打印机印出的卷标（有些用条码）粘附在货物外侧（至少两张分贴在对侧）后，缠上透明收缩膜，以堆高机放置入货架或是大货区(Bulk Storage Area)。大货区主要适合大量出货而且进、出频繁的品类，另外，它是零库存作业中不可或缺的场地，但必须有良好的进、出码头，以及妥善的整仓变动规划，否则会适得其反。

三、储存保管

货物入库以后，便进入了储存保管阶段，它是仓储业务的重要环节。其主要内容包括货物的存放、保管、检查与盘点等。

(一) 存放

在储存区内，全托盘装载的物品被分配到预定的托盘位置上。对此，有两种常用的货位分配方法，即可变货位安排系统和固定货位安排系统。

可变货位安排系统，也称作动态定位系统，是在每次有新的装运到达时允许产品改变位置，以便有效地利用仓库空间。而固定货位安排系统，则是在选择区内为每种产品分配一个永久性的位置。只要产品的移动流量保持相同水平，储存物品就始终保持这种位置。如果物品的流量一旦发生增减，就有可能对储存物品进行重新分配位置。一般来说，固定货位安排优越于可变货位安排，因为它可以对某种物品提供及时定位。

（二）保管

仓库一般首先考虑出入库的时间和效率，因而较多地着眼于拣选和搬运的方便，但保管方式必须与之协调。通常，仓库中货物保管的方式主要有：①地面平放式，将保管物品直接堆放在地面上；②直接堆放式，将货物在地面上直接码放堆积；③托盘平放式，将保管物品直接放在托盘上，再将托盘平放在地面上；④托盘堆码式，将货物直接堆码在托盘上，再将托盘堆放在地面上；⑤货架存放式，将货物直接码放在货架上。

仓库保管的基本要求是：

1. 面向通道进行保管

为使物品出入库方便，容易在仓库内移动，一般将物品面向通道保管。

2. 根据出库频率选定位置

出货和进货频率高的物品应放在靠近出入口、易于作业的地方；流动性差的物品可放在距离出入口稍远的地方；季节性物品则依其季节特性来选定放置的场所。

3. 尽可能地向高处码放，提高保管效率

要有效利用库内容积就应尽量向高处码放，为防止破损，保证安全，应当尽可能使用棚架等保管设备。

4. 同一品种放在同一地方

为提高作业效率和保管效率，同一物品或类似物品应放在同一地方保管，员工对库内物品放置位置的熟悉程度直接影响着出入库的时间，将类似的物品放在邻近的地方，将有利于提高仓储作业效率。

5. 根据物品重量安排保管的位置

安排放置场所时，当然要把重的东西放在下边，把轻的东西放在货架的上边。需要人工搬运的大型物品则以腰部的高度为基准。这对于提高效率、保证安全是一项重要的原则。

6. 要注意保证商品的存放安全

如确定货垛高度要考虑到物品及其包装的承压能力、库内设备的操作条件和竖向布局的方式等。

除上述一些问题以外，保管还应有温度和湿度管理，防尘、防臭、防虫、防鼠、防盗等问题。

（三）货物检查与盘点

1. 保管期间货物的检查

在对货物保管的过程中，保管人员应对货物进行经常和定期的检查，以确保在库货物的质量完好、数量准确。检查的内容主要有：

（1）数量检查。货物在存储期间，仓库保管人员要检查货物的数量是否准确，查账上的记载是否正确，核对账、卡、物是否一致。保持仓库的账账相符、账卡相符、账物相符、钱物相符。

（2）质量检查。检查存储货物质量有无变化，包括有无受潮、玷污、锈蚀、发霉、干裂、虫蛀、鼠咬，甚至货物变质等现象；检查技术证件是否齐全，证物是否相符；必要时，还要对货物进行技术检查。

（3）检查保管条件。检查各类货物堆码是否合理稳固，货垛是否苫垫严密，库房是否有漏雨，货场是否有积水，门窗通风洞是否良好，库内温度、湿度是否符合要求，保管条件是否符合各种货物的保管要求等。

(4) 检查安全。检查仓库各种安全措施和消防设备、器材是否齐备，是否符合安全要求，检查库房建筑物是否影响货物正常储存等。

检查的方式主要有：

(1) 日常检查。是指每日上下班前后，保管员对所保管的货物的安全情况、保管情况、库房和货场的整洁情况所进行的检查。

(2) 定期检查。是指根据季节变化和业务需要，由仓库组织有关专业人员对在库货物所进行的检查。

(3) 临时性检查。是指有灾害性气候预报时所组织的临时性检查，例如，在暴风雨、台风到来之前，要检查建筑物是否承受得住风雨袭击，水道是否畅通，露天货场苫盖是否严密牢固；灾害性风雨过后检查有无损失等。

在检查的过程中，如果保管人员发现货物发生变质或有变质迹象、数量有出入、货物出现破损等情况，应及时查明原因，通知存货人或仓单持有者及时采取措施进行处理。并对检查结果和问题做详细的检查记录。

2. 货物的盘点

货物的盘点是指定期或临时核对库存商品实际数量与保管账上的数量是否相符；查明超过保管期限、长期积压货物的实际品种、规格和数量，以便提请处理；检查商品有无质量变化、残损等情况；检查库存货物数量的溢余或缺少的原因，以利改进货物的仓储管理。

(1) 盘点的方法。一般情况下，对仓储货物的盘点方法主要有：动态盘点法、循环盘点法、重点盘点法。

①动态盘点法。动态盘点法是指在发生出库动态时，就随之清点货物的余额，并同保管卡片的记录数额相互对照核对。

②循环盘点法。循环盘点法是指按照相关货物入库的先后次序，有计划对库存保管货物循环不断地进行盘点的一种方法，即保管员按计划每天都盘点一定量的在库货物，直至库存货物全部盘点完毕，再继续下一循环。

③重点盘点法。重点盘点法是指对货物进出动态频率高的，或者易损耗的，或者昂贵的货物进行盘点的一种方法。

(2) 盘点内容。主要有以下几点：

①盘点数量。即对计件商品进行全部清点，货垛层次不清的商品，应进行必要的翻垛整理，同时，检查商品质量变化、残损等情况。

②盘点重量。对数量较少或贵重的商品应全部过磅；对数量大且价值低廉的商品，由于全部过磅工作量太大，可会同货主逐批抽查过秤核对。

③货账核对。根据盘点商品的实际数量，逐笔核对商品保管账上所列结存数字。

④账与账核对。即定期或随时将仓库保管账与货主的商品账以及仓库间保管账核对。

⑤做好记录及时联系。即在盘点对账中发现的问题时，要做好记录，及时与存货人联系，协商对策。

⑥分析问题，找出原因，及时处理。即对盘点中发现的问题，逐一进行分析，必要时与货主协商，找出原因，纠正账目中的错误，并采取积极的挽救措施，尽量减少因霉烂、变质、残损等原因所造成的损失。

通过这些日常盘点，可保证定期的全面盘点。对库存货物盘点中出现的盈亏，必须及时做出处理。如果盘盈盘亏的数额不超出国家主管部门规定或合同约定的保管损耗标准，可由仓储保管企业核销；如果超出了损耗标准，则必须查明原因，做出分析，写出报告，承担责任；凡同类货物在规格上发生的数量此多彼少总量相符的，可与存货人根据仓储合同约定直接协商处理。依据处理结果，调整账、卡数额，使账、卡、物数额保持一致。

四、出库

对于存入保税仓库的货物其出库的流向较为复杂，一般可分为储存后原物复出口、加工贸易提取使用、转入国内销售三种情况。

1. 原物复出口

存入保税仓库的货物在规定期限内复运出境时，货物所有人或其代理人应向保税仓库所在地主管海关申报，填写出口货物报关单，并提交货物进口时的经海关签章确认的进口报关单，经主管海关核实后予以验放有关货物或按转关运输管理办法，将有关货物监管运至出境地海关验放出境。复出境手续办理后，海关在一份出口报关单上加盖印章退还货物所有人或其代理人，作为保税仓库货物核销依据。

2. 加工贸易提取使用

从保税仓库提取货物用于进料加工、来料加工项目加工生产成品复出口时，经营加工贸易单位首先按进料加工或来料加工的程序办理合同备案等手续后，由主管海关核发《加工装配和中小型补偿贸易进出口货物登记手册》（简称《登记手册》）。

3. 转入国内销售

存入保税仓库的货物需转为国内市场销售时，货物所有人或其代理人应事先报主管海关核准并办理正式进口手续，填写“进口货物报关单”，其贸易性质由“保税仓库货物”转变为“一般贸易进口”。货物属于国家进口配额、进口许可证、机电产品进口管理，以及特定登记进口商品和其他进口管理商品的，需向海关提交有关进口许可证或其他有关证件，并缴纳进口关税、消费税和进口环节增值税。上述进口手续办理后，海关在进口货物报关单上加盖放行章，其中一份用以向保税仓库提取货物，另一份由保税仓库留存，作为保税仓库货物的核销依据。

货物出库的一般步骤（见图 4－3）为：

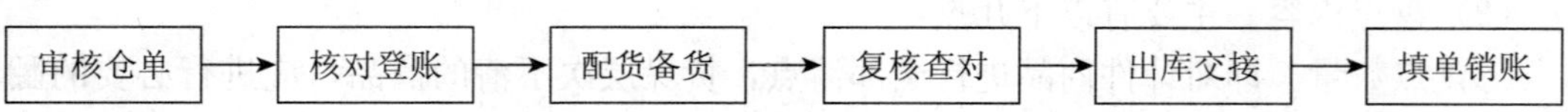

图 4－3　出库的一般步骤

（1）审核仓单

仓库接到存货人或仓单持有人出库通知后，必须对仓单进行该对。因为存货人取得仓单后，可以通过背书的方式将仓单转让给第三人，也可以分割原仓单的货物，填发两份以上新的仓单，将其中一部分转让给第三人。存货人与仓储人原来所签订的合同关系被转让部分规定适用于第三人。第三人在取得仓单后，还可以在仓单有效期内，再次转让或分割仓单。但是合同法规定，存货人转让仓储物提取权的，应当经保管人签字或盖章。

（2）核对登账

仓单审核以后，仓库财务人员要检查货物的品名、型号、规格、单价、数量等有无错误，收货单位、到站、银行账号等是否齐全和准确，单证上书写的字迹是否清楚，有无涂改痕迹，是否超过了规定的提货有效期等。如果核对无误后，可根据凭证所列各项内容，登入商品保管账，核销储存量，并在出库凭证上批注发货商品存放的货区、库房、货位编号以及发货后应有的储存数量。同时，收回仓单，签发仓库货物出库单，写清各项内容，连同提货单或调拨单，一起交仓库保管员查对配货。

（3）配货备货

财务人员转来的货物出库凭证经复核无误后，仓库保管员按出库凭证上所列项目内容和上面的批注，到编号的货位对货，核实后进行配货。配货中要执行"先进先出""易坏先出""不利保管先出"的发货原则。货物从货垛上搬下后，应整齐堆放在备货区位上，以便刷唛、复核、交付等备货作业的进行。

备货工作主要有：

①包装整理、标志重刷。仓库应清理原货包装，清除积尘、污物。对包装已残损的，要更换包装。提货人要求重新包装或者灌包的，要及时安排包装作业。对原包装标志脱落、标志不清的进行补刷补贴；提货人要求标注新标志，应在提货日之前进行。

②零星货物组合。为了作业方便，对零星货物进行配装，使用大型容器收集或者堆装在托盘上，以免提货时遗漏。

③根据要求装托盘或成组。若提货人要求装托盘或者成组，应及时进行相应作业，保证作业质量。

④转到备货区备运。将要出库的货物预先搬运到备货区，以便能及时装运。备货时，发现有下列情况的商品，要立即与存货人或仓单持有人联系，存货人或仓单持有人认为可以出库，并在正式出库凭证上签注意见后，方可备货、出库；否则，不备货、不出库。对下列商品不备货、不出库：没有全部到齐的一票入库商品；入库验收时发现的问题尚未处理的；商品质量有异状的。备货中发现出库货物的包装如有破损、断绳、脱钉等情况，仓库要负责加固修理，严格禁止包装破损的货物出库。

出库货物应附有质量证明书抄件、磅码单、装箱单等。机电设备等配件产品，其说明书及合格证应随货同行。

（4）复核查对

备货后仓管人员应立即进行复核，以确保出库货物不出差错。复核的形式有保管员自行复查、保管员互核、专职人员复核、负责人复查等。复核的内容主要包括以下几方面：

①认真审查正式出库凭证填写的项目是否齐全，出库凭证的抬头、印鉴、日期是否符合要求，复核商品名称、规格、等级、产地、重量、数量、标志、合同号等是否正确。

②根据正式出库凭证所列项目，与备好的货物相对照，逐项复核、检查其是否与出库凭证所列完全相符，如经反复核对确实不符时，应立即调换，并将原错备商品标志除掉，退回原库房。

③检查包装是否破损、污染，标志、箱（包）号是否清楚，标签是否完好，配套是否齐全、技术证件是否齐备。

④需要计重、计尺的货物，要与提货人一起过磅，或根据货物的具体情况抽磅，或理论换算重量，一起检尺。要填写磅码单或尺码单，并会同提货人签字。

⑤复核结余商品数量或重量是否与保管账目、货物保管卡片结余数相符，发现不符应立即查明原因。

复核的目的就是要求出库货物手续完备、交接清楚，不错发，不错运。出库货物经过复核无误后，方可发运。

（5）出库交接

备齐货物经复核无误后，仓库保管员必须当面与提货人或运输承运人按单逐件点交清楚、分清责任、办好交接手续。自提货物的待货物交清后，提货人应在出库凭证上签章；待发运货物保管员应向发运人员点交，发运人员在出库凭证上签字。发货结束，应在出库凭证发货联上加盖“发讫”或“商品付讫”戳记，并留据存查。同时，应由仓库填写出库商品清单或出门证，写明承运单位名称、商品名称、数量、运输工具和编号，并会同承运人或司机签字。出库商品清单或出门证一式三联，一联由仓库发货人员留查；二联由承运人交仓库，以便门卫查验放行；三联给承运人作为交货凭据。

（6）填单销账

货物交点以后，保管员应在出库单上填写“实发数”“发货日期”等项内容，并签名。然后将出库单及相关联证件资料及时交送货主以便货主办理货款结算。保管员根据留存联出库凭证清点货垛余数，并与账、卡核对，登记、核销实物保管明细账，账面余额应与实际库存量和货卡登记相符；出库凭证应在当日清理，定期装订成册，妥善保管；在规定时间内，转交账务人员登账复核。

第四节　国际商品包装

包装是为在流通过程中保护产品、方便储运、促进销售，按一定技术方法而采用的容器、材料及辅助物等的总体名称。也指为了达到上述目的而采用容器、材料和辅助物的过程中施加一定技术方法等的操作活动。简言之，包装就是包装物和包装操作的总称。

进入国际流通领域的货物一般都要经过长途运输，有许多货物要经过多次转装和储存，对出口货物包装的要求也比国内贸易严格；不同国家对包装有不同的要求，有的国家还通过法律的形式，对包装的用料、尺寸、重量作出具体规定；不同市场，不同销售地区，对商品的销售包装也可能有不同的要求，因此，交易双方在签订合同时，一般要对包装问题进行洽商并作出具体规定。

合同中的包装条款主要包括包装材料与容器、包装种类、包装费用和包装标志。

一、包装材料

1. 包装材料

按不同用途，包装材料可分为以下几类：①容器材料，用于制作箱子、瓶子、罐子，可有纸制品、塑料、木材、玻璃、陶瓷、各类金属等；②内包装材料，用于隔断物品和防震，可有纸制品、泡沫塑料、防震用毛等；③包装用辅助材料，如各类结合剂、捆绑用细绳（带）等。以下就对运输包装材料作简单的介绍。

（1）纸质包装材料

在包装材料中，纸的应用最为广泛，它的品种最多，耗量也最大。由于纸具有价格低、质地细腻均匀、耐摩擦、耐冲击、容易黏合、不受温度影响、无毒、无味、适于包装生产的机械化等优点，所以目前在世界范围内，纸质包装占包装材料的比重比其他包装材料都大，这一类的包装占整个包装材料使用量的40%。纸作为包装材料有纸袋、纸箱和瓦楞纸箱等，其中瓦楞纸箱是颇受欢迎的纸质包装材料，瓦楞纸具有成本低、重量轻、容易进行机械加工、容易回收等优点。用瓦楞纸作为纸箱具有一定的刚性，因此有较强的抗压、抗冲击能力，这为产品安全、完好地从生产者送到消费者所经历的储存、运输、装卸等活动提供了方便和可靠。但纸的防潮、防湿性能较差，这是纸质包装材料的最大弱点。

(2) 合成树脂包装材料

指利用塑料薄膜、塑料袋以及塑料容器进行包装的材料。主要的塑料包装材料有聚乙烯、聚氯乙烯、聚丙烯和聚苯乙烯等。因为塑料种类繁多，所以，塑料包装的综合性能比较好。

(3) 木制容器包装材料

指使用普通木箱、花栏木箱、木条复合板箱、金属网木箱以及木桶等木制包装容器对商品进行包装。木制容器一般用在重物包装以及出口物品的包装等方面，现在有很大一部分已经被瓦楞纸箱所代替。

(4) 金属容器包装材料

把金属压制成薄片，用于物品包装的材料，通常有金属圆桶、白铁内罐、储气瓶、金属丝、网等。目前，在世界金属包装材料中，用量最大的是马口铁（镀锡薄钢板）和金属箔两大品种。

(5) 玻璃陶瓷容器包装材料

主要指利用耐酸玻璃瓶和耐酸陶瓷瓶等对商品进行包装的材料。这种包装材料耐腐蚀性较好且比较稳定，耐酸玻璃瓶包装还能直接看到内容物。

(6) 纤维容器包装材料

指利用麻袋和维尼纶袋对商品进行包装的材料。

(7) 复合材料包装材料

主要指利用两种以上的材料复合制成的包装。主要有纸与塑料、纸与铝箔等合成材料包装。

其他材料包装是以竹、藤、苇等制成的包装。主要有各种筐、篓和草包等。

2. 包装容器

包装容器主要包括包装袋、包装盒、包装箱和瓶、罐等。

(1) 包装袋

包装袋是一种管状结构的挠性容器。一般由挠性材料制成，可以是单层的，也可以是多层同种材料或不同种材料复合而成。

包装袋按其盛装的重量不同可分为集装袋、一般运输包装袋和小型包装袋等。集装袋大多数都是由聚丙烯或聚乙烯等聚酯纤维编织而成的一种大容积的运输包装袋，盛装重量一般在1吨以上。集装袋的顶部一般装有金属吊架或吊环等，以便于普通铲车或起重机的吊装或搬运。卸货时可直接打开袋底的卸货孔进行卸货。一般运输包装袋大部分都是由植物纤维和树脂纤维编织而成的，或由一种、几种挠性材料制成，其盛装重量一般在50～100千克，小型包装袋也称普通包装袋，这类包装袋一般按盛装重量的不同，通常用单层材料或多层材料制成。

包装袋按其所用材料划分，一般有单层材料包装袋、多层材料包装袋和编织袋等。单层材料包装袋主要是用一层挠性材料制成的，如纸袋、塑料袋和棉布袋等；多层材料包装袋主要用两层以下的挠性材料制成，可以是一种材料，也可以根据实际需要，采用不同的材料，例如多层牛皮纸袋等；编织袋是用植物纤维、化学纤维编织而成的包装袋，例如麻袋、棉织袋等。

(2) 包装盒

包装盒是一种刚性或半刚性容器，呈规则几何形状，一般多为长方体，也有尖角或其他形状，容量一般较小，大约在 10 升以下，有关闭装置。大部分由纸板、金属、硬质塑料以及复合材料制成。

包装盒一般可分为固定包装盒和折叠包装盒两种。固定包装盒外型固定，在使用过程中不能折叠变形，通常由盒体和盒盖两个主要部分组成，此外，还包括其他附件。折叠包装盒可以折叠变形，外形以长方体最为普遍，一般是由纸板或以纸板为基材的复合材料制成，是一种成本较低的包装容器。

(3) 包装箱

包装箱是一种刚性或半刚性容器，一般为长方体，内部容量通常大于 10 升，大多用纸板、木材、金属、硬质塑料以及复合材料制成。

包装箱的种类很多，常用的有瓦楞纸箱和木箱等。木箱主要有木板箱、框板箱和框架箱三种。木板箱一般用作小型运输包装容器，能装载多种性质不同的货物，其优点是能抗拒碰裂、溃散和戳穿，有较大的耐压强度，能承受较大负荷，制作方便。不足之处是箱体较重、体积较大、没有防水功能。框板箱是由条木与人造板材制成的箱框板，经过钉合而成的包装箱。框架箱是由一定截面的条木构成箱体的骨架。一般有敞开式框架箱和覆盖式框架箱两种形式。框架箱因其有坚固的骨架结构，所以具有极佳的抗震和抗扭力，有较大的耐压能力，而且装载量大。

(4) 瓶

包装瓶通常有玻璃瓶和塑料瓶等。选用包装瓶的原则是便于装填包装的货物，便于搬运，适于在货架下陈列，能引起消费者喜爱，并方便使用者从瓶内取出内装货物等。

(5) 罐

罐是一种小型包装容器，各处的横截面一般为相同图形，通常带有可密封的罐盖。罐按照制罐材料的不同可以分为金属罐和非金属罐两类。

博世包装

博世包装是全球最大的包装技术供应商，其核心竞争力在于液体医用药品的包装，复杂且为客户特定的包装系统，成型填充封装技术，出色的售后服务，全球性的领导地位。

博世包装技术全球事业部，位于德国魏布林根（Waiblingen），是全球领先的包装及加工技术行业的整线系统供应商。博世包装遍布世界 15 个国家，为制药、糖果及化妆品、食品及非食品等行业提供包装技术模块与系统的研发、制造、销售。2008 年，全球 4650 名员工创造了将近 7 亿欧元的赢利。

博世包装提供了全系列产品，包括制药与糖果行业的灌装、工艺和包装技术，食品行业的散装和袋装以及卫生健康产品的包装解决方案。在条状食品、饼干和口香糖的制造商那可以获取相关参考信息。在制药行业，博世包装一直是无菌灌装和包装过程以及隔离技术的世界领军者。基于博世全面的咨询过程和项目工程的技术经验，博世包装不仅提供单机模块，并且提供完整成套服务，个性化定制的系统以及一站式的解决方案。

博世包装技术，作为罗伯特博世有限公司的下属事业部，于1974年成立。通过系统增长和收购，博世包装不断发展至今，已经涵盖全球30个国家和地区。凭借博世品牌，它一站式提供所有灌装和包装线的各种组件。各产品应用行业之间的相互关系，一方面使制药和糖果行业得以联合互补，另一方面凭借产品所侧重包装机械、系统和相应服务来区别各个产品应用。如此关系，为以客户为中心的创新发展发挥了重要的协同作用。

为了维持公司旗下各商业单元的品牌和独特，公司的商标Demaurex，Doboy，Hansella，Makat，Moeller&Devicon，Paal，Pharmatec，Rotzinger，Sapal，Schoeller－Bleckmann Medizintechnik，Sigpack Systems，Tevopharm，Togum，Transver和Valicare将被保留于博世品牌保护伞之下。因此，这些商标所赋有的可持续的传统，经验和知识都在博世包装技术事业部内得到统一吸收。

（资料源自博世包装技术官网，经编者整理）

二、包装种类

（一）按包装在流通中的作用分类

按照包装在流通中的作用分类分，可将包装分为运输包装和销售包装。

1. 运输包装

运输包装又称大包装、外包装或工业包装，它的作用主要在于保护商品的品质和数量，便于运输、便于储存、便于检验、计数、分拨，有利于节省运输成本。运输包装的方式主要有两种：单件包装和集合包装。

（1）单件包装是根据商品的形态或特性将一件或数件商品装入一个较小容器内的包装方式。制作单件包装时，要注意选用适当的材料，并要求结构造型科学合理，同时还应考虑不同国家和地区的气温、湿度、港口设施和不同商品的性能、特点、形状等因素。单件包装的种类很多：

①按照包装外形来分，习惯上常用的有包、箱、桶、袋等。②按照包装的质地来分，有软性包装、半硬性包装和硬性包装。③按照制作包装所采用的材料来分，一般常用的有纸质包装，金属包装、木制品包装，塑料包装，棉麻制品包装，竹、柳、草制品包装，玻璃制品包装和陶瓷包装。

（2）集合包装是将一定数量的单件商品组合成一件大的包装或装入一个大的包装容器内。集合包装的种类有：

①集装箱（Container）。集装箱是具有足够强度，可长期反复使用的适于多种运输工具而且容积在1立方米以上（含1立方米）的集装单元器具。集装箱一般由钢板、铝板等金属制成，可以反复使用周转，它既是货物的运输包装，又是运输工具的组成部分。目前国际上最常用的海运集装箱规格为8英尺×8英尺×20英尺和8英尺×8英尺×40英尺两种。

②集装袋（Flexible Freight Bags）。集装袋是以柔性材料制成可折叠的袋式集装单元器具。集装袋是用合成纤维或复合材料编织成抽口式的包，适于装载已经包装好的桶装和袋装的多件商品。每包一般可容纳1～1.5吨的货物。

③托盘（Pallet）。托盘是在运输、搬运和存储过程中，将物品规整为货物单元时，作为承载面并包括承载面上辅助结构件的装置。托盘是在一件或一组货物下面所附加的一块

垫板。为防止货物散落，需要用厚箱板纸、收缩薄膜、拉伸薄膜等将货物牢固包扎在托盘上，组合成一件“托盘包装”。每一托盘的装载量一般为1～1.5吨。此外还有一种两面插入式托盘。

2. 销售包装

销售包装又称小包装或内包装。它是随着商品进入零售环节和消费者直接见面的包装，实际是一种零售包装。

在销售包装上，除附有装潢画面和文字说明外，有的还印有条码的标志。由于许多国家的超市多使用条码技术，进行自动扫描结算，如商品包装上没有条码，即使是名优产品也不能进入超市。有的国家甚至规定商品包装上无条码标志的即不予进口。

为了适应国际市场的需要和扩大出口，1991年4月，我国正式加入了国际物品编码协会，该会分配给我国的国别号为“690”“691”“692”。凡标有“690”“691”“692”条码的商品，即表示为中国产品。

（二）按包装的层次分类

按包装的层次分类，包装可以分为个包装、内包装（中包装）和外包装。

1. 个包装

个包装一般有机械性保护包装、防护剂保护包装、抗水包装、防水和防水气包装、可剥除的化合物保护包装五种方法。

2. 内包装

内包装是将个包装后的货物，置入内包装容器内，并适当加以衬垫的包装，进行衬垫包装的目的是为了吸收震动、防上货物在容器内发生移动和摩擦、避免货物与包装容器相撞。对于一些体积小的内包装件，还要进行中包装，以方便搬运及装箱，增加保护作用。

3. 外包装

外包装的主要目的是方便储运，使产品获得足够的保护。一般来说，外包装容器需具有足够的强度，可以在储运中抗拒一切外力所带来的损害，同时，外包装容器的形状和尺寸必须方便储运作业。

（三）按包装的针对性分类

按包装的针对性分类，包装可分为专用包装和通用包装两种。

1. 专用包装

专用包装是根据被包装物特点进行专门设计、专门制造，只适用于某种专门产品的包装，如水泥袋、蛋糕盒、可口可乐瓶等。

2. 通用包装

通用包装是不进行专门设计制造，而根据标准系列尺寸制造的包装，用以包装各种无特殊要求的或标准尺寸的产品。

三、包装费用

包装费用一般包括在货价之中，不单独计收。而如果买方要求特殊的包装，导致包装费用超出正常的范围，使成本增加，其超出的费用应由买方负担，并应在包装条款中具体规定负担的费用及支付办法。在有些交易中，经双方协商由买方提供包装，则应在合同中订明买方寄送包装的方法、包装送达日期、送交包装延迟的责任及包装费用的负担等。包装费用一般有如下几方面构成。

1. 包装材料费用

它是指各类物资在实施包装过程中耗费在材料费用支出上的费用称为包装材料费用。常用的包装材料种类繁多，功能亦各不相同，企业必须根据各种物资的特性，选择适合的包装材料，既要达到包装效果，又要合理节约包装材料费用。

2. 包装机械费用

包装过程中使用机械作业可以极大地提高包装作业的劳动生产率，同时可以大幅度提高包装水平。使用包装机械（或工具）就会发生购置费用支出，日常维护保养费支出以及每个会计期间终了计提折旧费用。

3. 包装技术费用

为了使包装的功能能够充分发挥作用，达到最佳的包装效果，因而包装时，也需采用一定的技术措施。比如，实施缓冲包装、防潮包装、防霉包装等。这些技术的设计、实施所支出的费用，合称包装技术费用。

4. 包装人工费用

在实施包装过程中，必须有工人或专业作业人员进行操作。对这些人员发放的计时工资、计件工资、奖金、津贴和补贴等各项费用支出，构成了包装人工费用支出。但是不包括这些人员的劳动保护费支出。

5. 其他辅助费用

除了上述主要费用以外，物流企业有时还会发生一些其他包装辅助费用，如包装标记、包装标志的印刷、拴挂物费用的支出等。

四、包装标志

包装标志是为了便于货物交接、防止错发错运，便于识别，便于运输、仓储和海关等有关部门进行查验等工作，也便于收货人提取货物，在进出口货物的外包装上标明的记号，包装标志有运输标志（即唛头）、指示性标志和警告性标志三类。

（一）运输标志（Shipping Mark）

运输标志习惯上称为“唛头”，它通常是由一个简单的几何图形和一些字母、数字和简单的文字组成，其作用主要是便于识别货物，便于收货人收货，也有利于运输、仓储、检验和海关等有关部门顺利地进行工作。

标准化的运输标志由标准运输标志和信息标志组成（见 GB/T 18131—2000）。

1. 标准运输标志和信息标志

（1）标准运输标志

标准运输标志由收货人（买方）、参考号、目的地、件数编号 4 个数据元依次组成。这些运输标志一般都应在货物和相关单证上标示出来。

①收货人（或买方）。收货人（或买方）名称的首字母缩略名或简称。除铁路、公路运输外，其他各种运输方式均不应使用全称。出口商和进口商可以商定一套首字母缩略名或简称，用于他们之间的货物运输。

②参考号。参考号应尽可能简单明了，只可使用托运单号、合同号、订单号或发票号中的一个编号，并应避免在编号后跟随日期信息。

③目的地。货物最终抵达的港口或地点（卸货港、交货地点、续运承运人交货地点）的名称。在转运的情况下，可在“VTA”（即“经由”）之后指明货物转运的港口或地点

的名称。如“NEW DELHI VIA BOMBY”，表示货物经由孟买到达新德里。在多式联运情况下，只需标明货物的最终抵达地点，允许运输经营人选择最理想的运输路线，并避免在转运地中断运输。

④件数编号。指出件数的连续编号和已知的总件数。例如“1/25、2/25……25/25”表示包装物的总件数为25件，每件包装物的编号是1～25。

现举例说明标准运输标志的构成：

ABCD——收货人的代号

543210——参考号

SINGAPORE——目的地

1/30——件数代号

（2）信息标志

货物运输的包装物上可提供必要的附加信息标志，这些信息可以包括：

①当集装箱或拖挂车装有危险品时，必须将危险品的标志标在外部，同时标出其他必备型数据，如正确的技术名称、适当的运输内容等。

②在运输包装物上，除标准运输标志以外的不是货物运输所需要的其他信息标志，一般不应在包装物上标示。如有特殊要求，则应将其他必要的附加信息用较小字符或不同颜色使其与标准运输标志明显区分，而且这些信息不能复制在单证上运输标志的部位。

③为便于全装卸（如空运）或正确存储，可以标出包装物的总重，但必须以“kg”为单位而不应使用其他重量单位标示。重量标志应直接标在运输标志的下方并与其明显分开。例如：直接标示“462 kg”，不应附加“GROSS/BRUTTO WEIGHT”（总重量）之类信息。

④像原产国或进口许可证号码这类信息应视政府法律或简化海关结关手续要求而定。如果买方要求，此类信息可包括在内。但不应在包装物上给出发货人的详细名称或地址。例如；用“IL GG22455170672”代替“IMPORT LICENCE NUMBER G/G22455－17067－2”。

⑤通常不必在包装物上标示净重和尺码（罐装化学物品或特大的包装物除外）。一般情况下，国内和国际法规对此不作强制性规定。需要标示时，应对它们进行缩略，例如：“N401 kg 105cm×90cm×62cm”。

⑥货物空运时，根据国际航空运输协会（IATA）606号决议的规定，可以在运输标志下面给出总重量，并且至少在一个包装物上给出托运人的详细地址。

2. 不同运输方式运输标志的简化

在实际运输实务中，由4个数据元组成的标准运输标志可以根据实际情况进行简化，具体情况如下：

（1）在某些运输方式中，标准的运输标志可进一步简化。收货人（买方）、参考号、目的地、件数编号4个数据元中的任意一个被认为对运输无意义时均可省略。

（2）在各种运输方式中，未经捆扎的一般散件杂货应使用标准运输标志，不能简化。

（3）在集装箱或国际公路运输的拖车中的编组货物，应在每一单件货物上使用标准运输标志，不能简化。由一个托运人托运的整票货载（集装箱或拖车）在转运期间为了分批交货而需要将货物拆箱时，应在每一单件货物上使用标准运输标志，不能简化。

（4）整票货载（即整集装箱、整拖车、整车厢、整航空箱）从一个托运人发送给一个收货人时，标准运输标志可作如下简化：①如果整票货载只用一套单证运抵目的地，且包装及其所标的内容（大小、类型和等级）各方面都相同时，则每个包装物上的运输标志可省略。例如全部都是25千克一袋的精制砂糖。②如果整票货载涉及多套单证（例如有两套发票），或者每件货物内所装内容不一样时，标准运输标志可简化，仅使用第2项和第4项（参考号和件数编号），以便海关和收货人对照货物和单证核对并标识货物。

例如：

1234——参考号

1/25——件数编号

（5）货物空运时，根据IATA 606号决议可将航空货运单的号码代替标准标志的第1项，第2项（收货人和参考号），第3项目的地应使用国际航空运输协会（IATA ）的三字母地名代码，第4项件数编号不变。

例如：

015－12345675——参考号

DEL——目的地

1/25——件数编号

对于拼装的货物，航空集装箱号（AWB号）应在标志的末端给出。

（6）货物装卸标志不能简化。

（7）危险品标志必须全部给出。当集装箱或拖车装有危险品时，必须将危险品的标志标示在外部，同时标出其他必备型数据，如正确的技术名称、适当的运输内容等。

3. 标准运输标志的应用示例

（1）标准运标志在单证上的填写示例

标准运输标志在单证上的填写示例如图4－4所示。

<table>
<tr><td>Transport details

运输事项</td><td>Terms of delivery and

货物和交付条款</td></tr>
<tr><td>Shipping Marks：Container NO.

运输标志：集装箱号</td><td>Number & Kind of packages：Goods description

件数、包装类型、货物名称</td></tr>
<tr><td colspan="2">ABC　　××××××××

1234　　××××××××

BOMBAY　　××××××××

1/25　　××××××××</td></tr>
</table>

图4－4　标准运输标志在单证上的填写示例

（2）海运时的标准运输标志示例

海运时的标准运输标志如图4－5所示。

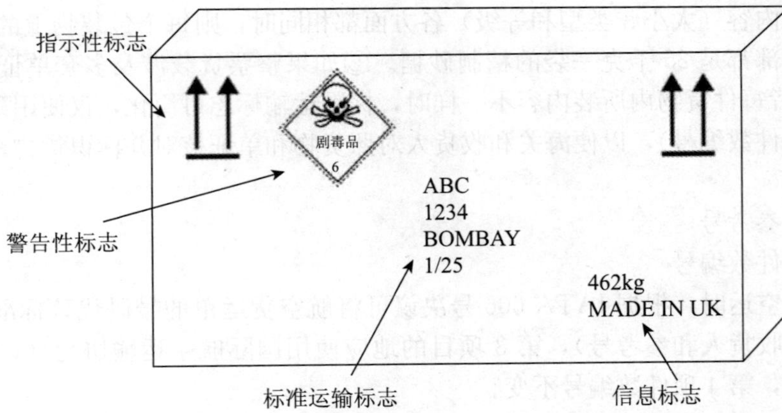

图 4－5　海运时的标准运输标志示例

（3）空运时的标准运输标志示例

空运时的标准运输标志如图 4－6 所示。

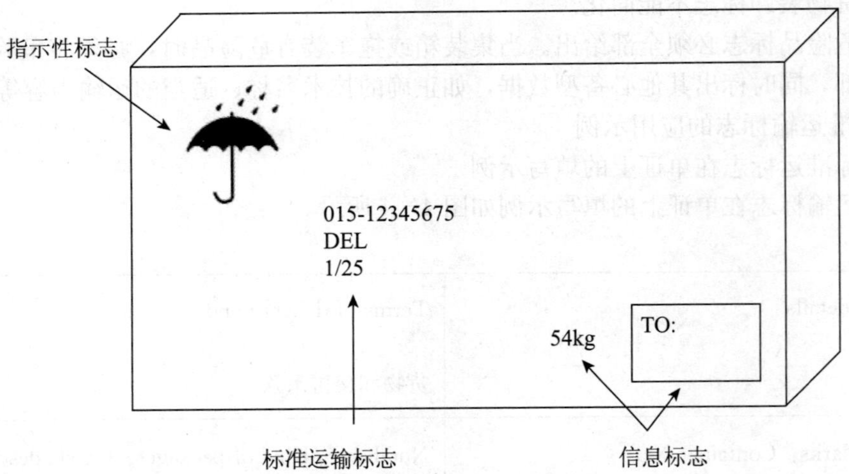

图 4－6　空运时的标准运输标志示例

（二）指示性标志（Indicative Mark）

指示性标志又称包装储运图示标志、安全标志、保护性标志或注意标志。它是针对商品的特性提出的在运输和保管过程中应注意的事项，一般都是以简单、醒目的图形或文字在包装上标出。在使用文字时，最好是使用进口国和出口国的文字，但一般是使用英文，例如，This Side 或 This End Up（此端向上）、Handle With Care（小心搬运）、Use No Hooks（请勿用钩）等。我国常用的指示性标志共 17 个，图形如表 4－1 所示（见 GB 191—2000）。

表 4－1　　我国常用的指示性标志

序号	标志名称	标志图形	含义	备注/示例
1	易碎物品		运输包装件内装易碎品，因此搬运时应小心轻放	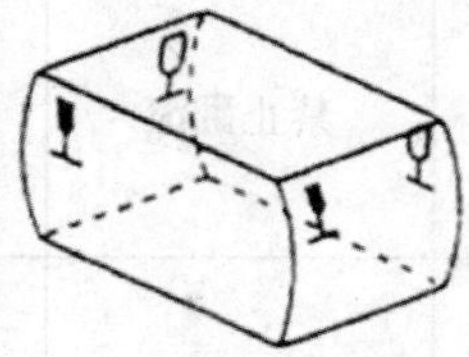
2	禁用手钩		搬运运输包装件时禁用手钩	
3	向上	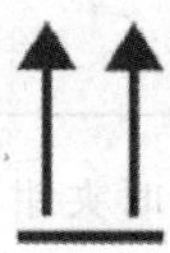	表明运输包装件的正确位置是竖直向上	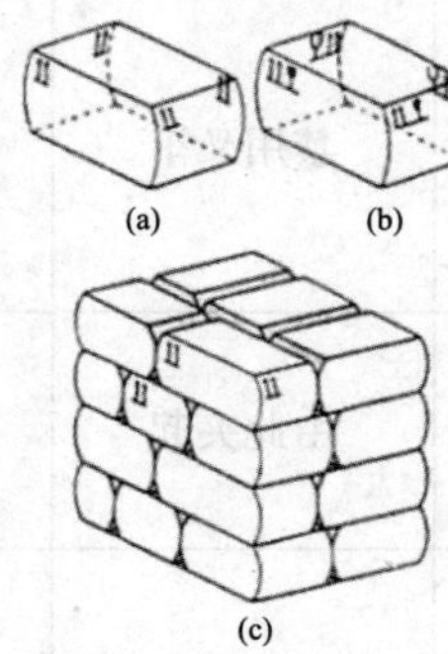
4	怕晒		表明运输包装件不能直接照晒	
5	怕辐射		包装物品一旦受辐射便会完全变质或损坏	
6	怕雨		包装件怕雨淋	
7	重心		表明一个单元货物的重心	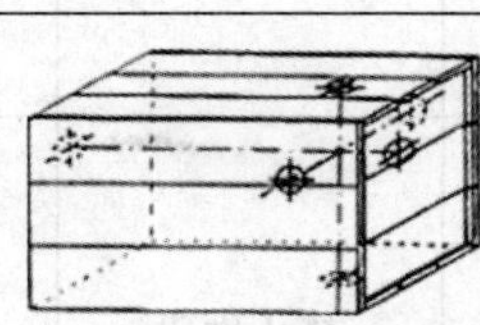 本标志应标在实际的重心位置上

续 表

序号	标志名称	标志图形	含义	备注/示例
8	禁止翻滚		不能翻滚运输包装	
9	此面禁用手推车		搬运货物时此面禁用手推车	
10	禁用叉车		不能用升降叉车搬运的包装件	
11	由此夹起		表明装运货物时夹钳放置的位置	
12	此处不能卡夹		表明装卸货物时此处不能用夹钳夹持	
13	堆码重量极限		表明该运输包装件所能承受的最大重量极限	
14	堆码层数极限	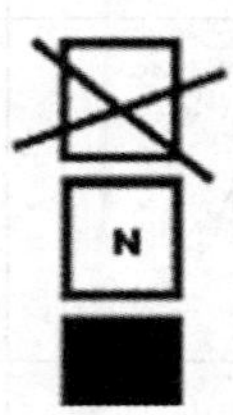	相同包装的最大堆码层数，n表示层数极限	
15	禁止堆码		该包装件不能堆码并且其上也不能放置其他负载	

续 表

序号	标志名称	标志图形	含义	备注/示例
16	由此吊起		起吊货物时挂链条的位置	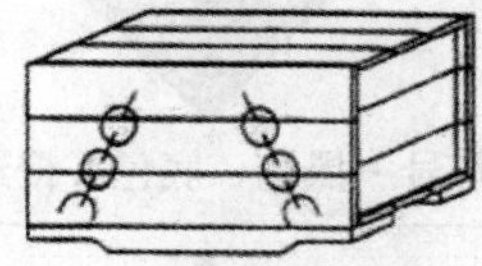 本标志应标在实际的起吊位置上
17	温度极限		表明运输包装件应该保持的温度极限	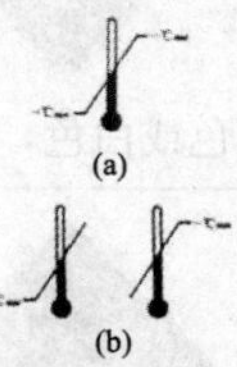

（三）警告性标志（Warning Mark）

警告性标志又称危险货物包装标志，是针对危险货物为了在运输、保管和装卸过程中，使有关人员加强防护措施，以保护物资和人身的安全而加在外包装上的标志。凡包装内装有爆炸品、易燃物品、自燃物品、遇水燃烧物品、有毒品、腐蚀性物品、氧化剂和放射性物品等危险品，应在运输包装上刷写清楚明显的危险品警告标志。我国常用的指示性标志共 21 个，图形如图 4－7 所示（见 GB 190—90）。

 符号：黑色，底色：橙红色	 符号：黑色，底色：橙红色	 符号：黑色，底色：橙红色
 符号：黑色或白色，底色：正红色	 符号：黑色或白色，底色：绿色	 符号：黑色，底色：白色
 符号：黑色或白色，底色：正红色	 符号：黑色，底色：白色红条	 符号：黑色，底色：上白下红
 符号：黑色或白色，底色：蓝色	 符号：黑色，底色：柠檬黄色	 符号：黑色，底色：柠檬黄色
 符号：黑色，底色：白色	 符号：黑色，底色：白色	 符号：黑色，底色：白色
 符号：黑色，底色：白色	 符号：黑色，底色：上黄下白，附一条红竖条	 符号：黑色，底色：上黄下白，附二条红竖条
 符号：黑色，底色：上黄下白，附三条红竖条	 符号：上黑下白，底色：上白黑下	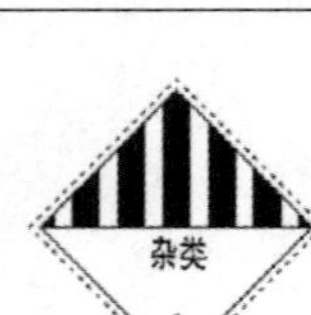 符号：黑色，底色：白色

图 4-7　我国常用的指示性标志

第五节　案例——仓储费支付

甲公司与乙储存公司签订了一份仓储合同，合同规定，乙公司为甲公司储存货物 50 件，储存期限为 6 个月，仓储费用为每件每月 100 元人民币。储存期间内，甲公司陆续提货，6 个月期满，提清全部货物。

合同生效后，甲公司开始根据销售陆续提走货物，但合同期满，仍有 10 件货物未提走。合同期满的第三个月，乙公司催告甲公司领取货物，甲乙公司就仓储费用产生纠纷。

问：

(1) 甲公司领取的 40 件货物，都是提前领取的，是否可以要求乙公司返还部分仓储费?

(2) 合同期满后，乙公司是否负有催告甲公司领取货物的义务?

(3) 对合同期满后，又储存 3 个月的 10 件货物，甲公司是否应支付仓储费？如何支付?

答：本案涉及仓储费的支付问题。

(1) 仓储合同有储存期间的，如果存货人提前领取仓储物的，仓储费用不减少。

(2) 仓储合同届满，仓管人可以催告存货人领取仓储物，也可以不催告。是否催告，是仓管人的权利，不是义务。

(3) 存货人逾期领取仓储物，按实际储存期间加收仓储费。

新《合同法》第 392 条规定："储存期间届满，存货人或者仓单持有人应当凭仓单提取仓储物。存货人或者仓单持有人逾期提取的，应当加收仓储费。提前提取的，不减少仓储费。"第 392 又规定："储存期间届满，存货人或者仓单持有人不提取仓储物的。保管人可以催告其在合理期限内提取，逾期不提取的，保管人可以提存仓储物。"

因此，甲公司不可以要求减收仓储费，合同期满乙公司没有催告的义务。甲公司逾期提取的货物，应加付仓储费。按每件每月 100 元计，10 件货物 3 个月应支付仓储费 3000 元。

第五章 国际货运保险

保险是指投保人根据合同约定，向保险人支付保险费，保险人对于合同约定的可能发生的事故因其发生所造成的财产损失承担赔偿保险金责任，或者当被保险人死亡、伤残、疾病或者达到合同约定的年龄、期限时承担给予保险金责任的商业保险行为。保险的种类繁多，仅国际贸易中涉及的保险，即有多种。本章只着重介绍在国际货物买卖中每笔交易都必须办理的国际货物运输保险。

在国际货物买卖中，货物由卖方所在地运到买方所在地的整个运输、装卸和储存过程中，可能会因遇到各种难以预料的风险从而遭受损失。为了在货物遇险受损时能得到一定的经济补偿，买方或卖方就需要事先办理货物运输保险。货物运输保险就是投保人（The Insured）或被保险人在货物装运以前，估算一定的投保金额，向承保人（Insurer，或称保险人）即保险公司投保运输险。投保人按投保金额（即保险金额）、投保险别及保险费率，向承保人支付保险费并取得保险单证。投保货物若在运输过程中遭受损失，则承保人负责对投保险别责任范围内的损失，按投保金额及损失程度赔偿保险单证的持有人。

国际间的货物运输保险，是随着国际贸易和航运事业的发展而发展起来的。货物运输保险业务的发展，反过来又促使国际贸易和航运事业的进一步发展。

新中国成立后，我国建立了国家保险机构——中国人民保险公司（The People's Insurance Company of China，简称 PICC）。

本章主要介绍保险的基本原则、保障范围、海洋运输保险货物的险别与条款、陆空邮运输保险货物的险别与条款以及保险实务，希望能对国际货运保险有一个较为明确的认识。

第一节 保险的基本原则

按保险标的的不同，保险可分为财产保险、责任保险、信用保险（或称保证保险）和人身保险四类。国际货物运输保险是财产保险的一种。不论哪一类保险，投保人和保险人均须订立保险合同并共同遵守下述原则。

一、保险利益原则

保险标的（Subject Matter Insured）是保险所要保障的对象，它可以是任何财产及其有关利益或者人的寿命和身体。保险利益（Insurable Interest），又称可保权益，是指投保人对保险标的具有的法律上承认的利益。投保人对保险标的应当具有保险利益。投保人对保险标的不具有保险利益的，保险合同无效，这就是保险利益原则。就货物保险而言，反映在运输货物上的利益主要是货物本身的价值，但也包括与此相关连的费用，如运费、保险费、关税和预期利润等。当保险标的安全到达时，被保险人就受益；当保险标的遭到损毁或灭失，被保险人就受到损害或负有经济责任。

国际货运保险同其他保险一样，要求被保险人必须对保险标的具有保险利益，但国际货运保险又不像有的保险（如人身保险）那样要求被保险人在投保时便须具有保险利益，它仅要求在保险标的发生损失时必须共有保险利益。这种特殊规定是由国际贸易的特点所决定的。例如，在国际货物买卖中，买卖双方分处两国，如以 FCA、FOB、CFR、CPT 条件达成的交易，货物风险的转移以在装运港越过船舷或在出口国发货地或启运地货交承运人为界。显然，货物在越过船舷或货交承运人风险转移之前，仅卖方有保险利益，而买方并无保险利益。如果硬性规定被保险人在投保时就必须有保险利益，则按这些条件达成的合同，买方便无法在货物装船或货交承运人之前及时对该货物办理保险了，因此，在实际业务中，保险人可视为买方具有预期的保险利益而允予承保。

二、最大诚信原则

最大诚信（Utmost Good Faith）原则是指投保人和保险人在签订保险合同以及在合同有效期内，必须保持最大限度的诚意，双方都应恪守信用，互不欺骗隐瞒，保险人应当向投保人说明保险合同的条款内容，并可以就保险标的或者被保险人的有关情况提出询问。投保人应当如实告知。对被保险人来说，最大诚信原则主要有两方面的要求：一是重要事实的申报；二是保证。重要事实的申报是指投保人在投保时应将自己知道的或者在通常业务中应当知道的有关保险标的的重要事实如实告知保险人，以便保险人判断是否同意承保或者决定承保的条件。例如，在货物运输保险中，被保险人应向保险人提供保险标的、运输条件、航程以及包装条件等方面的真实情况。根据我国海商法规定，如果被保险人故意未将重要情况如实告知保险人的，保险人有权解除合同，并且不退还保险费。合同解除前发生保险事故造成损失的，保险人不负赔偿责任。如果不是由于被保险人的故意，未将重要情况如实告知保险人的，保险人有权解除合同或者要求相应增加保险费。由保险人解除合同的，对于合同解除前发生保险事故所造成的损失，保险人应当负赔偿责任；但是未告知或者错误告知的重要情况对保险事故的发生有影响者除外。

至于保证（Warranty），是指被保险人在保险合同中所作的保证要做或不做某种事情；保证某种情况的存在或不存在；或保证完成某一条件。例如，货物不用 15 年以上船龄的旧船装运，载货船舶不驶入某些海域、货物必须是合法的，等等。经保险双方同意写进保险单中的条款即为保证条款，称为明示保证。此外，还有默示保证，即在保险单内虽未明文规定，但是按照法律或惯例，被保险人应该保证对某种事情的行为或不行为。对于保证条件，被保险人必须严格遵守，如有违反，保险人可自保证被违反之日起不再履行其应负的责任。

三、补偿原则

各种保险合同（人身保险合同除外）都是补偿性合同，所有补偿性合同都是建立在补偿基础之上的。保险的补偿原则（Principle of Indemnity），又称损害赔偿原则，是指当保险标的遭受保险责任范围内的损失时，保险人应当依照保险合同的约定履行赔偿义务。但保险人的赔偿金额不得超过保险单上的保险金额或被保险人遭受的实际损失。保险人的赔偿不应使被保险人因保险赔偿而获得额外利益。

当保险标的发生保险责任范围内的损失时，保险人在对被保险人理赔时，对补偿原则掌握的标准主要为：①赔偿金额既不能超过保险金额，也不能超过实际损失。实际损失是根据损失时的市价来确定的。②被保险人必须对保险标的具有保险利益。同时，赔偿金额也以被保险人在保险标的中所具有的保险利益金额为限。③被保险人不能通过保险赔偿而得到额外利益，即保险的赔偿是使被保险人在遭受损失后，经过补偿能恢复到他在受损前的经济状态，而不应使被保险人通过补偿而获得额外利益。因此，如果保险标的遭受部分损失，仍有残值，保险人在计算赔偿时，对残值作相应扣除；如果保险事故是由第三者责任方造成的，被保险人从保险人处得到全部损失的赔偿后，必须将其对第三方进行追偿的权利转让给保险人，他不能再从第三者那里得到任何赔偿；如果被保险人将同一标的（例如同一批货物）向两家或两家以上保险人投保相同的风险，其保险金额的总和超过了该保险标的的价值，当保险事故发生后，被保险人获得的赔偿金额总和不得超过其保险标的的受损价值。

四、近因原则

近因（Proximate Cause）原则是保险理赔工作中必须遵循的一项基本原则，也是在保险标的发生损失时，用来确定保险标的所受损失是否能获得保险赔偿的一项重要依据。这一原则是指保险人只对承保风险与保险标的损失之间有直接因果关系的损失负赔偿责任，而对保险责任范围外的风险造成的保险标的的报失，不承担赔偿责任。

近因原则在实践中，可以分为以下几种情况：

如果造成损失的原因只有一个，而这个原因又是保险人的承保责任范围内的，那么，这一原因就是损失的近因，保险人应负赔偿责任；反之，则不负赔偿责任。例如，货物在运输途中遭受雨淋而受损，如被保险人在投保平安险或水渍险的基础上加保淡水雨淋险，保险人应负责赔偿；若未加保，保险人则不予负责。

如果造成保险标的损失的原因是两个或两个以上，就应作具体分析：①如果损失是由多个原因造成，这些原因都是保险责任范围内，该项损失的近因肯定是保险事故，保险人应负赔偿责任。反之，如果造成损失的多个原因都是保险责任范围以外的，保险人不负赔偿责任。②如果损失是由多个原因造成的，这些原因既有保险责任范围内的，也有保险责任范围外的，则应根据情况区别对待。如果前面的原因是保险责任范围内的，后面的原因不是保险责任范围内的。但后面的原因是前面原因导致的必然后果，则前面的原因是近因，保险人应负责赔偿；如果前面的原因不是保险责任范围内的，后面的原因是保险责任范围内的，后面的原因是前面原因导致的必然后果，则近因不是保险责任范围内的，保险人不负责赔偿。

荷兰国际集团

荷兰国际集团是（Internationale Nederlanden Groep N. V.，简称ING，又名：安银银行）在1991年由荷兰国民人寿保险公司和荷兰邮政银行集团合并组成的综合性财政金融集团。据美国《财富》(FORTUNES) 杂志统计，以资产净值计算，荷兰国际集团位居全球500家大企业的第64位。在提供综合性金融财经业务方面（银行与保险业务），居世界第三位。目前，该集团在世界上65个国家和地区设有分支机构，雇员超过10万人。

2000 年，该集团取得税后净利润 49 亿欧元，同比增长 24%。截至 2000 年年底，集团资产总额达 5030 亿欧元。在董事会下面设有四个管理运作核心：集团总部；国际金融财经业务部；企业和资本市场部；资产管理部。

集团总部：负责荷兰本国市场上的全部保险和银行业务。

国际金融财经业务部：所有荷兰本土以外的国际保险业、零售银行业和商业银行业的运作皆由该中心管理。其保险业务划分三大地区：欧洲和拉丁美洲、北美洲、亚澳地区。银行业务则由中心统一管理。

企业及资本市场部：所有国际货币和资本市场管理部门都由该部门管理。包括国际银行网络以及金融产品、贸易、销售、投资银行、企业银行、风险管理及调研的各项业务。

资产管理部：该部门承担企业投资者的资产和账目管理、提供个人国际银行服务以及集团公司的保险业务的资产管理。房地产业务和信托业务也属于这个部门管理。该部门同时管理荷兰国际集团各个公司的投资基金。

（资料源自凤凰网财经，经编者整理）

第二节 货物运输保险保障的范围

国际货物运输保险因运输方式不同可分为海洋运输货物保险、陆上运输货物保险、航空运输货物保险和邮包运输货物保险。在各种运输货物保险中，起源最早、历史最久的是海上运输货物保险，后来才陆续开办陆运、空运、邮运货物保险。不同运输方式的货物保险，保险公司承保的责任有所不同，但所保障的范围都是相似的。由于国际货物买卖大部分通过海洋运输，所以海洋运输货物保险在国际贸易中占有重要地位。因此，准确掌握海上运输货物保险保障的风险、损失以及不同险别的责任范围，保险期限等基本概念，对正确处理海运货物投保和保险索赔事宜是必要的，而且对于理解和掌握其他各种运输方式下的货物保险具有重要意义。

一、风险

海上运输货物保险的风险分海上风险和外来风险两类。

1. 海上风险（Perils of the Sea）

海上风险又称海难，一般是指船舶或货物在海上航行中发生的或随附海上运输所发生的风险，包括自然灾害和意外事故。在保险业务中，海上风险有特定的内容。

（1）自然灾害（Natural Calamity），自然灾害是指不以人的意志为转移的自然界破坏力量所引起的灾害。如恶劣气候、雷电、海啸、地震、洪水、火山爆发、浪击落海等。这些灾害在保险业务中都有其特定的含义。

（2）意外事故（Fortuitous Accidents），意外事故是指由于偶然的，难以预料的原因造成的事故，如船舶搁浅、触礁、沉没、焚毁、互撞或遇流冰或其他固体物体，如与码头碰撞以及失火、爆炸等原因造成的事故。

需要指出的是，按照国际保险市场的一般解释，海上风险并非局限于海上发生的灾害和事故，那些与海上航行有关的发生在陆上或海陆、海河或与驳船相连接之处的灾害和事故，例如，地震、洪水、火灾、爆炸、海轮与驳船或码头碰撞，也属于海上风险。

2. 外来风险（Extraneous Risks）

外来风险是指由于海上风险以外其他外来原因引起的风险。外来风险又可分为一般外来风险和特殊外来风险两种。

(1) 一般外来风险 (General Extraneous Risks)。一般外来风险包括雨淋、短量、偷窃、沾污、渗漏、破碎、受潮、受热、串味、锈损和钩损等。

(2) 特殊外来风险 (Special Extraneous Risks)。特殊外来风险包括战争、罢工和交货不到、拒收等。

二、损失和费用

(一) 海上损失和费用

海上损失和费用是指被保险人因被保险货物在运输途中遭遇海上风险而造成的损失和引起的费用，通常表现为两种形式：一种是货物本身遭到损坏或灭失的损失；另一种是为营救货物而支出的费用。按各国保险业习惯，海上损失和费用，也包括与海运相连接的陆上或内河运输中所发生的损失和费用。

运输途中被保险货物本身遭到损坏或灭失的损失，按其损失程度可分为全部损失或部分损失。

1. 全部损失 (Total Loss)

全部损失简称全损，系指整批或不可分割的一批被保险货物在运输途中全部遭受损失。全部损失又分为实际全损和推定全损。

(1) 实际全损 (Actual Total Loss)。实际全损是指该批被保险货物在运输途中完全灭失，或者受到严重损坏完全失去原有的形体、效用，或者不能再归被保险人所拥有。如载货船舶失踪，经过一定时间 (例如 6 个月) 后仍没有获知其消息的，视为实际全损。

被保险货物在遭到实际全损时，被保险人可按其投保金额获得保险公司的全部损失的赔偿。

(2) 推定全损 (Constructive Total Loss)。推定全损是指被保险货物在运输途中受损后，实际全损已经不可避免，或者为避免发生实际全损所需支付的费用与继续将货物运抵目的地的费用之和超过保险价值，也就是恢复、修复受损货物并将其运送到原定目的地的费用将超过该目的地的货物价值。

被保险货物发生推定全损时，被保险人可以要求保险人按部分损失赔偿，也可以要求按全部损失赔偿。如果要求按全部损失赔偿，被保险人必须向保险人发出委付通知 (Notice of Abandonment)。所谓委付，就是被保险人表示愿意将保险标的的一切权利和义务转移给保险人，并要求保险人按全部损失赔偿的一种行为。委付必须经保险人同意后方能生效，但是保险人应当在合理的时间内将接受委付或不接受委付的决定通知被保险人。委付一经保险人接受，不得撤回。

2. 部分损失 (Partial Loss)

部分损失是指不属于实际全损和推定全损的损失，即没有达到全部损失程度的损失。在保险业务中，按照造成损失的原因的不同，部分损失又分为共同海损与单独海损两种。

(1) 共同海损 (General Average)。共同海损是指在同一海上航程中，船舶、货物和其他财产遭遇共同危险，为了共同安全，有意地合理地采取措施所直接造成的特殊牺牲、支付的特殊费用。

构成共同海损，必须具备以下条件：

①船方在采取措施时，当时必须确有危及船、货共同安全的危险存在。

②船方所采取的措施，必须是为了解除船、货的共同危险，有意识而且是合理的。

③所做的牺牲具有特殊性，支出的费用是额外的，是为了解除危险，而不是由危险直接造成的。

④牺牲和费用的支出最终必须是有效的，也就是说经过采取某种措施后，船舶和/或货物的全部或一部分最后安全抵达航程的终点港或目的港，从而避免了船、货同归于尽的局面。

根据惯例，共同海损的牺牲和费用，应由船舶、货物和运费三方按最后获救的价值多寡，按比例进行分摊。这种分摊称之为共同海损分摊（General Average Contribution）。

（2）单独海损（Particular Average）。单独海损是指除共同海损以外的部分损失，即被保险货物遭遇海上风险受损后，其损失未达到全损程度，而且该损失应由受损方单独承担的部分损失。

共同海损与单独海损均属部分损失，两者的主要区别为：单独海损是由海上风险直接造成的货物损失，没有人为因素在内，而共同海损则是因为采取人为的故意措施而导致的损失；单独海损的损失由受损方自行承担，而共同海损的损失是由各受益方按照获救财产价值多少，按比例共同分摊。

3. 费用

海上货运保险的费用是指为营救被保险货物所支出的费用，主要有：

（1）施救费用（Sue and Labour Expenses）。施救费用是指保险标的在遭遇保险责任范围内的灾害事故时、被保险人或其代理人、雇佣人员和保险单受让人对保险标的所采取的各种抢救、防止或减少货损的措施而支出的合理费用。保险人对这种施救费用负责赔偿。

（2）救助费用（Salvage Charges）。救助费用是指保险标的遭遇保险责任范围内的灾害事故时，由保险人和被保险人以外的第三者采取了救助措施并获得成功而向其支付的报酬。保险人对这种费用也负责赔偿。

（二）外来风险的损失

外来风险的损失则是指海上风险以外的其他外来风险所造成的损失。按不同的原因，又可分为一般外来风险的损失和特殊外来风险的损失。前者是指在运输途中由于偷窃、短量、钩损、碰损、雨淋、沾污等一般外来风险所致的损失；后者是指由于军事、政治、国家政策法令以及行政措施。例如，由于战争、罢工、交货不到，拒收等特殊外来风险所造成的损失。

第三节　我国海洋运输货物保险的险别与条款

为适应我国对外经济贸易发展的需要，中国人民保险公司根据我国保险业务的实际情况，并参照国际保险市场的习惯做法，分别制订了海洋、陆上、航空、邮包运输方式的货物运输保险条款以及适用于上述各种运输方式货物保险的各种附加险条款，总称为“中国保险条款”(China Insurance Clauses，C. I. C.)。

我国的货物运输保险险别，一般分为基本险和附加险两类。基本险可以单独投保，而附加险不能独立投保，只有在投保某一种基本险的基础上才能加保附加险。

一、我国海洋运输货物保险的基本险别与条款

按照中国人民保险公司1981年1月1日修订的《海洋运输货物保险条款》（Ocean Marine Cargo Clauses）规定，海洋运输货物保险的基本险别分为平安险、水渍险和一切险三种。

1. 平安险（Free from Particular Average，FPA）

平安险的承保责任范围是：

（1）被保险货物在运输途中由于恶劣天气、自然灾害造成整批货物的全损或推定全损。当被保险人要求赔付推定全损时，须将受损货物及其权利委付给保险公司。被保险货物用驳船运往或运离海轮的，每一驳船所装的货物可视作一个整批。

（2）由于运输工具遭受意外事故造成货物的全损或部分损失。

（3）在运输工具遭受意外事故的情况下，货物在此前后又在海上遭受自然灾害所造成的部分损失。

（4）在装卸或转运时由于一件或数件整件货物落海造成的全损或部分损失。

（5）被保险人对遭受承保责任内危险的货物采取抢救、防止或减少货损的措施而支付的合理费用，但以不超过该批被救货物的保险金额为限。

（6）运输工具遭遇海难后，在避难港由于卸货所引起的损失以及在中途港、避难港由于卸货、存仓及运送货物所产生的特别费用。

（7）共同海损的牺牲、分摊和救助费用。

（8）运输契约订有“船舶互撞责任条款”，根据该条款规定应由货方偿还船方的损失。

2. 水渍险（With Average或With Particular Average，WA或WPA）

保险公司对水渍险的承保责任范围，除包括上列平安险的各项责任外，还负责被保险货物由于恶劣气候、雷电、海啸、地震、洪水自然灾害所造成的部分损失。

水渍险对单独海损予以赔偿，但有免赔率条款（Franchise Clause）的规定，如鱼类、盐、水果、种籽、谷物等不予赔偿，对糖、烟叶、麻、毛皮等，损失未达到保额价值的5%以上不予赔偿。但可以加保不受免赔率限制条款（Irrespective of Percentage，简称IOP），则单独海损，不论损失大小，一律照赔。

3. 一切险（All Risk）

一切险的责任范围是，除包括上列平安险和水渍险的各项责任外，还负责被保险货物在运输途中由于一般外来风险所造成的全部或部分损失。

投保人可根据货物的特点、运输线路等情况选择投保平安险、水渍险和一切险三种险别中的任一种。

对海洋运输货物保险的三种基本险别，保险公司规定有下列除外责任（Exclusions）：

（1）被保险人的故意行为或过失所造成的损失。

（2）属于发货人责任所引起的损失。

（3）在保险责任开始前，被保险货物已存在的品质不良或数量短差所造成的损失。

（4）被保险货物的自然损耗、本质缺陷、特性以及市价跌落、运输延迟所引起的损失或费用。

（5）属于海洋运输货物战争险条款和货物运输罢工险条款规定的责任范围和除外责任。

同国际保险市场的习惯做法一样，我国的海洋运输货物保险条款规定的保险责任起讫期限，也是采用“仓至仓”条款（Warehouse to Warehouse Clause，W/W Clause)，即保险公司的保险责任自被保险货物运离保险单所载明的起运地仓库或储存处所开始运输时生效，包括正常运输过程中的海上、陆上、内河和驳船运输在内，直至该项货物到达保险单所载明目的地收货人的最后仓库或储存处所或被保险人用作分配、分派或非正常运输的其他储存处所为止。如未抵达上述仓库或储存处所，则以被保险货物在最后卸载港全部卸离海轮后满 60 天为止。如在上述 60 天内被保险货物需转运至非保险单所载明的目的地时，则以该项货物开始转运时终止。

以上三种基本险别的索赔时效，自被保险货物在最后卸载港全部卸离海轮后起算，最多不超过两年。

二、附加险

附加险是对基本险的补充和扩大。投保人只能在投保一种基本险的基础上才可加保一种或数种附加险。目前，《中国保险条款》中的附加险有一般附加险和特殊附加险两种。

1. 一般附加险（General Additional Risk）

一般附加险所承保的是由于一般外来风险所造成的全部或部分损失，其险别共有下列十一种：

（1）碰损、破碎险（Clash and Breakage)。承保被保险货物在运输过程中因震动、碰撞、受压所造成的破碎和碰撞损失。

（2）串味险（Taint of Odour)。承保被保险的食用物品、中药材、化妆品原料等货物在运输过程中因受其他物品的影响而引起的串味损失。

（3）淡水雨淋险（Fresh Water and/or Rain Damage)。承保被保险货物因直接遭受淡水或雨淋，以及由于冰雪融化所造成的损失。

（4）偷窃、提货不着险（Theft Pilferage and Non—Delivery，T. P. N. D.)。承保被保险货物因偷窃行为所致的损失，和整件提货不着等的损失。

（5）短量险（Shortage)。承保被保险货物在运输途中因外包装破裂或散装货物发生数量散失和实际重量短缺的损失，但不包括正常的途耗。

（6）渗漏险（Leakage)。承保被保险货物在运输过程中因容器损坏而引起的渗漏损失，或用液体储藏的货物因液体的渗漏而引起的货物腐败等损失。

（7）混杂、沾污险（Intermixture and Contamination)。承保被保险货物在运输过程中因混杂、沾污所造成的损失。

（8）钩损险（Hook Damage)。承保被保险货物在装卸过程中因被钩损而引起的损失，并对包装进行修补或调换所支付的费用负责赔偿。

（9）受潮受热险（Sweat and Heating)。承保被保险货物在运输过程中因气温突变或因船上通风设备失灵致使船舱内水气凝结、发潮或发热所造成的损失。

（10）锈损险（Rust)。对被保险的金属或金属制品一类货物在运输过程中发生的锈损负责赔偿。

（11）包装破裂险（Breakage of Packing)，承保被保险货物在运输途中因装运或装卸不慎，致使包装破裂所造成的短少、沾污等损失。此外，对在运输过程中，为继续运输安全需要而产生的修补包装或调换包装所支付的费用也均由保险公司负责赔偿。

当投保险别为平安险或水渍险时，可加保上述十一种一般附加险中的一种或数种险别。但如已投保了一切险，就不需要再加保一般附加险，因为保险公司对于承保一般附加险的责任已包含在一切险的责任范围内。

2. 特殊附加险（Special Additional Risk）

特殊附加险是承保由于特殊外来风险所造成的全部或部分损失，共有下列八种：

（1）战争险（War Risks）

根据中国人民保险公司《海洋运输货物战争险条款》，海运战争险负责赔偿直接由于战争、类似战争行为和敌对行为、武装冲突或海盗行为所致的损失，以及由此而引起的捕获、拘留、扣留、禁止、扣押所造成的损失。还负责各种常规武器（包括水雷、鱼雷、炸弹）所致的损失以及由于上述责任范围而引起的共同海损的牺牲、分摊和救助费用。但对使用原子或热核武器所造成的损失和费用不负赔偿责任。战争险的保险责任起讫是以水上危险（Water Borne）为限，即自货物在起运港装上海轮或驳船时开始，直到目的港卸离海轮或驳船时为止。如不卸离海轮或驳船，则从海轮到达目的港的当日午夜起算满 15 天，保险责任自行终止；如在中途港转船，不论货物是否在当地卸货，保险责任以海轮到达该港或卸货地点的当日午夜起算满 15 天为止，俟再装上续运海轮时恢复有效。

（2）罢工险（Strike Risks）

对被保险货物由于罢工、工人被迫停工或参加工潮、暴动等人员的行动或任何人的恶意行为所造成的直接损失，和上述行动或行为所引起的共同海损的牺牲、分摊和救助费用负责赔偿。但对在罢工期间由于劳动力短缺或不能使用劳动力所造成的被保险货物的损失，包括因罢工而引起的动力或燃料缺乏使冷藏机停止工作所致的冷藏货物的损失，以及无劳动力搬运货物，使货物堆积在码头淋湿受损，不负赔偿责任。罢工险对保险责任起讫的规定与其他海运货物保险险别一样，采取“仓至仓”条款。按国际保险业惯例，已投保战争险后另加保罢工险，不另增收保险费。如仅要求加保罢工险，则按战争险费率收费。

（3）黄曲霉素险（Aflatoxin）

对被保险货物因所含黄曲霉素超过进口国的限制标准，被拒绝进口、没收或强制改变用途而遭受的损失负责赔偿。

（4）交货不到险（Failure to Deliver）

对不论由于任何原因，从被保险货物装上船舶时开始，不能在预定抵达目的地的日期起 6 个月内交货的，负责按全损赔偿。

（5）舱面险（On Deck）

对被保险货物存放舱面时，除按保险单所载条款负责外，还包括被抛弃或被风浪冲击落水在内的损失。

（6）进口关税险（Import Duty）

当被保险货物遭受保险责任范围以内的损失，而被保险人仍须按完好货物价值完税时，保险公司对报失部分货物的进口关税负责赔偿。

（7）拒收险（Rejection）

对被保险货物在进口港被进口国的政府或有关当局拒绝进口或没收，按货物的保险价值负责赔偿。

（8）货物出口到香港（包括九龙）或澳门存仓火险责任扩展条款（fire risk extension clause，F. R. E. C——for storage of cargo at destination Hongkong，including Kowloon， or Macao)

被保险货物运抵目的地香港（包括九龙在内）或澳门卸离运输工具后，如直接存放于保单载明的过户银行所指定的仓库，本保险对存仓火险的责任至银行收回押款解除货物的权益为止，或运输险责任终止时起满 30 天为止。

被保险人不论已投保何种基本险别，均可另行加保有关的特殊附加险别。

三、海洋运输货物专门保险险别与条款

在我国海洋运输货物保险中，还有专门适用于海运冷藏货物的海洋运输冷藏货物保险、海运散装桐油的海洋运输散装桐油保险以及活牲畜、家禽运输的保险。这三种保险均属基本险性质。

1. 海洋运输冷藏货物保险

根据中国人民保险公司 1981 年 1 月 1 日修订的《海洋运输冷藏货物保险条款》的规定，海洋运输冷藏货物保险（Ocean Marine Insurance—Frozen Products）险别分为冷藏险（Risks for Frozen Products）和冷藏一切险（All Risks for Frozen Products）两种。

冷藏险的责任范围除负责水渍险承保的责任外，还负责赔偿由于冷藏机器停止工作连续达 24 小时以上所造成的被保险货物的腐败或损失。

冷藏一切险的责任范围，除包括冷藏险的各项责任外，还负责赔偿被保险货物在运输途中由于一般外来原因所造成的腐败或损失。

海洋运输冷藏货物保险的除外责任，除包括上述海洋运输货物保险的除外责任外，还对下列损失不负赔偿责任：被保险货物在运输过程中的任何阶段因未存放在有冷藏设备的仓库或运输工具中，或辅助运输工具没有隔湿设备所造成腐烂的损失，以及在保险责任开始时被保险货物因未保持良好状态，包括整理加工和包装不妥，冷冻上的不合规定及肉食骨头变质引起的腐败和损失。

海洋运输冷藏货物保险的责任起讫与海洋运输货物三种基本险的责任起讫基本相同。但是，货物到达保险单所载明的最后目的港，如在 30 天内卸离海轮，并将货物存入岸上冷藏仓库后，保险责任继续有效，但以货物全部卸离海轮时起算满 10 天为限。如果在上述期限内货物一经移出冷藏仓库，保险责任即告终止。如果货物卸离海轮后不存入冷藏仓库，保险责任至卸离海轮时终止。

2. 海洋运输散装桐油保险

根据中国人民保险公司 1981 年 1 月 1 日修订的《海洋运输散装桐油保险条款》的规定，海洋运输散装桐油（Ocean Marine Insurance—Wood Oil Bulk）是保险公司承保不论何种原因造成的被保险散装桐油的短少、渗漏、沾污或变质的损失。

海洋运输散装桐油保险的责任起讫也按“仓至仓”条款负责，但是，如果被保险散装桐油运抵目的港不及时卸载，则自海轮抵达目的港时起满 15 天，保险责任即行终止。

3. 活牲畜、家禽运输保险

根据中国人民保险公司的《活牲畜、家禽的海上、陆上、航空运输保险条款》规定，或牲畜、家禽运输保险（Live Stock & Poultry Insurance）是保险公司对于活牲畜、家禽在运输途中的死亡负责赔偿，但对下列原因造成的死亡，不负赔偿责任：在保险责任开始前，被保险活牲畜、家禽健康状况不好，或被保险活牲畜、家禽因怀仔、防疫注射或接种所致的死亡；或因传染病、患病、经管理当局命令屠杀或因缺乏饲料而致死，或由于被禁

止进口或出口或检验不符所引起的死亡。

活牲畜、家禽运输保险的责任起讫是自被保险活牲畜、家禽装上运输工具时开始直至目的地卸离运输工具为止。如不卸离运输工具，最长的保险责任期限从运输工具抵达目的地当日午夜起算 15 天为限，但是在保险有效的整个运输过程中被保险活牲畜、家禽必须妥善装运，专人管理，否则保险公司不负赔偿责任。

第四节 我国陆空邮运输货物保险的险别与条款

我国陆空邮运输货物保险，主要分为陆上运输货物保险与航空运输货物保险。其中陆上运输货物保险又包括陆运险、陆运一切险、陆上运输冷藏货物险与陆上运输货物战争险，航空运输货物保险又包括航空运输险、航空运输一切险与航空运输货物战争险。具体的条例见下面的具体讲解。

一、我国陆上运输货物保险险别与条款

根据中国人民保险公司 1981 年 1 月 1 日修订的《陆上运输货物保险险别》(Overland Transportation Cargo Insurance Clauses) 的规定，陆上运输货物保险的基本险别分为陆运险与陆运一切险两种。适用于陆运冷藏货物的专门保险，即陆上运输冷藏货物险，其性质也属基本险。此外，还有附加险，陆上运输货物战争险（火车）。

1. 陆运险与陆运一切险

陆运险（Overland Transportation Risks）的承保责任范围与海洋运输货物保险条款中的“水渍险”相似。保险公司负责赔偿被保险货物在运输途中遭受暴风、雷电、洪水、地震自然灾害，或由于运输工具遭受碰撞、倾覆、出轨，或在驳运过程中因驳运工具遭受搁浅、触礁、沉没、碰撞，或由于遭受轨道坍塌、崖崩或失火、爆炸以外事故所造成的全部或部分损失。此外，被保险人对遭受承保责任内危险的货物采取抢救、防止或减少货损的措施而支付的合理费用，保险公司也负责赔偿，但以不超过该批被救货物的保险金额为限。

陆运一切险（Overland Transportation All Risks）的承保责任范围与海上运输货物保险条款中的“一切险”相似。保险公司除承担上述陆运险的赔偿责任外，还负责被保险货物在运输途中由于一般外来原因所造成的全部或部分损失。

以上责任范围均适用于火车和汽车运输，并以此为限。

陆运险与陆运一切险的除外责任与海洋运输货物险的除外责任相同。

陆上运输货物险的责任起讫也采用“仓至仓”责任条款。保险人负责自被保险货物运离保险单所载明的起运地仓库或储存处所开始运输时生效，包括正常运输过程中的陆上和与其有关的水上驳运在内，直至该项货物运达保险单所载目的地收货人的最后仓库或储存处所或被保险人用作分配、分派的其他储存处所为止。如未运抵上述仓库或储存处所，则以被保险货物运抵最后卸载的车站满 60 天为止。陆上运输货物险的索赔时效为：从被保险货物在最后目的地车站全部卸离车辆后起算，最多不超过两年。

2. 陆上运输冷藏货物险

陆上运输冷藏货物险（Overland Transportation Insurance—Frozen Product）是陆上运输货物保险中的一种专门保险。其主要责任范围是，保险公司除负责陆运险所列举的各

项损失外，还负责赔偿在运输途中由于冷藏机器或隔湿设备的损坏或者车厢内储存冰块的溶化所造成的被保险货物解冻溶化以致腐败的损失。但对由于战争、罢工或运输延迟而造成的被保险冷藏货物腐败的损失，以及被保险冷藏货物在保险责任开始时未能保持良好状态，包括整理加工和包扎不妥，或冷冻上的不合规定及骨头变质所所造成的腐败和损失则不负责任。至于一般的除外责任条款，也适用于本险别。

陆上运输冷藏货物险的责任自被保险货物运离保险单所载起运地点的冷藏仓库装入运送工具开始运输时生效，包括正常的陆运和与其有关的水上驳运在内，直至货物到达保险单所载明的目的地收货人仓库为止。但是最长保险责任的有效期限以被保险货物到达目的地车站后 10 天为限（中国人民保险公司的该项保险条款还规定：装货的任何运输工具，必须有相应冷藏设备或隔离温度的设备；或供应和储存足够的冰块使车厢内始终保持适当的温度，保证被保险冷藏货物不致因溶化而腐败，直至目的地收货人仓库为止）。

陆上运输冷藏货物险的索赔时效为：从被保险货物在最后目的地全部卸离车辆后起计算，最多不超过两年。

3. 陆上运输货物战争险（火车）

陆上运输货物战争险（火车）(Overland Transportation Cargo War Risks—By Train) 是陆上运输货物保险的特殊附加险，只有在投保了陆运险或陆运一切险的基础上经过投保人与保险公司协商方可加保。对于陆运战争险，国外私营保险公司大都不予承保。但为适应外贸业务需要，我国的保险公司一般均接受加保，但目前仅限于火车运输。

加保陆上运输货物战争险，保险公司负责赔偿在火车运输途中直接由于战争、类似战争行为和敌对行为、武装冲突所致的损失，以及由于各种常规武器包括地雷、炸弹所致的损失。但是，由于敌对行为使用原子或热核武器所致的损失和费用，以及根据执政者、当权者或其他武装集团的扣押、拘留引起的承保运程中的丧失和挫折而造成的损失则除外。

陆上运输货物战争险的责任起讫与海运战争险相似，以货物置于运输工具时为限。即自被保险货物装上保险单所载起运地的火车时开始，到保险单所载目的地卸离火车时为止。如果被保险货物不卸离火车，则以火车到达目的地的当日午夜起计算，满 48 小时为止；如在运输中途转车，不论货物在当地卸载与否，保险责任以火车到达该中途站的当日午夜起计算，满 10 天为止。如货物在此期限内重行装车续运，仍恢复有效。但需指出：如运输契约在保险单所载目的地以外的地点终止时，该地即视作本保险单所载目的地。在货物卸离该地火车时为止，如不卸离火车，则保险责任以火车到达该地当日午夜起计算满 48 小时为止。

二、我国航空运输保险险别与条款

航空运输货物险的有两种基本险，即航空运输险和航空运输一切险，航空运输货物战争险是附加险。

1. 航空运输险与航空运输一切险

航空运输险 (Air Transportation Risks) 的承保责任范围与海洋运输货物保险条款中的“水渍险”大致相同。保险公司负责赔偿被保险货物在运输途中遭受雷电、火灾，爆炸或由于飞机遭受恶劣气候或其他危难事故而被抛弃，或由于飞机遭受碰撞、倾覆、坠落或失踪以外事故所造成的全部或部分损失。

航空运输一切险 (Air Transportation All Risks) 的承保责任范围除包括上述航空运

输险的全部责任外，保险公司还负责赔偿被保险货物由于一般外来原因所造成的全部或部分损失。

航空运输险和航空运输一切险的除外责任与海洋运输货物险的除外责任基本相同。

航空运输货物险的两种基本险的保险责任也采用“仓至仓”条款，但与海洋运输险的“仓至仓”责任条款不同的是：如货物运达保险单所载明目的地而未运抵保险单所载明的收货人仓库或储存所处，则以被保险货物在最后卸载地卸离飞机后满 30 天保险责任即告终止。如在上述 30 天内被保险货物需转送到非保险单所载明的目的地时，则以该项货物开始转运时终止。

2. 航空运输货物战争险

航空运输货物战争险（Air Transportation Cargo War Risks）是航空运输货物险的一种附加险，只有在投保了航空运输险或航空运输一切险的基础上经过投保人与保险公司协商方可加保。加保航空运输货物战争险后，保险公司承担赔偿在航空运输途中由于战争、类似战争行为和敌对行为、武装冲突以及各种常规武器和炸弹所造成的货物的损失，但不包括因使用原子或热核制造的武器所造成的损失。

航空运输货物战争险的保险责任是自被保险货物装上保险单所载明的启运地的飞机时开始，直到卸离保险单所载明的目的地的飞机时为止。如果被保险货物不卸离飞机，则以载货飞机到达目的地的当日午夜起计算，满 15 天为止。如被保险货物在中途转运时，保险责任以飞机到达转运地的当日午夜起算，满 15 天为止；俟装上续运的飞机，保险责任再恢复有效。

三、我国邮政包裹运输保险险别与条款

根据中国人民保险公司 1981 年 1 月 1 日修订的《邮包保险条款》（Parcel Post Insurance Clauses）规定，邮包保险基本险别分为邮包险和邮包一切险两种。此外还有邮包战争险。

1. 邮包险和邮包一切险

邮包险（Parcel Post Risks）的保险公司承保责任范围是负责赔偿被保险邮包在运输途中由于恶劣气候、雷电、海啸、地震、洪水等自然灾害或由于运输工具搁浅、触礁、沉没、碰撞、出轨、倾覆、坠落、失踪，或由于失火、爆炸意外事故所造成的全部或部分损失；另外，还负责被保险人对遭受承保责任内危险的货物采取抢救、防止或减少货损的措施而支付的合理费用，但以不超过该批被救货物的保险金额为限。

邮包一切险（Parcel Past All Risks）的承保责任范围除包括上述邮包险的全部责任外，还负责被保险邮包在运输途中由于一般外来原因所致的全部或部分损失。

但是，这两种险别，保险公司对因战争、敌对行为、武装冲突或罢工所造成的损失，直接由于运输延迟或被保险物品本质上的缺点或自然损耗所造成的损失，以及属于寄件人责任和被保险邮包在保险责任开始前已存在的品质不良或数量短差所造成的损失，被保险人的故意行为或过失所造成的损失，不负赔偿责任。

邮包险和邮包一切险的保险责任是自被保险邮包离开保险单所载起运地点寄件人的处所运往邮局时开始生效，直至被保险邮包运达保险单所载明的目的地邮局，自邮局签发到货通知书当日午夜起算，满 15 天终止，但在此期限内，邮包一经递交至收件人的处所时，保险责任即行终止。

2. 邮包战争险

邮包战争险（Parcel Post War Risks）是邮政包裹保险的一种附加险，只有在投保了邮包险或邮包一切险的基础上经过投保人与保险公司协商方可加保。

加保邮包战争险后，保险公司负责赔偿被保险邮包在运输过程中由于战争、类似战争行为和敌对行为、武装冲突或海盗行为以及各种常规武器包括水雷、鱼雷、炸弹所造成的损失。此外，保险公司还负责赔偿在遭受以上承保责任范围内危险引起的共同海损的牺牲、分摊和救助费用。但保险公司不承担因使用原子或热核制造的武器所造成的损失和费用的赔偿。

邮包战争险的保险责任是自被保险邮包经邮政机构收讫后自储存处所开始运送时生效、直至该项邮包运达保险单所载明的目的地邮政机构送交收件人为止。

必须指出的是，在附加险方面，除战争险外，海洋运输货物保险中的一般附加险和特殊附加险险别和条款均可适用于陆、空、邮运输货物保险。

第五节 保险实务

在进出口货物运输保险业务中，被保险人在选择确定投保的险别后通常涉及的工作有：确定保险金额、办理投保并交付保险费、领取保险单证以及在货损时办理保险索赔等。

一、确定保险金

保险金额（Insured Amount）是指保险人承担赔偿或者给付保险金责任的最高限额，也是保险人计算保险费的基础。投保人在投保货物运输保险时应向保险人申报保险金额。

保险金额是根据保险价值（Insurable Value）确定的。保险价值一般包括货价、运费、保险费以及预期利润等。如保险人与被保险人未约定保险价值的，根据我国《海商法》第二百一十九条第二款规定："货物的保险价值是保险责任开始时货物在起运地的发票价格或者非贸易商品在起运地的实际价格以及运费和保险费的总和。"即相当于 CIF 价格，不包括预期利润。我国《海商法》第二百二十条又规定："保险金额由保险人与被保险人约定。保险金额不得超过保险价值；超过保险价值的，超过部分无效。"

在国际货物买卖中，凡按 CIF 或 CIP 条件达成的合同一般均规定保险金额，而且，保险金额通常还须在发票金额的基础上增加一定的百分率，即所谓"保险加成"，这是由国际贸易的特定需要决定的。如合同对此未作规定，按《INCOTERM 2000》和 UCP 500 的规定，卖方有义务按 CIF 或 CIP 价格的总值另加 10％作为保险金额。这部分增加的保险金额就是买方进行这笔交易所支付的费用和预期利润。如买方要求按较高的金额投保，而保险公司也同意承保，卖方亦可接受，但由此而增加的保险费在原则上应由买方承担。

保险金额的计算公式是：

$$保险金额=CIF（或 CIP）价\times（1+投保加成）$$

由于保险金额一般是以 CIF 或 CIP 价格为基础加成确定的，因此，在仅有货价与运费（即已确定 CFR 或 CPT 价）的情况下，CIF 或 CIP 价可按下列公式计算：

$$CIF（或 CIP）价=\frac{CFR（或 CPT）价}{1-保险费率\times（1+投保加成）}$$

为简化计算程序，中国人民保险公司制订了一份保险费率常用表。将 CFR（或 CPT）

价格直接乘以表内所列常数，便可算出 CIF 或 CIP 价格。

我国进口合同较多采用 FOB（或 FCA）条件，为简化手续，方便计算，一些企业与保险公司签订预约保险合同，共同议订平均运费率（也可按实际运费计算）和平均保险费率。其计算保险金额的公式如下：

保险金额＝FOB（或 FCA）价格×（1＋平均运费率＋平均保险费率）

这里的保险金额即估算的 CIF（或 CIP）价而不另加成。如投保人要求在 CIF（或 CIP）价基础上加成投保，保险公司也可接受。

二、办理投保和交付保险费

凡属“指明货物加费费率”表中所列的货物，如保险一切险，则在计算费率时，应先查出“一般货物费率”，然后再加上“指明货物加费费率”。例如，从上海通过海运运往某港某货物投保一切险，一般货物费率为 0.6%，指明货物加费费率为 1.5%，则应收费率为 2.1%。

保险公司收取保险费的计算方法是：

保险费＝保险金额×保险费率

如系按 CIF 或 CIP 加成投保，上述公式可改为：

保险费＝CIF（或 CIP）价×（1＋投保加成率）×保险费率

例如：一批货物由上海出口至某国某港口 CIF 总金额为 30000 美元，投保一切险（保险费率为 0.6%）及战争险（保险费率为 0.03%），保险金额按 CIF 总金额加 10%。则投保人应付的保险费为：

投保人应付的保险费＝30000×（1＋10%）×（0.6%＋0.03%）

＝33000×（0.006＋0.0003）

＝33000×0.0063

＝207.90（美元）

进口货物保险费率有“进口货物保险费率”和“特约费率”两种。“进口货物保险费率”除“一般货物费率”和“指明货物加费费率”中列出的商品以外，还适用于其他一切货物。至于指明货物加费费率，是对一些指定的商品投保一切险时采用。“特约费率”是各保险公司在进口货物保险费率的基础上，与有关企业协商拟订的，是一种优惠的费率，主要适用于预约保险合同项下的进口货物。

三、取得保险单据

保险单据是保险人与被保险人之间订立保险合同的证明文件，它反映了保险人与被保险人之间的权利和义务关系，也是保险人的承保证明。当发生保险责任范围内的损失时，它又是保险索赔和理赔的主要依据。

1. 保险单据及种类

保险单据是保险人对被保险人的承保证明，又是双方之间权利义务的契约，在被保险货物遭受损失时，它是被保险人索赔的主要依据，也是保险人理赔的主要依据。

在货物出险后，掌握了提单又掌握了保险单据，就真正掌握了货权。

保险单据的种类有保险单、保险凭证、联合凭证和保险声明等。

（1）保险单（Insurance Policy）。这是一种正规的保险合同，是完整独立的保险文件。

保单背面印有货物运输保险条款（一般表明承保的基本险别条款之内容），还列有保险人的责任范围及保险人与被保险人各自的权利、义务等方面的条款。俗称大保单。

（2）保险凭证（Insurance Certificate）。中国人民保险公司发出的保险凭证是表示保险公司已经接受保险的一种证明文件，这是一种比较简化的保险单据。它包括了保险单的基本内容，但不附有保险条款全文。这种保险凭证与保险单有同等的法律效力。俗称小保单。

（3）联合凭证（Combined Certificate），又称承保证明（Risk Note）。是我国保险公司特别使用的，比保险凭证更简化的保险单据。保险公司仅将承保险别、保险金额及保险编号加注在我国进出口公司开具的出口货物发票上，并正式签章即作为已经保险的证据。是最简单的保险单据。

（4）预约保险单（Open Policy）。是进口贸易中，被保险人（一般为进口人）与保险人之间订立的总合同。订立这种合同即可以简化保险手续，又可使货物一经装运即可取得保障。

（5）保险声明（Insurance Declaration）。预约保险单项下的货物一经确定装船，要求被保险人立即以保险声明书的形式，将该批货物的名称、数量、保险金额、船名、起讫港口、航次、开航日期等通知保险人，银行可将保险声明书当作一项单据予以接受。

（6）批单。保险单出立后，如需变更其内容，可由保险公司另出的凭证注明更改或补充的内容，称为批单。其须粘在保险单上并加盖骑缝章，作为保险单不可分割的一部分。

还有一种暂保单（Cover Note），是由保险经纪人（Insurance Broker）即投保人的代理人出具的非正式保单。除非信用证特别要求，银行不接受暂保单。

2. 保险单的背书（Endorsement）

保险单据按信用证的要求和需要时将由被保险人在单据上背书。

在信用证的单据付款之时或以前，被保险人的权利应该转移。保险单据的背书应与提单背书保持一致。

保险单据的背书根据信用证规定和被保险人的不同情况分为以下几种：

（1）持单人是被保险人（出口商）时，做成空白背书。

（2）按信用证规定做成记名背书。

（3）被保险人是买方/进口商，则卖方/出口商不需背书，保险单如需转让，应由买方被保险人背书。

（4）被保险人是第三者、中性名称（To whom it may concern），若保险单转让时，不需背书。

（5）被保险人是 Bearer，在赔付地点写明 Claim payable at（place）to bearer or holder，保险单据若转让时，不必背书。

四、保险索赔

进出口货物在保险责任有效期内发生属于保险责任范围内的损失，被保险人按照保险单的有关规定向保险公司提出赔偿要求，称为保险索赔。在索赔工作中，被保险人应做好下列工作：

1. 损失通知

当被保险人获悉或发现被保险货物已遭损失，应立即通知保险公司或保险单上所载明的保险公司在当地的检验、理赔代理人，并申请检验。保险公司或指定的检验、理赔代理人在接到损失通知后即应采取相应的措施，如检验损失、提出施救意见、核实损失原因、确定保险责任和签发检验报告等。

2. 向承运人等有关方面提出索赔

被保险人或其代理人在提货时发现被保险货物整件短少或有明显残损痕迹，除向保险公司报损外，还应立即向承运人或有关当局（如海关、港务当局等）索取货损货差证明。如货损货差涉及承运人、码头、装卸公司等方面责任的，还应及时以书面形式向有关责任方提出索赔，并保留追偿权利，有时还要申请延长索赔时效。

3. 采取合理的施救、整理措施

被保险货物受损后，被保险人应迅速对受损货物采取必要合理的施救、整理措施，防止损失的扩大。被保险人收到保险公司发出的有关采取防止或者减少损失的合理措施的特别通知的，应当按照保险公司通知的要求处理。因抢救、阻止或减少货损的措施而支付的合理费用，可由保险公司负责，但以不超过该批被救货物的保险金额为限。

4. 备妥索赔单证

被保险货物的损失经过检验，并办妥向承运人等第三者责任方的追偿手续后，应即向保险公司或其代理人提出赔偿要求。提出索赔时，除应提供检验报告外，通常还须提供其他单证，包括：保险单或保险凭证正本；运输单据，包括海运提单、海运单、铁路或公路运单、航空运单、邮包收据、多式联运单据等；发票；装箱单或重量单；向承运人等第三者责任方请求赔偿的函电及其他必要的单证或文件；货损货差证明；海事报告（Sea Protest）摘录；列明索赔金额及计算依据，以及有关费用的项目和用途的索赔清单。

对易碎和易短量货物的索赔，应了解是否有免赔的规定：即所谓不论损失程度（Irrespective of Percentage，IOP）均予赔偿；或规定免赔率。免赔率有相对免赔率（Franchise）和绝对免赔率（Deductible）之分。如果损失额没有超过免赔率，则保险公司不予赔偿；超过免赔率，相对免赔率不扣除免赔率全部予以赔偿，绝对免赔率则要扣除免赔率，只赔超过部分。我国保险公司现在实行的是绝对免赔率，但现行的伦敦保险业协会的《协会货物条款》则无免赔率的规定。

5. 代位追偿

在保险业务中，为了防止被保险人双重获益，保险人在履行全损赔偿或部分损失赔偿后，在其赔付金额内，要求被保险人转让其对造成损失的第三者责任方要求全损赔偿或相应部分赔偿的权利。这种权利称为代位追偿权（Right of Subrogation），或称代位权。在实际业务中，保险人需首先向被保险人进行赔付，才能取得代位追偿权。其具体做法是，被保险人在获得赔偿的同时签署一份权益转让书，作为保险人取得代位权的证明。保险人便可凭此向第三者责任方进行追偿。

第六节　案例——H—B/L、S—B/L 同时应用索赔

1. 基本案情

上海一家公司（以下称货主）将价值5万美元的食品添加剂交由无船承运人运输，无船承运人在接货后签发 H—B/L，将食品添加剂交由一家物流公司装箱（以下称装箱人），

并由装箱人出具 S—B/L。

装箱人在装箱时，同一箱内除装载食品添加剂外，还装载了 40 桶樟脑粉，收货人在收到食品添加剂后做质检，质检报告认为食品添加剂已失去使用价值。该批出口货由人保承保。

2. 法律分析

收货人凭保单向人保提赔，人保赔付后取得权益转让书、代位求偿权向全程提单签发人，即无船承运人追赔。但无船承运人认为："即使签发全程提单，但食品添加剂失去使用价值属装箱过失所致，根据《中华人民共和国海上集装箱运输管理规定》，集装箱装箱不当产生货物损害，则应由装箱人承担责任。另外，《国际劳工装箱准则》也规定：装箱人不应将性质不相容的货物装在同一箱内。因此，应由装箱人直接承担赔偿责任。"然而，装箱人认为："即使装箱过失造成食品添加剂失去使用价值，但装箱人与货主之间一无合同关系，二无提单关系，如提出赔偿在法律上构成侵权过失。而装箱过失，装箱人可按责任限制赔偿。"而人保认为："人保已赔偿给货主，并取得代位求偿权。"由于无船承运人、装箱人均不愿直接承担责任，人保向法院对无船承运人提出诉讼。同时，无船承运人也向法院对装箱人提出诉讼。最后，在开庭前 2 天，装箱人的联运保赔协会与人保达成协议庭外解决。

3. 处理过程

如图 5-1 所示：

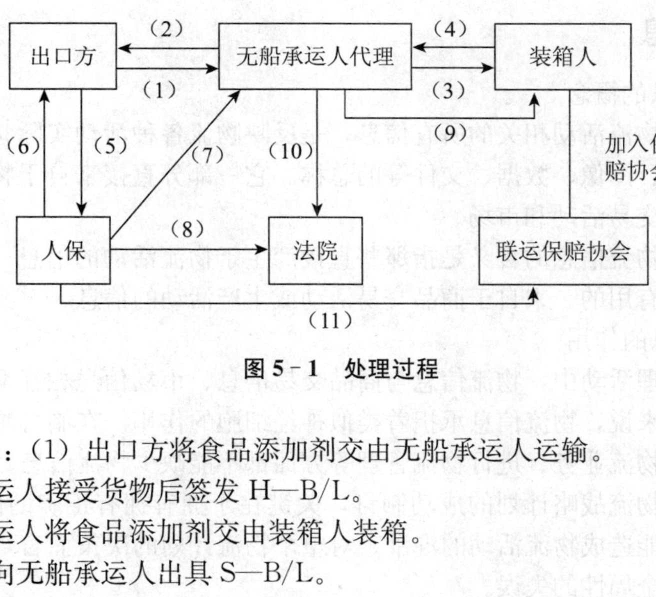

图 5-1　处理过程

图 5-1 说明：(1) 出口方将食品添加剂交由无船承运人运输。

(2) 无船承运人接受货物后签发 H—B/L。

(3) 无船承运人将食品添加剂交由装箱人装箱。

(4) 装箱人向无船承运人出具 S—B/L。

(5) 出口方向人保买保险。

(6) 人保赔付给出口方。

(7) 人保取得代位求偿权向无船承运人追偿。

(8) 无船承运人不赔，人保向法院起诉无船承运人。

(9) 无船承运人向装箱人追赔。

(10) 装箱人不赔，无船承运人向法院起诉装箱人。

(11) 联运保赔协会与人保协议解决此案。

第六章　国际物流信息系统

当今世界，贸易全球化，物流也因此全球化，而处于信息时代下的一切都不可避免地烙上信息的时代印痕。国际物流信息系统应运而生，在信息时代为物流以及贸易架起桥梁。

本章主要介绍物流信息系统的概况、当今的国际物流信息系统技术以及信息系统的设计等。

第一节　物流信息系统概述

在全球化进程越来越快的情况下，信息技术也以其广阔、快速等特点进入各行各业。自然，国际物流由于其地域的广泛性，时间要求的严格性，越来越需要信息技术的支持。这种情况下，物流信息系统的出现将极大程度上有利于这些问题的解决。

一、物流信息

（一）物流信息的概念

物流信息是与物流活动相关的所有信息，是反映物流各种活动实际状况、特征及发展变化的知识、资料、图像、数据、文件等的总称。它一部分直接来自于物流活动本身，另一部分则来自商品交易活动和市场。

从狭义上看，物流信息的含义是指那些直接产生于物流活动的信息；而在广义上，它还包括对物流活动有用的、来自于商品交易活动或生产活动的信息。

（二）物流信息的作用

在现代经营管理活动中，物流信息与商品交易信息、市场信息相互交叉、融合，关系密切。对物流活动来说，物流信息承担着类似神经细胞的作用。在制订物流战略计划、制订物流方针、开展物流业务、进行物流管理等方面都不能缺少物流信息。

长期和短期的物流战略计划的成功制订，关键在于拥有拥有正确的内部和外部信息。若信息不畅，则可能造成物流活动的混乱。对整个物流计划的决策而言，缺乏信息或信息不可靠，将会造成全局性的失误。

物流信息在建立计划模型、掌握本期实际绩效的计算、计划与实绩的对比中都有着重要作用。物流信息在预算的制订、通过预算与实绩的对比来控制预算等物流预算方面起到重要作用。在订货、仓库管理、进货、库存管理、包装、运输、配送等具体的物流环节计划阶段，如安排物流节点、决定库存水平、确定运输方式、制订运输计划发运计划的最佳搭配等方面也发挥着重要的作用。

物流信息是企业物流活动的基础，合理组织物流活动，使运输、存储、包装、搬运、配送等环节做到紧密衔接、协调配合，通过信息予以沟通，使商业物流通达顺畅。物流信息的任何阻塞都将导致物流混乱，降低企业物流系统的效率，必须保证其通畅。此外，信息也是物流控制的手段，在商业物流系统中，信息有助于使商品库存保持在适当的规模。

物流信息还是进行物流调度指挥的有效手段。对物流的管理是动态的，联系面广，情况复杂多变。在物流活动中，正确有效地运用信息，确保正确灵活的调度和指挥，使物流活动进行更为顺利。同时还要利用信息的反馈作用，及时进行调度或作出新的决策。

二、物流信息系统

(一) 物流信息系统概念

物流信息系统（Logistics Information System，简称 LIS）是指由人员、设备和程序组成，通过利用相关物流信息，使各个环节相互协调，实现物流各项职能的圆满化和效率化，并迅速准确地传递和处理物流信息的人机系统。

物流信息系统是企业管理信息系统的一个子系统，建立在具备了大量的物流信息的基础上。它通过对与企业物流相关的信息进行加工处理来实现对物流的有效控制和管理，并为物流管理人员和企业其他管理人员提供战略及运作决策。物流信息系统是提高物流运作效率，降低物流成本的重要基础设施。它与物流过程中的订货、收货、发货、库存管理、配送、回收等职能有机地联系在一起，使物流活动更为顺利的进行。

(二) 物流信息系统产生的背景

1. 日益激烈的市场竞争

以买方市场为主的经济全球化环境下，消费者基本上拥有了完全的自由来决策选择哪家企业生产的某种商品。企业要在激烈的市场竞争中获得优势，就需要不断推陈出新，以较低的成本快速满足消费者随时变化的商品和服务需求，这要求企业同时具有反应迅速的物流系统。而技术的信息反馈又是快速反应的要求，所以企业要建立起自己的完善的信息系统。

2. 供应链管理得到发展

随着供应链管理的不断发展和完善，现代企业间的竞争逐渐提升为供应链之间的竞争。供应链中环节众多，涉及多个部分多个企业，相关的信息也随之复杂，易造成企业或部门之间沟通障碍。建立供应链上的物流信息系统就有利于各环节之间沟通的顺利进行，达到信息共享，使企业活动更顺利的进行。

3. 信息化

当今社会已进入信息时代，计算机网络技术延伸到生产生活的各个角落。企业发展的道路上必然离不开信息技术的支持，融入信息社会，成为其组成的一部分是企业发展壮大的必由之路。物流是社会服务业的一个重要组成，建立符合时代发展进步要求的物流信息系统势在必行。

(三) 物流信息系统的功能

1. 物流信息的录入

借由收集子系统从系统内部或者外部将与物流相关的数据收集，整理处理成符合系统要求的格式和形式，然后将它们输入到物流信息系统中。这是物流信息系统其他功能发挥作用的前提和基础，要求收集和输入的数据完整正确，保证之后得到的结果与事实相符，否则将产生错误造成损失。信息收集的完整性、准确性，校验能力、预防及抵抗破坏能力是衡量一个物流信息系统性能的重要指标。

2. 物流信息的存储

未经处理以及处理后仍具利用价值的数据须在系统中存储，存储功能要保证已经得到的物流信息在废弃前不丢失、不走样、不外泄、整理得当、随时可用。存储量、信息格式、存储方式、存储时间、完全保密等问题是物流信息系统存储模块需要妥善解决的，在物流信息系统投入使用前保证无误、可用。

3. 物流信息的传输

物流信息系统需具备克服空间障碍的功能，使物流信息可以快速准确地传输到物流系统的各个环节，发挥其使用价值。要求充分考虑所传递的信息的种类、频率、数量、安全可靠性等相关因素，使之符合物流系统的实际需求。

4. 物流信息的处理

数据是获得信息的基础，但数据往往不可直接利用，将数据转化、加工、处理成物流系统所需的物流信息是物流信息系统的最根本目的。它可以是简单的查询、排序，也可是模型求解的预测。物流信息处理功能是物流信息系统的核心功能。

5. 物流信息的输出

输出的物流信息力求容易阅读、便于理解、直观突出，输出需采用人或者计算机可以理解的形式。数据在经过收集输入、存储处理、传输，最后实现信息输出后，物流信息系统的任务才算真正完成。

三、国际物流信息系统

(一) 国际物流信息系统的概念

国际物流信息系统是一个多环节（子系统）的复杂系统，各个环节通过物体的实际流动联系在一起。合理的组织物流活动，就是根据系统的总目标，子系统相互协调，适量、适时地配置和调度系统中的资源。而系统中的相互衔接需通过信息予以沟通，资源调度亦是靠信息共享得以实现。因此，为使物流活动正常有序地进行，就要保障物流信息的畅通，物流管理必须以信息技术为基础。

(二) 国际物流信息系统的特点

1. 国际物流信息种类多、数量大、分布广

超越国家地理边界的物流信息，不仅涉及物流内部作业的各个环节，也与相关国的经济政策、发展战略、自然环境和外贸管理制度密切相关。

2. 信息时效性强，其价值衰减的速度较快

由于所涉及的范围广泛，国际物流有很强的动态性，不合时机的物流信息容易加大国际物流的成本。因此，对运输、储存、搬运、配送、配送等环节，需及时准确地提供相关的国际信息，以满足国际物流信息管理对及时性和灵活性的要求。

3. 国际物流信息具有双向反馈的作用

由于国际物流中商品的的周期长，如果没有信息流的支持，系统将是难以调控的单项半封闭式。信息流的双向反馈作用，可使国际物流信息系统易于协调和控制，合理高效地运转，最终达到降低物流总成本，提高国际物流经济效益的目的。

4. 信息流具有动态追踪性

由于是国际间的商品流动过程，国际物流不仅要研究系统内部的相互联系，还要研究各国整体物流的合理化，取得相关国的协助配合。国际物流中信息流的动态追踪性可以随

时掌握国际物流的行踪，增加物流状态的透明度，也可以降低国际物流的风险，减少损失，从而达到效益最大化。

5. 国际物流信息趋于标准化

通信和网络技术的快速发展和广泛应用，企业间的信息交换变得便利，解决了距离远的空间障碍，但不一致的信息标准也给不同国家、企业的信息交流带来困难。为适应世界经济一体化的发展趋势，国际物流信息也趋向标准化，以实现物流系统的数据自动采集、系统间数据交换与资源共享，促进国际物流活动现代化、合理化、畅通化。

第二节 国际物流信息系统技术

随着国际物流发展的加快，适用于国际物流的信息技术种类也越来越多，诸如 EDI、EOS、POS 以及条码等都已经成为或正在成为国际物流信息系统中的中坚力量。

一、EDI

(一) EDI 的概念

电子数据交换（Electronic Data Interchange，简称 EDI）作为一项较新的技术，人们对它的不同理解使之定义也多种多样。目前国际标准化组织（ISO）对 EDI 的定义是：为商业或行政事务交易按照一个公认的标准，形成结构化的事务处理或信息报文格式，从计算机到计算机的数据传输方式。

EDI 是电子商业贸易的一种工具，是数据通信技术、远程消息处理技术和现代网络技术相结合的产物。EDI 是在不同的公司或组织之间，依据一定的协议和标准，利用计算机和通信技术进行的资料交换业务。

从国际物流角度，EDI 是将与贸易有关的运输、保险、银行和海关等行业的信息，用国际公认的标准格式进行编制，并通过计算机通信网络，实现相关部门或企业之间的数据处理和传输，完成以贸易为中心的全部业务过程。

(二) EDI 标准

1. EDI 网络通信标准

为保证各类 EDI 用户系统的互联，确定 EDI 通信网络应建立在何种通信网络协议之上。目前国际上 EDI 通信网络协议主要采用 MHX（X. 400），以解决 EDI 的支撑环境。

2. EDI 处理标准

与数据库、管理信息系统等接口有关，为研究不同地域、不同行业的各类 EDI 报文相互共有的“公共元素报文”的处理标准。

3. EDI 联系标准

解决用户所属的其他信息管理系统或数据库与 EDI 系统之间的接口问题。

4. EDI 报文标准

解决各种报文的类型格式、字符集、数据元编码、语法规则和报表生成应用程序设计语言等问题。

(三) EDI 的特点

1. 结构化数据语言

EDI 交换的数据是一种结构化的便于计算机处理和信息交换的格式报文，是符合国际标准的。所谓结构，即具有一定的框架，根据一定的标准组合，以达到利用某种方式可以对其进行操作的目的。

2. 约定的、公认的标准

在进行数据交换之前，贸易相关方须就他们希望的交换数据的格式、预先使用何种标准达成协议，以保证沟通的顺利有效，避免出错。

3. 计算机系统到计算机系统

数据在计算机系统之间传输，自动处理和交换，无须人工介入操作，大大减少了人工干预，提高速度的同时也降低了出错率。而这些计算机系统并非只存在于某一个组织系统内，它们归属于不同组织，可进行跨国界传输。

4. 电子交换方式

数据传输采用电子方式，使用的通信网络一般为增值网、专用网。有关数据通过通信线路之间传输于各个用户之间，不再需要依赖传统意义的单据或是经过计算机处理的单据作为传送载体。

(四) 企业使用 EDI 的优点

EDI 具有快速、准确等众多特性，这为用户带来实质性的好处，可简要归纳为：直接好处，体现在 EDI 信息传输的快速和准确；间接好处，体现在 EDI 的应用改进了企业内部管理，提升了企业管理绩效；战略方面的好处，这主要体现于企业在市场中地位的提升。

具体则可分为以下五点：

1. EDI 正在成为企业生存的支柱

在信息技术飞速发展的今天，对信息技术的应用能力已经成为企业实力的一个重要方面。在美国，EDI 在例如汽车制造、石油天然气、化工、铁路、仓储、海运、医药等众多行业大受欢迎，企业都希望贸易伙伴采用 EDI 系统进行信息的交流和传递，并且这种发展势头还在不断继续。在某些行业内，EDI 已成为一种必备条件、一项行业规范，在国际物流领域尤为突出。

自从 EDI 被采用以来，EDI 用户往往会对其合作伙伴施加压力，要求他们也使用 EDI 系统。当 EDI 的应用持续增长，尚未使用 EDI 的公司开展业务的能力就大大减弱，因此，他们相信除了开通 EDI，别无选择。在 EDI 迅猛发展的今天，它将成为企业生存的支柱，拥有便改善企业在激烈的市场竞争中的地位，处于主动有利的位置，没有便处于被动，面临市场的淘汰。

2. 为企业降低成本

EDI 为企业降低成本主要表现在：

(1) 减少单据处理成本。EDI 通过减少或消除下列工作达到降低成本的目的：重复输入大量繁冗信息；人工核对不同单据；纠正由于不正确的数据输入导致的差错；单据的排序、分类和归档；单据的邮寄。

(2) 减少人事成本。不再重复输入数据，免去人工核对的工作，纠正错误消耗的时间减少，免去部分管理专职人员，公司人员减少或重新安排人事，从而人事成本得到降低。

(3) 减少库存成本。EDI 将交易时间、订货周期缩短，同时也减少了订货周期的不确定性，最终降低库存和储运费用。

(4) 降低差错成本。商业单据的一个微小差错就可导致巨大的经济损失，在国际贸易和国际物流领域中尤为明显。EDI 系统使信息无须重复输入，减少了新差错的产生。软件中的编辑检验功能可发现数据差错。EDI 的发送提醒功能还可避免因数据丢失而造成生产线关闭。因此，EDI 具有减少含有差错的商业单据和遗失单据的数量来降低差错成本。

3. 改进企业内部操作，提升管理绩效

EDI 的使用，在改善企业内部管理和操作的同时，还提高了人员的工作效率，这是因为 EDI 消除了大量的单据管理准备工作，企业人员可以有更多的时间用于进行更有效的工作。EDI 消除了许多订单上的问题，使得交易双方节省了管理方面的时间与精力。

4. 改善客户关系

用户通过 EDI 极大地提高了对客户的服务水平，并且企业的销售量和 EDI 快速传递订单的能力也因 EDI 的快速响应能力而得到大大提高，使用户能迅速调整自身在市场中的位置。目前众多企业家都认为，EDI 延伸了组织界限，将贸易伙伴也包括了进来。这种由 EDI 所产生的联系是非常有利于加强贸易伙伴之间的关系的。

5. 提高企业在国际市场上的竞争能力

EDI 可以帮助用户企业适应当今全球市场快速变化的需求，从而有效地提高企业在国际市场中的竞争能力。旧的国际交往通信方式限制企业的竞争能力，它们无法提供企业需要的高效率，不能适应全球商务和物流的快节奏需求。而 EDI 使企业与制造商之间的关系更加紧密，改善了国际贸易单据的流通状况，提高了国际物流的通过能力，有效地帮助企业适应了这种快节奏。

二、条码

（一）条码的概念

1949 年，美国德雷克尔理工学院的乔·乌德朗德和巴尼亚·希罗巴二人共同提出了申请条码专利，这被视为条码的开始。

条码是一种信息代码，由一组不同宽度的条纹和空按规定的编码规则组成，用以表示一组数据的符号。光电阅读器扫描条码，将光信号转换成电子数据传输到计算机，数据录入完成。条码广泛应用于商品销售等领域。

条码技术是一项信息处理技术，旨在解决大量信息自动进入数据库的登录问题，是信息集散的有力工具。条码技术是一项综合技术，包括编码技术、符号技术、识别与应用系统设计技术等，主要用于自动识别和计算机数据输入。

条码技术主要的应用设备包括：条码刷制器，条码打印机，条码扫描笔，台式、手持式扫描器，条码编译器等。通常这些设备和计算机终端、自动扫描器一起实现数据录入和自动化操作。

（二）条码的种类

1. 一维条码

一维条码是在一个方向（一般为水平方向）表达信息，而在垂直方向不表达任何信息，并保持一定的高度便于阅读器的对准扫描。一维码数据容量较小，一般为 30 个字符，只能包含字母及数字，条码尺寸较大，空间利用率较低，条码损坏后将无法被阅读。如图 6-1 所示为一个一维条码的示例。

图 6－1　一维条码

一维条码的结构如表 6－1 所示：

表 6－1　一维条码结构

静区	起始字符	数据字符	校验字符	终止字符	静区

静区是条码左右两端外侧，与空的反射率相同的限定区域。它使阅读器进入准备阅读的状态，当两个条码相距较近时，静区可起到区分的作用。

起始/终止字符是指位于条码开始和结束位置的若干条与空，标志着条码的开始与结束，同时也提供了码制识别和阅读方向的信息。

数据字符是位于起始字符后面的字符，标志该条码符号的值，其结构与起始字符不同，允许双向扫描。

校验字符与一种算数运算相关，条码阅读器在进行识读解码时，对数据字符进行约定的运算，若运算结果与校验字符数值相同，则本次识读有效，反之则无效。

2. 二维条码

二维码即在二维空间上存储信息，一维码对物品进行“标识”，二维码则是对物品进行“描述”，可解决以下问题：表示汉字、照片、指纹、签字等的小型数据文件；在有限的面积上表示大量信息；进行精确描述；防止各种证件、卡片及单证的伪造；在远离数据库和不便联网的地方实现数据采集。如图 6－2 所示为一个二维条码的示例。

图 6－2　二维条码

二维条码可分为层排式和矩阵式两种。

层排式在形态上是由一维条码叠加而成，其中包含附加格式信息，信息量可达 1K。层排式二维条码可用一维的线性扫描器或 CCD 二维图像式阅读器来识读，常见的层排式二维条码有 PDF417、Code49、Code16K 等。

矩阵式是以矩阵的形式组成，在一个规则的印刷格子内用点的出现表示二进制“1”，不出现点就表示“0”，组合起来表示信息。矩阵式二维条码具有更高的信息密度，可作为包装箱的信息表达符号，它只能被二维的 CCD 图像式阅读器来识读，并且能够以全向的方式扫描。常见的矩阵式二维条码有 Code one、Aztec、Date、Matrix、QR 码等。

3. 复合码

复合码是一种由一维条码和二维条码等不同条码迭加而成的一种新型码制，可实现在读取一维条码表示的商品单品识别信息的同时，还能通过读取二维条码来得到更多的描述商品物流特征的信息，目前主要应用于物流及仓储管理，它有利于加强对物流商品的单品管理，提高物流管理中商品信息自动采集的效率。

（三）条码的应用

条码作为数据识别和录入的手段，与其他自动识别技术相比，具有以下优势：

1. 可读性强

若条码印刷不超过规定的误差范围，那么它的首读率几乎可达到 100%。

2. 可靠性高

增强软件功能后，条码的识别可靠性可以更高。

3. 经济性好

条码的制作成本低，经济效益好。

4. 具有点对点性

用于不同过程中的不同点上，条码可以被反复多次扫描。

5. 信息对应性好

在社会生活和对外贸易过程中，大量信息是针对某件已经确定的物品的，离开了物品，信息也就失去了意义。条码可以印刷在各种商品的包装上，因而使得物流信息和物流的对应得到较完美的解决，避免混乱的产生。

6. 柔性好

条码标签可用各种扫描装置识别，可外购或由用户直接印刷在运输包装、加工件上，用户印刷条码标签的印刷机械可以是点阵式、热传导式、热敏式、激光或喷墨等，只需配置简单的应用程序即可，条码的灵活性很好。

（四）条码技术的应用范围

1. 大型超市和购物中心

目前大型超市以及其他购物中心利用条码技术，配合先进的计算机技术和自动识别技术，大大提高了管理水平，精简行政架构，减少了工作强度和人力。打上条码的商品经光笔扫描，自动计价，同时作销售记录。公司清楚得了解货品的进货、销售、储存和流向等资料，掌握市场的季节性变化，而产品资料的实时性收集也提高了公司的运作效率，各项数据报告的精确度也同时得到提升。公司可用这些记录和资料作统计分析，预测未来需求和制订进货计划。

条码技术协助公司进行商品流通的管理和客户的管理。商品流通管理包括收货、入库、出库、盘点、查价、销售等，由于条码技术的各项优点，上述工作从繁复的人力劳动中解脱出来，速度更快，准确度更高，企业效益明显提升。客户管理包括上游供应商管理和下游顾客管理，它为企业提供更为详细准确的客户资料，及时把握市场动向。

2. 物料搬运业

美国最大的百货公司 Wal-Mart 的供应商在产品送到 Wal-Mart 之前，生产商已经在产品上打印出 UCC/EAN—128 条码，配送中心的全方位扫描器扫描条码，并根据计算机指令将货物分拣到他们的目的地，配送速度大大提升。

条码扫描使物料搬运业的业务方式发生了革命性的变化，因为它不仅改善了物流，更重要的是改善了信息流，这对公司的发展十分关键。只有及时、快速、有效、便捷地采集和处理信息，才能保证信息流的畅通，加快信息流的方法之一就是采用条码技术。用户在采用了条码技术后，不但使事务管理变得更加快捷、简单和准确，而且费用因此降低。

3. 国际物流运输及物料跟踪

典型的运输业务过程的每个环节都涉及发货单据，其中含有大量信息，包括发货人、收货人、货物清单、运输方式等，往往各环节都要使用键盘重复输入，效率低，差错率高，已不能适应现代物流运输业的要求，二维条码在这方面提供了一个很好的解决方法。美国货运协会提出 EDI 系统的做法：发送方将 EDI 信息编写成一张 PDF417 二维条码标签提交给货运商，扫描后信息传入货运商的计算机系统。这一切都发生在和货物同步到达的时间和地点，使得整个运输过程的效率得到提高。

二维条码可跟踪生产设备，医院和诊所也可使用二维条码标签跟踪设备、计算机及手术器械。例如美国的一家钢铁公司在各地拥有不同种类的管道需要维护。为了跟踪每根管子，他们将管子的编号、位置编号、制造厂商、长度、等级、尺寸、厚度以及其他信息编成一个 PDF417 条码，制成标签后贴在管子上。当管子移走或安装时，操作员扫描标签，数据库信息得到及时更新。

三、全球卫星定位系统（GPS）

（一）全球定位系统的概念

全球定位系统（GPS）是利用分布在距地面约 2 万千米的多颗卫星对海、陆、空进行全方位实时三维导航与定位能力的新一代卫星导航与定位系统。主要用于船舶和飞机的道行、对地面目标的精确定位和精确定位、地面及空中交通管制、空间与地面灾害检测等。

经过近 10 年的我国测绘等部门的使用表明，GPS 以全天候、高精度、自动化、高效益等显著特点，赢得了广大测绘工作者的信赖，并成功地应用于土地测量、工程测量、航空摄影测量、运载工具导航和管制、地壳运动监测、工程变形监测、资源勘察、地球动力学等多种学科。

（二）GPS 的基本构成

1. 空间部分

空间部分由均匀分布在 6 个轨道平面上的 24 颗（其中三颗备用）高轨道卫星构成，轨道高度为 2 万千米。每颗卫星都配备高精度的原子钟，各轨道平面对于赤道平面的倾角度为 55°，轨道平面间距 60°。每一轨道平面内，各卫星间隔 90°。GPS 空间卫星的这种分布方式，可以保证在地球上任何地点都能连续同步地观测到至少 4 颗卫星，从而提供全球范围从地面到 2 万千米高空之间任一载体高精度的三维位置、三维速度和系统时间信息。

2. 地面支持系统

地面系统由均匀分布在美国本土和三大洋的美军基地上的 5 个监测站、1 个主控站和

3 个数据输入站构成，它们对空间的卫星系统进行监测、控制，并向每颗卫星输入更新的导航电文。

主控站是 GPS 系统的核心，它的功能是为全系统提供时间基准，监视、控制卫星的轨道，处理监测站送来的各种数据，编制各卫星星历，计算和修正时钟误差及电离层对电波传播造成的偏差。

监测站负责对各卫星进行连续跟踪和监视，测量每颗卫星的位置和距离差，采集气象数据，并将观测数据传送给主控站进行处理，其中 5 个监控站均为无人值守的数据采集中心。

3. 用户设备部分

用户部分主要是 GPS 接收机，它接受卫星发射的信号并利用本机产生的为随机噪声码取得距离观测量和导航电文，根据导航电文提供的卫星位置和时钟差改正信息计算位置。用户接收机按使用环境可分为低动态接收机和高动态接收机，按所要求的精度可分为 C/A 接收机和双频精码接收机。

(三) GPS 在物流管理中的应用

1. 定位导航、跟踪调度、车辆监控

GPS 的首要功能是三维导航，飞机、船舶、地面车辆以及步行者都可利用 GPS 导航接收器进行导航。汽车导航系统是在 GPS 基础上发展起来的一门新型技术。汽车导航系统由 GPS 导航、自律导航、微处理器、车速传感器、陀螺传感器、CD—ROM 驱动器、LCD 显示器组成。利用 GPS 和电子地图可实时显示车辆位置，可随目标移动，还可实现多窗口、多车辆多屏幕同时跟踪，从而科学地进行调度和管理，提高运营效率。利用该功能可实现对重要车辆和货物的跟踪，保证车辆和货物的安全。

2. 陆地救援

GPS 定位和监控管理系统可对遇有险情或发生事故的车辆进行紧急援助。由监控台的电子地图显示求助信息和报警目标，规划最优援助方案，并以报警声光提醒值班人员进行应急处理。

3. 固定点的定位测量

确定某一点具体的地理位置是 GPS 的最基本功能，某些高精度 GPS 接受系统可以即时得到公分级的测量精度。所以，GPS 技术在土地测量、建筑测量、工程测绘等领域有着广泛的应用前景。目前国内已逐步采用 GPS 技术建立线路首级高清晰度控制图。例如，在沪宁、沪杭高速公路的上海段就是利用 GPS 建立了紧密控制网。实践证明，在几十千米范围内的点位误差只有 2 厘米左右。

GPS 在各行业的应用

1. GPS 应用于测量

GPS 技术给测绘界带来了一场革命。利用载波相位差分技术（RTK），在实时处理两个观测站的载波相位的基础上，可以达到厘米级的精度。与传统的手工测量手段相比，GPS 技术有着巨大的优势：测量精度高；操作简便，仪器体积小，便于携带；全天候操作；观测点之间无须通视；测量结果统一在 WGS84 坐标下，信息自动接收、存储，减少烦琐的中间处理环节。当前，GPS 技术已广泛应用于大地测量、资源勘查、地壳运动、地籍测量等领域。

2. GPS应用于交通

出租车、租车服务、物流配送等行业利用GPS技术对车辆进行跟踪、调度管理，合理分布车辆，以最快的速度响应用户的乘车或送货请求，降低能源消耗，节省运行成本。GPS在车辆导航方面发挥了重要的角色，在城市中建立数字化交通电台，实时发播城市交通信息，车载设备通过GPS进行精确定位，结合电子地图以及实时的交通状况，自动匹配最优路径，并实行车辆的自主导航。民航运输通过GPS接收设备，使驾驶员着陆时能准确对准跑道，同时还能使飞机紧凑排列，提高机场利用率，引导飞机安全进离场。

3. GPS应用于救援

利用GPS定位技术，可对火警、救护、警察进行应急调遣，提高紧急事件处理部门对火灾、犯罪现场、交通事故、交通堵塞等紧急事件的响应效率。特种车辆（如运钞车）等，可对突发事件进行报警、定位，将损失降到最低。有了GPS的帮助，救援人员就可在人迹罕至、条件恶劣的大海、山野、沙漠，对失踪人员实施有效的搜索、拯救。装有GPS装置的渔船，在发生险情时，可及时定位、报警，使之能更快更及时地获得救援。

4. GPS应用于农业

当前，发达国家已开始把GPS技术引入农业生产，即所谓的“精准农业耕作”。该方法利用GPS进行农田信息定位获取，包括产量监测、土样采集等，计算机系统通过对数据的分析处理，决策出农田地块的管理措施，把产量和土壤状态信息装入带有GPS设备的喷施器中，从而精确地给农田地块施肥、喷药。通过实施精准耕作，可在尽量不减产的情况下，降低农业生产成本，有效避免资源浪费，降低因施肥除虫对环境造成的污染。

5. GPS应用于娱乐消遣

随着GPS接收机的小型化以及价格的降低，GPS逐渐走进了人们的日常生活，成为人们旅游、探险的好帮手。通过GPS，人们可以在陌生的城市里迅速地找到目的地，并且可以最优的路径行驶；野营者携带GPS接收机，可快捷地找到合适的野营地点，不必担心迷路；甚至一些高档的电子游戏，也使用了GPS仿真技术。

如人们所说：“GPS的应用，仅受人们的想象力制约。”GPS问世以来，已充分显示了其在导航，定位领域的霸主地位。许多领域也由于GPS的出现而产生革命性变化。目前，几乎全世界所有需要导航，定位的用户，都被GPS的高精度，全天候，全球覆盖，方便灵活和优质价廉所吸引。

（资料源自道客巴巴，经编者整理）

四、地理信息系统（GIS）

（一）地理信息系统的概念

地理信息系统（GIS）是一种基于计算机的工具，以地理空间数据为基础，采用地理模型分析方法，适时地提供多种空间的和动态的地理信息，对各种地理空间信息进行收集、存储、分析和可视化表达，是一种为地理研究和地理决策服务的计算机技术系统。

GIS的理论基础包括地球科学和信息科学。前者涉及地理空间信息及其关系信息的获取、分类模型及语义表示中的理论问题和实践问题，后者涉及信息的组织、存储、处理、可视化表示及传统传输中的理论问题和实践问题。GIS的技术基础包括遥感技术、定位技术和信息技术的各个方面。

（二）GIS 的构成

1. 硬件

即 GIS 所操作的计算机。GIS 软件可在很多类型的硬件上运行。例如，从中央计算机服务器到桌面计算机，从单机到网络环境。

2. 软件

GIS 软件提供所需的存储、分析和显示地理信息的功能和工具。主要的软件部件有输入和处理地理信息的工具、数据库管理系统、支持地理查询、分析和可视化工具、容易使用这些工具的图形化界面。

3. 数据

地理数据和相关的表格数据可以自己采集或者从商业数据提供者处购买。GIS 将把空间数据和其他数据源的数据集成在一起，而且可以使用那些被大多数公司用来组织和保护数据的数据库管理系统，来管理空间数据。

4. 人员

GIS 技术如果没有人来管理系统和制订计划应用于实际问题，将会没有多少价值。GIS 的用户范围包括设计和维护系统的技术专家，以及那些使用该系统并完成他们每天工作的人员。

5. 方法

成功的 GIS 系统具有好的计划设计和自己的事务规律，这些是规范而且对每一个公司来说具体的操作实践又是独特的。

（三）GIS 的应用

1. 公路交通运输指挥和组织决策中的应用

地理信息系统基本功能。为系统提供背景地图与交通图层的显示、缩放、任意漫游等控制地图的功能。

数据图层处理功能。地理信息系统的跌价分析是将有关主题层组成的数据层面进行叠加，产生一个新数据层面的操作，其结果综合了原来两层或多层要素所具有的属性。

统计分析功能。主要是针对交通网及其交通专题数据进行统计分析。为考虑交通网及其地理背景要素的空间分布，对汽车运力的疏散与转移等实际问题提供了分析依据。

保障范围分析功能。主要是围绕空间目标建立一定宽度范围的缓冲区多边形，然后从缓冲区域中获取或查找分布特征的情况。一般在设置一些重要交通设施点或保障点时应保证保障距离要在一定安全度的范围内达到某种合理的长度，同时保障面应尽量覆盖保障目标。

路径分析功能。即为资源寻找通过网络的最佳路径，其核心是求解最佳路径，而不是求解最短距离。

网络资源分配分析功能。根据中心的容量以及网络的结点的需求，将网线和结点分配给最近的中心，分配过程中阻力的计算是沿最佳路径进行的。

网络选址分析功能。即确定机构设施的最佳地理位置。网络选址问题一般限定设施必须位于某个结点或某条路线上，或者限定在若干候选地点，降低了问题的求解难度。

公路网络同行分析能力。是指某一线路在单位时间内通过的最大量，可通过公式估算。

2. GIS在仓库中的应用

仓库GIS作为仓库MIS系统中的一个子系统，它用地理坐标、图标的方式直观地反映仓库的基本情况，如仓库建筑情况、仓库物资储备情况、仓库附近公路和铁路情况等，它是仓库MIS系统的一个重要分支和补充。

3. GIS在铁路运输中的应用

铁路运输地理信息系统便于销售、市场、服务和管理人员查看客运站、货运站、货运代办点；客运代办点之间的相对地理位置，运输专用线和铁路干线之间的相对地理位置，并用不同颜色和填充模式来区分各种表达信息，使用户看到销售区域、影响范围、最大客户、主要竞争对手、人口状况及分布、工农业统计值等，由此综合可看到增加运输收入的潜在地区，从而扩大延伸服务；通过这种方式，更好地制订市场营销和服务策略，有效地分配市场资源。

第三节 国际物流信息系统设计

一个企业，尤其对于一个第三方物流企业来说，一个信息系统的好坏将直接影响到企业的成本与效益，进而影响到企业在同行业的生存情况。如何设计出一个科学、合理、适合现代物流发展的国际物流信息系统，将对企业的发展起到重要的作用。

一、国际物流信息系统设计原则

1. 完整性原则

物流系统中存在对物流信息进行采集、传输、存储、处理、显示和分析的信息系统，其基本功能包括：数据的收集和录入、信息的存储、信息的传播、信息的处理、信息的输出等。因此，物流信息管理系统应该具有功能的完整性，也就是根据企业物流管理的实际需要，开发能全面、完整覆盖物流管理的信息化要求的系统。

建立信息系统不是单项数据处理的简单组合，必须要有系统规划，是范围广、协调性强、人机结合紧密的系统工程。它是系统开发最重要的环节。在有了好的规划之后，就可以按照数据处理系统的分析和设计，实现系统开发。因此，物流信息要保证系统开发的完整性，制订出相应的管理规范，保证系统开发和操作的完整性和可持续性，例如开发文档的数据格式规范、管理规范、表文件规范等。

2. 可靠性原则

可靠性原则实际就是要求系统的准确性和稳定性。系统的稳定性依赖于物流信息的精确性和及时性，物流信息必须精确、及时地反映企业目前的状况和定期活动，以方便衡量顾客订货的存货水平。

一个可靠的物流管理系统应该能在正常情况下达到系统设计的精度要求，不管输入的数据多么复杂，只要是在系统设计的范围内，就应能输出可靠结果。非正常情况下的可靠性，是指系统在软件、硬件环境发生故障的情况下仍能部分使用和运行。一个优秀的系统也是一个灵活的系统，在设计时必须针对一些紧急情况作出应对措施。因此，物流信息系统必须以处理异常情况为基础，依托系统来突出问题和机会，方便管理者通过物流信息系统集中精力关注最重要的情况，及时作出相应的危机公关决策。

3. 经济性原则

企业是趋利性组织，其活动的最终目的是追逐经济利益，所以在系统的投入中也要做到投入最小、效益最大。软件的开发费用必须在保证质量的情况下尽量压缩。一个经济实用的物流信息系统必须层次分明，不同层次上的部门和人员可能需要不同类型的信息。一个完善的物流信息系统，要具备以下层次：

（1）数据层，将收集、加工的物流信息以数据库的形式加以存储。

（2）业务层，对合同、票据、报表等业务表达方式进行日常处理。

（3）运用层，包括仓库作业计划、最优路线选择、控制与评价模型的建立、根据运行信息监测物流系统的状况。

（4）计划层，建立各种物流系统分析模型，辅助高级管理人员制订物流战略计划。

此外，物流信息系统必须是友善的，方便管理者使用，同时也可以提升工作效率。系统界面要求提供的物流信息要有正确的结构和顺序，能有效地想决策者提供所有相关信息，避免管理者通过复杂操作才能达到相应的要求。系统投入运行后，还必须保持较低的运行维护费用，减少不必要的管理费。

二、国际物流信息系统的组成

一个完整的国际物流信息系统基本包括以下几个子系统：

1. 资料传输系统

资料传输系统主要包括企业间资料的传送、转入/转出、处理以及回传统计结果等。例如，某物流中心经由数据机接收 A 公司传来的送货通知（或订货单），转入物流信息系统，开始对其内容作处理（拣货、流通加工、装箱、出货等），出货完成后即将此信息转出并回给 A 公司，以便清货及库存对账。

2. 表单管理系统

表单管理系统包括进货单、出货单、入库单、出库单、拣货单、盘点单等的作业状况管理。表单管理应力求精确，尽量避免人工的数据输入动作，且最好从进货到入库、接单、出货实现完全自动化。

3. 物流作业系统

物流作业的基本活动是储位管理。一切的拣货安排、商品保管、客户商品的分类、集货装箱/包装乃至货物装卸顺序、车辆安排、配送路线等操作都与储位信息相关。为了及时掌握正确的物流作业信息，可以设置一些辅助设备，如条码扫描器、HT（手提终端机）以及 RF 无线网络。利用商品条码、储位条码、表单条码可以减少人为的错误，加快表单作业的速度。与物流现场作业相关的信息功能大致如下：

（1）进货验收：宜缩短验收作业时间，且系统应该有规律地安排货物暂存空间。

（2）入库：由计算机指定入库储位，以加强商品管理、提高拣货效率。

（3）补货：由系统适时提出补货商品的清单，以减少不必要的搬运活动，提高拣货效率。

（4）拣货：由计算机制定拣货储位。拣货方式可分为两种：摘取式和播种式。摘取式拣货即按订单拣货；播种式拣货即将数张订单汇总后，先按商品总数量拣货，再按店别进行分类。

（5）流通加工：采用拣货方式领出相关的商品，经组合包装后再由系统印制箱标签，可应用于商品促销、价格标签及中文说明手册等流通加工。

(6) 分类：分类作业用于货流量大、货物进出频繁的物流中心。系统必须能及时提供相关分类资料（如箱标签、箱单明细、客户明细等），以供出货时参考。如果商品或外箱包装贴有条码，引进自动分类机设备也是一种很好的选择。

(7) 出货验货：核对订单需求量与出货量的差异，列印出货单和相关附件。该作业必须与拣货方式密切配合，其信息流也必须同步畅通。

4. 派车、配送系统

要达到降低成本、提高作业效率的目的，系统的设计必须符合以下要求：

(1) 能缩短配车计划时间。

(2) 能提高车辆的使用效率（可减少车辆数），降低车辆闲置率，缩短等候时间。

(3) 能按规定的配送条件（如JIT需求）来制订配送计划，必须定时定量而不能一概优先考虑装载率。

(4) 作业平均化、标准化。必须实现对配送区域、路线安排、沿途装货点、车辆调度等作详细而周密的规划。

(5) 物流计费。物流的计费项目主要包括以下3种：仓库保管费（含保险费）、流通加工费、运输配送费。计费标准的确定必须考虑市场的接受度和营运成本，而计费功能必须和财务会计系统密切配合。

三、国际物流信息系统的建设步骤

物流业全面融汇了多学科的经济科学和技术科学，涵盖了资源配置学、仓储学、流通学、环境学、运输学、搬运学、营销学、系统学等众多学科。物流企业的信息化建设是一个复杂的系统工程，要分阶段、分步骤完成。

1. 提出信息化建设问题

首先要解决的是基础信息化，利用计算机、网络等技术实现信息共享、信息传输，使信息更广泛的成为控制、决策的依据和基础。在此过程中重点解决信息的采集、传输、加工、共享，以提高决策水平，从而带来经济效益。信息系统的任务就是为决策提供及时并且准确的信息。

其次要解决的是信息化，将系统论和优化技术用于物流的流程设计和改造，融入新的管理制度中。一方面应固化新的流程或新的管理制度，使其得以规范的贯彻；另一方面，应在规定的流程中提供优化的操作方案。此时，信息系统的作用主要在于固化的管理和优化操作。

最后要解决供应链的形成管理。通过对上下游企业的信息反馈服务来提高供应链的协调性和整体效益，如生产企业与销售企业的协同、供应商与采购的协同等。供应链的基础是建立互利的利益机制，物流信息系统的主要作用是实现这种机制的手段，例如销售商的库存由供应商的自动补货系统来管理，生产计划根据销售商的市场预测来安排等。

2. 规范管理流程

物流业为服务行业，产生的信息量大，用传统的工具无法一一记录下来；同时也存在信息共享和交流不及时的现象，严重影响了工作的效率；员工工作的考核也停留在表面现象，奖惩没有明确的数据依据，管理缺乏透明度和伸缩性。依靠传统的方式和工具，无法科学地进行过程的管理和控制，利用传统通信手段已经远远不能了解到异地分支机构的运行状况。这只是日常管理的简单现象，但已经导致了客户服务水平的低下，影响了客户对企业的信息和忠诚度，影响了企业业务的再拓展。

3. 数据化进程的管理

物流行业的过程管理可分为：业务收益、仓储管理、配送管理、客户管理和决策支持等，有的公司涉及人事、部门、分公司、代办点、配送、车辆、货运调度、仓库调拨，有的公司还会涉及条码、GPS、拣货等过程，所以物流行业的过程管理比较复杂。

实施信息化建设，要将各个过程数据化，相关的过程用数据相互联结起来，将工作过程管理转化为数据流管理，同时将关键数据指标转换为决策数据。

图 6-3 是简化后的国际物流信息系统结构，各种数据资源统一在数据交换中心进行管理和分配，整个系统数据按两条索引线集中和分发，这两条索引线是货物和费用。财务管理最好不要包括在这个系统中，财务管理的内容属于公司机密，在此系统中不利于数据的安全性。

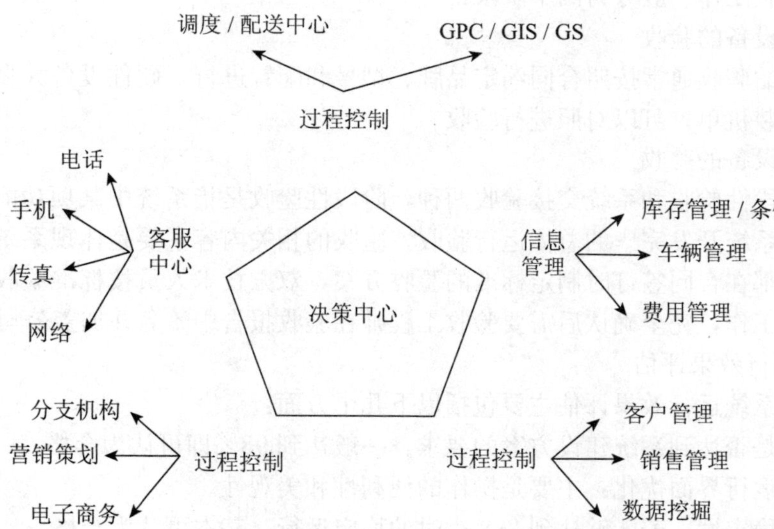

图 6-3　国际物流信息系统结构

在确定信息化建设项目之前，必须按两条索引线设计出过程管理的数据模型，以便决定系统的规模和实施目标，同时也便于集成商提供切合实际的解决方案和价格体系。

4. 明确系统建设初期的目标和规模

确定了以上的步骤内容之后，信息化建设的目标也就明确了。没有一个信息化建设项目可以一步到位，这取决于初期资金的投入和系统运行的效果评估。根据目标和具体过程进行分析，将整个系统进行阶段划分，阶段划分的依据就是不影响过程管理和数据流管理，每个阶段的系统既可以独立运行也可以整合运行。所以，明确初期目标和规模时，最好与在物流领域较为专业的顾问或开发公司合作。

5. 选择解决方案

在明确了初期的目标和规模后就可以联系集成商，收集技术解决方案。技术解决方案一般包括系统结构、系统功能、系统投资预测、组织方案、实施方案等，同时附带服务承诺等相关内容。技术解决方案的内容大同小异，为了确定实施的可靠性，还需要和集成商就方案内容的细节进行交流。

6. 选择开发商

系统建设方案的产生是采用了很多集成商所提供方案的优势部分综合而成的，所以标准的系统设计方案具有可操作性、可实施性。可以根据这个标准的系统解决方案重新明确系统选型的范围和数量，提出切实的初期和远期建设要求，并通知开发商进行设备和系统的标准报价；同时可以和开发商进行商务洽谈，最终确认适合的系统开发商。

商务合作合同的内容应该包括系统软硬件设备的提供方式、系统实施的进度、商务验收的标准、系统款项的支付方式和步骤、服务承诺、违约责任等内容。一般由于开发商在采购和开发过程中需要付出相当大的成本。因此签订合同时，一般需要支付一定数量的合同预付金，并在设备到货时支付一定的违约金。系统开发的过程中和系统初始运行时，都要支付一定的履约金；系统验收合格后，会有一段时间的质量保证期。

7. 国际物流信息系统的施工和验收

系统的验收工作一般分为两个阶段：

（1）硬件设备的验收

硬件设备的验收通常按照合同约定品牌、型号和配置进行，硬件设备大多有生产商印刷的标准设备装机单，可以对照进行验收。

（2）软件设备的验收

一般有阶段性验收和系统交接验收两种，阶段性验收是指系统中某项功能的验收，系统交接验收是系统开发完毕的总体运行验收。验收的相关内容主要是体现系统建设方案中的内容，一般都在合同签订时制定标准的验收方案，双方技术人员按标准验收方案进行系统的最终验收工作，完全确认后需要验收工程师在验收报告中签名并加盖公司印章。

8. 系统运行效果评估

物流信息系统运行效果评估主要包括以下几个方面：

（1）功能是否达到系统建设方案的要求：一般达到98%即可认为合格。

（2）系统运行界面优化：主要是操作的便利性和美观性。

（3）系统稳定性：若能够达到288小时的稳定运行，基本可认为合格。

（4）系统的速度。

（5）系统的可扩展性。

（6）是否遵守服务承诺。

四、建立国际物流信息系统应注意的问题

1. 要以企业发展战略和物流竞争战略为基本指针

建立国际物流信息系统是企业的长期战略投资行为，必须以企业发展战略和物流竞争战略为基本指针。没有战略的依据，企业对国际物流信息系统的投资就是盲目的投资。

2. 要以客户服务需求为基本依据

要以客户服务需求为基本依据，确定国际物流运作流程。企业建立国际物流信息系统的前提是要确定其国际物流运作流程。

国际物流运作流程设计或再造的依据有两个：一是客户的物流服务需求；二是企业的物流管理模式。前者是系统目标，但可能导致企业国际物流系统如物流中心的选址、布局和结构的变化，进而导致流程的变化。后者是服务手段，是企业为满足客户需求而配置物

流服务资源的方法，如存货水平的控制、布局和结构配置、存货可得性的优先度排序、不同运输方式的选择等。显然，同一个企业当它采用不同的物流管理模式，或集中、或分散、或分集、或外包的时候，其国际物流运作的流程以及相应的国际物流信息系统——数据集中存放或数据分集存放是不一样的。

事实上，在客户需求确定以后，企业的物流管理模式将对流程设计起决定性的作用。这时，国际物流运作流程的设计问题实际上已经转化为客户需求和企业服务能力的匹配问题。

必须指出的是，在实践中，人们往往只注意企业的物流管理模式而忽视客户具体的物流服务需求，这就使得国际物流信息系统的设计失去了最根本的依据。因此，往往不能建立有关信息与客户服务之间直接的关系，所建立的国际物流信息系统要么是过于理想化而不适用，要么就仅仅是企业现有国际物流运作管理模式和台账的桌面化。

3. 要与客户一起商定国际物流服务目标

进行企业国际物流信息系统的设计时，要与客户一起商定物流服务目标，确定企业物流管理模式以及信息分享机制。这对第三方物流供应商特别重要。没有互动的机制，就没有信息的分享；没有信息的分享，就没有高水平的物流服务，也就没有高效的第三方物流。

4. 系统的结构要具有开放性和扩张性

如果要把现在的仓库改造为增值服务中心，则在信息系统的配置方面，至少要有仓库管理系统（WMS）和商务管理系统（BMS），另外还要配置条码印刷系统（BCP）和无线终端识别系统（RF）等。但一定要以企业的国际物流发展战略为依据，同时还要考虑有关信息技术的经济寿命，要防止为预留功能接口而购进冗余的设备或造成资金沉淀。

第四节 案例——现代化信息系统在UPS中的应用

1. UPS开展电子商务的启示

美国联合包裹服务公司（UPS）是一家百年老字号，也是美国经济的支柱企业。在经过近一个世纪的运作之后，它已经由一家拥有技术的货车运输公司，演变成拥有货车的技术型公司。这是一个突破性的变革，成功来自于UPS在数字时代来临时紧紧抓住了发展电子商务这一良机，实现了由传统物流企业向电子物流企业的跨跃。

商业界人士评价，当经济的原动力已从实物的传递转向大规模的信息电子化传递时，真正的赢家将是UPS这样二者兼具的公司。

自从UPS于20世纪初开始在西雅图百货商店之间穿梭运送福特T形车和摩托车以来，它几乎已成为美国经济中一只无形的手。这家以深棕色为代表的公司，一直严格遵循着自己成功的业务模式，并受到称赞。

几年前，UPS罢工事件使其竞争对手在15天内获取了共3.5亿美元的收入。事后，UPS感觉到，必须尽快修复与公司广大司机及不满客户之间的关系。同时，他们更深刻地认识到，公司虽然实现了在每个工作日投递1300万个邮包的创举，但还不足以在正迈向全球化、知识化的物流业市场中竞争。必须摆脱企业曾墨守成规的经营模式，向电子物流业发展。才有益于迎接世界商务的新浪潮。

早在20世纪80年代，UPS就决定创立一个强有力的信息技术系统。在最近10年中，该公司在技术方面投入110亿美元，配置主机、PC机、手提计算机、无线调制解调器、蜂窝通信系统等，并网罗了4000名程序工程师及技术人员。这种投入，不仅使UPS实现了与99%的美国公司和96%的美国居民之间的电子联系。同时，也实现了对每件货物运输即时状况的掌握。

UPS总裁兼首席执行官吉姆·凯利在解释传统供应链与电子供应链的区别时说，电子供应链改变了传统供应链的运行方向。在传统供应链中，供应商是将货物沿着供应链向最终用户的方向“推动”。这样的系统需要在仓库里储存货物，尽管这种作法并不合算。而电子供应链主张的是及时生产顾客所需的产品，故不需在仓储上耗费巨资。

在电子商务及新的在线购物系统中，顾客可从供应链的每个成员中“拉出”他们所需的东西以获得更加快速而可靠的服务，而供应商也可减少成本。为了有效地实施拉动战略，企业必须改善供应链中的联系。UPS一直在争取使自己成为每位客户供应链中不可缺少的环节。在这个过程中，UPS成长为一家信息公司。目前，UPS可向顾客和供应链提供瞬间电子接入服务，以便查阅有关包裹运输和传递过程的信息。在1998年圣诞节前夕，有100万名顾客访问UPS网站，查看所托货物的运送状况。节日期间，在线购物总量的55%是由UPS送达的。

UPS能够对每日运送的1300万个邮包进行电子跟踪。例如一个出差在外的销售员在某地等待某些样品的送达，他可以通过UPS安排的3COM网络系统中输入UPS运单跟踪号码，即可知道货物在哪里。当需要将货物送达另一个目的地时，可再次通过网络以及附近的蜂窝式塔台，找出货物的位置，并指引到最近的投递点。

UPS的驾驶员是公司大型电子跟踪系统中的关键人物。他们携带了一块电子操作板。称作DLAD（运送信息获取装置），可同时捕捉和发送运货信息。一旦用户在DLAD签收了包裹，信息将会在网络中传播。寄件人可以登录UPS网站了解货物情况。同时，驾驶员行驶路线的塞车情况，或用户需即时提货等信息也可发放给DLAD。

除利用网络对货件运送与监控外，利用其网络，公司还可以开拓新的综合商务渠道，既做中间商，又当担保人。UPS通过送货件、担保及运货后向收件人收款，成为商务社会链中一个重要链接点。

UPS在电子商务领域内取得的业绩受到全球的广泛认可。《广告时代的商务营销》杂志将UPS的网站（WWW. UPS. COM）列为世界五大企业间商务网站之一。目前，该网站已采用16种语言提供服务。

2. 联合包裹公司抢占中国快递市场

2001年4月初，一架带有UPS字样的波音747—200型飞机降落在北京首都国际机场。这架从美国直抵中国的飞机，标志的不是一条客运航线的开通，而是美国联合包裹运送服务公司（UPS）的货运飞机获准直航中国，但对国内的速递业、物流业来说，来的不仅是飞机。

（1）飞机只是货运的手段，而UPS的电子商务的作用远大于飞机

有数字显示，去年圣诞节期间，美国有40%的圣诞礼物是通过网络订购获得的。在中国，2250万的互联网用户中，有1/3的人在2000年通过网络购物。而对于现代企业来说，通过电子商务，可以减少物资周转的时间、加快资讯的传递、缩短资金的使用周期、大大

降低企业生产成本。要满足现代企业的这一需求，传统的速递公司要依靠的就不仅仅是飞机，还要借助电子商务手段。正如UPS总裁兼首席执行官吉姆·凯利所言："电子商务不单单是生意上的交流，我们通过电子商务所产生的非包裹运送服务大大拓展了公司的业务。"目前，UPS作为一家包裹快递公司已经在3年内为全球6万多客户提供在线采购和网上包裹跟踪服务。同时，借助网络，UPS的包裹快递概念已有了更广的含义，如2000年1月，UPS将它的服务软件与另一家公司软件进行整合。整合后的软件使该公司的重要文件在互联网上传输时几乎不可能出现泄密事件。

（2）包裹快递贵在神速，直航中国开阔了国内对外贸易

据统计，中国近几年进出口贸易连年上升，这使得中国与世界的快递业务需求增长迅速。吉姆·凯利先生在一次同中国记者的见面会上不止一次地说到："直航中国带给UPS的不只是兴奋。"通过直航，UPS可以更合理地对货运飞机进行合理的装载控制，有效实行更多的服务项目。因航程的缩短，为客户节约费用，缩短运送时间。随着直航飞机的降落，每周会有6班货运飞机抵达北京、上海。到2001年年底，UPS的快递业务将遍及中国120个城市。中国直航权的取得，使UPS成为最快的空运快递公司之一，并领先于大多数竞争对手。

（3）UPS代表着世界快递业进入中国的步伐将越来越快

纵观UPS在中国的发展，1988年与中国外运集团签订合作协议，1996年6月在中国成立第一家合资企业，其间用了8年的时间。而才过去5年，UPS的飞机获准直航中国。可以看出，以UPS为代表的世界快递公司进入中国的步伐正在加快。那么下一步做什么？吉姆·凯利先生对此的回答是："我相信，中国加入世贸之后，UPS有可能进入到中国国内包裹快递领域，具体时间现在不好确定"。

3. 福特委托UPS运送汽车（电子物流）

美国福特汽车公司宣布，它将把其汽车产品的运送服务交给UPS麾下的UPS的全球物流集团。这种合作业务关系要求UPS全球物流集团全权负责管理福特公司生产的福特牌和林肯牌小轿车在美国、加拿大、墨西哥三国的运送业务。UPS全球物流集团作为第三方物流公司并不是进行汽车产品的物质流动，而是代表福特公司进行系统性的管理，正如UPS全球物流集团首席执行官丹·迪马基所说："我们所要做的是设计福特的运送网络，推广新的管理实践、消除瓶颈，减少耽搁，并提供信息技术系统服务，以提高产品最终运送到消费者过程的监控能力。我们公司将这种服务视作从规模化运送系统服务向为单一车辆的展出和个性化服务的转变"。

两家公司表示，它们希望双方建立这种合作联盟关系能够将汽车产品从生产厂到最终消费者的时间减少40%，将比目前的4～15天减少若干天。福特公司希望这种转变将实现实质性的成本节约，即使尚不能完全实现其期望值。

福特的目标不仅仅是节省成本支出。福特公司负责原料、计划与物流的副总裁弗兰克·泰勒说："我们将速度视为重要的竞争优势，我们决定采取进一步措施，我们希望走在时间的前面，通过追求速度和精确服务，来满足消费者的需求"。

将这项服务转交UPS全球物流集团实施还需要18个月时间，但福特公司希望立即见效。泰勒称，福特公司将在这场转变服务的过程中实现库存减少和资金利用的有效改善。他说："由于时间的浪费和难以实现精确的服务，给我们造成很大的损耗。虽然服务台的实施需要1年半的时间，但我们可以在这个系统中的某些环节实现利润获取"。

合作双方将提供以网络为基础的信息服务系统，使福特公司及其经销商能够跟踪单一产品从生产到最后运送的整个过程，最后，实现消费者也能使用这种跟踪服务。泰勒说："福特用户在网上采购汽车产品，会惊喜地发现他们也能够利用网络这个工具来跟踪他们所购产品的运输过程"。

第七章　国际海上运输实务

国际海上运输是指使用船舶通过海上航道在不同国家和地区的港口之间运送货物的一种方式，具有通过能力大、运输量大、运费低廉、对货物的适应性强、速度较低、风险较大等特点。目前，国际贸易总运量中的2/3以上，我国进出口货运总量的90%都是利用海上运输。

本章主要介绍了有关国际海上运输的基本概念，海上班轮运输及租船运输的流程及其主要单证。本章中提及的单证部分见本章最后所附。

第一节　国际海上运输概述

海上运输简称海运，使用船舶通过海上航道运送货物和旅客的一种运输方式，包括沿海运输、国际海洋运输。海洋运输是国际间商品交换中最重要的运输方式之一，货物运输量占全部国际货物运输量的比例大约在80%以上。

一、国际海上运输路段和特点

运输按运输通道的不同，可以分为水上运输、陆上运输、航空运输和管道运输等。其中，水上运输可以分为国际海上运输（也称为国际海洋运输，简称国际海运）和内河运输。而在国际海运中，根据其活动范围，又有远洋运输和沿海运输之分。陆上运输可分为铁路运输、公路运输和管道运输。

国际海运（International Ocean Shipping），是水上运输的构成部分，也是运输的一部分。从狭义的角度来看，它是指以船舶为运输工具，以海洋为运输通道，从事有关跨越海洋运送货物和旅客的运输经营活动，或者说它是以船舶为工具，从事本国港口与外国港口之间或者完全是外国港口之间的货物和旅客的运输，即国与国之间的海上运输。换句话说，国际海运是船舶经营人以船舶为运输工具，以海洋为通道，从事国与国之间货物和旅客的运输并收取运费的经营行为。由于国与国之间的海上运输有时并不一定需要跨越海洋作长距离的海上航行才能实现，而只需沿海航行即可实现，所以，国际海运还包括部分沿海运输。不过，需要跨越海洋、作长距离海上航行则是国际海运的主要部分。

从广义的角度来看，国际海运所包括的范围要广泛得多，它还包括那些为完成国际海运所从事的各种辅助业务或服务工作，如对所承运的货物进行装卸、理货、代理等业务都属于国际海运的范围。

国际海运主要从事国际间的运输，通常都要远涉重洋，不但活动范围广阔、航行距离长、运输风险大，而且其活动要受有关国家法令、规章或国际公约的约束，经营也要受国际航运市场的影响，从而使国际海运有其明显的特点，主要有：

1. 政策性强

国际海运是国际性经济活动，涉及国家间的经济利益和政治利益，其活动当然要受到有关国家的法令、法规或国际公约的约束，政策性比较强，法律的约束性比较规范。

2. 运输线长、涉及面广、环节多、情况复杂

国际间的运输，通常都要远涉重洋，航行距离长，涉及面非常广泛，涉及的环节很多，情况自然比较复杂，而且环境多变，对环境适应性要求比较高。

3. 遭遇海上危险的可能性大

由于国际海运船舶经常是长时间远离海岸在海洋上航行，而且海洋环境复杂，气象多变，随时都可能遇上狂风巨浪、暴雨、雪、雷电、海啸、浮冰等人力不可抗拒的海洋自然灾害的袭击，因而使海运船舶在从事运输的过程中遭遇海上危险的机会大大增加。

4. 发生海上危险造成的损失巨大

国际海运船舶一旦遭遇海上危险后，给船舶和货物所造成的损失往往是十分巨大和惊人的。这是因为一艘远洋运输船舶的规模较大，一次载运货物数量之多，是其他任何运输工具都无法比拟的。特别是那些大型船舶，一旦造成损失，其损失数额都十分巨大。而且当遭遇危险时获得外来力量的援救的及时性差，或者根本无法得到援救而使已经遭遇的危险和损失会进一步扩大。如果油船遭遇事故，除了油船本身及所载的原油损失外，还会因原油洒入海洋而造成海洋环境的污染，其后果和损失惊人，尤以那些超级大型油船发生事故后果更甚。

5. 为适应海上危险形成了一些特殊的海运制度规范

面对海上危险的客观存在，人们在长期的国际海运实践中，通过广泛总结已发生的航海事故，为分散风险、防止和减少海上事故的发生，为在发生事故和损失时能得到一定的经济补偿，为了促进海上运输事业的发展，逐渐形成、发展一些适应海上危险的比较特殊的制度。这些制度沿袭至今，已被普遍接受，包括共同海损制度、海上保险制度、海上救助制度、承运人责任限制制度和船舶所有人责任限制制度等。

6. 对国际海运市场的依存性

一国的海运船舶，主要是承担本国进出口货物的运输。但是，由于进、出口货运量的不平衡，运输季节的不平衡，产、销地区的不平衡等，会使船舶的运力不能得到充分的利用。因此，一国的海运船舶，除承担本国进出口货物的运输外，为了更充分地利用船舶的运力，以取得更好的营运经济效益，就需要使自己的船队进入国际航运市场，承揽其他国家的货载，积极开展第三国的运输。

但是，国际航运市场（特别是不定期船市场）上汇集着许多国家的船舶经营人，他们之间为争揽货载而展开激烈的竞争。在这个市场上，运力的供给与需求的平衡关系，左右着运价或租价水平的变动，任何个别的船舶经营人都不能对市场的运价或租价水平的变动给予很大的影响。相反，个别的船舶经营人的经营活动却不能不适应这个市场行情的变化。这就需要经常地对国际航运市场进行系统的调查研究，了解各条航线上船舶的航行情况及其变化趋势，以及国际政治经济形势的变动情况。在这个基础上，通过对市场变化的分析和预测，掌握和运用市场的变化规律，确定自己的经营方针和对策，合理经营，不断改进和革新技术，改善运输组织工作，努力降低运输成本，提高运输服务质量，提高自身的竞争力。

7. 海运主要货运单证具有国际通用性

海上运输的货运单证繁多，作用各异。虽然各个国家、港口或船公司所使用的货运单证并不完全一致，但因为国际海运船舶航行于不同国家的港口之间，作为划分各方责任和业务联系主要依据的货运单证，当然要能适用于不同国家和港口的各个有关方面。在单证的内容和编制方法上，不但要符合本国法令的规定和业务需要，而且也必须适应国际公约或有关国家的法令或习惯要求，使之能为各关系方所承认和接受。所以，就一些主要的货运单证而言，在名称、作用和记载的内容上常常是大同小异，或是完全一致，可以在国际间通用。

8. 在运输中常会发生各种事故或争议

适用法规的国际统一性海上运输是国际间的运输，在运输中常会发生各种事故或争议。这些问题的发生不一定是在本国的水域范围之内，纠纷或争议的各方也可能分属不同的国家。于是，在处理这些问题时，就有适用哪一个国家的法律规定的问题。有时同一案件按不同国家的法律来处理可能得出完全不同的结果。为此，历来不少国家的航运界都谋求制定一系列能为各国所接受，并共同遵守的国际公约，各个国家在批准这些国际公约后，再相应地进行国内立法，以求得国际上的统一。当然，当一个国家需要制定本国有关国际航运方面的法律规章时，对已经生效的国际公约以及国际上的习惯做法，也要给予应有的考虑和重视，以适应国际海运的需要。

二、国际海上运输组织

随着国际海运业的不断发展，各国政府和非政府组织相继成立了一些政府间国际组织和非政府间国际组织，海运企业间也成立了一些具有经营协作性质的国际组织。这些组织在保证海运安全、建立国际公约和提供海运服务等方面有着重要作用。

1. 国际海事组织

1958 年 2 月 9 日联合国在日内瓦召开海事大会，并于同年 3 月 6 日通过了成立“政府间海事协商组织”（IMCO）的公约，即《政府间海事协商组织公约》。该公约于 1958 年 3 月 17 日生效。1959 年 1 月在伦敦召开的第一次大会期间，政府间海事协商组织正式成立。1982 年 5 月 22 日，该组织更名为“国际海事组织”（International Maritime Organization，IMO）。国际海事组织是联合国在海事方面的一个技术咨询和海运立法机构，是政府间的国际组织（Inter-government Organization，IGO）。所有联合国成员国均可成为国际海事组织的会员国。

我国于 1973 年 3 月 1 日正式参加国际海事组织，并于 1975 年当选为理事国。国际海事组织设有海上安全委员会、海上环境保护委员会、法律委员会、便利委员会和技术合作委员会五个委员会；还设有协助海上安全委员会和海上环境保护委员会的散装液体和气体分委会，危险品、固体货物和集装箱运输分委会，消防分委会，无线电和搜寻与救助分委会，航行安全分委会，船舶设计和设备分委会，稳性、载重线和渔船安全分委会，培训和值班标准分委会及船旗国履约分委会九个分委会。

国际海事组织的宗旨是，“在与从事国际贸易的各种航运技术事宜的政府规定和惯例方面，为各国政府提供合作机会；并在与海上安全、航行效率和防止及控制船舶造成对海洋污染有关的问题上，鼓励和便利各国普遍采用最高可行的标准。”国际海事组织还负责处理与这些宗旨有关的行政和法律事宜。

2. 波罗的海国际海事协会

波罗的海国际海事协会（Baltic and International Maritime Council，BIM CO）属于非政府间的国际组织（Non-Government Organization，NGO），成立于1905年，总部设在哥本哈根。协会成员有航运公司、经纪人公司以及保赔协会等团体或俱乐部组织。该协会的宗旨是保护会员的利益，为会员提供情报咨询服务；防止运价投机和不合理的收费与索赔；拟订和修改标准租船合同和其他货运单证；出版航运业务情报资料等。情报咨询是该协会的基本活动，其服务项目包括：解释租船合同条款或在发生争议时提供建议；提供港口及航线情况；提供港口费用和保费账单等具体资料。它共出版九种协会刊物，如协会每周通知、专门通告、双月通信等，同时拥有丰富的资料供会员索取并有大量资料发表在刊物上。该协会在联合国贸发会议及国际海事组织中享有咨询地位。

3. 国际海事委员会

国际海事委员会于1897年成立于布鲁塞尔。它的主要宗旨是促进海商法、海运关税和各种海运惯例的统一。它的主要工作是草拟各种有关海上运输的公约，如有关提单、有关责任制、有关海上避碰、有关救助等方面的国际公约草案。

国际上第一个海上货物运输公约——著名的《海牙规则》就是由该委员会1921年起草，并在1924年布鲁塞尔会议上讨论通过的。1968年又对《海牙规则》进行了修正，制定了《海牙—维斯比规则》即1968年《布鲁塞尔议定书》。

三、国际海上运输业务

国际海运就其经营形态来说，通常认为只有单纯以经营国际航线上的船舶运输为主要业务的船公司或经营人，其船舶营运业才属于国际海运业，实际上，它只是国际海运业的狭义概念。

事实上，国际航线上的船舶营运业只是国际海运业的一个重要组成部分。广义地说，除主要经营国际航线上的船舶运输业务的船舶营运业外，本身拥有船舶，但并不自行经营运输，而将船舶用于出租的船舶租赁业；本身没有货物或船舶，而以代办或代理本来应由货主或船公司自行办理的业务为经营业务的货运代理业或船舶代理业；以及以促使订舱、租船或买卖船舶交易的成交为目的，作为交易双方的媒介，以代为洽谈生意为主要业务的经纪人（Broker）；乃至港口的装卸、理货业等，都应属于国际海运业。

在国际海运业中，上述构成国际海运业的各种行业，有的是专营的，也有的是兼营的。不论是专营或兼营，作为一项独立的业务，不少航运国家都以法令的形式规定了构成国际海运业的行业种类，包括它们经营的业务内容，以及它们的法定地位。这些行业的种类以及它们的业务内容主要有：

（一）海运承运人（也称船舶营运人或船舶经营人——船公司）

海运承运人是指作为船舶经营人（Operator）以自有的船舶或租用的船舶经营国际航线上客、货运输的行业。其经营方式可以是班轮运输，也可以是租船运输。

（二）海运代理人（Ocean Freight Agent）

海运代理是根据委托人的要求，委托、代办运输业务的机构。属于运输的中间人（中介机构），在承运人和托运人之间起桥梁作用。从事海运代理的人，一般都是经营海运多年，精通业务，经验比较丰富，并熟悉各种运输手续和规章制度的人。海运代理人的种类可以分为租船代理、船务代理。

1. 租船代理

租船代理人又分为船东代理人（Owner's Agent）和租船人代理人（Charter's Agent）。

租船代理的主要业务是在租船市场上为租船人（即受租船人委托代理其租船），或者为船东（Shipowner）寻找货运对象（即受船东委托代理其出租船舶），他们以中间人身份使租船双方达成船舶租赁交易，从中赚取佣金或手续费。

租船代理人的主要业务包括：

（1）按照委托人（船东或租船人）的指示要求，为委托人提供最合适的对象和最有利的条件并促成租赁交易的成交，这是租船代理最主要的业务。

（2）根据双方洽谈确认的条件制成租船合同（Charter Party，C/P），并按委托方的授权代签合同。

（3）为委托人提供航运市场行情、国际航运动态及有关资料信息。

（4）为当事人斡旋调解纠纷，使纠纷得到公平合理的解决。

租船代理佣金（Agency Commission），按照航运国际惯例，由运费或租金收入方（即船东）支付，不论是船东代理人的佣金，还是租船人代理人的佣金，都是由船东支付；代理佣金一般均按租金1%～2.5%在租船租约中加以规定。

2. 船务代理（Shipping Agent）

船务代理是指接受承运人委托，代办与船舶在港有关的各种业务的人。船务代理业务范围很广，主要包括以下几个方面的业务：

（1）船舶进出港口业务

①办理船舶进出港口的各项手续，包括引水、拖轮、靠泊、报关等；

②办理船舶检验、修理、洗舱、熏舱以及海事处理等。

（2）货运业务

①代理船方组织货物装卸、检验、交接、储存、转运、理货等；

②办理揽货、订舱、代收运费；

③制作有关运输单据。

（3）供应工作

①代办船用燃料、淡水、食品及物资供应等；

②代办绳索垫料等。

（4）其他服务性业务

①办理船员登岸、出境手续；

②安排船员食宿、交通、旅游、参观、医疗等；

③其他临时性服务。

3. 货运代理人（Freight Forwarder）

货运代理业，在业界有的也把它称之为报关行（Customs Broker）或运输行（Forwarding Agent），它是指收取佣金，代货主办理货物出口、进口报关手续，或以自己的名义接受海上货物运输的托运，并将自己承运的货物交由船舶经营人运输的行业。

货运代理人是指那些专门接受货主的委托，代表货主办理有关包装、转运、订舱、检验、报关、交接、仓储和调拨等业务的佣金代理人。

货运代理的种类与船务代理的种类有不少是相似的，比如订舱揽货代理代表货主向承运人办理订舱（班轮舱位，而不是租船人代理人那样代表货主去租船，而是订舱，这是区别租船人代理和货运代理的重要标准）。如果货运代理人代表承运人向货主揽货，这时它就成为揽货代理人。还有如：①货物装卸代理；②货物报关代理；③转运代理；④理货代理；⑤储存代理；⑥集装箱代理。

4. 咨询代理（Consulting Agent）

咨询代理是指专门从事咨询工作，按照委托人的需要和要求，提供有关海运咨询情报、资料、数据和信息服务并收取一定报酬的人。

5. 海运经纪人

海运经纪人是以中间人的身份代办洽谈业务，促使交易成交的一种行业。在国际海运中，有关货物的订舱和揽载、托运和承运、船舶的租赁和买卖等项业务，虽然常由交易双方直接洽谈，但由海运经纪人作为媒介洽谈的做法已成为传统的习惯，尤其是船舶的租赁和买卖业务的洽谈，都离不开海运经纪人的参与。

6. 船舶租赁业

船舶租赁业是指船舶所有人本身不经营船舶的营运业务，而是将自有的船舶以光船租船（Bare Charter）的形式出租给承租人，由承租人作为船舶经营人经营船舶营运业务的行业，它实际上属于财产租赁，与国际航运提供海运服务有根本的不同。

7. 装卸、理货业

装卸、理货业是一些接受货主或船舶经营人的委托，在港口分别为开航前或到达目的港后的船舶进行货物装卸、清点、交接、检查货物损坏程度和原因并作出公证、衡量散装货物重量等多项作业的行业。这些行业都是国际海运中不可缺少的。如果细分，这些行业主要有装卸业、理货业、鉴定业和衡重业。

装卸业是办理将货物装船和从船上将货物卸下的行业。经营这种行业的经营人也被称为装卸人或装卸业者（Stevedore）。装卸人对于所在港口经常装卸的货物的包装、性质以及装卸方法都富有经验，对各种类型的船舶也都有深入的了解，能参与制订装卸作业计划，委托人对他们的装卸技术也有所信任。

但是，由于装卸和积载的质量对于船舶和货物的安全有密切的关系，所以，原则上这种作业都是在船长的监督和指挥下进行的。如果由于装卸人的故意、过失、疏忽、不熟练、使用装卸工具不当，或违反船长指挥而造成船舶货物的损坏或人身伤亡，装卸人应负赔偿责任。

理货业是在装货或卸货时，对货物的件数进行清点，并对货物的交接作出证明的行业。理货业的从业人员通常被称为理货人（Tallyman or Checker）。理货通常是由货主或船公司各自委托他们的理货人，即分别由站在货主的立场（Dockside）的理货人和站在船公司立场（Shipside）的理货人会同进行的。在代表双方的理货人的会同确认下，才能证明货物交接的正确性。由于这种正确交接的证明有很强的公正性，所以不但理货人要有较全面的知识和熟练的方法，而且必须具有诚实、公正的品质。

上述各种代理，往往互有交错，并不一定互相排斥，往往各有侧重而已。如船务代理，也有的兼营货运代理；也有兼营一些船务代理业务的。

四、国际海上运输航线

世界各地的水域，在港湾、潮流、风向、水深及地球球面距离等自然条件的限制下，可供船舶航行的一定路径，称为航路。船舶在两个或多个港口之间从事货物运输的线路称为航线。

1. 国际大洋航线

（1）太平洋航线

太平洋沿岸有 30 多个国家和地区，经济水平比较发达。太平洋航线有以下几组。

①远东—北美西海岸各港航线：包括从中国、韩国、日本和俄罗斯远东海港出发到加拿大、美国、墨西哥等北美西海岸各港。目前我国已与北美西海岸港口之间辟有定期集装箱航线。该航线以日本与美国、加拿大贸易量为最大，其次是韩国。

②远东—加勒比海、北美东海岸各港航线：该航线大多是经夏威夷群岛南北至巴拿马运河后到达。

③远东—南美西海岸航线：从我国北方沿海各港出发的船舶多经琉球奄美大岛、硫磺列岛、威克岛、夏威夷群岛之南的莱思群岛附近穿越赤道进入南太平洋至南美西海岸各港。

④远东—东南亚航线：这组航线是我国、朝鲜、韩国、日本去东南亚各港，以及过马六甲海峡去波斯湾、地中海、西北欧、东西非、南美东海岸各港常走航线。东海、台湾海峡、巴斯海峡、南海是该航线船舶经常进出的海域。

⑤远东—澳、新航线：由于澳大利亚面积辽阔，远东至新西兰、澳大利亚东西海岸航线有所不同。我国北方沿海各港去澳东海岸和新西兰港口，走琉球、加罗林群岛，进入所罗门海、珊瑚海；日本等国到该地区的航线也基本与我国相同。但中澳之间的集装箱航线则由我国北方港口南下经香港加载后经南海、苏拉威西海、班达海、阿拉弗拉海，然后进入珊瑚海、塔斯曼海。中国去澳西海岸航线，多半经菲律宾的民都洛海峡，然后经望加锡海峡、龙目海峡南下。

⑥澳、新—北关东西海岸航线：澳、新至北美西海岸航线大多途经苏瓦、檀香山等太平洋上重要航站。澳、新至北美东海岸航线则大多取道社会群岛中的帕皮提，后经巴拿马运河到达。

⑦北美—东南亚航线：这组航线一般要经过夏威夷、关岛、菲律宾等地，到北美东海岸和加勒比海各港要经巴拿马运河。

（2）大西洋航线

大西洋水域辽阔，海岸线曲折，有许多优良港湾和深入大陆的内海。北大西洋两侧是西欧、北美两个世界经济发达的地区，又有苏伊士运河和巴拿马运河通印度洋和太平洋。

①西北欧—北美东海岸各港航线：这组由北美东海岸经过纽芬兰横渡大西洋进入西北欧的航线历史最悠久，是美国、加拿大与西、北欧各国之间国际贸易的海上大动脉。

②西北欧、北美东岸—加勒比海各港航线：该航线大多出英吉利海峡后横渡大西洋。除去加勒比海沿岸各港外，还经巴拿马运河到达美洲太平洋西岸。

③西北欧、北美东岸—地中海、苏伊士运河去东方航线：这是世界上最繁忙的一条航线，它除与地中海各港间往来外，还与海湾国家往来密切。

④西北欧，地中海—南美东海岸航线：该航线一般经过西非大西洋岛屿、加拿利群岛、佛得角群岛上的航站。

⑤西北欧、北美大西洋岸—好望角、东方航线：该航线一般是巨型油船的运输线。西北欧、北美去海湾运油的 15 万吨级以上巨轮必须经过好望角。西非大西洋上的佛得角群

岛、加拿利群岛是它们经常停靠的地方。

⑥南美东海岸—好望角航线：它是南美东海岸去海湾运油，或远东国家购买巴西的矿石常走的路线。中国至南美东海岸运油和矿石也走该航线。

（3）印度洋航线

由于印度洋的特殊地理位置，其航线可以将大西洋与太平洋连接起来，因此经过的航线众多。

①横贯印度洋东西的航线：这组航线是从亚洲太平洋地区和大洋洲横穿印度洋西行的航线，在这组航线上的港口如塞得港、苏伊士港、亚丁、利伦坡等因地理位置的特殊性而有着极其重要的地位。

②进出印度洋北部国家各港的航线：印度洋北部包括孟加拉湾、阿拉伯海沿岸各国，即进出缅甸、孟加拉国、印度、斯里兰卡、巴基斯坦等国港口的航线。船舶来自东部太平洋地区或欧洲。

③进出波斯湾沿岸国家的航线：波斯湾沿岸大多为石油输出国，石油为这组航线的基本货物。大致分三条航线，一条是去曼德海峡和红海，经苏伊士运河、地中海进入大西洋，到达欧洲或继续驶往北美；另一条是南下印度洋，经东非的索马里、肯尼亚、坦桑尼亚附近，绕道好望角通往大西洋，到达西欧和北美；还有一条是由波斯湾东行，经印度洋、马六甲海峡、太平洋到东南亚和日本。

④出非洲东岸国家的航线：在这条航线上货物的运量较其他航线要少，但它仍是印度洋上一组重要的航线。

2. 世界主要运河航线

（1）苏伊士运河航线（Suez Canal Shipping Line）

①苏伊士运河。苏伊士运河 1869 年通航，全长 161 千米，沟通了红海、地中海，把印度洋与大西洋联结起来，它是世界上第一大运河。

苏伊士运河现在每天通过的船舶吨位在 500 万吨以上，其航道水深在 12～13 米，25 万吨的空船、8 万吨满载的船都可以通过。苏伊士运河没有闸门，通行方便。

②航线。该航线西起北欧、西欧、北非，经地中海，通过苏伊士运河，穿过红海进入印度洋后分为两路，东至远东各主要港口，为欧亚间主要航线；南至澳洲、新西兰各主要港口，为欧澳新之间主要航线。

从远东至欧洲经印度绕道好望角的航程有 13000 多千米，但通过苏伊士运河航线，则可使欧亚航程缩短约 7500 千米，它是连接欧亚非三大洲的主要海上通道。我国上海港到欧洲各主要港口，经过苏伊士运河可缩短航程 4000 多千米。

（2）巴拿马运河航线（Panama Canal Shipping Line）

①巴拿马运河。巴拿马运河位于美洲巴拿马共和国的中部，它是沟通太平洋和大西洋的重要航运要道。巴拿马运河全长 81.3 千米，水深 13～15 米，河宽 150～304 米。因为大西洋水位高，太平洋水位低，整个运河的水位高出两大洋 26 米，全程设有 6 座船闸。船舶通过运河一般需要 9 个小时，可以通航 76000 吨级的轮船。巴拿马运河于 1914 年竣工，1915 年通航，1920 年起运河成为国际通航水道。由于巴拿马运河的开通，太平洋与大西洋之间的航程比原来缩短了 5000 千米至 1 万千米。现在，每年大约有 1.2～1.5 万艘来自世界各地的船舶经过这条运河。

②航线。巴拿马运河北起大西洋加勒比海，经里蒙湾，穿过巴拿马河，南经巴拿马

湾，进入太平洋。巴拿马运河是连接大西洋与太平洋两岸各港口的重要航线，避免了绕道南美的合恩角，大大缩短了航程，成为美洲大陆东西两岸之间和远东至美洲东岸之间的重要运输通道。

(3) 基尔运河航线 (Kiel Canal Shipping Line)

①基尔运河。基尔市位于基尔湾，基尔运河全长98.7千米，1895年通航，开通时间比较早，位于德国境内。基尔运河西起易北河口的布龙斯比特尔，东到基尔市北的荷尔台瑙，运河水面宽162米，底宽90米，水深11米，上空飞跨7座大桥，桥梁净空42米，犹如钢铁巨龙横空出世，桥下3万吨的海轮也畅通无阻。

②航线。基尔运河航线由波罗的海各国港口，经基尔运河，连接大西洋。成为波罗的海沿岸国家，途经德国，直接进入大西洋的国际海运的重要通道。基尔运河修通后，轮船从波罗的海到北海不必绕道日德兰半岛，节省航程600千米。基尔运河平均每8分钟过1艘船，每年通过船舶几万艘，号称世界上最繁忙的运河。

(4) 圣-劳伦斯河道航线 (St. Lawrence Water Way)

圣-劳伦斯河道，位于加拿大与美国之间，它把北美五大湖连接起来。直通大西洋。河道相当深，大船一般都可以进去，不足的是由于冰冻全年有四个月不能通航（一般是自当年11月15日至次年的3月15日）。我国进口的许多小麦、木材大都从这条河道运来。

3. 集装箱运输的主要航线

当前，世界上规模最大的三条主要集装箱航线是：远东—北美航线，远东—欧洲、地中海航线，北美—欧洲、地中海航线。

(1) 远东—北美航线

远东—北美航线习惯上也称为（泛）太平洋航线，该航线实际上可以分为两条航线，一条是远东—北美西岸航线，另一条为远东—北美东岸航线。远东—北美西岸航线主要由远东—加利福尼亚航线和远东—西雅图、温哥华航线组成。其涉及港口主要有亚洲的高雄、釜山、上海、香港、东京、神户、横滨等港口，和北美西岸的长滩、洛杉矶、西雅图、塔科马、奥克兰港和温哥华港，涉及亚洲的中国（含香港和台湾地区）、韩国、日本以及北美的美国和加拿大东部地区。远东—北美东岸的纽约航线涉及的北美东岸港口主要有美国东部地区的纽约港、新泽西港、查尔斯顿港和新奥尔良港。

(2) 远东—欧洲、地中海航线

远东—欧洲、地中海航线也被称为欧地线。该航线由远东—欧洲航线和远东—地中海航线组成。远东—欧洲航线是1879年由英国4家船公司开辟的世界最古老的定期航线。欧洲地区涉及的主要港口有：荷兰的鹿特丹港，德国的汉堡港、不来梅港，比利时的安特卫普港和英国的费利克斯托港。远东—地中海航线是1972年10月开始集装箱运输的，其地中海地区主要涉及的港口有位于西班牙南部的阿尔赫西拉斯、意大利的焦亚陶罗和位于地中海的中央——马耳他岛南端的马尔萨什洛克港。

(3) 北美—欧洲、地中海航线

北美—欧洲、地中海航线也被称为跨大西洋航线。该航线实际包括三条航线：北美东岸、海湾—欧洲航线，北美东岸、海湾—地中海航线，北美西岸—欧洲、地中海航线。

五、国际海上运输港口

港口是指运输网络中水陆运输的枢纽，是货物的集散地，船舶与其他运输工具的衔接点。它可提供船舶靠泊、旅客上下船、货物装卸、储存、驳运以及其他业务，并具有明确的水域和陆域范围。

1. 港口的分类

按地理位置不同，可把港口分为海港（如湛江港、大连港）、河口港（如上海港、鹿特丹港）、内河港（如南京港、武汉港）、湖港、水库港。

按用途和权属分类，可把港口分为货主港、军用港、避风港、商业港。其中，商业港又可分为存储港、转运港和经过港。

按国家贸易政策分类，可把港口分为国际贸易港、国内贸易港和自由港。

2. 港口通过能力

港口通过能力是指一定时期内港口能够装卸船的货物数量。它由下列条件所决定：①码头的长度和所在地；②仓库的所在地和容量；③交通路线；④装卸机械的类型、位置作业效率；⑤港口的管理水平。

3. 现代港口应具备的设施条件

一个现代化的港口应具备相关的水面设施、导航设施。为保证船舶在港口内安全装卸货物，还应该有防波设施、装卸设施、码头设施。为及时处理疏散货物，还应该设置仓储设施、交通设施等。

4. 世界主要港口

（1）香港（Hong Kong）

香港是全球最繁忙和效率最高的国际货柜港之一，是全球供应链上的主要枢纽港。港口是香港特区的经济命脉之一，处理的货运量 80%经由港口处理。2007 年，香港特区处理的货柜达 2388 万标准箱（TEU），排在世界第三位。其中，葵青货柜码头的吞吐量达 1732 万个标准箱，占全港口吞吐量的 60%。余下 40%的货柜则是在中流作业区、内河货运码头、公众货物起卸区、浮标和碇泊处及其他私人货仓码头处理。

香港港口素以效率高著称，设施全部由私营公司投资、拥有和经营，各营办商积极引进新的货物管理技术，增强处理效率。政府的角色是负责制订长远的策略规划，提供所需的基建配套。

2010 年香港货柜吞吐量达 2370 万标准箱，预计到 2020 年，香港港口吞吐量将平均每年增长 4%，2020 年为 3508 万标准箱。

（2）上海港（Shanghai）

上海港位于北纬 31°143′，东经 121°29′，地处中国内地东海岸的中部，是“黄金水道”长江与沿海运输通道构成的“T”字形水运网络的枢纽港，前通中国南、北沿海和世界各大洋，后贯长江流域及江、浙、皖内河、太湖流域，公路、铁路网纵横交错，可通达全国各地和世界各国港口。

上海港过去长期位列香港、新加坡港、鹿特丹港等世界名港之后，2010 年取代香港成为全球港口排名第一的世界型大港。2010 年上海港的货物吞吐量达 6.53 亿吨，超过新加坡港，成为世界第一大港。2010 年上海港完成的集装箱吞吐量达到 2907 万标准箱，比上年增长 16.3%，同样居于世界第一。外贸吞吐量完成 3.0 亿吨，比上年增长 17.1%。

（3）新加坡港（Singapore）

新加坡港地处新加坡岛南端。该岛东西长 42 千米，向北宽 22.5 千米，既是新加坡的首都，也是天然良港。优越的地理位置是新加坡港迅速发展的重要条件。随着世界航运业的繁荣和马六甲海峡航运的繁忙，新加坡的作用和地位越来越重要。新加坡港内有 3.4 千米的码头群，能同时容纳 30 多艘巨轮停靠。从新加坡港起航，有 250 多条航线通往世界各主要港口。2010 年，新加坡港的货物吞吐量为 5.03 亿吨，位居上海之后为世界第二大港，以货物吞吐量计，2010 年新加坡港集装箱货物装卸量为 2840 万标准箱，较 2009 年的 2587 万标准箱增长 9.9%。新加坡港的管理非常现代化。采用的是最新的电子技术和机械。新加坡港还拥有 40 万吨级的巨型旱船坞和两个 30 万吨级的旱船坞，可以修理世界上最大的超级油轮，能够同时修理总吨位达 210 万吨的船只，是亚洲最大的修船基地。

(4) 鹿特丹港（Rotterdam）

鹿特丹港位于莱茵河与马斯河河口，西依北海，东溯莱茵河、多瑙河，可通至里海，有“欧洲门户”之称。港区面积约 100 平方千米，码头总长 42 千米，吃水最深处达 22 米，可停泊 54.5 万吨的特大油轮。第二次世界大战后，随着欧洲经济复兴和共同市场的建立，鹿特丹港凭借优越的地理位置得到迅速发展，1961 年，吞吐量首次超过纽约港(1.8 亿吨)，成为世界第一大港。此后到 2003 年一直保持世界第一大港地位，2000 年，吞吐量达 3.2 亿吨，创最高记录。鹿特丹港现在是欧洲第一大港，世界第三大港，位列上海港和新加坡港之后。鹿特丹港有世界最先进的 ECT 集装箱码头（即无人操作装卸码头，俗称“鬼码头”)，年运输量达 640 万标准箱，居世界第四位。它还是 500 多条航线的船籍港或停靠港，通往全球 1000 余个港口，平均每天进出港货物达 100 多万吨。鹿特丹港目前每年约有 3.5 万艘海轮在此往返，13 万艘内河船往来于鹿特丹港和其他欧陆港口之间。

鹿特丹港新建成的三大港区，一是博特莱克港，包括港区及工业区在内占地面积为 12.5 平方千米。港区内建有各种专用码头和集装箱船、滚装船、载驳船作业区。二是欧罗港区，占地面积为 36 平方千米。通过疏浚航道后，低潮时最大水深可达 22 米，可停靠 20 万吨级的油轮和 8 万吨级的散货船。三是斯弗拉克特港区，占地 33 平方千米。它是利用沿岸浅滩，经过疏浚而建成的。港区在新水道入海口以南，伸入海域达 5 千米，低潮时，港内水深也能维持在 19～23 米。上述三大港区构成了鹿特丹港的主体。

鹿特丹港有着现代化的港口设施，同时，港口调度指挥也是依靠了先进的设备和科学的方法。在出海口的荷兰角上有个交通控制中心，建立于 16 世纪。当初的信号指挥调度已发展成为现在的无线电、雷达和先进的电子计算机系统控制。

鹿特丹港区服务最大的特点是储、运、销一条龙。通过一些保税仓库和货物分拨中心进行储运和再加工，提高货物的附加值，然后通过公路、铁路、河道、空运、海运等多种运输路线将货物送到荷兰和欧洲的目的地。

(5) 纽约港（New York）

美国的纽约港也叫新泽西港，是世界上最大的天然深水港之一，位于纽约州东南的赫德森河口，濒临大西洋。港区面积有 3800 平方千米，有水深 9～14.6 米的深水泊位 400 多个，有集装箱码头 37 个，是世界上港区面积最大的港口。整个港区有 140 多条货、客运输线通往世界各地，外贸进出口年货运量达 6000 万吨。

纽约港港口宽深，天然掩护条件好，潮差小，冬季不冻，自然条件非常优越。纽约港初建于 1524 年，最先是意大利人来到赫德森河口，1626 年荷兰人从印第安人手中买下曼哈顿岛辟为贸易站，称之为“新阿姆斯特丹”，这也是当地开发的开始。1664 年，这一地区又为英国人占领，改称纽约。1825 年伊利河通航，大大促进了纽约港区的建设。

美国的世界级大港还有位于美国南部密西西比河畔的新奥尔良港（New Orleans）和

位于墨西哥湾的休斯敦港（Huston）。新奥尔良港是美国仅次于纽约港的全美第二大港，休斯敦港是美国进出口贸易第一大港，是美国对外贸易的一个重要门户，也是世界第七大港。

（6）横滨港（Yokohama）

横滨港位于东京湾西北部，港内风平浪静，航道水深10米以上，是一个天然良港。横滨港原是一个不出名的渔村，没有什么港口建设，最初只修建了两座码头，仅供停靠小船，稍大的船只能离岸锚泊，货物只能用驳船搬运。随着日本外贸和渔业的迅速发展，来往横滨的船只越来越多。1889年年初，日本政府投入大量资金，对横滨港的设施进行改建和扩建，致使通过该港进行的外贸额大量增加，并成为日本通向世界的最大国际贸易港。进入20世纪以来，横滨港的建设有了更大的发展，通过填海造陆等工程，港区和市区不断扩大。然而，1923年日本关东大地震使横滨损失惨重，全部港口设施受到严重损坏。地震之后，横滨的重建工程发展很快，其间虽然由于太平洋战争等原因一度被迫停建，但第二次世界大战后恢复得相当迅速。1962年以后，横滨港开始按照现代化的要求建造码头设施。

横滨港是日本海港中距美国最近的一个，美日海上贸易多以此港为装卸港。近年来，横滨港的吞吐量大量增加，每天可以同时有70多艘大型船只进入，集装箱码头的发展也很快。日本政府一向重视横滨港的建设和发展，极力使之成为一个现代化的海港。

日本的世界级大港还有日本第一大港口神户港。

（7）安特卫普港（Antwerp）

安特卫普位于北纬50°13′，东经4°23′，在比利时北部和斯海尔德河的下游，距北海89海里。

安特卫普是比利时第二大工业中心，也是北欧北部的贸易中心，安特卫普港是欧洲第二大、世界第四大港口。2010年，安特卫普港货物吞吐量为1.78亿吨，在严峻的国际形势之下仍然保持欧洲最大的运输和物流中心的地位。安特卫普港在2010年货物吞吐量为847万标准箱，比上年增长了15.9%。

安特卫普港是欧洲主要的管线枢纽，也是最大的化学工业群。它提供300多条定期班轮的服务，每年发送14000个海运航班，到达800多个目的地，现正把集装箱的吞吐能力提高到每年700多万个标准箱，它将把港口现在的集装箱吞吐量几乎翻一倍，达到每年1200万个标准箱，并拥有欧洲最大的有覆盖的仓储面积（1186英亩，或480万平方米）。

由于斯海尔德河和海口航道的改善，安特卫普港可容纳10万吨级的船舶泊靠装卸货物，吃水47英尺的船可自由进出。码头起重机的起卸能力为800吨。整个港区面积为1.78万公顷。其中各类型的码头面积共1350公顷，码头全长99千米，集装箱码头泊位18个，储油仓1200万立方米，还有339英亩（137.2万平方米）的冷藏仓库。

（8）马赛港（Marseilles）

马赛位于法国南部的地中海岸边，是法国的第二大城市，也是法国最大的工业中心和港口城市。马赛港是法国的最大港口，其吞吐能力居欧洲第二位。

马赛港迄今大约有2600多年的历史。目前的马赛港区共有7个港池和2个外港，码头总长19千米。有93个码头泊位是专供远洋轮船使用的，所占码头长度达13.5千米，码头水深6～14.5米，还有4个等候泊位和2个修船泊位。马赛港区的码头主要用于处理杂货以及客货运输和修船业务。与城市经济有关的货运则通过专用转运码头处理，这一港区最多可处理600万吨货运量。

马赛港还拥有10个旱船坞，其中一个可容纳载重量为54万吨的货船。

马赛港的拉维拉—卡隆特—布克港区是1952年专为运输原油、石油产品、液化天然气和各种化学制品而建设的。该港水深达12.5米，有9个泊位，可容纳8万吨级的轮船。这些泊位有管道与法国炼油公司和英国石油公司的储油罐连接并与南欧管道衔接。此外，该港区还有7个泊位专门用于散装货物运输，另外还有2个修船湿坞。

马赛港还有一些专门用途的港区与码头泊位。马赛港不仅为法国，而且也为欧洲的经济发展服务，其航运路网不断扩展。由于马赛港作为石油和天然气转运基地的作用日趋重要，许多管线从港区向外呈扇形伸展。马赛港把法国和欧洲紧密地联系起来了。

(9) 伦敦港（London）

伦敦港是英国最大的海港。伦敦始建于公元前43年，历史上就是一个海运昌盛的地方，19世纪以来成为世界上重要的国际贸易中心和金融中心。1909年，英国伦敦市的一些私营码头和公司联合成立了伦敦港务局，统一管理泰晤士河和航道。首先从河床挖出了5亿吨泥沙，使这条河成为当时世界上最深的河运水道。此后，伦敦港的发展经历了曲折的历程。今天的伦敦港区主要在市中心以东40千米的提尔伯里和沿河下游。这里的港区水域面积达63公顷，码头岸线长8.2千米，有4个主要港池，水深11～12米，可以停泊3万吨级的货船。港池内有4个集装箱泊位，3个滚装泊位和其他杂货泊位。其中集装箱泊位是欧洲最现代化的集装箱码头。

欧洲的世界级大港还有德国的汉堡港等。

5. 我国主要港口

除香港外，我国的主要港口还有：上海港、深圳港、大连港、天津港、秦皇岛港、青岛港、广州港、连云港港、湛江港、宁波港、烟台港、南通港、温州港、福州港、厦门港、北海港、海口港等。其中，包括上海港在内，现在已经有深圳港、大连港、天津港、秦皇岛港、青岛港、广州港、宁波港八大港口位列世界级过亿吨的大港行列。

第二节　国际海上运输业务流程

国际海上运输业务一般涉及班轮业务和租船业务两大类，具体的业务流程见下面的详细讲解。

一、国际海上运输出口业务流程

海运出口货物运输业务是根据贸易合同有关的运输条款，把国外客户订购的货物加以组织，通过海上运输方式运到目的港的一种业务。其基本的业务流程如图7-1所示。

海运出口运输业务与贸易术语和价格条件关系紧密，如以FOB条件成交的出口货物，则由买方负责运输工作。如以CIF或CFR条件签订的出口合同，则由卖方租船订舱，安排运输；下面以在CIF或CFR条件下，由卖方安排运输工作为例，介绍出口货物运输业务的流程。

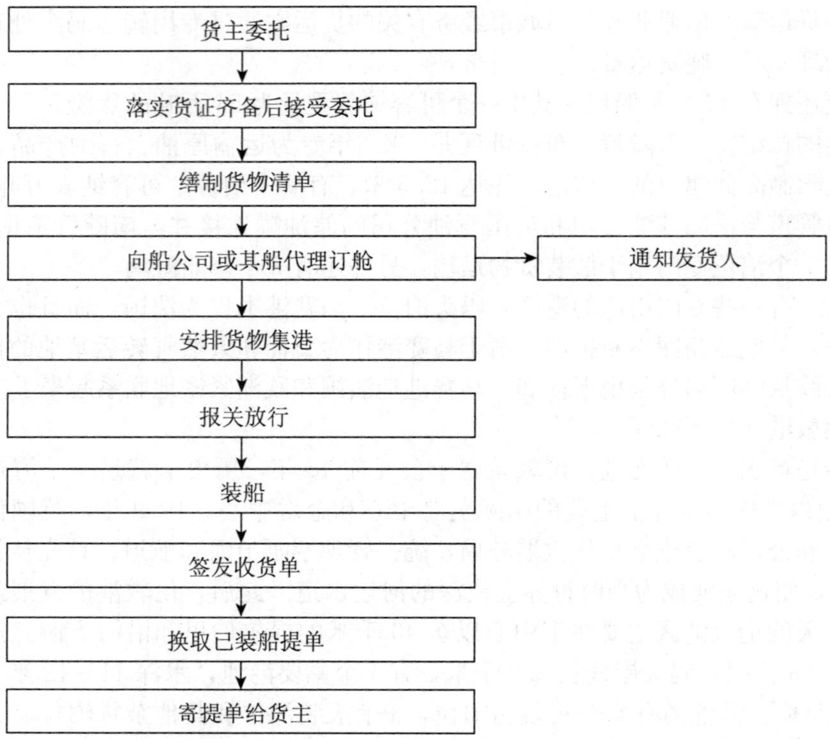

图 7－1 海运出口货运代理的基本业务流程

1. 审核信用证中的装运条款

一般情况下，应在收到信用证后一定期限内装运。如近洋运输不少于 20 天，远洋运输不少于 1 个月。因此，在合同中应订明信用证须于装运期前若干天开到卖方的期限。同时考虑到某些航线由于船期多变或装运港拥挤等情况，尽量争取在信用证中规定自动延期若干天的条款，以免卖方违约。出口单位在收到信用证以后，要对其进行严格审核，如发现信用证中的有关条款与贸易合同内容不符，应及时要求进口方修改信用证。

在审核信用证的装运条款时，要重点审核装运期、装运港、目的港、结汇日期；转船和分批装运等条款，要根据货物出运前的实际情况，决定是否对信用证中的有关运输条款接受、修改或拒绝。

2. 备货、报验和领证

出口方在收到信用证后，要严格按信用证上规定的交货期及时备好出口货物，并按合同及信用证的要求对货物进行包装、刷唛。

对需经检验机构检验出证的出口货物，在货物备齐后，应向商检机构申请检验，取得合格的检验证书。

3. 租船、订舱和配载

履行以 CIF 或 CFR 价格条件成交的出口贸易合同时，根据贸易条件应由卖方派船装运出口货物。如仅向船方洽订部分舱位装货，称为订舱；如卖方向船东具体洽租一条船装载，称为租船；至于货方根据货运需要与船公司达成协议，将货物分配给具体船只承运，称为配载。

根据贸易合同的规定，出口方要根据货物的性质和数量决定租船或订舱。在与船公司商定所需舱位、运费和其他条件后，货方应向船公司或其代理人以书面的方式提出包括货物详细的情况、卸货地点、装运数量、起运日期等内容的有关托运货物的单证，这就是“海运出口货物委托书”，即订舱单。合理配载，对货方来说，主要是考虑能够把出口货物安全、准确、迅速、节省、方便地运抵目的港交给收货人，以完成贸易合同；对船方来说，则考虑所配载的货物能使船舶保持满舱和满载，尽可能减少亏舱成本。

4. 出口货物集中起运港

在洽谈妥船舶或舱位后，货方应在规定的时间内将符合装船条件的出口货物发运到港区内指定的仓库或货场，以等待装船。向港区集中时，应按照卸货港口的先后和货物积载顺序发货。对可以直接装船的货物，按照装船时间将货物直接送至港口船边现装，以简化进出仓的手续，节省费用。对危险品、冷冻货或鲜活商品、散油等需特殊运输工具、起重设备和舱位的特殊货物，应事先联系安排好调运、接卸和装船作业。发货前要按票核对货物品名、数量、标记、配载船名、装货单号等各项内容，做到单、货相符和船、货相符。同时还要注意发货质量，如发现货物外包装有破损现象，发货单位要负责修理或调换。

5. 货物出口报关和装船

在货物集中港区后，发货方必须将核对无误的出口货物明细单连同装箱单（或磅码单）、发票、商检证明及其他有关单证提交给海关申报出口。经海关人员对货物进行查验后，在装货单上加盖放行章。若海关发现货物不符合出口要求时，则不予放行，直到检验合格为止。

海关放行后，发货人凭海关盖章的装货单与港务部门和理货人员联系，做好装船前的准备和交接工作。在完成准备工作后，即可开始装船。

装船方式一共有三种：

（1）码头作业。港方提供足够的劳务和机械，按照积载图进行装船作业，正常情况下应保证 24 小时连续装船。

（2）现装船。用车辆将货物直接运到码头船边进行装船作业。

（3）外舷过驳。货物由驳船集港，装船时，驳船直接靠海轮外舷，货物由驳船吊到海轮上。

值得注意的是，在装船过程中，发货人应派人进行监装，随时掌握装船情况和处理装船过程中所发生的问题。对舱容紧、配货多的船只，应联系港方或船方配合，合理配载以充分利用舱容，防止货物被退关。如舱位确实不足，应安排快到期的紧急的货物优先装船；对必须退关的货物，应及时联系有关单位设法处理。货物装船后，由理货人员将装货单一份交给船方办理签收手续，即成为大副收据，一份由发货人交给外轮代理公司代表船方签发提单。

6. 装船通知与投保

如果合同规定或根据贸易价格条件需要在装船时发出装船通知，由国外收货人自办保险，发货人应及时发出装船通知。如由发货人负责投保，一般应在船舶配妥后予以投保，但要根据合同规定明确投保险别和责任等。

以 CIP 价格条件成交的出口货物，一般应由我方保险。对我国港澳地区出口的货物，一般也由我方办理保险手续。对有法律或协议规定其进口货物须由其本国保险的国家出口，应尊重其规定，不要强制对方接受 CIF 条件，可按 CFR 价格条件成交。

而对保险险别的选择，必须根据货物的性质和特点，货物的包装情况，货物的运输方式，航线、港口和装卸货的损耗情况等，目的地的货物市场价格变动趋势，季节、气候及安全等具体情况全面考虑，做到既要使货物得到充分的保险保障，又能节省保险费用开支。

7. 支付运费

船公司为了正确地核收运费，在出口货物集中到港区仓库或库场后申请商检机构对其进行衡量。对需要预付运费的出口货物，船公司或其代理人必须在收取运费后签给托运人运费预付的提单。如属到付运费货物，则在提单上注明运费到付，其运费由船公司卸港代理在收货人提货前向收货人收取。

二、国际海上运输进口业务流程

海运进口货物运输业务是根据贸易合同有关运输条件，将进口货物通过海运方式运进国内的一种业务。海运货物进口业务运输的程序包括从租船订舱、跟踪船舶动态到卸货交接，直至送交收货人的全过程。其基本业务流程如图 7－2 所示。

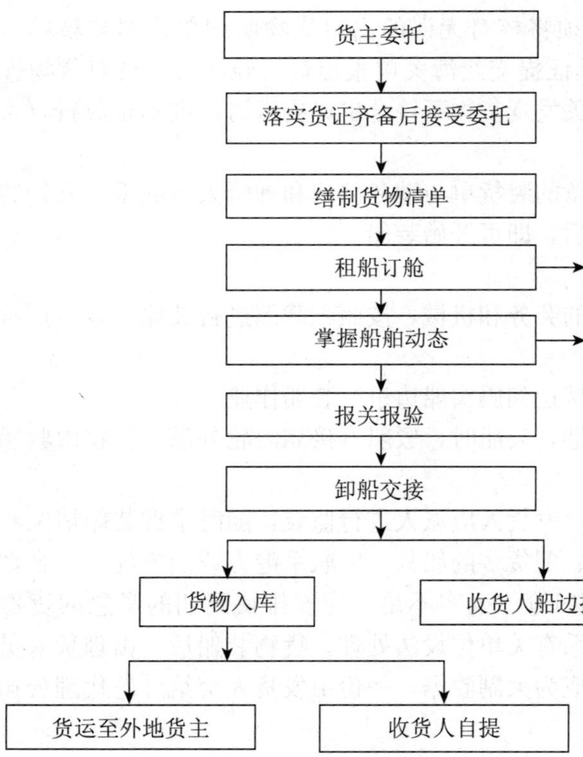

图 7－2　海运进口货运代理的基本业务流程

海运进口货物运输业务必须取决于买货条件。下面以在 FOB 成交、买方负责运输的条件下为例，介绍进口货物运输业务的流程。

1. 审核、确定贸易合同中的运输条款

贸易条件或贸易术语除了反映商品本身的价格外，同时还表明贸易双方在货物交接过程中有关责任、风险以及费用的划分界限。目前，我方派船的海运进口货物运输所使用的贸易术语主要有 FOB、FOBS、FOBST 和 FAS 等。

在确定了贸易术语之后，我们还要明确装运期限。FOB 条件下的进口货物，一般在合同中规定，卖方必须在合同规定的交货期限 30 天前将合同号、货物名称、数量、装货口岸及预计货物到达装运口岸日期，以电讯通知买方，以便买方安排舱位。买方应在船舶受载期几天前，将船名、预计受载日期、装货数量、合同号、船舶代理人，以电讯方式通知卖方。

2. 租船订舱

如果是以 FOB 成交的进口合同，租船订舱由买方负责。在合同规定交货前一定时期内，卖方应将预计装运日期通知买方。买方接到通知后，要根据货物的性质和数量来决定租船或订舱。除个别情况外，一般均委托代理来办理。在我国一般是委托中国对外贸易运输总公司或其分公司来办理。在办理委托时，委托人须填写《进口租船订舱联系单》并提出具体要求。该联系单的内容一般包括货名、重量、尺码、合同号、包装种类、装卸港口、交货期、买货条款、发货人名称和地址、电挂或电传号等项目。如有其他特殊要求事项，也应在联系单中注明。

3. 掌握船舶动态

掌握了进口货物船舶动态，对装卸港的工作安排，尤其对卸货港的卸船工作安排是极为重要的。这就要经常收集船舶的动态资料。船舶动态资料主要包括船名、船籍、船舶性能、装卸港顺序、预抵港日期、船舶吃水和该船所载货物的名称、数量等方面的信息。船舶动态信息来源可获自各船公司提供的船期表、国外发货人寄来的装船通知、单证资料、发货电报以及有关单位（如外贸运输公司、外轮代理公司）编制的进口船舶动态资料等。

4. 单证的收集和处理

进口货物的各项单证也非常重要，它们是港口进行卸货、报关、报验、交接和疏运不可缺少的资料。进口货物单证包括商务单证和船务单证两大类。商务单证是指贸易双方办理货物交接和货款结算所需要的单证，包括贸易合同正本或副本、发票、提单、装箱单、品质证书和保险单等。船务单证是承运人在装卸港口装卸进口货物时所需要的单据，也是反映货物装船实际情况的文件。包括提单副本、积载图、装载清单、舱单和危险货物清单等。收到单证后，须与进口合同进行核对。单证一般来源于银行、国外发货人、装货港代理、港口轮船代理公司，近洋航线的单证也有进口船舶随船带来的。

我们在处理有关单证时，还要特别注意卖方保函。当进口货物在国外港口装船时，由于货物的外表及包装有缺陷，船方会在提单上加以批注，卖方为了取得清洁提单有可能向船方出具保函。有时船方会主动征求买方的意见，以免除自身责任。对此，我方作为买方应慎重处理，绝不可轻易接受对方保函。如船方擅自接受卖方保函，由此引起的一切损失均由船方承担。如有特殊情况，不得不出具保函时，卖方应得到买方的确认，并将保函副本寄交买方，由此产生的一切损失仍由卖方负责。对提单有不良批注的货物，买方应争取货到后付款，以避免发生经济损失。

5. 配载

配载一是指货物的积载，即具体船舶装货的技术性安排；二是指货载的分配，即什么船配装什么货。配载实际上是船货衔接和平衡的一个组成部分。

船舶的具体配载一般是由船长、代理以及装卸、理货公司在装货港共同完成的。船长或代理按所配货物的数量、性质制订出装船配载计划即积载图，作为装船积载的依据，凭此指导装卸或理货公司按计划依次装货。装船配载直接关系到货运的质量和安全，关系到船舶经营效益，它是一项技术性很强的工作，一般应注意以下几方面：

（1）应保证货物安全与完好

货物运输必须保证货物质量不受损害，数量不短少，这是最基本的要求。货物装船配载得当，对保证货运质量至关重要。

（2）应有利于船舶的装卸作业

各舱货物的配载，应按货物到达目的港的先后顺序积载，即先到港的货物后装，后到港的货物先装，以免发生倒载现象。不同卸货港的货物应分隔清楚，不要混淆，以防延长卸货时间。同时货量较大时应分舱积载，以便在装卸作业时同时打开舱门，争取在最短时间内装卸完毕。

（3）应保证船舶安全性和适航性

装载时尽可能使船舶的重心稳定，配载时注意上轻下重。当货量较大时，各舱应平均装载，否则船舶不稳，影响适航、速度甚至安全性。

（4）应充分利用船舶的载重量和载货容积

经营船舶的重要指标之一是最大限度地利用船舶的载重量和载货容积。一般情况下尽量使轻、重货物搭配，如钢材搭配羊毛、生铁搭配箱装货物。为了充分利用船舶的重量吨和容积吨，对尺码较大的货物（如棉花），可以要求发货人压包，尽可能缩小其尺码。

6. 报关和报验工作

进口货物在到达目的港后，须向海关报关、填制《进口货物报关单》。报关单的内容主要有船名、贸易国别、货名、标记、件数、重量、金额、经营单位、运杂费和保险费等项，连同发票、提单、品质证明书等单证，向海关申报进口。按我国现行规定，进口货物应当自运输工具申报进境之日起 14 日内向海关申报。超过上述规定期限未向海关申报的，由海关征收滞纳金。

对于非贸易进口的货物，货主须填制《免领许可进口物品验放凭证》，连同有关证件，向海关申报查验放行。贸易货物不在港口查验放行的，须填制《国外货物转运准单》，向港口海关申报，经海关同意后监管运至目的地．由目的地海关查验放行。国外免费赠送的样品，须填制《进口非贸易样品申报单》，附发票一份，向海关申报。如是使领馆物品，则凭使领馆或有关单位证明文件向海关申报。进口货物属外贸进口总公司订货的，由其向中国海关总署办理集中纳税手续；属于地方进口订货的，则在当地办理纳税手续。

进口的货物还必须向商检部门申请办理检验、鉴定手续，查验进口商品是否符合我国规定或订货合同的有关规定，以保护买方利益。报验时须填写《进口商品检验申请单》，同时须提供订货合同、发票、提单、装箱单、理货清单、磅码单、质保书、说明书、验收单、到货通知等材料。凡列入《检验检疫商品目录》的进口商品，须实施法定检验。但表内所列商品如属援助物资、礼品、样品以及其他非贸易物品，一般免于检验。如进口的货物是危险品，应在船舶到港前向港口、航运、铁路等部门提供《进口危险品货物技术说明书》，其中品名与危规号必须正确无误。对尚未列入我国危险品货物品名表的进口货物，订货单位或用货部门应提供详细的中文资料，说明货物的化学性质、消防和急救方法以及装卸搬运过程中应注意的事项，以便安排接、卸、运工作。

7. 监卸和交接

监卸和交接一般由船方申请理货，负责把进口货物按提单、标记点清件数，验看包装情况，分批拨交收货人。监卸人员一般是收货人的代表，履行现场监卸任务。监卸人员要与理货人员密切配合，把好货物数量和质量关。港方卸货人员应按票卸货，严禁不正常操作和混卸。已卸存货场的货物应按提单、标记分别码垛、堆放。对船边现提货物和危险品货物，应根据卸货进度及时与车、船方面有关人员联系，做好衔接工作，防止因卸货与拨运工作脱节而产生等车卸货或车到等工的现象。对于超限货物或集重货物应事先提供正确尺码和重量，以便准备接运车驳，加速疏运进度。对重点货物，如规格复杂的各种钢材、机械、零配件等，要有专人负责，以防错乱。在卸货中如发现残损，应及时向船方或港方办理有效签证，并共同做好检验工作。进口货物在卸船过程中，经常会发生溢卸或短卸情况，除了国外责任外，根据海关法和外运总公司《关于海运进口货物溢短卸处理暂行办法》的规定，对溢、短卸货物可以酌情补救。溢、短卸的依据是港口理货公司出具的并经船长或大副签认的溢短签证。

8. 进口代运

进口货物到达国内目的港卸船报关后，如果由收货人自己到码头提货称为自提。若由港口外运公司代表收货人办理接收货物，并安排运力，将货物转运到收货人指定的地点，这种业务称为进口代运。进口代运可以解决用货部门在到货港口无机构和人员的困难，并使进口货物得以及时提离港口，保证港口畅通，防止压船、压港、压货现象的出现。进口代运代办人的责任一般有以下几点：

(1) 代办人应于货物到港前根据进口公司和委托人提供的单证，积极办理进口货物交接、制单、报关、报验和代运准备工作，在单证不齐全时可凭保函过关。

(2) 代办人对货物外包装进行检查，发现异样及时申请检验，并作好记录。若发现包装破损，代办人有责任整修包装，如危险品包装破漏，无法修补时，应通知收货人设法处理。

(3) 在正常情况下，代办人应在货物对外索赔有效期满 30 天前将货物运出。

(4) 货船联检后三天内，代办人应立即填制《海运进口货物到货通知》，寄送收货人或订货单位。发货人另以《提货通知》通知收货人提货。

(5) 代办人可以对运输方式作出选择。

9. 保险

如果我方是以 FOB 或 CFR 条件成交的进口货物，由我方办理保险。我方负责进口的单位在收到发货人装船通知后应立即办理投保手续。目前为简化手续和防止发生漏保现象，一般采取预约保险办法，由负责进口的单位与保险公司签订进口货物预约保险合同。

三、国际班轮运输业务流程

1. 班轮运输的含义

所谓班轮运输，是指船舶在特定的航线和港口按照事先公布的船期表，从事货物运输，并按相对固定的费率收取运费的海运方式。班轮运输又可进一步分为两种形式：一种是定线定期班轮（也称核心班轮），即船舶严格按照预先公布的船期表运行，到离港口的时间是固定不变的，即所谓的定线定期班轮运输，这是班轮运输的主要形式；另一种是定线但不一定定期，虽有船期表，但船舶到离港口的时间可有一定的伸缩性，也有固定的始发港和目的港，但中途挂靠港则视货源情况可能有所增减。这就是所谓定线不严格定期的班轮运输。

自20世纪60年代后期起，随着集装箱运输的发展，班轮运输又进一步分化为传统的杂货船班轮运输和集装箱船班轮运输。由于使用集装箱船运输具有快速、装卸方便、装卸作业全部机械化、装卸效率高、货运质量高、便于开展联运等优点，越来越多的集装箱船班轮运输已逐渐取代传统的杂货船班轮运输。

班轮运输有“四固定”的特征，即具有固定航线、固定港口、固定船期和相对固定的运价。

2. 班轮船期表（Liner Schedule）

班轮船期表是班轮运输营运组织工作中的一项重要内容。货主应该了解班轮船期表的内容、作用和其性质。班轮公司制订并公布班轮船期表有多方面的作用，首先是为了招揽航线途经港口的货载，既为满足货主的需要，又体现海运服务的质量；其次是有利于船舶、港口和货物及时衔接，以便船舶有可能在挂靠港口的短暂时间内取得尽可能高的工作效率；再次是有利于提高船公司航线经营的计划质量。

班轮船期表的主要内容包括：航线、船名、航次编号、始发港、中途港、终点港的港名，到达和驶离各港的时间，其他有关的注意事项等。典型的班轮船期如表7-1所示。

表7-1　班轮船期

CEN/美国周班线　联系人：　　电话：

船名 VESSEL	航次 VOY	大连 DAL	新港 XIN	青岛 QIN	神户 KOB	温哥华 VCR	长滩 LGB	大连 DAL	新港 XIN	青岛 QIN
秀河 PRETTY R.	0070E/0071E	23—23/05	24—25/05	26—27/05	29—29/05	10—11/06	14—15/06	04—04/07	05—06/07	07—08/07
荣河 HONOR R.	0079E/0080E	30—30/05	31—01/06	03—03/06	05—05/06	17—18/06	21—22/06	11—11/07	12—13/07	14—15/07
雅河 DAINTY R.	0067E/0068E	06—06/06	07—08/06	09—10/06	12—12/06	24—25/06	28—29/06	18—18/07	18—20/07	21—22/07

各班轮公司根据具体情况，编制公布的船期表是有所差异的。通常，近洋班轮航线因航程短且挂港少，船公司能较好地掌握航区和挂靠港的条件，以及港口装卸效率等实际状况，可以编制出时间准确的船期表。船舶可以严格按船期表规定的时间运行。远洋班轮航线由于航程长、挂港多、航区气象海况复杂，船公司难以掌握航区、挂靠港、船舶在航线上运行可能发生的各种情况，在编制船期表时对船舶运行的时间必然会留有余地。集装箱运输具有速度快、装卸效率高、码头作业基本上不受天气影响等优点，所以，集装箱班轮航线可以编制出较为精确的船期表。

3. 班轮运输中的主要关系人

班轮运输中，通常会涉及班轮公司、船舶代理人、无船（公共）承运人、海上货运代理人、托运人等有关货物运输的关系人。

（1）班轮公司

班轮公司是指运用自己拥有或者自己经营的船舶，提供国际港口之间班轮运输服务，并依据法律规定设立的船舶运输企业。班轮公司应拥有自己的船期表、运价本、提单或其他运输单据。根据各国的管理规定，班轮公司通常应有船舶直接挂靠该国的港口。班轮公司有时也被称为远洋公共承运人（Ocean Common Carrier）。

（2）船舶代理人

船舶代理人是指接受船舶所有人、船舶经营人或者船舶承租人的委托，为船舶所有人、船舶经营人或者船舶承租人的船舶及其所载货物或集装箱提供办理船舶进出港口手续、安排港口作业、接受订舱、代签提单、计收运费等服务，并依据法律规定设立的船舶运输辅助性企业。由于国际船舶代理行业具有一定独特的性质，所以各国在国际船舶代理行业大多有比较特别的规定。

中国最大的国际船舶代理公司是成立于1953年的中国外轮代理公司。20世纪80年代末中外运船务代理公司成立，成为第二家从事国际船舶代理业务的国际船舶代理公司。现在，在我国对外开放的港口都有多家国际船舶代理公司。实践中，货主经常会与船舶代理人有业务联系。

（3）无船承运人

无船承运人（Non-vessel Operating Common Carrier），也称无船公共承运人，是指以承运人身份接受托运人的货载，签发自己的提单或者其他运输单证，向托运人收取运费，通过班轮运输公司完成国际海上货物运输，承担承运人责任，并依据法律规定设立的提供国际海上货物运输服务的企业。

根据《中华人民共和国国际海运条例》的规定，在中国境内经营无船承运业务，应当在中国境内依法设立企业法人；经营无船承运业务，应当办理提单登记，并交纳保证金；无船承运人应有自己的运价本。

无船承运人可以与班轮公司订立协议运价，国外称为服务合同（Service Contract, S.C.），以从中获得利益。但是，无船承运人不能从班轮公司那里获得佣金。国际货运代理企业在满足了市场准入条件后，可以成为无船承运人。

（4）海上货运代理人

国际海上货运代理人，也称远洋货运代理人（Ocean Freight Forwarder），是指接受货主的委托，代表货主的利益，为货主办理有关国际海上货物运输相关事宜，并依据法律规定设立的提供国际海上货物运输代理服务的企业。

海上货运代理人除可以从货主那里获得代理服务报酬外，因其为班轮公司提供货载，所以还应从班轮公司那里获得奖励，即通常所说的“佣金”。但是，根据各国的管理规定（如果有的话），国际海上货运代理人通常无法与班轮公司签订协议运价或服务合同。

（5）托运人

托运人（Shipper），是指本人或者委托他人以本人名义或者委托他人为本人与承运人订立海上货物运输合同的人；本人或者委托他人以本人名义或者委托他人为本人将货物交给与海上货物运输合同有关的承运人的人。

托运人可以与承运人订立协议运价，从而获得比较优惠的运价。但是，托运人无法从承运人那里获得“佣金”。如果承运人给托运人“佣金”，则将被视为给托运人“回扣”。班轮运输中还会有收货人等关系人。

4. 国际班轮运输业务流程

班轮运输是在特定的航线上，按照公布的船期表，在固定的航线上、往返于固定港口进行运输的船舶营运方式。从事班轮运输经营的船公司是以非特定的众多货主为服务对象的，它要在船舶就航的航线两端及其挂靠港口和腹地的货物集中地设立机构从事揽货集载，承运他们所需要运输的货物。由于班轮船舶所承运货物的批量小、货主多、挂靠港口多、装卸作业频繁、出现货损和货差的情况比较复杂，为使货物在装卸、运输的过程中顺利进行，所以班轮运输在实践中逐渐形成了一套相应的货运程序。

(1) 揽货订舱

班轮运输的货运（托运）程序是从揽货和订舱开始的。

揽货又称揽载，是指从事班轮运输经营的船公司为使自己所经营的班轮运输船舶能在载重量和舱容上得到充分利用，力争做到“满舱满载”，以期获得最好的经营效益而从货主那里争取货源的行为。

为了揽货集载，班轮公司要先为自己所经营的班轮航线、船舶挂靠的港口及其到、发时间制定船期表，分送给已经建立起业务关系的原有客户，并在有关的航运杂志、报纸或其他有影响的报刊上刊载，以期达到广告宣传的作用，也使其他货主了解公司经营的班轮运输航线及船期情况，以便联系安排货运，争得货源。

订舱则是托运人或其代理人根据信用证的要求和实际货物数量，以托运单的形式，向承运人，即班轮公司或它的营业所或代理机构等申请货物托运，或通过货代向船代申请，具体洽订某一艘船舶的部分舱位或全部舱位，承运人对这种托运申请给予承诺的行为。

由于出口商总是力争以 CIF 价格条件成交，在这种情况下，出口商须承担出口货物的托运工作，所以订舱工作多数在装货港或货物输出地由出口商办理，但是，如果出口货物是以 FOB 价格条件成交，则订舱工作就可能在货物的输入地或卸货港由进口商办理，这样的订舱称为卸货地订舱。

(2) 接货装船

所谓接货装船是指托运人将其托运的货物送至码头承运船舶的船边，由船方接货后将货物装到船上。

①集中装船

在班轮运输中，为了提高装船效率，减少船舶在港停泊时间，不致延误船期，通常都采用集中装船的方式进行。所谓集中装船，是指由船公司在各装货港指定装船代理人，在各装货港的指定地点（通常是码头仓库）接受托运人送来的货物，办理交接手续后，将货物集中并按货物的卸货次序进行适当的分类后再进行装船。船公司指定的接受货物的地点通常是码头仓库，也可以是装卸公司的仓库，等候船舶到港靠泊后，即按大副编制的装卸计划的先后次序将货物从仓库运至船边装船。这种装船方式又称为“仓库收货，集中装船”。当前对件杂货的运输几乎都采用上述集中装船的方法。但是对一些特殊的货物，如危险品、冷冻货、鲜活货、贵重货或者批量较大的同类货物，则是由托运人将货物直接送至船边，或使用托运人的驳船将货物送到船边直接装船。这就是通常所说的直接装船或现装。

需要指出，在普通杂货班轮运输的情况下。装船都应是在船边进行的，作为承运人的船公司的责任也是从装船时开始的。这一点，不论是直接装船或集中装船都没有什么区别。也就是说，不论在什么情况下，托运人都应承担将货物送到船边的义务。在集中装船的情况下，也只不过是由船公司指定的装船代理人代托运人将货物从仓库送至船边的一系列作业而已。因此，船公司与托运人之间的责任界限和装船费用的分担仍然以船边货物挂上吊钩为界，即仓库保管费用、驳船费用以及其他将货物送至船边所需的费用都由托运人负担。即使在使用船公司或装船代理人的驳船将货物送至船边的情况下，这种责任分担界限和费用分担原则也没有改变，与此相对，有关装船准备和装船用具的费用以及装船费用，原则上都应由船公司负担。

②直接装船

如果装船的船舶是在锚地或浮筒作业，托运人还应负责使用自己的或租用的驳船将货物驳运至船边，办理交接后将货物装到船上。这种装船形态通常被称为直接装船。

在班轮运输中，所承运的货物种类繁多、性质各异、包装形态多样，而且这些货物又分属不同的托运人，货物的卸货港也不一样。因此，如果要求每个托运人都将自己托运的货物直接送到码头船边，就会因种种原因不能按规定的先后次序送到船边，而使装货现场十分混乱，影响装货效率，延长船舶在港的停泊时间，延误船期。所以，对班轮运输的货物一般都不采用直接装船的形式。

③装船代理

在仓库收货、集中装船的情况下，船公司和托运人之间介入了由船公司指定并受船公司委托代行一切有关收货、保管和装船业务的代理人，这就是装船代理人。

装船代理人可以由船舶代理人兼营，也可以由装卸公司兼营。由装卸公司兼营能更有利于装船作业的顺利进行。在我国，装船代理人一般由装卸公司兼营。从托运人的地位看，把货物交给船公司指定的装船代理人，如同把货物交给船公司一样，交货后的一切风险都应由船公司负担。但是，根据提单及有关海上运输法规（如中国海商法）的规定，对于普通船舶的件杂货运输，船公司的责任是从本船船边装货时开始的，即使是在仓库收货、集中装船的情况下，这种责任界限并没有改变，即船公司的责任期间并没有延伸至仓库收货时。虽然装船代理人接收货物之后便产生了像船公司所应负担的那种责任，实际上船公司和装船代理各自对托运人所应承担的责任仍存在着一定的界限，即根据船公司和装船代理之间的特约，在船边装船以前属于装船代理人的责任。

④误装漏装

在集中装船时，由于各种原因，时常会出现误装或漏装的情况。这时，发现以后应及时进行更正和处理，将误装的货物发回（往）指定港口或指定收货人，变更货单，将应装货物迅速装运至指定卸货港交收货人。由于船方责任造成的误装漏装的费用由船方承担，而由于如运输标志不清等托运人的原因造成的，则由托运人承担。对于由此造成的货物往返运输和补运货物的风险由谁承担，要视具体情况而定，不能一概而论。

（3）卸船交货

卸船交货是指将船舶所承运的货物在卸货港从船上卸下，在卸货港仓库或船边将货物交收货人或其代理和办理货物的交接手续。

船公司在卸货港的代理人根据船舶发来的到港电报，一方面编制有关单证，联系安排泊位和准备办理船舶进口手续，约定装卸公司，等待船舶进港后卸货；另一方面还要把船舶的预定到港时间（ETA）通知收货人，以便收货人及时做好接收货物的准备工作。虽然船公司或其代理人应按提单上记载的“通知人”发出通知，但是这种到船通知并不是船公司或其代理所应承担的法定义务。他们之所以要逐个发出通知，只不过是为了使货物交付及收取到付运费等工作能够及时顺利地进行。通常的做法是在有关的航运报刊上公布船舶的到港时间即认为已经履行了发出到船通知的责任。

①集中卸货

在班轮运输中，为了使分属众多收货人的各种不同的货物能在船舶有限的停泊时间内迅速卸完，通常都采用集中卸货的办法，即由船公司所指定的装卸公司作为卸货代理人总揽卸货，并向收货人交付货物。也就是说，船舶到港后，先将货物卸至码头仓库，进行分类后再向收货人交付，因而这种方式也称为“集中卸货，仓库交付”。卸货代理人也可以由船舶代理人兼营。

如果装卸公司同时兼营货物的进口报关业务时，在将货物搬入保税地区（仓库）后，应随即附上必要的单证，向海关提交进口申请单，经海关核准并支付进口关税后取得进口许可证，再行办理货物交付手续。

②直接卸货

与装船时一样，如果各个收货人都同时来到码头船边接收货物，同样会使卸货现场十分混乱，影响卸货效率，延误船舶在港的停泊时间。因此，对普通班轮运输的货物一般都不采用直接卸货、船边交货的方式。

关于船公司的卸货责任，即使在集中卸货的条件下，也是以船边为界，即货物脱离本船的吊钩时，船公司的责任即告终止。由于是以船边为责任界限，所以卸货费用原则上也按这样的分界线来划分，即船公司只负担货物的卸船费用，此后的驳船费、岸上搬运费以及仓储保管费等由收货人向装卸公司或卸货代理人支付。可见，卸货代理人、收货人、船公司三者之间的相互关系也和前述装船代理人、托运人、船公司之间的关系一样，这里不再赘述。

通常，船公司应该在提单上记载的卸货港卸货。但是由于战争、冰冻、港口罢工等特殊原因，船舶如前往原定的卸货港卸货已不可能，或者将使船舶处于不安全状态，这时，根据提单规定，船公司有权决定将船舶驶往能够安全到达的附近港口进行卸货，也视为船方已经将货物运至目的港交付。

③误卸

卸货时，船方和装卸公司应根据载货清单和其他有关单证认真卸货，避免发生差错。然而，在班轮运输中，由于同时装运分属不同货主和不同卸货港的货物，而这些货物中又有许多包装、标志或形态十分相似，加上可能出现标志不清、单证填写不正确等情况，因此，船舶要在较短的停泊时间内迅速将货物卸下，就难免不发生将本应在其他港口卸下的货物卸在本港，或将本应在本港卸下的货物遗漏的情况。通常将前者称为溢卸，后者称为短卸。溢卸和短卸统称为误卸。船公司或其代理人如果发现溢卸或短卸货物，应立即向各挂靠港口发出货物查询单，在调查清楚的基础上，有溢卸货物的港口应及时将溢卸的货物运回原定的卸货港。关于因误卸而引起的货物延迟损失或货物的损坏责任问题，一般在提单条款中都有规定。

通常规定，因误卸而发生的补送、退运的费用由船公司负担，但对因此而造成的延迟交付或货物的损坏，船公司不负赔偿责任。如果误卸是因标志不清、不全或错误，以及因货主的过失造成的，则所有补送、退运、卸货和保管的费用都由货主负担，船公司不承担任何责任。

④交货

船方在卸货港向货方交付货物有其基本手续。

在班轮运输的情况下，货物装船后，船公司或其代理人一般都向托运人签发了提单，因此，船公司把货物交付给收货人时，必须收回提单才能把货物交给收货人。也就是说，收货人在提取货物时，必须在提单上注明已经接受了船公司交付的货物，并在提单上签章后，向船公司在卸货港的代理人交出这一提单才能得到货物。如果不是以提单提货，即使是真正的收货人，船公司或其代理人也没有交付货物的义务。

在实际业务中，收货人提取货物的具体过程是，收货人将注明已经接受了船公司交付的货物并签章的提单交给船公司在卸货港的代理人，经代理人审核无误后，签发提货单交给收货人，然后收货人再凭提货单前往码头仓库提取货物并与卸货代理人办理交接手续。

船公司的代理人向收货人办理交付货物手续时，除要求收货人必须交出提单外，还必须要求收货人付清运费（到付运费）和其他应付的费用（如船公司或其代理人垫付的保管费、搬运费等费用以及共同海损分摊和海滩救助费等）。收货人只有付清了所有费用后，船方代理才会向其签发提货单。如果收货人没有付清上述费用，船公司有权根据提单上的留置权条款的规定，暂时不交付货物，直至付清各项应付的费用后才交付货物。如果收货人拒绝支付应付的各项费用而使货物无法交付的，船公司还可以经卸货港所在地法院批准，对卸下的货物进行拍卖，以卖得的货款抵偿应向收货人收取的费用。

(4) 交付货物的方式

由于海运情况复杂，船方向货方交付货物时有各种不同的交付方式。

①仓库交付货物

仓库交付货物，习惯上称为“仓库交货”，是指将从班轮船舶上集中卸下的货物先行搬入卸货港船方代理的仓库或卸货代理的仓库，然后由卸货代理人代表船公司按票向收货人交付货物的方式。也就是说，收货人凭提单向船公司在卸货港的代理人办妥提货手续后，持代理人签发的提货单到码头仓库提取货物并与卸货代理人办理货物的交接手续。这是班轮运输中最基本的交付货物的方式。

②船边交付货物

船边交付货物习惯称为“船边交货”，又称“现提”。是指收货人以提单在船公司在卸货港的代理处办妥提货手续换取提货单后，持提货单直接到码头船边提取货物并办理交接手续的方式。

如前所述，在班轮运输中通常都以集中卸货、仓库交付为原则。不过，对于一些必须尽快提取的货物，如贵重货物、危险货物、冷冻货物、鲜活货物、长大件货物以及其他批量较大的货物，在收货人的要求下，通常采用船边交付货物的方式。

当然，在收货人要求船边提货时，船公司或其代理人应根据货物的积载情况，考虑是否有可能实现这种要求。不过，对于冷冻货物，一般港口都不具备保管冷冻货物的条件，只能采用船边交付货物的方式。对于贵重货物、危险货物也因不宜在码头仓库堆存时间过长而常采用船边交付货物的方式。

尽管船公司或其代理人同意了收货人提出船边提货的要求，如果收货人对于在船边提货没有作好充分的准备，如因接运工具安排不及时而使卸货中断，船长就可以以他认为适宜的方法将货物卸下。

③货主选择卸货港交付货物

货主选择卸货港交付货物（Optional Delivery）是指货物在装船时货主尚未确定具体的卸货港，待船舶开航后再由货主选定对自己最方便或最有利的卸货港，并在这个港口卸货和交付货物。在这种情况下，提单上的卸货港一栏内须记明两个或两个以上将被选择的卸货港的名称。如“选择神户/横滨”或“选择伦敦/鹿特丹/汉堡”。而且，货物的卸货港也只能在提单上所写明的港口中选择。

货主采用选择卸货港交付货物时，必须在办理货物托运时提出申请，而且还必须在船舶自装货港开航后，抵达第一个装卸港前的一定时间以前（通常为 24 小时或 48 小时），把决定了的卸货港通知船公司及被选定卸货港船公司的代理人，否则船长有权在任何一个装卸港将货物卸下，并认为船公司已履行了对货物运送的责任。

这种在货主选择的卸货港卸下和交付的货物称为“选港货”（Option Cargo）。为了满足货物装卸的要求，使装卸成为可能，在积载时需要对这些货物的装舱位置给予特别安排，这就难免给积载工作造成一定的困难，因而船公司对装运选港货要增收一定的附加费用，这项附加费用称为选港附加费。

因提单上已明示了卸货港的范围，即使船公司已签发了两份以上的正本提单，收货人在办理提货手续时，只要交出其中的一份正本提单即可办理提货手续。

④变更卸货港交付货物

变更卸货港交付货物是指在提单上所记载的卸货港以外的其他港口卸货和交付货物。变更卸货港的申请应由收货人提出。如果收货人认为将货物改在提单上所载明的卸货港以外的其他港口卸货并交付对其更为方便或有利时，可以向船公司提出变更卸货港的申请。但是，这种变更卸货港的申请必须在船舶抵达原定卸货港之前或到达变更的卸货港（需提前卸货）之前提出，并且所变更的卸货港必须是在船舶该航次停靠港口的范围之内。

船公司接到收货人提出变更卸货港的申请后，必须根据本船的积载情况，考虑在装卸上能否实现这种变更，比如是否会发生严重的翻舱、倒载情况；在变更的卸货港所规定的停泊时间能否来得及将货物卸下，是否会延误本船的开航时间等情况后，才能决定是否同意收货人这种变更申请。

船公司接受了收货人变更卸货港的申请后，因这种变更而发生的货物的翻舱、倒载费，装卸费以及因变更卸货港的运费差额和有关手续费等费用，均应由收货人负担。

由于变更卸货港交付货物与一般情况下货物的交付不同，因而收货人在办理提货手续时，必须向船公司在变更后的卸货港的代理人交出全套正本提单才能办理提货手续，这是与正常情况下收货人只交出一份正本提单即可办理提货手续的不同之处。

⑤凭保函交付货物

按规定收货人应以正本提单换取提货单才能提取货物。但是，在班轮运输中，有时因提单邮寄延误而出现提单到达的时间迟于船舶到港的时间（特别是装货港与卸货港距离比较短）的情况；或因为提单遗失或被窃；或者是当到港时，作为押汇的跟单票据的提单已经到达进口地银行，但因为汇票的兑现期限未到，收货人暂时还没拿到提单，因而造成船舶虽已到港，而收货人尚未收到或取得提单的情形。这时，收货人无法用提单来换取提货单提取货物。按照一般的航运习惯，通常要由收货人向船方开具保证书，以保证书交换提货单，然后拿提货单提取货物。这种交付货物的方式，称为凭保证书交付货物（Delivery Against Letter of Guarantee；L/G）。

保函的内容一般都包括：收货人保证在收到提单后立即向船公司或其代理交回全套正本提单，承担应由收货人支付的运费及其他费用的责任；对因未提交提单而提取货物所产生的一切损失均承担责任，并表明对于上述保证内容由有关银行与收货人一起负连带责任。

凭保函交付货物，通常是为了收货人和船公司双方的便利，使货物交付能够迅速完成而采用的一种商业习惯做法。在船公司实际收回提单以前，虽然它可以根据保函将因凭保函交付货物而发生的损失转嫁给收货人或保证银行，但作为违反运输合同的义务，船公司对正当的提单持有人仍负有赔偿一切损失责任的风险。因此，船公司一定要尽可能使提单早日收回。在实际工作中通常都规定收货人交回提单的一定期限。收货人也应在提单到达、支付货款取得提单后，立即将全套正本提单交给船公司或其代理人换回保函，这时就恢复了正常的交付货物的形式，这就称为解除保证。如果提单已经遗失，致使这种解除保证无法实现时，则应根据该国的法律规定，经过公告形式，宣布该提单失效，或经法院的免除效力的判决，才能做到解除保证。在使用保函交付货物时，值得船公司或其代理人注意的是，近年来，国际航运中的诈骗活动不断增加，船公司或其代理人必须弄清楚提取货物的人确实是有权支配货物的人，要求提取货物的人提供可靠的银行担保或相应数额的保证金，并承担船公司不凭提单交货可能产生的一切损失。否则，船方不要轻易决定凭保函交付货物。

四、国际租船业务流程

1. 租船运输（Tramp Shipping）定义

租船运输（Carriage of Goods by Chartering）是相对于班轮运输的另一种海上运输方式，其既没有固定的船舶班期，也没有固定的航线和挂靠港，而是按照货源的要求和货主对货物运输的要求，安排船舶航行计划，组织货物运输。因此，租船运输又被称为不定期船运输。相对班轮运输业务而言，各国政府对租船运输业务几乎不采取任何管制，在不影响各国公共利益的情况下，几乎完全按照“合同自由”的原则，交由承租双方进行自由的协商。而所订立的租船合同的内容，在很大程度上可以体现出双方当事人的业务水平和经济实力。

2. 租船运输特点

（1）按照船舶所有人与承租人双方签订的租船合同安排船舶就航航线，组织运输；没有相对于定期班轮运输的船期表和航线。

（2）适合于大宗散货运输，货物的特点是批量大、附加值低、包装相对简单。因此，租船运输的运价（或租金率）相对班轮运输而言较低。

（3）舱位的租赁一般以提供整船或部分舱位为主，主要是根据租船合同来定。另外，承租人一般可以将舱位或整船再租与第三人。

（4）船舶营运中的风险以及有关费用的负担责任由租船合同约定，租金水平也随之相应变化。

（5）租船运输中的提单的性质也可能不同于班轮运输下签发的提单。租船合同下签发的提单基本上不是一个独立的文件，如对于承租人和船舶所有人而言，它仅相当于货物收据，要受租船合同约束。银行对根据租船合同签发的提单有与班轮运输下签发的提单不同的规定。

（6）承租人与船舶所有人之间的权利和义务是通过租船合同来确定的。

（7）租船运输中，船舶港口使费、装卸费及船期延误，按租船合同规定由船舶所有人和承租人分担、划分及计算，而班轮运输中船舶的一切正常营运支出均由船方负担。

3. 租船运输分类

租船运输中的当事人分别为租船人（Charterer）和船东（Owner），其中船东可能是船舶的真正主人，也可能是将租来的船舶进行转租的二船东。由于航运的天然国际性，所以租用的船舶一般会在全球航行。为在世界范围内寻找最合适的租船人或船东，租船业务中普遍使用中介服务商，即租船经纪人（Broker）来协助作为当事双方信息沟通的纽带，促成租船合同的顺利签署，当双方意见出现分歧时，租船经纪人也可以从中斡旋、调解，避免事态扩大。

租船运输的实质是租船人通过租用他人的船舶，来完成一定的货物运输任务。根据具体运营方式的不同，租船运输分为以下几种类型。

（1）定程租船

定程租船（Voyage Charter），简称程租船，或称航次租船，是以航程为基础的租船形式，是租船运输中的基本形式。

所谓定程租船合同是指船舶出租人向承租人提供船舶或者船舶的部分舱位，装运约定的货物，从一港运至另一港，由承租人支付约定运费的合同。在程租船方式下，一般由船方根据租船合同负责船舶的经营管理，并按租船合同规定的航程完成货物运输任务，支付航行中产生的各种费用和开支。租船人则按合同规定支付运费，协助船东完成货物的交接。

按船舶的租用形式不同，程租船又可以分为：

①单航次租船（Single Voyage Charter）。指船东向租船人提供船舶。完成由指定装货港到卸货港某单航次的货物运输服务。航程结束后，租船合同即告终止。该方式与班轮运输最为相似，但由于租船运输可以按要求提供专用船舶，按双方协议的航线航行，所以为贸易商选择大宗货物的进、出口地提供了方便。

单航次租船的费用一般以运价表示，由双方协议制订，计算时以船舶的装货量或卸货量为依据。

②往返航次租船（Round Trip Charter）。与前者不同，往返航次租船的租船人不仅租用船舶完成由装货港到卸货港的航程，而且要求船舶在卸货港卸货后。再搭载货物由原卸货港返回，至原装货港或出发港卸载后，宣告租船合同的结束，也有时候最终的卸货港并不是原出发港，而是其附近港口。

往返航次租船实际是两个单航次的合并，并因为提高了船舶的利用率而享有一定的价格优惠。现实中，也有货主联合起来签订往返航次租船合同以降低运费的做法。

③连续单航次租船（Consecutive Trip Charter），简单讲，连续单航次租船就是租船人要求船东在制订的装货港和卸货港之间完成多航次的运输服务，只有当最后航次结束时，租船合同才告终止。

连续航次租船合同主要适用于贸易合同较大，无法借用单航次完成运输任务，因此分批运输的情况。

④包运（Contract of Affreightment）。该方法也称做包运租船，指船东应要求向租船人提供一定的运力，在指定的装货港和卸货港之间，按约定的时间、航次周期运送一定数量的货物。

包运租船与连续单航次租船极为相似，但包运租船通常并未严格要求以固定的船舶承载货物，船东可能根据船队调度的需要灵活安排运营船舶：同时，单航次租船一般要求船东连续安排多个航次完成货物运输任务，而包运租船的租船人则通常并不强调连续航次，而是要求船东在给定的较长时间范围内完成运输任务，因此，船东拥有更大的调度自由，能够更充分地利用船舶运力，租船人也会因为运费上的优惠来保障贸易活动的顺利进行。

因为包运租船中不明确规定船名，只规定所租用船舶的船级、性能等，与一般的定程租船有着较大的差异，因此有人将其单列为租船运输的一种形式，但因为包运合同中租船人与船东权利、义务等的划分方法同一般的程租船运输基本相同，因此一般认为是程租船的一种形式。

(2) 定期租船

定期租船（Time Charter），简称期租船，指由船东按约定将船舶租给租船人使用一定时间，在规定期限内船舶的经营调度归租船人负责，租船人按约定支付租金。定期租船的租期可长、可短，租金的计算一般以按船舶夏季载重线计算的总载重吨为依据，按日、周或月支付。

(3) 航次期租

航次期租（Time Charter on Trip Basis）是介于程租和期租模式之间的一种中间形式。在航次期租下，船东与租船人并不明确约定租期的期限，只确定特定航次，规定完成航次后合同终止。

与期租船相似，租船合同中约定日租金价格、费用和风险划分方式也与期租基本一致，不同的是租船人按实际使用船舶的天数支付租金。

(4) 光船租船

所谓光船租船（Bare Boat Charter）被认为是期租的一种派生形式，与一般的期租船方式不同，光船租船的船东只负责将船舶交付租船人使用，租船人负责船舶的技术维护、经营管理，甚至根据自己的需要配备船员，组织运营所需装备和供给等。

4. 租船运输业务流程

船舶所有人是租船市场上的船舶供给方（The Supply Side），承租人是船舶的需求方（The Demand Side）。借助于当今的通信技术条件，船舶所有人和承租人在展开租船业务时，绝大多数是通过电话、电传、电子邮件、传真等通信手段洽谈的。同时，大量的租船合同是通过经纪人签订的，这是由于租船经纪人熟悉租船市场行情，精通租船业务，并能及时掌握市场动态，因此，作为当事双方的桥梁与纽带，租船经纪人在为委托人提供市场信息、资信调查及其他信息咨询服务、促成合同的顺利签订、减少委托人事务上的烦琐手续，并为当事双方斡旋调解纠纷等方面能起到积极的作用。

从发出询盘到签订租船合同的租船业务全过程称为“租船程序（Chartering Procedure or Chartering Process)”。这一程序是租船业务的重要环节，主要包括询盘、发盘、还盘和受盘四个阶段。

(1) 询盘（Order/Inquiry/Enquiry）

询盘又称询价，其目的和作用是让对方知道发盘人的意向和需求的概况，通常是由承租人以其希望的条件通过租船经纪人来进行的。承租人根据自己对货物运输的特殊需要或对船舶的特殊要求，通常将基本的一些货物信息和船舶要求信息，通过经纪人传送到租船市场上，寻找合适的船东。有时船舶所有人也会发出询盘，船舶所有人发出询盘的目的是承揽货物运输业务。询盘的内容一般包括必须让对方知道的项目，简单扼要。

承租人对航次租船询盘的主要内容项目一般包括：①承租人的名称及营业地点；②货物种类、名称、数量、包装形式；③装卸港口或地点；④受载期及解约期；⑤装卸时间和装卸费用条件；⑥租船方式和期限以及运费率或佣金率；⑦船舶类型、载重吨、船龄、船级；⑧希望采用的租船合同范本等。

根据承租人发出的询价中的措辞，有时是可以看出货物买卖合同是否已经签署，作为船舶出租人而言，当然是愿意和买卖合同已经签署完毕的承租人洽谈。若承租人货物买卖合同已经签署，货物已经备妥或者收到信用证（L/C），承租人往往会在询价中写明："Firm Order"或其他措辞，但都会出现"Firm"一词，这样的措辞表明承租人准备和船舶所有人进行实质性的洽谈。若承租人货物买卖合同已经成交，但并不希望立即签订租船合同，只是征求几家船舶所有人的报价作为参考，询价的措辞往往是"Firm or Definite"或加有"Indications only"，"Please indicate or please propose"。若在询价中写明"Firm with ×× day's notice"，这表示货物已经落实，可以开始谈判租约，但要在订租确认书（Fixture）达成后××天才能装货。若承租人货物买卖还未落实，尚在谈判之中，他同时又想了解运价情况，这种询价开头便写有"Prospective order"，"Order not yet definite"或者"Order expected to become definite"。

船舶所有人对航次租船询盘的主要内容项目一般包括：①船舶所有人姓名及营业地点；②出租船舶的类型、船名、船籍、吨位等船舶规范；③运费率及运费支付条件；④装卸港口或地点；⑤受载期和解约日；⑥装卸时间以及装卸费负担和滞期/速遣费费率；⑦希望采用的租船合同范本及佣金；⑧报价的有效期等。

上述内容只是一般情况，询盘人可根据实际需要、不同的租船方式及内容等作出改变。询盘阶段一般不进行具体的租船业务洽谈，主要目的是收集运输市场对询盘内容的反映。所以，询盘又分为一般询盘（General inquiry，和特别询盘（Special inquiry）。一般询盘具有了解市场情况的性质，向多方发出询盘，以得到更多的报盘，从而获取最佳选择。特别询盘则是看准一个合适对象具体进行洽询，不向市场公开。

询盘可以通过船舶经纪人在租船市场上寻找合适的租船对象；也可直接向船舶所有人或承租人发出。

(2) 发盘（Offer）

发盘又称报价，这一行为在我国合同法中被称为要约，承租人或船舶所有人围绕询盘中的内容，就租船涉及的主要条件答复询盘方即为"发盘"。予以发盘即意味着对询盘内容存在兴趣，所以在发盘时，应考虑对方接受发盘内容的可能性。在租船合同中，承租双方进行洽租，谈判条款时往往分成两步，首先洽谈主要条款（Main Terms），谈妥主要条款之后，再进一步谈细节（Details）。

如果由船舶所有人发盘，则其主要条款包括：①船舶所有人姓名及营业地点；②船名和船舶技术规范；③租船洽谈的方式及期限；④装卸港口或地点；⑤受载期及解约日；⑥装卸时间以及滞期和速遣条件；⑦运费及支付条件和相应的佣金；⑧采用的合同范本以及报价的有效期限。

有时一些主要条款还包括战争风险条款、燃油条款、附加保险费条款等。

发盘中的船舶规范应该包括船名、建造年份、船旗、登记吨、载重吨、包装和散装容积、舱口数以及尺寸、装卸设备、航速、燃油消耗等。由于租船合同项目很多，不可能在发盘中开列很多条款，上述的主要条款也是可变的。船舶所有人往往在发盘时对所报船舶规范留有余地，加有"All details about"，或写上"All details given without guarantee"等。

(3) 还盘（Counter—offer）

还盘是指接受发盘的一方对发盘中的一些条件提出修改，或提出自己的新条件，并向发盘人提出的过程。

还盘的目的在于要求对方更改对自己不利的，或合同执行上不可行的洽租条件。这时，要仔细审查对方发盘的内容，决定哪些可以接受，哪些不能接受，要进行修改和补充并逐一提出。还盘中没有涉及的对方发盘中的条件，都被认为是可以接受的条件。

还盘也有虚实之分，还实盘时，对方一经接受，合同即告成立。还虚盘时，必有附带条件，这时，还盘反复多次，直到双方达成协议或终止洽谈。在租船过程中，对于很多发盘都会予以还盘。承租人接到船舶所有人的发盘后，经常接受部分内容，而对其他内容提出还盘，诸如写做“Charterers accept Owner's offer，except…”等，之后列出承租人的报价，继续谈判。如果对对方的发盘完全不能接受或者可以接受的条件很少，另一方也可以采用发盘形式要求对方还盘，如写成“Charterers decline Owner's offer and offer as follows”。这表明接受最初发盘的一方不予接受对方的绝大多数条件，但仍有继续洽谈的意愿。

（4）受盘（Acceptance）

受盘即为明确接受或确认对方所报的各项租船条件，这是租船程序的最后阶段，在合同法中这一阶段被称为承诺，一旦承诺生效，则意味着合同也同时生效了。

有效的受盘必须在发盘或还盘规定的时限内，且不能有保留条件，若时限已过，则欲接受的一方必须要求另一方再次确认才能生效。当发盘方放弃“保留条件”而要求对方受盘时，受盘方应确认收到的是一项不附带任何保留条件的实盘（Clean Fixture）；而在发盘方要求对方先予以受盘，而后再取消保留条件情况下，受盘方为保护自己的利益，避免不必要的法律纠纷，必须规定发盘方在接受受盘后取消保留条件的时间限制（all subjects to be waived ×× hours after confirmation of fixture）。如果发盘方没有在该时间限制内正式放弃保留条件，受盘方的受盘仍不具备任何约束力。

（5）签约（Conclusion Of Charter Party）

正式的租船合同是在合同主要条款被双方接受后开始拟制的。受盘后，双方共同承诺的实盘中的条款已产生约束双方的效力。按照国际惯例，在条件允许的情况下，双方应签署一份“确认备忘书（Fixture Note）”，或称“订租确认书”，作为简式的租船合同。

确认备忘书没有固定统一的格式，一般包括以下内容：①确认备忘书签订日期；②船名，或可替代船舶；③签约双方的名称和地址；④货物名称和数量；⑤装卸港名称及受载期；⑥装卸费用负担责任；⑦运费或租金率、支付方法；⑧有关费用的分担（港口使用费、税收等）；⑨所采用标准租船合同的名称；⑩其他约定特殊事项；⑪双方当事人或其代表的签字。

第三节　国际海上运输单证

一、国际海上运输出口货物单证概述

1. 国际海上运输出口货物单证流程程序

进口货物到卸货港之前，货运代理必须取得必要的单据。单据的来源有银行、国外发货人、装港代理、卸港轮船代理公司，也有的是进口船舶随船带进来的。

一般来讲，买卖合同签订后，国内收货人就会给港口货运代理寄送一份合同副本（如

果委托其作代理的话）。除合同以外的其他商务单据，一般买卖合同中也有规定，货物装船后，发货人应给收货人发送 2 份。近洋航线如日本、中国香港等，因为航程近，随船带与邮寄所需时间差不多，所以近洋航线的商务单据一般随船带走。远洋航线的商务单据一般以邮寄为主。舱单等船务单据均随船带到目的港，交目的港船公司代理分发。集装箱货物舱单等船务单据大部分由船公司使用内部 EDI 系统发送。

2. 国际海上运输出口货物单证

进口货物单据一般分为商务单据和船务单据两种。

1）商务单据

商务单据是指买卖双方办理货物交接和货款结算所需的单据，主要有合同、发票、提单、装箱单、重量单、品质证书和保险单等。

①合同

合同是港口货运代理办理货物进口报关、接交、代运和掌握进口货物索赔期的主要依据，发货时要以签订的合同为依据。

合同制定时注意以下几点：

● 价格条款的选择除反映商品本身价格外，还关系到买、卖双方的责任、风险、费用的划分。目前，我方派船的海运进口货物使用的价格条款主要有 FOB、FOBS、FOBST、FAS 等几种。

● 选择装运港时，要注意选择吃水深、港口设备好的大港口，尽量订基本港，特别是在货量不大的情况下，这种港口去船较多，作业较快，有利于装运。对于一些季节性港口要尽量避免在冰冻期、风季或雨季交货。在选择装港时，还要特别注意罢工、战争等安全性因素。

● 装运期限一定要在合同中订明确，对于一些较偏僻的小港口，装运期以长一点为宜。

● 需整船装运的进口大宗货应订明“允许溢短装×%”条款。并应订明“由船方选择”。

● 危险品，如爆炸品、氧化剂、压缩气体和液化气体、自然品、易燃品、毒品、腐蚀品、放射物品等，在合同中要订明商品包装、标记等，须符合联合国政府间海事协商组织对危险品运输的专门规定——国际危险品规则 IMCO 的规定，同时均须订明“允许装甲板”条款。

②发票

发票是卖方向买方开具的结算货款金额的单据，是港口货运代理制作《进口货物明细单》和办理报关及船方或保险人索赔时计算货价的依据，对于免费赠送的商品，应出具形式发票（Formal Invoice）。

③装箱单和重量单

装箱单是装箱货物的明细单，上面详细列明货物的名称、包装形式和件数。重量单详细列明货物的每件重量和总重量，为国内港口卸货提供数字依据。此外还有品质证明书和保险单等。

2）船务单据

船务单据是承运人在装卸港装卸货物时所需的一套单据，包括舱单、提单、货物积载图和租船合同等。

(1) 舱单

舱单是船公司或船公司代理在装港根据提单内容编制的，是港口卸货理货的主要依据，其内容大致与提单相似。

订舱单是货运代理组织运输的重要依据。所列项目必须完整、准确地填写。

①联系单中“货名”一栏必须使用中、英文填写。

②“重量”栏要填写毛重（如有含水分的货，应注明“水量”），以便根据货物的重量准确安排舱位。

③我国对进口货物的成交合同有统一的规范编号，由商务部统一登记核发，填写“合同号”时每个代号位置不得颠倒，位数不要随意增减。

④“包装”栏要明确列明货物包装形式和种类，以便准确计算舱容。

⑤“装卸港”要具体明确，若在同一地区选择装港，必须订明由买方选择。

⑥“买货条款”栏，要将交货的具体条件填写清楚，如 FOB、FOBS、FOBST 等，如果合同中对此专门有文字条款叙述，也必须详细写在订舱联系单内，如有装货率或滞/速条款也要说明，以便货运代理根据实际情况通知国外代理安排装货并划分费用。

⑦危险品订舱时，要注意危规号和危险品性质（如有毒、易燃、易爆、放射性）和 IMCO 等级及联合国危险品编号。

⑧贵重物品要加注货价，以便选配适当船只，保证货物安全。

⑨对按货价分运价等级的五金、钢材，要列明 FOB 单价，以作为支付和审核运费的依据。

⑩对于一般超长、超重货物，为便于积载和做好装卸船的准备工作，凡每件长度超过 9 米，重量超过 5 吨的。应在进口订舱联系单上注明。

⑪成套设备和机械设备重大件（包括裸装设备及大型箱装机器），由于只在少数国内大港口卸货，凡毛重超过 20 吨，长度超过 12 米，宽超过 3.4 米，高超过 2.35 米者，均需在订舱单上注明。各种车辆不论是否超长、超宽、超高，均需注明长、宽、高，以便计算积载费用。

⑫特殊货物如散油、冷藏货及鲜货、活货的订舱。应在订舱联系单上列明具体货运温度等要求。一般杂货商品需填写一式两份，从日本进口货填写一式四份；整船装运的大宗货，如粮食、糖、化肥等，有关进口公司需及时提供合同副本，在实际交货前 45 天委托货运代理安排舱位。

(2) 提单

详见本节第三部分。

(3) 货物积载图

货物积载计划通常以图来表示，称为积载图。积载图详细列明了每一提单货物在船上所处的位置，是安排卸货、疏运和船边直接提货的重要参考资料。

(4) 租船合同

租船合同是真正的运输协议，是船舶所有人和承租人之间签订的租船货运协议。它对双方就租船问题相互的权利和义务作了明确规定，是各方承担责任和行使权利的依据。

二、国际海上运输进口货物程序与单证

1. 国际海上运输进口货物单证流程程序

(1) 发货人或货运代理人填写好托运单后，向船东代理办理货物订舱手续；

(2) 如是集装箱货物，发货人或货运代理人安排提取空箱，并将货物送至指定场站装箱或拖空箱至货主指定地点装箱后回场，并在规定进场时间将重箱进船舶靠泊码头；

(3) 发货人将装货清单和有关报关用单证送海关办理出口报关手续，也可委托货运代理代办，然后将装货单和收货单送交理货员；

(4) 海关放行后，船东代理通知装船，并将编制的装货清单分送船舶和港口有关单位；

(5) 大副根据装货清单编制积载图交船东代理，再由船东代理分送港口、理货公司；

(6) 如是散货，则港口根据积载图安排货位并通知发货人或货运代理将货物送码头仓库；如是集装箱货物，则大副配舱后，即可通知码头安排装船作业；

(7) 货物装船后，理货员将装货单、收货单交船舶大副签字后留下装货单，将收货单交回理货员；

(8) 理货员将收货单交船公司或船舶代理人（因理货员由船公司雇用）；

(9) 托运人持收货单到船代理公司换提单；

(10) 船舶装货后，开航前船代公司应制出口载货清单交船舶；

(11) 船舶开航后，船代公司将载货清单和积载图及有关货运资料寄国外代理行安排船舶卸货；

(12) 托运人持提单到卖方银行结汇，卖方银行核对无误后收提单结汇；

(13) 卖方银行通知买方银行付款并寄去提单；

(14) 买方银行通知收货人付款，索取提单；

(15) 船舶通知国外代理行抵港时间；

(16) 国外代理行通知收货人船舶抵港；

(17) 收货人持提单到国外代理行办理提货手续，换取提货单到港口提货。

2. 国际海上运输进口货物单证

国际海上运输进口单证主要包括商业单证和官方证明。商业单证主要是指国内运输单据和结汇单据。官方证明主要指许可证、配额许可证、商检证、濒危证、危险品包装鉴定使用证书。这些货物单证，在代理海运出口货物运输手续时必不可少。

(1) 商业单证

①托运单

托运单一式九联，有的地方叫“下货纸”，有的地方叫“九联单”。托运单是发货人向船方或其代理申请订舱的形式单据，它是全套托运单中最重要的单据。

托运单主要内容有：船名、提单号、目的港、运编号、唛头、件数及包装形式、品名、毛重、净重、运费付费方式、尺码、发货人、收货人运输条款及装效期、可否分批/转船的规定。

托运单一式九联（目前一些地方，一式六联也足够用），各有不同的作用：

• 第1、2、3联为运费联，其中第1联为船公司代理留底，船代公司凭此联缮制载货清单和画积载图，最后存档备查和作运费资料。第2、3联在船代公司结算运费后交货运

代理托收运费。货运代理接此两联后，审核无误留存一联，另一联交发货人收取运费（到付运费业务除外）。

● 第4、5、9联为理货单据，其中第4联为装货单，上面列有装货细节记录、收货件数和所装货物质量情况，并须理货员签字。船代公司在签单时，在此联“经办员”处盖章，表示已代表船公司收下所列货物。装船结束后交大副留底。第5联为收货单，内容与装货单一样。货物装毕后，由大副签字和批注，即表示所列货物已装上船，所以此联又叫“大副收据”。装船结束后，船舶代理凭此联签发已装船提单。第9联为港口申请单，凭此联缴纳港务费。此单除列明货物一般内容外，还有货物进出港区前方仓库的详细记录，由仓库理货员填写。装船结束后，港方凭此单向发货人收取装船及港区一切费用。

● 第6联是“留底”联，此联由货运代理公司留存以备查询。

● 第7、8联为配舱回单。配舱后交还发货人，发货人凭此缮制提单，如果由货运代理代为统一缮制提单，第7、8联就不必退发货人了。

②出口货物明细单

出口货物明细单也叫做“分析单”，是发货人根据信用证或合同制作的一种单据，有固定格式。上面列有出口货物的详细情节，包括与运输有关的内容，如价格条款、单证分发及去留要求、存货地点、运输要求等。它的主要作用是供制作提单时参考（主要是抬头、背书、通知人、提单份数等），它还是出口报关的重要单据之一。

③出口货物报关单

出口货物报关单是货物出口时，发货人凭此向海关申报的单据。

报关单一般是一式四份；许可证管理商品和须退税商品申报时应增加一份黄联。

出口货物报关单的内容多达24项。其中须注意的是：

● 运输工具名称，指所装船舶名及航次，转船运输，填写一程船名；

● 运输编号是指提单号；

● 正确填写出口货物运输包装上的唛头标记，否则海关在现场验货有困难时可能不放行。

（2）官方证明

①商检证

商检证是国家规定某些出口商品必须经过商检并由检验机关出具的保证出口商品质量的证明。

在国际贸易中，装港出具的商检证明是理赔的依据，也是拒绝索赔的依据。

②出口许可证

出口许可证是国家批准某项商品出口的证明文件，是海关放行和银行结汇的依据，它具有法律效力。

以上为散杂货运输的主要单证。如果是集装箱运输，必须具备以下几种单证；

③装箱单

每一个集装箱出口均须填制一份装箱单。装箱单列有装箱货物的具体货运资料及箱内积载情况，作为集装箱货运的辅助舱单。整箱货运由发货人填制，其货运资料必须与订舱单及其他单据一致。

装箱单填制时注意：

● 整箱单由发货人填制，有关内容要与订舱单及其他收据一致；

● 如在非出口港或内陆城市货运站装箱交接集装箱时，由船公司负责接运者，应列明收箱地点；

● 冷藏箱应注明温度，危险品须注明危险品标志、性能、等级和危规号（写在货名下面）；

● 特殊箱子如开顶、开边、框架、通风、罐装、汽车、散货箱等应予以说明；

● 拼箱货须按照表内 front（底）、door（门）实际装箱情况准确填写，不能颠倒；

● 如有特殊说明如样品、过境等，应在货名下注明；

● 如果同一票货分装二个集装箱，须在第一箱的末行或空白处说明；

● 装箱单内列明皮重（集装箱自重），总毛重中须列明货物毛重和皮重之总和；

● 有些国家如澳大利亚对动植物检验特别严格，在装箱单下面还要附有卫生部门检疫申请联。

④设备交接单

交接单是在装卸区内，集装箱所有者与使用者之间交接集装箱及设备的凭证。

⑤托运单

托运单是由发货人或其代理人根据港口当地已规定的格式填制。作为向船东代理订舱、提箱、安排货物装箱、拖柜、进码头、报关、装船、签单等一系列动作的依据。托运单一式九联，各不相同，但各地的排列顺序和用途会有一些差异：

● 货主留底联，作为已向船东代理订舱的凭据；

● 运费计算联，由船东代理计算运费的部门存查，据此制作运费舱单；

● 运费通知联，作为船东代理结算运费时的通知；

● 提箱联，作为发货人或货运代理向船东代理提取空箱的凭据；

● 场站收据，码头堆场在验收货物后签发，发货人或货运代理作为领取提单的依据；

● 海关联，递交海关凭以验关放行后，由船东代理留存，并据此签发装船通知；

● 场站收据（副本），在海关放行后由船东代理留存，据此制作清洁舱单；

● 场站收据（副本），由装箱或拖车部门留存。作为缴纳港务费用的依据；

● 船东代理留底联，作为单证资料留存。

三、提单（Bill of Lading，B/L）概述

提单是班轮运输中的重要单证，也是国际贸易的重要单证之一。提单反映了班轮运输合同的重要内容，是约束承、托双方行为的重要文件，也是银行结汇的关键票据，在以信用证为代表的现代国际贸易体系中处于核心地位，具有不可替代的作用。

1. 提单的定义

我国《海商法》第七十一条规定："提单，是指用以证明海上货物运输合同和货物已经由承运人接受或者装船，以及承运人保证据以交付货物的单据……"。业务中，提单所涉及的主要有承运人、托运人，收货人、提单持有人等。其中，承运人通常是与托运人签订运输合同、承担运输任务的航运公司；托运人是与承运人签订运输合同、送交所运送货物的人；收货人是有权提货的人，常常是对外贸易中的买方。以上各方之间的权利、义务关系就构成了提单关系的主要内容。

2. 提单的性质

在海上货物运输中的班轮运输和大多数航次租船运输中，承运人都会应托运人的要

求签发海运提单。因此，了解提单的性质、作用对明确承运人和托运人、收货人之间的权利、义务，对更好地理解贸易、运输合同各方的关系，保护自身利益具有重要的意义。

(1) 提单是承运人对货物出具的收据

提单的签发，意味着承运人已按提单上所列内容收到托运的货物。各国法律一般认为，提单是由船长、承运人或其代理人签发的证明其已收到或接管货物的证明。其中，已装船提单则表明承运人不仅已收到货物，而且已将货物装船完毕准备付运。提单正面通常记载有货物标志，包装数量或件数、重量或表面状况等，这些描述则构成承运人按此接收货物的初步证据，即一旦货物运抵目的港后被发现与所描述的状况不同，承运人就要承担相应的赔偿责任。

(2) 提单是代表货物所有权的凭证

提单的主要目的是使提单的持有人能够在货物运输过程中通过处理提单来处理提单项下的货物。按照商业惯例，占有提单就等于占有货物，而提单的转让通常具有与交货本身同样的效果。因此，提单就是货物的象征。由于提单具有物权凭证的作用，在国际贸易中，它可以作为买卖的标的物、可向银行押汇的担保品。

(3) 提单是海上货物运输合同的证明

在班轮货物运输中，就承运人和托运人之间的关系而言，提单本身并不是它们之间的运输合同，而是运输合同存在的一种证明。其理由是，构成运输合同主要项目诸如船名、开航日期、航线、靠港及其他有关货运条件都是事先公布，而且是众所周知的；至于运价和运输条件也是承运人预先规定的，提单条款仅是承运人单方面制定的，而且，在提单上只有承运人单方的签字。因此，从合同法的基本原理来看，它不具备合同成立的基本条件。另外，提单的签发是合同成立之后，它只是在履行运输合同的过程中出现的一种证据，而合同实际上是在托运人向承运人或其代理人订舱、办理托运手续时就已成立。确切地说，承运人或其代理在托运人填制的托运单上盖章时，承、托之间的合同就已成立。

(4) 提单是提货凭证

承运人或其代理人在目的港交付货物时，必须向提单持有人交货，在这种情况下，即使是真正的收货人，如果不能递交正本提单、承运人可以拒绝对其放行货物。否则，承运人将会承担很大的风险。若承运人对持有提单前来提货的收货人身份有怀疑，可要求他出具证明或提供银行担保。

3. 提单的分类

(1) 按货物是否已装船分类

①已装船提单 (Onboard B/L; Shipped B/L) 指整票的货物全部装船后，应托运人的要求，由承运人或其代理人向托运人签发的货物已经装船的提单。该提单上除了载明其他通常事项外，还须注明装运货物的船舶名称和货物实际装船完毕的日期。在国际贸易上按照惯例，出口人向银行议付货款所提交的提单，必须是已装船提单。

②收货待运提单 (Received for Shipment B/L)，指承运人虽已收到货物但尚未装船，应托运人要求而向其签发的提单。由于该种提单上没有明确的装船日期，而且往往又不注明装运船的船名，因此，在跟单信用证的支付方式下，银行一般都不接受这种提单，货物装船后，承运人在备运提单上加注装运船名和装船日期并签字后，备运提单即可成为已装

船提单。

（2）按收货人的抬头不同分类

①记名提单是指在提单“收货人”一项内具体填上特定的收货人名称的提单。记名提单只能由提单上所指定的收货人提取货物。

②不记名提单是指记明应向提单持有人交付货物的提单。托运人在“收货人”一项只填写“交与持有人”。这样，谁持有提单，谁就有权提货，不需要任何背书手续即可转让。

③指示提单是指在提单上“收货人”一栏内只填写“凭指示”或“凭某人指示”字样的一种提单。前者一般应视为托运人的指示，只有当托运人作出背书后才可转让与其他人；后者按照发出指示的人不同可分为托运人指示、收货人指示和银行指示等情况。

（3）按不同的运输方式分类

①直达提单（Direct B/L）是指货物从装货港装船后，中途不转船而直接抵目的港卸货的提单。

②转船提单（Transshipment B/L）是指在装货港装货的船舶不直接驶达货物的目的港，而要在中途港换装其他船舶运抵目的港，由承运人为这种货物运输签发的提单，即称为转船提单。

③多式联运提单（Combined Transport B/L；Inter modal Transport B/L Multimodal Transport B/L）是指货物由海路、内河、铁路、公路和航空等两种以上不同运输工具共同完成全程运输时由承运人所签发的提单，这种提单主要用于集装箱运输。

多式联运提单一般由承担海运区段运输的船公司签发的。但是，若经买卖双方同意，并通过信用证明确规定，也可由其他承运人，甚至只经营集装箱货运揽货、装箱、拆箱、内陆运输和经营中转站或内陆站业务，而不经营船舶的所谓“无船公共承运人”（Non-vessel Operations Common Carrier，NVOCC）签发。

（4）按对货物外表状况有无批注分类

①清洁提单（Clean B/L）是指没有任何有关货物残损、包装不良或其他有碍于结汇的批注的提单，若承运人或其代理人在签发提单时未加任何批注，则表明承运人确认货物装船时外表状况良好的这一事实。承运人必须在目的港将接受装船时外表状况良好的同样货物交付给收货人。银行办理结汇时，都规定必须交付清洁提单。

②不清洁提单（Unclean B/L or Foul B/L）是指承运人在提单上记有货物及包装状况不良或存在缺陷等批注的提单，如水湿、油渍、污损、锈蚀等。

承运人通过批注，声明货物是在外表状况不良的情况下装船的，在目的港交付货物时，若发现货物损坏可归因于这些批注的范围，从而减轻或免除自己的赔偿责任，不清洁提单是不能结汇的。

（5）按船舶营运方式不同分类

①班轮提单（Liner B/L）是指货物采用班轮运输，班轮公司所签发的提单。

②租船提单（Charter Party B/L）是指货物采用租船运输，由承运人根据租船合同签发的提单。这种提单上有“根据××租船合同出立”的批注，是一种受租船合同约束的提单。除非信用证另有规定，否则银行不接受这种提单。

（6）按提单内容的繁简分类

①全式提单（Long Form B/L）是指既有正面记载的事项，又有背面的有关承运人和托运人之间权利、义务详细条款的提单。

②简式提单（Short Form B/L）又称略式提单，是指只有正面必须记载的事项而无背面条款的提单。这种提单一般均加列“各项条款及例外条款以本公司正式的全式提单内所印就的条款为准”。按惯例银行不得拒收简式提单。

（7）按提单的有效性分类

①正本提单（Original B/L）是指上面有承运人、船长或其代理人签字盖章，并表明“正本”（Original）字样的提单。这种提单在法律上、商业上都是公认有效的单据。收货人在目的港提货必须使用正本提单。

②副本提单（Copy B/L）是指没有承运人、船长或其代理人签字盖章的提单。副本提单上一般标注“Copy”或“Non-negotiable”（不可转让）字样。凡未表明正本字样的提单即为副本提单。

（8）按商业习惯分类

①预借提单（Advanced B/L）是指由于信用证规定的装运期和交单结汇期已到，货主因未能及时备妥货物或尚未装船完毕时，应托运人要求而由承运人或其代理人提前签发的已装船提单。

承运人签发预借提单要冒极大风险。依照许多国家法律的规定和判例法表明，一旦货物引起损坏，承运人不但要负责赔偿，而且还要丧失责任限制和援用免责条款的权利。

②倒签提单（Ante dated B/L），由于货物实际装船完毕日期迟于信用证规定的装运日期，若仍按实际装船日期签发提单，肯定影响结汇，为了使签发提单日期与信用证规定的装运日期相吻合，以便结汇，承运人应托运人的要求，在提单上仍按信用证规定的装运日期签发，这种以早于该票货物实际装船完毕的日期作为签发日期而签发的提单称为倒签提单。

承运人签发这种提单风险很大，要承担因此而可能产生的损失。但是由于航运惯例和贸易的需要，在一定的条件下，比如在所签的日期是船舶已抵港并已开始装货后（虽然就签单的这一票货物而言，尚未装船或尚未装完）的某一天，或签单的货物是零星杂货而不是数量很大的大宗货；或倒签的时间与实际装完的时间间隔不太长等情况下，取得了托运人的保函后，还是可以签发的。

③过期提单（Stale B/L）有两种情形，一种是由于航线较短或银行单据流转速度较慢，以至于提单晚于货物到达目的港，使收货人提货受阻；另一种则是由于出口商在取得提单后未能及时到银行议付形成过期提单。《跟单信用证统一惯例》第四十三条规定，如信用证没有规定交单的特定期限，则要求出口商在货物装船日起 21 天内到银行交单议付，但不得晚于信用证的有效期。

④舱面提单（On Deck B/L）又称甲板提单，是指货物装运于甲板上时，承运人签发的提单。这种提单上批注了“已装舱面”或“将装舱面”的字样。由于货物装在甲板上风险较大，承运人对货物的损失、灭失又不负赔偿责任，所以，除非另有规定，银行有权拒收舱面提单。

⑤集装箱提单（Container B/L）是指以集装箱装运货物时，承运人签发的提单。这种提单有两种：一种是在普通提单上加注“用集装箱装运”（Containerized）字样；另一种是使用多式联运提单（Combined Trans-port B/L），但增加了集装箱号码和封号等内容。

四、提单的签发和流转

提单的签发和流转是涉及提单多方当事人、关系方的重要业务活动，理解这些活动的法律效力，对减少提单纠纷、加快提单流转速度意义重大，理应受到各方的重视。

1. 提单的签发

签发提单是航运公司的一项重要业务，提单内容正确与否将直接关系到承运人的切身利益。

正如提单定义中所描述的那样，提单是由船长、承运人或其代理人签发的。其中，承运人作为与托运人签订运输合同、提供运输服务的一方当然具有提单的签署权。不仅如此，对承运人来讲签署提单不仅是权力，也是一项义务。《海牙规则》第3条就有“在收到货物之后，承运人或船长或承运人的代理人，应依照托运人的请求，发给托运人提单……”的规定。至于船长，几乎所有国家的法律都认为船长是承运人的法定代理人，因此船长的签单权是不需要承运人的特别授权的，这与“承运人的代理人”不同。此处的“代理人”特指经由承运人特别委托，有权签署提单的代理。

提单除根据其不同特征划分为许多种外，还有正本和副本的区别。通常我们在提到提单时所指的都是正本提单。一般正本提单一式三份，各份提单效力相同，可独立使用。以其中一份提货后，其他各份失效。副本提单则数量不限，但提单上没有提单签发人的签章，只能用于承运人日常业务，不具有法律效力。为防止因为提单流失在外引起纠纷，损害提单善意持有人的利益，实际业务中许多银行在开立信用证时都规定，贸易商在办理结汇或其他事项时全套三份正本必须同时使用。

2. 提单的转让

提单是货物所有权的证明，提单的转让就意味着货物所有权由原提单持有人转移到提单的受让人手中，这一过程通常通过背书实现。

所谓背书是指提单所有人在提单背面写明由某人提取货物或者凭某人的指示提取货物，并签字盖章的书面声明。其中，作出背书行为的原提单持有人称为背书人；提单受让人又称为被背书人。

与汇票等其他可转让的商业票据相似，提单的背书转让不必经过提单签发人即承运人的同意；但与汇票不同的是，提单转让后，后手的权利不优于前手，所以提单只能称之为“准流通票据”。

提单的背书根据其内容不同可分为记名背书和不记名背书（又称空白背书），记名背书（Special Endorsement）时不仅需要签署背书人自己的名称，而且要写明被背书人的名称。空白背书时背书人则只签署自己的名称，而不写明谁是提单的受让人。

记名背书和空白背书在法律上都是有效的。其中，记名提单如经空白背书后效力相当于不记名提单，仅凭交付转让。

3. 提单的流转过程

在业务活动中，提单流转过程一般是这样的（假定贸易条件CIP信用证结汇），如图7-3所示。

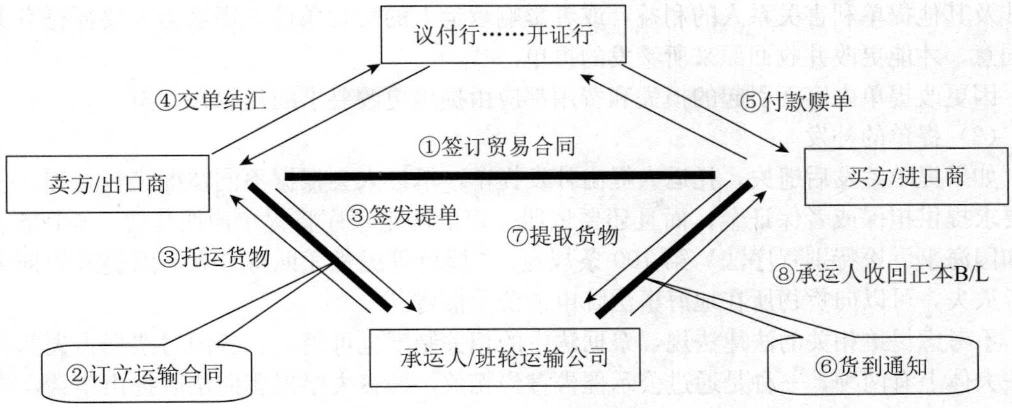

图 7－3　提单签发、流转示意图

在图 7－3 中，①出口商与进口商订立货物进出口合同，合同中写明采用 CIP 贸易条件，以信用证方式付款；②由出口商根据贸易合同中定明的交货时间、交货地点、货物数量寻找恰当的班轮运输公司预定舱位，与之订立适当的班轮运输合同；③出口商在运输合同约定的时间、地点将货物交付给承运人，承运人在接货后应托运人（此时就是出口商）的请求安排货物报关、装船，并由船上的大副签发大副收据，托运人凭借大副收据向承运人换取已装船提单；④取得已装船提单的出口商持提单及信用证规定的其他单据（如商业发票、保险单等）到议付行议付，转让提单，同时取得贷款，之后，议付行再凭所持有的提单等票据向开证行提起付款请求，开证行在确认满足信用证有关要求后支付货款并取得提单；⑤随后，开证行根据与买方或进口商已有的协议通知进口商单证已到，要求进口商履行货款支付协议，进口商在支付货款后取得提单；⑥与此同时，货物由承运人运抵目的港，承运人或其代理人发出到货通知；⑦接着，进口商凭所持的正本提单按承运人的指示在指定时间、地点提取货物；⑧最后，正本提单由承运人收回，提单的整个流转过程完成。

当然，实际业务中提单的流转过程由议付行到开证行，由进口商到真正凭正本提单去提货的货主可能经过的环节还会更多，转手的次数也会不止一、两次，但提单大致流转的过程都是一样的，一般都要经过这样几个步骤。

4. 提单的更正

（1）提单的更改

货运代理人应注意，提单的更正要尽可能赶在载货船舶开航之前办理，以减少因此而产生的费用和手续。

在实际业务中，提单可能是在托运人办妥托运手续后，货物装船前，在缮制有关货运单证的同时缮制的。在货物装船后，这种事先缮制的提单可能与实际装载情况不符而需要更正或者重新缮制。此外，货物装船后，因托运货物时申报材料有误，或者信用证要求的条件有所变化，或者其他原因，而由托运人提出更正提单内容的要求。在这种情况下，承运人通常都会同意托运人提出的更正提单内容的合理要求，重新缮制提单。

如果货物已经装船，而且已经签署了提单后，托运人才提出更正的要求，承运人就要在考虑各方面的关系后，才能决定是否同意更改。如果更改的内容不涉及主要问题时，在不妨碍其他提单利害关系人利益的前提下，承运人就会同意更改。但是，如果更改的内容会涉及其他提单利害关系人的利益，或者影响承运人的交货条件。则承运人要征得有关方的同意，才能更改并收回原来所签发的提单。

因更改提单内容而引起的损失和费用都应由提出更改要求的托运人负担。

(2) 提单的补发

如果提单签发后遗失，托运人提出补发提单，承运人会根据不同情况进行处理。一般是要求提供担保或者保证金，而且还要依照一定的法定程序将提单声明作废。《中华人民共和国海事诉讼特别程序法》第100条规定："提单等提货凭证持有人，因提货凭证失控或者灭失，可以向货物所在地海事法院申请公示催告。"

不考虑提单相关的法律法规，票据法中的相关制度也可借鉴。各国对票据丧失的补救办法大体上有两种，一种是通过公示催告宣告无效，即丧失票据者向法院提出申请，由法院宣告票据无效，这种方法为大陆法国家所采用；另一种是通过诉讼以行使权利，即丧失票据的人向法院起诉票据债务人，法院在得到足够证据后判决债务人向其履行义务，这种方法为英美法国家所采用。

实际业务中，班轮运输企业通常会要求补发申请人登报申明、提供相应担保并出具保函（如样单7-1）。

【样单7-1】

保　函

致：×××公司

关于：船名（航次）________________

货物提单号 ________________

件数 ________________

品名 ________________

唛头 ________________

发货人________________已安排上述货物由上述船舶承运（发往我司），但正本提货单不慎被我司遗失，现上述货物已抵达目的港。

我司________________（全称）现请求贵司重新签发第二套正本提货单给我司以便提货。

考虑到贵司接受我司上述请求，我司同意如下：

1. 赔偿并承担贵司以及贵司雇员和代理因此承担的一切责任和遭受的一切损失；
2. 若贵司或贵司雇员或代理因此被起诉，我司将随时提供足够的法律费用；
3. 若贵司船舶或财产因此被扣押或羁留，我司将赔偿贵司由此所受一切损失、损害或费用；
4. 我司以及我司担保银行在本协议中负连带责任，无论贵司起诉其中的任何一方；
5. 本保函适用中国法律并接受中国海事法院管辖。

法人代表签字并盖法人章　　　　担保银行法人代表签字并盖法人章

年　月　日　　　　年　月　日

5. 提单的背书

提单是"物权凭证"，不论是记名提单、不记名提单，还是指示提单，在凭提单提货或者换取提货单时，收货人都应在提单上记载提货的意思表示。通常是由收货人在提单的背面盖章、签字。

关于提单转让的规定为：记名提单，不得转让；不记名提单，无须背书，即可转让；指示提单，经过记名背书或者空白背书转让。所以，背书与转让是不相同的。

通常所说的“背书”是指“指示提单”在转让时所需要进行的背书。背书是指转让人（背书人）在提单的背面写明或者不写明受让人并签名的手续。实践中，背书有记名背书、指示背书和不记名背书等几种方式。

（1）记名背书

记名背书，也称完全背书，是指背书人在提单背面写明被背书人（受让人）的名称，并由背书人签名的背书形式。经过记名背书的指示提单将成为记名提单性质的指示提单。

（2）指示背书

指示背书是指背书人在提单背面写明“凭×××指示”的字样，同时由背书人签名的背书形式。经过指示背书的指示提单还可以继续进行背书，但背书必须连续。

（3）不记名背书

不记名背书，也称空白背书，是指背书人在提单背面由自己签名，但不记载任何受让人的背书形式。经过不记名背书的指示提单将成为不记名提单性质的指示提单。

6. 提单的缴还

国际公约和各国法律规定收货人提货时必须以提单为凭，而承运人交付货物时则必须收回提单并在提单上做作废的批注。这是公认的国际惯例。

有些国家对记名提单无须注销，签发不可流通的提单的承运人因将货物交给记名收货人而解脱责任。收货人不需出示提单，不需缴还提单，甚至不必占有提单，就可以提取货物。写有运输合同的内容的提单本身并无重要意义。但是，在我国即使是记名提单，收货人也应向承运人缴还提单，因为“提单中载明的向记名人交付货物的条款，构成承运人据以交付货物的保证。”

但是，签发了可流通的或者指示提单的承运人的地位则完全不同。承运人只有向提单持有人交付货物才能解脱责任。这时提单本身变为不可缺少的单证，货物被“锁”进到提单中。

提单的缴还和注销表明承运人已完成交货义务，运输合同已完成，提单下的债权债务也因而得以解除。但是，提单缴还和注销并不必然表明提单可能代表的物权的终止，因为缴还和注销的提单可能是全套提单中未经授权转让的一份。

提单没有缴还给承运人时，承运人就必须继续承担运输合同和提单下的义务。如果承运人无提单放货，他就必须为此而承担赔偿责任。

五、提单内容及主要条款

1. 提单正面内容

（1）提单的正面记载内容

为了保证提单的法律效力，国际公约和各国的国内法一般都规定了提单的记载内容。关于提单必要记载事项的证据效力，《汉堡规则》作出了与《维斯比规则》相同的规定，即承运人签发了已装船提单，则认为提单是所述货物已装船的初步证据，当提单转让给包括收货人在内的善意的第三方时，提单上的记载内容具有最终证据的效力。我国《海商法》第73条对此也作出了相似规定，即提单内容应包括下列各项：①货物的品名、标志、包数或者件数、重量或者体积，以及运输危险货物时对危险性质的说明；②承运人的名称和主营业所；③船舶名称；④托运人的名称；⑤收货人的名称；⑥装货港和在装货港接收货物的日期；⑦卸货港；⑧多式联运提单增列接收货物地点和交付货物地点；⑨提单的签发日期、地点和份数；⑩运费的支付；⑪承运人或者其代表的签字。

该条款同时也规定，提单缺少前款规定的一项或者几项的，不影响提单的性质；但是，提单应当符合我国《海商法》第71条的规定。

在填写提单的各项内容时应注意以下事项：

①货名，在信用证项下货名必须与信用证上规定的一致。件数和包装种类，要按箱子实际包装情况填列。唛头，信用证有规定的，应按照信用证规定填写，否则可按发票上的唛头填写。毛重和尺码，除信用证另有规定者外，一般以千克为单位列出货物的毛重，以立方米为单位列出货物体积。

②船名和航次，应填写货物所装的船名及航次。若是已装船提单，须注明船名，若是收货待运提单，待货物实际装船完毕后记载船名，该项记载的意义在于，如果发生货损货差或其他合同纠纷，法院因收货人的申请采取诉前保全或诉讼保全措施时，有确定的客体。

③装货港，应填写实际装船港口的具体名称。

④卸货港，填写货物实际卸下的港口名称。如属转船，第一程提单上的卸货港填转船港，收货人填第二程船公司；第二程提单装货港填上述转船港，卸货港填最后目的港。如由第一程船公司出联运提单，则卸货港即可填最后目的港，提单上列明第一程和第二程船名。如经某港转运，要显示“VIA ×××”字样。

在多式联运中，使用“多式联运提单”(Multimodal Transport B/L）时，提单上除列明装货港、卸货港外，还要列明“收货地”(Place of Receipt)、“交货地”(Place Of Delivery）以及“第一程运输工具”(Pre-Carriage by)、“船名和航次”(Ocean Vessel and Voy. No.)。

填写卸货港时，还要注意同名港口问题，如属选择港提单，相应的港口名称也要在这栏中注明。

从法律的角度来看，装卸港及中转港的记载有利于确定法院的管辖权和确定运输合同的准据法。同时还明确了港口，如在哪个港口卸货等。

⑤托运人，一般为信用证中的受益人。如果开证人为了贸易上的需要，要求做第三者提单，也可照办，《跟单信用证统一惯例》第31条明确规定：“除非信用证另有相反规定，否则银行将接受下列运输单据；……III. 表明以信用证受益人以外的一方为发货人的运输单据。”

⑥收货人，如要求制作记名提单，则可填上具体的收货人名称；如属指示提单，则可按要求制成托运人指示提单、记名指示人提单或选择指示人提单，当然，在特殊情况下，也可做成持有人抬头的不记名提单。

⑦通知人，这是船公司在货物到达目的港时发送到货通知的收件人，有时即为进口人。在信用证项下的提单，如信用证上对提单通知人有具体规定时，则必须严格按信用证要求填写。如果是记名提单或收货人指示提单，且收货人又有详细地址的，则此栏可以不填。如果是空白指示提单或托运人指示提单则此栏必须填写通知人名称及详细地址，否则船方就无法与收货人联系，收货人也不能及时报关提货，甚至会因超过海关规定申报时间

被没收。

⑧提单号，一般列在提单右上角，以便于工作联系和查核。发货人向收货人发送装船通知（Shipment Advice）时，也要列明船名和提单号。

⑨承运人名称，承运人是运输合同的一方当事人，在提单记载其名称，以便收货人明白谁是合同中的承运人。

⑩提单的签发日期、地点和份数，提单的签发日期应该是提单上所列货物实际装船完毕的日期。提单签发的地点原则上应是装货地点，一般是在装货港或货物集中地签发。提单签发的份数，按航运惯例通常是正本提单一式两至三份。每份提单具有同等效力，收货人凭其中一份提取货物后，其他各份自动失去其效力。

此外，为了使提单最终生效，提单上还应有承运人或船长，或由其授权的人签字或盖章。

（2）提单中的批注

通常，大副收据上的批注将转批到提单上来，我们对提单上常见的批注类型加以区分，主要有以下几种：

①对货物与包装状况不良的批注

提单上的关于货物与包装的批注一般是按照大副收据或场站收据上的批注转写上去的，是承运人接受货物时对货物表面状况的一种描述。提单上有关货物的不良状况的批注会使提单构成不清洁提单，但并非所有有关货物的批注都构成不清洁提单，例如，承运人对于提单上列有货物的数量、质量、价值或特性并不负责，即使托运人在提单上声明了内容、价值、重量、尺寸、标记、质量、数量等，承运人也视做不详。这些声明并不构成提单的“不清洁”。承运人对因包装性质（如装入纸袋、塑料袋内的货物）而引起损失或损坏予以保留的条款，即免责权利，也并不作为声明货物有缺陷，不构成“不清洁提单”。

常见的关于货物与包装状况的批注，如：

ONE BAG BROKEN（一包破）

ONE BALE OF RUBBER STAINED BY WATER（一包橡胶水渍）

②对运费和附加费用的说明

如：FREIGHT PREPAID（运费已预付）

FREIGHT TO COLLECT（运费待付）

PORT EXPENSES AT DESTINATION TO BE BORNE BY THE CONSIGNEE（目的港费用由收货人负担）

③免费批注

如：NOT RESPONSIBLE FOR PUTREFACTION（船方不负货物腐烂之责）

NOT RESPONSIBLE FOR NUMBER OF PIECES CAUSED BY BUNDLES OFF（散捆后船方对件数不负责）

④对运输情况的说明

如：SHIP MAY DISCHARGE THE GOODS AT THE NEAREST PORT IF UNABLE TO REACH THE DESTINATION（如不能进入目的港，船方可将货物在就近港口卸下）

⑤未明确表示货物与包装不良的批注

如：SECOND-HAND CASES（用过的箱子）

USED DRUMS（旧桶）

⑥对货物数量的批注

如：SHORT SHIPPED ONE JAR（少装一坛）

SHUT OUT FIVE CASES（五箱退关）

上述六类批注中，加注第 1 类批注的无疑是不清洁提单；第 2 类是说明费用的，除非信用证有相反规定，银行都会接受这种提单的；第 3 类和第 4 类实际上是承运人认为需要时重申他的权利和责任，一般提单条款中已有类似说明，提单上加注这些内容，对收货人权益并无影响；第 5 类批注并没有明确表明货物与包装的缺陷。所以有第 2 类、第 3 类、第 4 类和第 5 类这几类批注的都不属于不清洁提单，第 6 类批注如果说明了货物的短少，也是一类不良批注，提单也会因此成为不清洁提单。

（3）提单正面印刷条款

提单的正面通常会有以下印刷条款：

①确认条款

该条款是表示承运人在货物或者集装箱外表状况良好的条件下接受货物或集装箱，并同意承担按照提单所列条款将货物或集装箱从装货港运往卸货港或交货地，把货物交给收货人的责任条款。

②不知条款

该条款是承运人表示没有适当的方法对所接受的货物或集装箱进行检查，所有货物的重量、尺码、标志、品质等都由托运人提供，并不承担责任的条款。但是，不知条款不一定有效。在一些提单中不知条款经常和确认条款合并在一起写。

③承诺条款

该条款是承运人表示承认提单是运输合同成立的证明，承诺按照提单条款的规定承担义务和享受权利，而且也要求货主承诺接受提单条款制约的条款。由于提单条款是承运人单方面拟定的，该条款为表明货主接受提单也就接受了提单条款的制约，所以该条款也称代拟定条款。

④签署条款

该条款是承运人表明签发提单的份数，各份提单具有相同的效力，其中一份完成提货后，其余各份自行失效，提取货物必须交出经背书的一份提单以换取货物或提货单的条款。

2. 提单的背面条款

提单背面的条款作为承托双方权利义务的依据，一般会有几十条。这些条款可分为强制性条款和任意性条款两类。强制性条款的内容不能违反有关国家的法律和国际公约、港口惯例的规定。我国《海商法》第四章海上货物运输合同的第 44 条就明确规定："海上货物运输合同和作为合同凭证的提单或者其他运输单证中的条款，违反本章规定的，无效。"《海牙规则》第 3 条第 8 款规定："运输契约中的任何条款、约定或协议，凡是解除承运人或船舶由于疏忽、过失或未履行本条规定的责任与义务，因而引起货物的或与货物有关的灭失或损害，或以本规则规定以外的方式减轻这种责任的，都应作废并无效。"上述的规定都强制适用提单的强制性条款。

除强制性条款外，提单背面还有任意性条款，即上述法规、国际公约没有明确规定的，允许承运人自行拟定的条款，和承运人以另条印刷、刻制印章或打字、手写的形式在提单背面加列的条款，这些条款适用于某些特定港口或特种货物，此外还有托运人要求加列的条款。所有这些条款都是表明承运人与托运人、收货人或提单持有人之间承运货物的权利、义务、责任与免责的条款，是解决他们之间争议的依据。虽然各种提单背面条款多少不一，内容不尽相同，但通常都有下列主要条款。

（1）定义条款（Definition）

定义条款是提单或有关提单的法规中对与提单有关用语的含义和范围作出明确规定的条款。如中远集装箱提单条款第 1 条就对货方（Merchant）、船舶（Vessel）、分包人（Sub-contractor）、货物（Goods）、件（Package）、运输单元（Shipping Unit）、集装箱（Container）等进行了定义。

（2）首要条款（Paramount Clause）

首要条款是承运人按照自己的意志，用以明确本提单受某一国际公约制约或适用某国法律的条款。通常规定提单受《海牙规则》或《维斯比规则》或者采纳上述规则的某一国内法的制约。例如，我国《海商法》实施前的中远提单第 3 条就规定："有关承运人的义务、赔偿责任、权利及豁免应适用《海牙规则》，即 1924 年 8 月 25 日在布鲁塞尔签订的《关于统一提单若干规定的国际公约》。"目前中远提单则规定，该提单受中华人民共和国法律的制约。

提单上出现了首要条款，通过当事人"意思自治"原则，在某种意义上扩大了国际公约或国内法的适用范围。各国法院通常承认首要条款的效力。

（3）管辖权条款（Jurisdiction Clause）

在诉讼法上，管辖权是指法院受理案件的范围和处理案件的权限。在这里是指该条款规定双方发生争议时由何国行使管辖权，即由何国法院审理，有时还规定法院解决争议适用的法律。提单一般都有此种条款，并且通常规定对提单产生的争议由船东所在国法院行使管辖权。

例如，我国中远集装箱班轮提单就规定：本提单受中华人民共和国法院管辖。本提单项下或与本提单有关的所有争议应根据中华人民共和国的法律裁定；所有针对承运人的法律诉讼应提交上海海事法院，或视具体情况提交中国的其他海事法院受理。严格地说，该条款是管辖权条款和法律适用条款的结合。

提单管辖权的效力在各国不尽相同，有的国家将其作为协议管辖处理，承认其有效。但更多的国家以诉讼不方便，或该条款减轻承运人责任等为理由，否认其效力，依据本国诉讼法，主张本国法院对提单产生的争议案件的管辖权。也有的国家采取对等的原则，确定其是否有效。

1958 年《联合国承认与执行外国仲裁裁决的公约》即《纽约公约》已被 90 多个国家承认，我国也是该公约的缔约国。在远洋运输提单中列入"仲裁条款"，以仲裁代替诉讼，其裁决可以在很多公约缔约国家得到承认和执行。因此，仲裁也不失为解决纠纷的很好途径。

（4）承运人责任条款（Carrier's Responsibility）

一些提单订有承运人责任条款，规定承运人在货物运送中应负的责任和免费事项。一般概括地规定为以什么法律或什么公约为依据，如果提单已订有首要条款，实际上就无须另订承运人的责任条款。

（5）承运人的责任期间条款（Period of Responsibility）

中远提单第 4 条规定："承运人的责任期间应从货物装上船舶之时起到卸离船舶之时

为止。承运人对于货物在装船之前和卸离船舶之后发生的灭失或损坏不负赔偿责任。"

《海牙规则》第1条"定义条款"中对于"货物运输"（Carriage of Goods）的定义规定为"包括自货物装上船舶开始至卸离船舶为止的一段时间"。

上述责任期间的规定，与现行班轮运输"仓库收货、集中装船"和"集中卸货、仓库交付"的货物交接做法不相适应。所以，一些国家的法律，如美国的《哈特法》（Harter Act）则规定：承运人的责任期间为自收货之时起，至交货之时为止。《汉堡规则》则规定：承运人的责任期间，包括在装货港、在运输途中以及在卸货港、货物在承运人掌管下的全部期间。我国《海商法》规定的承运人责任期间，集装箱货物同《汉堡规则》，而件杂货则同《海牙规则》。

（6）装货、卸货和交货条款（Loading，Discharging and Delivery）

本条款是指对托运人在装货港提供货物，以及收货人在卸货港提取货物的义务所作的规定。

（7）运费和其他费用条款（Freight and Other Charges）

该条款通常规定，托运人或收货人应按提单正面记载的金额、货币名称、计算方法、支付方式和时间支付运费，以及货物装船后至交货期间发生的，并应由货方承担的其他费用，运费收取后不再退还。中远提单第6条和中外运提单第8条规定：运费和费用应在装船前预付。到付运费则在货物抵达目的港时，交货前必须付清。无论是预付还是到付，船舶或货物其中之一遭受损坏或灭失都应毫不例外地全部付给承运人，不予退回和不得扣减。一切同货物有关的税捐或任何费用均应由货方支付。

另外，该条款还规定，装运的货物如系易腐货物、低值货物、活动物（活牲畜）、甲板货，以及卸货港承运人无代理人的货物，运费及有关费用应预付。

该条款通常还规定，货方负有支付运费的绝对义务。即使船舶或货物在航行过程中灭失或损害，货方仍应向承运人支付全额运费。如货物灭失或损害的责任在于承运人，则货方可将其作为损害的一部分，向承运人索赔。

（8）自由转船条款（Transshipment Clause）

转运、换船、联运和转船条款（Forwarding，Substitute of Vessel，Through Cargo and Transshipment），简称自由转船条款，该条款通常规定，如有需要，承运人为了完成货物运输可以任意采取一切合理措施，任意改变航线、改变港口或将货物交给承运人自有的或属于他人的船舶，或经铁路或以其他运输工具直接或间接地运往目的港，或运到目的港以外的港口转船、收运、卸岸、在岸上或水面上储存以及重新装船运送，以上费用均由承运人负担，但风险则由货方承担。承运人责任限于其本身经营的船舶所完成的那部分运输，不得视为违反运输合同。

我国《海商法》第91条规定："因不可抗力或者不能归责于承运人的原因，船舶不能在约定的目的港卸货时，船长有权将货物卸在邻近的安全港口，视为已经履行合同；否则，承运人有责任将货物运到目的港，将部分运输转交实际承运人的，承运人也应当对此负责。"

（9）选港条款（Option）

选港条款也称选港交货条款（Optional Delivery），该条款通常规定，只有当承运人与托运人在货物装船前有约定，并在提单上注明时，收货人方可选择卸货港。收货人应在船舶驶抵提单中注明可选择的港口中第一个港口，若干小时之前，将其所选的港口书面通知承运人在上述第一个港口的代理人。否则，承运人有权将货物卸于该港或其他供选择的任一港口，运输合同视为已经履行。当船舶承运选港卸货物时，一般要求收货人在所选定的卸货港卸下全部货物。

（10）赔偿责任限额条款（Limitation of Liability）

承运人的赔偿责任限额是指已明确承运人对货物的灭失和损失负有赔偿责任时，承运人对每件或每单位货物支付的最高赔偿金额。提单应按适用的国内法或国际公约规定承运人对货物的灭失或损坏的赔偿责任限额。但承运人接受货物前托运人书面申报的货物价格高于限额并已填入提单又按规定收取运费时，应按申报价值计算。如果首要条款中规定适用某国际公约或国内法，则按该公约或国内法办理。

（11）危险货物条款（Dangerous Goods）

此条款规定托运人对危险品的性质必须正确申报并标明危险品标志和标签，托运人如事先未将危险货物性质以书面形式告知承运人，并未在货物包装外表按有关法规予以标明，则不得装运；否则，一经发现，承运人为船货安全有权将其变为无害、抛弃或卸船，或以其他方式予以处置。托运人、收货人应对未按上述要求装运的危险品使承运人遭受的任何灭失或损害负责，对托运人按要求装运的危险品，当其危及船舶或货物安全时，承运人仍有权将其变为无害、抛弃或卸船，或以其他方式予以处置。

（12）舱面货条款（Deck Cargo）

提单上的舱面货条款一般订明，这些货物的接收、装载、运输，保管和卸载均由贷方承担风险，承运人对货物灭失或损坏不负赔偿责任。

（13）活的动物和植物（Live Animals and Plants）

该条款对这类货物的接收、搬运、运输、保管和卸货规定由货方承担风险，承运人对其灭失或损坏不负责任。

（14）共同海损（General Average）

规定若发生共同海损，按照什么规则理算。国际上一般采用1974年《约克—安特卫普规则》理算。在我国，一些提单常规定按照1975年《北京理算规则》进行理算。

六、班轮提单的填写

提单样本如下：

（1）提单的印制

在班轮运输中，班轮公司都是自己印制了提单。虽然如此，各个班轮公司的提单在印制的格式和印刷的条款方面大同小异，即其基本内容相同。

对于提单的个别条款而言，如适用法律等，可能就不一样。提单正面供托运人填写的栏目则基本相同。

（2）提单正面和背面的样式

在班轮运输中，由于承运人通常不仅会签订港口至港口的货物运输合同，还会签订多式联运合同，班轮公司在印制提单时，会将在港口至港口条件下的货物运输和多式联运条件下的货物运输中使用的提单一并印就。

（3）提单内容的填写

以下将以通常使用的提单所需要填写的栏目为例，详细介绍提单各栏内容的填写情况。

①托运人/发货人（Shipper/Consignor）

如前所述，托运人可以是与承运人订立合同的人，也可以是将货物交给承运人的人。一般情况下，托运人在贸易合同中是卖方，在信用证下是受益人。关于发货人名称的问题，UCP500第31条3款规定，除非信用证另有规定，银行将接受表明货物发货人是信用证受益人以外一方的运输单据（Unless otherwise stipulated in the Credit，bank will accept a transport document which indicates as the consignor of the goods a party other than the Beneficiary of the Credit.）。这一栏必须填写。

②收货人（Consignee）

这一栏通常不会发生问题，经常是填写“To order”或者“To the order of ×××”。但是，这一栏有时也会发生问题，如填写“To the order of issuing bank”，或者“To the order of the beneficiary”，或者“To the order of the applicant”是不正确的。甚至填写“To order endorsed in blank”也并不正确；总之，这一栏应该根据信用证要求和运输中的要求正确填写。例如，信用证要求：“B（s）/L issued to the order of the applicant”。查出申请开立信用证的人（Applicant）为A Co.，Ltd.，则收货人一栏内填写：“To the order of A Co.，Ltd.”，不应该填写“To the order of the Applicant”。

记名提单应该填写收货人的具体名称。这一栏可以不填写任何字样，这种提单是“不记名提单”。

③通知人/被通知方（Notify Party）

这一栏在实践中是有用的。但是，如前所述，通常提单中有通知条款，而提单中的通知条款说明了班轮承运人是没有义务向通知人发出“到货通知书”（Arrival-Notice）的，因此即使在提单中记载了通知人，并想让船方通知到船信息，货方仍然要自己关心自己货物的到港情况，这与人们想象中的情况是不同的。

“通知人”一栏中应填写接受船方发出到货通知的人的名称和地址。选择、确定通知人的权利在买卖合同的买方。买方可以确定自己为通知人，也可以将自己的代理人或其他联系密切的人确定为通知人。

通知人不是运输合同的当事人，并且不能因为其是通知人而有权提货。船方也不能因为通知人没有及时通知收货人而要求其承担责任。通知人接受收货人委托后，其职责是接收船方发出的到货通知并将该通知转告收货人。

在信用证支付方式下，这一栏应该按照信用证规定填写详细的名称和地址。如果信用证没有说明谁为通知人，则就应该将信用证中的申请人名称和地址填入副本提单的“通知人”一栏内，而正本提单的相应栏目应保持空白，如果信用证要求两个通知人，就应该填写两个通知人的详细名称和地址，而当该栏目填不下时，可以在结尾部分加上星号，然后在提单的空白处（Description of Goods）加上相同的星号接着缮制完应填写的内容（这种方法对其他栏目的填写也适用）。现在已经有船公司的提单中增加了“Also Notify”一栏。

在托收支付方式下，买卖合同中如果不规定通知人，而在“收货人”一栏中记载“To order”时，可以将买方作为通知人并填写详细名称和地址。

提单上可以不填写通知人。

④前程运输（Pre-carriage by）

很多船公司的提单中都有这一栏，其主要原因是为了适应联运。一般这一栏是不用填写的。如果货物有前一程运输需要转运，则该栏内填写前程运输情况。

⑤接货地（Place of Receipt）

如上所述，现在的提单中也有这一栏，一般也不用填写。如果填写，则表明承运人在此地接管货物，也就是托运人向船方实际交货的地点。

⑥船名、航次（Ocean Vessel，Voyage No.）

对于“已装船提单”，这一栏中必须填写船名，一般可以按照配舱回单填写。在不知道船舶航次编号的情况下，可以不填写航次。

货物装直达船时，直接填写船名。用驳船运到香港再转海船时，应该注明驳船和海船的船名，如“粤海518/东方”（Yuehai518/Dongfang）。

⑦装货港（Port of Loading）

对于“已装船提单”，这一栏中必须填写装运港名称。如果信用证规定具体地点，就应该严格按照规定填写，如“上海外高桥”（Waigaoqiao/Shanghai）。如果信用证中仅作笼统规定或者同时列出几个港口，就应该根据实际情况填写具体港口名称，如“中国港口”（China Port）或者“广州/大连/上海/青岛/天津”（Guangzhou / Dalian / Shanghai / Qingdao / Tianjin）。

⑧卸货港（Port of Discharge）

卸货港是指船公司将货物从该承运船舶卸下的港口，一般按照信用证规定填写。为了避免重名港口发生误卸，一般还可以填写国家名称，如“中国上海”（Shanghai/China）。

在以前产品紧缺的年代，还经常会出现选择卸货港，此时可以填写“Option Kobe/Yokohama”。卸货港是必须填写的栏目。

⑨交货地（Place of Delivery）

很多船公司的提单中都有这一栏，其主要原因也是为了适应联运。这是承运人负责货物运输的最终目的地，如果在提单中填写交货地，则表明承运人应负责将货物运抵该交货地并交付货物。

“交货地”在“港至港”的海上运输中是不需要填写的。

⑩转运港（Port of Transhipment）

直达运输中是不需要填写的，而且现在集装箱班轮运输已经形成干支线的网络，所以集装箱提单中大多没有这一栏。在转船运输的情况下，将货物转船的港口名称填写在这一栏中。请注意信用证规定是否允许转船。

⑪最终目的地（Final Destination for Merchant's Reference）

如果提单中有这一栏时，请注意其意义，并要查看有关的提单条款，否则其含义是货物将会运到该栏目内填写的地点，但仅仅是供货方或有关方参考，而不是承运人负责交货的地点。该栏目与“交货地”一栏的含义是不同的。

⑫唛头及件号（Marks & Nos.）

该栏目中还会有集装箱箱号和封志号（Container No. & Seal No.）。提单上所有字符、数字和图形及其排列位置都应该与信用证规定的完全一致，并且应该与发票、装箱单完全一致。

该栏目填写时要明确，如件数填写清楚。当信用证中规定的唛头文字排列过长时，如果意思独立的文字之间有斜线“/”，就可以在斜线处向下错行。如果中间无斜线，也可以在适当位置将前后意思独立的文字分开，向下错开。

如果没有唛头，则可以填写“No mark”。

集装箱箱号和封志号的填写必须正确。

为了方便集装箱运输管理，国际标准化组织（ISO）拟订了集装箱标志方案，根据ISO 790—73，集装箱应在规定的位置上标出以下内容：箱主代码、顺序号和核对数。

箱主代码：集装箱所有者的代码，由四位拉丁字母表示；前三位由箱主自己规定，并向国际集装箱局登记；第四位字母为U，表示海运集装箱代号。例如中国远洋运输（集团）公司的箱主代码为：COSU。

顺序号：为集装箱编号，按照国家标准（GB 1836—85）的规定，用六位阿拉伯数字表示，不足六位，则以0补之。

核对数：用于计算机核对箱主号与顺序号记录的正确性。核对号一般位于顺序号之后，用一位阿拉伯数字表示，并加方框以醒目。

核对号是由箱主代码的四位字母与顺序号的六位数字通过以下方式换算而得。具体换算步骤如下：

首先，将表示箱主代码的四位字母转化成相应的等效数字，字母和等效数字的对应关系见表7-2。

表7-2　核对号计算中箱主代码字母的等效数字

字母	A	B	C	D	E	F	G	H	I	J	K	L	M
数字	10	12	13	14	15	16	17	18	19	20	21	23	24
字母	N	O	P	Q	R	S	T	U	V	W	X	Y	Z
数字	25	26	27	28	29	30	31	32	34	35	36	37	38

从表中可以看出，去掉了11及其倍数的数字，这是因为后面的计算将把11作为模数。

然后，将前四位字母对应的等效数字和后面顺序号的数字（共计10位）采用加权系数法进行计算求和。计算公式为：

$$S=\sum_{i=0}^{9} C_i \times 2^i$$

最后，以S除以模数11，求取其余数，即得核对号。例如：

求集装箱MSCU341908的核对号：

首先，对应的数字是：24—30—13—32—3—4—1—9—0—8，

然后求和：

$$\begin{aligned} S &= 24\times2^0+30\times2^1+13\times2^2+32\times2^3+3\times2^4+4\times2^5+1\times2^6+9\times2^7+0\times2^8+8\times2^9 \\ &= 24+60+52+256+48+128+64+1152+0+4096 \\ &= 5880 \end{aligned}$$

最后，除以11取余数：

5880÷11=534 余数为：6

所以，核对号为6。

因此，集装箱箱号可以通过以上方法检验其是否正确。

⑬包装、件数（Number & Kinds of Packages）

这一栏填写包装数量和单位。如果有多种包装，就要逐项列明。

⑭货物名称（Description of Goods）

这一栏应严格按照信用证及发票上的货名和文字填写。

如果信用证规定用英文就用英文，规定用中文就用中文。

如果发票中货名过多或详细，提单上可以填写货名的总称，但不能与发票上的货名相矛盾。

⑮总重（Gross Weight）

这一栏填写货物的（总）毛重，一般以千克（KG）为单位。

⑯尺码（Measurement）

这一栏填写货物的（总）尺码，一般以立方米（CBM）为单位。

⑰大写件数（Total Number in Words）

这一栏填写货物的数量和单位。正确的填写方法是“SAY… ONLY”。

例如，151 纸箱：“SAY ONE HUNDRED AND FIFTY ONE (151) CARTONS ONLY”；2 个 20 英尺集装箱：“SAY TWO CONTAINERS (2×20’) ONLY”。

⑱附加条款

由于信用证中可能规定一些特殊条款，因此在提单上就要以附加条款的形式出现。此时，除考虑履行贸易合同下义务的问题外，还应该考虑船方是否接受并在订舱时通知船方。另外，还可能由此要求船方另行出具有关书面证明。

例如，信用证规定：“B/L issuing company's certificate confirming that the vessel named in B/L is a vessel of a Conference line.”这就是一个限制托运人必须将货物交由班轮公会成员公司的船舶承运的条款。此时，可以有两种方法解决：第一种方法是由船公司出具一份船籍证明，证明载货船是班轮公会成员公司的船；第二种方法是由船公司在签发提单时在提单加注，证明该船是班轮公会成员公司所属船舶。

⑲运费（Freight）

提单中都有关于运费的栏目。实践中，除非信用证中要求在提单上表明运费的计算和数额，否则提单上是不会填写运费数额的。

提单上一般会填写运费是否已经支付。已经支付运费的表示方式可以是：“运费已付”（Freight Paid）或“运费预付”（Freight Prepaid）。运费没有支付的表示方式一般是：“运费到付”（Freight to Collect）。使用哪一种表示方式一般是由价格术语决定的，如使用 CFR 或 CIF 时，多为“运费预付”，而使用 FOB 时，则多为“运费到付”。

⑳提单份数（No. of Original B/L）

提单上必须记载份数。如前所述，填写提单份数可以使银行等知道应该有几份提单，以防止发生纠纷。

通常提单签发一式三份，但并没有任何公约、法律或惯例加以规定。托运人可以根据需要要求承运人签发多份或一份提单，但必须在提单上填写。

提单上除以上由托运人填写的内容外，还有承运人填写的提单签发地和日期（Place and date of issue），以及承运人等对提单的签署等。

七、杂货班轮货运单证流程

班轮货运单证流程如图 7－4 所示。

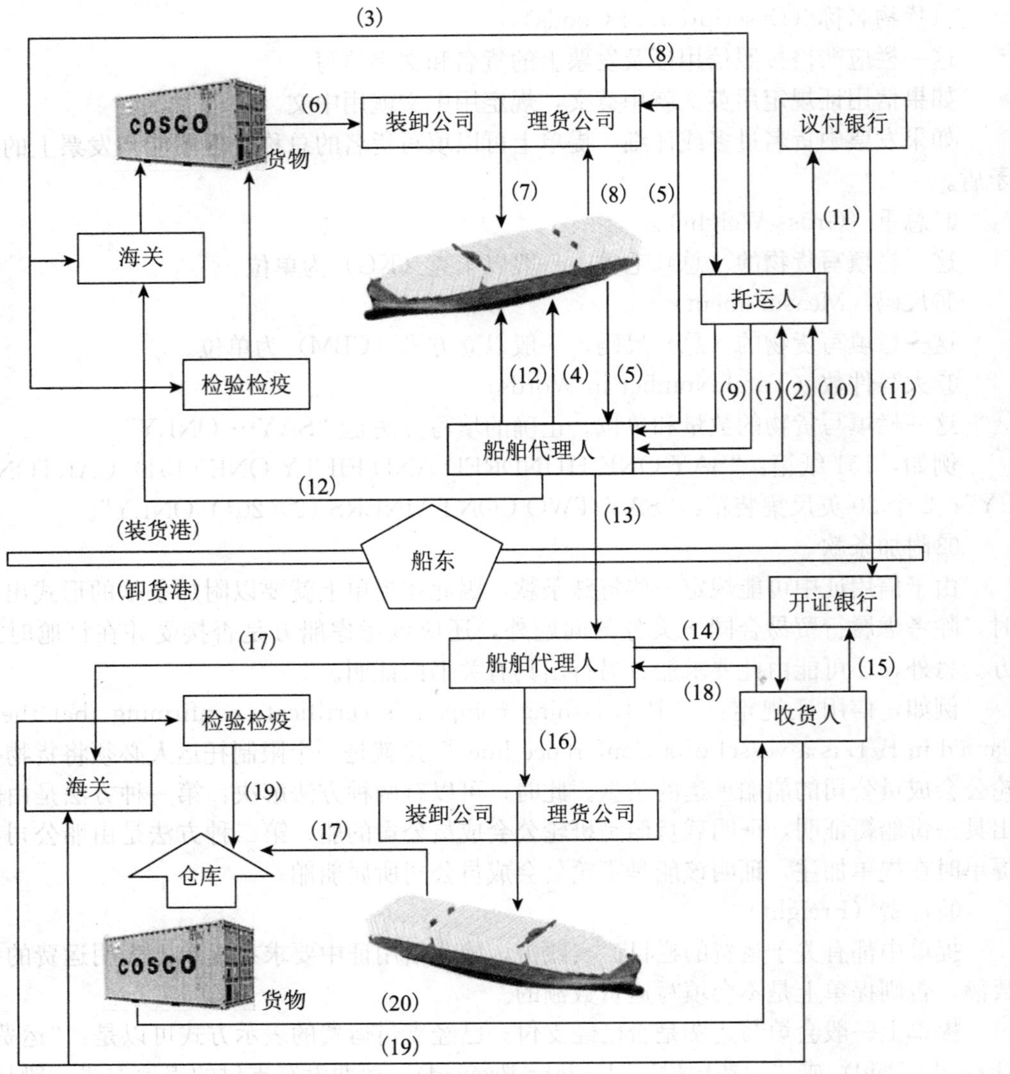

图 7-4　班轮货运单证流程

图 7-4 说明：(1) 托运人（也可以委托货运代理人）向船公司在装货港的代理人（也可直接向船公司或其营业所）提出货物装运申请，递交托运单，杂货运输中还要填写装货联单，集装箱运输中还要填写“场站收据”联单。

(2) 船公司同意承运后，其代理人指定船名，核对 S/O 与托运单上的内容无误后，签发 S/O，将留底联留下后退还给托运人，要求托运人将货物及时送至指定的码头仓库，集装箱运输中还要由托运人（或其代理人）申请用箱、并取得集装箱设备交接单。

(3) 托运人持 S/O 及有关单证向海关办理货物出口报关、验货放行手续，海关在 S/O 上加盖放行图章后，货物准予装船出口，集装箱货物要提取空箱并装箱，还要填写集装箱装箱单，另外还要注意现在海关的规定：“有货报关”。

(4) 船公司在装货港的代理人根据留底联编制装货清单（L/L）送船舶及理货公司、装卸公司（码头堆场）。

(5) 大副（或码头堆场）根据 L/L 编制货物积载计划交代理人分送理货、装卸公司

（码头堆场）等按计划装船。

（6）托运人将经过检验及检量的货物送至指定的码头仓库或堆场准备装船。

（7）货物装船后，理货长将 S/O 交大副，大副核实无误后留下 S/O 并签发收货单（M/R）；集装箱运输中则由堆场签发 D/R。

（8）理货长或堆场将大副签发的 M/R 或 D/R 交给托运人。

（9）托运人持 M/R 或 D/R 到船公司在装货港的代理人处付清运费（预付运费情况下）换取正本已装船提单（B/L）。

（10）船公司在装货港的代理人审核无误后，留下 M/R 或 D/R 签发 B/L 给托运人。

（11）托运人持 B/L 及有关单证到议付银行结汇（在信用证支付方式下），取得货款，议付银行将 B/L 及有关单证邮寄开证银行。

（12）货物装船完毕后，船公司在装货港的代理人编妥出口载货清单（M/F）送船长签字后向海关办理船舶出口手续，并将 M/F 交船随带，船舶启航。

（13）船公司在装货港的代理人根据 B/L 副本（或 M/R）编制出口载货运费清单（F/M）连同 B/L 副本、M/R 或 D/R 送交船公司结算代收运费，并将卸货港需要的单证寄给船公司在卸货港的代理人。

（14）船公司在卸货港的代理人接到船舶抵港电报后，通知收货人船舶到港日期，做好提货准备。

（15）收货人到开证银行付清货款取回 B/L（在信用证支付方式下）。

（16）卸货港船公司的代理人根据装货港船公司的代理人寄来的货运单证，编进口载货清单及有关船舶进口报关和卸货所需的单证，约定装卸公司、理货公司、联系安排泊位，做好接船及卸货准备工作。

（17）船舶抵港后，船公司在卸货港的代理人随即办理船舶进口手续，船舶靠泊后即开始卸货。

（18）收货人持正本 B/L 向船公司在卸货港的代理人处办理提货手续，付清应付的费用后，换取代理人签发的提货单（D/O）或“交货记录”。

（19）收货人办理货物进口手续，支付进口关税。

（20）收货人持 D/O 到码头仓库或船边提取货物。在集装箱运输中多使用 C.O.C（Carrier's Own Container），所以托运人提箱、拆箱后还要负责还空箱。

八、杂货班轮运输单证

在杂货班轮运输中，从办理货物托运手续开始，到货物装船、卸船直至货物交付的整个过程，都需要编制各种单证。这些单证是货方（包括托运人和收货人）与船方之间办理货物交接的证明，也是货方、船方等有关单位之间从事业务工作的凭证，又是划分货方、船方各自责任的必要依据。

在这些单证中，有的是受国际公约和各国国内法规的约束的，有的则是按照港口的规定和习惯而编制使用的。尽管这些单证种类繁多，而且因各国港口规定的不同而会有所不同，但主要单证是基本一致的，并能在国际航运中通用。在集装箱班轮运输中，除了使用一些集装箱运输使用的专门单证外，也使用这些单证，只不过是在单证中另外加上有关集装箱运输的内容而已。目前国际上通用的及我国航线船舶所使用的主要单证有在装货环节编制使用的单证和在卸货环节编制使用的单证。

1. 在装货港编制的单证

(1) 托运单 (Booking Note：B/N)

托运单是指由托运人根据买卖合同和信用证的有关内容向承运人或他的代理人办理货物运输的书面凭证。经承运人或其代理人对该单的签认，即表示已接受这一托运，承运人与托运人之间对货物运输的相互关系即告建立。

托运单从船货双方的关系来说就是货主或船代向船代或班轮公司提出的要约。船代或船方签发的“装货单”，就是船代或船方对货方的承诺，运输合同即告达成。要约＋承诺＝合同成立。所以，装货单是运输合同的重要组成部分，托运单也是运输合同的重要组成部分，它们缺一不可。这里也说明提单只是运输合同的证明文件，并不是合同本身。

一般来说在班轮运输情况下，托运人只要口头或以订舱函电向船公司或其代理人预订舱位，船公司对这种预约表示承诺，运输关系即告建立，并不一定需要什么特定的书面形式。但是，国际航运界的习惯做法则是，托运人或其代理人与船公司或其代理人约定所需的舱位后，再以书面的形式向船公司或其代理人提交详细记载有关货物情况及对运输要求等内容的托运单。船公司或其代理人接受承运后，便在托运单上编号并指定装运的船名，将托运单留下，副本退还托运人备查。

托运单的主要内容包括：托运人名称，收货人名称，货物的名称、重量、尺码、件数、包装式样、标志及号码，目的港，装船期限，信用证有效期，能否分批装运，对运输的要求及对签发提单的要求等。

(2) 装货单 (Shipping Order：S/O)

装货单（也称“下货纸”，或下货单，也叫关单）是由托运人按照托运单的内容填制交船公司或其代理人审核并签章后，据以要求船长将货物装船承运的凭证。但是，托运人凭船公司或其代理人签章后的装货单要求船长将货物装船之前，还必须先到海关办理货物装船出口的报关手续，经海关查检后，在装货单上加盖海关放行图章，表示该票货物允许装船，此时托运人才能要求船长将货物装船。所以装货单习惯上又称“关单”。

装货单是国际海运中的通用单证，在形式上，它一般由三联组成，称为“装货联单”。第一联是船方或其代理留底（Counterfoil），用于缮制其他货运单证；第二联是装货单（Shipping Order），交托运人执有，作用如上所述；第三联是收货单（Mate's Receipt），是船方接受货物装船后由大副签发给托运人的收据。除此必需的三联外，根据业务的需要，还可增加几联或若干份副本（copy），如有的增加两联副本供计算运费和向付费人收取运费的通知用。“装货联单”在不同港口常有不同叫法，有的叫“下货单”，有的叫“装货单”，有的还因有六份副本叫“九联单”。

在内容上，经船公司或其代理人签章的装货单，既是托运人办妥货物托运和出口手续的证明，又是托运人据以向海关办理报关的依据，还是船公司下达给船长接受货物装船承运的命令。船长或大副只能依据装货单或“关单”接受货物装船承运。虽然装货单是船方或其代理在货方托运时交货方收执的单证，但其实质效用是船东或其代理给船长的装船命令。货物装船时，托运人（或货运代理）必须向船长或大副提交这一单证，表明这是一份船东或代理给船长的装船命令。对于特殊货物，还常以不同颜色（如红色）的装货单来与一般装货单相区分。

装货单上除应记载托运人名称、编号、船名、目的港及货物的详细情况（应与托运单相同）等内容外，还有在货物装船后由理货人员填写的货物装船的日期，装舱位置，实装货物数量以及理货人员的签名等项内容。实际装船时船方应该详细核对货物的情况是否与装货单上记载的内容相一致。

装货单的流转程序是：船公司或其代理接受货物托运后，将确定的载运船舶的船名及编号填入托运单，然后将装货联单发给托运人填写，填妥后交回船公司的代理人，经代理人审核无误后签章留下留底联，将装货单和收货单（第二联、第三联）交给托运人前往海关办理出口货物报关手续，同时货物则被要求运至海关货场进行（如果是集装箱，需要的话则开箱）查验，经海关审核查验无误后准予出口，在装货单上加盖海关放行图章，便可持以要求船长将货物装船承运。

由于船代或船方签发的“装货单”，是船代或船方对货方的承诺，运输合同已经达成，所以，装货单一经承运人签章后，船、货双方都应受其约束。如果发生货物退关造成损失时，应由责任方承担责任。如果需要修改装货单上所记载的内容，应将更正单分送有关单位，如果整票货物退关，还要收回原装货单注销。承运人签发装货单后，船、货、港各方均需要有一定的时间用来编制装货清单、积载计划，办理货物报关、查验放行，将货物集中，准备装船。当每一票（每一装货单）的货物全部装上船后，现场理货人员应在装货单上签注实装数量、装舱位置、装船日期并签名，再由理货长审查和签名，证明该票货物如数装船无误，然后连同收货单一起送交船上大副，大副审核属实后在收货单上签字，留下装货单，将收货单退给理货长交托运人或货运代理人。

（3）收货单（Mate's Receipt：M/R）

收货单是指某一票货物装船后，由船上大副签署给托运人用以证明船方已收到该票货物并已装上船舶的凭证。它是划分船货双方责任的重要依据，也是货方据以向船长或船代换取正本“已装船提单”的凭证。所以，收货单又称为“大副收据”。

货物装船完毕后，船方应签发一份“大副收据”给货方。托运人取得大副签署的收货单后，即可凭以向船公司或其代理人换取已装船的正本提单。

收货单是前述装货联单的第三联，它除了增加大副签署一栏外，其所记载的内容和格式与装货单完全一样。为了便于与装货单相识别，常用淡红色或淡蓝色制成并在左侧纵向增加一较宽的线条。

收货单上的批注也称为“大副批注”。在班轮运输中，船公司对货物承担责任是在货物装船时开始的。因此，在货物装船时，大副必须认真核对装船货物的实际情况是否与装货单上记载的情况相符合，货物的外表状况是否良好，有无标志不清、水渍、油渍或污渍情况，数量（件数）是否短缺，货物损坏情况与程度，以及应急修理的事实等。如有这些情况，大副在签署收货单时应明确、具体、如实地记载在收货单上。这种在收货单上记载有关货物外表状况不良或缺陷的情况称为“批注”。因为这是由大副在签署收货单时在收货单上所作的批注，故习惯上称之为“大副批注”。收货单有了这样的大副批注，则这张收货单称之为“不清洁收货单”。反之，称为“清洁收货单”（Clean Receipt）。“大副批注”的依据是理货员或理货长在理货单上的批注，理货单的批注是大副进行批注的第一手资料和证明。

一些常见的大副批注如：

①RAIN WORL AT SHIPPER'S REQUEST（由于货主要求雨天装载）；

②SHORT SHIPPED FIVE CASES（短装 5 箱——指实际比装货单上所记件数少装的数字）；

③SHORT SHIPPED TEN BAGS（短装10袋）；

④ONE BUNDLE OF PIECE GOODS FALLEN OVER BOARD BY STEVEDORES（由于装卸工人操作不慎，一捆布匹掉入水中）；

⑤SHORT IN DISPUTE（短少在争执中）；

⑥THREE BALES BURST，N/R FOR CONSEQUENTIAL LOSS OR SHORTAGE OF CONTENTS（3包破裂，船方对内容的灭失或短少不负责）；

⑦TWO BALES POORLY TORN，CONTENTS EXPOSED，N/R FOR LOSS OR SHORTAGE & CONDITION OF CONTENTS（两包全撕破，货物暴露，船方对灭失或短少和内容状态不负责）；

⑧ONE BOX（NO. 1）NAILS STARTED［一箱（第1号箱）钉松］；

⑨TWO CARTONS OPEN FLAPS（两纸箱盖松开）；

⑩TWO BOXES CRASHED，CONTENTS EXPOSED（两箱打碎，货物暴露）；

⑪N/R FOR NUMBER OF PIECES CAUSED BY BUNDLES OFF（散捆后船方对件数不负责）；

⑫BANDS（HOOPS）OFF CRUSTED（箍脱落，结硬皮）；

⑬ALL TIMBER LOADED WET（全部木材水湿装船）；

⑭FOUR LOOSE PIECES（四捆零散）；

⑮UNSECURELY PACKED（包装不固）；

⑯ONE BALE OF RUBBER STAINED BY WATER（一包橡胶水渍）；

⑰ONE CARTON NO. 23 MILDEWS STAINED（第23号纸箱有霉迹）；

⑱MARKS INDISTINCT（INVISIBLE，INRECOGNIZABLE）N/R FOR SORTING OFF MARKS & NUMBERS（货物标志模糊，船方不负分标志责任）；

⑲PERISHABLE CARGO AT SHIPPERS' RISK（易腐货物，发货人自负风险）；

⑳ALL CASES SEALED N/R FOR CONTENTS（全部箱封妥，船方不负内容之责）；

㉑TOP SHEET RUSTY（顶层板生锈）；

㉒DAMAGED BY VERMINS（RATS）（有虫或被鼠咬）；

㉓CARGO SWEATED，N/R FOR LOSS OR SHORTAGE & CONTENTS（货物发汗，船方对货物损失、短少和内容不负责）。

货物装船时，如发现外表状况不良或存在缺陷，大副可以拒绝将这些有缺陷的货物装船，或要求托运人（或发货人）予以调换。如果托运人不愿调换或调换实际上已不可能，而又要将货物装船，此时，大副就应在收货单上如实地加以适当的批注，以使船方免除赔偿责任。也就是说，有了批注可以证明交付货物时的损坏状况是符合或归咎于这类批注所记载的缺陷与状况的，船公司就可以不承担责任。然而，收货单上有了批注，按照常规，最终要将这些批注转批到提单上去，使提单成为“不清洁提单”，从而影响托运人以提单向银行结汇，这对托运人是不利的。

因此，大副在收货单上批注时应防止两种倾向：其一是不管货物状况，一概不加批注，这对船公司不利；其二是不问货物是否有短损，为避免船公司的可能责任，吹毛求疵地尽量多作批注，这会给托运人增加不必要的麻烦。为此，大副在收货单上作批注时应注意适当掌握，特别要注意下面的问题：

● 认真检查货物外表状况，并核对收货单上记载的货名、标志、件数、目的港、收货人、装船日期、装舱位置与实际装船货物是否相符；

● 批注的内容要具体、明确、肯定，切忌模棱两可、含糊不清，不要使用如“许多”、“一些”、“少量”等不确定的词；

● 对价值不同货物批注的宽严程度应有所区别，贵重货物、高价货物应从严掌握；

● 对货物包装脆弱，不适于海上运输的必须加以批注；

● 不重复提单中已有的船方免责内容，更不能与提单条款有矛盾；

● 对毫无实际意义的内容不要在收货单上批注，以免引起争议；

● 批注（或打印）时字迹要清晰、容易辨认。

（4）提单（Bill of Lading：B/L）

提单是船公司或其代理人签发给托运人，证明货物已经装上船舶并保证在目的港凭以交付货物的单证。

托运人将货物交船舶装船后，经大副验核无误，并在收货单上签字确认，然后将收货单退回给托运人。托运人即可凭大副签字确认货物已经装上船舶的收货单到船公司或其代理人处，付清运费（预付运费），换取经船公司或其代理人签字的一份或数份正本已装船提单。托运人取得正本已装船提单后，即可持提单及其他有关单证到银行办理结汇，取得货款。如果收货单上附有关于货物状况的大副批注时，船公司或其代理人需将大副批注如实地转批于提单上。提单在班轮运输中是一份非常重要的单证。它既具有规定船公司作为承运人的权利、义务、责任和免责条款的运输合同的作用，又是表明承运人收到货物的货物收据，也是提单持有人转让货物所有权或凭以提取货物的物权凭证。

（5）装货清单（Loading List：L/L）

装货清单是船公司或其代理人根据装货单留底联，将全船待装货物按卸货港和货物的性质归类，依航次靠港顺序排列编制的装货单的汇总单。

装货清单是船舶大副编制船舶积载图（Stowage Plan）的主要依据。装货清单又是供现场理货人员进行理货、港方安排驳运、进出库场以及掌握托运人备货及货物集中情况等的业务单据。这份单证的内容是否正确，对积载的正确、合理具有十分重要的影响，装货单的内容包括装货单号码、货名、件数及包装、毛重、估计立方米及特种货物对运输的要求或注意事项的说明等。

（6）载货清单（Manifest：M/F）

载货清单是一份按卸货港顺序逐票列明全船实际载运货物的明细表。它是在货物装船完毕后，由船公司的代理人根据大副收据或提单编制的，编妥后再送交船长签字确认。

载货清单又称“舱单”。其内容除应逐票列明货物的详细情况（包括提单号、标志和号数、货名、件数及包装、重量、尺码）外，还应记明货物的装货港和卸货港。在该单的上方还记有装运船舶的船名及船长名、开航日期等项内容。

载货清单是国际上通用的一份十分重要的单证。船舶办理出口（进口）报关手续时，必须递交一份经船长签字确认的载货清单。它是海关对出口（进口）船舶所载货物出（进）国境实施监督管理的单证。如果船舶货舱内所载运货物没有在载货清单上列明，海关可按走私论处。

船舶办理出口（进口）报关手续，向海关递交的载货清单可分为装货出口时使用的“出口载货清单”（Export M/F），在卸货时使用的“进口载货清单”（Import M/P）和

“过境货物载货清单”（Through Cargo M/F）。如果船舶在港口没有装货出口，在办理出口报关手续时，船舶也要向海关递交一份经船长签名并注明“无货出口”字样的载货清单，若船舶没有载货进口，则应向海关递交一份由船长签名并注明“无货进口”字样的载货清单。载货清单也可作为船舶载运所列货物的证明，是随船单证之一。

(7) 载货运费清单（Freight Manifest：F/M）

载货运费清单简称运费清单或运费舱单。它是由船公司在装货港的代理人按卸货港及提单顺序号逐票列明的所载货物应收运费的明细表，是船舶代理人向船公司结算代收运费明细情况的单证，是船公司营运业务的主要资料之一。该单也可直接寄往卸货港船公司的代理人处供作收取到付运费或处理有关业务之用。载货运费清单的内容除包括载货清单上记载的内容外，增加了计费吨、运费率、预付或到付的运费额等项内容。由于载货运费清单上包括了载货清单上应记载的内容，故也可以代替载货清单作为船舶出口、进口报关及在卸货港安排卸货应急之用，还可作为查对全船有关航次装载货物情况之用。因此，当前不少国家的港口，为了简化制单工作，常将“载货清单”和“载货运费清单”两单合并使用。作为载货清单使用时，则不把该单上有关运费计收的栏目填上；而作为运费清单使用时，再将有关运费计收的栏目填入具体内容。

(8) 危险货物清单（Dangerous Cargo List）

危险货物清单是专门列出船舶所载运全部危险货物的明细表。为了确保船舶、货物、港口及装卸、运输的安全，包括我国港口在内的国际上很多国家的港口都专门作出规定，凡船舶载运危险货物都必须另外再单独编制危险货物清单。该单常用红色并附加特别标志制成，以便于识别。危险货物清单记载的内容除装货清单、载货清单所应记载的内容外，特别增加了危险货物的性能和装船位置两项。

按照一般港口的规定，凡船舶装运危险货物时，船方应向有关部门申请派员监督装卸。在装货港装船完毕后由监装部门签发给船方一份“危险货物安全装载证书”。这也是船舶载运危险货物时必备的单证之一。因此，船公司对各国有关装卸危险货物的规定应事先有所了解，以免日后发生不必要的麻烦。

(9) 货物积载图（Stowage Plan）

货物积载图是以图示的形式来表示货物在船舱内的装载情况，使每一票货物都能形象具体地显示其在船舱内的位置。货物积载图可分为计划积载图和实际积载图。在货物装船以前由大副根据船公司或其代理人送来的装货清单上记载的货物资料作成的积载图，实质上是计划的积载图，或称货物积载计划（Cargo Plan），即用图示形式表明拟装货物的计划装舱位置的货物受载计划。这样，可以使港口和装卸公司、理货人员等有关方按照这一计划的要求来安排装船作业，使装船工作有条不紊地进行。因此，它是装船作业中一份十分重要和必备的资料。然而，在实际装船过程中，往往会因各种客观原因无法完全依照计划装载。这些原因会使货物实际在舱内的积载位置与原定的计划不一致。因此，当每一票货物装船后，理货长都应重新标出货物在舱内的实际装载位置，并注明卸货港名、装货单（提单）号、货名及数量，最后再重新绘制一份货物在舱内的“实际积载图”。

当然，在装船过程中对原来计划的某些改变，原则上都应征得船长或大副的同意方可实施，理货长及其他人员无权随意更改原定的积载计划。实际积载图不仅是船方运送、保管货物的必备资料，也是卸货港安排卸货作业和现场理货的重要依据。

（10）剩余舱位报告（Space Report）

为了使船舶舱位得到充分利用，在各挂靠港口装船完毕后，船上看舱人员应实地测量舱位的利用情况及剩余情况。之后。船长应将计算出的各货舱的剩余舱位电告下一挂靠港口和船公司在各挂靠港口设置的分支机构或揽货机构，或船公司的代理人，使之能够做好补充货载的揽货及装船准备。因为这种通知都是通过电报发出的，为了对这种通知的确认，通常使用一定格式的报告纸。

（11）积载检验报告（Stowage Survey Report）

当船舶装运易于受损或具有危险性质的货物时，常在这些货物装船时采取一些鉴定和检验的措施，包括要求具有公证资格的鉴定人对货物的装载方法、装舱位置、隔垫方法、积载状态等进行监督和鉴定，并要求发给证明积载适当的积载检验报告。这样，一旦发生不测而使货物受损时，船公司就可以据此证明船方在积载货物方面并未疏忽，而且已尽到谨慎处理的责任，从而可使船公司免除责任。

2. 在卸货港编制的单证

在卸货港，船公司的代理人除根据装货港船公司的代理人寄来的或由船舶带来（在航线较短的情况下）的一些装船单证，预先安排船舶进口报关、卸货、理货作业准备外，和货物装船时由大副签发收货单作为船方收到货物的凭证一样，在卸货时，船方、装卸公司或收货人之间也需要相互签字确认一种可以作为证明船方与装卸公司或收货人交接货物实际情况的单证。在不同的国家和港口，用以证明卸货时所交接货物实际情况的单证名称可能有所不同，但它们所包括的内容和所起的作用基本是相同的，差异不大。

（1）过驳清单（Boat Note：B/N）和卸货报告（Outturn Report）

过驳清单是卸货港采用驳船作业时使用的，作为证明货物交接和表明所交货物实际情况，借以划分责任的单证。过驳清单是根据卸货时的理货单证编制的，其内容包括：驳船名、货物标志、号码、件数及包装、货名、舱口号、卸货港、卸货日、过驳清单编号等。此外，还要记载所卸货物的残损情况和程度，这些记载称为过驳清单批注（Boat Note Remark）。

关于过驳清单的批注，其批注方法与前述收货单的批注大体相同，不但要记载货损的种类，而且还要明确记载损坏的程度，是否进行了临时修补，内装货物状态等。因为船公司的责任期间是从货物装船时起到卸离船舶时止，所以，收货单和过驳清单是证明船方责任起止的重要证据。如果收货单和过驳清单上的批注一致，则可以证明船方在运输过程中没有给货物造成损害。假如在此以后发现了未在过驳清单上批注的货物损坏情况，除非属于特殊原因，否则所有这些属于卸货后发现的损失，都不属于船公司的责任。

过驳清单按卸货实际情况编制后，由装卸公司、收货人等接收货物的一方和作为船方责任者的大副共同签字确认。

（2）货物残损单（Broken & Damaged Cargo List）和货物溢短单（Overlanded & Shortlanded Cargo List）

货物残损单和货物溢短单是我国港口在卸货时使用的，作为卸货交接证明的单证。货物残损单是在卸货完毕后，由理货长根据现场理货人员在卸货过程中发现的货物的各种残损情况（包括货物的破损、水湿、水渍、汗湿、油渍、污染等情况）的记录汇总编制成的，表明货物残损情况的证明。

货物残损单和货物溢短单都是日后收货人向船公司提出损害赔偿要求的证明材料之

一，也是船公司处理收货人索赔要求的原始资料和依据之一，但必须经船方（船长或大副）的签认才有效。所以船方在签字时应认真核对，情况属实才给予签认。若对残损或溢短情况持有不同意见时，最好能当时根据现场情况与装卸、理货人员协商，尽可能取得一致的意见。经协商不能取得一致意见时，也可在单证上作出适当的保留批注。

(3) 提货单（Delivery Order：D/O）

提货单是收货人或其代理人据以向现场（码头仓库或船边）提取货物的凭证。虽然收货人或其代理人提取货物是以正本提单为交换条件，但在实际业务中采用的办法则是由收货人或其代理人先向船公司在卸货港的代理人交出正本提单，再由船公司的代理人签发一份提货单给收货人或其代理人，然后再持提货单前往码头仓库（仓库交货）或船边（船边交货）提取货物。船公司的代理人在签发提货单时，首先要认真核对提单和其他装船单证的内容是否相符，然后才详细地将船名、货物名称、件数、重量、包装标志、提单号、收货人名称等填入提货单上，并由船公司的代理人签字交给收货人到现场提货。若同意收货人在船边提货亦应在提货单上注明。

提货单的性质与提单完全不同，它只不过是船公司或其代理人指令码头仓库或装卸公司向收货人交付货物的凭证而已，不具备流通及其他作用。为了慎重，一般都在提货单上记有“禁止流通”（Non-negotiable）字样。

3. 船舶在港装货、卸货时常用的理货单证

船舶在港装货或卸货作业时，都要委请当地的理货人站在船方的立场上，代表船方清点装/卸货物的数量，核对货物的标志，检查货物的残损情况，指导和监督货物的装/卸作业，并代表船方与货方或港方办理货物交接的手续。

船舶要委请理货人代表船方理货，首先要向当地的理货机构提出书面的“理货申请书”（Application for Tally）。不过，具体的申请工作，是由船公司在港口的代理人办理的。

常见的几种理货单证有：

(1) 理货计数单

理货计数单是现场理货中最基本的计算装/卸货物数量的一种单证，是舱门理货员登记每天（每吊）货物实际数字的原始记录。

(2) 日报单

日报单是理货长每日根据各舱口的“理货计数单”编制的船舶每舱口装/卸作业进度小结的报表。日报单内记载了船舶各舱口及全船当天装/卸货物的数量（件数、吨数），以及包括当天在内已经完成的装/卸数量。理货长每天编妥后，均送交船方一份。

(3) 现场记录

现场记录是记载进出口货物原残、混装及货物在装卸作业过程中出现的各种现场情况的原始记录。特别是进口卸货时，在打开舱口后发现货物装舱混乱、隔票不清或发现有残损等情况，理货长随即通知船方验看并作出记录，经船方签认后才开始卸货。此后，在卸货过程中又发现新的情况时，亦立即通知船方会同验看再作出记录和签字确认。它是理货长在卸货结束后编制货物残损单的依据。其特点是随时发现情况、随时记录、随时签字确认、即时解决对货损情况认识的分歧，避免待卸货完毕，最后一起签字确认时发生争执。

(4) 待时记录

待时记录是记载由于船方原因所造成的理货人员停工待时的证明。属于船方原因造成

的理货人员停工待时包括：非工人责任造成的船舶吊机故障，舱内打冷气，开、关舱，铺垫舱板，隔票，拆卸加固物等。

待时记录由理货长编妥后应送交船方签认，以便向船方收取理货人员待时费。

(5) 理货证明书

理货证明书是在理货作业完毕后，由理货长根据理货作业情况编制后送交船方签字确认，作为计收理货费用的凭证。

九、集装箱班轮货运单证

集装箱班轮运输中使用的单证有许多与杂货班轮运输中使用的单证是相似甚至是相同的。但是，集装箱班轮运输中由于多了集装箱这一“运输设备”（Transport Equipment），所以就产生了以下一些特别的单证。

1. 集装箱货物托运单（“场站收据”联单）

现代海上班轮运输以集装箱运输为主（件杂货运输占极小比重），为适应集装箱运输的需要和简化手续，现在以场站收据（Dock Receipt，D/R）作为集装箱货物的托运单。“场站收据”联单现在通常是由货代企业缮制送交船公司或其代理人订舱，因此托运单也就相当于订舱单。

我国在 1990 年开始进行集装箱多式联运工业性试验，简称“集装箱工试”。该项工业性试验虽已结束，但其中的三大单证的原理一直使用至今。三大单证是：出口时使用的“场站收据”联单、进口时使用的“交货记录”联单和进出口时都要使用的“设备交接单”联单。

现以在上海口岸进行的“集装箱工试”的“场站收据”联单为例，介绍其各联的设计和用途：

第一联货主留底（早先托运单由货主缮制后将此联留存，故列第一联）；

第二联船代留底；

第三联运费通知（1）；

第四联运费通知（2）；

第五联装货单（Shipping Order）；

第五联（附页）缴纳出口货物港务申请书（由港区核算应收之港务费用）；

第六联（浅红色）场站收据副本大副联；

第七联（黄色）场站收据（Dock Receipt）正本；

第八联货代留底；

第九联配舱回单（1）；

第十联配舱回单（2）；

第十一、十二联白纸联（现在这两联白纸已不用）。

以上一套 12 张，船公司或其代理接受订舱后在托运单上加填船名、航次及编号（此编号俗称关单号，与该批货物的提单号基本上保持一致），并在第五联装货单上盖章，表示确认订舱，然后将第二至四联留存，第五联以下全部退还托运人或货代公司（实践中通常是货代公司）。

货代将第五联、第五联附页、第六联、第七联共四联拆下，作为报关单证之用，第九或十联交托运人（货主）做配舱回执，其余供内部各环节使用。

托运单虽有12联之多，其核心单据则为第五、六、七联。第五联是装货单，盖有船公司或其代理人的图章，是船公司发给船上负责人员和集装箱装卸作业区接受装货的指令，报关时海关查核后在此联盖放行章，船方（集装箱装卸作业区）凭以收货装船。第六联供港区在货物装船前交外轮理货公司，当货物装船时与船上大副交接。第七联场站收据俗称黄联（黄色纸张，便于辨认）在货物装上船后由船上大副签字（通常由集装箱码头堆场签章），退回船公司或其代理人，据以签发提单。

2. 集装箱预配清单

集装箱预配清单是船公司为集装箱管理需要而设计的一种单据，该清单格式及内容，各船公司大致相同，一般有提单号、船名、航次、货名、件数，毛重、尺码、目的港、集装箱类型、尺寸和数量、装箱地点等。货运代理人代货主在订舱时或一批一单，或数批分行列载于一单，按订舱单内容缮制后随同订舱单据送船公司或其代理人，船公司配载后将该清单发给空箱堆存点，据以核发设备交接单及空箱之用。该单证在上海港及一些港口使用，但并非在全国各个港口都使用。

3. 集装箱发放/设备交接单

集装箱发放/设备交接单（Equipment Interchange Receipt，EIR）是集装箱进出港区、场站时，用箱人、运箱人与管箱人或其代理人之间交接集装箱及设备的凭证，兼有发放集装箱的凭证功能，所以它既是一种交接凭证，又是发放凭证，对集装箱运输特别是对箱务管理起着巨大作用。在日常业务中被简称为“设备交接单”（EIR）。

设备交接单使用时，应按照有关“设备交接单”制度规定的原则进行。设备交接单制度应严格要求做到一箱一单、箱单相符、箱单同行。用箱人、运箱人凭设备交接单进出港区、场站，到设备交接单指定的提箱地点提箱，并在规定的地点还箱。与此同时，用箱人必须在规定的日期、地点将箱子和机械设备如同交付时状态还给管箱人或其代理人，对集装箱的超期使用或租用，用箱人应支付超期使用费；对使用或租用期间发生的任何箱子及设备的灭失和损坏，用箱人应承担赔偿责任，相应费用标准也应作出明确规定。

“设备交接单”有多种用途，在集装箱货物出口运输中，它主要是货主（或货运代理人）领取空箱出场及运送重箱装船的交接凭证。

在集装箱货物运输情况下，货运代理人在向船公司或其代理人订妥舱位取得装货单后可凭其向船方领取设备交接单。设备交接单一式六联，上面三联用于出场，印有“出场OUT”字样，第一联盖由船公司或其集装箱代理人的图章，集装箱空箱堆场凭以发箱，第一、二联由堆场发箱后留存，第三联由提箱人（货运代理人）留存；设备交接单的下面三联用于进场，印有“进场IN”字样，该三联是在货物装箱后送到港口作业区堆场时重箱交接之用，其第一、二两联由送货人交付港区道口，其中第二联留港区，第一联转给船方据以掌握集装箱的去向，送货人（货运代理人）自留第三联作为存根。

设备交接单有如下内容：

（1）交接单号码：按船公司（船代）编制的号码填列；

（2）经办日期：指制单日期；

（3）经办人：要箱单位的经办人员；

（4）用箱人：一般为订舱的货运代理单位名称；

（5）提箱点：空箱存放地点；

（6）船名、航次、提单号、货物发往地点须与关单相关项目一致；

(7) 经营人：指集装箱经营人，如属船公司营运箱，则填船公司名称；
(8) 尺寸、类型：可简写，如 20/DC，意即 20 尺干货箱；
(9) 箱号：指提取空箱箱号；
(10) 用箱点：货运代理人或货主的装箱地点；
(11) 收箱点：出口装船的港口作业区；
(12) 运箱工具：集卡车号；
(13) 出场目的/状态：如提取空箱，目的是“装箱”，状态是“空箱”；
(14) 进场目的/状态：如重箱进区，目的是“装船”，状态是“重箱”；
(15) 出场日期：空箱提离堆场日期；
(16) 进场日期：重箱进入港口作业区日期。

设备交接单的下半部分是出场或进场检查记录，由用箱人（运箱人）及集装箱堆场/码头工作人员在双方交接空箱或重箱时验明箱体记录情况，用以分清双方责任。

空箱交接标准：箱体完好、水密、不漏光、清洁、干燥、无味，箱号及装载规范清晰；特种集装箱的机械、电器装置正常。

重箱交接标准：箱体完好、箱号清晰、封志完整无损，特种集装箱机械、电器装置运转正常，并符合出口文件记载要求。

4. 集装箱装箱单

集装箱装箱单（Container Loading Plan，CLP）是详细记载集装箱内货物的名称、数量等内容的单据，每个载货集装箱都要制作这样的单据，它是根据已装进集装箱内的货物制作的。不论是由发货人自己装箱，还是由集装箱货运站负责装箱，负责装箱的人都要制作装箱单。集装箱装箱单是详细记载每一个集装箱内所装货物详细情况的唯一单据，所以在以集装箱为单位进行运输时，是一张极其重要的单据。

集装箱装箱单的主要作用有：

(1) 作为发货人、集装箱货运站与集装箱码头堆场之间货物的交接单证；
(2) 作为向船方通知集装箱内所装货物的明细表；
(3) 单据上所记载的货物与集装箱的总重量是计算船舶吃水、稳性的基本数据；
(4) 在卸货地点是办理集装箱保税运输的单据之一；
(5) 当发生货损时，是处理索赔事故的原始单据之一；
(6) 卸货港集装箱货运站安排拆箱、理货的单据之一。

目前各港口使用的装箱单大同小异，上海港使用的集装箱装箱单一式五联，由装箱人（仓库、供货工厂）或装箱站（CFS）于装箱时缮制，其中一联由装箱人留存，四联随箱送装运港区，供港区编制集装箱装船舱位配置计划和船公司或其代理缮制提单等参考。

装箱单记载事项必须与场站收据和报关单据上的相应事项保持一致，否则会引发不良后果。例如，装货港错打与场站收据不符，港区有可能不予配装，造成退关；也有可能配舱错位，以致到达卸货港时无法从错置的舱架上把集装箱卸下；又如装箱单重量或尺码与报关单或发票不符，船公司按装箱单重量或尺码缮制提单、舱单，出口单位结汇时发生单、单不一致，不能结汇，此种情况，屡见不鲜，主要原因在于发货人托运时未向仓库或工厂取得正确数据，以致数字歧异，对此，发货人应加强注意。所装货物如品种不同必须按箱子前部（Front）到箱门（Door）的先后顺序填写。

5.“交货记录”联单

根据“集装箱工试”在上海港的试验成果，在集装箱班轮运输中普遍采用“交货记录”联单以代替件杂货运输中使用的“提货单”。“交货记录”的性质实际上与“提货单”一样，仅仅是在其组成和流转过程方面有所不同。

“交货记录”标准格式一套共五联：①到货通知书；②提货单；③费用账单；④费用账单；⑤交货记录。其流转程序为：

(1) 船舶代理人在收到进口货物单证资料后，通常会向收货人或通知人发出“到货通知书”。

(2) 收货人或其代理人在收到“到货通知书”后，凭海运正本提单（背书）向船舶代理人换取“提货单”及场站、港区的“费用账单”联、“交货记录”联等四联。“提货单”经船代盖章方始有效。

(3) 收货人或其代理人持“提货单”在海关规定的期限内备妥报关资料，向海关申报。海关验放后在“提货单”的规定栏目内盖放行章。收货人或其代理人还要办理其他有关手续的，亦应办妥手续，取得有关单位盖章放行。

(4) 收货人及其代理人凭已盖章放行的“提货单”及“费用账单”和“交货记录”联向场站或港区的营业所办理申请提货作业计划，港区或场站营业所核对船代“提货单”是否有效及有关放行章后，将“提货单”、“费用账单”联留下，作放货、结算费用及收费用依据。在第五联：“交货记录”联上盖章，以示确认手续完备，受理作业申请，安排提货作业计划，并同意放货。

(5) 收货人及其代理人凭港区或场站已盖章的“交货记录”联到港区仓库，或场站仓库、堆场提取货物，提货完毕后，提货人应在规定的栏目内签名，以示确认提取的货物无误。“交货记录”上所列货物数量全部提完后，场站或港区应收回“交货记录”联。

(6) 场站或港区凭收回的“交货记录”联核算有关费用。填制“费用账单”一式二联，结算费用。将第三联（蓝色）“费用账单”联留存场站、港区制单部门，第四联（红色）“费用账单”联作向收货人收取费用的凭证。

(7) 港区或场站将第二联“提货单”联及第四联“费用账单”联、第五联“交货记录”联留存归档备查。集装箱装运危险货物时使用的单证。

6. 危险品单证

危险货物由于具有易爆、易燃、有毒、腐蚀、放射等危害特性，在进出口运输安排上要求较高、难度较大，托运的手续和需要的单证比一般普通货物复杂、烦琐得多。《国际海运危险货物规则》（International Maritime Dangerous Goods Code：IMDG Code）中对海运危险货物的认定标准和程序作出了规定。

在办理危险货物的托运时，通常需要提供有关危险品的单证：

(1) 危险货物的托运订舱必须按各类不同危险特性分别缮制托运单办理订舱配船，以便船方根据各种不同特性的危险货物按照“国际海运危规”的隔离要求分别堆装运输，以利安全。例如，一份信用证和合同中同时出运氧化剂、易燃液体和腐蚀品三种不同性质的货物，托运时必须按三种不同性质危险货物分别缮制三份托运单，切不能一份托运单同时托运三种性质互不相容的危险货物；否则，船方就会将三种互不相容的危险货物装在一起，三种不同性质、互不相容的货物极容易互相接触，产生化学反应，引起燃烧、爆炸，造成事故。如是集装箱运输，切忌互不相容的危险货物同装一集装箱内。

（2）托运单的缮制。除一般普通货物共同需要的内容（如目的港、唛头、收货人、通知人、品名、重量、尺码、件数等）以外，危险货物的托运单还需增加下述七项内容：

①货物名称必须用正确的化学学名或技术名称，不能使用人们不熟悉的商品俗名。例如“漂白粉或漂白粉精”不能用 BLEACHING POWDER，而应使用“次氯酸钙 CALCIUM HYPOCHLORITE”；也不能用砒霜或其俗名“信精”，而应使用“三氧化二砷”。

②必须注明危险货物 DANGEROUS CARGO 字样，以引起船方的重视。

③必须注明危险货物的性质和类别。例如氧化剂（OXIDIZING AGENT）和第 5.1 类（CLASS 5.1）字样，或易燃液体（INFLAMABLELIQUID）和第 3 类（CLASS 3）。

④必须注明联合国危险品编号，例如，磷酸为 UNNO. 1805。

⑤必须注明《国际海运危险物品规则》页码，例如，硝酸钾为 IMDG CODE PAGE 5171。

⑥易燃液体必须注明闪点，例如，FLASH POINT 20℃。

⑦另外，需在积载时有特殊要求的，也必须在托运单上注明，供船舶配载时参考。例如，必须装舱面的货物，需注明 DECK SHIPMENT ONLY；须远离火源和热源的货物，应注明 FAR AWAY FROM FIRE AND HEAT！等。

（3）托运时应随托运单提供中英文对照的“危险货物说明书”或“危险货物技术证明书”一式数份，显示品名、别名、分子式、性能、运输注意事项、急救措施、消防方法等内容，供港口、船舶装卸、运输危险货物时参考。

（4）托运时必须同时提交经海事局审核批准的“包装危险货物安全适运申报单”（简称货申报），船舶代理人在配船以后凭此申报单（货申报）再向海事局办理“船舶载运危险货物申报单”（简称船申报），港务部门必须收到海事局审核批准的船申报后才允许船舶装载危险货物。

（5）托运时应提交“检验检疫局”出具的按“国际海运危规”要求进行过各项试验结果合格的“危险货物包装容器使用证书”。该证书需经港务管理局审核盖章后方才有效，港口装卸作业区凭港务局审核盖章后的证书同意危险货物进港并核对货物后方可验放装船。海事局也凭该包装证书办理（4）项内容中的货申报。

（6）集装箱装载危险货物后，还需填制中英文的“集装箱装运危险货物装箱证明书”一式数份，分送港区、船方、船代和海事局。

（7）危险货物外包装表面必须张贴“国际海运危规”规定的危险品标志和标记，具体标志或标记图案需参阅危规的明细表；成组包装或集装箱装运危险货物时，除箱内货物张贴危险品标志和标记外，在成组包装或集装箱外部四周还需贴上与箱内货物内容相同的危险品标志和标记。

（8）对美国出口或需在美国转运的危险货物，托运时应提供英文的“危险货物安全资料卡（简称 MSDS）一式二份，由船代转交承运人提供美国港口备案。危险货物安全资料卡需填写：概况、危害成分、物理特性、起火和爆炸资料、健康危害资料、反应性情况、渗溢过程、特殊保护措施、特殊预防方法等九项内容。

（9）罐式集装箱装运散装危险货物时，还须提供罐式集装箱的检验合格证书。

（10）对美国出运危险货物或在香港转运危险货物，还需要增加一份“国际海运危规”推荐使用的“危险货物申报单”。

托运人托运危险货物，应当依照有关海上危险货物运输的规定，妥善包装，作出危险品标志和标签，并将其正式名称和性质以及应当采取的预防危害措施书面通知承运人；托运人未通知或者通知有误的，承运人可以在任何时间、任何地点根据情况需要将货物卸下、销毁或者使之不能为害，而不负赔偿责任，托运人对承运人因运输此类货物所受到的损害，应当负赔偿责任。

承运人知道危险货物的性质并已同意装运的，仍然可以在该项货物对于船舶、人员或者其他货物构成实际危险时，将货物卸下、销毁或者使之不能为害，而不负赔偿责任。但是，不影响共同海损的分摊。

十、国际租船运输单证

租船合同，又称租约（Charter Party），它是一种运输契约，是当事人双方，即船东和租船人，按照自愿的原则达成的协议。合同规定船东提供船舶给租船人使用，并由租船人支付一定的运费或租金，以及有关当事人双方的权利与义务、责任和豁免等条款，以明确双方经济和法律的关系。

（一）租船合同的种类和性质

一般依船舶出租的方式，租船合同可分为航次租船合同、定期租船合同和光船租赁合同三种基本类型。

1. 航次租船合同（Voyage Charter Party）

航次租船合同又称程租合同，属于海上货物运输合同的一种，一般用于大宗货物的国际海上运输。我国《海商法》将其定义为："航次租船合同，是指船舶出租人向承租人提供船舶或者船舶的部分舱位，装运约定的货物，从一港运至另一港，由承租人支付约定运费的合同。"

按照运输形式的不同，航次租船合同可分为单航次租船合同（Single Trip C/P）、往复航次租船合同（Return Trip C/P）、连续单航次租船合同（Consecutive Single Trip C/P）以及包运租船合同（Contract of Affreightment，COA）。

航次租船合同与班轮运输合同具有的共同点有：

（1）都属于海上货物运输合同。

（2）合同中都规定由托运人或承租人支付约定的运费。

（3）合同中都规定由承运人或船东全面负责船舶的营运组织，负责完成运输任务。航次租船合同与班轮运输合同的不同点有：

①班轮运输一般实行由承运人负责安排泊位进行装卸，班轮提单上大都没有装卸时间及滞期费的条款，若港口拥挤，可能要由托运人支付港口拥挤附加费。租船合同装卸货物均由承租人负责，装卸期限和滞期、速遣条款成为航次租船合同的重要条款。

②班轮运输是定航线定船期向所有托运人开放的件杂货运输，是所谓的公共承运人。航次租船合同的出租人是所谓的私营承运人或专门承运人，即只承运与其签订租船合同的货载。

③运费方面，班轮运费定有运价表，按所运货物吨数或体积乘以运价，计算运费；租船合同的运费双方按市场供求情况协议确定，规定一个总金额。

④班轮运输的提单，是一种固定的运输合同条款，不能进行逐笔提单的自由谈判，以免造成了托运人与承运人的谈判地位不同。航次租船合同的出租人和承租人应"完全"处于平等的谈判地位。

2. 定期租船合同（Time Charter Party）

定期租船合同，又称期租合同，我国《海商法》将其定义为："船舶出租人向承租人提供约定的由出租人配备船员的船舶，由承租人在约定的期间内按照约定的用途使用，并支付租金的合同。"

从上述定义中我们可以看出，第一，定期租船合同向承租人提供的是整个船舶，而不仅仅是舱位；第二，租船合同规定了一个期限，通常按年、半年、几个月计算；第三，承租人只能在约定用途范围内使用；第四，承租人支付的报酬形式是租金，而不是完成某一运输服务的运费。

3. 光船租赁合同（Bareboat Charter Party or Charter Party by Demise）

我国《海商法》对光船租赁合同的定义为："指船舶出租人向承租人提供不配备船员的船舶，在约定的期间内由承租人占有、使用和营运，并向出租人支付租金的合同。"光船租赁合同属于财产租赁合同，因而也受到民法中有关租赁的规定的约束，它具有以下特点：

①合同双方当事人的关系属于债权、债务关系，但具有某些物权的特征。

②在光船租赁合同中，承租人是二船东，必须对履行合同负责，由该船发生的海事请求可以扣押该船或承租人拥有的其他船舶。但由于船东不承担运输责任，不能扣押船东拥有的其他船舶。

③船舶在租赁期内，由承租人雇用和配备的船员占有，并由承租人使用和经营，但船舶的处分权仍属于船东。

④承租人无权任意转让合同权益。

（二）租船合同范本

1. 航次租船合同范本

航次租船合同是指船舶出租人向承租人提供船舶或船舶的部分舱位，装运约定的货物，从一港运至另一港，由承运人支付预定的运费的货物运输合同。航次租船合同的标准格式很多，当前租船市场比较有影响的标准格式有：

①统一杂货租船合同，简称"金康"（GENCON），适用于不分航线的杂货运输；

②1973年北美谷物租船合同（NORGRAIN），适用于北美至世界各地的谷物运输；

③1971年煤炭租船合同（POL COAL VOY）适用于波兰煤炭出口运输；

④1973年波罗的海木材租船合同（NUBALTWOOD）；

⑤油轮租船合同（EXXON VOY）等。

航次租船合同的主要条款包括：

（1）陈述（Representation）

在合同陈述中，主要包括以下内容：

①船名（Vessel's Name）。船名是合同的重要条件之一，它使船舶特定化，不能有差错或任意替换。

②船籍或船旗（Vessel's Nationality or Flag）。船籍或船旗也是合同的重要条件，在合同履行期间，船东不得擅自变更船舶国籍或船旗，否则视为违约。

③船舶吨位（Vessel's Tonnage）。船舶吨位包括注册吨和载重吨。

④船舶位置（Vessel's Position）。是指订立合同时船舶所在的位置或状态。

⑤船级（Vessel's Classification）。船级是双方在订立合同时船舶应实际达到的技术

状况。

⑥船舶预计到港并做好装货准备时间（Expected Ready to Load）。又称受载（Laydays），即船舶在合同规定的时间内到达规定的装货港并做好准备的时间。

（2）预备航次（Preliminary Voyage）

所谓预备航次，是指从合同签订到船舶抵达装货港这段期间内，船舶所处的航次。预备航次是合同规定的航次，合同中船东所承担明示及默示义务，同样适于预备航次。

（3）货物

货物条款是航次租船合同的条件条款。其内容主要包括货物的品名、种类、数量、包装等方面。

①货物的品名种类。在航次租船合同中，除了列明某一种或几种特定外，为了国际贸易商的便利，承租人常常不在合同中列明特定货物，而是规定“××货物或其他替代货物”甚至有的只规定为“合法货物”。

②货物的数量。合同中一般都规定，承租人应提供满舱满载货物。一般来说，如果货物是轻泡货，应达到满舱；如果货物是重货，应达到满载。关于货物数量的规定方法，一般有以下两种：一是满舱满载货物××吨，出租人选择伸缩的百分比；二是满载满舱货物，不超过××吨，不少于××吨，由船东选择。

（4）装卸条款

在航次租船合同中，有关装货港或卸货港的规定也是合同的重要规定。这个条款的订法一般有两种：一是具体列明装货港或卸货港的名称；二是规定两个或两个以上的港口，或者是规定一个范围由承租人选择。在第二种情况下，承租人在选定港口后，应及时通知船东，而且一经确定，就几乎不可能更改了。

（5）装卸费用（Loading/Discharging Costs）

关于装卸费以及在此过程中风险的划分问题，完全依据合同条款和货物买卖合同的价格术语的具体规定。在实践中，常见的条款有：

①班轮条件；

②船东不负责装卸费用；

③船东不负责装货费用；

④船东不负责卸货费用；

⑤船东不负责装卸费用、理舱费用、平舱费用。

在上述条款中的装卸费用是指在装货港产生的装货费和卸货港产生的卸货费。如果是在避难港产生的或因为过运河需要驳船产生的装卸费以及其他非原定装卸港产生的费用，则仍由船东负担。值得注意的是，装卸费用的承担与装卸风险责任的承担可能不尽一致，即有可能承租人负责部分装卸作业的费用，但其风险和责任由船东负担。

（6）装卸时间（Laytime）

装卸时间就是指合同双方当事人协议的，船东应使船舶并保证船舶适于装卸，承租人在运费之外不支付任何费用的一段时间。也就是说，在合同规定的装卸时间内，船东具有使船舶等待并适于装卸货物的义务。

常用的装卸时间规定方法有：日数或小时数，或者规定船舶装卸定额；规定按港口习惯尽快装卸；以船舶能够收货或交货的最快速度装卸。不论是哪一种装卸时间的规定方法，最终都要明确装卸的具体日数，在航运实务中，对“日”有很多理解方法，如果双方的解释方法不同，会影响到滞期和速遣的时间计算问题。在航运实务中，一般采用以下几种解释方法：

①日历日（Calendar day）或日（Day）。从24时到下一个24时。

②连续日（Running or Consecutive Days）。是指从开始装卸时计算，连续24小时算一日，不作任何扣除。

③工作日（Working Days）。是指按港口习惯工作时间来计算工作时间，非工作日进行的装卸不计入装卸时间。工作日的正常工作时间，依各港的具体情况不同而不同。

④良好天气工作日（Weather Working Days，WWD）。是指在工作日或部分工作日中，不受天气影响，可以进行装卸的时间。一般不包括星期六、日和节假日。这里的“良好天气”并没有统一的界定，针对特定航次和不同货物而言，只要可以进行装卸就计算在内。

⑤24小时良好天气工作日（Weather Working Days of 24 Hours）。计算装卸时间以累计24小时为一日，其间因天气原因不能进行装卸作业的时间除外。

（7）绕航条款（Deviation Clause）

此条款的含义是船舶可以以任何理由、任意的顺序挂靠任何港口，船舶可以在没有引航员的情况下行驶，在任何情况下拖带和（或）帮助其他船，亦可以为拯救人命和（或）财产而绕航。从表面上看，这个条款给了船东很大的自由，因此又被称为“自由绕航条款”（Liberty to Deviation）。但实际上，各国常常对此作限制性解释，认为船舶只能挂靠合同规定的或惯常路线通常挂靠的港口，除合理绕航外，不允许擅自偏离航线，而且船舶根据本条款所做的绕航不能与合同目的相抵触。

（8）滞期费和速遣费

滞期费是指非由于船东的原因，承租人未能在租船合同中约定的装卸时间内将货物全部装完或卸完，对因此而产生的船期延误，向船东支付的费用。

通常滞期费应按滞期时间和约定的滞期费率的乘积计算。滞期时间是实际装卸时间与合同规定装卸时间的差。它的具体计算方法有两种，一是“滞期时间连续计算”（Demurrage Runs Continuously）；二是“滞期时间非连续计算”（Demurrage Runs Discontinuously）。

速遣费是指当承租人在合同约定的时间之前将货物全部装卸完毕，对于提前的时间应由船东向承租人支付的约定金额，是对承租人能够缩短船舶在港时间的奖励。速遣费率一般是滞期费率的一半。

速遣费按船舶速遣时间乘以合同规定的费率来计算。速遣时间的计算有两种方法：一是按“节省全部时间”（All Time Saved，ATS）计算；二是按“节省全部工作时间”（All Working Time Saved，AWTS）计算。

（9）运费支付条款（Payment of Freight）

收取运费对船东来说是整个租船合同中最重要的内容。在航运实务中，经常使用的有两种计算运费的方式。一种是规定一个运费费率，比如每公吨××美元，然后乘以货物数量。另一种是按整船包价运费（Lump-sum Freight），即合同规定一个整额运费，不管实际装货多少，承租人都按此支付。运费的支付方式有预付运费和到付运费两种。

（10）留置权条款（Lien Clause）

此条款的含义是船东有权因运费、共同海损分摊、滞期费等费用对货物享有的留置权。同时，船东也可以订立类似的条款，约定对延滞损失、亏舱费等其他事项享有留置权。但前提是船东必须合法地占有和控制货物。

(11) 提单条款 (Bill of Lading)

在航次租船合同中，提单的作用仅相当于承租人收到货物的收据，无论提单有无背面条款及背面条款怎么规定，船东和承租人之间的权利、义务以租船合同的规定为准。为了使提单在国际贸易中更好地流转，如果提单持有人是善意的第三方，那么船东和提单持有人之间的权利、义务以租船合同的规定为准。

(12) 共同海损和新杰森条款 (General Average and New Jason Clause)

此条款的主要内容是关于发生共同海损时应该选用什么样的规则进行理算，在什么地点进行理算等。

(13) 代理和佣金条款 (Agency and Brokerage)

代理条款规定在任何情况下无论是在装货港还是卸货港都由船东来指定代理人。佣金是付给经纪人的酬劳费用，一般为运费、亏舱费和滞期费总额的1%～5%，如果租船合同未能履行，船东最少也要向经纪人支付在合同履行情况下应付佣金的三分之一。

(14) 罢工条款 (General Strike Clause)

此条款是船东为了在港口爆发罢工或停工时，免于对此造成的后果承担责任而列明的条款。主要是关于罢工期间装卸时间和滞期费的计算、解除合同的选择权和货物的处理等问题。

(15) 冰冻条款 (General Ice Clause)

此条款主要作用是针对在发生冰冻时，明确船东和承租人的权利、义务。

(16) 战争条款 (War Risks)

战争条款也是航次租船合同的重要组成部分，其作用是明确一旦遭遇战争风险时，如何处理船东和承租人之间的权利和义务。

(17) 法律与仲裁 (Law and Arbitration)

此条款规定的是一旦船东和承租人之间因租船合同发生争议，应该采取何种法律手段、使用何种法律、通过什么途径来解决。

2. 定期租船合同范本

与航次租船合同类似，国际上也有一些常用的定期租船合同范本。

①波罗的海国际航运协会的统一标准期租船合同 (Uniform Time Charter Party)；简称“BALTIME”。

1909年由波罗的海国际航运协会制定，并由英国航运公会承认的标准定期租船合同。自1909年制定以来，这一格式经过几次修改，现行使用的是1974年修订的格式。

②纽约土产交易所的定期租船合同 (New York Produce Exchange Time Charter Party)，简称“TIME CHARTER”。

1913年由美国土产交易所制定，并由美国政府批准使用的格式，现使用1946年修订的格式。大约有90%的定期租船合同是以NYPE 46为蓝本的。

③中国对外贸易运输(集团)总公司所属的中国租船公司，根据多年租船业务工作的经验和实际租进船舶的需要，结合国际惯例，于1980年制定了中国租船公司定期租船合同，简称“SINOTIME 1980”。目前中国租船公司对外洽谈期租船时，均以此范本格式为依据。

定期租船合同的主要条款包括：

（1）船舶说明条款

在定期租船合同下，有关船名、船籍、船舶吨位、船舶所处位置等事项，都与航次租船合同中船舶说明类似，而船速与燃料消耗也是船舶说明的重要组成部分。因为在定期租船合同下，船舶的时间损失由承租人负担，而且承租人必须负责提供船舶燃料并支付费用，这两项直接影响到承租人的营运成本和经济收益，所以船东有义务提供符合合同规定的船速与燃料消耗的船舶，否则承租人有权向船舶所有人提出索赔。

（2）合法货物和航行区域条款

所谓“合法货物”，一般来说，只要不属于船舶预定航线上的装卸港口、船籍国和合同管辖国的法律所禁运的物资就是合法货物。

承租人营运该船舶的航行范围及禁止行驶区域包括战区、冰冻区及ITF地区等。如果承租人指示船舶驶往上述区域，除非事先征得船东同意并承担相关费用，否则船长有权拒绝。

（3）租期和交船条款

租期是合同规定承租人租用船舶的时间。期租合同对租期一般有以下几种规定方法：默示伸缩性规定（如“约一年”）、明示伸缩性规定（如1年，30天伸缩，由承租人选择）、订明租期的最长、最短期限（如“最少六个月，最多九个月”）。

交船是指船东按合同规定，将合同项下的船舶交付承租人使用，这也是期租合同履行的开端。交船日期的规定一般有以下几种方法：①特定日期；②从××日至××日；③不早于××日或不晚于××日。上述交船日期与销约紧密相连，一般情况下，销约日为交船期限的最后一天。

关于交船地点，双方可以在合同中约定。可以是指定的港口、泊位、码头或者在领航员登船时，也可以列明几个港口供承租人选择。

交付的船舶应该处于什么样的状态，也是期租合同中的一个重要条款。在海运实务中，一般要求船东提供适航、适货的船舶。

（4）承租人和船东提供事项

承租人应提供的事项主要包括：船舶燃料费用、港口费用、领航费、代理费、佣金、领事费、垫舱物料等；消毒熏蒸费用如果由于船员疾病引起由船东负责，如果由于货物、港口原因则由承租人负责。

船东应提供的事项主要包括：船舶供应品、船员工资、保险费及船舱、甲板、机舱的备用品，包括锅炉用水。同时必须承担在租期保持船级，使船舶的主机、船壳及其他设备处于有效状态并配备充足船员的责任。

（5）租金率和租金支付

NYPE 93规定的租金率计算方法有两种，一种是按船舶的载重吨（包括燃油）每吨每30天若干美元；另一种是每天若干美元。租金从交船之日起开始计算，至还船之日为止，均以格林尼治时间计算。

在定期租船合同项下，承租人必须按时、足额支付租金，这项义务是绝对的，如果承租人对此规定有任何违反，船东有权在合理时间内撤船，从而终止合同。

（6）转租和停租

期租合同中一般规定承租人有权转租船舶，但转租合同对原合同的船东不发生任何合同效力。一般来说，承租人应在转租时及时通知原船东有关转租的事宜，但转租不需得到船东的同意。

停租，就是在租期内，由于合同约定的原因，导致承租人不能按合同规定正常使用船舶，在这段暂停使用的期间内，承租人可以中断继续支付租金的行为。

NYPE 93 规定的停租事项主要包括：①船员不足、缺席或罢工；②船舶供应不足；③火灾；④船体、机器或设备的故障或损坏；⑤搁浅；⑥船舶因船底或油漆检查入干船坞；⑦阻止船舶处于充分工作状态的任何其他原因。当停租事件发生后，承租人可以停付租金，至于何时开始重新支付租金，实践中有两种不同的惯例，一是“净时间损失原则”，二是“期间停租原则”。

(7) 船东责任与免责条款

在期租合同中，船东一般负有以下三项义务：一是提供一艘适航的船舶；二是不得进行不合理绕航和尽快速遣；三是提供合同项下应提供的事项。

NYPE46 对船东的免责事项作了如下规定：“因天灾，敌对行为，火灾，政府限制或规定，与水域、机器和航行中错误有关的海难产生的灭失或损害，双方相互免责……”

(8) 还船条款

期租合同中的还船条款一般对还船的时间、地点和条件加以规定。由于天气、港口等原因，船舶的航行时间很难严格控制，所以实践中很少出现船舶的最后航次的结束日恰好就是租期期满的时间，常常出现延迟还船或提前还船。对于延迟还船，有必要区分最后航次的合法性。

期租合同一般规定承租人应按交船时相同良好状态还船，正常磨损除外。当船舶遭到严重损害以至于不能达到适航状态时，船东可拒绝收取。

(9) 保护性条款

NYPE 93 第 31 条列明了 5 项保护性条款。即“首要条款”、“双方互有责任碰撞条款”、“新杰森条款”、“美国毒品贸易条款”和“战争条款”。

(10) 佣金和仲裁条款

期租合同常常是通过租船经纪人进行的，佣金条款规定了经纪人应得的费用。如果船东与承租人之间发生争议，NYPE 46 规定应提交纽约三名仲裁员仲裁，当事双方各指定一人，被指定的两名仲裁员再确定第三名仲裁员，他们所作的裁决具有终局效力。NYPE 93 在此基础上又提出争议可以在伦敦进行仲裁，但两地的仲裁程序与效力几乎相同。

(三) 租船提单的内容

租船提单（见样单 7-2）是指在租船合同下所签发的提单，因而其大体上仍具有一般提单的格式，但又因为在事前已有一份租船合同的存在，所以其具体的内容又与班轮提单有所不同。

【样单 7－2】

租船提单

CODE NAME CONGENBILL EDITION 1994

Shipper
PENTARCH FOREST PRODUCT PTY LTD.
KING GARDEN ESTATE LEVEL 1,
COVENTRY STREET SOUTH MELBOURNE
VICTORIA 3205 AUSTRALIA

BILL OF LADING
TO BE USED WITH CHARTER-PARTIES
Reference no. SS295. 03

Consignee
TO ORDER

Notify
DREAM INTERNATIONAL TECHNOLOGY CO.
LTD 205 CHANGJIANG ROAD，NANJING
CHINA

Vessel	Port of loading
GLOBAL DREAM	AUSTRALIAN PORT（s）-TOWNSVILLE

Port of Discharge
TAICANG，CHINA

Shipper's description of goods
SHIPPED ON BOARD 27/5/2007

10086，475 JAS M3 OF LOGS 72594 PIECES LOT 2

ORIGINAL

FREIGHT PREPAID
SHIPPER'S LOAD AND COUNT

(of which NIL on deck at Shipper's risk；the Carrier not being responsible for loss or damage howsoever arising)

CHARTER PARTY DATED 3/9/2006 FREIGHT ADVANCE. Received on account of freight： Time used for loading　　days hours	SHIPPED at the Port of Loading in apparent good order and condition on board the Vessel for carriage to the Port of Discharge or so near thereto as she may safely get the goods specified above. FOR CONDITIONS OF CARRIAGE SEE OVERLEAF

Freight payable at	Place and date of issue GEELONG 27/5/2007
Number of original B/L THREE	Signature

下面以“Congenbill 1994”为例介绍。

①提单号（Bill of Lading NO.）；

②承运人名称、住址（Navigation Agency Name，Address）；

③托运人名称（Shipper）；

④收货人名称（Consignee）；

⑤通知人（Notify Address）；

⑥船舶（Vessel）；

⑦装货港（Port of Loading）；

⑧卸货港（Port of Discharging）；

⑨托运人对货物的描述（Shipper's Description of Goods）：比如货物的品名、标志、包数或者件数、重量或者体积，以及运输危险货物时对危险性质的说明；

⑩其中×××装于甲板，托运人承担风险，承运人对因此造成的损失不负责（of，which on deck at Shipper's risk：the Carrier not being responsible for loss or damage how so ever arising）；

⑪运费依照租约支付，上述表面状况良好的货物已装于船上以运往目的港或它所能安全到达的附近港口（Freight payable as per charter party dated，shipped at the Port of Loading in apparent good order and condition on board the Vessel for carnage to the Port of Discharge or so near thereto as she may safely get the goods specified above）；

⑫运费预付（Freight Advance）；

⑬运费支付地（Freight Payable at）；

⑭不知条款：重量，体积，质量，数量，状况，内容和价值不知（Weight，measure，quality，quantity，condition，contents and value unknown）；

⑮本船船长或代理已签发如下所示份数的这一相同日期，装货所用时间和格式的提单，任何一份用毕，其余各份失效（It witness whereof the Master or Agent to the said Vessel has signed the number of Bills of Lading indicated below all of this tenor and date anyone of which being accomplished the others shall be void）；

⑯签发时间和地点（Place and date issued）；

⑰正本提单份数（Number of original Bills of Lading）；

⑱承运人或者其代表的签字（Signature）。

（四）租船提单的背面条款

租船合同下签发的提单是跟租船合同一起使用的，所以其背面条款相对班轮提单来说显得尤为简单，因为出租人和承租人的租船合同条款往往包含了提单背面的大部分条款内容，而承运人通过并入条款将租船合同并入提单就达到约束提单持有人的目的，因而租船提单的背面相对就简化多了。

1. 运输条件（Conditions of Carriage）

所有背面所示日期的租船合同的条款和条件，自由和免责，包括法律适用和仲裁条款并入本提单。（All terms and conditions，liberties and exceptions of the Charter Party，dated as overleaf，including the Law and Arbitration Clause，are here with incorporated.），这是最典型的租船合同下的并入条款。也是租船提单所特有的，对这一部分的内容下面将作详细介绍。

2. 首要条款（General Paramount Clause)

(1) 起运国订立的1924年布鲁塞尔关于统一提单若干法律规定的国际公约所包含的《海牙规则》用于本提单。在起运国没有这种法规时，目的地国的相应法规应当适用，但对于没有此种法规强制适用的运输应当适用前边公约的条款。（The Hague Rules contained in the International Convention for the Unification of certain rules relating to Bills of Lading, dated Brussels the 25th August 1924 as enacted in the country of shipment, shall apply to this Bill of Lading. When no such enactment is in force in the country of shipment, the corresponding legislation of the country of destination shall apply, but in respect of shipments to which no such enactments are compulsorily applicable, the terms of the said Convention shall apply.)

(2)《海牙—维斯比规则》适用的运输（Trades where Huge-Visby Rules Apply）相应法规的条款适用本提单。(In trades where the International Brussels Convention 1924 as amended by the Protocol signed at Brussels on February 23rd 1968—*the Hague-Visby* Rules-apply compulsorily. The provisions of the respective legislation shall apply to this Bill of Lading.)

(3) 承运人对于装船前和卸船后或货物处于另一承运人掌管时发生的损坏或灭失不负责任，承运人对于甲板货或活动物的损失不负责任。（The carrier shall in no case be responsible for loss of or damage to the cargo, howsoever arising prior to loading into and after discharge from the Vessel or while the cargo is in the charge of another Carrier, nor in respect of deck cargo or live animals.)

3. 共同海损（General Average)

共同海损应当按照《1994年约克-安特卫普规则》或其后的修正规则在伦敦宣布、理算和解决，除非在租约中约定了另外一地点。(General Average shall be stated, adjusted and settled according to York-Antwerp Rules 1994, or any subsequent modification thereof, in London unless another place is agreed in the Charter Party.)

货方的共同海损分摊应当支付给承运人，即使这种损失是船长、引航员或船员的过错、过失或错误造成的。租船人，托运人和收货人明确否定《比利时商事法》第二章第148条规定。(Cargo's contribution to General Average《shall be paid》to the Carrier even when such average is the result of a fault, neglect or error of the Master, Pilot or Crew. The Charterers, Shippers and Consignees expressly renounce the Belgian Commercial Code, Part II. Art. 148.)

4. 新杰森条款（New Jason Clause)

根据美国法律，哈特法及海牙规则中的免责条款，只能解释为因船长、船员过失所致的损害可以免除船舶所有人的赔偿责任，但不能赋予船舶所有人要求货主分摊因上述过失所引起的共同海损损失的权利。因此承运人为了改变自己的不利地位，根据意思自治原则，在提单中订入共同海损疏忽条款，规定如果承运人已提供了适航船舶，由于其雇用人员的航海过失或管船过失导致的共同海损，货主应参加分摊。1910年，美国法院在审理“杰森”案中肯定了共同海损疏忽条款的效力，并将其命名为《杰森条款》。1936年美国制定了海上货物运输法，为符合新的法律，各船公司对杰森条款进行修改，称为《新杰森条款》。《杰森条款》和《新杰森条款》的不同之处在于：当船舶因船长、船员或引航员的过失发生事故而采取救助措施时，即使救助船与被救助船同属一个船公司，被救船仍须支付救助报酬，该项救助报酬可作为共同海损费用，由各受益方分摊。其表述如下："如果在航次开始之前或之后，由于无论是疏忽与否任何原因引起意外事故、危险、损坏或灾难，而根据法令、合同或其他规定，承运人对此类事件或此类事件的后果都不负责，则货物托运人、收货人或货物所有人应在共同海损中与承运人一起分担可能构成或可能发生的具有共同海损性质的牺牲、损失或费用，并应支付有关货物方面所发生的救助费用和特殊费用。如果救助船舶为承运人所有或由其经营，则其救助费应犹如该救助船系第三者所有一样金额支付。承运人或其代理人认为足以支付货物方面的预计分摊款额及其救助费用和特殊费用的保证金，如有需要，应由货方、托运人、收货人或货物所有人在提货之前付给承运人。"英文为："In the event of accident，danger，damage or disaster before or after the commencement of the voyage，resulting from any cause whatsoever，whether due to negligence or not，for which，or for the consequence of which，the Carrier is not responsible，by statute，contract or otherwise，the cargo，shippers，consignees or the owners of the cargo shall contribute with the Carrier in General Average to the payment of any sacrifices，losses or expenses of a General Average nature that may be made or incurred and shall pay salvage and special charges incurred in respect of the cargo. If a salving vessel is owned or operated by the Carrier，salvage shall be paid for as fully as if the said salving vessel or vessels belonged to strangers. Such deposit as the Carrier or his agent may deem sufficient to cover the estimated contribution of the goods and any salvage and special charges thereon shall，if required，be made by the cargo，shippers，consignees or owners of the goods to the Carrier before delivery."

5. 双方过失碰撞责任条款（Both-to-Blame Collision Clause）

这一条款在前面班轮提单一部分已作介绍，在此不再重述。

（五）租船提单的并入条款

并入条款指在租船合同下所签发的提单往往加上的"所有背面所示日期的租船合同的条款和条件，自由和免责，包括法律适用和仲裁条款并入本提单"（All terms and conditions，liberties and exceptions of the Charter Party，dated as overleaf，including the Law and Arbitration Clause，are herewith incorporated）。这一条款或是类似的条文。我国《海商法》第 95 条对并入条款也有原则性的规定，即"对按照航次租船合同运输的货物签发的提单，提单持有人不是承租人的，承运人与该提单持有人之间的权利、义务关系适用提单的约定。但是，提单中载明适用航次租船合同条款的，适用该航次租船合同的条款。"

并入条款的使用使出租人在租船合同中对承租人的权利和义务与对提单持有人的权利和义务一致，对于第三人权利的限制这样一种条款的设定从法律上来说要求是比较严格，所以并入条款的表述的是否全面与清楚，将会直接决定这一条款的法律效力如何。在实践中，通常可以加注于提单正面的该并入条款常有以下几种：①运费和其他所有条件依照租船合同办理（Freight and all other conditions as per C/P）；②所有条件和除外条款依照租船合同办理（All conditions and exceptions as per C/P）；③所有用语、条件或除外条款依照租船合同办理（All the terms，provisions and exceptions as per C/P）；④所有用语、规定、条款和除外条款依照租船合同办理（All terms，conditions，clauses and exceptions as per C/P)。以上四种表述中第①种含义最狭窄；第④种附加条款含义最广，此时即使提单中并入租约的苛刻条款也会有法律效力。并入条款即使具有了合法性，但如所规定的并入条款对提单来讲是不合理的，而且与提单不一致，那么并入条款仍是无效的。比如提单中原来订有“首要条款”（Paramount Clauses），当租船合同中的条款与《海牙规则》或《海牙—维斯比规则》相抵触时，该抵触部分条款是不能并入提单内的。租船运输中常发生分租现象，因此并入条款所指的租船合同必须写明是指哪一个租船合同，应指出该租船合同的签约日期，以示明确；如果不写明日期，比如在英国的判例中，即指“第一租船合同”（Head C/P）。租船合同在签订之后，签发提单之前，如作了修改，则提单上的并入条款所指租船合同应是修改后的租船合同。哪一个租船合同并入提单是非常重要的，如运费支付的规定在提单上常以“运费支付依租船合同”（Freight payable as per C/P）的表述，实务中，因文字不明确易产生纠纷。还有，在有并入条款并且并入条款的表述全面且清楚时，提单持有人是受租船合同相关规定的约束的，而且承运人不一定要向提单持有人提供租船合同，除非提单持有人提出要求。在我国广州海事法院审理的“MANNAN 轮滞期费纠纷案中”，提单载明“与租船合同一并使用”，但没有附上租船合同，法院的判决是因提单已明确记载“租船合同中的全部条款、条件、自由和免责均被并入本提单”，提单持有人就受租船合同的约束，附上租船合同不是承运人的义务。由此可见，对于这类提单，持有人要比对普通的提单更具谨慎的态度。

租船提单中的并入条款所并入的租船合同的条款应该与装船、运输和交货有关。根据以往的诸多判例，租船合同中的运费条款、亏舱费条款、滞期费条款、仲裁条款等条款可以并入提单。

1. 运费条款

在租船运输情况下，出租人提供船舶全部或部分舱位，用以运输货物，因而有权请求运费作为报酬。无论是租船合同还是提单，都是提供服务的合同，也就是说，船东要提供了全部服务后有权赚取运费。因此，船东为了保证取得租船合同规定的运费，往往在提单中订入并入条款，如“运费和其他全部条件依租船合同”作为向承租人和托运人以外的第三人收取运费的依据。通常情况下只有在提单上注明了运费到付时（这也是大多数航次租船中通常的做法），才可以将租船合同中有关运费的条款并入提单，出租人方可以向提单持有人要求按租船合同的规定支付运费。假如提单上记载运费预付（这种支付运费的方式对租船人是很危险的，假如船舶半途沉没，租船人很可能在失去货物的同时也失去已预付的运费），那么就不能将租船合同中有关运费到付的条款并入提单，因为预付运费一般由托运人支付。这也是出于保护提单持有人的利益的考虑。因为既然签发提单时签发的是运费预付提单，提单持有人当初购买的是运费预付提单，又怎么能要求提单持有人再支付运费呢？但是应该注意，如果承运人收受票据（实际没有收到运费）却在提单上记载“运费已付”，即使该票据未获兑现时，承运人也不得对提单持有人行使货物留置权；但如果提单上注明“票据支付运费”及该票据的号码，则票据未获兑现时，承运人就可以行使留置权。

按照我国《海商法》第 69 条第 2 款规定，托运人与承运人可以约定运费由收货人支付，但是，此项约定应当在运输单证中载明。《汉堡规则》第 16 条第 4 款也有类似规定，在提单上未载明由收货人支付运费的，该提单是收货人不支付运费的初步证据。

2. 亏舱费条款

如果提单并入租船合同中的亏舱费条款，提单中应该用明确的并入用语并且注明亏舱情况及金额。因为亏舱费从本质上来说，是承租人对违反租船合同的一种补偿，它通常发生在提单签发之前，与货物的装船、运输、交付没有什么直接的关系，况且能并入提单的只应该是租船合同中与收货人的权利与义务相关的条款，因而，根据合并的大原则：与合同标的事项直接关联（Direct Germane to Subject Mattes）的原则，要想并入则只能用明示的并入用语。此外，亏舱费一般发生在装货港，并由承租人支付。提单转让：至收货人手中而提单对此未作说明，在卸货港让收货人支付该亏舱费用，有失公正。

3. 滞期费条款

在航次租船合同的实践中，船东为了约束非租船合同当事人和提单持有人（或收货人）对滞期费负责，往往在提单中并入滞期费条款，使其能够在卸货港向收货人要求滞期费。租船合同下签发的提单中的并入条款可以这样规定："Charterer and all the terms whatsoever of the said charter…apply to and govern the rights of the parties concerned in the shipment."同时因为租船合同约定"The Owner shall have an absolute lien on the cargo for all freight, dead freight, demurrage and costs"（船东对运费、亏舱费、滞期费和其他费用有绝对的对货物行使留置的权利），所以船东可以通过对货物留置以要求滞期费的权利得以保障。从某种意义上来看，这里其实也并入了留置权条款，但我国的《海商法》对此处的并入条款似乎有过于严格的规定。

我国《海商法》第 78 条第 2 款规定："收货人、提单持有人不承担在装货港发生的滞期费、亏舱费和其他与装货有关的费用，但在提单中明确载明上述费用由收货人、提单持有人承担的除外。"换句话说，对装港产生的滞期费要求在提单中明确注明，否则不准以留置货物的手段索取。这样的规定似乎有违订约自由的原则，是我国立法者对我国收货人单方面的保护。而且这里还存在一个实务方面的疑问，假如租船合同约定的是一个总的装卸货时间，在发生滞期的情况下，如何去区分已发生的滞期费中哪些属于装港的滞期费，哪些属于卸港的滞期费呢？在中国木材华东公司诉米雷纳船舶管理有限公司及东丰船务有限公司提单纠纷案中，被告为获取运费、滞期费、延滞（滞留）损失费、亏舱费而拒绝进港靠泊卸货并实施货物留置。原告上诉至法院，法院判决，被告请求支付的费用中除运费外，均属装港产生的费用，本案所涉货运提单虽载有合并条款，但无论是提单还是并入提单的订租确认书的条款均未明确载明装货港的费用由收货人或提单持有人承担，根据我国《海商法》第 72 条第 2 款的规定，收货人、提单持有人依法不承担这些费用。这是对我国《海商法》第 72 条第 2 款的具体应用。

4. 仲裁条款

航次租船合同中往往订有仲裁条款，约定当事人在发生争议时应将争议提交仲裁解决的条款。就船东和租船人之间的关系而言，此类仲裁条款除非违反一国公共秩序，其效力应该没有疑问。然而，在提单经背书转让的情况下，租船合同的仲裁条款是否适用于船东和提单持有人的关系则不是当然的。

租船合同的仲裁条款是否有效并入提单在很大程度上取决于提单中并入条款的措词，也就是说，提单并入条款的一般性用语并不能将租船合同的仲裁条款合并。那么，怎样才能将租船合同的仲裁条款合并进提单呢？在实务操作中，通常需采取以下两种做法：

（1）以明确的措词合并仲裁条款租船合同中的仲裁条款与货物的装船、运输、交付没有直接的关系，因而，要想将租船合同中的仲裁条款并入提单必须用明示的方法。比如“All terms，clauses，conditions and exceptions including the Arbitration Clause，the Negligence Clause and the Cesser Clause of the Charter-party dated London 13 April 1977 are hereby incorporates.”这样的明示条款“including the Arbitration Clause”，可以成功地将租船合同的仲裁条款合并进提单。又如通常和航次租船合同一同使用的 1994 年“康金提单”（Congenbill）改变了 1978 年的“康金提单”没有明确的措词说明是否包括仲裁条款不确定的状态。“All terms and conditions，liberties and exceptions of the Charter Party，dated as overleaf，including the Law and Arbitration Clause，are herewith incorporated.”（所有的条款、条件，权利和除外责任，包括法律和仲裁条款均并入提单。）

（2）租船合同中的仲裁条款既适用于租船合同，又适用于提单。这种合并的方法来自英国判例 The“Merak”（1964）2 Lloyd's Rep. 527。在该案中，租船合同的仲裁条款为：“Any dispute arising out of this charter or any Bill of Lading issued hereunder…”该条款写明既针对租船合同，也针对提单的争议。上诉庭判决租船提单一般措词可以有效合并这种措词的租船合同的仲裁条款。提单持有人在接受这一类提单的时候要小心谨慎，否则很有可能因选择了错误的索赔方式而导致时效的丧失。

第四节　案例——海运物流操作实例

上海某公司从美国进口一个装载电子产品的 40’集装箱，美方的托运人在向船公司订舱时，在订舱托单上注明“装载舱内”。船公司接受托运，但实际上，集装箱并非装载在舱内，而是装载在甲板上运输。提单上的运输条款为 CY/CY，并记载货主装箱数（SLAC）。集装箱运抵上海外高桥集装箱码头，卸船时箱子外表状况良好，铅封也正常。收货人前来提箱时箱子外表状况也良好，铅封也正常，但拆箱时却发现箱内相当部分的电子产品已经受潮，经商检鉴定，锈损系海水所致。为此，收货人向承运人索赔。承运人以“根据提单上舱面货选择权条款，承运人有权将任何货主集装箱装载在舱面运输而无须征得货主同意”为由拒绝对此承担责任，这个理由是否正确？

解答：错误。由于托运人要求将集装箱装载在舱内，而事实上是由于装载在甲板上运输致使电子产品锈损。如装载在舱内，在一定程度上即使集装箱漏水也不至于造成电子产品的锈损。因此，承运人对集装箱内电子产品的锈损不仅应承担赔偿责任，而且不能享受提单上的责任限制的权利，应该按实际损失进行赔偿。

第八章　国际集装箱运输实务

本章先简要介绍国际集装箱运输的种类、方式、运价，然后阐述国际集装箱进出口运输业务的流程，重点介绍国际集装箱整箱进口/出口业务、国际集装箱拼箱进口/出口业务流程和单证填写。本章提及的单证部分见章节最后所附。

第一节　国际集装箱运输概述

集装箱运输（Container Transport）是以集装箱作为运输单位自动化货物运输的一种现代化的先进的运输方式，适用于海洋运输、铁路运输及国际多式联运等。

一、国际集装箱运输的种类

由于集装箱货物运输有其特点，所以并不是所有的货物都适合集装箱化。按国际贸易分类的货物品目来划分，运输中所有的货物可归纳为 60 种品目，适合集装箱化的货物有 40 种，占总数的 66.6%，可分为以下三类。

1. 最适合集装箱化的货物

最适合集装箱化的货物是指货价高、运价也比较高的商品。这些商品按其属性可有效地装载在集装箱内运输。货物的属性是指商品的大小、容积与重量的关系。最适合集装箱化的货物有针织品、酒、医药品、打字机、各种小型电器、光学仪器、电视机、收音机、小五金等。

2. 适合集装箱化的货物

适合集装箱化的货物是指货价、运费较最适合集装箱化的货物为低的商品。该类货物有纸浆、天花板、电线、电缆、面粉、生皮、炭精、金属制品等。

3. 边缘集装箱化的货物

边缘集装箱化的货物是指可以装载于集装箱运输的，但是在大量运输时使用专用船反而能提高运输效率的商品。这类货物有废钢铁、大型卡车、桥梁、铁塔、发电机、钢铁结构物件等。

二、国际集装箱运输形式

1. 根据货物分量多少

(1) 整箱货（Full Container Load，FCL）运输过程

整箱货是指货主托运的批量较大，足以由发货人负责装箱、计数、积载并加铅封的货运。承运人对整箱货是以箱为交接单位，只要集装箱外表与收箱时相似和铅封完好，承运人就完成了承运任务。

整箱货运输过程：①发货人在自己的工厂或仓库装箱地点配置集装箱；②发货人在

自己的工厂或仓库装箱地点装箱；③通过内陆运输或内河运输将集装箱货物运至集装箱码头；④在集装箱码头堆场办理交接，根据堆场计划在堆场内暂存集装箱货物，等待装船；⑤根据装船计划将集装箱货物装上船舶；⑥通过水上运输将集装箱货物运到卸船港；⑦根据卸船计划从船上卸下集装箱货物并在堆场内暂存；⑧通过内陆运输将集装箱货物运至收货人的工厂和仓库；⑨收货人在自己的工厂或仓库掏箱地点掏箱；⑩集装箱空箱回运。

（2）拼箱货（Less than Container Load，LCL）运输过程

拼箱货是指装不满一整箱的小票货物，这种货物，通常是由承运人分别揽货并在集装箱货运站或内陆站集中，然后将两票或两票以上的货物拼装在一个集装箱内，并在目的地的集装箱货运站或内陆站拆箱，分别交货。对于这种货物，承运人要负担装箱与拆箱作业，装拆箱费用仍向货主收取，承运人对拼箱货的责任基本上与传统的件杂货运输相同。

拼箱货运输过程：①发货人自己负责将货物运至集装箱货运站；②集装箱货运站负责配箱、装箱；③集装箱货运站负责将装载货物的集装箱运至集装箱码头；④根据堆场计划将集装箱暂存堆场，等待装船；⑤根据装船计划将集装箱货物装上船舶；⑥通过水上运输将集装箱货物运抵卸船港；⑦根据卸船计划从船上卸下集装箱货物并在堆场内暂存；⑧将集装箱货物运到货运站；⑨集装箱货运站掏箱交货；⑩集装箱空箱回运。

2. 根据运输形式

（1）集装箱集疏运输

集装箱集疏运输是干线运输的首尾衔接性支线运输，是集装箱运输的基本组成部分，这种集疏运输是在内陆进行，所以又称内陆集运。有内陆公路集疏运、内河集疏运及铁路集疏运三种形式。集疏运的任务是将各用户的集装箱通过上述三种形式或其中某种形式集中为能采用专用集箱箱船或集装箱列车进行干线运输的批量，或将大批量到港、到站的集装箱运送给用户，完成疏运任务。

（2）集装箱班轮运输

集装箱班轮运输是利用集装箱船在固定港口之间进行定期、定航线的集装箱运输。这种运输形式在各国普遍采用，运输量巨大。我国也开辟到美洲、欧洲、日本、中国香港、地中海、东南亚等地的定期班轮航线。

（3）集装箱定期直到列车

集装箱定期直达列车是采用固定车底的专用集装箱车皮组成的专列，定点、定线、定期运行。

（4）集装箱专运列车、快运列车

集装箱专运列车、快运列车也采用专用集装箱货车，但是在运输上有其特点，专运列车在专门线及站之间运行，但不确定时间表，快运列车是专门对小批量集装箱进行没有固定时间表的快运。

（5）集装箱多式联运

集装箱多式联运是指采用两种以上不同运输方式运送集装箱。这主要有三种形式，一是国内集装箱联运，是指在干线运输区段，由几种不同运输工具施行的协作运输；二是国际集装箱联运，是指在国际间由多种运输工具进行的协作运输；三是大陆桥集装箱联运，是指利用大陆桥实行集装箱的运输。

三、国际集装箱的交接方式和交接地点

1. 整箱交接

(1) 门到门交接。此种交接形式习惯上只有一个发货人、一个收货人，由承运人负责内陆运输。门到门交接的货物系整箱货。

(2) 场到场交接。这是一种在装船港堆场接收货物，并将其运至卸船港码头堆场交货的交接方式。

(3) 门到场。在发货人的工厂或仓库接收货箱后，由承运人负责运至卸船港集装箱码头堆场交货，目的地的内陆运输则由收货人自己负责安排。

(4) 场到门交接。这是指在装船港集装箱码头堆场接收货箱，由承运人负责运至收货人工厂或仓库交货的交接方式，即整箱接收，整箱交付。

2. 拼箱交接

在这种交接方式下集装箱的具体交接地点只有一种情况，即站到站。这是指发货人将货物送往起运地或集装箱货运站，货运站将货物拼装后交承运人，承运人负责运至目的地或卸箱港的集装箱货运站进行拆箱，当地的货运站按件交给各个有关收货人。

3. 整箱交货、拆箱收货

集装箱具体的交接地点有以下两种情况：

(1) 门到站交接。在发货人的工厂或仓库接收货箱后，由承运人负责运至目的地集装箱货运站交货，即整箱货接收，拼箱货交付。

(2) 场到站。一种在装船港集装箱码头堆场接收货箱，并将其运至目的地集装箱货运站的交接方式。

4. 拼箱交货、整箱收货

(1) 站到门。这是一种承运人在起运地集装箱货运站接收货箱，并将其运至收货工厂或仓库的交接方式。

(2) 站到场。这是一种承运人在起运地集装箱货运站接收货箱后，负责运至卸船港集装箱码头堆场，整箱交收货人的交接方式。

四、国际集装箱的运输管理

1. 集装箱管理工作的主要内容

(1) 集装箱船公司或其代理对集装箱在运输过程中的调度、分派、分配和使用进行跟踪管理。

(2) 对集装箱的起租、退租、修理、保险、报关进行跟踪记录。

(3) 协调各个货源地区的箱量，合理调配货箱以提高使用效率和加快周转率，最大限度地减少和避免集装箱的闲置、致残和丢失。

只有认真做好上述三方面的工作才能降低运输成本，提高服务质量。

2. 集装箱的管理机制

大型集装箱船公司在集装箱管理机制上通常采用四级制，即①全球的调配和管理；②地区的调配和管理（如欧洲地区、北美地区、亚太地区等）；③国家的调配和管理；④各港口的调配和管理。各级箱管部门要对上一级箱管部门负责并应及时沟通货源和箱量，力求箱货平衡。

3. 箱管的一般操作程序

港口的箱管是基层箱管，它从集装箱进港到集装箱出港都要进行跟踪管理，具体的程序如下：

(1) 进港前的准备

在集装箱船尚未进港前，该船所载的集装箱情况便由上一级箱管或该船发运港箱管代理通过计算机或传真或电传通知卸货港箱管。这一通知通常称为“进口电”或“TDR (Terminal Departure Report)”或“CNTNR LIST”，其上均记载了该船所载的全部集装箱的箱号、尺寸、箱属（集装箱的所有人）、空重等情况，有的还载明各箱的收货人、货物、数量和重量等内容。卸货港的箱管根据上述通知便可了解到港的集装箱情况。随即根据这一情况作出具体调度和安排并录入计算机，打印进口设备交接单，通知各环节的箱管人员做好有关的准备工作。

(2) 重箱进港

重箱进港按交接方式分整箱交和拆箱交两种。无论按哪种方式交接，收货人均需持提单和其他必要的单证到船公司或其代理的进口调度部门换取提货单，亦称小提单即 D/O (Delivery Order)。提箱时，整箱的收货人要向箱管交纳集装箱押金，收取押金标准各地区、各港口规定不一，以天津港为例，一般杂货箱为 3000～10000 美元/20′、5000～20000 美元/40′。收货人交完押金后，箱管部门才开具放箱单和进口设备交接单，然后凭所开单据提箱提货。对于拆箱交的集装箱于卸船后直接发往指定的货运站（CFS），然后由货运站拆箱放货。拆后的空箱由箱管码头调度，调回箱管指定的堆场。

整提集装箱又分汽车整提和火车整提。不管采取何种整提，收货人将整箱运抵自己的仓库或工厂拆箱后，应负责将空箱按时送回箱管指定的堆场，如超出勉强使用天数，箱管要在押金中扣除滞箱费，滞箱费按集装箱的种类不同而不同，一般杂货箱的免费期为 10 天。凡超过 10 天从第 11 天至第 20 天时，按 5 美元/20′/天，10 美元/40′/天，从第 21 天至第 40 天时按 10 美元/20′/天，20 美元/40′/天，从第 41 天起按 20 美元/20′/天，40 美元/40′/天，收取滞箱费。

(3) 空箱进港

空箱进港多为上一级箱管进行宏观调配和平衡箱量而安排的。进港时应由箱管码头调度按规定向海关办理申报，通关后将空箱运至指定的堆场备用。

(4) 堆场管理

无论是整箱、拆箱还是空箱，都要安排到指定的堆场进行堆存。堆场在货箱进出场时都要进行检查，并在现场与提箱人或还箱人或拆箱人会签设备交接单以便分析、分清货箱残损的责任以有利于箱管向有关责任方进行索赔。

在堆场内对集装箱的码放一般都是按箱属分类堆存，并根据堆场的坐标进行记录。例如，安排、行、高进行记录，以利管理和使用。堆场应严格服从箱管的统一调度，根据“先进先出”的原则，合理派放货箱。凡有修箱能力的堆场，还应负责集装箱的维修和保养。

(5) 空箱使用

发货人或货代向船公司或船代订箱委载时，分箱站（CFS）装箱和自提装箱两种方式。箱管根据各箱站装箱的货量安排空箱箱量，以借箱站拼装所委载的货物，箱站集拼后按统一规定将货箱集港。自提箱的发货人应先到箱管交纳集装箱使用押金，然后由箱管开具提箱单，发货人凭此单到堆场提取空箱，并自行安排到工厂或仓库装箱，然后将重箱送回堆场或自行集港。

(6) 重箱出口

箱站拼装的重箱及自提自装的重箱按规定集港装船后，港口箱管根据出口舱单按目的港、箱号、箱型、尺寸、箱属制作“出口电”通知上一级箱管或卸货港箱管代理。

(7) 空箱出口

箱管根据上一级箱管平衡量的安排，办理空箱委载，向海关申报，通关集港后装出口船舶发送指定的港口。

(8) 起租和退租

有时上一级箱管为了缓解某地箱源的紧张情况或为了减少某地货箱的闲置，需向租箱公司起租或还租一部分货箱，使箱货保持平衡，以降低费用成本。当地箱管在取得租箱公司的租约号、放箱号和退租号后应及时安排运力进行提箱或退箱，还需做好设备的交接手续。

五、国际集装箱运输费用

(一) 集装箱海运运费

目前，集装箱货物海上运价体系较内陆运价成熟。基本上分为两个大类，一类是沿用件杂货运费计算方法，即以每运费吨为单位（俗称散货价或接箱货运费），另一类是以每个集装箱为计费单位（俗称包箱价或整箱货运费）。

1. 整箱货运费计算

(1) 费率

由于集装箱运输与传统运输方式不同，所以其运费构成与传统运输的运费构成也有差别。集装箱运费由基本运费和附加费用两部分组成。一批货物达到一个或几个集装箱容积的 70%或集装箱负荷质量的 95%，即可作为整箱货。其特征是箱内货物属于一个货物托运人，货物的装、拆箱作业由货主处理。整箱货运输形式的计费是以每个集装箱为计费单位的，即适用包箱费率。它是以每个集装箱为计费单位，而不计实际装货量，这类费率常用于整箱交货方式（CFS—CY 或 CY—CY 条款）。常见的包箱费率有以下三种表现形式。

①FAK 包箱费率（Freight for All Kinds）。即对每一集装箱不细分箱货类，不计货量（在质量限额之内）统一收取的运价。

②FCS 包箱费率（Freight for Class）。即按不同货物等级制定的包箱费率。集装箱普通货物的等级划分与杂货运输分法一样，仍是 1～20 级，但是集装箱货物的费率级差大大小于杂货费率级差，一般低价货物采用集装箱运输收费高于传统运输，高价货物采用集装箱运输收费低于传统运输。同一等级的货物，重货集装箱运价高于体积货运价。可见，航运公司鼓励人们把高价货和体积货装箱运输。在这种费率下，拼装货运费计算与传统运输一样，根据货物名称查得等级和计算标准，然后去查相应的费率，乘以运费吨，即得运费。

③FCB 包箱费率（Freight for Class or Basis），这是按不同货物等级或货类以及计算标准制定的费率。

集装箱除了上述基本运费外，另外尚有为集装箱服务和管理等费用，诸如拆箱和装箱费、滞期费、堆存费、交接费等。这些费用由谁负担，视托运条件、当地规定和习惯做法而各不相同。

（2）运费计算

①整箱货的最低运费。凡以整箱货发运的最低运费的标准不是金额，而是运费吨。凡是以整箱托运的货物，为避免运费收入不足以弥补运费成本，对不同规格的集装箱分别规定计收运费的最低应计收的运费重吨或尺码吨，如实际运费低于最低运费，则运费按最低标准计算。

②最高运费的计算。最高运费的规定是集装箱运输的独有的特点。目前国际上对最高计费吨的规定，一般是20英尺集装箱为31立方米，40英尺集装箱为67立方米。如超过上述规定，则超出部分可免计运费。所以，提高集装箱内积载技术，充分利用集装箱容积对节省运费有很大作用。

在整箱货运的情况下，如托运人仅提供部分货物的计算运输资料，这部分运费即按规定的等级和费率计算运费，其余未提供资料的货物运费，则按最高运费吨减去已提供资料的货物运费吨计算。如这部分货物的计费等级或费率又有差异时，则按其中最高费率计算。例如：

一个20英尺集装箱的整箱货运，内装有8级、9级、10级、11级四种货物，托运时，仅提供10级货物的尺码为16立方米，该集装箱运费计算标准如下：

已提供资料的货物运费为：

运费1＝16立方米×10级费率

未提供资料的8级、9级、11级级货物的运费为：

运费2＝（31立方米－16立方米）×11级费率

整箱货的总运费为：

运费1＋运费2

这样，对于8级、9级货物来说，按11级货物计费，就等于多交了运费。所以，应尽量提供所装货物的全部资料。

2. 拼箱货运费计算

凡是不足整箱货的容积或质量的货载，即需要两批或两批以上同装一箱的货载，称为拼箱货，其特征是箱内货物属于多个托运人，货物的装、拆箱作业由承运人负责。

（1）费率

拼箱货运费费率一般由件杂货基本费率和附加费构成。

①基本费率：参照传统件杂货运价，以运费为计算单位，多数航线上采用等级费率。

②附加费：除传统杂货所收的常规附加费外，还要加收一些与集装箱货物运输有关的附加费。

（2）运费计算

袭用传统件杂货运费计算方法，即根据商品的等级不同规定有不同的费率，它主要适用于拼装交货方式，但采用这种方法具体计算集装箱运输时还应该注意它的一些特殊规定。

①最低运费的规定。许多船公司为了保证营运收入不低于营运成本，都制定有起码收费标准，任何一批货物，其运费金额若低于规定的最低运费额时，均按最低运费金额计算核收。

②最高运费的规定。即规定凡高于规定计费吨或等级的货物均以规定的最高计费标准

收费而免计超过规定部分的运费。

拼箱货按货物的尺码或质量为计算运费总额，择其大者收取；整箱货则按货物等级及航程远近核算运费。有的采用不分货种，按箱计收运费，称为“均一费率”(FAK)。

运费的核收涉及面很广，如因船公司所提供的服务项目的多少而有所不同等，所以对运费的核收方法只能概括加以介绍。

(二) 公路运输集装箱运费的计算方法

按照《汽车运价规则》，公路运输集装箱运费的计算方法为：

(1) 集装箱运价按计价类别和货物运价费目计算。

(2) 集装箱运费计算公式为：

重（空）集装箱运费＝重（空）箱运价×计费箱数×计费里程＋箱次费×计费箱数＋货物运输其他费用

(三) 铁路运输集装箱运费的计算方法

《铁路货物运价规则》第21条和第22条的规定：

(1) 集装箱货物的运费按照使用的箱数和“铁路货物运价率表”中规定的集装箱运价率计算，但危险货物集装箱、罐式集装箱、其他铁路专用集装箱的运价率，按“铁路货物运价率表”的规定分别加30%、30%、20%计算。

自备集装箱空箱运价率按其适用重箱运价率的50%计算。

承运人利用自备集装箱回空捎运货物，在货物运单铁路记载事项栏内注明，免收回空运费。

(2) 运价率不同的货物在一个包装内或按总质量（或按箱）托运时，按该批或该项货物中最高的运价率计费。

(3) 铁路运输集装箱运费计算公式为：

$$集装箱运费＝每箱运价×每箱运价×箱数$$

其中：

$$每箱运价＝发到基价＋运行基价×运价里程$$

第二节 国际集装箱运输业务流程

国际集装箱运输是指当前国际上对集装箱业务的通常做法，根据集装箱货物装箱数量和方式可分为整箱运输和拼箱运输两种。由于集装箱货运分为整箱和拼箱两种，因此在交接方式上也有所不同，大致有以下几种：整箱交，整箱接；拼箱交、拆箱接，货主将不足整箱的小票托运货物在集装箱货运站或内陆转运站交给承运人。

一、国际集装箱进出港货运流程概述

1. 订舱承运

托运人在选定船公司、班期后，填制托运单向船公司或其代理人（一般是船公司的船务代理，简称船代）申请订舱。船公司或船代根据托运人的订舱申请，考虑船舶舱位、货物性质、运输要求等因素后确定能不接受订舱委托。在船公司或船代审核托运单，确认可以接收后，会在装货单上签章，以表明承运该货物。托运人凭签章后的装箱单向海关办理出口货物报关手续。船公司或船代则根据托运单缮制预配清单等单据，以便于托运人、集装箱码头、集装箱空箱堆场等相关运输部门安排集装箱空箱的发放和重箱的进港等交接工作。

2. 装箱交接

船公司或船代在接受订舱后，其现场经办人员根据预配清单的用箱要求安排集装箱空箱发放的堆场，并缮制集装箱设备交接单。托运人根据其出运货物所使用集装箱的情况不同，或托运人安排集装箱门点装箱，或将货物送到承运人指定仓库收货和装箱。装箱前，负责装箱运输的集卡车队向船代领取集装箱设备交接单。凭设备交接单，到指定集装箱空箱堆场领取所需空箱，在托运人指定的门点装箱，或在承运人指定的内装仓库装箱。装箱完毕，根据货物的实际装箱情况，填制集装箱装箱单。集装箱重箱与设备交接单、集装箱装箱单一起，由集装箱重箱运输司机送集装箱港口。在集装箱港口的入口处（俗称道口、卡口）完成箱、单交接。双方在设备交接单、集装箱装箱单上签字确认。

3. 配载装船

船公司或船代接受订舱后，根据托运单中的货物订舱数据，由船公司的集装箱配载中心或船舶大副，根据分类整理的订舱单，编制航次集装箱预配图。航次集装箱预配图由船公司直接转给集装箱港口装卸公司。港口装卸公司在收到集装箱预配图后，由码头船长（Terminal Captain）或集装箱配载员根据预配图和码头实际进箱情况，编制集装箱实配图。待集装箱船靠泊后，码头配载员持实配图，交集装箱船的大副审查。经船方签字同意，码头凭确认后的集装箱实配图安排集装箱装船作业。集装箱装船完毕后，由理货公司的理货员按船舶实际装箱情况，编制最终积载图。托运人在船开后向船代申领提单。船代凭从集装箱装卸码头返回的、已经大副签注的“场站收据”联签发提单。

4. 卸船交货

集装箱货物运抵卸货港后，船公司或船代负责卸货至港口集装箱堆场。货主在办理了进口手续后，海关在提货单上加盖放行章。货主凭合法有效的提货凭证到港口集装箱堆场办理提货拆箱。通常情况下，货主还需负责空箱的还箱工作。

集装箱进出港口码头如图 8－1 所示。

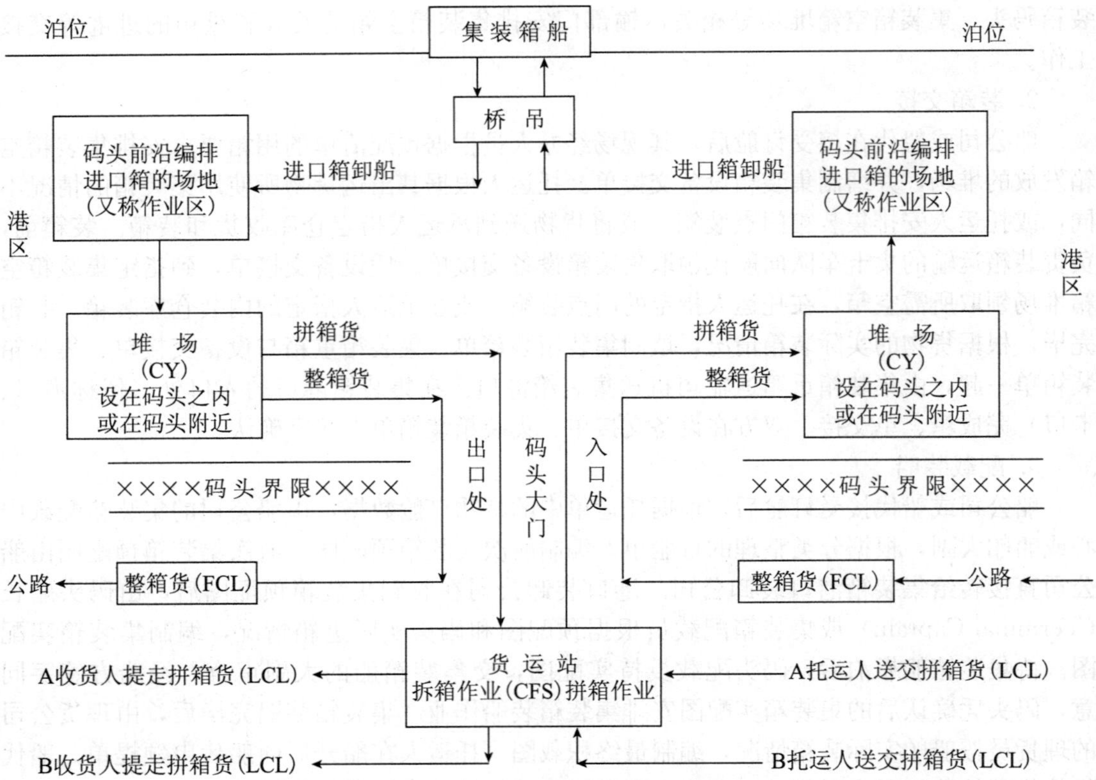

图 8-1 集装箱进出港口码头示意

二、国际集装箱整箱出口货运业务流程

1. 委托代理

在集装箱班轮货物运输过程中，货主一般都委托货运代理人为其办理有关的货运业务。货运代理关系由作为委托人的货主提出委托、由作为代理人的国际货运代理企业接受委托后建立。

在货主委托货运代理时，会出具一份货运代理委托书。在订有长期货运代理事宜时，可能会用货物明细表等单证代替委托书。

2. 订舱

货运代理人接受委托后，应根据货主提供的有关贸易合同或信用证条款的规定，在货物出运之前的一定时间内，填制定舱单向船公司或其代理人申请订舱。船公司或其代理人在决定是否接受发货人的托运申请时，会考虑其航线、船舶、运输要求、港口条件、运输时间等方面能否满足运输的要求。船方一旦接受订舱，就会着手编制定舱清单，然后分送集装箱码头堆场、集装箱空箱堆场等有关部门，并将据此安排办理空箱及货运交接等工作。

在订舱时，货运代理人会填制“场站收据”联单、预配清单等单据。

3. 集装箱设备交接

在订舱后，货运代理人应提出使用集装箱的申请，船方会给予安排并发放集装箱设备交接单。凭设备交接单，货运代理人就可安排提取所需的集装箱。

在整箱货运输时，通常是由货运代理人安排集装箱卡车运输公司到集装箱空箱堆场领取空箱，但也可以由货主自己安排提箱。无论由谁安排提箱，在领取空箱时，提箱人都应与集装箱堆场办理空箱交接手续，并填制设备交接单。

4. 货物装箱

整箱货的装箱工作大多由货运代理人安排进行，并可以在货主的工厂、仓库装箱或是由货主将货运代理人的集装箱货运站装箱。当然，也可以由货主自己安排货物的装箱工作。

装箱人应根据订舱清单的资料，并核对场站收据和货物装箱的情况，填制集装箱货物装箱单。

5. 整箱货交接签证

由货运代理人或发货人自行负责装箱并加封志的整箱货，通过内陆运输运至承运人的集装箱码头堆场，并由码头堆场根据订舱清单，核对场站收据和装箱单接收货物。整箱货出运前也应办妥有关出口手续。

集装箱码头堆场在验收货箱后，即在场站收据上签字，并将签署的场站收据交还给货运代理人或发货人。货运代理人或发货人可以凭已签署的场站收据要求承运人签发提单。

6. 换取提单

货运代理人或发货人凭已签署的场站收据，向负责集装箱运输的人或其代理人换取提单。发货人取得提单后，就可以去银行结汇。

由于集装箱运输方式下承运人的责任早于非集装箱运输方式下承运人的责任，所以理论上在装船前就应签发提单。这种提单是收货待运提单，而收货待运提单在使用传统贸易术语的贸易合同下是不符合要求的。因此，为了满足贸易上的要求，也为了减少操作程序上的麻烦，实践中的做法是在装船后才签发提单，即已装船提单才符合使用传统贸易术语的贸易合同的需要。

7. 装船

集装箱码头堆场或集装箱装卸区根据接受待装的货箱情况，制订出装船计划，等船靠泊后即可装船。

例 8－1 CIF 术语下 FCL 货物出口流程

CIF 术语要求卖方承担办理订舱、购买海运保险等货物出口的手续。因此在货物准备完毕后和在合同规定的交货日期之前，卖方首先要向班轮公司订舱。一般出口公司不直接向班轮公司订舱，而是通过货运代理人订舱，因此出口公司的国际 FCL 海运业务流程办理订舱手续首先从委托货运代理人开始。以下我们用图详细地描绘了 CIF 术语下，集装箱整箱“门到门”出口业务的流程，如图 8－2 所示。

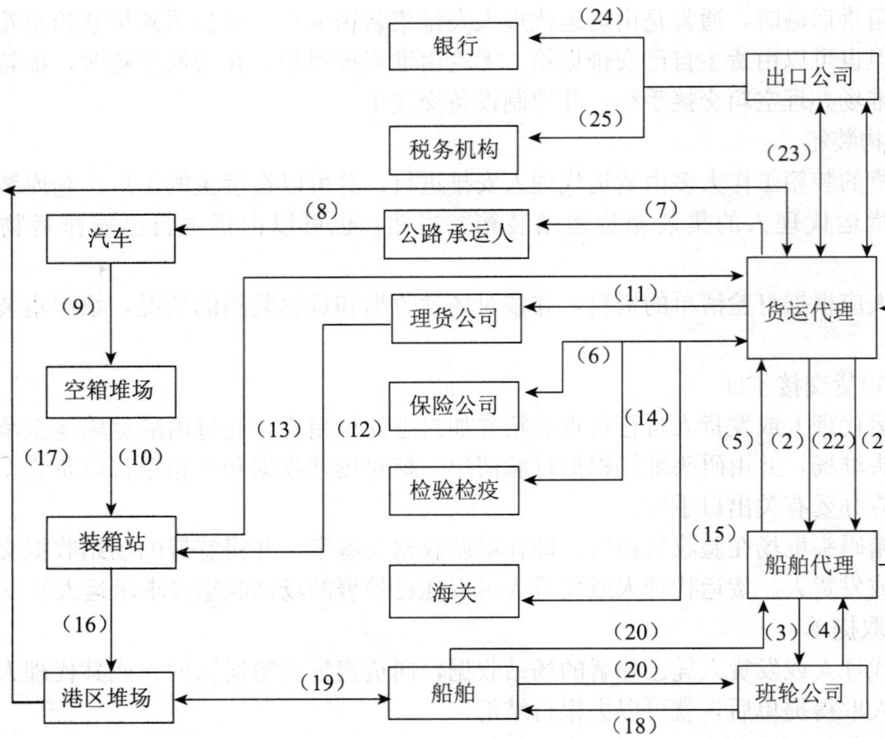

图 8-2　CIF 术语下 FCL 货物出口流程

在图 8-2 中：

(1) 出口商向货运代理人发出出口货运委托书（附随单据：出口货运委托书、贸易合同副本、商业发票副本、出口报关委托书、出口商检委托书、产地证书副本、出口许可证、出口配额证明等）；货运代理人审核委托书决定受理后缮制十联单，将第一联交还出口商，以表明代理关系成立。如果不受理则应当退回出口货运委托书及全套附随单据。不受理的主要理由有：货物属于违禁品、单证不齐、委托事项超越货运代理人的经营范围等。

(2) 货运代理人接受委托后，必须判断货物是否可以按照整箱托运。如果不能，则寻求预拼箱，并制作“集装箱预配清单”。实现整箱后缮制“十联单”，并根据贸易合同副本中有关承运人的规定将其中 8 联（第 2～9 联）递交船舶代理人，办理订舱手续（如果贸易合同或出口商指定班轮公司，则货运代理人只能向该班轮公司的船舶代理人订舱，如果贸易合同或出口商没有指定班轮公司，则货运代理人可以根据具体交货时间和船期情况自由选择班轮公司及其船舶代理人）。

(3) 船舶代理人接受订舱并简要计算运费等必要费用后，向班轮公司发出确认请求。

(4) 班轮公司向船舶代理人确认订舱并核准运费。

(5) 船舶代理人向货运代理签发订舱回单和设备交接单。

(6) 货运代理人向保险公司办理国际货运保险。

(7) 货运代理人获得订舱回单和设备交接单后，立即寻找公路运输承运人，委托办理从空箱堆场提空箱、到出口商仓库提货装箱和将重箱运至港区堆场的运输业务（附随单据：设备交接单、订舱回单、装箱单、公路运单）。

(8) 公路承运人根据运单的规定向汽车和司机发出指令，派车单。

(9) 司机凭设备交接单前往空箱堆场提取空箱。

(10) 司机将空箱运至出口商指定的装货地点装箱。

(11) 货运代理人委托理货公司理货。

(12) 理货公司派专人前往装箱点理货。

(13) 装箱人员按照“集装箱预配清单”装箱，并根据实装结果编制“集装箱装箱单”，理货人员根据理货情况出具理货报告。理货报告和装箱单交给货运代理人。

(14) 货运代理人申请报验，主要单据有：检验委托书、检验申请书、商业发票、装箱单、设备交接单、贸易合同副本等。

(15) 货运代理人申请报关，主要单据有：报关委托书、报关申请书、商业发票、装箱单、设备交接单、贸易合同副本、出口许可证或者配额、检验检疫证明、退税申请等。

(16) 司机将重箱运至海关监管港区堆场，将设备交接单、集装箱装箱单、海关放行单、未签发的场站收据等交付港区堆场。

(17) 港区签发场站收据给货运代理人（D/R）。

(18) 班轮公司将编制好的船舶预配舱单传送船舶。

(19) 船舶根据预舱单接受码头交付的集装箱，并签发大副收据。

(20) 船舶根据装船情况编制实载舱单，并将舱单传送班轮公司和船舶代理。

(21) 货运代理凭场站收据向船舶代理换取提单。

(22) 船舶代理核对场站收据和实载舱单后签发提单给货运代理人。

(23) 货运代理人结算费用，向出口商提交货运代理发票、提单、保险单以及退税单。出口商向货运代理人支付货运代理费及货运代理人垫付的保险费、运费、报关费、检验检疫费、公路运费、理货费、装箱费等费用。

(24) 出口商凭贸易合同规定的单据向银行要求结汇，交单取款。

(25) 出口商凭全套出口文件副本及海关签发的退税单，向税务局要求退税。

三、整箱出口退关、漏装处理

1. 整箱出口退关

整箱出口退关（Shut Out or Draw Back）是指托运人委托货运代理人办妥整箱出口货运订舱手续后，因种种原因在货物配载装船前中止货运过程的事件。

由于退关后处理手续的繁杂，稍有疏忽即可能造成非常被动的货运责任事故，并引起额外的费用支出，因此在发生退关后，货运代理与委托人之间应及时分清责任。货运代理人应在取得托运人的明确指示后，尽量迅速、妥善地处理退关事宜。整箱退关的原因多种多样：或尚未提取集装箱空箱即退关，或已提取空箱但货物尚未装箱即退关，或已经装箱但尚未送进港区即退关，或已送进港区但尚未报关成功即退关，或已经送进港区且已报关成功但因超配或船舶吃水等原因退关等。货运代理人要区别不同的情况，采取不同的应对措施：

(1) 单证的处理

退关的结果是货物的装货单 S/O 失去配载的作用。在货物退关后，货运代理人应及时通知船公司或船代注销退关货物的订舱，以便其注销相应的场站收据等单证。

在货物报关成功前退关的，货运代理人需及时将托运人的报关资料退还托运人；若在货物报关成功后退关的，货运代理人需及时向海关办理退关手续，将注销的报关单及相关单证尽早取回后退还托运人。

委托人提出退关时集装箱设备交接单尚未领取的，则由船公司或船代的现场工作人员予以注销；若集装箱设备交接单已经领取但尚未提取空箱的，则货运代理人要及时通知委托人或空箱提箱人（一般是货运站或集卡运输车队）及时返还设备交接单。

（2）货物及集装箱设备的处理

已经提取空箱但尚未装箱即退关的，货运代理人需督促托运人或空箱提箱人及时将集装箱空箱还回船公司的集装箱堆场。

已装箱但尚未将整箱货物送进港区或船公司集装箱重箱堆场即退关的，货运代理人要及时安排重箱拆箱，货物交还托运人，空箱返还船公司集装箱堆场。

重箱进港后退关的，货运代理人需向港区办理申请手续并缴纳相关费用后，安排将重箱拉出拆箱。货物交还托运人，空箱返还船公司集装箱堆场。

2. 整箱出口漏装

整箱出口漏装是指整箱货物重箱进港报关成功后，因船舶超载、船舶吃水、码头作业等非托运人原因造成货物未装上预先订舱配载船舶的货运事件。

在整箱漏装发生后，货运代理人应及时与托运人、船公司或船代取得联系，听取托运人和承运人双方对漏装事件的处理意见，积极沟通和协调双方利益。在取得托运人的书面处理意见后，迅速处理漏装货物的后续操作事宜。

（1）漏装操作

托运人同意由原船公司或船代将漏装货物安排在同一港区，由下一班船装船出运的，货运代理人负责将盖有海关放行章的场站收据副本联统一交船公司或船代，由其制作整船漏装清单，到海关办理相关货物放行手续。托运人不必重新报关，货物则留在港区待装下一班船。通常情况下，船公司或船代负担漏装货物在港区的堆存费、搬移费、海关单证费等费用。也有例外情况，则依据船公司或船代与托运人之间的协商结果办理。

（2）改配操作

托运人决定换装其他承运人的船，或由原船公司在其他港区码头的其他船出运的，则货运代理人需及时向海关办理退关手续，将注销的报关单及相关单证尽早取回后退还托运人。在向港区办理申请手续并缴纳相关费用后，安排将重箱拉出。若仍配原船公司船出运，则按照重新订舱的程序安排货运。在征得船公司同意的情况下，可以使用原集装箱，不必重新提取空箱进行货物捣箱作业；须注意，集装箱装箱单仍需重新制作。若托运人准备另行安排货运委托事宜，则货运代理人在安排拆箱后将货物交还托运人，拆箱后的空箱返还原船公司集装箱堆场。至于产生的费用结算事宜，则依据船公司或船代和托运人之是的协商结果办理。

四、国际集装箱拼箱出口货运业务流程

所谓拼箱货就是有集拼条件的货运代理人，将不同委托人、不同收货人、同一卸货港的零星货物集中起来，以货运代理人的名义办理整箱运输，国际上又称为Consolidation，集拼货运代理人称为Consolidator。

1. 承办集拼业务的货运代理企业必须具备的条件

（1）具有集装箱货运站装箱设施和装箱能力。

（2）在国外有自己的货运代理人，具备拆箱分拨能力。

（3）政府部门批准有从事集拼业务经营范围且能签发货代提单（House B/L）。

通常情况下，从事集拼业务的货运代理人，由于其签发自己的提单，其法律地位相当于无船承运人。办理拼箱业务的货物托运人，其接受的提单是货运代理人签发的以（LCL）CFS/CFS 交接方式的 House B/L。货运代理人作为集拼整箱的托运人，从船公司或其代理人处签得（FCL）CY/CY 交接方式的集拼整箱的 Master B/L。

例外情况，因集拼业务的货运代理人，在整箱货物的卸货港没有其自己的代理人，则货运代理人会使用船公司或其船代的代理，将拼箱货物送到船公司的 CFS 安排内装箱，向客户签发船公司的提单。这种业务相对于船公司或其船代而言，称为自拼箱（Self Container Load，SCL）即将货运代理人视同货主，由货主自行组织零星货物拼成整箱后运输，船公司在卸货港的代理负责拆箱交货。在这种情况下，实际货物托运人接受的是船公司签发的以 CFS/CFS 为交接方式的 M－B/L。在此状况下，船公司提供类似杂货班轮的服务，因此操作程序也类似。

2. 拼箱货业务流程

集拼货运代理人预先以（LCL）CFS/CFS 集装箱交接方式向船公司或船代预定整箱，并为该整箱项下的每票货物单独缮制场站收据联单（D/R）。船代接受订舱后，依照场站收据联单操作流程将相关报关等单证退给货代，货代通知各委托人在规定时间内将运输的货物送进货代指定的货运站 CFS，同时将相关报关资料送交货代。货代安排货运站适时向船代现场领取 EIR 后，将空箱运到 CFS 装箱。CFS 中的装箱人根据实际装箱情况缮制 CLP，并将实际装箱数据通知货代操作人员，以便于与订舱时的 D/R 数据核对。若有误，则及时要求船代更正。货代整理报关资料统一向海关进行出口申报。海关验放后，货代应及时将有关单证送交船代现场配载装运。船开后，货代向船代申领整箱货下的全部 M－B/L 提单。同时向各委托人分别签发货代的 H－B/L。拼箱货出口货运代理业务流程见图 8－3。

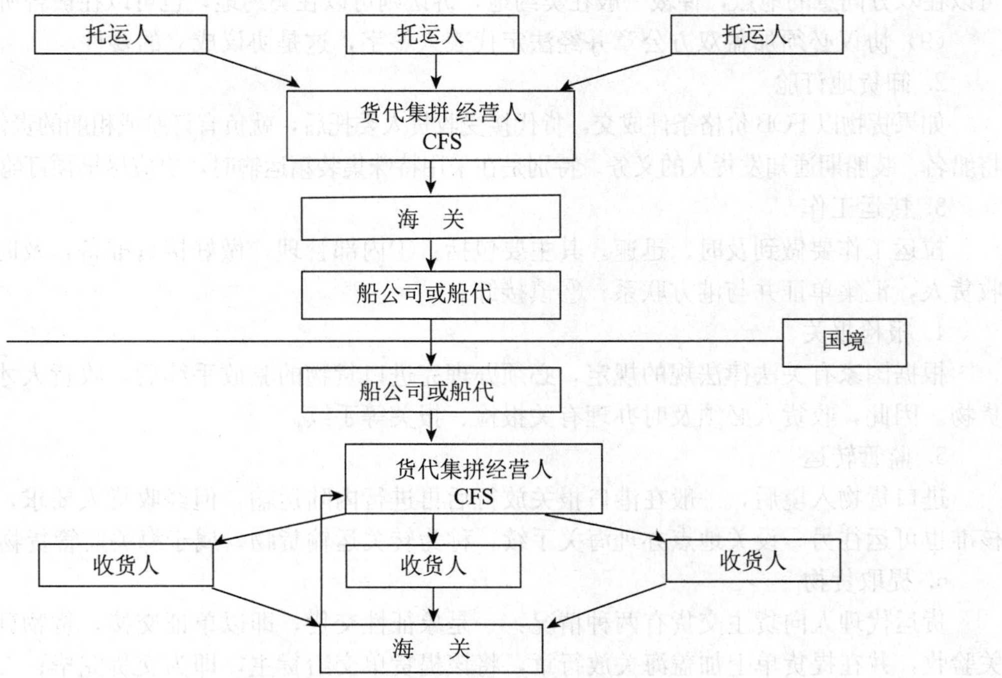

图 8－3　拼箱货出口货运代理业务

五、国际集装箱整箱进口货运业务流程

海运进口的货运代理业务是我国货代业务中涉及面最广、线最长、量最大、货种最复杂的货代业务。完整的海运进口业务，从国外接货开始，包括安排装船、安排运输、代办保险，直至货物运到我国港口后的卸货、接运报关报验、转运等业务。

1. 货运代理人接受委托

货运代理人与货主双方建立的委托关系可以是长期的，也可以是就某一批货物而建立的。在建立了长期代理关系的情况下，委托人往往会把代理人写在合同的一些条款中，这样，国外发货人在履行合约有关运输部分时会直接与代理人联系，有助于提高工作效率和避免联系脱节的现象发生。

在货代与货主双方之间订立的协议中，通常应明确以下项目：

(1) 委托人和代理人的全称及其注册地址。

(2) 代办事项的范围，如是否包括海上运输，是否包括装运前的拆卸工作、集港运输等，到港后是提单交货还是送货上门等。明确了代办事项范围，则一旦发生意外，就能判明双方责任，也可避免因双方职责不明而造成的损失。

(3) 委托方应该提供的单证及提供的时间。提供的时间应根据该单证需用的时间而定。

(4) 收费标准及支付时间、支付方法。

(5) 委托方和代理人的特别约定。

(6) 违约责任条款。

(7) 有关费用如海洋运费、杂费及关税等的支付时间。

(8) 纠纷后，协商不成的解决途径及地点。通常解决争议的途径有仲裁或诉讼等，地点可以在双方同意的地点，仲裁一般在契约地，诉讼则可以在契约地，也可以在被告所在地。

(9) 协议必须加盖双方公章并经法定代表人签字，这是协议成立的要件。

2. 卸货地订舱

如果货物以FOB价格条件成交，货代接受收货人委托后，就负有订舱或租船的责任，并有将船名、装船期通知发货人的义务。特别是在采用特殊集装箱运输时，更应尽早预订舱位。

3. 接运工作

拉运工作要做到及时、迅速。其主要包括：①内部管理，做好接货准备，及时地告知收货人，汇集单证并与港方联系；②慎接卸。

4. 报检报关

根据国家有关法律法规的规定，必须办理完进口货物的验放手续后，收货人才能提取货物。因此，收货人必须及时办理有关报检、报关等手续。

5. 监管转运

进口货物入境后，一般在港口报关放行后再进行内陆运输，但经收货人要求，经海关核准也可运往另一设关地点办理海关手续，称为转关运输货物，属于海关监管货物。

6. 提取货物

货运代理人向货主交货有两种情况：一是象征性交货，即以单证交接，货物到港经海关验收，并在提货单上加盖海关放行章，将该提货单交给货主，即为交货完毕；二是实际性交货，即除完成报关放行外，货运代理人负责向港口装卸区办理提货，并负责将货物运至货主指定地点，交给货主，集装箱运输中的整箱货通常还需要负责空箱的还箱工作。在

这两种情况下，货运代理人都应做好交货工作的记录。

同样在 CIF 术语下，进口方的义务主要是接收货物，整个流程从船舶进港开始，具体流程略为简单，如图 8-4 所示。

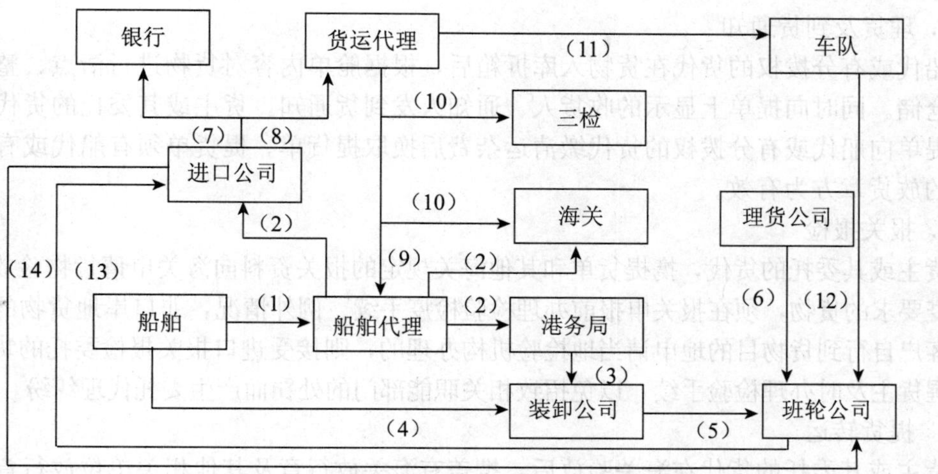

图 8-4 CIF 术语下 FCL 货物进口流程

在图 8-4 中：

(1) 船舶到达港口前向目的港船舶代理发出船舶到信息以及卸货舱单。

(2) 船舶代理落实船舶泊位，向海关申报卸货舱单并向收货人发出到货通知。

(3) 港务局通知装卸公司安排卸货。

(4) 装卸公司将集装箱从船上卸下。

(5) 装卸公司将集装箱存放在港区指定的堆场。

(6) 理货公司理货。

(7) 收货人向银行结汇，付款赎单。

(8) 收货人委托货运代理办理进口手续。

(9) 货运代理人凭委托书、提单、到货通知向船舶代理换取提货单。

(10) 货运代理人凭提货单、委托书、检验检疫证明、报关单到三检和海关办理进口清关手续。

(11) 货运代理人指派车队到港区提货。

(12) 车队派车前往港区堆场交付提货单，提取集装箱，并填写设备交接单。

(13) 车队将货物运至收货人仓库，货交收货人。

(14) 车队将集装箱空箱归还到港区或者承运人指定的还箱点，交验设备交接单。

六、国际集装箱拼箱进口货运业务流程

集装箱拼箱进口货物按照交货人的不同分为两种情况：由船公司负责拆箱交货，或由有拼箱分拨权的货代负责拆箱交货。两者的共同之处在于：货物在交付前均须处于海关监管下，即存放在海关监管仓库或监管港区内。具体流程为：

1. 卸船拆箱

载运集装箱的船舶到港后，由船代根据积载舱单数据向海关进行货物进港申报。船公

司以 LCL 交付方式交货的集装箱则转入港区监管仓库或船公司的海关监管仓库拆箱仓储。经海关核准具备拼箱分拨权的货代则先向海关办理整箱放箱手续，同时将整箱内所装货物的明细制作成分拨舱单，向海关发送分拨舱单信息以供验放核对之用。货物则转入海关监管仓库拆箱仓储。

2. 理货及到货通知

船代或有分拨权的货代在货物入库拆箱后，根据舱单内容对货物进行清点、整理、分类、仓储。同时向提单上显示的收货人、通知人发到货通知。货主或其委托的货代凭背书后的提单向船代或有分拨权的货代缴清运杂费后换取提货单。提货单须有船代或有分拨权货代的放货章方为有效。

3. 报关报检

货主或其委托的货代，携提货单和其他海关规定的报关资料向海关申请货物验放。有检验检疫要求的货物，须在报关申报前办理检验检疫手续。例外情况，非口岸地货物的检验手续须客户自行到货物目的地申请当地检验机构办理的，则接受进口报关报检委托的货代有义务提醒货主及时办理检验手续，以免招致相关职能部门的处罚而产生委托代理纠纷。

4. 提货转运

货主或其委托的货代在海关验放后，携盖有海关放行章及其他相关单位放行章的提货单，到港区监管仓库或船公司，监管仓库或有分拨权的货代监管仓库中提货。若货主有委托货代转运要求的，则货代还需负责将货物转运到货主的指定地点交付货物。

5. 转关运输

进口货物涉及转关运输必须具备的若干条件：货主所在地设有海关机构；向海关交验的进境运输单据上列明到达目的地为非首达口岸，需转关运输；运输工具和货物符合海关监管要求；转关运输的单位须经海关核准等。货代在接受货主委托办理转关运输时，须明确海关的相关规定，对涉及的报关注意事项、转关关封等文件的管理和移交，以及转关运输工具及运输单位的选择等事务必须谨慎办理。

第三节　国际集装箱运输业务的主要单证

该类单证可分为基本单证和特殊单证。

基本单证通常是每批托运货物都须具备的单证，包括出口货运代理委托书、出口货物报关单、外汇核销单、商业发票、装箱单、重量单、规格单等单证。

特殊单证是在基本单证以外，根据国家规定，按不同商品、不同业务性质、不同出口地区需向有关主管机关及海关交验的单证，如出口许可证，配额许可证，商检证，动植物检疫证，卫生证明，进料、来料加工手册，危险货物申请书，包装证，品质证，原产地证书等单证。

一、国际集装箱运输出口货运代理委托单证（Entrusting Order for Export Goods）

由于在实际操作中，常常由货运代理人代替货主进行货运业务活动。为规范代理行为，明确代理权限范围，在货主委托货运代理时，出口委托方必须要向货运代理人出具委托书。在货主与货运代理人订有长期货运代理合同的情况下，也可以用双方事先约定的货物出运明细表、货物入仓交接单等单证代替委托书。委托书如样单 8－1 所示。

【样单 8－1】

出口货运代理委托书

经营单位（托运人）						托运人编号	
提单	发货人：Shipper：					代理编号	
	收货人：Tel：					合同号	
	通知人：Notify Party：					信用证号	
运费预付 Prepaid		运费到付 Collect				贸易国别	
船名		起运港		目的港		提单号	
可否转运		可否分批		装运限期	有效限期	提单正本 副本	
标记唛码	件数及包装名称		中、英文货名	总毛重（千克）		总体积（立方米）	长×宽×高
集装箱装运	20 尺× 只	货物存放地点					
	40 尺× 只		联系人		电话/传真		休息日
货物备妥日期		特殊集装箱要求			☐冷藏		☐危险
重大件货物	最重件：每件毛重 千克		最大：每件长 CM×宽 CM×宽 CM				
海运运货			人民币包干费			托运人	姓名：
支付方式	1. 银行托收		支付方式	1. 银行托收			电话：
	开户银行			开户银行			传真：
	账　　号			账　　号			地址：
	2. 银行汇款			2. 银行汇款			
	3. 现　　金			3. 现　　金			签章：
备注							制单日期：

出口货运代理委托书（Entrusting Order for Export Goods）是委托方（货主）向货运代理人委托办理货运代理事项的文件，或称为运输合同的“要约”。该委托书上应详列委托办理事项和各项数据资料，是货运代理人的工作依据。一旦货运代理人接受委托，双方之间的运输契约即告成立。因此，出口货运代理委托书应包含如下基本事项：

（1）委托人的单位公章或经当事人事先约定的业务订舱章。

（2）委托单位的名称、编号。

（3）制作场站收据联单的资料：发货人、收货人、通知人、装港、卸港、目的港、运费预付或到付。

（4）托运货物的资料：标记、件数、包装、商品名称、毛重、体积。

（5）装运事项：集装箱交接方式、可否转船、可否分批装运、装运期限、信用证有效期限及配船要求。

（6）提单签单要求：签正本提单或海运单或电报放货，提单正副本份数，信用证规定的在提单上必要记载的事项等。

（7）集装箱陆路、水路运输要求：集装箱类别、数量、提箱要求、装箱要求、装箱地点、联系电话、联系人等。

（8）涉及运费的事项：与船公司的运价协议号、运费结算方式等内容。

（9）其他特殊委办事项：危险品、冷藏箱、框架箱、开顶箱等特殊装箱要求等。

二、国际集装箱货物托运单（Booking Note）

托运单是由托运人根据贸易合同和信用证的有关内容向承运人或其代理人办理货物运输的书面凭证。托运单主要详细记载有关货物情况及对运输要求等内容。托运单的格式见样单8-2。

在集装箱运输中，为简化手续，是以场站收据（Dock Receipt）联单的第一联作为集装箱货物的货运单，该联单由货主或货主委托货代缮制，并送交船公司或其代理人订舱。

【样单 8-2】

集装箱托运单

Shipper （发货人）

Consignee （收货人） | D/R No（编号）

Notify Party （通知人）

第一联

Pre carriage by（前程运输） place of Receipt（收货地点） | 集装箱货物托运单 货主留底

Ocean vessel（船名）Voy. No.（航次）Port of Loading（装货港）

Port of Discharge（卸货港）Place of Delivery（交货地点） | Final Destination for Merchant't Reference（目的地）

Particulars Furnished by Merchants

Container No.（集装箱号）	Seal No.（封志号）Marks & Nos.（标记与号码）	No. of Containers or P'kgs.（箱数或件数）	Kind of Packages: Description of Goods（包装种类与货名）	Gross Weight 毛重（千克）	Measurement 尺码（立方米）

TOTAL NUMBER OF CONTAINERS OR PACKAGES(IN WORDS) 集装箱数或件数合计(大写)

FREIGHT & CHARGES（运费与附加费）	Revenue Tons（运费吨）	Rate（运费率）Per（每）	Prepaid（运费预付）	Collect（到付）

Ex Rate:（兑换率）	Prepaid at（预付地点）	Payable at（到付地点）	Place of Issue（签发地点）
	Total Prepaid（预付总额）	No of Original B(s) /L（正本提单份数）	

Service Type Receiving □-CY, □-CFS, □-DOOR	Service Type on Delivery □-C Y, □-CFS, □-DOOR	Reeter Temperature Required.（冷藏温度）	℉	℃

TYPE OF GOODS（种类）	□Ordinary,（普通） □ Reefer,（冷藏） □ Dangerous,（危险品） □Auto.（裸装车辆） □Liquid,（液体） □ Live Animal,（活动物） □Bulk（散货） □____	危险品	Glass: Property: IMDG Code Page: UN NO.

可否转船:	可否分批:
装　期:	效　期:
金额:	
制单日期:	

三、国际集装箱场站收据 (Dock Receipt)

场站收据联单又称场站收据、港站收据、码头收据（Dock Receipt，D/R）。场站收据是货物的托运单，也是货物的订舱单，是发货人向船方或其他代理申请订舱的形式单据，它是全套货运单证中最重要的单据。场站收据（样单8-3、样单8-4）在各地的联数各有不同，上海是一式十联，有的口岸是一式九联。以上海港为例：

第一联：货主留底（托运单原先由货主初步缮制后将此联留底，故作为第一联）。

第二联：船代留底（船代留底联上盖有货主的公章或订舱章，船代据以缮制载货清单，船公司据以编制预配图）。

第三联：运费通知（1）（船代在此联上批注运价，作为船代结算部门办理运费结算的参考依据）。

第四联：运费通知（2）（这联作为货代向发货人办理运费结算的参考依据）。

第五联：装货单（Shipping Order，S/O）又称场站收据副本、海关联（船代在此联上盖"订舱章"，表示确认接收发货人的订舱；海关凭此接收出口报关申报）。

第五联（附页）：缴纳出口货物港务申请书（由港区核算应收的港务费用）。

第六联（浅红色）：场站收据副本大副联（为理货单据，表示大副已代表船方接收了单据上的货物。一般由理货公司签署后将此联留存）。

第七联（黄色）：场站收据（Dock Receipt，D/R）又称收货单（货物装货完毕后，由大副签字和批注，即表示所列货物已装上船，所以此联又叫"大副收据"。装船结束后，船舶代理凭此联签发已装船提单）。

第八联：货代留底（此联由货运代理公司留存以备查询）。

第九联：配舱回单（1）。第十联：配舱回单（2）（配舱后交还发货人，发货人凭此缮制提单，如果货运代理代为统一缮制提单，第九、第十联就不必退发货人了）。

1. 场站收据联单的流转过程

一式十联的场站收据联单的流转过程是：

（1）货主填制集装箱货物托运单一式十联，委托货运代理人代办托运手续。

（2）货运代理人审核托运单后接受委托，将货主留底联退还货主。

（3）货运代理人持其他九联托运单到船公司的指定代理人（船代）处代办托运手续。

（4）船代审核托运单，确认订舱数据无误后，接收订舱；并在托运单上缮制提单号、船名、航次等运输信息。在场站收据副本（S/O）上盖章确认订舱。船公司或其代理人留下船代留底联、运费通知（1）、运费通知（2）联三联，将其余各联退还给货运代理人。

（5）代理人留存货代留底联，据以缮制货物业务记录表。

（6）货运代理人根据船代退回的配舱回单（1）联缮制提单和其他货运单证。

（7）货运代理人持盖有船代订舱章的场站收据副本联（S/O）、第五联（附页）、第六联大副收据副本和第七联场站收据联，随同出口货物报关单和其他出口报关用的单证一起到海关办理货物出口报关手续。

（8）海关审核有关报关单证，同意出口的，则在第五联场站收据副本（S/O）上加盖放行章，然后将经过海关加盖放行章的装货单和其他各三联退还给货运代理人。

（9）货运代理人将海关退还的四联单证及配舱回单（2）联同集装箱或待装箱货物转交集装箱堆场或集装箱货运站。

【样单 8-3】

场站收据联单（第七联）

Shipper（发货人）
①

D/R No.（编号）④

奥吉

Consignee（收货人）
②

场站收据
DOCK RECEIPT
⑤

第七联

Notify Party（通知人）
③

Received by the Carrier the Total number of containers or other packages of units stated below to be transported subject to the terms and conditions of the Carrier's regular form of Bill of lading (for Combined Transport or Port to Port Shipment) which shall be deemed to be incorporated herein.
DATE（日期）：

场站章

Pre-carriage by（前程运输） ⑥	Place of Receipt（收货地） ⑦
Ocean Vessel（船名）Voy No.（船次） ⑧	Port of Loading（装货港） ⑨
Port of Discharge（卸货港） ⑩	Place of Delivery（交货地点） ⑪

Final Destination for the Merchant's Reference（目的地） ⑫

Particulars Furnished by Merchants（托运人提供详细情况）

Container No. 集装箱号	Seal No.（封志号） Marks & Nos.（标记与号码） ⑭	No. of Containers or Pkgs.（箱数或件数） ⑮	Kind or Packages Description of Goods（包装种类与货名） ⑯	Gross Weight 毛重（千克） ⑰	Measurement 尺码立方米） ⑱
⑬			⑫	⑲	
TOTAL NUMBER OF CONTAINERS OR PACKAGES (IN WORDS) 集装箱或件数合计（大写）			⑳		

Container No.（集装箱号） ㉑	Seal No.（封志号）	Pkgs.（件数）	Container No.（集装箱号）	Seal No.（封志号）	Pkgs.（件数）

Received（实数）　By Terminal Clerk（场站员签字）

FREIGHT & CHARGES	Payable at.（到付地点）	Payable at.（到付地点）	Place of Issue（签发地点）
	Total Prepaid.（预付总额）	No.of Original B(s)/L（正本提单份数）	BOOKING（订舱确认） APPROVED BY

Service Type on Receiving ( )-CY, ( )-CFS, ( )-DOOR	Service Type on Delivery ( )-CY, ( )-CFS, ( )-DOOR	Reefer Temperature Required（冷藏温度）	℉	℃

TYPE OF GOODS（种类）	( ) Ordinary（普通）( ) Reefer(冷藏) ( ) Dangerous（危险品） ( ) Auto（裸装车辆） ( ) Liquid（液体）( ) Live Animal（活动物）( ) Bulk（散装）____	危险品	Class Property IMDG Code Page UN No.

【样单 8－4】

场站收据联单（第八联）

Shipper（发货人）

D/R No.（编号）　奥吉

Consignee（收货人）

货代留底

第八联

Notify Party（通知人）

Pre-carriage by（前程运输）　Place of Receipt（收货地）

Ocean Vessel（船名）Voy No. （船次）Port of Loading（装货港）

Port of Discharge（卸货港）　Place of Delivery（交货地点）　Final Destination for the Merchant's Reference（目的地）

Particulars Furnished by Merchants（托运人提供详细情况）

Container No. 集装箱号	Seal No.（封志号） Marks & Nos.（标记与号码）	No. of Containers or Pkgs.（箱数或件数）	Kind or Packages Description of Goods（包装种类与货名）	Gross Weight 毛重（千克）	Measurement 尺码立方米）
TOTAL NUMBER OF CONTAINERS OR PACKAGES（IN WORDS） 集装箱或件数合计（大写）					

DREIGHT & CHARGES（运费与附加费）	Revenue Tons（运费吨）	Rate（运费率）	Per（每）	Prepaid（运费预付）	Collect（到付）

Ex. Rate（兑换率）	Prepaid at（预付地点）	Payable at.（到付地点）	Place of Issue（签发地点）
	Total Prepaid（预付总额）	No. of Original B（s）/L（正本提单份数）	

Service Type on Receiving ( )-CY, ( )-CFS, ( )-DOOR	Service Type on Delivery ( )-CY, ( )-CFS, ( )-DOOR	Reefer Temperature Required（冷藏温度）	℉	℃

TYPE OF GOODS（种类）	( )Ordinary（普通） ( )Reefer（冷藏） ( )Dangerous（危险品） ( )Auto（裸装车辆） ( )Liquid（液体） ( )Live Animal（活动物） ( )Bulk（散装）____	危险品	Class Property IMDG Code PageUN No.

可否转船：	可否分批：	
装　期	效　期：	
金额：		
制单日期：		

(10) 集装箱堆场或集装箱货运站验收集装箱或货物后，若无异常状况，则在正本场站收据（D/R）及配舱回单（2）上签章，并退还给货主或货运代理人；如实际收到的集装箱货物与场站收据和配舱回单（2）的记载不符，则须在正本场站收据和配舱回单（2）上作出批注，退还货主或货运代理人，而货主或货运代理人则须根据配舱回单（2）的批注，修改已缮制的提单。

(11) 集装箱堆场或集装箱货运站收下 S/O，集装箱装船后将大副收据交船方大副；第五联（附页）交港务局计算港建港杂费。

(12) 货主或货运代理人持正本 D/R 和事先缮制的提单至船公司或其代理人处，办理签发正本提单手续。船公司或船公司代理人收回 D/R，签发提单。

由于集装箱业务的快速发展，海关报关程序的改变，电子数据交换在船公司、船代、货代间的广泛应用，货代为货主代为制作集装箱托运单现象的普遍存在等因素，造成相关原先针对十联单设计的单证流转程序也发生了很大的变化。例如，实际操作中已将场站收据联单，由原先的一式十联单，简化为一式四联，即第五联装货单，第五联（附页）缴纳出口货物港务申请书，第六联场站收据副本大副联和第七联场站收据联；货物进港，也不再遵循必须先将集装箱送交船公司的集装箱场的惯例，而是直接送交集装箱码头，海关予以盖章放行的场站收据副本第四联单据，由货运代理人直接送交船公司在码头的现场经办人员，码头配载会据此安排集装箱装船；船公司或其代理人依据从码头现场理货公司返还的正本场站收据缮制并签名册提单；货运代理人或货主直接到船公司或其代理人处申领提单；集装箱货物的运费通过船公司或其代理人向货主或货运代理人收取。

2. 场站收据联单的填制规范

场站收据联的填写，要求用英文打字机或针式电子打印机缮制，英文字母必须大写（委托人信息可以是中文机器缮制）。以第七联（场站收据）和第八联（货代留底）为例，具体填制规范如下：

(1) 发货人（Shipper）：托运人或货主或信用证上的卖方或无船承运人等。

(2) 收货人（Consignee）：货主或信用证上的买方或无船承运人或某某指示人等。

(3) 通知人（Notify Party）：详列通知方的名称、地址、电话、传真等；当没有通知人时，以“SAME AS CONSIGNEE”显示。

(4) 场站收据号（D/R No.）：或称为关单号，为船代接受订舱时提供的号码，或作为提单号码。

(5) 委托方（Forwarder）：货运代理人的业务编号、托运人的名称、托运人的编号等。

(6) 前程运输（Pre-carriage by）：联程运输时，相对收货地之前一段的货物运输承运方式或承运人填列在此栏中。一般在海运托运单中，此栏不填。

(7) 收货地（Place of Receipt）：货物实际收货地点（一船为港口所在城市）。

(8) 船名/航次（Ocean Vessel/Voy. No.）：船代在接收订舱时，按照配船要求确定。

(9) 装货港（Port of Loading）：货物实际装运海港名称。

(10) 卸货港（Port of Discharge）：将货物卸下的港口（一般是船舶班轮航线上的港口，但未必是货物的交货地）。

(11) 交货地（Place of Delivery）：承运人将货物实际交付的地点（可以是船舶班轮航线上的港口，也可以是通过其他船舶转运过去的交货港口，或通过铁路、公路运输方式转运过去的内陆交货地点）。

（12）目的地（Final Destination for Merchant's Reference）：客户或应贸易文件要求需要在提单上显示的货物交付的最终目的地。因为承运人是以交货地作为联运的交货点，所以承运人一般在出具的提单上并不显示此项内容。经承运人的同意，承运人或其签单代理人可以在提单的“包装种类与货名”栏中的包装、货名下空白处显示该项内容。

（13）集装箱号（Container No.）：此栏对应正本提单的相应栏，提单上显示的集装箱号显示在此栏的靠下空白部分。在场站收据联单中，若有集装箱号的显示需要，则填制在下列第 21 栏中。

（14）标记与号码（Seal No. /Marks & Nos.）：贸易合同上、发票上、装箱单上标明的、信用证等文件规定的货物标记与号码。

（15）箱数或件数（No. of Containers or Packages）：贸易合同上、发票上、装箱单上标明的、信用证等文件规定的货物件数。

（16）包装种类与货名（Kind of Packages，Description of Goods）：贸易合同上、发票上、装箱单上标明的、信用证等文件规定的货物的包装种类、商品名称、商品规格等。

（17）毛重（Gross Weight）：每一类货物的包装毛重，单位是 KGs（千克）；两类以上，要有合计数。

（18）尺码（Measurement）：每一类货物的包装尺码（体积），单位是 CBM（立方米）；两类以上要有合计数。

（19）交接方式、箱量、箱型、运费条款：货物的交接方式（如 FCL）、箱量（如 1×20′）、新型（如 GP）、运费条款（如 FREIGHT PREPAID）等。

（20）集装箱或件数大写：若是多票托单自拼整箱，则相应托单上根据货物的件数、包装用英文大写字母予以表示托单上的件数（如 3 票托单拼 1×20′GP，其中 1 票的货物包装是 10CTNS，则大写为 SAY TEN CARTONS ONLY）；若是 1 票托单中多个集装箱，则用英文大写字母予以表示集装箱数量或包装件数（如 100CTNS，装 2×20′普箱，FCL CY/CY 交接，可以表示为 SAY TWO CONTAINERS ONLY，或 SAY ONE HUNDRED CARTONS ONLY）。

（21）集装箱号（Container No.）/运费与附加费（Freight & Charges）：此位置在第七联中，是“集装箱号”栏，由理货公司人员在此栏中填写集装箱号码和封志号等；此位置在第八联中，是“运费与附加费”栏，一般在此栏填写与集装箱海运有关的海运运费和海运附加费的结算金额，或由货代填写，或由船代确认后填列货主与船公司约定的运价协议号（船公司）以运价协议号的形式，确定与货主的运费结算标准，如 S/C SHA0450。

其他各联单的“集装箱数或件数大写”栏目下的各栏目不尽相同，由相关人员按实际情况填写。

四、国际集装箱装箱单（Container Load Plan）

集装箱装箱单（Container Load Plan，CLP）是详细记载集装箱内货物的名称、数量等内容的单据。不论是由发货人自己装箱，还是由集装箱货运站负责装箱，负责装箱的人都要制作集装箱装箱单。集装箱装箱单是详细记载每一个集装箱内所装货物详细情况的唯一单据，所以在以集装箱为单位进行运输时，它是一张极其重要的单据。见样单 8-5。

【样单 8－5】

装箱单
CONTAINER LOAD PLAN

Reefer Temperature Required. 冷藏温度 ℃ ℉				中远集装箱运输有限公司 COSCO CONTAINER LINES Terminal's Copy 码头联
Class 等级	IMDG Page 危规页码	UN No. 联合国编码	Flashpoint 闪点	

Ship's Name/Voy No. 船名/航次	Port of Loading 装港	Port of Discharge 卸港	Place of Delivery 交货地	SHIPPER'S / PACKER'S DECLARATIONS: We hereby declare that the container has been thoroughly cleaned without any evidence of cargoes of previous shipment prior to vanning and cargoes has been properly stuffed and secured.		
Container No. 箱号	Bill of Lading No. 提单号	Packages & Packing 件数与包装	Gross Weight 毛 重	Measurements 尺 码	Description of Goods 货 号	Marks & Numbers 唛头
Seal No. 封号		Front 前				
Cont. Size 箱型 20′ 40′ 45′ Cont. Type 箱类 GP=普通箱 TK=油罐箱 RF=冷藏箱 PF=平板箱 OT=开顶箱 HC=高箱 FR=柜架箱 HT=挂衣箱						
ISO Code For Container Size/Type 箱型/箱类 ISO标准代码						
Packer's Name/Address 装箱人名称/地址 TEL No. 电话号码		Door 门				
Packing Date 装箱日期	Received By Drayman 驾驶员签收及车号	Total Packages 总件数	Total Cargo Wt 总货重	Total Meas. 总尺码	Remarks: 备注	
Packed By 装箱人签名	Received By Terminals/Date of Receipt 码头收箱签收和收箱日期		Cont. Tare Wt 集装箱皮重	Cgo/Cont Total Wt 货/箱总重量		

集装箱装箱单的主要作用有：

（1）可作为发货人、集装箱货运站与集装箱码头堆场之间交接货物的单证；

（2）可作为向船方通知集装箱内所装货物的明细表；

（3）单据上所记载的货物与集装箱的总重量是计算船舶吃水差、稳性的基本数据；

（4）在卸货地点，是办理集装箱保税运输的单据之一；

（5）当发生货损时，是处理索赔事故的原始单据之一；

（6）卸货港集装箱货运站安排拆箱、理货的单据之一。

目前各港口使用的装箱单大同小异，上海港使用的集装箱装箱单一式五联，由装箱人（仓库、供货工厂）或装箱站于装箱时缮制，其中一联由装箱人留存，其他四联随箱送装运港区，供港区编制集装箱装船舱位配置计划和船公司或其代理缮制提单时作参考。

装箱单记载事项必须与场站收据和报关单据上的相应事项保持一致，否则会引发不良后果。例如，装货港在装箱单上的记录与场站收据不符，港区有可能不予配装，造成退关；也有可能配错舱位，以致到达卸货港时无法把集装箱从错误的舱位上卸下；装箱单重量或尺码与报关单或发票不符，船公司按装箱单重量或尺码缮制提单、舱单，出口单位结汇时发生单单不一致，不能结汇。最后一种情况屡见不鲜，主要原因在于发货人托运时未从仓库或工厂处取得正确数据。对此，发货人应加强注意，所装货物如品种不同时必须按箱子前部（Front）到箱门（Door）的先后顺序填写。

装箱单一式五联，其中，码头堆场、承运人、船代各一联，发货人/装箱人两联。整箱货的装箱单由发货人填制，拼箱货的装箱单由作为装箱人的集装箱货运站填制。

集装箱装箱单的流转过程是：

（1）发货人或装箱人将货物装箱后，依据装箱顺序（由里至外）填制装箱货物的船名/航次、箱号、封号、箱型、箱类、提单号、件数与包装、毛重、尺码、货名和唛头（标志）和其他货运资料。对于特种货物还应加注特定要求，如对冷藏货物要求注明对箱内温度的要求等。

（2）将集装箱和五联装箱单一起送集装箱堆场或码头。码头或堆场的业务人员在五联单上签收后，留下第一、第二、第三联，将第四、第五联退还给送交集装箱货物的发货人或装箱人留存。

（3）码头或堆场留下的三联中，码头联用以编制装船计划；船代联交船代缮制积载计划；承运人联作为处理货损事故的依据。

五、国际集装箱发放/设备交接单证（Equipment Interchange Receipt）

集装箱设备交接单简称设备交接单（Equipment Interchange Receipt，E/R），是集装箱所有人（集装箱船公司）或集装箱经营人委托集装箱堆场、码头、仓库（集装箱货运站）、装箱人（或用箱人）等使用集装箱的各关系人之间交接集装箱设备的凭证，也是明确各关系人的责任范围和发生经济关系的依据。见样单 8-6。

设备交接单分进场联、出场联各三联。三联出场联依序为：船代联，码头联、堆场联，用箱人、运箱人联。三联进场联依序为：船代联，码头联、堆场联，用箱人、运箱人联。

设备交接单的各栏目分别由集装箱代理人（一般是船公司指定的船舶代理人）、码头或堆场、用箱人或运箱人等工作经办人员填写。

由集装箱代理人填写的内容为：用箱人/运箱人、提箱地点、船名/航次、集装箱尺寸/地点和集装箱号等栏目。

由码头、堆场填写的内容为：集装箱出场、进场日期，检查记录，出场联还要填写提箱地点和集装箱号等栏目。

【样单8-6】

上海中远国际货运有限公司
COSCO SHANGHAI INTERNATIONAL FREIGHT CO.，LTD.
集装箱发放/设备交接单
EQUIPMENT INTERCHANGE RECEIPT

OUT 出场

NO.

用箱人/运箱人（CONTAINER USER/HAULIER）	提箱地点（PLACE OF DELIVERY）

发往地点（DELIVERED TO）	返回/收箱地点（PLACE OF RETURN）

航名/航次（VESSEL/NOYAGE NO.）	集装箱号（CONTAINER NO.）	尺寸/类型（SIZE/TYPE）	营运人（CNTR. OPTR.）

提单号（B/L NO.）	铅封号（SEAL NO.）	免费期限（FREE TIME PERIOD）	运载工具牌号（TRUCK，WAGON，BARGE NO.）

出场目的/状态（PPS OF GATE－OUT/STATUS）	进场目的/状态（PPS OF GATE-IN/STATUS）	出场日期（TIME-OUT）
		月　日　时

出场检查记录（INSPECTION AT THE TIME OF INTERCHANGE）

普通集装箱（GP CONTAINER）	冷藏集装箱（RF CONTAINER）	特种集装箱（SPECIAL CONTAINER）	发电机（GEN SET）
□正常（SOUND） □异常（DEFECTIVE）	□正常（SOUND） □异常（DEFECTIVE）	□正常（SOUND） □异常（DEFECTIVE）	□正常（SOUND） □异常（DEFECTIVE）

损坏记录及代号（DAMAGE & CODE）	BR 破损（BROKEN）	D 凹损（DENT）	M 丢失（MISSING）	DR 污箱（DIRTY）	DL 危标（DG LABEL）

左侧(LEFT SIDE)　右侧(RIGHT SIDE)　前端(FRONT)　集装箱内部(CONTANER INSIDE)

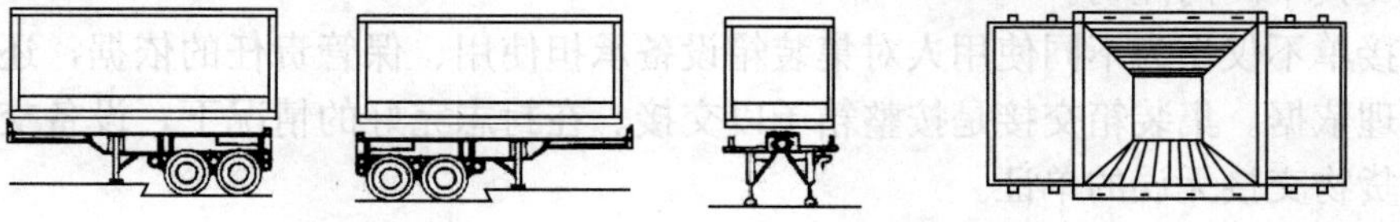

顶部(TOP)　底部(FLOOR BASE)　后端(REAR)

如有异状，请注明程度及尺寸（REMARK）

除列明者外，集装箱及集装箱设备交接时完好无损，铅封完整无误。

THE CONTAINER/ASSOCIATED EQUIPMENT INTERCHANGED IN SOUND CONDITION AND SEAL INTACT UNLESS OTHERWISE STATED.

用箱人/运箱人签署（CONTAINER USER/HAULIER'S SIGNATURE）　　码头/堆场值班员签署（TERMINAL/DEPOT CLERK'S SIGNATURE）

由用箱人、运箱人填写的内容为：运输工具的车辆牌照号、进场联还要填写来自地点、集装箱号、提单号、铅封号等栏目。

1. 设备交接单的流转过程

设备交接单的流转过程是：

（1）由集装箱代理人根据船代的预配清单，填制设备交接单。

（2）由用箱人、运箱人凭船代预先告知的相应提单事情，向集装箱代理人申领设备交接单。一般集装箱代理人会与用箱人、运箱人签订领取设备交接单的用箱协议，并收取一定数额的押金。

（3）用箱人、运箱人到指定的集装箱堆场，与堆场经办人员对照设备交接单，检查集装箱的外表状况后，双方在设备交接单上签字，出场联中的第一、第二联（船代联；码头、堆场联）留在堆场，第三联由用箱人、运箱人保管。

（4）用箱人、运箱人在装完货后，根据箱封号等据实填写设备交接单的进场联相关内容，将集装箱重箱及设备交接单一同转交集装箱码头作业区的收货道口。

（5）码头与用箱人、运箱人对设备交接单、集装箱重箱检查后，双方签字确认。码头将进场联的第一、第二联（货代联；码头、堆场联）留下，将第三联交用箱人、运箱人保存。

（6）堆场、码头分别将留下的出场第一联、进场第一联转交船代，据以结算上下车费等。

2. 集装箱交接标准

（1）空箱：箱体完好、水密、无漏光、清洁、干燥、无味、箱号及装载规范清晰、特种集装箱的机械、电器装置无异常。

（2）重箱：箱体完好、箱号清晰，封志完整无误，特种集装箱的机械、电器装置运转正常并符合进出口文件记载要求。

（3）凡箱号及装载规范不明、不全、封志破损、脱落、丢失、无法辨认或与进出口文件记载不符，箱体机构不符 ISO 标准，擦伤、割伤、磨破、漏光、不水密、箱门无法关启，焊缝爆裂，凹损超内端面 3 厘米，凸损超角配件外端面，箱内污染或有虫害，装过有毒有害货物未经处理，箱体外有危险品标志未经处理，集装箱附属部件损坏或灭失，特种集装箱机械、电器装置异常，集装箱安全铭牌（CSC PLATE）丢失等，均应在《进/出场集装箱设备交接单》内注明。

设备交接单不仅作为不同使用人对集装箱设备承担使用、保管责任的依据，还是集装箱设备的管理依据。集装箱交接是按整箱予以交接。在封志完好的情况下，设备交接单也是证明箱内货物交接无误的单证。

六、国际集装箱危险品单证（Container Packing Certificate）

海运危险货物中主要涉及的单证有：货物运输条件鉴定书、包装危险货物安全适运申报单、危险货物技术说明书、包装检验证明书、包装适用证明书、放射性货物剂量检查证明书、集装箱装运危险货物装箱证明书（见样单 8－7）等。

【样单 8-7】

集装箱装运危险货物集装箱证明书

CONTAINER PACKING CERTIFICATE

<table>
<tr><td colspan="2">船名：
Ship Name</td><td colspan="2">航次：
Voyage</td><td colspan="3">目的港
Destination</td></tr>
<tr><td colspan="7">集装箱编号：
Container Serial No.</td></tr>
<tr><td colspan="7">箱内所装危险货物：
Dangerous Goods Packed Therein</td></tr>
<tr><td>品　名
Proper Shipping Name</td><td>联合国编号
UN No.</td><td>危险货物类别
IMDG Code Class</td><td>包　装
Packing</td><td>件　数
Package Quantity</td><td>箱　数
Total of Container</td><td>总　重
Total Weight</td></tr>
<tr><td></td><td></td><td></td><td></td><td></td><td></td><td></td></tr>
</table>

兹证明：装箱现场检查员已根据《国际海上危险货物运输规则》的要求，对上述集装箱和箱内所装危险货物，以及货物箱内的积载情况进行了检验，并声明如下：

1. 集装箱清洁、干燥、外观上适合装货；
2. 集装箱内未装有不相容货物；
3. 所有的包件都已经对外观破损检查，装入箱内的包件均系完好；
4. 包件装箱正确、衬垫、加固合理；
5. 集装箱及包件外表均已正确地进行了标记和标志；
6. 对集装箱内所装的每票危险货物，已经收到其根据《国际海上危险货物运输规则》总论第 9.4 段所要求的危险货物申报单。

以上正确无诈。

This is to certify that the above mentioned container，dangerous goods packed therein and their stowage condition have been inspected by the undersigned packing inspector according to the provisions of《International Martine Dangerous Goods Code》and to declare that：

1. The container was clean，dry and apparently fit to receive goods；
2. No incompatible substances have been packed into the container；
3. All packages have been externally inspected for damage，and only sound packages，packed；
4. All packages have been properly packed in the container，damaged and secured；
5. The container and packages are properly marked and labeled；
6. The dangerous goods declaration required in subsection 9.4 of the General introduction to the IMDG Code has been received for each dangerous goods consignment packed in the container，and that all stated above are correct.

装箱现场检查员签字： Signature of packing inspector	检查地点： Place of inspection
装箱现场检查员证书编号： No. of certificate of packing inspector	装箱单位（签章） Packing，unit（stamp）
装箱日期： Date of packing	签发日期： Date of issue

此证明书应由装箱现场检查员填写一式两份，正本应于集装箱装船 3 天前向港务监督提交，副本应在办理集装箱移交时交付给承运人。

Two copies of the certificate should be filled by the packing inspector，the original one should be submitted to Harbor Superintendency Administration three days prior to shipment and the copy should be given to the carrier on container delivery.

由于货物的化学性质的多样性，承运人因托运人瞒报品名而造成危险货物作为普通货物装运，而导致运输中的安全隐患和事故。现在大多数承运人在接到陌生货名的货物运输委托时，会要求委托人出具《货物运输条件鉴定书》(Certification for Safe Transport of Chemical Goods)。这份鉴定书是由承运人认可的第三方化学研究机构证明文件。其鉴定结果为承运人决定是否接运此货物提供了参考依据。

危险品在办理订舱托运手续时，须注意的事项和提供的货物信息如下：

(1) 接受危险品货物订舱时，必须向船公司或船代事先确认；若货物装船后需涉及的有关过境港、中转港和目的港的，则还须通过船代向当地代理人进行书面确认，且遵照确认中的要求予以执行。上述任何一方的拒绝，有关代理机构都不会接受订舱及安排装船，以免货物无法过境、中转或交货而引起货运纠纷。

(2) 危险货物必须按照各类不同危险特性分别缮制托运单，以便船公司或船代根据不同特性的危险货物按照《国家危规》的隔离要求安排集装箱的积载和运输。

(3) 托运危险货物，托运单上除一般委托信息（如发货人、装港、卸港、唛头、品名、件数、包装等）外，应提供详尽的信息：货物名称用正规的化学学名或技术名称，并用中英文全名表示；必须注明 DANGEROUS CARGO 字样，以引起船公司或船代的重视；提供危险货物的危险品级；注明危险货物的《国际危规》页码；标明危险货物的联合国危险品编号；易燃液体必须注明闪点；其他积载的特殊要求等。

(4) 随托运单附上危险货物技术说明书、包装危险货物安全货运申报单（又称货申报）一式三联、集装箱装运危险货物装箱证明书等申报单证。船代在配载后，凭货申报向海事局办理“船舶载运危险货物申报单”（又称船申报），港务监督部门必须在收到海事局审核批准的船申报后才允许船舶装载危险货物。

(5) 其他危险货物资料：危险品货物中英文说明书（副本）、包装检验证明书、包装适用证明书、放射性货物剂量检查证明书、罐式集装箱检验合格证书等危险货物运输申报用资料，按照海事局的危险货物申报要求相应提供。

(6) 对美国出口或需通过美国转运的危险货物，托运时应提供英文“危险货物安全资料卡”（又称 MSDS）一式两份，由船代转交承运人供美国港口备案。

(7) 托运人的危险货物外包装必须贴有《国际危规》规定的危险品标志、标记。集装箱内门上应粘贴箱内危险货物装箱清单，箱外四周应贴上与箱内货物内容一致的危险品标志与标牌。

七、国际集装箱进口货运主要单证 (Container Import Certificate)

1. 提货通知 (Delivery Notice)

提货通知书是在卸货港的船公司或其代理人向收货人或通知人发出的船舶预计到港时间的通知。它是根据船舶的动态，以及装货港的船公司或其代理人寄来的单据资料而编制的。

卸货港的船公司或其代理人向收货人或通知人发出提货通知的目的在于要求收货人事先做好提货准备，以便集装箱货物到港后能尽快疏运出港，避免在港口堆场的长期存放，使集装箱堆场能更充分地发挥中转、换装的作用。

提货通知是船公司为使货运程序能更顺利地完成而发出的单证，对于这个通知是否发出、发出是否及时，以及收货人是否收到这个通知，承运人并不承担责任。

2. 到货通知书（Arrival Notice）

到货通知书是船公司在卸货港的代理人在集装箱已经卸入堆场，或拼箱货已移至集装箱货运站，并做好交接准备后，向收货人或通知人发出的要求其及时提取货物的书面通知。收货人可凭到货通知书和正本提单到船公司在卸货港的代理人处换取提货单。

3. 提货单（Delivery Order：D/O）

提货单是收货人或其代理人据以向集装箱堆场或集装箱货运站提取货物的凭证。

虽然收货人或货运代理人提取货物是以正本提单为交换条件的，但在实际业务中，通常是收货人或货代先凭正本提单向卸货港的船公司或其代理人换取提货单，再持提货单到集装箱堆场或集装箱货运站提取货物。提货单的格式内容见样单 8－8。

提货单为一式五联：①到货通知；②提货单；③费用账单（蓝色）；④费用账单（红色）；⑤交货记录。

提货单联单的流转程序为：

（1）在货物已经卸船、具备交付条件后，卸货港的船公司或其代理人向收货人或通知人发出到货通知书。

（2）收货人或其代理人凭收到的到货通知书和正本提单，向卸货港的船公司或其代理人换取提货单、费用账单（1）、费用账单（2）和交货记录四联。

（3）收货人或其代理人持提货单联单及相关报关单证办理报关手续。海关验放后，在提货单上盖海关放行章。若需要商检等其他手续，也应得到相关机构的认可放行。

（4）收货人或其代理人凭已盖章放行的提货单向集装箱堆场或集装箱货运站办理提货手续，集装箱堆场或集装箱货运站核对相应单证无误后，将提货单和费用账单（1）、（2）三联留下，作为放货、结算费用的依据。在交货记录联上盖章，以示同意放货。

（5）收货人或其代理人凭已盖章的交货记录到指定的集装箱堆场或集装箱货运站提取货物。提货完毕后，双方均在交货记录上签字，集装箱堆场或货运站收回交货记录联。

【样单 8－8】

进口集装箱货物提货单
DELIVERY ORDER

Certificate No. FS 32982

港区场站　　　　　　　　　　　　　　换单日期

收货人名称	收货人开户 银行与账号

船名	航次	起运港	目的港	船舶预计到港时间
提单号	交付条款	卸货地点	进库场日期	第一程运输

标记与装箱号	货名	集装箱数或件数	重量（KGs）	体积（M^3）

<table>
<tr><td rowspan="2">船代公司重要揭示：
（1）本提货单中有关船、货内容按照提单的相关显示填制；
（2）请当场检查本提货单内容是否错误，否则本公司不承担由此产生的责任和损失；（Error And Omission Excepted）
（3）本提货单仅为向承运人或承运人委托的雇用或替承运人保管货物订立合同的人提货的凭证，不得买卖转让；（Non-negotiable）
（4）在本提货单下，承运人代理人及雇用人的任何行为，均应被视为代表承运人的行为，均应享受承运人享有的免责、责任限制和其他任何抗辩理由；（Himalaya Clause）
（5）本提货单所列的船舶预计到港时间，不作为申报进境和计算滞报金、滞箱费、疏港费等起算的依据，货主不及时换单和提货造成的损失，责任自负；
（6）本提货单中的中文译文仅供参考。
中国上海外轮代理有限公司
（盖章有效）
年　月　日</td><td>收货人章
1</td><td>海关章
2</td></tr>
<tr><td>检验检疫章
3</td><td>4</td></tr>
<tr><td>注意事项：
1. 本提货单需盖有船代放货章和海关放行章后方始有效。凡属法定检验、检疫的进口商品，必须向检验检疫机构申报。
2. 提货人到码头公司办理提货手续时，应出示单位证明或经办人身份证明。提货人若非本提货单记名收货人时，还应当出示提货单记名收货人开具的证明，以表明其为有权提货的人。
3. 货物超过港存期，码头公司可以按《上海港口货物疏运管理条件》的有关规定处理。在规定期间无人提取的货物，按《海关法》和国家有关规定处理。</td><td>5</td><td>6</td></tr>
</table>

REF NO.：PSH/QF－116　　　　ISSUE NO. 1　　　　ISSUE　　DATE：01/10/2007

八、国际集装箱提单（Container Bill of Lading）

1. 集装箱提单的内容

目前，尽管各国的集装箱提单在格式上存在一些差异，并不统一。但是，提单的下面记载事项的内容是基本一致的。通常记载的内容（见样单 8－9）包括：

（1）联运经营人的姓名、地址；

（2）发货人的姓名、地址；

（3）提单的签发日期、地点；

（4）接受、交付货物的地点；

（5）识别货物的标志；

（6）有关货物详细情况（件数、重量、尺码等）；

（7）货物外表状况；

（8）联运提单的签发份数等。

集装箱提单一般都应注明上述各项内容，如缺少其中一项或几项，只要所缺少的内容不影响货物的安全运输和各当事人之间的利益，则仍然有效。

集装箱提单除下面内容外，通常还订有下面条款，以说明货物在使用集装箱运输下所签发的提单的性质和作用，这也是集装箱货物运输的特点所要求的。下面条款包括“确认条款”、“承诺条款”、“签署条款”。

确认条款——表明负责集装箱运输的经营人是在集装箱外表状况良好下，铅封完整下接受货物，并保证以同样状况交货，同时说明该提单是一张收货待运提单。

承诺条款——表明正式签发的正本提单是运输合同成立的证明，对双方有约束力，货物托运人同意并接受提单中的所有条款。

签署条款——表明提单的签发人、正本提单签发的份数，并凭其中一份正本交货后，其余作废。

【样单 8－9】

集装箱提单

MAERSK SEALAND	COMBINED TRANSPORT BILL OF LADING	B/L No.
Shipper/Exporter (complete name and address)	Booking No.	
	Export references	
Consignee (complete name and address)	Forwarding agent-references	
	Point and country of Origin	
Notify Party (complete name and address)	Domestic routing/export instructions	

* Pre-carriage by	* Place of Receipt	
Vessel Voyage No.	Port of Loading	Domestic routing/export instructions
Port of Discharge	* Place of Delivery	

CARRIER'S RECEIPT		PARTICULARS FURNISHED BY SHIPPER-CARRIER NOT RESPONSIBLE		
Container NO. / Seal No. Marks and Numbers	No. of Containers or No. of Goods	Kind of Packages; description of goods	Gross Weight	Measure-ment

Freight & Charges	Rate	Unit	Prepaid	Collect

Declared Value Charges (see clause 6) lor Declared Value of US$	Total Prepaid	Shipped in apparent good order and condition, untess otherwise stated herein, for transpoor tation on board the ocean vessal mentioned herein or any substituted vessel or on board the feeder vessel or other means of tmasportation (mail of truck) if place of receipt is named in this Bill of Lading the goods or packages of containers said to contain goods, hereinafter called "the Goods", specified herein for carriage from the port of loading named erein or place of receipt if mentioned herein, on a voyage as described and agreed by this Bill of Lading and discharge at the port of discharge named herein or deliver at the place of delivery if mentioned herein, such carriage, discharge or delivery being ah-ways subject to the exceptions, limitations conditions and liberties hereinafter agreed in like order and condil-ion at the port of discharge or ptace of delivery if named as-the case may be, for delivery unto the Consignee men-tioned herein or to his or their assigns where the Camier's responsibllities shall in all cases and in all cir-cumstances whatsoever finally cease, It is further agreed that Containers may be stowed on deck without notice pursuant to Clause 16 on the re-Verse side of this Bill of Lading IN WITNESS where of the number of original Bills of Lading stated on this side have been signed one of which being accomplished the other (s) to be void.
Number of Original B (s) /L	Total Collect	
Place of Issue	Date	

* Applicable only when document used as a Combined Transport Bill of Lading

For Dampskibsselskabet of 1912, Aktieselskab and Aktieselskabet Dampskibsselskabet Svendborg as camier

By ____________________

As Agent (s) only

2. 提单内容填写

(1) 提单号码 (B/L No.)

提单号码一般列在提单右上角，以便于工作联系和查核。发货人向收货人发送装船通知时，也要列明船名和提单号码。

(2) 托运人 (Shipper)

托运人一般为信用证中的受益人。如果开证人为了贸易上的需要，要求作第三方提单 (Third Party B/L)，该栏也可填写第三方。

(3) 收货人 (Consignee)

如属记名提单，则可填上具体的收货公司或收货人名称；如属指示提单，则填为"指示"(Order) 或"凭指示"(To Order)，如需在提单上列明指示人，则可根据不同要求，填成"凭托运人指示"(To the Order of Shipper)，"凭收货人指示"(To the Order of Consignee) 或"凭银行指示"(To the Order of Bank) 等。

(4) 通知方 (Notify Party)

通知方是船公司在货物到达目的港时发送到货通知的收货人，有时即为进口方。在信用证项下的提单，如信用证上对提单被通知人有具体规定时，则必须严格按信用证要求填写。如果是记名提单或收货人指示提单，且收货人又有详细地址的，则此栏可以不填。如果是空白指示提单或托运人指示提单，则此栏必须填写被通知人名称及详细地址，否则船方就无法与收货人联系，收货人也不能及时报送提货，甚至会因超过海关规定申报时间而导致货物被没收。托运人对通知方一栏的申报应符合卸船港或交货地的习惯要求，否则产生的一切责任由托运人负责。有的国家和地区要求通知方必须是在当地，否则不允许货物进口。

(5) 船名、航次 (Ocean Vessel，Voyage No.)

此栏填写船舶的具体名称、航次号，但在货物转运或联运或多式联运时注意：在难以确定二程船船名时请填写"To Be Named…Vessel"。如果一程船、二程船不属于同一家船公司时，更应注意提单的签发。

(6) 装货港 (Port of Loading)

此栏应填写实际装货港口的具体名称。但在支、干线运输下，装货港可以是指干线船的装货港口；异地签单时，货物的实际装货港与提单签发地不在同一港口；装货港的港口名称应与所装载货物的"Vessel/Voyage/Flag"一栏中的船名相对应。

(7) 卸货港 (Port of Discharge)

此栏填写实际卸货港口的具体名称。如属转船，第一程提单上的卸货港填转船港，收货人填二程船公司，第二程提单上的装货港填上述转船港，卸货港填最后目的港；如由第一程船公司出联运提单 (Through B/L)，则卸货港即可填最后目的港，提单上列明第一程和第二程船名。如经某港转运，要显示"VIA…"字样。在运用集装箱运输方式时，目前使用的是"联合运输提单"(Combined Transport B/L)，提单上除列明装货港、卸货港外，还要列明"收货地"(Place of Receipt)、"交货地"(Place of Delivery) 以及"前程承运人"(Place of Receipt)、"海运船名和航次"(Ocean Vessel，Voy. No.)。填写卸货港还要注意注名港口问题，如属选择港提单，就要在这一栏中注明。

(8) 接货地 (Place of Receipt)

此栏在多式联运时填写，表明承运人接收到货物的地点。其运输条款可表现为门—

场，门—门，门—站等。

(9) 交货地（Place of Delivery）

此栏在多式联运时填写，表明承运人交付货物的地点。其运输条款可表现为场—门；门—门；站—门等。交货地填写时请注意：如托运人要求在提单上注明最终交货地，而船公司又不接受，则可在“Description of Goods”栏中加注“Final Destination of the Goods Not The Ship：…，For Merchant's Reference Only”。如托运人提供了拼写错误的卸货港名称和交货地点，船公司在未与托运人核实的情况下请勿自行更正，因为提单内容记载应符合信用证的要求，如需要更改则应由托运人提出局面声明。货物的交接地点应与具体的运输条款相一致，如为CY-CY条款则在提单上注明装船港、卸船港即可，如为DOOR-CY条款则在提单上注明接货地、装船港、卸船港，否则将在责任和费用上产生争执。

(10) 前程承运人（Pre-Carriage by）

此栏在货物转运、联运、多式联运时填写，在海运方式下通常是一程船。

(11) 货名（Description of Goods）

在信用证项下货名必须与信用证上规定的一致。如信用证上商品是Shoes（鞋子），不能擅自详细描述成Men' canvas shoes（男式帆布鞋），或Ladies' casual shoes（女式轻便鞋）等。此栏填写的情况，如内容过多，空间不够，可以添加附件，在这种情况下请注“Quantity and Description of Goods as Per Attached Schedule”。

(12) 件数和包装种类（Number and Kind of Packages）

此栏要按箱子实际包装情况填写。

(13) 唛头（Shipping Marks）

信用证有规定的，必须按规定填写，否则可按发票上的唛头填写。

(14) 毛重、尺码（Gross Weight，Measurement）

除信用证另有规定者外，一般以千克为单位列出货物的毛重，以立方米列出货物的体积。

(15) 集装箱总数和货物总数（Total Number of Containers or Packages）

在整箱货运输时，此栏填写集装箱的总数，如“Five Containers Only”。在拼箱货运输时，此栏填写货物的总件数，如“Twenty Packages Only”。在整箱货运时，当此栏中填写集装箱总数后，不必再填写货物总件数。如同时在此栏中填写集装箱总数和货物总件数时，则以提单签发人加注的集装箱总数为准。

(16) 运费和费用（Freight and Charges）

运费和费用一般为预付（Freight Prepaid）或到付（Freight Collect）。如为CIF或CFR出口，一般均填上“运费预付”字样，否则收货人会因运费问题提不到货，虽可查清情况，但拖延提货时间并造成损失。如为FOB出口，则填上“运费到付”字样，除非收货人委托发货人垫付运费。

(17) 运费预付地点、运费到付地点（Prepaid at，Collect at）

此栏表明运费支付方式和地点。在CIF、CFR贸易条件下，运费支付方式为Prepaid。在FOB贸易条件下为Collect。

(18) 提单的签发、日期和份数

提单必须由承运人或船长或他们的代理签发，并应明确表明签发人身份。一般表示方法有Carrier、Captain或“As Agent for the Carrier：…”。提单份数一般按信用证要求出具，如“Full Set of”一般理解成三份正本、若干份副本。等其中一份正本完成提货任务后，其余各份失效。提单还是结汇必需的单据，特别是在跟单信用证结汇时，银行要求所提供的单证必须一致，因此提单上所签的日期必须与信用证或合同上所要求的最后装船期一致或先于装船期。如果卖方估计货物无法在信用证的最后装船期之前装上船，应尽早通知买方，要求其修改信用证，而不应利用“倒签提单”、“预借提单”等欺诈行为取得货款。

3. 集装箱提单的作用

集装箱提单是集装箱货物运输下主要的货运单证，由负责集装箱运输的经营人或其代理人，在收到货物后签发给货物托运人的货物凭证，其作用和法律效力：

（1）集装箱提单一经签发，则表明负责集装箱运输的经营人收到外表状况良好、铅封号码完整的集装箱货物，其责任已开始；

（2）集装箱货物运至目的港/地，提单持有人将提单交还给目的港/地集装箱运输经营人的代理人，以取得提货的权利，因此，集装箱提单是交货的凭证；

（3）集装箱提单一经签发，负责集装箱运输的经营人凭其收取运费，完成或组织完成集装箱货物的运输，所以，该提单是集装箱运输经营人与货物托运人之间运输合同成立的证明；

（4）集装箱提单是代表货物所有权的凭证，即货物的物权凭证，可自由流通转让。

4. 集装箱提单的主要条款

提单条款都是表明集装箱运输经营人与托运人、收货人、受货人或提单持有人之间承运货物的权利、义务、责任和免责等的条款，是解决他们之间争议、纠纷的依据。集装箱提单的主要条款包括以下几个方面：

（1）承运人责任期限条款（Limit of Liability Clause）

承运人责任期限条款是列明承运人对货物运输承担责任的开始和终止时间的条款。在集装箱运输下，负责集装箱运输的承运人接货、交货地点已不再局限于港口，往往是距离港口很远的内陆货运站或货主仓库。因此，普通海运提单中对承运人规定的责任期限不再适用了。集装箱提单将承运人的责任期限规定为：“从收到货开始起至交付货物时止”，代替了普通海运提单下的“钩至钩”原则。例如，中国《海商法》第46条规定“承运人对集装箱装运的货物的责任期间，是指从装货港接收货物时起至卸货港交付货物时止，货物处于承运人掌管之下的全部期间。”

（2）承运人赔偿责任限制

承运人的赔偿责任限制是指已明确承运人对货物的灭失或损坏负有赔偿责任应支付赔偿金时，对每件或每单位货物负责赔偿的最高限额，各国的法律和船公司的提单对承运人的赔偿责任限制都有明确规定，有的按照《海牙规则》，有的按照国内法。现行的海上运输法规对承运人规定的最高赔偿责任限额：《海牙规则》规定每件或每单位100英镑；《维斯比规则》规定每件或每单位10000金法郎，或毛重每千克30金法郎，并按其中高者计算。

在集装箱运输下，如货物承运人或其代理人负责装箱，即拼箱货运输，承运人的责任与普通货提单规定的责任一样，按件或单位数负责赔偿；但在整箱货运输下，承运人收到的不仅仅是外表状况良好、铅封完整的集装箱，至于箱内所装货物的情况，只能从有关单证上获知。

为此，《维斯比规则》在对《海牙规则》做修改时，对集装箱、托盘或类似的运输工具在集装时作了这样的规定："如在提单中已载明这种工具内的货物件数或单位数，则按所载明的件数或单位数赔偿，如集装箱、托盘或类似的运输工具为货主所有，赔偿时也作为一件单件货物赔偿。"

(3) 舱面货运输选择条款

在杂货班轮运输中，如果承运人将货物载于甲板上，必须事先征得货主的同意，或该种货物按习惯做法可装载于甲板运输，并要在提单上记明"装载甲板运输"的字样。如果承运人擅自将货物装载于甲板运输而导致货运事故，承运人承担由此产生的一切损失，并丧失了一切抗辩理由和免责权利。但在集装箱运输中，由于集装箱船舶构造的特殊性和经济性，要求有相当数量的集装箱装载甲板运输。通常，一艘集装箱船在满载时有30%～50%的货箱装载于甲板运输。在实际业务中，要事先决定将哪些集装箱装载甲板运输，并征得货主同意是不可能的，因此，集装箱提单中规定了舱面货（甲板货）条款，规定装载舱面运输的集装箱与舱内集装箱享有同样的权益，并且，提单中无须列明"装载甲板运输"字样。中国远洋运输（集团）公司联运提单规定："集装箱（平板、托盘或其他类似装运工除外）中所装的货物，不论是由承运人或由货方装载，都视做舱面或舱内，就本提单所载包括共同海损在内的所有情况，都视做舱内积载。"

(4) 承运人的运价本条款

由于集装箱运输的特点，特别是涉及有关集装箱运输术语、具体交接办法、计费方法、货物禁运规定以及交货方式等问题，均无法一一在提单上列举说明，这时则需要运价本补充予以详述。在国际航运业务中，各船公司一般均将运价本的主要条款装订成册，必要时对外提供，以弥补提单条款规定的不足。集装箱提单中有关承运人的运价本是提单的组成部分，运价本与提单发生矛盾时，以提单为准。如中国远洋运输（集团）总公司联运提单中规定："在装运时使用的承运人运价本的条款与条件，已载入本提单。此种运价本的有关规定可向承运人索取，在本提单规定与所使用的运价本之间发生矛盾时，应以要提单规定为准"。

(5) 制约托运人的责任条款

①发货人装箱、计数或不知条款

《海牙规则》规定，如承运人、船长或其代理人有适当依据怀疑货物的任何标志、号码、数量、重量不能确切代表其实际收到的货物，或无适当方法进行检验，便没有必要在提单上将其注明或标明。根据《海牙规则》的这一规定，承运人可以在提单上拒绝载明箱内货物的详情。但是，如果提单上缺少这些记载，势必会影响提单的流通性，因此，在实际业务中又不得不根据货主的通知内容予以记载。但如果承运人默认了货主提供的集装箱内的件数，则会在能否享受最高赔偿限额等责任限制方面带来不利。因此，承运人在根据货主提供的内容如实记载于提单的同时，又保留了"发货人装箱、计数或不知条款"，以最大限度达到免除责任的目的。特别是集装箱运输下的整箱货，承运人收到的仅是外表状况良好、铅封完整的集装箱，对里面所装的货物一无所知。所以，有必要加注这样的条款。

在提单中订有不知条款，从表面上看能保护承运人的利益，但其保护范围也有一定的限度。如货主能举证说明承运人明知货物详细情况，且又订上不知条款，承运人仍不能免责。

②铅封完整交货条款

集装箱提单中这一条款的规定仅适用于整箱货交接，即承运人在铅封完整下收货、交货，则表明承运人完成了货物的运输，并解除了所有的责任。因此，从某种程度上说，集装箱运输下的整箱货交接是以铅封完整与否来确定承运人责任的，如果货物受损人欲提出赔偿要求，不仅需举证说明，还应根据集装箱提单中承运人的责任形式予以确定。

③货物检查权条款

所谓货物检查权条款是指承运人有权、但没有义务在任何时候将集装箱开箱检验，核对其所装载的货物。经过查核，如发现所装载的货物全部或一部分不能适合运输，承运人有权对该部分货物放弃运输，或是由托运人支付合理的附加费来完成这部分货运运输，或存放在岸上或水上具有遮蔽的或露天的场所，这种存放业已认为按提单交货，即承运人的责任终止。

集装箱提单上订有货物检查权条款，是为了承运人对箱内货物的实际状况怀疑，或积载不正常时启封检查。承运人在行使这一权利时，无须得到托运人的预先同意。一般来说，对由货主自行装载的集装箱启封检查时，原则上应征得货主同意，其费用由货主负担。

④海关启封检查

检查根据《国际集装箱海关公约》的规定，海关有权检查集装箱，因此，集装箱提单中都规定："如果集装箱的启封是由海关当局因为检查箱内货物内容打开而重新封印，由此而造成、引起任何货物灭失、损害，以及其他后果，本公司概不负责"。在实际业务中，尽管提单条款作了这样的规定，承运人对这种情况还应作好记录，并保留证据，以使其免除责任。

⑤发货人对货物内容不正确性负责条款

集装箱提单中所记载的内容，通常由发货人填写，或由负责集装箱运输的承运人或其代表根据发货人所提供的有关托运文件填制。在集装箱运输经营人接受货物时，发货人应视为他已向承运人保证，他所提供的货物种类、标志、件数、重量、数量等均为准确无误，如系危险货物，还应说明其危险特性。

如果货物的损害是由于发货人提供的内容不准确或不当所致，发货人应对承运人负责，即使发货人已将提单转让于他人也不例外。集装箱货物在由货主自行负责装箱时，货主对承运人造成的损害负责赔偿。

(6) 危险货物运输条款

集装箱提单条款中也规定了运输集装箱危险货物的要求：

①承运人在接受具有爆炸性、易燃性、放射性、腐蚀性、污染性、有毒性等危险货物时，必须在得到货主为运输此种货物而提出的书面申请后才能进行。

②承运人或其代理人对于事先不知其性质而装载的具有易燃、易爆以及其他危险性的货物，可在卸货前任何时候，任何地点将其卸上岸，或将其销毁，或消除其危害性而不予赔偿。该货物的所有人对于该项货物所引起的直接或间接的一切损害和费用负责。

③如承运人了解货物的性质，并同意装船。但该货物在运输过程中可能对船舶和其他货物造成危害时，也同样可在任何地点将货物卸上岸，或将其销毁，消除危害性而不负任何责任。

（7）索赔与诉讼

现行的海上货运公约规定，根据运输合同或提单有权提取货物的人，在收到货物时，如果发现货物业已发生灭失或损害，或损害不明显，最迟不超过从收货之日起 3 天内以书面通知承运人或其代理人。否则，这种交接应作为承运人已按照提单规定交付货物的初步证据。如货物的状况在货物交接时已经双方联合检验或检查，则无须发出书面的索赔通知，除非从货物交付之日或应交付之日起一年内提出诉讼。现行的集装箱提单对于拼箱货的货损事故处理，即索赔要求和诉讼时效基本上与杂货班轮提单的规定相同。但在整箱货运输下，由于整箱货在卸船港交付后往往并不立即拆箱，因此，只能根据表面状况交货，如箱子外表状况良好、铅封完整，承运人的责任即告终止；如货物或箱子外表状况并不良好，考虑到集装箱运输的特点，有的提单条款规定收货人应在 3 天或 7 天内以局面通知承运人，对于诉讼时效，有的规定为一年，有的为 9 个月；如属全损，有的提单仅规定为 2 个月，超出规定期限，承运人将解除一切责任。

第四节　案例——集装箱运输货物包装不良致损

要点提示：本案中多式联运的经营人紧紧抓住集装箱是运输工具并不是包装，发货人将货物直接装入集装箱，并在把集装箱当做货物唯一包装的看法和做法是错误的。等于将货物裸装在运输工具中，违反了买卖合同中关于包装条款的规定，运输途中因内包装不良造成的货损应由发货人负责，多式联运的经营人对此不承担责任。

1985 年下半年，四川自贡某锯条厂（简称锯条厂）委托某机械公司四川省分公司（简称四川机械）进口注塑机。1985 年年底，四川机械代理锯条厂与奥地利公司签订而来购买 5 台注塑机的合同。合同中的运输条款规定：采用国际多式联运方式；包装条款规定：对货物要进行妥善包装，以适合长途运输。随后四川机械委托四川某货运代理（简称多式联运经营人）为其代理运输。1986 年年初，多式联运经营人作为总承运人，通过其总公司的大陆桥运输网络，委托星星公司为国外段的分承运人，采用大陆桥国际集装箱方式进行运输。5 台注塑机共分 2 批装运，其中首批 4 台于 1986 年 2 月 28 日从奥地利起运，5 月 16 日运抵成都。经商检，因包装不良造成部分零件损坏，四川机械据此向奥地利公司提出索赔。第二批 1 台，分装在 1 个 40 英寸开顶集装箱和 1 个 20 英寸标准集装箱内，于 4 月 25 日从奥地利起运，6 月 25 日铁路运抵成都东站，多式联运经营人接到报关后原箱监管，用集装箱拖车转运至锯条厂。6 月 26 日，在运往自贡锯条厂的途中，车行至距成都 99.6 千米的成渝公路一处弯道时翻车，造成 40 英寸集装箱倾覆，所装载的注塑机被抛出箱外，导致设备主机（总价值约 15 万美元）严重受损。锯条厂拒绝验收货物，提出金额高达 9 万多美元的索赔。

事故发生后，多式联运经营人迅速派人赶赴现场认真勘察，并作了详细的商务记录，拍摄了大量的现场照片。经过充分准备，6 月 30 日，多式联运经营人召集货主锯条厂、代理进口商四川机械、四川保险公司、中行成都分行、四川商检局等有关人员，对事故发生的原因进行了全面的分析说明，在出示了现场记录照片以及其他证据后，指出造成此次翻车事故的直接和根本原因：奥地利公司没有履行贸易合同中第 6 章规定的条款，即应对设备进行妥善包装，以适应长途运输。事实上现场勘察结果表明，该公司将设备裸装于集装箱内，而对设备装载没有进行有效加固。翻车后发现箱内仅用木方作了简单支撑，而且木方在运输途中早已移位，致使设备在经过长途运输后发生位移，重心偏离集装箱纵向中轴线，在集装箱拖车以正常速度行驶转弯时，突然重心偏离，导致翻车倾覆。

多式联运经营人向国内各有关部门出示了奥地利公司货物没有包装、违约裸装、装载加固不符合长途运输要求的证据。当时，除省保险公司有部分保留意见外，所涉及国内各家均同意多式联运经营人对事故原因的分析认定，后经商检出证后，一致同意向造成此次事故的主要责任者奥地利公司提出索赔。

1986 年 7 月，四川机械以违反货物包装合同条款，造成货物在运输途中受损为由，正式向奥地利公司提出索赔。在其后一年零两个月，多式联运经营人与四川机械密切配合，据理力争，与奥地利公司进行了多次激烈的函电交涉，终于迫使奥地利公司于 1987 年 9 月派出驻香港办事处经理为全权代表，来成都对受损设备进行检验，并就赔偿问题进行谈判，奥地利代表提出两个拒赔理由：

(1) 没有违反货物装载包装条款，因该货物是转载于坚固可靠的集装箱内，集装箱本身既是包装体又是运输工具，因而没有违约，倾覆是运输不当造成的。

对此，我方引用了联合国《国际货物销售合同公约》中的有关规定，有力地阐明了集装箱只是运输工具，它虽然具有节约包装的优点，但绝不等于是包装载体，也就是说，对具体销售包装运输而言，它完全不具有包装功能（包括外包装）。因此，奥地利公司把集装箱当做货物唯一包装的看法和做法是错误的，严重违反了买卖双方合同中明文规定的包装条款，等于将货物裸装在运输工具中（只罩了两个塑料袋）。加之货物在箱内固定不牢，致使货物移位，重心偏离，是造成货物运输途中倾覆的根本原因，同时，卖方在第一批货物中也存在类似的违约情况，可作为旁证。

(2) 合同中规定的交货地点是成都，而货物倾覆的地点是在成都以外的地点，因此，不能算作有效运输保险范围内，超出运输全程保险以外发生的货物损失，不应在赔偿范围之内。

对此，我方出示了双方的贸易合同及信用证等文件，文件中均规定运输方式为国际多式联运。按照联合国《国际货物多式联运公约》的规定，国际多式联运是门到门的运输，而成都车站仅是铁路运输的终点站，而不是全程运输的终止点，锯条厂才是国际多式联运门到门运输的最终交货地点。作为总承运人，必须按照国际多式联运的条款，将该货运至用户所在地。作为总承运人，必须按照国际多式联运的条款，将该货运至用户所在地。因此，成都至锯条厂的公路运输是多式联运不可分割的一部分，是门到门运输所必须履行的义务，只有这样才符合合同规定的运输条款。

1. 处理结果

经过 3 天 4 轮紧张激烈的谈判，奥地利公司代表终于同意承担倾覆的主要责任。在其对受损设备检验后，确认倾覆后的注塑机经奥地利公司修复后可以保证正常使用，如出现问题，奥地利公司愿承担一切后果。同时，同意为此赔偿修复所需的价值 3.3 万美元的零配件，并免费派员到自贡锯条厂检修受损设备。在此基础上，省保险公司也同意按投保金额的 22%赔偿锯条厂 3.7 万美元。锯条厂对该赔偿结果表示满意。

随后，四川省保险公司以多式联运经营人提供的现场照片为主要证据，向该经营人追赔 9000 元人民币。理由是：因多式联运经营人的集装箱拖车的固定连接箱体的倾销，在翻车时最终未能锁住箱体，是造成该集装箱倾覆的原因之一。

至此，承运锯条厂国际多式联运集装箱倾覆索赔案，以外商和保险公司各赔偿约

50%，合计24.9万元人民币，保险公司向多式联运经营人追赔9000元人民币而获最终解决。

2. 法律分析

本案最终是以集装箱内包装不符合合同规定而取胜的，从而免除了多式联运经营人的责任。由此可以分清一个责任界限，集装箱是运输工具，并不是包装。在发货人装箱的情况下，发货人必须按照买卖合同的约定，或者在没有约定的情况下按照同类货物通用的方式装箱，或在如果没有此种通用方式时，则按照足以保全和保护货物的方式装箱或包装。多式联运经营人对集装箱内的货物包装不负责任，运输途中如因内包装不良造成的货损由发货人负责。而且根据《国际货物多式联运公约》的规定，如果多式联运经营人遭受的损失是由于发货人的过失或疏忽，或者他的受雇人或代理人在其受雇范围内行事时的过失或疏忽所造成，发货人对多式联运经营人的此种损失应负赔偿责任。

3. 经验教训

当然还应看到本案的处理既有特殊性，也有失误之处。其特殊性是在很大程度上取胜于国内各单位的协调一致。否则，多式联运经营人事后单枪匹马去追回损失难度非常之大，取胜也前途未卜。本案的失误之处在于：其一，保险和商检等方面存在漏洞和失误；其二，当事人在引用和出示证据时，应注意不要出现不利于自己的记录或材料，否则，岂不是在帮对方的忙，变成为对方追究自己责任而主动为对方提供证据材料。

第九章 国际航空运输实务

本章主要介绍国际航空运输的概念、分类、作用、特点，阐述国际航空运输出口/进口流程，介绍国际航空运输托运书、货运单及进/出口业务所涉及的单证制作和填写。本章中提及的单证部分见章节最后所附。

第一节 国际航空运输概述

航空运输，是指承运人根据旅客或货主的需求，在规定的时间内，利用相关设施，按照某种价格，使用航空器将货物运送到指定目的地。这种货主的需求与航空承运人实施该需求的承诺所产生的等价交换关系形成了航空运输市场。实际上，民用航空运输市场是一定区域范围内航空运输需求与实现这种要求的协调与组织的过程，也是航空承运人向客户提供航空运输服务的过程。

一、国际航空运输业务类型

航空运输业务形态有以下三种：

1. 航空运输业

它是为适应他人需要，使用飞机有偿地进行物品运输的事业。

2. 航空运送代理业

它是为航空运送商缔结运送契约代理的事业，即作为航空业者的代理人，承担航空物品运送经营，并与委托者签订航空运送契约的事业。

3. 航空运送作业

以自己的名义进行飞机物品运送作业的事业。

二、国际航空运输市场分类

就航空运输市场而言，对其分类是航空运输企业的生存之本。航空运输企业在制订企业发展规划和市场营销计划时，会针对不同的市场类型采用不同的发展策略和促销行动。航空运输市场有多种类型。

1. 按运载对象分类

根据航空运输运载的对象特征，航空运输市场可以分为：

(1) 民用航空旅客运输市场；

(2) 民用航空货物运输市场，包括航空邮件运输。

2. 按地理范围分类

根据航空运输的市场的对象特征，航空运输市场可以分为：

(1) 航空国内运输市场，是指营运的国内航线及其关联区域；

（2）航空国际运输市场，是指营运的国际航线及其关联区域；

（3）航空地区运输市场，是指营运的地区航线及其关联区域。

3. 按运送时限分类

根据航空运输的时间规律，航空运输市场可以分为：

（1）航空定期运输市场，是指定期航班运输；

（2）航空不定期运输市场，是指不定期航班运输，包括包机运输；

（3）航空快捷运输市场，是指航空快递货邮协会运输业务。

三、国际航空运输方式

1. 班机运输

班机（Scheduled Airline）是指在固定的航线上定期航行的航班，这种飞机固定始发站、目的站和途经站。由于班机所具有的特点，收发货人可以准确地把货物安全运达世界各地，及时投入市场，尤其对运送国际市场上急需的商品、鲜活易腐货物以及贵重物品非常有利。不足之处是舱位有限，难以适应市场需求，而且运费较为昂贵。

2. 包机运输（Chartered Carrier）

包机运输可分为整机包机和部分包机两种形式。

（1）整机包机是指航空公司或包机代理公司按照与租机人双方事先约定的条件和费率，将整架飞机租给租机人，从一个或几个航空站装运货物至指定的目的地的运输方式。它适合运送大宗货物，运费随国际航空运输市场的供求变化情况而定，通常一次一议，但一般来说，较班机运价低。通常租机事宜应在货物装运前一个月与航空公司谈妥，以便航空公司安排飞机运载和向起降机场及有关政府部门申请入境及办理有关手续。

（2）部分包机是指几家航空货运代理（或发货人）联合包租一架飞机，或者由包机公司把一架飞机的舱位分别卖给几家航空货运代理。这种部分包机方式适合于1吨以上，但不足装一整架飞机的货物，运费较班机低，但运送时间比班机长。

3. 集中托运（Consolidation）

集中托运方式是指航空货运代理把若干批单独发运的货物组成一整批，用一份总运单集中发运到同一到站，或运到某一预定的到站，由航空货运代理在目的地指定的代理收货、报关、分拨后交实际收货人的运输方式。

航空公司有按不同重量批准公布的多种运费率，并采用递减原则，这就使航空货运代理可以把从不同发货人处收集的小件货物集中起来后出运，享受汇总后重量的运价，从而赚取运价的差额。这种集中托运业务在国际航空运输业中较为普遍，也是航空货运代理的主要业务之一。但贵重物品、活体动物、尸体、骨灰、外交信袋、危险物品不得以集中托运形式运输。

4. 联运方式（TAT Combined Transport）

联运方式是包括空运在内的两种以上运输方式的联合运输，具体做法有陆—空—陆联运方式，简称 TAT（Train - Air - Truck）和陆—空联运方式，简称 TA（Train - Air）。

5. 航空快件传送（Air Express）

航空快件传送又称航空速递，是国际航空运输中最快捷的运输方式。该方式不同于一般的航空货运，而是由一个专门经营这项业务的公司与航空公司合作，设专人以最快的速度在货主、机场和用户之间传送急件。

6. 送交业务（Delivery Business）

通常用于目录、样品、宣传资料、书籍报刊之类的空运业务，由国内空运代理委托国外代理办理报关、提取、转送和送交收货人。其有关费用均先由国内空运代理垫付，然后向委托人收取。

7. 货到付款（Cash on Delivery）

它是承运人在货物到达目的地交给收货人时，根据其与发货人之间的协议，代向收货人收取航空货运单上所记载的货款，并汇寄给发货人的一项业务。我国航空公司暂未开办此项业务。

四、国际航空运输组织

国际航空组织，是国家之间、航空公司之间为协调航空器过入境、经停及开展业务等系列事项和相关问题，确保国际航空运输顺利进行，提高航空运输和业务服务质量，促进国际航空业的发展，而成立的国际性专业团体和专门组织。国际上最具有影响力的组织有：

1. 国际航空运输协会（International Air Transport Association，IATA）

简称"国际航协"，是各国航空运输企业之间的联合组织，会员必须是有国际民用航空组织的成员国颁布发的定期航班运输许可证的航空公司。国际航协筹建于1944年，1945年12月18日正式成立，总部设在加拿大的蒙特利尔。其宗旨是调解有关商业飞行上的法律问题，简化和加速国际航线的客货运输，促进航空运输的安全和世界范围内航空运输事业的发展。

2. 国际民用航空组织（International Civil Aviation Organization，ICAO）

它是各国政府之间组成的国际航空运输机构。该组织于1947年正式成立并于同年5月13日正式成为联合国的一个专门机构，总部设在加拿大的蒙特利尔。其任务主要有：确保全世界民航事业安全而有秩序地发展壮大；鼓励各国为发展民航事业的航路、航站及助航设备而努力；确保各缔约国的权利获得完全的尊重，避免各缔约国间的差别待遇，促进各国和平交换空中通过权和国际民用航空器的飞行安全。我国于1974年正式加入该组织，成为理事国之一。

3. 国际电讯协会（SISTEMA DE INFORMACION TURISTICA DE ASTURIAS，SITA）

它是联合国民航组织认可的一个非赢利的组织，是航空运输业世界领先的电信和信息技术解决方案的集成供应商。SITA成立于1949年，在全球拥有4300名雇员。目前在全世界拥有650家航空公司会员，其网络覆盖全球180个国家，SITA的发展目标就是带动全球航空业使用信息技术的能力，并提高全球航空公司的竞争能力，SITA不仅为航空公司提供网络通信服务，还可为其提供共享系统，如机场系统、行李查询系统、货运系统、国际票价系统等。

SITA从20世纪80年代初在中国成立办事处后，中国航空公司已有11家成为该组织的会员。SITA货运系统已在中国国际航空公司（简称国航），中国货运航空有限公司（简称中货航）使用。系统开通后，与外地营业部、驻外办事处联网，货运工作人员可及时地将航班信息、运单信息、入库信息、装载信息、货物到达信息及中转信息等数据网络，系统在航班闭关后自动给本站拍发仓单报、运单报等货运电报。本站只要打开网络，就能全程追踪货物的情况，从而为货主查询联程货物和进口货物提供了极大的方便。

此外，世界一些国家中还有非政府性的航空运输和航空货运代理人组织，它们的主要职能是：协调航空货运经营人之间相关关系、与航空承运人之间的关系，协调与政府、其他运输、贸易和货运组织之间的关系，维护航空货运经营人的权益等。

五、国际航空运输当事人

国际航空运输当事人主要有发货人、收货人、承运人、代理人以及地面运输公司。承运人一般指航空公司，代理人一般指航空货运公司。

1. 航空公司

航空公司自身拥有飞行器并借以从事航空运输活动，它的主要业务是把货物和旅客从某地机场用飞机运到另一地机场。多数航空公司有定期航班，如开航我国的法航、日航、德航、瑞航、美联航等。有些则无定期航班，只提供包机服务，如卢森堡货运航空公司、马丁航空公司，他们拥有货机，对运输大批量货物、超限货物及活种牲畜等十分方便。目前，我国的航空公司主要有中国国际航空公司、深圳航空公司、中国西南航空公司、中国西北航空公司等。

2. 航空货运公司

航空货运公司又称空运代理，它是随着航空运输的发展以及航空公司运输业务的集中化而发展起来的一种服务性行业。它们从事航空货物在始发站交给航空公司之前的揽货、接受、报关、订舱，以及在目的地从航空公司手中接货、报关、交付或送货上门等业务。它具有以下优点：

（1）使航空公司能更加集中精力搞好空中运输业务而不必担心货源。

（2）方便货主，货主可以及时托运、查询、跟踪货物。

（3）将零散货物集中拼装托运，简便手续，降低运输成本。

航空货运公司在经营进出口货运业务时，可以向货主提供以下服务：提供上门收货、送货服务、订舱、报关、制作航空运单、办理保险、结汇及费用代付业务、办理货物转运业务、提供信息查询及货物跟踪服务。

要提供上述服务，航空货运公司必须具备广泛的知识，了解相关的法律法规、规章、制度及所需的文件和单证，货物在集中托运时的尺码、比重、各种超限数字、飞机机舱的可用容积及有关质量限制，以及各种附加费用、货损处理、进出口许可证等方面的知识。

六、国际航空货物运价

（一）国际航空货物运价体系

航空运价，又称航空费率，是指承运人对所运输的每一重量单位（千克或磅）货物所收取的自始发地机场至目的地机场的航空费用。货物的航空运价一般以运输始发地的本国货币公布。

目前，国际航空货物运价按制定的途径划分，主要分为协议运价和国际航协运价。

1. 协议运价

协议运价是指航空公司与托运人签订协议，托运人保证每年向航空公司交运一定数量的货物，航空公司则向托运人提供一定数量的运价折扣。

目前，航空公司使用的运价大多是协议运价，但在协议运价中又根据不同的协议方式进行细分，如图 9-1 所示：

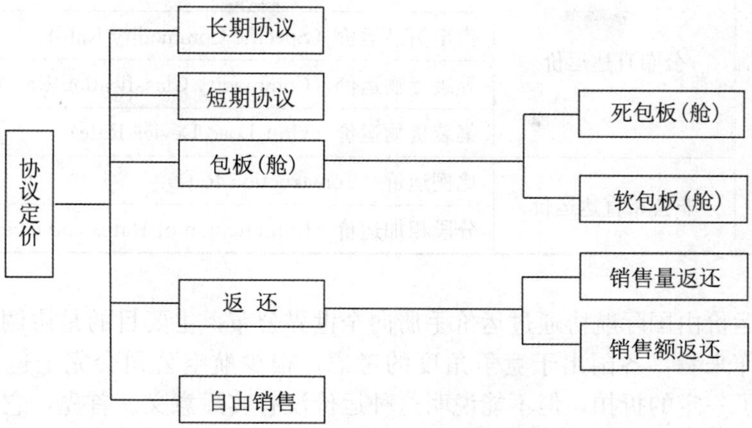

图 9-1　航空国际货物协议运价构成

长期协议是指航空公司与托运人或代理人签订的一年期限的协议。

短期协议是指航空公司与托运或代理人签订的半年或半年以下期限的协议。

(1) 包板（舱）是指托运人在一定航线上包用承运人的全部或部分的舱位或集装器来运送货物。

(2) 包板（舱）又分为死包板（舱）和软包板（舱）。死包板（舱）是指托运人在承运人的航线上通过包板（舱）的方式运输时，托运人无论向承运人是否交付货物，都必须付协议规定的运费。

(3) 软包板（舱）是指托运人在承运人的航线上通过包板（舱）的方式运输时，托运人在航班起飞前 72 小时内如果没有确定舱位，承运人则可以自由销售舱位，但承运人对代理人的包板（舱）的总量有一个控制。

(4) 销售量返还是指如果代理人在规定期限内完成了一定的货量，航空公司则可以按一定的比例返还运费。

(5) 销售额返还是指如果代理人在规定期限内完成了一定的销售额，航空公司则可以按一定的比例返还运费。

(6) 自由销售也称议价货物或一票一价，是指除订过协议的货物外，都是一票货物一个价。

2. 国际航协运价

国际航协运价，是指 IATA 在 TACT（The Air Cargo Tariff，TACT）运价资料上公布的运价。国际货物运价使用 IATA 的运价手册——TACT Rates Book（见表 9-1），结合并遵守国际货物运输规则——TACT Rules 共同使用。按照 IATA 货物运价公布的形式划分，国际货物运价可分为公布直达运价和非公布直达运价。

表 9-1　　运价体系

IATA 运价	公布直达运价	普通货物运价（General Cargo Rate）
		指定商品运价（Specific Commodity Rate）
		等级货物运价（Commodity Classfication Rate）
		集装货物运价（Unit Load Device Rate）
	非公布直达运价	比例运价（Construction Rate）
		分段相加运价（Combination of Rates and Charges）

国际航协运价由国际航协通过运价手册向全世界公布，主要目的是协调各国的货物运价。从实际操作来看，各国出于竞争角度的考虑，很少航空公司会完全遵照国际航协运价，大多进行了一定的折扣，但不能说明这种运价没有实际意义。首先，它把世界各城市之间的运价通过手册公布出来，每个航空公司都能找到一种参照运价，所以他们在制定本公司运价时，都是按照国际航协这个标准运价进行的；其次，国际航协对特种货物运价进行了分类，航空公司在运输这种货物时一般都用国际航协标准运价；最后，它在全世界确定了一种标准运价，使得国际航空货物的运输价格有了统一的参考标准，使得这个市场得到了规范。公布的直达运价是指航空公司在运价本上直接注明甲乙两地金额的运价。公布的直达运价又分为指定商品运价（是特定航线上运输特种货物的运价，代号为 C）、等级货物运价和普通货物运价。

等级货物运价是用于指定地区内部或地区之间的少数货物的运价，通常是在普通货物运价的基础上减少或增加一定的百分比。减少的为附减运价，代号为 R。增加的为附加运价，代号为 S。

普通货运运价又称一般货物运价。当一批货物不适用指定商品运价和等级货物运价时，则适用普通货物运价。普通货物运价分为：45 千克以下运价，代号为 N；45 千克以上运价，代号为 Q；45 千克以上运价又可分为 100 千克、300 千克、500 千克、1000 千克、2000 千克等的运价。

非公布的直达运价是指航空公司在运价本上未注明甲乙两地金额的运价，可选择比例运价或分段相加运价。

此外，航空货物运价还有集装货物运价、比例运价、分段相加运价。集装货物运价是成组货物运价，适用于托盘或集装器/集装箱运输。比例运价采用货物运价手册中公布的一种不能单独使用的运价附加数（Add-on Amount），当货物运输始发地至目的地无公布直达运价时，采用此附加数与已知的公布运价相加，构成非公布直达运价。分段相加运价，对于相同运价种类，当货物运输的始发地至目的地无公布直达运价和比例运价时，只能采用分段相加的办法，组成运输起讫地点间的运价，一般采用最低组合运价。

（二）国际航空运费

航空货运运费是指将一票货物自始发地机场运输到目的地机场所收取的航空运输费用，包括运费和附加费。运费是指根据适用的运价所计算的应核收的每批货物的费用。附加费包括声明价格附加费、地面运费、中转手续费、制单费、货到付款附加费、提货费、送货费等。用来计算运费的货物质量称为计费质量。承运人按货物的实际质量和按体积折算的质量择大计费。

起码运费是航空公司能接受的最低运费，代号为M。即按上述运价计算的一批货物的运费低于起码运费时，按起码运费核收。

1. 运价计费重量（Chargeable Weight）

一架飞机所能装载的货物是受飞机的载重量和舱容限制的，重量大、体积小的货物，往往是受飞机的载重量限制，而航空可能装不满，对于体积大、重量密度小的货物，往往会有载重量未达到额定限度，而舱容已经用完了的情形。

（1）实际重量（Gross Weight）

实际重量是指一批货物包括包装在内的实际总重量，作为计费重量。这主要针对那些重量大体积小的货物，如机械、金属零件等，通常称为重货（High Density Cargo），具体界限是货物的重量大于1千克/6000立方厘米，或1千克/366立方英寸，或1磅/166立方英寸。

当实际毛重用千克表示时，不足1千克的尾数，不足0.5千克的按0.5千克，0.5千克以上的进为1千克；如用磅表示，不足1磅的尾数进为1磅。

（2）体积重量（Volume Weight）

货物在体积大，重量相对小时，即货物的重量小于1千克/6000立方厘米，或1千克/366立方英寸，或1磅/166立方英寸，计费重量是按货物的体积而不是实际毛重作为计费重量。例如：

要计算一批货物的体积重量，其步骤是：

①分别量出货物的最长、最宽和最高部分的数值，而不管它的外观状况，同时将该数值四舍五入；

②将得出的长、宽、高相乘得出体积；

③将得到的体积数值根据使用的不同度量单位分别除以6000立方厘米或366立方英寸或166立方英寸，折合成以千克或磅为单位的重量，尾数的处理方法与毛重尾数处理方法相同。

在确定计费重量时，原则是按实际毛重和体积重量二者之中较大的那个确定。

（3）集中托运货物的计费重量

在集中搬运情况下，一批货物由几件不同的货物组成，可能有轻泡货也有重货，如果全部货物都使用一个运价，其计费重量采用整批货物的毛重或总体积重量两者之中较高的为准。

2. 航空附加费

（1）声明价值费（Valuation Charges）

与海运或铁路运输的承运人相似，航空承运人也要求将自己对货方的责任限制在一定的范围内，以限制经营风险。《华沙公约》中对由于承运人自身的疏忽或故意造成的货物的灭失、损坏或延迟规定了最高赔偿责任限额，这一金额一般被理解为每千克20美元或每磅9.07英镑或其他等值货币。如果货物的价值超过了上述值，即增加了承运人的责任，承运人要收取声明价值费。否则即使出现更多的损失，承运人对超出的部分也不承担赔偿责任。

货物的声明价值是针对整件货物而言，不允许对货物的某部分声明价值。声明价值费的收取依据货物的实际毛重，计算公式为：

声明价值费＝（货物价值—货物毛重×20美元/千克）×声明价值费费率

声明价值费的费率通常为0.5%。大多数航空公司在规定声明价值费率的同时还要规定声明价值费的最低收费标准。根据上述公式计算出来的声明价值费低于航空公司的最低标准，则托运人要按照航空公司的最低标准缴纳声明价值费。例如：

北京（PEK）到东京（TYO）运金块一批，毛重 25 千克，托运人的声明价值是人民币 15000 元。

声明价值费的计算如下（1 美元折合人民币 8.30 元）：

声明价值附加费＝（15000－20×8.30×25）×0.5%＝54.25 元

（2）其他附加费

其他附加费包括制单费（Air Waybill Fee）、货到付款劳务费（Charges Collect Fee）、中转手续费（Transit Charges）等，一般只有在承运人或航空货运代理人或集中托运人提供服务时才收取。

第二节　国际航空运输业务流程

一、国际航空运输出口业务流程

航空货物出口程序，是指航空货运代理公司从发货人手中接货直到将货物交给机场货运站这一过程所需通过的环节、所需办理的手续以及必备的单证。出口程序的起点是从发货人手中接货，终点是货交航空公司或代航空公司在机场进行地面操作业务的机场货运站。因此航空公司只负责从一个机场至另一个机场的空中运输，具体如图 9－2 所示。

国际航空出口业务流程包含以下 20 个环节，包括：1. 市场销售→2. 委托运输→3. 审核单证→4. 预配舱→5. 预订舱→6. 接单→7. 制单→8. 接货→9. 标签→10. 配舱→11. 订舱→12. 出口报关→13. 出仓单→14. 提板箱→15. 装箱板→16. 签单→17. 交接发运→18. 航班跟踪→19. 信息服务→20. 费用结算。

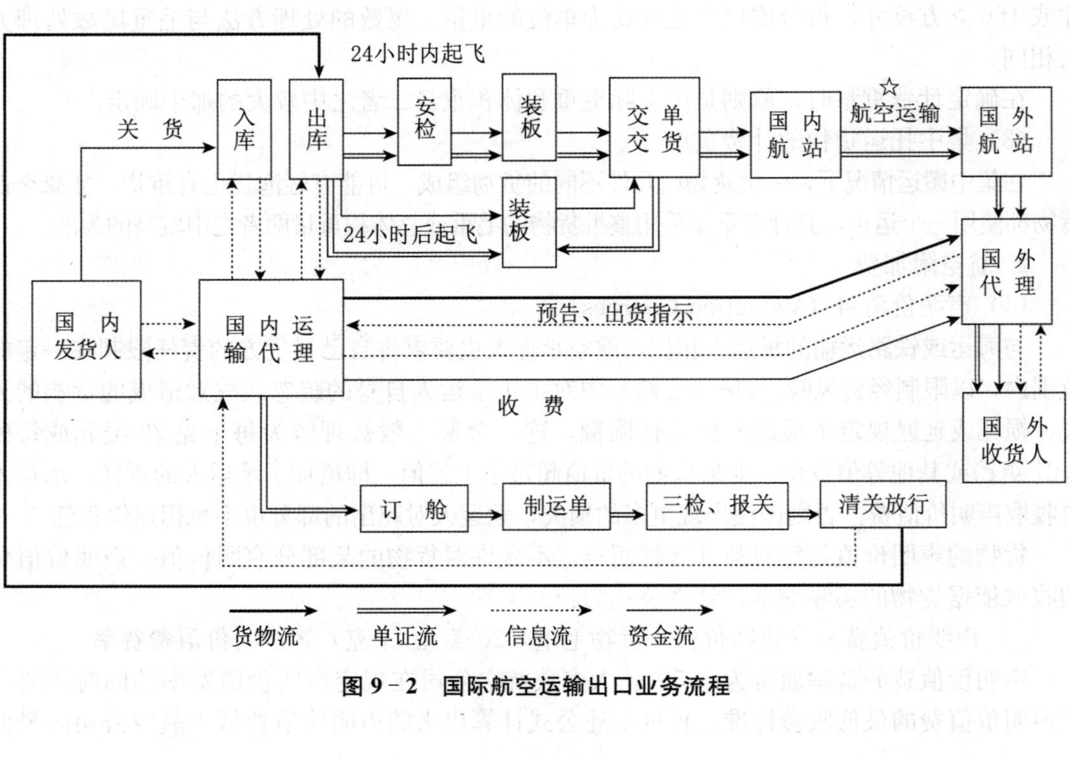

图 9－2　国际航空运输出口业务流程

1. 市场销售

作为航空货物运输销售代理，销售的产品是航空公司的舱位，只有飞机舱位配载了货物，航空货运才真正具有了实质性的内容，因此承揽货物处于整个航空货物出口运输代理业务程序的核心地位，这项工作的成效直接影响代理公司的发展，是航空货运代理的一项至关重要的工作。一个业务开展得较强、较好的货运代理公司，一般都有相当数量的销售人员或销售网点从事市场销售工作。

在具体操作时，须及时向出口单位介绍本公司的业务范围、服务项目、各项收费标准，特别是向出口单位介绍优惠运价，介绍本公司的服务优势等。航空货运代理公司与出口单位（发货人）就出口货物运输事宜达成意向后，可以向发货人提供所代理的有关航空公司的“国际货物托运书”。对于长期出口或货量大的单位，航空货运代理公司一般都与之签订长期的代理协议。

2. 委托运输

发货人发货时，首先需填写国际货物托运书，并加盖公章，作为货主委托代理承办航空货运出口货物的依据。航空货运代理公司根据托运书要求办理出口手续，并据此结算费用。

因此，国际货物托运书是一份重要的法律文件。它是托运人用于委托承运人或其代理人填开航空货运单的一种表单，表单上列有填制货运单所需的各项内容条款，并应印有授权承运人或其代理人代其在货运单上签字的文字说明。

在接受托运人委托后，单证操作前，货运代理公司的指定人员对托运书进行审核（或称之为合同评审）。审核的主要内容为价格和航班日期。目前，在审核起降航班的航空公司大部分采取自由销售方式。每家航空公司、每条航线、每个航班甚至每个目的港均有优惠运价，这种运价会因货源、淡旺季经常调整，而且各航空公司之间的优惠价也不尽相同。所以有时候更换航班，运价也随之更换。需要指出的是，货运单上显示的运价虽然与托运书上的运价有联系，但互相之间有很大区别。货运单上显示的是航空货物运价手册（The Air Cargo Tariff，TACT）上公布的适用运价和费率；托运书上显示的则是航空公司优惠价加上杂费和服务费或使用协议价格。托运书的价格审核就是判断其价格是否能接受和预订航班是否可行，审核人员必须在托运书上签名和填写日期以示确认。

3. 审核单证

所需审核的单证根据贸易方式、信用证要求等有所不同，主要包括以下单证：

（1）发票、装箱单。发票上一定要加盖公司公章（业务科室、部门章无效），标明价格术语和货价（包括无价样品的发票）。

（2）托运书。一定要注明目的港名称或目的港所在城市名称，明确运费预付或运费到付、货物毛重、收发货人、电话/电传/传真号码。托运人签字处一定要有托运人签名。

（3）报关单。注明经营单位注册号、贸易性质、收汇方式，并要求在申报单位处加盖公章。

（4）外汇核销单。在出口单位备注栏内，一定要加盖公司章。

（5）许可证。合同号、出口口岸、贸易国别、有效期，一定要符合要求，与其他单据相符。

（6）商检证。商检证、商检放行单、盖有商检放行章的报关单均可。商检证上应有“海关放行”字样。

（7）进料/来料加工核销本。注意本上的合同号是否与发票相符。

（8）索赔/返修协议。要求提供正本，要求合同双方盖章，外方没章时，可以签字。

（9）到付保函。凡到付运费的货物，发货人就应提供该保函。

（10）关封。

4. 预配舱

代理人汇总所接受的委托和客户的预报，并输入计算机，计算出各航线的件数、重量、体积，按照客户的要求和货物重、泡情况，根据各航空公司不同机型对不同板箱的重量和高度要求，制定预配舱方案，并对每票货配上运单号。

5. 预订舱

代理人根据所指定的预配舱方案，按航班、日期打印出总运单号、件数、重量、体积，向航空公司预订舱。这一环节称之为预订舱，是因为此时货物可能还没有入仓库，预报和实际的件数、重量、体积等都会有差别，等待配舱时再作调整。

6. 接单

接受搬运人或其他代理人送交的已经审核确认的托运书及报关单证和收货凭证。将计算机中的收货记录与收货凭证核对。制作操作交接单，填上所收到的各种报关单证份数，给每份交接单配一份总运单或分运单。将制作好的交接单、配好的总运单或分运单、报关单证移交制单。如此时货未到或未全到，可按照托运书上的数据填入交接单并注明，货物到齐后再进行修改。

7. 填制货运单

填制航空货运单，包括总运单和分运单。填制航空货运单是空运出口重要的环节，货运单填写的准确与否直接关系到货物能否及时、准确地运达目的地。

航空货运单是发货人收结汇的主要有价证券。因此运单的填写必须详细、准确，严格符合单货一致和单单一致的要求。

填制航空货运单的主要依据是发货人提供的国际货物托运书。货运单一般用英文填写，目的地为中国香港地区的货物运单可以用中文填写，但货物的品名用英文填写。

托运书上的各项内容都应体现在航空货运单上，如发货人和收货人的全称、详细地址、电话、电传、传真和账号；出口货物的名称、件数、重量、体积、包装方式；承运人和代理人的名称和城市名称；始发地机场和目的地机场等。对于运输过程中需要特殊对待的货物（如须冷藏或保持干燥），应在货运单“Handling Information”一栏注明。

按体积重量计算运费的货物，在货运单上“货物品名”一栏中须注明体积、尺寸。托运人提供的货物合同号、信用证号码等，如有必要应在货运单上注明。货运单因打字错误或其他原因需要修改时，应在更改处加盖本公司修改章。货物的实际重量，以航空公司的重量为准。重量单位一般以千克来表示。运价类别一般用“M、N、Q、C、R、S”来表示。

“M”代表最低运费；

“N”代表 45 千克以下普通货物运价；

“Q”代表 45 千克以上普通货物运价；

“C”代表指定商品运价；

“R”代表附减的等级货物运价；

“S”代表附加或既不附加也不附减的等级货物运价。

所托运货物，如果是直接发给国外收货人的单票托运货物，填开航空公司运单即可。如果货物属于以国外代理人为收货人的集中托运货物，必须先为每票货物填开航空货运代理公司的分运单；然后再填开航空公司的总运单，以便国外代理对总运单下的各票货物进行分拨。

接到移交来的交接单、托运书、总运单、分运单、报关单证，进行分运单、总运单直单、拼总运单的运单填制。总运单上的运费填制按所适用的公布运价，并注意是否可以用较高重量点的运价，分运单上的运费和其他费用按托运书和交接单的要求。

8. 接收货物

接收货物，是指航空货运代理公司把即将发运的货物从发货人手中接过来并运送到自己的仓库。接收货物一般与接单同时进行。对于通过空运或铁路从内地运往出境地的出口货物，货运代理按照发货人提供的运单号、航班号及接货地点接货日期，代其提取货物。如货物已在始发地输入了出口海关手续，发货人应同时提供始发地海关的关封。

接货是应对货物进行过磅和丈量，并根据发票、装箱单或货物送货单清点货物，核对货物的数量、品名、合同号或唛头等是否与货运单上所列一致。

检查货物的外包装是否符合运输的要求：

(1) 托运人提供的货物包装要求坚固、完好、轻便，应能保证在正常的操作（运输）情况下，货物可完好地运达目的站。同时，也不损坏其他货物和设备。

(2) 为了不使密封舱飞机的空调系统堵塞，不得用带有碎屑、草末等材料作外包装，如草袋子、草绳、粗麻包等。包装的内衬物，如谷糠、锯末、纸屑等不得外漏。

(3) 包装外部不能有突出的棱角，也不能有钉、钩、刺等。包装外部须清洁、干燥，没有异味和油腻。

(4) 托运人应在每件货物的包装上详细写明收货人、被通知人和托运人的姓名和地址。如包装表面不能书写时，可写在纸板、木牌或布条上，再拴挂在货物上，填写时字迹必须清楚、明晰。

(5) 包装窗口的材料要良好，不得用腐朽、虫蛀、锈蚀的材料。无论木箱或其他容器，为了安全，必要时可用塑料、铁箍加固。

(6) 如果包装件有轻微破损，填写货运单应在“Handing Information”标注出详细情况。

9. 标记和标签

(1) 标记。在货物外包装上由托运人书写的有关事项和记号，其主要内容包括托运人、收货人的姓名、地址、联系电话和传真；合同号；操作注意事项；单件超过 150 千克的货物。

(2) 标签。从标签的作业来区分，包括识别标签、特种货物标签、操作标签。按标签的类别来分，可以分为航空公司标签和分标签两种。航空公司标签是对其承运货物的标识，各航空公司的标签虽然在格式、颜色上有所不同，但内容基本相同。标签上三位阿拉伯数字代表所承运航空公司的代号，后八位数字是总运单号码。

10. 配舱

配舱时，须运出的货物都已入库。这时需要核对货物的实际件数、重量、体积与托运书上预报数量的差别。对预订舱位、板箱的有效领用、合理搭配，按照各航班机型、板箱型号、高度、数量进行配载。同时，对于货物晚到、未到情况以及未能顺利通关放行的货物做出调整处理，为制作仓单做准备。实际上，这一过程一直延续到单、货交接给航空公司后才完毕。

11. 订舱

订舱，就是将所接收空运货物向航空公司申请并预订舱位。货物订舱须根据发货人的要求和货物标识的特点而定。

订舱的具体做法和基本步骤是：接到发货人的发货后，向航空公司领取并填写订舱单(Cargo Booking Advance，CBA)，同时提供相应的信息：①货物的名称；②体积（必要进提供单件尺寸)；③重量；④件数；⑤目的地：⑥要求出运的时间等；⑦其他运输要求(温度、装卸要求、货物到达目的地时限等)。

航空公司根据实际情况安排航班和舱位。航空公司舱位销售的原则：①保证有固定舱位配额的货物；②保证邮件、快件舱位；③优先预订运价较高的货物舱位；④保留一定的零散货物舱位；⑤未订舱的货物按交运时间的先后顺序安排舱位。

货运代理公司订舱时，可依照发货人的要求选择最佳的航线和最佳的承运人，同时为发货人争取最低、最合理的运价。

订舱后，航空公司签发舱位确认书，同时给予装货集装器领取凭证，以表示舱位订妥。

预订的舱位有时会由于货物原因、单证原因、海关原因使得最终舱位不够或者空舱，此类情况需要综合考虑和有预见性等经验，尽量减少此类事情发生，并且在事情发生后作及时必要的调整和补救措施。

12. 出口报关

出口报关，是指发货人或其代理人在货物发运前，向出境地海关办理货物出口手续的过程。出口报关的基本程序：

(1) 首先将发货人提供的出口货物报关单的各项内容输入计算机，即计算机预录入；

(2) 在通过计算机填制的报关单上加盖报关单位的报关专用章；

(3) 然后将报关单与有关的发票、装箱单和货运单综合在一起，并根据需要随附有关的证明文件；

(4) 以上报关单证齐全后，由持有报关证的报关员正式向海关申报；

(5) 海关审核无误后，海关官员即在用于发运的运单正本上加盖放行章，同时在出口收汇核销单和出口报关单上加盖放行章，在发货人用于产品退税的单证上加盖验讫章，粘上防伪标志；

(6) 完成出口报关手续。

出运修理件、更换件时，须留取海关报关单，以备以后进口报关用。

出口货物根据动卫检部门的规定和货物种类，填制相应的动、卫检单。非动植物及其制品类，要求填制卫检申报单，加盖卫检放行章。动植物类货物除卫检申报单外，还需动植物报验单并加盖放行章。化工类产品须到指定地点检验证明是否适合空运。而不同的出口货物也有各种不同的规定和限制。

13. 出仓单

配舱方案制定后就可着手编制出仓单。出仓单交给出口仓库，用于出库存计划，出库时点数并向装板箱交接。出仓单交给装板箱环节用于向出口仓库提货的依据。出仓单交给货物的交接环节用于从装板箱环节收货凭证和制作国际货物交接清单的依据，该清单用于向航空公司交接货物。

14. 提板、箱

根据订舱计划向航空公司申领板、箱并办理相应的手续。提板、箱时，应领取相应的塑料薄膜和网。对所使用的板、箱子要登记、销号。

15. 装板、箱

除特殊情况外，航空货运均是以“集装箱”、“集装板”形式装运。货运代理公司将体积为2立方米以下货物作为小货交给航空公司拼装，大于2立方米的大宗货或集中托运拼装货，一般均由货运代理自行装板、装箱。

16. 签单

货运单在盖好海关放行章后还须到航空公司签单。主要是审核运价使用是否正确以及货物的性质是否适合空运，例如危险品等是否已办了相应的证明和手续。航空公司的地面代理规定，只有签单确认后才允许将单、货交给航空公司。

17. 交接发运

交接是向航空公司交单交货，由航空公司安排航空运输。交单就是将随机单据和应由承运人留存的单据交给航空公司。随机单据包括第二联航空运单正本、发票、装箱单、产地证明、品质鉴定书等。

18. 航班跟踪

单、货交接给航空公司后，航空公司可能会因种种原因，例如航班取消、延误、溢载、故障、改机型、错运、倒垛或装板不符规定等，未能按预定时间运出，所以货运代理公司从单、货交给航空公司后就须对航班和货物进行跟踪。

19. 信息服务

航空货运代理公司须在以下多个方面为客户做好信息服务：

（1）订舱信息

应将是否订妥舱位及时告诉货主或委托人以便及时备单、备货。

（2）审单及报关信息

应在审阅货主或委托人送来各项单证后，及时向发货人通告。如有遗漏失误，及时补充或修正。在报关过程中，遇有任何报关、清关的问题也应及时通知货主，协商解决。

（3）仓库收货信息

应将货主送达货运代理，告诉仓库的出口货物的到达时间、货量、体积、缺件、货损情况及时通告货主以免事后扯皮。

（4）交运称重信息

运费计算标准以航空公司称重、所量体积为准，如在交运航空公司称重过磅过程中，发现称重、体积与货主声明的重量、体积有误且超过一定比例时，必须通告货主，求得确认。

（5）一程及二程航班信息

应及时将航班号、日期及以后跟踪了解到的二程航班信息通告货主。

（6）集中托运信息

对于集中托运货物，还应将发运信息预报给收货人所在地的国外代理，以便对方及时接货、查询、进行分拨处理。

（7）单证信息

货运代理在发运出口货物后，应将发货人留存的单据，包括盖有放行章和验讫章的出口货物报关单、出口收汇核销单、第三联航空运单正本以及用于出口产品退税的单据，交付或寄送发货人。

20. 费用结算

从出口货代的角度，费用结算主要涉及同发货人、承运人和国外代理人三方面的结算。

(1) 与发货人结算费用

在运费预付的情况下，收取航空运费、地面运输费、各种服务费和手续费。

(2) 与承运人结算费用

向承运人支付航空运费及代理费，同时收取代理佣金。

(3) 与国外代理人结算费用

结算主要涉及付运费和利润分成。到付运费实际上是发货方的航空货运代理为收货人垫付的，因此收货方的航空货运代理公司在将货物交收货人时，应收回到付运费并将有关款项退还发货方的货运代理。同时发货方的货运代理应将代理佣金的一部分分给其收货地的货运代理。

由于航空货运代理公司之间存在长期的互为代理协议，因此与国外代理结算一般不采取一票一结的办法，而采取应收应付相互抵消、在一定期限内以清单冲账的办法。

二、国际航空运输进口业务流程

航空货物进口程序，是指空运货物从入境到提取或转运之整个流程所需通过的环节、所需办理的手续以及必备的单证。

所谓“环节、手续和单证”，是指同一过程中的三个方面。航空货物入境后，要通过各个环节才能从海关监管仓库或场所提出，而每经过一道环节都要办理一定的手续，而办理手续不能单凭口头阐述，必须出具有关的单证，如商业单据、运输单据及所需的各种批文和证明等。

在入境内外地海关清关的进口货物，大致要经过以下几个环节：接单接货→货物驳运进仓→单据录入和分类→发到货通知或查询单→制报关单、预录入→检验、报关→送货或转送（见图 9-3）。

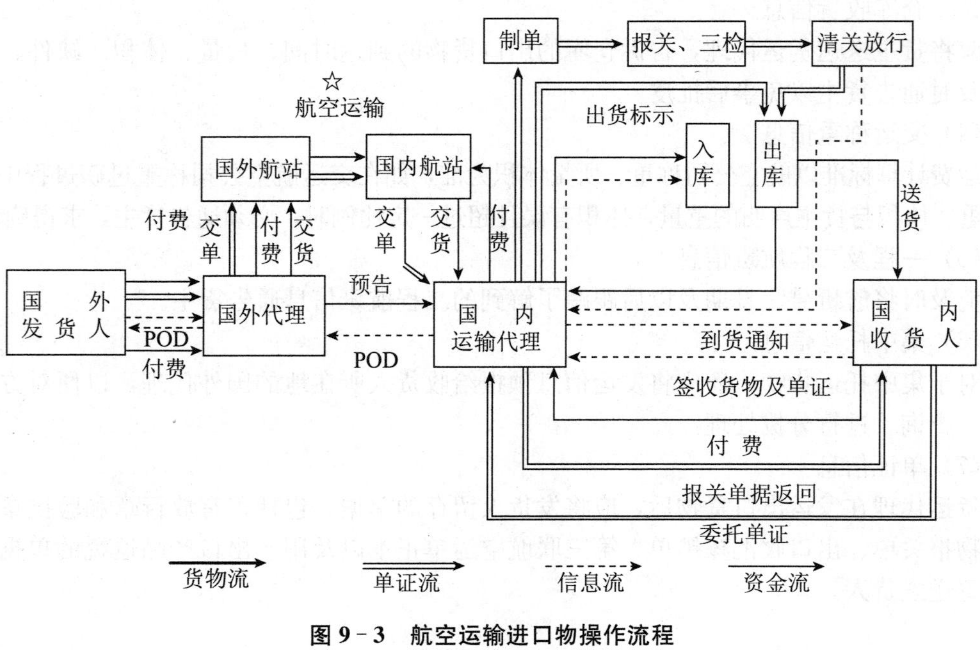

图 9-3 航空运输进口物操作流程

整个业务流程如下：

1. 代理预报

在国外发货之前，由国外代理公司将运单、航班、件数、重量、品名、实际收货人及其地址、联系电话等内容通过传真或 E-mail 发给目的地代理公司，这一过程被称为预报。

2. 交接单、货

航空货物入境时，与货物相关的单据（运单、发票、装箱单等）也随之到达，运输工具及货物处于海关监管之下。货物卸下后，将货物存入航空公司或机场监管仓库，进行进口货物舱单录入，将舱单上总运单号、收货人、始发站、目的站、件数、重量、货物品名、航班号等信息通过计算机传输给海关留存，供报关用。

交接时应做到：单、单核对，即交接清单与总运单核对；单、货核对，即交接清单与货物核对。核对后，出现问题的处理方式见表 9－2。

表 9－2　交接清单与总运单核对

总运单	清单	货物	处理方式
有	无	有	清单上加总运单号
有	无	无	总运单退回
无	有	有	总运单后补
无	有	无	清单上划去
有	有	无	总运单退回，清单上划去
无	无	有	货物退回

3. 货物驳运进仓

航空货运代理公司与航空公司或其地面服务公司的单货交接手续办理完毕，则应根据货量安排运输工具，并驳运至货运代理公司自行使用的海关监管仓库内。

4. 单据录入和分类

为便于用户查询和统计货量的需要，航空货运代理公司在取得航空运单后，则将每票入库的货物空运运单及仓单的相关信息输入计算机，同时进行分类整理。

分类的标准和方法很多，要根据进口货物的类别或贸易方式划分，也可根据发货人或发货代理的国别和地区划分，还可以按照收货人的企业性质和经营范围划分。究竟如何分类，各公司可根据自己的具体情况而定，但一般说来，集中托运货物和单票货物、运费预付货物和运费到付货物应分开来。

集中托运货物需要对总运单项下的货物进行分拨，对每一份分运单的货物分别处理。单票货物则无须分拨。所以，航空货运代理公司在分单时一般将它们区分开来。

运费到付货物和运费预付货物因财务结算的需要，一般也应分开来。运费到付货物应在运单正本上加盖“运费支付”章，在结清运费或办理托收后才能提取。

5. 到货通知

货物到达目的港后，货运代理人应从航空运输的时效出发，为减少货主仓储费和避免海关滞报金，应尽早、尽快、尽妥地通知货主到货情况，提请货主配齐有关单证，尽快报关。

尽早：到货后，第一个工作日内就要设法通知货主。

尽快：尽可能用传真、电话预先通知客户，单证需要传递的，尽可能使用特快专递，以缩短传递时间。

尽妥：一星期内须保证以电函、信函形式第三次通知货主，并应将货主尚未提货情况，告知发货人的代理人。

两个月时，再以电函、信函形式第四次通知货主；三个月时，货物可能须交海关处理，此时，再以信函形式第五次通知货主，告知货主货物将被处理，提醒货主采取补救办法。

6. 制单并预录入

制单是指按海关要求，依据提单、发票、装箱单及证明货物合法进口的有关批准文件，制作"进口货物报关单"。因此，制单一般在收到用户的回询并获得必备的批文和证明之后方可进行；不需批文和证明的，可直接制单。

报关单上由报关人填报的项目有进口口岸、收货单位、经营单位、合同号、批准机关及文号、运输工具名称及号码、贸易性质（方式）、贸易国别（地区）、原产国别（地区）、进口日期、提单或运单号、运杂费、件数、毛重、海关统计商品编号、货名规格及货号、数量、成交价格、价格条件、货币名称、申报单位、申报日期，等等。

在手工完成制单后，将报关单的各项内容输入计算机，打制出报关单一式三份（指一般进口货物）；完成计算机预录后，在报关单右下角盖报关单位的"报关专用章"；然后将报关单同有关的运单、发票订成一式两份，并随附批准货物进口的证明和批文，由经海关认可并持有海关签发的报关员证件的报送员正式向海关申报。

7. 进行进口商品的相关检验

根据进口商品的种类和性质，按照进口国家的有关规定，对其进行商品检验、卫生检验、动植物检验等。上述检验前要填制"中华人民共和国出入境检验检疫入境货物报检单"，并到当地的出入境检验检疫局进行报检报验。

8. 进口报关

进口报关是指进口运输中关键的环节。报关程序中还有许多环节，如在向海关申报后，海关有初审、审单、征税、验放等主要工作环节。

9. 收费、发货

办完报关、报验等进口手续后，货主须凭盖有海关放行章、检验检疫章（进口药品须有药品检验合格章）的进口提货单到所属监管仓库付费提货。

仓库发货时，须再次检查货物外包装情况，遇有破损、短缺，应向货主作出交代。货运代理公司仓库在发放货物前，一般先将费用收妥。收费内容有：到付运费及垫付佣金；单证、报关费；仓储费（含冷藏、冷冻、危险品、贵重品特殊仓储费）；装卸、铲车费；航空公司到港仓储费；海关预录入、动植检、卫检报验等代收费用；关税及垫付佣金。除了每次结清提货的货主外，经常性的货主要与货运代理公司签订财务付费协议，实施先提货、后付款、按月结账的付费方法。

10. 送货与转运

许多货主或国外发货人出于多种因素，要求将进口到达货由货运代理人报关、垫税，提货后把货物直接运送到收货人手中。

货物无论送到当地还是转运到入境内外地以外的地区，都得先将货物从海关监管仓库或场所提取出来。提取货物的凭证是海关盖有放行章的正本运单。未经海关放行的货物处于海关的监督之下，不能擅自提出监管场所。

货主或其委托人在提取货物时还须结清各种费用，如国际段到付运费、报关费、仓储费、劳务费等。货物出库时，提货人应与仓库保管员仔细检查和核对货物外包装上的合同号、运单号、唛头、件数、重量等与运输单据所列是否完全一致。若出现单货不符或货物短少、残损及外包装异形的情况，航空货运代理公司应将民航出具的商务事故记录交给货主，如属于航空货运代理公司的责任，则由航空货运代理公司出具事故记录。

航空货运代理公司可以接受货主的委托送货上门或办理转运。航空货运代理公司在将货物移交货主时与其办理交接手续，并向其收取货物进口进程中所发生的一切费用。如转运外地货物，原则上空来空转，无法空运的货物则采用其他运输方式。

11. 进口货物转关手续

进口货物转关是指货物入境后不在进境地海关办理进口海关手续，而运往另一设关地点办理进口海关手续。在办理进口报关手续之前，货物一直处于海关监管之下，包括运输过程。

(1) 转关条件

进口货物办理转关运输必须具备下列条件：

①指运地设有海关机构，或虽未设海关机构，但分管海关同意办理转关运输。也就是说，收货人所在地必须设有海关机构，或邻近地区设有分管该地区的海关机构；

②运输工具和货物符合海关监管要求，并具有加封条件和装置。海关规定，转关货物采用汽车运输时，必须使用在海关登记备案并赋予海关编号的封闭式的货柜车，由进境地海关加封，由指定地海关启封；

③办理转关运输的单位必须是经海关核准、认可的具有报关权的航空货运代理公司。一般运输企业，尤其是个体运输者，即使拥有货柜车，也不能办理转关运输。

办理转关运输还应遵守海关的其他有关规定，如转关货物必须存放在海关同意的仓库、场所，并按海关规定办理收存、交付手续；转关货物未经许可，不得擅自开拆、改装、调换、提取海关加封的运输工具和货物，应当保持海关封志完整，不得擅自开启或损坏；必须负责将进境地海关签发的关封，完整、及时地递交指运地海关，并在海关规定的期限内办理进口手续。

(2) 转关的手续

办理进口货物转关运输手续时，应向进境内外地海关递交“进口转关运输货物申报单”一式三份，并随附四份国际段运单和三份发票，进行海关预录入后，由持有报关员证的报关员向海关申办转关手续。

海关审核货运单证后，将货物的运单号和指运地的地区代号输入计算机进行核销。销号后，将运单、发票、进口转关运输货物申报单各两份装入海关关封内，其余一份海关留存，然后由海关关员将关封号填写在关封的右上角并在关封背面加盖验讫章，再在运单正本上加盖放行章。

转关货物因其运输方式不同，手续也不尽相同。采用海关监管汽车运输时，转关申请人应先向进境地海关提供货物的名称、商品编号及贸易性质等信息，在办理转关手续时，由进境地海关签发监管本，并由申请人或承运人带交指运地海关。采用航空运输时，可由申请人或代理人在进境地直接办理转关手续，但需随附自进境地至指运地的航空货运单。

进境地海关开具的关封随机带至指运地，待收货人办理进口手续时交给指运地海关。

（3）进口转运货物报关期限

这是指货物转运至指运地后，收货人或其代理向海关报关的时间限制。海关法规定的报关期限为：自运输工具申报抵达指运地之日起的 14 日内。超过这一期限报关的，由海关收滞报金。

滞报金的计征时间为：自运输工具申报抵达指运地之日起的第 15 日到货物报关之日。滞报金每天的征收金额为货物到岸价格的 0.5‰；3 个月期限内未办理进口手续的货物，上缴当地海关处理。

第三节 国际航空运输单证

一、国际航空运输托运书

（一）基本概念

托运书（Shipper's Letter of Instruction，SLI，如样单 9－1 所示）是搬运从用于委托承运人或其代理人填开航空货运单的一种表单，表单上列有填制货运单所需的各项内容，并印有授权于承运人或其代理人代其在货运单上签字的文字说明。根据《华沙公约》第五条第一款和第五款规定，货运单应由托运人填写，也可由承运人或其代理人代为填写。实际上，目前货运单均由承运人或其代理人代为填制。为此，作为填开货运单的依据——托运书，应由托运人自己填写，而且托运人必须在上面签字或盖章。

（二）托运书的主要内容

中国对外贸易运输公司总公司及其在各地的分支机构或其他空运代理可接受各进出口公司的委托，负责航空运输出口货物的提货、制单、报关和托运工作。在委托时，委托人应填妥国际货物托运书（Shipper's Letter of Instruction）连同合同副本（或出口货物明细单）、发票、装箱单以及海关、商检需要的文件，一并交给空运代理，再由空运代理办理仓库提货、市内运输、报关和托运手续。对大宗出口货物，需采用包机方式运输的，要提前填写包机委托书交由空运代理负责办理租机手续。对于紧急物资，如药品、疫苗、鲜活易腐货物，要尽可能利用直达优先发运；需在国外中转的，要事先联系衔接航班，保证在中途不致延误。

出运货物要根据货物性质、形状、重量、体积和中转次数妥善包装，每件货物的包装上都要正确详细地填写收货人和托运人的姓名、地址、箱号及唛头标记等。每件货物均应粘贴或拴挂货物标签，对在运输途中需要进行特殊处理或照顾的货物，还应粘贴“易碎”“不可倒置”等引起注意的标记。每件货物的重量，一般以不超过 80 千克、体积不小于 5 厘米×10 厘米×20 厘米或不大于 40 厘米×60 厘米×100 厘米为宜，否则须航空公司同意后方可办理。

向航空公司托运后，取得公司签发的航空运单，即为承运开始。从承运到目的站交货期间，航空公司要负责货物的安全运送。如在运输途中发生短少、残损等事故，应由航空公司负责赔偿。

【样单 9－1】

国际货物托运书
(SHIPPERS LETTER OF INSTRUCTION)

托运人姓名及地址 SHIPPER' S NAME AND ADDRESS	托运人账号 SHIPPER' S ACCOUNT NUMBER	供承运人用 FOR CARRIAGE ONLY
		班期/日期　航班/日期 FLIGHT/DAY　FLIGHT/KAY
收货人姓名及地址 CONSIGNEE'S NAME AND ADDRESS	收货人账号 CONSIGNEE'S ACCOUNT NUMBER	已预留吨位 BOOKED
		运费 CHARGE
代理人的名称和城市 ISSUING CARRIER'S AGENT NAME AND CITY		ALSO NOTIFY
始发站 AIRPORT OF DEPARTURE		
到达站 AIRPORT OF DESTINATION		

托运人声明价值 SHIPPER'S DECLARED VALUE		保险金额 AMOUNT OF INSURANCE	所附文件 DOCUMENT TO ACCOMPANY AIR WAYBILL
供运输用 FOR CARRIAGE	供海关用 FOR CUSTOMS		

处理情况（包括包装方式、货物标志及号码 ） HANDLING INFORMATION（INCL. METHOD OF PACKING IDENTIFYING AND NUMBERS)

件数 NO. OF PACK-AGES	实际毛重 ACTUAL GROSS WEIGHT	运价种类 RATE CLASS	收费重量 CHARGE-ABLE WEIGHT	费率 RATE/ CHARGE	货物品名及数量（包装体积或尺寸） NATURE AND QUANTITY OF GOODS (DIMENSION OF VOLUME)

托运书包括下列内容栏：

1. 托运人（SHIPPER'S NAME AND ADDRESS)

本栏填写托运人的全称、街名、城市名称和国家名称及便于联系的电话、电传或传真号。

2. 收货人（CONSIGNEE'S NAME AND ADDRESS）

本栏填写收货人的全称、街名、城市名称、国家名称（特别是在不同的国家内有相同的城市名称时，更应注意填上国名）以及电话、电传或传真号，本栏内不得填写“TO ORDER”或“TO ORDER OF THE SHIPPER”（按托运人的指示）等字样，因为航空货运单不能转让。

3. 始发站机场（AIRPORT OF DEPARTURE）

本栏填写始发站机场的全称，可填城市名称。

4. 目的地机场（AIRPORT OF DESTINATION）

本栏填写目的地机场（机场名称不明确时，可填城市名称），如果某一城市名称用于一个以上国家时，应加上国名，如 LONDON CA 伦敦、安大略省、加拿大。

5. 要求的路线/申请订舱（REQUESTED ROUTING/REQUESTED BOOKING）

本栏用于航空公司安排运输路线时使用，但如果托运人有特别要求时，也可填入本栏。为保证承运人收运的货物可以被所有承运人接收，可查阅 TACT－RULES 8.1 的双边联运协议。中转站的装卸及仓储条件情况在 TACT－RULES 7.3 中。

6. 供运输用的声明价值（DECLARED VALUE FOR CARRIAGE）

本栏填写供运输用的声明价值金额，该价值即为承运人赔偿责任的限额。承运人按有关规定向托运人收取声明价值费。但如果所交运的货物毛重每千克不超过 20 美元（或等值货币），则无须填写声明价值金额，可在本栏内填入“NVD”（No Value Declared）（未声明价值）；如本栏空着未填写时，承运人或其代理人可视为货物未声明价值。

7. 供海关用的声明价值（DECLARED VALUE FOR CUSTOMS）

国际货物通常要受到目的站海关的检查，海关根据此栏所填数额征税。

8. 保险金额（INSURANCE AMOUNT REQUESTED）

中国民航各空运企业暂未开展国际航空运输代理保险业务，本栏可空着不填。

9. 处理事项（HANDLING INFORMATION）

本栏填写附加的处理要求，例如，另请通知（ALSO NOTIFY），除填收货人之外，如托运人还希望在货物到达的同时通知他人，请另填写通知人的全名和地址；外包装上的标记；操作要求，如易碎、向上等。

10. 货运单所附文件（DOCUMENTATION TO ACCOMPANY AIR WAYBILL）

本栏填写随附在货运单上运往目的地的文件，应填上所附文件夹的名称。例如，托运人所托运的动物证明书（SHIPPER'S CERTIFICATION FOR LIVE ANIMALS）。

11. 件数包装方式（NUMBER AND KIND OF PACKAGES）

本栏填写该批货物的总件数，并注明其包装方法，如包裹（Package）、纸板盒（Carton）、盒（Case）、板条箱（Crate）、袋（Bag）、卷（Roll）等。如货物没有包装时，就注明为散装（Loose）。

12. 实际毛重（ACTUAL GROSS WEIGHT）

本栏内的重量应由承运人或其代理人在称重后填入。如托运人已填上重量，承运人或其代理人必须进行复核。

13. 运价类别（RATE CLASS）

本栏目填写适用的运价、协议价、杂费、服务费。

14. 计费重量 CHARGEABLE WEIGHT，（千克，KGs）

本栏内的计费重量应由承运人或其代理人在量过货物的尺寸（以厘米为单位）后，由承运人或其代理人算出计费重量后填入，如托运人已经填上，承运人或其代理人必须进行复核。

15. 费率（RATE/CHARGE）

本栏可空着不填。

16. 货物的品名及数量（包括尺寸或体积）［NATURE AND QUANTITY OF GOODS (INCL. DINENSIONS OR VOLUME)］

本栏填写货物的品名和数量（包括尺寸或体积）。若一票货物包括多种物品时，托运人应分别申报货物的品名，填写品名时不能使用“样品”“部件”这类笼统名称。货物中的每一项内容均须分开填写，并需填写详细，如“9 筒 35 毫米的曝光动画胶片”“新闻短片（美国制）”等。本栏所填写的内容应与出口报送发票、进出口许可证列明的货物相符。

运输下列货物，按国际航协有关规定办理（参阅 TACT－Rules2.3.3/7.3/8.3）：活体动物；个人物品；枪械、弹药、战争物资；贵重物品；危险物品；汽车；尸体；具有强烈气味的货物；裸露的机器、铸件、钢材；湿货；鲜活易腐物品。危险品应填写适用的准确名称及标贴的级别。

17. 托运人签字（SIGNATURE OF SHIPPER）

托运人必须在本栏内签字。

18. 日期（DATE）

本栏填写托运人或其代理人交货的日期。

（三）托运书的审核

从接受托运人委托至单证操作期间，货运代理公司的指定人员会对托运书进行审核，或称之为合同评审。审核的主要内容包括价格和航班日期等。目前，航空公司大部分采取自由销售方式。每家航空公司、每条航线、每个航班，甚至每个目的港均有优惠运价。这种运价会因货源、淡旺季等因素经常调整，而且各航空公司之间的优惠运价也不尽相同，有时候由于更换航班，运价也随之变换。

需要指出的是，货运单上显示的运价虽然与托运书上的运价有联系，但相互之间有很大区别。货运单上显示的是 TACT 上公布的适用运价和费率，托运书上显示的是航空公司优惠运价加上杂费和服务费或是协议价格。托运书的价格审核就是判断其价格是否能被接受、预定航班是否可行。审核人员必须在托运书上签名并写上日期以示确认。

二、国际航空运输货运单

（一）航空货运单的概念

航空货运单（简称航空运单）是由托运人或者以托运人名义填制的，托运人和承运人之间在承运人的航线上运输货物所订立的运输契约。它是航空货运中的一种重要单据，但不代表货物所有权，是不可以议付的单据。

航空货运单既可用于单一种类的货物运输，也可用于不同种类货物的集合运输；既可用于单程货物运输，也可用于联程货物运输。航空货运单不可转让，属于航空货运单所属的空运企业。

（二）航空货运单的性质

（1）承运合同：航空货运单是发货人与承运人之间的运输合同，并在双方共同签署后产生效力；

(2) 货物收据：航空货运单是承运人签发的已接收货物的证明，除非另外注明，它也是承运人收到货物并在良好条件下装运的证明；

(3) 运费账单：航空货运单上分别记载着发、收货人应负担的费用和属于代理的费用，是承运人据以核收运费的账单；

(4) 报关单证：航空货运单是必备的报关单证之一，也是海关最后检查放行的基本单证；

(5) 保险证书：如果承运人承办保险，航空运货单也可用来做保险书；

(6) 内部业务的依据：航空运货单是承运人内部业务的依据。

(三) 航空运单的作用

(1) 航空运单是发货人与航空承运人之间缔结的运输合同，必须由双方或双方当事人共同签署后方能生效。与海运提单不同，航空运单不仅证明航空运输合同的存在，而且航空运单本身就是发货人与航空运输承运人之间缔结的货物运输合同，并在货物到达目的地交付给运单上所记载的收货人后失效。

(2) 航空运单是承运人或其代理人签发的收到货物的证明即货物收据。在发货人将货物交给承运人或其代理人后，承运人或其代理人就会将航空运单中的"发货人联"交给发货人，作为已经接收货物的证明。在承运人没有另外注明的情况下，航空运单即是承运人收到货物并在良好条件下装运的证明。

(3) 航空运单是承运人交付货物和收货人核收货物的依据。航空运单的正本一式三份，每份都印有背面条款，第一份为蓝色，交发货人保存，是承运人或其代理人接收货物的依据；第二份为绿色，由承运人留存，作为内部记账凭证；第三为粉红色，随货同行，在货物到达目的地，交付给收货人时作为核收货物的依据。此外，航空运单还有多于六份的副本，其中黄色副本是提货收据，由收货人在提货时签字后留存到达站备查；其余的副本均为白色，分别给代理人、第一、第二、第三承运人和目的港有关业务之用。

(4) 航空运单的正本可作为承运人的记账凭证，是承运人据以核收运费的账单。航空运单分别记载着发收货人所负担的费用和代理费用，并详细地列明费用的种类、金额，因此可作为运费账单和发票。

(5) 航空运单是货物出口时的报关单证之一，也是货物到达目的地机场进口报关时海关进行检查时的基本依据。

(6) 航空运单是承运人承办保险或发货人要求承运人代办保险时的保险证书。办完保险的航空运单称为红色航空运单。

(四) 航空运单的构成

我国国际航空运单由一式十二联组成，包括三联正本（正本的背面印有运输条款）、六联副本和三联额外副本。航空运单各联的分布如表 9-3 所示。

表 9-3　　航空运单的构成

序号	名称及分发对象	颜色
A	Original3（正本 3，给托运人）	浅蓝色
B	Copy9（副本 9，给代理）	白色
C	Original（正本 1，交给航空公司）	浅绿色

续　表

序号	名称及分发对象	颜色
D	Original（正本 2，给收货人）	粉红色
E	Copy4（副本 4，提取货物收据）	浅黄色
F	Copy5（副本 5，给目的地机场）	白色
G	Copy6（副本 6，给第三承运人）	白色
H	Copy7（副本 7，给第二承运人）	白色
I	Copy8（副本 8，给第一承运人）	白色
J	Extra Copy（额外副本，供承运人使用）	白色
K	Extra Copy（额外副本，供承运人使用）	白色
L	Extra Copy（额外副本，供承运人使用）	白色

(五) 航空运单的分类

航空运单主要分为两大类：

1. 航空主运单（Master Air WayBill，MAWB）

主运单是由航空运输公司签发的航空运单。它是航空公司和航空货运代理公司之间订立的运输合同，是航空运输公司据以办理货物运输和交付的依据，每一批航空运输的货物都有自己相对应的航空主运单。

2. 航空分运单（House Air WayBill，HAWB）

航空分运单又称“小运单”，是航空货运代理公司在办理集中托运业务时签发的航空运单。在集中托运的情况下，航空货运代理公司把从各个托运人那里收到的各小批量货物集中办理托运，航空运输公司集中托运物资为一大件。代理公司为方便工作，就另发给委托人自己签发的分运单，即航空分运单。

航空主运单是航空运输公司与航空货运代理公司之间签订的货物运输合同，合同双方为集中托运人和航空运输公司；而航空分运单是航空货运代理公司与托运人之间的货物运输合同，合同双方分别为货主和航空货运代理公司。货主与航空运输公司没有直接的契约关系。在起运地由航空货运代理公司将货物交付航空运输公司，在目的地再由航空货运代理公司或其代理从航空运输公司处提取货物，然后转交给收货人。但航空分运单具有与航空主运单相同的法律效力，只是由航空货运代理公司承担货物的全程运输责任。其关系如图 9-4 所示。

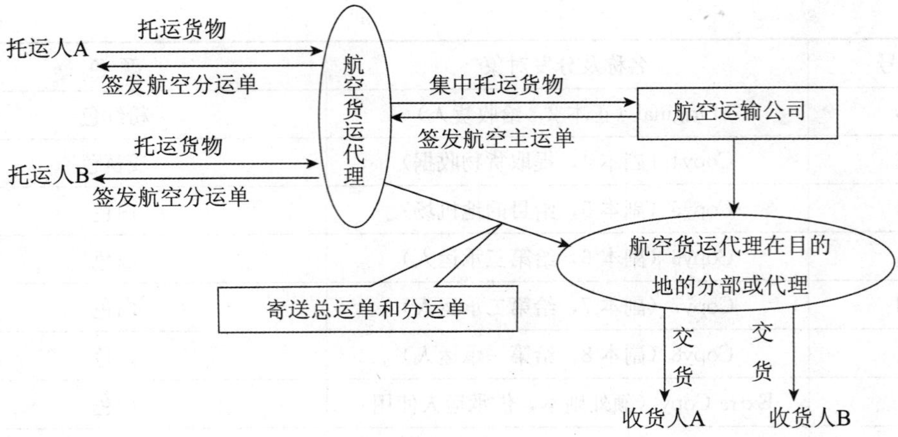

图 9－4 航空总运单与分运单的关系

（六）航空货运单的填写

航空货运单一般由承运人根据托运人填写并签字的托运书填制。在没有相反证据的情况下，应当视为代托运人填写，托运人对货运单内容的正确性负责，承担法律后果。国际航空主运单填写说明如表 9－4 所示。

表 9－4 国际航空主运单填写说明

序 号	项 目	说 明
1	托运人名称和地址（Shipper's Name and Address）	详细填写托运人全名，地址应详细填明国家城市、门牌号码及电话号码
2	托运人账号（Shipper's Account Number）	有必要时填写
3	收货人名称和地址（Consignee's Name and Address）	详细填写收货人全名，地址应详细填明国、城市、门牌号码及电话号码。此栏不得出现"The Other"字样
4	收货人账号（Consignee's Account Number）	有必要时填写
5	始发站，第一承运人地址及所要求的线路（Airport of Departure（Address of First Carrier）and Requested Routing）	填写如发站城市的英文全称
6	路线和目的站（Routing and Destination）	由民航填写经由的航空路线
7	货币（ Currency ）	填写运单上所用货币代码
8	运费/声明价值费（WT/VAL）、其他费用(Other)。选择预付或到付。并在选择付费方式栏内作"×"记号	预付费用包括预付的运费总额、声明价值附加费、税金、代理人需要产生的其他费用、承运人需要产生的其他费用。到付费用包括到付运费总额、声明价值附加费、税金、分别属于代理人与承运人需要产生的其他到付费用。其他费用主要包括容器费（包括集装箱费）、中转费、地面运输费、保管费与制单费等

续　表

序　号	项　目	说　明
9	托运人向承运人声明的货物价值（Declared Value for Carriage）	填写托运人在运输货物时声明货物的价值总数。如托运人不需办理声明价值，则填写“NCS”
10	托运人向目的站海关声明的货物价值（Declared Value Customs）	填写托运人向海关申报的货物价值。托运人未声明价值时，必须填写“NCV”
11	目的站（Airport of Destination）	填写目的站城市的英文全称，必要时注明机场和国家名称
12	航班/日期（Requested Flight/Date）	填写已订妥的航班日期
13	保险金额（Amount of Insurance）	托运人委托航空公司代办保险时填写
14	处理情况（Handling Information）	本栏填写下列内容：货物上的喷头标记、号码和包装等；通知人的名称、地址、电话号码；货物在途中需要注意的特殊事项；其他需要说明的特殊事项；运往美国商品的规定
15	件数（No. of Pieces/RCP）	各种货物运价不同时，要分别填写，总件数另行填写
16	毛重（Gross Weight）	质量单位（kg/lb）为“千克”，分别填写时，另行填写总质量
17	运价类别（Rate Class）	用 M、N、Q、C、R 或 S 分别代表起码运费、45 千克以下普通货物运价、指定商品运价、附减运价（低于 45 千克以下普通货物运价的等级运价）、附加运价（高于 45 千克以上普通货物运价的等级运价）
18	品名编号（Commodity Item Number）	指定商品运价则填写其商品编号；按 45 千克以下普通货物运价的百分比收费的，则分别填写具体比例
19	货物品名及体积（Nature and Quantity of Goods）	货物体积按长、宽、高的顺序，以厘米为单位填写最大的长、宽、高
20	托运人或其代理人签字（Signature of Shipper or his Agent）	表示托运人同意承运人的装运条款
21	运单签发日期（Executed on (Date)）	日期应为飞行日期，如货运单在飞行日期前签发，则应以飞行日期为货物装运期
22	承运人或其代理人签字（Sign of Issuing Carrier or its Agent）	有此签字，航空货运单才能生效

下面具体介绍航空主运单填写内容，航空主运单如样单 9－2 所示。

【样单 9－2】

航空主运单

999 ① 999-

Shipper's Name and Address ②	Shipper's Account Number ③	NOT NEGOTIABLE 中国民航 CAAC AIR WAYBILL(AIR CONSIGNMENT NOTE) ISSUED BY:THE CIVIL AVIATION ADMINISTRATION OF CHINA BEUING CHINA Copies 1,2 and 3 of this Air Waybill are originals and have the same validity
Consignee's Name and Address ④	Consignee's Account Number ⑤	It is agreed that the goods described herein are accepted in apparent goods order and condition (except as noted) for carriage SUBJECT TO THE CONDITIONS OF CONTRACT ON THE REVERSE HEREOF THE SHIPPER'S ATTENTION IS DRAWN TO THE NOTICE CONCERNING CARRIER'S LIMITATION OF LIABILITY,Shipper may increase such limitation of lability by declaring a higher value for carriage and paying a supplemental charge if required ISSUING CARRIER MAINTAINS CARGO ACCIDENT LIABILITY INSURANCE
Issuing Carrier's Agent Name and City ⑥		Accounting Information ⑩ 15B
Agent's IATA Code ⑦	Account No. ⑧	
Airport of Departure(Addr. of First Carrier)and Requested Routing ⑨		

to	By First Carrier / Routing and Destination	to	by	to	by	Currency	CHGS Code	WTNAL PPD	WTNAL COLL	Other PPD	Other COLL	Declared Value for Carriage	Declared Value for Customs
11A	11B	11C	11D	11E	11F	12	13	14A	14B	15A	15B	16	17

Airport of Destination	Filght/Date	For Carrier Use Only / Flight/Date	Amount of Insurance	INSURANCE if carrier offers insurance,and such insurance is requested in accordance with conditions on reverse hereof indicate amount to be insured infigure in box marked amount of insurance.
18	19A	19B	20	20B

Handling Information 21 20A

(for USA only)Those commodities licensed by U.S. for ultimare destination...Diversion contrary to U.S. law is prohibited

No.of Pieces/ RCP	Gross Weight	kg/ lb		Rate Class / Commodity Item No.	Chargeable Weight	Rate / Charge	Total	Nature and Quantity of Goods (Incl.Dimension or Volume)
22A	22B	22C	22D	22E	22F	22G	22H	22I
22J	22K						22L	

Prepaid	Weight Charge	Collect	Other Charges
24A		24B	23
25A	Valuation Charge	25B	
26A	Tax	26B	
27A	Total Other Charges Due Agent	27B	shipper certifies that the any particulars on the face hereof are correct and insofar as any part of the consignment cortains dangerous goods,such part is property condition for crriage by air according to the applicable,Dangerous Good Regulations. 31
28A	Total Other Charges Due Carrier	28B	Signature of Shipper or its Agent
29A		29B	
Total Prepaid 30A		Total Collect 30B	32A Executed on (Date) · 32B At(Place) · 32C Signature of Issuing Carrier or its Agent
Currency Conversion Rates 34A		CC Charges in Dest. Currency 34B	
For Carrier's Use only at Destination 33		Charges at Destination 34C	Total Collect Charges 34D · 999- ①

at (Place)

1. 始发站机场（AIRPORT OF DEPARTURE）❶

填国际航协（IATA）机场三字代号（如不知道机场名称，可填城市 IATA 三字代号（本栏内所填三字代号应与❾所填一致）。

2. 托运人（SHIPPER）

（1）托运人姓名和地址（SHIPPER'S NAME AND ADDRESS）❷

填本栏托运人的姓名、地址、国家（或国家两字代号）以及电话号、电传号或传真号。

（2）托运人的账号（SHIPPER'S ACCOUNT NUMBER）❸

本栏一般不填，除非填开货运单承运人需要。

3. 收货人（CONSIGNEE）

（1）收货人姓名和地址（CONSIGNEE'S NAME AND ADDRESS）❹

填本栏收货人的姓名/地址和国家（或国家两字代号）以及电话号、电传号或传真号。

（2）收货人的账号——仅供承运人使用（CONSIGNEE'S ACCOUNT NUMBER—FOR—CARRIER USE ONLY）❺

本栏一般不填，除非最后承运人需要。

4. 填开货运单承运人的代理人（ISSUING CARRIER'S AGENT）

（1）姓名和城市（NAME AND CITY）❻

——填承运人收取佣金的国际航协代理人的姓名和所在地（机场或城市）。

——根据货运代理机构管理规则，该佣金必须支付给目的地国家的一个国际航协代理人，则该国际航协代理人的姓名和所在地（机场或城市）必须填入本栏，冠以“收取佣金代理人”（COMMISSION－ABLE AGENT）字样。

（2）国际航协代号（IATA CODE）❼

——按照下列规定填写❶中所指货运代理人的国际航协代号。在非货账结算区（NON－CASS），填国际航协 7 位代号。

——在货账结算区（CASS），填国际航协 7 代号，后面是三位 CASS 地址代号和一个冠以 10 的 7 位代号的检查位。

（3）账号（ACCOUNT NUMBER）❽

本栏一般不填，除非填开货运单承运人需要。

5. 路线（ROUTING）

（1）始发站机场（第一承运人地址）和所要求的路线［AIRPORT OF DEPARTURE（Address of First Carrier）and REQUESTED ROUTING］❾

——填与❶中一致的始发站机场名称。

——填所要求的任意路线。

（2）路线和目的地（ROUTING AND DESTINATION）

——至（由第一承运人）TO（BY FIRST CARRIER）⓫A

填目的地机场或第一承运人转运点的 IATA 三字代号（当该城市有一个以上机场，不知道机场名时，可填城市名称）。

——由（第一承运人）BY（FIRST CARRIER）⓫B

填第一承运人的名称（全称或 IATA 两字代号）。

——至（由第二承运人）TO（BY SECOND CARRIER）⓫C

填目的地机场或第二转运点的 IATA 三字代号（当该城市有一个以上的机场，不知道机场名称时，可填城市名称）。

——由（第二承运人）BY（SECOND CARRIER）11D

填第二承运人的 IATA 两字代号。

——至（由第三承运人）TO（BY THIRD CARRIER）11E

填目的站或第三个转运点的 IATA 三字代号（当该城市有一个以上机场，不知道机场名称时，可填城市名称）。

——由（第三承运人）BY（THIRD CARRIER）11F

填第三承运人的 IATA 两字代号。

（3）目的地机场（AIRPORT DESTINATION）18

填最后承运人的目的地机场（当该城市有一个以上机场，不知道机场名称时，可填城市名称）。

（4）航班/日期——仅供承运人使用（FLIGHT/DATE—FOR CARRIER USE ONLY）A和B

本栏一般不填，除非参加运输各有关承运人需要。

6. 项（ACCOUNTING INFORMATION）10

参加运输各有关承运人，要求按下列规定填写财务事项：

（1）填支票或现金。

（2）使用旅费证（MCO）付款时，只接受作为货物运送的行李。本栏内应填入 MCO 号和兑换成货运单中货币的换取联价值（按需要也可以是从旅费证联中所减去的金额数）。此外还应填入客票号和所使用的航班号/路线。要注意代理人不得接受托运人使用 MCO 作为付款方式。

（3）货物由于无法交付退运时，应将原始货运单号填在为退运货物所填开新货运单的本栏内。

7. 货币（CURRENCY）12

（1）按照适用的运价规则，填适用于始发国的国际标准组织（ISO）货币三字代号。

（2）除"在目的地国家收费栏"（即33）外，货运单上所列明的金额均按本栏中所指货币。

8. 货币代号—仅用于承运人（CHARGES CODES—FOR CARRIER USE ONLY）13

本栏一般不填写。

9. 运费（CHARGES）

（1）运费/声明价值费（RATE/VALUATION CHARGES）14A和14B

——填在24A，25A或24B栏内的费用，必须分别地全部预付或部分到付。

——根据需要，在14A或14B栏内填入一个"×"符号。

（2）在始发站的其他费用（OTHER CHARGES AT ORIGIN）15A和15B

——填在27A（如适用），28A，27B，28B栏内的费用，必须分别地全部预付或全部到付。

——根据需要，在15A或14B栏内填入一个"×"符号。

——如果14A，14B，15A和15B与24A，24B，25A，25B，27A（如适用），27A，28A和28B中所填

内容相抵触时，应以后者为准。

10. 供运输用声明价值（DECLARED VALUE FOR CARRIAGE）⑯

——填托运人所指定的供运输的声明价值。

——如果没有声明价值，应在本栏内填入“NVD”。

11. 供海关用声明价值（DECLARED VALUE FOR CUSTOMS）⑰

本栏内可填托运人或其代理人所声明的供海关用的价值，也可填“NCV”（即不声明价值），或空着不填。

12. 保险金额（AMOUNT OF INSURANCE）⑳

——如果本栏内无阴影，并且填开该货运单的承运人提供此项服务，可将保险数额填入本栏。

——如果本栏内无阴影，并且填开该货运单的承运人不提供此项服务，或托运人不要求保险时，应在本栏内填入“×”符号。

13. 处理事项（HANDLING INFORMATION）㉑

本栏内只填写参加运输承运人所要求的处理事项。要求填写得尽量清楚、简明，使涉及该批货物的所有人员能够一目了然。

（1）危险货物

如果是危险货物，有两种情况，一种是需要附托运人的申报单，则本栏内应填“DANGEROUS GOOD AS RER ATTACHED SHIPPER'S DECLARATION”字样，对于要求装货机上的危险货物，还应再加上“CARGO AIRCRAFT ONLY”字样。另一种是属于不要求附申报单的危险货物，则应在本栏内填入“SHIPPER'S DECLARATION NOT REQUIRED”字样。

（2）特殊事项

下列情况应参照第14项的规定（即一批货物中如有危险货物，也有非危险货物时，就分列，但危险货物必须列在第一项）。

——不要求托运人申报单的危险货物；

——除外的放射性物质；

——除外数量的危险货物；

——声称按“不受限制”类别的货物。

（3）其他事项

其他处理事项尽可能地使用“货物交换电报程序”（CARGO—IMP）中的代号和简语，例如：

——货物上的标志和号码以及包装方法；

——除收货人外的另请通知人姓名、地址、国家（或国家两字代号）以及电话号、电传号或传真号；

——货运单所附文件，如托运人的动物证明“SHIPPER'S CERTIFICATION FOR LIVE ANIMAL”；

——所要求的特别处理事项。

14. 货物运价细目（CONSIGNMENT RATING DETAILS）㉒A至㉒L

一批货物中如含两种或两种以上按不同运价类别计费的货物应分别填写，每填一项另起一行，如果含有危险货物，该危险货物应列在第一项。填写每项的详细说明见下文14

(1) 至 (13) 项。

(1) 件数/运价组成点（NUMBER OF PIECES/RCP） 22A

——填该适用运价项货物的件数。

——如 22G 中所填运价或运费为组成运价或运费，则在另起一行的本栏内填该运价组成点的 IATA 城市三字代号。

(2) 毛重（GROSS WEIGHT） 22B

填该适用运价项货物件数的毛重。

(3) 千克/磅（KG/LB） 22C

就所使用的重量单位（K 或 L）填在第一项运价行内。

(4) 货物品名 22I

本栏一般不填。若有需要，填入下列代号之一。

B——公务货物（SERVICE SHIPMENT）

C——公务物资（COMPANY MATERIAL）

D——门到门服务（DOOR TO DOOR SERVICE）

J——优先服务（PRIORITY SERVICE）

P——小件货服务（SMALL PACKAGE SERVICE）

T——包机（CHARTER）

(5) 运价类别（RATE CLASS） 22D

按需要，填入下列代号之一。

M（Minimum Charge）低运费

N（Normal Rate）一般运价

Q（Quantity Rate）折扣运价

C（Specific Commodity Rate）指定商品运价

R（Class Rate Reduction）折扣等级运价

S（Class Rate Surcharge）附加等级运价

U（Unit Load Device Basic Charge or Rate）集装设备基础运费或运价

E（Unit Load Device Additional Rate）集装设备另加运价

X（Unit Load Device Additional Information）集装设备附加项 Y（Unit Load Device Discount）集装设备折扣

(6) 商品品名编号（COMMODITY ITEM NUMBER） 22E

本栏应按下列要求填写：

——如果某一指定商品运价适用，该商品的品名编号应填在标有“C”代号同一行的本栏内。

——如果某一折扣等级运价适用，该项所适用的运费或运价的百分比应填在标有“R”代号同一行的本栏内，冠以该适用运费或运价的类别代号（例如在普通货物 45kg 以下运价基础上折扣百分之三十三，应用 N67 表示）。

——如果某一附加等级运价适用，该所适用的运费或运价的百分比应填在标有“S”代号同一行的本栏内，冠以该适用运费或运价的类别代号（例如最低运费附加百分之五十，应用 M150 表示）。

（7）计费重量（CHARGEABLE WEIGHT）22F

按适用运用运价规则计算出的适用的计费重量。

（8）运价/运费 RATE/CHARGE 22G

该适用的运价或运费应按下列要求填入。

——如果某一最低运费适用，该运费应填表在标有“M”代号同一行的本栏内。

——如果某一普通货物 45kg 以下运价适用，该每一重量单位的适用运价应填在标有“N”代号同一行的本栏内。

——如果某一折扣运价适用，该每一重量单位的适用运价应填表在标有“Q”代号同一行的本栏内。

——如果某一指定商品运价适用，该每一重量单位的适用运价应填在标有“Q”代号同一行的本栏内。

——如果某一折扣等级运价适用，该每一重量单位的适用运价或该批货物的适用运费应填表在标有“R”代号同一行的本栏内。

——如果某一附加等级运价适用，该每一重量单位的适用运价或该批货物的适用运费应填在标有“S”代号同一行的本栏内。

（9）总计（Total）22H

为每项货物所计得的总运费应填在同一行的本栏内。

（10）货物品名和数量（包括尺寸或体积）［NATURE AND QUANTITY OF GOODS（INCL. DIMENSION OR VOLUME）］22I

本栏应按要求填写，尽可能地清楚、简明，使涉及该批货物的所有人员能够一目了然。

——组成本批货物的一批货物中含有危险货物和非危险货物时，必须分列，危险货物应列在第一项。

——运输危险货物按照 IATA DANGEROUS GOODS REGULATIONS（国际航协危险货物规定）中有关规定办理。

——运输动物应按 IATA Live Animal Regulation（国际航协动物规定）中有关规定办理。

——对于集合货物，本栏内应填“Consolidation as per Attached List”（集合货物，按所附的每一票）。

——按照适用的运价规则，如果体积重量用于计费重量时，本栏内应填入测量单位的最大长度、最大宽度、最大高度和有关件数或体积和所测量的单位。

——本栏内所填实际件数与 22A 中不同时，应在实际件数后面加上“SLAC”（Shipper's Load and Count）字样。

——可将货物的产地国填入本栏。

（11）总件数（TOTAL NUMBER of PIECES）22J

如 22A 中所填件数超过一组时，应将总件填入本栏。

（12）总重量（TOTAL GROSS WEIGHT）22K

如 22B 中所填表重量超过一组时，应将总件数填入本栏。

（13）总计（TOTAL）22L

当中所填费用超过一组时，应将费用总计数填入本栏。

15. 其他费用（OTHER CHARGES）㉓

（1）填始发站发生的其他费用，按全部预付或全部到付。也可填途中或目的地发生的费用，按全部预付或全部到付。作为到付的其他费用，应视为“代垫付款”，按代垫付款规定办理。在途中或目的地发生的费用只能到付。按㉝规定办理。

（2）填除税收外的其他费用种类和金额。

（3）填“其他费用”金额时，应冠以下列代号：

AC（Animal Container）动物容器租费；

AS（Assembly Service Fee）集中货物服务费；

AT（Attendant）押运员服务费；

AW（Air Waybill）货运单费；

BR（Bank Release）银行放行；

DB（Disbursement Fee）代垫付款手续费；

DF（Distribution Service Fee）分发服务费；

FC（Charges Collect Fee）运费到付手续费；

GT（Government Tax）政府捐税；

HR（Human Remains）尸体、骨灰附加费；

IN（Insurance Premium）代保险服务费；

LA（Live Animals）动物处理费；

MA（Miscellaneous—Due Agent）代理人收取的杂项费用（如无其他代号可用）；

MZ（Miscellaneous—Due Issuing Carrier）填开货运单承运人收取的杂项费用（如无其他代号可用）；

PK（Packaging）包装服务费；

RA（Dangerous Goods Surcharge）危险品处理费；

SD（Surface Charge－destination）在目的地的地面运输费；

SJ（Stop in Transit）中途停运费；

SO（Storage Origin）在始发站的保管费；

SR（Storage Destination）在目的地的保管费；

SU（Surface Charge）地面运输费；

TR（Transit）过境费；

TX（Taxes）捐税；

UH（ULD Handling）集装设备操作费。

承运人收取的其他费用用“C”表示，代理人收取的其他费用用“A”表示。

如 AWC 表示货运单费为承运人所收取，AWA 表示货运单费为代理人所收取。

（4）将㉓中各项其他费用总金额填入(27A)（如适用）(27B)，(28A)或(28B)。

（5）如果货物由于无法交付而迟运，原货运单上所列明的费用，应向原收货人收取，而未收取的各项费用填入新填开的货运单的本栏内。

16. 预付（PREPAID）

（1）预付运费（Prepaid Weight Charge）(24A)

——按重量/体积所计得的航空运费，本栏内所填金额数应与(22H)或(30B)中所填一致；

——所填按重量/体积计得的航空运费，声明价值费和税款按全部预付或全部到付。

（2）预付声明价值费（Prepaid Valuation Charge） 25A

——如适用，填入声明价值费，该声明价值费用的收取是按 16 中所填供运输用的声明价值金额数以及适用的运价规则而确定的；

——所填按重量/体积计得的航空运费，声明价值费和税款按全部到付。

（3）预付税款（Prepaid Tax） 26A

——本栏内如无阴影，可填入适用的税款；

——所填按重量/体积计得的航空运费，声明价值费和税款按全部预付或全部到付；

——有关税款事项不得填入 25A 和 25B 栏中。

（4）到付的其他费用总额（Total Other Prepaid Charge）

填 23 中所填预付的各项其他费用总金额。

——供代理人（Due Agent） 27A

本栏一般不填；

——供承运人（Due Carrier） 28A

填 23 的供承运人的其他费用总金额；

——未命名栏（Untitled Box） 29A

本栏一般不填，除非填开货运单承运人需要；

——预付总计（Total Prepaid） 30A

填所有的预付费用总金额，如按重量/体积计得的航空运费，声明价值费，供承运人折其他费用，以及如适用，填入税款和供代理人的其他费用。

17. 到付（COLLECT）

（1）到付运费用（Collect Weigth Charge） 24B

——填按重量/体积所计的航空运费，本栏内所填金额应 22H 与 22B 或中所填一致；

——所填 A 按重量/体积计得的航空运费，声明价值费和税款按全部预付或全部到付。

（2）到付声明价值费（Collect Valuation Charge） 25B

——如适用，填声明价值费，该费用的收取是根据 16 中所填供运输用的声明价值金额数以及适用的运价规则而确定的；

——所填按重量/体积计得的航空运费，声明价值费和税款按全部预付或全部到付。

（3）到付税款（Collect Tax） 26B

——本栏内如无阴影，可填入适用的税款；

——所填按重量/体积计得的航空运费，声明价值费和税款按全部预付或全部到付；

——有关税款事项不得填表入 25A 和 25B 栏中。

（4）到付的其他费用总金额（Total Other Collect Charges）

填 23 中所填到付的各项其他费用总金额。

——供代理人（Due Agent） 27B

填 23 中供代理人代垫付款的总金额；

——供承运人（Due Carrier） 28B

填 23 中供承运人代垫付款的总金额。

（5）未命名栏（Untitled Box） 29B

本栏一般不填，除非填开货运单承运人需要。

（6）到付总计（Total Collect） 30B

填所有的到付费用总金额，如按重量/体积计算的航空运费，声明价值费，供承运人和供代理人的其他到付费用，如适用，也包括填入税款。

18. 托运人的证明栏（SHIPPER'S CERTIFICATION BOX） 31

托运人或其代理人应在本栏内的"Signature of Shipper or His AGENT"处签字（打印或盖章均可），如根据搬运人已经签了字的托运书填制货运单，承运人或其代理人可代表托运人签字。

19. 承运人的填写栏（CARRIER'S EXECUTION BOX）

（1）填开日期［Executed on（Date）］ 32A

按日、月、年的顺序填入货运单的填开日期，月份可用缩写或全称。

（2）填开地点（At Place） 32B

填入填开货运单的地点（机场或城市）。

（3）填开货运单承运人或其代理人签字 Signature of Issuing Carrier or Agent） 32C

填开货运单承运人或其代理人在本栏内签字。

20. 仅供承运人在目的地使用（For Carrier's Use only at Destination） 33

本栏不填。

21. 用目的地货币付费

承运人可在正本 2（收货人联）中按下列填写：

（1）货币兑换比价（Currency Conversion Rate） 34A

填目的地货币代号，后面是换算比价。

（2）用目的地货币付费（Collect Charges in Destination Currency） 34B

将 34B 中所列到付总金额，使用 34A 中倒换算比价拆成的目的地货币金额数填入本栏。

（3）在目的地的费用（Charges at Destination） 34C

最后承运人将目的地发生的费用金额包括利息等（自然增长的）填入本栏。

（4）总的到付费用（Total Collect Charges） 34D

填 34B 和 34C 栏内费用的合计总数。

三、国际航空运输出口业务单证

国际航空运输出口货物所需的单证主要是指报关单证。它大致可分为两类：基本单证和证明货物合法出口的各种批准文件。前者为所有货物出口所必需的单证，后者取决于出口货物的类别及其贸易方式。

下面将分别介绍货物出口所需的主要单证及其使用范围。

(一) 基本单证

1. 出口货物报关单（格式见样单 9－3）

【样单 9－3】

中华人民共和国海关出口物报关单

预录入编号：　　　　　　　　　　　　　　海关编号：

出口口岸		备案号	出口日期	申报日期
经营单位		运输方式	运输工具名称	提运单号
发货单位		贸易方式	征免性质	结汇方式
许可证号	运抵国（地区）	指运港	境内货源地	
批准文号	成交方式	运费	保费	杂费
合同协议号	件数	包装种类	毛重（千克）	净重（千克）
集装箱号	随附单据		生产厂家	
标记唛码备注				
项号　商品编号　商品名称　规格型号　数量及单位　最终目的国（地区）单价　总价　币制　征免				
税费征收情况				
录入号　录入单位		兹声明以上申报无讹并承担法律责任	海关审单批注及放行日期（签章）	
报关员			审单　审价	
单位地址		申报单位（签章）	征税　统计	
邮编　电话		填制日期	查验　放行	

出口报关单一般由发货人自己填写。其基本格式和需要填写的项目与进口报关单相同，只是出口报关单上应注明出口收汇核销单的编号。

一般出口货物需填写报关单一式两份，出口转关货物需要填写报关单一式三份，需要由海关核销的货物，应再增加一份，并使用专用报关单。

2. 国际货物托运书（格式见样单 9－4）

【样单 9－4】

中国国际航空公司
(AIRCHINA)
国际货物托运书
SHIPPER'S LETTER OF INSTRUCTION

货运单号码
NO. OF AIR WAY BILL：

托运人姓名及地址 SHIPPER'S NAME AND ADDRESS	托运人账号 SHIPPER'S ACCOUNT NUMBER	供承运人用 FOR CARRIER USE ONLY	
		航班/日期 FLIGHT/DAY	航班/日期 FLIGHT/DAY
收货人姓名及地址 CONSIGNEE'S NAME AND ADDRESS	收货人账号 CONSIGNEE'S ACCOUNT NUMBER	已预留吨位 BOOKED	
代理人的名称和城市 ISSUING CARRIER' S AGENT NAME AND CITY		运费 CHARGES	
始发站 AIRPORT OF DESTINATION		ALSO NOTIFY:	
到达站 AIRPORT OF DESTINATION			

托运人声明价值 SHIPPER'S DECLARED VALUE		保险金额 AMOUNT OF INSURANCE	所附文件 DOCUMENTS TO ACCOMPANY AIR WAY BILL
供运输用 FOR CARRIAGE	供海关用 FOR CUSTOMS		

处理情况(包括包装方式、货物标志及号码等)
HANDLING INFORMATION(INCL. METHOD OF PACKING IDENTIFYING MARKS AND NUMBERS.ETC.)

件数 NO.OF PACKAGES	实际毛重千克(公斤) ACTUAL GROSS WEIGHT(kg)	运价类别 RATE CLASS	收费重量千克(公斤) CHARGEABLE WEIGHT(kg)	费 率 RATE/CHARGE	货物品名及数量(包括体积或尺寸) NATURE AND QUANTITY OR GOODS (INCL. DIMENSIONS OF VOLUME)

托运人证实以上所填全部属实并愿遵守承运人的一切载运章程

THE SHIPPER CERTIFIES THAT THE PARTICULARS ON THE FACE HEREOF ARE CORRECT AND AGEES TO THE CONDITIONS OF CARRIAGE OF THE CARRIER

托运人签字　　日　期　　经手人　　日　期

SIGNATURE OF SHIPPER　　DATE　　AGENT　　DATE

国际货物托运书由发货人填写。主要项目有：托运人名称、地址及账号，收货人名称、地址及账号，代理人名称及城市名称，货物的始发站、到达站、件数、重量及包装方式等。托运书应有发货人签字、盖章。

3. 发票与装箱单

发票上应注明发货人和收货人的名称和地址，货物的品名、原产国别、声明价值，价格条件，货币名称等。发票需由发货人签字盖章。装箱单上应有每箱货物的箱号、重量、体积及唛头标志，每箱内装的件数及其品名。

4. 合同副本

即发货人与国外进口商签订的贸易合同的复印件或影印件。

5. 航空运单

航空运单（Air Waybill 或 Master Air Waybill）是航空运输中最重要的单据，它是承运人出具的一种运输合同，但它不能作为物权凭证，因而是一种不可议付的单据。

航空运单有 3 联正本和 6 份以上的副本。第 1 联正本交发货人，是承运人收到货物后出具的收据；第 2 联由承运人留存作为记账凭证；第 3 联作为随机单据与货同行，到目的地后交收货人作为核收货物的依据。航空运单的主要作用可以从航空运单的各项内容中体现出来。

(1) 承运合同。航空运单正本的背面印有承运条款，所以航空运单一经发出，即可作为签署承运合同的书面证据。

(2) 接收货物的证明。当货物出运后，承运人即将航空运单的第 1 联正本交给发货人，作为接收货物的证明。

(3) 运费账单。航空运单上分别记载着收、发货人应负担的费用和属于代理的费用，因此，航空公司将第 2 联正本运单留存作为运费账单和发票。同时，货运代理之间的费用结算也以航空运单作为凭证。

(4) 报关单证。第 3 联运单正本由航空公司随机带交收货人或目的地指定的货运代理公司，以便后者核收货物，同时可作为向目的地海关报关的基本单证和海关验放的主要凭证。

(5) 保险证书。如果承运人承办保险或发货人要求承运人代办保险，航空运单即可作为保险证书。

(6) 承运人内部业务交接的依据。承运人必须根据运单上记载的各项内容办理货物的发货、转运、交付等事宜。如果货物出现漏发、错发等情况，航空运单是查询和办理交涉的主要依据。

空运出口货物若采取集中托运的方式发运，除航空公司将出具并签发空运总运单外，航空货运代理公司还将为每票货物的收货人出具航空分运单。

航空分运单共有正本 3 联、副本 12 联。第 1 联正本交发货人，第 2 联正本由货运代理公司留存，第 3 联正本随货同行交收货人。副本分别作为报关、财务结算和国外代理办理中转分拨等之用。

附中国国际航空公司航空运单（格式见样单 9－5）和中外运空运发展股份有限公司航空分运单（格式见样单 9－6）。

【样单9－5】

中国国际航空公司国际航空货运单

Shipper's Name and Address	Shipper's Account Number.	Not Negotiable Air Waybill Issued by 中国国际航空公司 AIR CHINA
		Copies 1,2 and 3 of this Air Waybill are originals and have the same validity
Consignee's Name and Address	Consignee's Account Number	In is agreed that the goods described herein are accepted for carriage in apparent good ovder and condition (except as noted) and SUBJECT TO THE CONDTTIONS OF CONTRACT ON THE REVERSE ANY OTHER CARRIER UNLESS SPECIFIC CONTRARY INSTRUCTIONS ARE GIVEN HEREON BY THE SHIPPER.THE SHIPPER'S ATTENTION IS DBAWN TO THE NOTICE CONCERNNING CARRIES'SLIMITATION OF LIABILITY Shiper may incerease such limitation of liablilty by declaring a higher value for carriage and paying a supplemental charge if required
Issuing Carrier's Agent Name and City		Accounting Information
Agent's IATA Code	Account No.	
Airport of Departure(Addr.of First Carrier)and Requested Routing		

To	By First Carier	Routing and Destination	to	by	to	by	Currency	CHGS Code	WTNAL PPD	WTNAL COLL	Other PPD	Other COLL	Declared Value for Cariage	Declared Value for Customs

Airport of Destination	Flight/Date	For Carrier Use Only	Flight/Date	Amount of Insurance	INSURANCE-if carrier offers insurance. and such insurance is requested in accordance with the conditions thereot. indicate amount to be insured in figures in box marked "Amount of Insurance"

Handing Information

(For USA noly)These commodities licensed by U.S.for ultimate destination　　Diversion contrary to U.S.law is prohibited

No.of Pieces RCP	Gross Weight	kg/lb	Rate Class	Commodity Item No.	Chargeable Weight	Rate/Charge	Total	Nature and Quantity of Goods (incl.Dimensions or Volum)

Prepaid	Weight Charge	Collect	Other Charges
	Valuation Charge		
	Tax		
	Total Other Charges Due Agent		Signature certifies that the particulars on the face hereof are correct and that insofar as any part of the Consignment contains dangerous goods,such part is properly described by name and is in proper condition for carriage by air according to the applicable Dangerous Goods Regulations.
	Total Other Charges Due Carrier		Signature of Shipper of his Agent
Total Prepaid		Total Collect	
Currency Conversion Rates		CC Charges in Dest. Currency	Executed on(date)　at(place)　Signature of Issuing Carrier or its Agent
For Carrier's Use only at Destnation		Charges at Destination	Total Collect Charges

QRIGINAL 3（FOR SHIPPER）A

【样单 9－6】

中外运空运发展股份有限公司国际航空分运单

Shipper's Name and Address | Shipper's Account Number

Not negotiable
Air Waybill
Issued by

SINOTRANS DEVELOPMENT

IATA 中外运空运发展股份有限公司
SLNOTRANS AIR TRANSPOKTATION DEVELOPMENT CO., LTD

Consignee's Name and Address | Consignee's Account Number

Copies 1,2 and 3 of this Air Waybill are originals and have the same validity

In is agreed that the goods described herein are accepted for carriage in apparent good ovder and condition(except as noted)and SUBJECT TO THE CONDTTIONS OF CONTRACT ON THE REVERSE HEREOF.ALL GOODS MAY BE CARRIED BY ANY OTHER MEANS INCLUDING ROAD OR ANY OTHER CARRIER UNLESS SPECIFIC CONTRARY INSTRUCTIONS ARE CIVEN HEREON BY THE SHIPPER.THE SHIPPER'S ATIENTION IS DRAWN TO THE NITICE CONCERNING CARRIER'S LIMITATION OF LIABILITY. Shiper may incerease such limitation of liablilty by declaring a higher value for carriage and paying a supplemental charge if required.

Issuing Carrier's Agent Name and City

Accounting Information

Agent's IATA Code | Account No.

Airport of Departure (Addr.of First Carrier) and requested Routing

To	By First Carier	Routing and Destination	to	by	to	by	Currency	Chgs Code	WTNAL PPD	WTNAL COLL	Other PPD	Other COLL	Declared Value for Cariage	Declared Value for Customs

Airport of Destination | Flight/Date | For Carrier Use Only | Flight/Date | Amount of Insurance

INSUEANCE if carrier offers insurance. and such insurance is requested in accordance with conditions on reverse hereof indicate amount to be insured in figures in box marked "Amount of Insurance"

Handing Information

No.of Pieces RCP	Gross Weight	kg/lb	Rate Class / Commodity Item No.	Chargeable Weight	Rate / Charge	Total	Nature and Quantity of Goods (incl.Dimensions or Volum)

Prepaid	Weight Charge	Collect	Other Charges
Valuation Charge			
Tax			
Total Other Charges Due Agent			Signature certifies that the particulars on the face hereof are correct and that insofar as any part of the Consignment contains dangerous goods, such part is properly described by name and is in proper condition for carriage by air according to the applicable Dangerous Goods Regulations.
Total Other Charges Due Carrier			
			Signature of Shipper or his Agent
Total Prepaid		Total Collect	
Currency Conversion Rates		CC Charges in Dest. Currency	
			Executed on(date) at(place) Signature of Issuing Carrier or its Agent
For Carrier's Use only at Destnation		Charges at Destination	Total Collect Charges

QRIGINAL 3（FOR SHIPPER）

（二）法定单证

1. 商检证明

出口货物的商检证明在两种情况下需要：一是国家为维护出口商品质量，而规定某些商品出口必须经过商检机构检验并出具检验证书，此为法定商检，具体可参阅海关总署公布的海关税则归类目录；二是进口商为保证商品质量而要求出具的商检证书，即合同商检。

属于法定商检的出口商品包括：①《中华人民共和国进出口商品检验条例》规定的出口商品；②《中华人民共和国食品卫生法》规定应实施检疫的动植物产品；③《中华人民共和国动植物检疫条例》规定应实施检疫的动植物产品。

另外，危险品和易腐烂变质的食品出口时，其包装也应经商检机构检验并发给合格证书后，方能出口。

该类产品出口报关前，先报请出入境检验检疫机构实施检疫，海关凭出入境检验检疫机构签发的证书验放。属于合同商检的出口商品，也应在出口报关前报请商检机构对商品的品质、规格、重量、数量、包装以及卫生条件等进行检验，凭商检机构出具的检验证书向海关办理报关手续，见样单 9－7。

商检证书是出口业务中十分重要的单证，使用范围非常广泛。

2. 出口许可证

凡出口国家限制出口的商品，均应向出境地海关交验出口许可证。实行出口许可证管理的商品主要有：珍贵稀有野生动植物及其制品、文物、金银制品、精神药物、音像制品、重要的原材料、贵金属等。某些属于进口许可管理的商品也需要出口许可证。具体可参阅海关总署公布的海关税则归类目录。出口许可证的申领办法和审批部门与进口许可证相同。

3. 出口收汇核销单

出口收汇管理办法是保证出口外汇收缴国家而采取的一种行政管理手段。

出口收汇核销单由出口单位向当地外汇管理部门申领，出口报关时交出境地海关审核。核销单上必须加盖外汇管理部门印章和出口单位的公章。

4. 配额许可证

一些进口国对从我国进口的某种商品进行数量和品种的限制，如纺织品等。因此，向上述国家出口实行配额管理的商品时，必须向对外经济贸易管理部门申领出口配额许可证。

5. 登记手册

凡以来料加工、进料加工、补偿贸易等方式出口的货物，均需向海关交验《登记手册》。

【样单 9－7】

中华人民共和国出入境检验检疫出境货物报检单

报检单位（加盖公章）：　　　　　　　　　　　　＊编　号＿＿＿＿＿＿

报检单位登记号：　　　　联系人：　　　　电话：　　　　报检日期：　　年　月　日

发货人	（中文）				
	（外文）				
收货人	（中文）				
	（外文）				
货物名称（中/外文）	H.S. 编码	产地	数/重量	货物总值	包装种类及数量

运输工具名称号码		贸易方式		货物存放地点	
合同号		信用证号		用途	
发货日期		输往国家（地区）		许可证/审批号	
启运地		到达口岸		生产单位注册号	
集装箱规格、数量及号码					

合同、信用证订立的检验检疫条款或特殊要求	标记及号码	随附单据（划“√”或补填）	
		□合同	□包装性能结果单
		□信用证	□许可/审批文件
		□发票	□
		□换证凭单	□
		□装箱单	□
		□厂检单	□

需要证单名称（划“√”或补填）		＊检验检疫费	
□品质证书　＿正＿副	□植物检疫证书　＿正＿副	总金额（人民币元）	
□重量证书　＿正＿副	□熏蒸/消毒证书　＿正＿副		
□数量证书　＿正＿副	□出境货物换证凭单　＿正＿副		
□兽医卫生证书　＿正＿副	□	计费人	
□健康证书　＿正＿副	□		
□卫生证书　＿正＿副	□	收费人	
□动物卫生证书　＿正＿副	□		

报检人郑重声明：	领取证单	
1. 本人被授权报检。 2. 上列填写内容正确属实，货物无伪造或冒用他人的厂名、标志、认证标志，并承担货物质量责任。	日期	
签名：＿＿＿＿＿＿	签名	

注：有“＊”号栏由出入境检验检疫机关填写　　　　◆国家出入境检验检疫局制

［1－2（2000.1.1）］

四、国际航空运输进口业务单证

国际航空运输进口业务单证大体上可分为两大类：基本单证和按海关法必须提供的单证（即法定单证）。

（一）基本单证

基本单证包括进口货物报关单、航空运单和发票。这三者是任何货物进口报关都必需的单证，缺一不可。有些货物只需这三种单证即可通关，如小量的资料、单一品名且单一规格的货物和合同项下不属于国家政策限制的进口产品。

一般进口货物应向海关交验进口报关单一式多份（具体人数视贸易性质决定），运单两份（正本及副联或复印件各一份），发票正本一份。

（二）法定单证

法定单证，即证明货物合法进口的各种批准文件。这类单证主要有：进口许可证、商检证、机电产品进口审批表、无线电管委会证明、海关核发的加工贸易登记手册、减免税证明、重工业产品证明、音像制品许可证等。这类单证并非所有货物进口报关都需要，是否需要和需要哪一种，基本上取决于商品的类别及贸易性质。

1. 由商品类别决定的法定单证

（1）进口许可证

凡进口国家限制进口的商品，均需申领进口许可证。随着国家对外政策的逐步开放以及加入世界贸易组织，属于进口许可证管理的商品逐步减少。具体可参阅海关总署公布的海关税则归类目录。

进口许可证由进口单位向对外经济贸易管理部门申领。

（2）商检证明

凡进口属于法定商检的商品，均需向海关交验国家商检机构及有关检验部门出具的检验证书。实施法定商检的进口商品主要包括：①《中华人民共和国进出口商品检验条例》规定的商品；②《中华人民共和国食品卫生法》规定的应实施卫生检验及检疫的食品、食品添加剂、食品容器、包装材料等；③《中华人民共和国进出口动植物检疫条例》规定应实施检疫的动植物产品；④ 国家卫生部有关条例规定应实施检验的药品。

该类产品进口报送前，可参阅海关总署公布的海关税则归类目录，先报请出入境检验检疫机构实施检疫，海关凭出入境检验检疫机构签发的证书验放。

属于合同商检的商品，一般由收、用货部门自行检验，发现不合格后报请当地商检机构复验。商检机构主要对商品的品质、数量、重量、包装残损等情况进行检验。这种检验属于公证鉴定的性质，检验后签发的证书主要是作为买方提出索赔的依据，而不是海关验放的凭证。因此，以一般贸易方式进口货物时，海关不要求提供合同商检，合同商检主要用于以索赔、补发、换货等无代价抵偿形式进口的货物或修理物品的进口。

（3）机电产品进口审批表

凡进口机电产品和仪器、仪表类商品，均需向海关交验机电产品进口审批表。该类商品的范围十分广泛，进口量大，尤其在空运进口货物中占有很大比例。

机电产品进口审批表一般表现为在进口订货卡片上加盖部委级机电审查办公室或当地机电办公室审查专用章；特殊的机电仪产品，需加盖国务院机电审查办公室专用章。

(4) 无线电管委会证明

凡进口无线电器材、通信设备，如对讲机、无线寻呼机、无线电话、电报发送和接收设备等，均应向海关交验无线电管理委员会的批准文件。凡中央系统的单位进口无线电设备，需出具国家无线电设备审查委员会的批准文件；地方单位和中央驻地方单位，需出具省、自治区、直辖市无线电委员会的批准文件。

2. 由贸易性质决定的法定单证

(1) 登记手册

《登记手册》一般适用于以来料加工、进料加工和补偿贸易等方式进口的物品。进料加工和来料加工项下进口的料、件和补偿贸易项下进口的机器设备及用于加工返销产品的料、件，海关凭《登记手册》办理免税和验放手续。每次进口报关时，海关在《登记手册》上核销进口的数量和金额。进口辅料时，可以不办理《登记手册》，海关凭签约单位盖章并经海关备案的合同副本办理免税、验放手续。

(2) 减免税证明

外商独资企业、中个合资企业和中外合作企业，进口属于减免税范围内的物品，均应向海关交验"减免税证明"。每次报关时，海关凭"减免税证明"办理免税、验放手续。

以一般贸易方式进口的货物，按国家规定可以给予减免税者，如科研用品和改良品种用产品，进口报关时也应向海关交验"减免税证明"，以办理免税、验放手续。

(3) 商检证书、索赔协议和税款缴纳证明

凡以无代价抵偿形式进口的货物，包括索赔、更换和补发的货物，均应在进口报关单的贸易性质一栏内填报"无代价抵偿"。报关时应随附商检证书、有国外发货人签字的索赔协议（或补发协议、换货协议）以及原进口货物的税款缴纳证明（如当时为征税进口）。对于金额较小的无代价抵偿货物，可以不提供商检证书。

上述单证齐备的无代价抵偿货物，海关予以免税放行。

(4) 保证函

凡申请担保进口的货物，包括暂时进口货物、因故不能及时提供已领取的进口许可证的货物、不能在报关时交验有关单证的货物、正在申办减免税收政策手续而要求海关缓办纳税手续的货物、经海关同意将未放行的货物暂时存放于海关监管区之外的货物等，进口报关时均应向海关交验进口单位主管部门（司、局级以上）出具的保证函。

保证函必须是按照海关要求填写的、明确确立权利义务的一种担保文件。担保进口，除提供保证函外，一般还需向海关缴纳相当于进口税费之和的保证金，保证金于销保时退还。

(5) 赠送函和接收函

外商免费提供的物品进口报关时，应向海关效验发货人出具的赠送函和收货人出具的接收函。

(6) 海关关封

海关关封（非海关转关关封）是指外国企业常驻机构进口办公用品或常驻机构代表的私人安家物品时，向海关申办的一种批准证明。进口办公用品向海关递交办公用品申请表，详细列出货物的品名、数量和金额，并随附一份进口发票；进口安家物品填写私人物品申请表，并随附发票和到货清单。

海关对申请进行审核，如确系外企常驻机构公用或常驻代表自用，且数量和金额在合理范围内，即在申请表上签字、盖章，以示批准。然后将申请表装入海关关封，由收货人带交口岸海关办理报关手续。

具体单证如样单 9－8 至样单 9－13 所示。

【样单 9－8】

中华人民共和国海关进口物报关单

预录入编号：　　　　　　　　　　海关编号：

<table>
<tr><td colspan="2">进口口岸</td><td>备案号</td><td>进口日期</td><td>申报日期</td></tr>
<tr><td colspan="2">经营单位</td><td>运输方式</td><td>运输工具名称</td><td>提运单号</td></tr>
<tr><td colspan="2">收货单位</td><td>贸易方式</td><td>征免性质</td><td>征税比例</td></tr>
<tr><td>许可证号</td><td>起运国（地区）</td><td>装货港</td><td colspan="2">境内目的地</td></tr>
<tr><td>批准文号</td><td>成交方式</td><td>运费</td><td>保费</td><td>杂费</td></tr>
<tr><td>合同协议号</td><td>件数</td><td>包装种类</td><td>毛重（千克）</td><td>净重（千克）</td></tr>
<tr><td>集装箱号</td><td colspan="2">随附单据</td><td colspan="2">用途</td></tr>
<tr><td colspan="5">标记唛码备注</td></tr>
<tr><td colspan="5">项号　商品编号　商品名称　规格型号　数量及单位　原产国(地区)　单价　总价　币制　征免</td></tr>
<tr><td colspan="5"></td></tr>
<tr><td colspan="5"></td></tr>
<tr><td colspan="5"></td></tr>
<tr><td colspan="5"></td></tr>
<tr><td colspan="5">税费征收情况</td></tr>
<tr><td>录入号　录入单位</td><td colspan="2">兹声明以上申报无讹并承担法律责任</td><td colspan="2">海关审单批注及放行日期（签章）</td></tr>
<tr><td colspan="3">报关员</td><td colspan="2"></td></tr>
<tr><td>单位地址</td><td colspan="2">申报单位（签章）</td><td>审单</td><td>审价</td></tr>
<tr><td colspan="3"></td><td>征税</td><td>统计</td></tr>
<tr><td>邮编　电话</td><td colspan="2">填制日期</td><td>查验</td><td>放行</td></tr>
</table>

【样单 9－9】

中华人民共和国出入境检验检疫入境货物报检单

报检单位（加盖公章）：　　　　　　　　　　　　＊编　号

报检单位登记号：　　　　联系人：　　　　电话：　　　　报检日期：　　年　月　日

发货人	（中文）	企业性质（划"√"）	□合资□合作□外资
	（外文）		
收货人	（中文）		
	（外文）		

货物名称（中/外文）	H.S. 编码	原产国（地区）	数量/重量	货物总值	包装种类及数量

运输工具名称号码		合同号			
贸易方式		贸易国别（地区）		提单/运单号	
到货日期		启运国家（地区）		许可证/审批号	
卸毕日期		启运口岸		入境口岸	
索赔有效期至		经停口岸		目的地	
集装箱规格、数量及号码					
合同订立的特殊条款以及其他要求				货物存放地点	
				用　　途	

随附单据（划"√"或补填）		标 记 及 号 码	＊外商投资财产（划"√"）	□是□否
□合同	□到货通知		＊ 检验检疫费	
□发票	□装箱单			
□提/运单	□质保书		总金额（人民币元）	
□兽医卫生证书	□理货清单			
□植物检疫证书	□磅码单			
□动物检疫证书	□验收报告		计　费　人	
□卫生证书	□			
□原产地证书	□		收　费　人	
□许可/审批文件	□			

报检人郑重声明：	领 取 证 单	
1. 本人被授权报检。	日期	
2. 上列填写内容正确属实。　　签名：	签名	

注：有"＊"号栏由出入境检验检疫机关填写　　　　◆国家出入境检验检疫局制

［1－2（2000.1.1）］

【样单 9－10】

中华人民共和国海关进口转关运输货物申报单

编号

<table>
<tr><td colspan="2">申报人</td><td colspan="2">电　话</td><td colspan="3">许可证号</td></tr>
<tr><td colspan="2">收货人</td><td colspan="2">地址及邮政编码</td><td colspan="2">联系人</td><td>电　话</td></tr>
<tr><td colspan="4">进境运输工具名称及航次(航班)</td><td colspan="2">境外启运港</td><td>进境日期</td></tr>
<tr><td colspan="2">集装箱号</td><td colspan="2">规　格</td><td colspan="2">数　量</td><td>提单号(总/分)</td></tr>
<tr><td colspan="2">货物存放地点及编号</td><td colspan="2">承运单位</td><td colspan="2">司机代号</td><td>电　话</td></tr>
<tr><td colspan="2">境内运输工具</td><td colspan="2">指运地</td><td colspan="3">预计运抵指定地时间</td></tr>
<tr><td>商品编码</td><td>件数　包装式样</td><td>货名及规格</td><td>数量</td><td>重量</td><td>成交价格</td><td>备注</td></tr>
<tr><td></td><td></td><td></td><td></td><td></td><td></td><td></td></tr>
<tr><td></td><td></td><td></td><td></td><td></td><td></td><td></td></tr>
<tr><td colspan="3">承运人声明:1. 保证承运的上列申报之转关运输货物的封志和运输车辆封志的完整。
2. 保证将承运的转关货物完整地按照海关指定路线在规定期限内运至指运地海关

承运人(签字盖章)
年　月　日</td><td colspan="4">进境地海关查验情况批注:
封志号

经办关员

年　月　日</td></tr>
<tr><td colspan="3">申报声明:1. 以上申报属实,并承担法律责任;
2. 保证在________日内将上述货物完整地运抵指运地海关。

申报人　(签字盖章)
年　月　日</td><td colspan="4">指运地海关查验情况批注:

经办关员

年　月　日</td></tr>
</table>

进口转关运输货物申报请
回执

编号

海关:

上述编号关封已收到,我关已接受申报。

此复。

经办员签字

海关(签章)

年　月　日

回执寄送地址:

邮政编码:

【样单 9－11】

中国东方航空公司国内货物托运书

现委托你公司空运以下货物，一切有关事项如下：

<table>
<tr><td>始发站</td><td>上　海</td><td>目的站</td><td></td></tr>
<tr><td colspan="3" rowspan="2">托运人姓名，地址：</td><td>邮政编码</td></tr>
<tr><td>联系电话</td></tr>
<tr><td colspan="3" rowspan="2">收货人姓名，地址：</td><td>邮政编码</td></tr>
<tr><td>联系电话</td></tr>
</table>

件数	毛重（kg）	运价类别	收费重量（kg）	费率	货物品名及数量（包括体积或尺寸）

付款方式（预付）	付款方式（到付）	运输声明价值	运输保险价值

<table>
<tr><td>储运注意事项：</td><td>货运单号码</td></tr>
<tr><td colspan="2">托运人应对本书内所填写的正确性和真实性负责</td></tr>
<tr><td>托运人单位

经办人
身份证号码

经办人签名
年　　月　　日</td><td>经办人：X 光机检查／检查货物／重量计算／标签填写／其　他／年　　月　　日</td></tr>
</table>

注：粗线框内由承运人填写

【样单9-12】

国内航空货运单

999—41476153　　　　　　　　　　　　　　　　—4147615　3

始发站 Airport of Departure		目的站 Airport of Destination		不得转让 NOT NEGOTIABLE 航空货运单 AIR WAYBILL 印发人 Issued by	中国国际航空公司 AIR CHINA 中国　北京　首都机场 CAPITAL AIRPORT BEIJING，CHINA 邮政编码 Post Code：100621
托运人姓名、地址、邮编、电话号码 Shipper's Name，Address，Postcode & Telephone No.				航空货运单一、二、三联为正本，并具有同等法律效力 Copies12 and 3 of this Air Waybill are originals And have the same validity	
收货人姓名　地址　邮编　电话号码 Consignee's Name，Address，Postcode & Telephone No.				结算注意事项　Accounting Information 填开货运单的代理人名称 Issuing Carrier's Agent Name	

航线 Routing	到达站 To	第一承运人 By First Carrier	到达站 To	承运人 By	到达站 To	承运人 By
航班/日期 Flight/Date		航班/日期 Flight/Date	运输声明价值 Declared Value for Carriage		运输保险价值 Amount of Insurance	

储运注意事项及其他　Handling Information and Others

件数 No. of Pcs 运价点 RCP	毛重 （千克） Gross Weight （kg）	运价种类 Rate Class	商品代号 Comm. Item No.	计费重量 （千克） Chargeable Weight （kg）	费率 Rate/kg	航空运费 Weight Charge	货物品名（包括包装、尺寸或体积） Description of Goods （incl. Packaging，Dimensions or Volume）

预付 Prepaid		到付 Collect	其他费用 Other Charges
	航空运费 Weight Charge		本人郑重声明：此航空货运单上所填货物品名和货物运输声明价值与实际交运货物品名和货物实际价值完全一致，并对所填航空货运单和所提供的运输有关文件的真实性和准确性负责。 Shipper certifies that description of goods and declared value for carriage on the face hereof are consistent with actual description of goods and actual Value of goods and that particulars on the face herent are correct 托运人或其代理人签字、盖章 Signature of Shipper or His Agent
	声明价值附加费 Valuation Charge		
	地面运费 Surface Charges		
	其他费用 Other Charges		
			填开日期　填开地点　填开人或其代理人签字、盖章 Executed on (Date) At (Place) Signature of Issuing Carrier or Its Agent
	总额（人民币） Total（CNY）		
付款方式 Form of Payment			999—4147615　3 正本3（托运人联）甲 ORIGINAL 3（FOR SHIPPER）A

【样单 9－13】

中外运空运发展股份有限公司国内航空分运单

分运单号：

始发站		目的站		国内分运单

托运人姓名、地址、邮编、电话	货运单一、二、三联为正本，并具有同等法律效力，不得转让。
收货人姓名、地址、邮编、电话	填开货运单的代理人名称

运费方式	杂费方式	声明价值

运输方式	运输工具	里程	日期/时间	总运单号

运输途径	到达站	承运人	到达站	承运人	到达站	承运人

注意事项：双方交接签收时，应仔细检查核对，一经验收，则视同外包装完好无损。

件数	毛重	运价等级	商品编号	计费重量	费率	航空运费	货物名称、包装形式

郑重声明：此货运单上所填表货物品名和货物运输声明价值与实际交运货物品名和货物实际价值完全一致，并对所填货运单和所提供的与运输有关文件的真实性和准确性负责。 托运人或其代理人签字、盖章	填开人或其代理人签字、盖章 填开日期 填开地点

其他费用

费用项目	预付	到付		
运费			派送人： 电话： 日期/时间：	签收人： 电话： 日期/时间：
操作费				
保险费			货物异常描述	
其他费用				
总额			情况反映人：	日期/时间：

正本 3（托运人联）甲　　　　　分运单号：

第四节 案例——空运快件错交

要点提示：空运货代公司作为UPS的代理接受国内C银行委托交UPS寄送海运提单的快件至美国某银行，UPS将提单错误交付给收货人。空运货代作为承运人，UPS的代理人与某银行之间不存在快递服务合同关系，在其无过错的情况下，应由UPS对国内发货人和C银行的损失承担赔偿责任，且不应享受责任限制。

国内A公司出口一批地毯至美国B城，支付条件为付款赎单。2003年4月地毯装上船，A公司获得船方提单后，将正本提单交给国内C银行，并委托该银行代收款。于是该银行又委托某空运货代公司将此快件交由UPS承运，由UPS负责将此快件运抵美国B城并交给空运单上所填写的B城C银行。但当UPS将此快件派送B城C银行时，C银行以空运单上没有银行的具体收件部门或具体收件人为由两次拒收。于是，UPS请空运货代告知B城C银行收此快件的具体部门或收件人，而国内发货人和国内C银行也未及时告知。就在这段时间，美国B城海运提单项下的收货人，声称货物已到卸货港需尽快拿到该海运提单去提货，并向UPS保证将承担UPS向其交付提单所产生的一切结果。于是UPS在未征得国内发货人、国内C银行和空运货代公司任何一方同意的情况下，擅自将装有三份正本海运提单的快件交给了美国B城的收货人。收货人凭海运提单将货物提出后，一直以所收货物与订货不符而拒付货款。

在此情况下，国内发货人向国内C银行索赔，C银行又要求空运货代公司负责赔偿发货人的损失，空运货代公司认为自己是代理人，不是快件的承运人，在整个过程中没有任何过失，故要求C银行直接向UPS索赔。UPS称，一是空运货代公司所填写的空运单上收件人名称不完全，引起B城C银行即收件人拒收，应由空运货代公司负责赔偿损失；二是UPS即使有责任也应该按空运单背面条款，依据《华沙公约》享受赔偿责任限制；三是按照美国惯例，在这种情况下，UPS将快件中的海运提单交给能证明是海运提单上的收货人的人，UPS不应承担责任。

处理结果如下：

该事件给空运货代公司和UPS的声誉造成了很大的影响，事发后空运货代公司积极联络各方，安抚客户，并督促UPS尽快采取积极有效的措施，妥善处理此事，以避免损失的进一步扩大，消除已存在的不利影响，重新争取失去的市场。最后，空运货代公司、UPS、C银行以及货主四方达成协议，UPS和空运货代公司同意支付C银行和解款总计15490.38美元，其中UPS承诺支付和解款13069美元，空运货代公司承诺支付和解款2421.38美元，和解款由C银行转付发货人。

法律分析如下：

1. 空运货代公司的法律地位

本案中空运货代公司是作为UPS公司的国内代理接受C银行的委托的，因此C银行与UPS之间存在着快递服务合同关系，而不是与空运货代公司之间存在快递服务合同关系。作为代理人，空运货代公司只要妥善履行了代理职责，未因其过程给委托人造成损失，就不应承担赔偿责任。

2. UPS是否可以享受《华沙公约》规定的赔偿责任限制

目前我国尚无调整快件运输的专门法规，因此虽然对于《华沙公约》能否适用于航空快件运输尚存争议，且将《华沙公约》适用于快件运输还存在诸多不当之处，但我国法院的司法实践中并不乏在快件运输中适用《华沙公约》的案例。《华沙公约》的第 22 条第 2 款规定："在载运登记的行李和载运货物时，承运人的责任以每千克 250 法郎为限，除非旅客或托运人在交运包件时，曾特别声明在目的地交付时的利益并缴付必要的附加费。在后一种情况下，除非承运人证明旅客或托运人声明的金额是高于旅客或托运人在目的地交付时的实际利益，承运人应在不超过声明金额的范围内负赔偿责任。"同时，《华沙公约》亦对承运人享受责任限制权利做了限制，即："如经证明造成损失系出于承运人、受雇人"或"代理人故意造成或明知可能造成损失而漠不关心的行为或不行为，则不适用第 22 条规定的责任限额；如系受雇人或代理人有上述行为或不行为，还必须证明他是在执行其受雇职务范围内行事。"本案中 UPS 错交快件的行为，即使不存在故意，但也构成了一种轻率的行为，因此无权再享受责任限制。

从本案得到如下经验教训。

本案中，空运货代公司最终承担了部分的损失赔偿责任，是因为其在操作上也存在着不当之处。空运货代公司称，在银行交递的快件中有相当一部分快件在收件人一栏中只注有银行的名称，而没有具体收件人，一般情况下都按正常件接收，多数都会在目的地正常派送，当有异常情况（如拒收）时才会要求发件行重新提供具体收件人或按照发件行指示将原件退回。正是按照这样的惯常做法，本案中的空运货代公司在空运单上同样未注明具体的部门和收件人，导致了 B 城 C 银行的拒收。这告诉我们业务中的习惯做法不等于就是正确的做法，不等于就不存在风险，要想将业务操作中的风险降到最低，就应严格遵守操作规程，尽量做到一丝不苟，没有疏漏。

一旦发生纠纷，对对方提出的理由要认真分析，不应完全听信而丧失主动。本案 UPS 声称其将快件交付给海运提单收货人的行为符合美国的惯例，空运货代公司坚决要求其提供美国存在此种惯例的相关证明，并据理力争，从而赢得了主动。

发生纠纷后要对整个案件进行全面地分析与了解，充分摸清己方与对方的优劣势所在，官司该打到底的就打到底，该和解的就要果断和解。

空运货代在仅作为代理人从事业务时，要明确自己的身份和地位，清楚哪些事是自己应该做的、必须做的，哪些事是自己协助委托人做的，哪些事是自己不该做的，在"做好事"的同时也要学会充分保护自己。

第十章 国际多式联运实务

国际多式联运是一种利用集装箱进行联运的新的运输组织方式。它通过采用海、陆、空等两种或两种以上的运输手段，完成国际间的连贯货物运输，从而打破了过去海、铁、公、空等单一运输方式互不连贯的传统做法。如今，提供优质的国际多式联运服务已成为集装箱运输经营人增强竞争力的重要手段。

本章主要介绍国际多式联运的流程及其有关单证。本章中提及的单证部分见章节最后所附。

第一节 国际多式联运概述

随着国际贸易和运输技术的发展，在集装箱运输的基础上。出现了一种新的运输方式，即国际集装箱货物多式联合运输，简称国际多式联运。国际集装箱货物多式联合运输，是一种以集装箱为媒介，把水路、铁路、公路、航空运输等单一的运输方式有机地结合起来，组织为一体加以有效的利用，构成一个连贯的系统，来完成国际间的集装箱货物运输，为货主提供经济合理、安全便捷的运输服务。多式联运在英文里有多种表达方式：Intermodal Transport（IMT），Multi－Modal Transport（MMT）或Combined Transport，它们的含义都是相同的，中文均译为“多式联运”。

一、国际多式联运内涵与特点

（一）国际多式联运的定义

1973年国际商会制定的《1973年多式联运单证统一规则》给多式联运下的定义是：“多式联运是指至少以两种不同的运输方式，将货物在一国内接管的地点，运至另一国内指定交付的目的地的货物运输。”1980年5月联合国在日内瓦召开的国际多式联运公约第二期会议一致通过的《联合国国际多式联运公约》（United Nations Convention on International Multimodal Transport of Goods）对多式联运定义为：“国际多式联运，是指按照多式联运合同，以至少两种不同的运输方式，由多式联运经营人将货物从一国境内接管货物的地点运至另一国境内指定交付货物的地点。为履行单一方式运输合同而进行的该合同所规定的货物接送业务，不视为多式联运。”

根据《中华人民共和国海商法》的规定，国际多式联运合同，是指“多式联运经营人以两种以上不同的运输方式，其中一种是海上运输方式，负责将货物从接收地运至目的地交付收货人，并收取全程运费的合同。”之所以规定其中一种运输方式是海运，主要是考虑到使多式联运能够受到《中华人民共和国海商法》的制约和管辖。

（二）国际多式联运的主要类型

1. 海陆联运

这是多式联运的主要方式，又可分为船舶与汽车联运、船舶与火车联运两种。由于汽车的运费较高、经济运输距离较短，对于陆运距离长的货物运输，其竞争力不如船舶与火车联运，但是它可以实现门到门的运输。对于长距离的陆上运输则主要采用海铁联运，这种组织形式多以航空公司或国际货运代理公司为主体，签发多式联运提单。

2. 海空联运

海空联运的优点是相对于全程海运或全程空运而言的，它的运输时间比全程海运要短，而运输费用要比全程空运便宜。海空联运又被称作空桥运输。在运输组织的方式上与陆桥运式不同，陆桥运输在整个货运过程中使用的是同一个集装箱，不需要换装，而空桥运输的货物通常要在航空港装入航空集装箱。

3. 江（河）海联运

江海联运或河海联运，是利用发达的内陆水运系统进行的国际集装箱联合运输。目前，许多国家都利用国内既有的内陆河运系统，因地制宜地开展江（河）海联运，比如我国长江沿岸的集装箱货物通过上海或上海附近的口岸由太平洋航线运往世界各地，珠江下游中小城市的集装箱通过深圳、香港、珠海口岸由太平洋航线运往世界各地。

（三）国际多式联运的特征

联合国贸发会秘书处在其提交的《多种方式联运适用的现代化运输技术》报告中指出："多式联运经营人和发货人之间的合同关系性质，构成了多式联运的特征。联运经营人以独立的法律实体，向发货人提供用一种以上的运输方式运输货物的单一合同。"根据以上解释，国际多式联运具有的特征是：

1. 发货人和多式联运经营人之间必须订立一个多式联运合同

货物在全程运输中，无论经历几种运输方式，多式联运经营人必须与发货人之间订立多式联运合同，来明确两者之间的权利、义务、责任，豁免的合同关系和多式联运的性质。它是多式联运的主要特征，也是多式联运区别于传统运输方式的重要依据。

2. 多式联运经营人必须对全程运输负责

多式联运经营人必须对全程运输负责，这也是多式联运的一个重要特征。多式联运经营人是多式联运货物全程运输的组织人。由多式联运经营人去与实际承运人订立分运合同，实际承运人负责全程或部分区段的实际运输。而多式联运经营人作为一个独立的法律实体，对货物负有履行合同的责任并承担自接收货物起到交付货物时止的全程运输责任，以及对货物在运输中因灭失、损坏、迟延交付所造成的损失负赔偿责任。

3. 使用一份全程多式联运单据

多式联运全程运输单据是指多式联运合同以及多式联运经营人接收货物并负责按合同条款交付货物所签发的单据，它同时也是一种物权证明和有价证券。

4. 多式联运使用的是两种或两种以上不同方式的连贯的运输合同

这是确定一票货运是否属于多式联运的最主要的特征。多式联运所指的至少两种以上的运输方式，可以是海陆、海空、海铁等。多式联运不仅使用两种以上不同的运输方式，而且是不同方式下的连续运输。

5. 多式联运的货物必须是国际间的运输

多式联运方式下的货物，必须是跨国境的国际间的运输。这是区别于国内运输和是否适合国际法规的限制条件。

6. 实行全程单一的运费费率

多式联运经营人在对货主负全程运输责任的基础上，制定一个从货物发运地至目的地的全程单一费率，并一次向货主收取。全程单一费率一般包括运输成本、经营管理费用和合理利润。

7. 代理人与多式联运经营人之间的工作关系

启运地接管货物，目的地交付货物及全程运输中各区段的衔接工作，由多式联运经营人在各地的分支机构或代理人完成。这些代理人对多式联运经营人负责。

二、国际多式联运组织形式

国际多式联运是采用两种或两种以上不同运输方式进行联运的运输组织形式。这里所指的至少两种运输方式可以是：海陆、陆空、海空，或者甚至是三种不同的运输方式。众所周知，各种运输方式均有自身的优点与不足。一般来说，水路运输具有运量大、成本低等优点；公路运输则具有机动灵活、便于实现货物门到门运输的特点；铁路运输的主要优点是不受气候影响、可深入内陆和横贯内陆实现货物长距离的准时运输；而航空运输的主要优点是可实现货物的快速运输。由于国际多式联运严格规定必须采用两种和两种以上的运输方式进行联运，因此这种运输组织形式可综合利用各种运输方式的优点，充分体现社会化大生产大交通的特点。由于国际多式联运具有其他运输组织形式无可比拟的优越性，因而这种国际运输新技术已在世界各主要国家和地区得到广泛的推广和应用。目前，有代表性的国际多式联运主要有远东/欧洲，远东/北美等海陆空联运，其组织形式包括海陆联运、陆桥运输、海空联运。

（一）海陆联运

海陆联运是国际多式联运的主要组织形式，也是远东/欧洲多式联运的主要组织形式之一。目前组织和经营远东/欧洲海陆联运业务的主要有丹麦的马士基航运公司；中国远洋运输公司、长荣航运公司等。这种组织形式以航运公为主体，签发联运提单，与航线两端的内陆运输部门开展联运业务。

（二）陆桥运输

在国际多式联运中，陆桥运输（Land Bridge Service）起着非常重要的作用。它是远东/欧洲国际多式联运的主要形式。所谓陆桥运输是指采用集装箱专用列车或卡车，把横贯大陆的铁路或公路作为中间“桥梁”，使大陆两端的集装箱海运航线与专用列车或卡车连接起来的一种连贯运输方式。严格地讲，陆桥运输也是一种海陆联运形式。只是因为其在国际多式联运中的独特地位，故在此将其单独作为一种运输组织形式。目前，主要的陆桥运输线路有西伯利亚大陆桥和北美大陆桥。与我国密切相关的“新欧亚大陆桥”还处于发展阶段。

1. 西伯利亚大陆桥（Siberian Land Bridge）

西伯利亚大陆桥（SLB）是指使用国际标准集装箱，将货物由远东海运到俄罗斯东部港口，再经跨越欧亚大陆的西伯利亚铁路运至波罗的海沿岸如爱沙尼亚的塔林或拉脱维亚的里加等港口，然后再采用铁路、公路或海运运到欧洲各地的国际多式联运的运输线路。西伯利亚大陆桥运输包括“海铁铁”、“海铁海”、“海铁公”和“海公空”四种运输方式。由俄罗斯的过境运输总公司（SOJUZTRANSIT）担当总经营人，他拥有签发货物过境许可证的权利，并签发统一的全程联运提单，承担全程运输责任。至于参加联运的各运输区段，则采用“互为托、承运”的接力方式完成全程联运任务。可以说，西伯利亚大陆桥是较为典型的一条过境多式联运线路。西伯利亚大陆桥是目前世界上最长的一条陆桥运输线。它大大缩短了从日本、远东、东南亚及大洋洲到欧洲的运输距离，并因此而节省了运输时间。从远东经俄罗斯太平洋沿岸港口去欧洲的陆桥运输线全长 13000 千米。而相应的全程水路运输距离（经苏伊士运河）约为 20000 千米。从日本横滨到欧洲鹿特丹，采用陆桥运输不仅可使运距缩短 1/3，运输时间也可节省 1/2。此外，在一般情况下，运输费用还可节省 20%～30%，因而对货主有很大的吸引力。由于西伯利亚大陆桥所具有的优势，它的声望与日俱增，也吸引了不少远东、东南亚以及大洋洲地区到欧洲的运输，使西伯利亚大陆桥在短短的几年时间中就有了迅速发展。但是，西伯利亚大陆桥运输在经营管理上存在的问题，如港口装卸能力不足、铁路集装箱车辆的不足、箱流的严重不平衡以及严寒气候的影响等在一定程度上阻碍了它的发展。尤其是随着我国兰新铁路与中哈边境的土西铁路的接轨，一条新的“欧亚大陆桥”形成，为远东至欧洲的国际集装箱多式联运提供了又一条便捷路线，使西伯利亚大陆桥面临严峻的竞争形势。

2. 北美大陆桥（North American Land Bridge）

北美大陆桥是指利用北美的大铁路从远东到欧洲的“海陆海”联运。该陆桥运输包括美国大陆桥运输和加拿大大陆桥运输。美国大陆桥有两条运输线路：一条是从西部太平洋沿岸至东部大西洋沿岸的铁路和公路运输线；另一条是从西部太平洋沿岸至东南部墨西哥湾沿岸的铁路和公路运输线。美国大陆桥于 1971 年年底由经营远东/欧洲航线的船公司和铁路承运人联合开办“海陆海”多式联运线，后来美国几家班轮公司也投入运营。目前，主要有四个集团经营远东经美国大陆桥至欧洲的国际多式联运业务。这些集团均以经营人的身份，签发多式联运单证，对全程运输负责。加拿大大陆桥与美国大陆桥相似，由船公司把货物海运至温哥华，经铁路运到蒙特利尔或哈利法克斯，再与大西洋海运相接。北美大陆桥是世界上历史最悠久、影响最大、服务范围最广的陆桥运输线。据统计，从远东到北美东海岸的货物有大约 50%以上是采用双层列车进行运输的，因为采用这种陆桥运输方式比采用全程水运方式通常要快 1～2 周。例如，集装箱货从日本东京到欧洲鹿特丹港，采用全程水运（经巴拿马运河或苏伊士运河）通常约需 5～6 周时间，而采用北美陆桥运输仅需 3 周左右的时间。

3. 其他陆桥运输形式

北美地区的陆桥运输不仅包括上述大陆桥运输，而且还包括小陆桥运输（Minibridge）等运输组织形式。小陆桥运输从运输组织方式上看与大陆桥运输并无大的区别，只是其运送的货物的目的地为沿海港口。目前，北美小陆桥运送的主要是日本经北美太平洋沿岸到大西洋沿岸和墨西哥湾地区港口的集装货物。当然也承运从欧洲到美西及海湾地区各港的大西洋航线的转运货物。美小陆桥在缩短运输距离、节省运输时间上效果是显著的。以日本/美东航为例，从大阪至纽约全程水运（经巴拿马运河）航线距离 9700 英里，运输时间 21～24 天。而采用小陆桥运输，运输距离仅 7400 英里，运输时间 14～16 天，可节省 1 周左右的时间。亚欧大陆桥运输主要路径如图 10－1 所示。

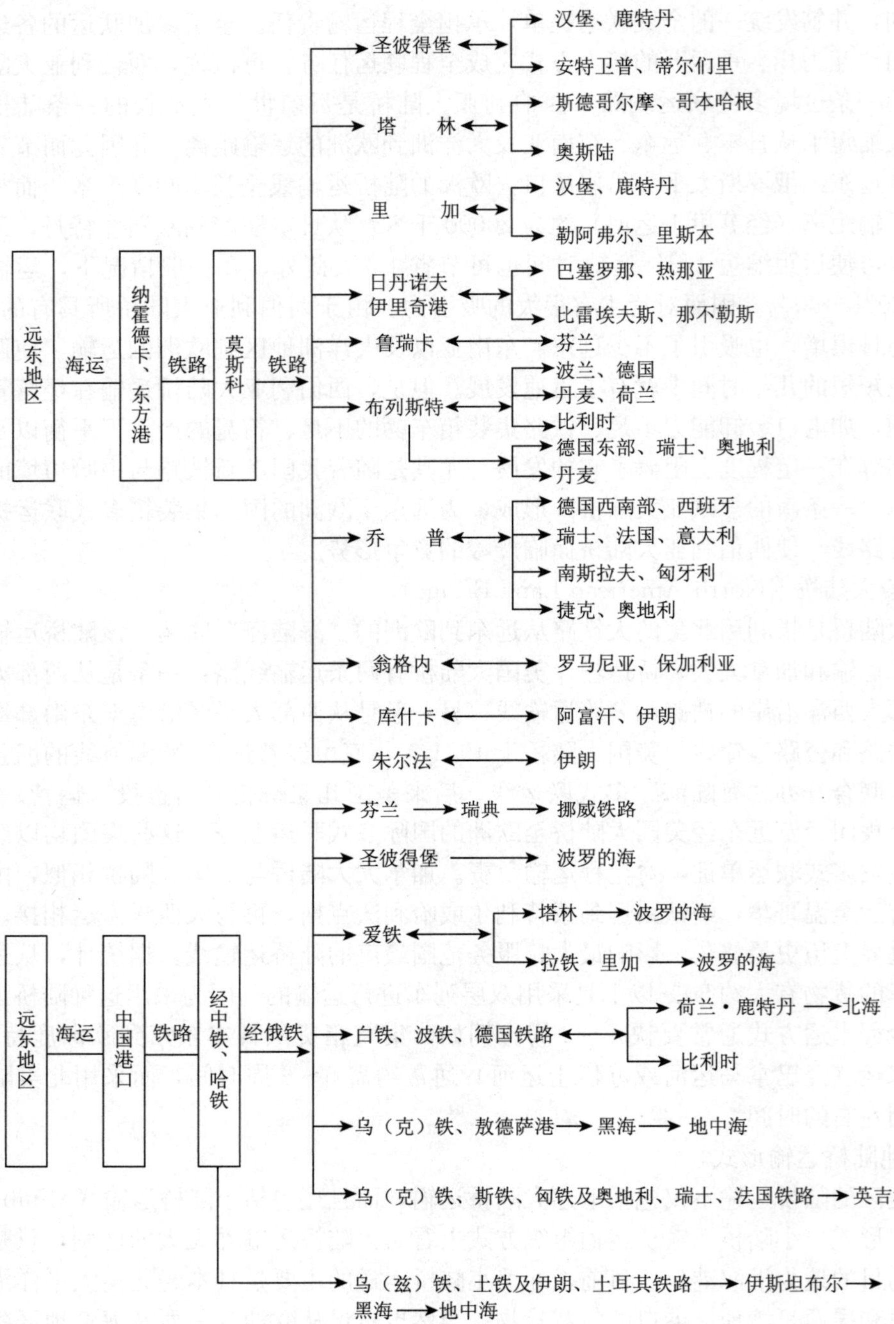

图 10-1 亚欧大陆桥运输主要路径示意图

（三）海空联运

海空联运又称为空桥运输（Air Bridge Service）。在运输组织方式上，空桥运输与陆桥运输有所不同：陆桥运输在整个货运过程中使用的是同一个集装，不用换装，而空桥运输的货物通常要在航空港换入航空集装箱。不过，两者目标是一致的，即以低费率提供快捷、可靠的运输服务。海空联运方式始于 20 世纪 60 年代，但到 20 世纪 80 年代才得以较大的发展。采用这种运输方式，运输时间比全程海运少，运输费用比全程空运便宜。20世纪60年代，将远东货物海运至美国西海岸，再通过航空运至美国内陆地区或美国东海岸，从而出现了海空联运。当然，这种联运组织形式是以海运为主，只是最终交货运输区由空运承担。目前，国际海空联运线主要有远东—欧洲、远东—中南美、远中—近东、非洲、澳洲等。总的来讲，运输距离越远，采用海空联运的优越性就越大，因为与完全采用海运相比，其运输时间更短；与直接采用空运相比，其费率更低。

三、国际多式联运基本条件与经营人

多式联运是将不同的运输方式组合成综合性的一体化运输，通过一次托运、一次计费、一张单证、一次保险，由各运输区段的承运人共同完成货物的全程运输，即将全程运输作为一个完整的单一运输过程来安排。尽管联合国已通过的多式联运公约至今没有生效，但多式联运应具备的基本条件是不变的。

（一）国际多式联运应具备的条件

根据多式联运公约的规定和现行的多式联运业务特点看，多式联运应具备的条件必须是：

（1）货物在全程运输过程中无论使用多少种运输方式，作为负责全程运输的多式联运经营人必须与发货人订立多式联运合同。因为，该运输合同是多式联运经营人与发货人之间权利、义务、责任、豁免的合同关系和运输性质的确定，也是区别多式联运与一般货物运输方式的主要依据。

（2）多式联运经营人必须对全程运输负责。因为，多式联运经营人不仅仅是订立多式联运合同的当事人，也是多式联运单证的签发人。自然，在多式联运经营人履行多式联运合同所规定的运输责任的同时，可将全部或部分运输委托他人（分运承运人）完成，并订立分运合同，但分运合同的承运人与发货人之间不存在任何合同关系。

（3）多式联运经营人接管的货物必须是国际间的货物运输，这不仅有别于国内货物运输，主要还涉及国际运输法规的适用问题。

（4）多式联运不仅仅是使用两种不同的运输方式，而且必须是该不同运输方式下的连续运输。

（5）货物全程运输由多式联运经营人签发一张多式联运单证，且应满足不同运输方式的需要，并计收全程运费。

从上述多式联运应具备的基本条件看，凡是根据多式联运合同所进行的多式联运都必须具备上述条件。多式联运经营人作为订立多式联运合同的一方，以至少两种运输方式组织运输并履行合同责任。但事实上，多式联运下的多式联运合同并非是独一无二的。因为，除了多式联运经营人承担部分运输外，更多的运输由他人来完成并与多式联运经营人订立分运合同。

事实上，任何现行国际货运公约缔约国的法律都强制规定，凡签订该公约范围内的运输合同应遵守公约所规定的义务。即该运输合同既要满足单一货运公约下的货物联运条件，又要符合多式联运公约范围内的要求，除非这两个公约所规定的责任、义务相同，否则公约之间的抵触难以避免。因为，作为订立多式联运合同的多式联运经营人，同时又作为某一运输区段的实际承运人，首先应确定的是所订立的运输合同是否属于现行货运公约所适用的范围。

(二) 国际多式联运经营人应具备的条件

1. 国际多式联运经营人的含义

国际货运公约或货物运输合同一般都规定，承运人应是与发货人订有运输合同的人或完成货物运输的人。然而，现行的国际货运公约对承运人的概念理解不一，在认识上没有统一。如《海牙规则》中的承运人是指参加运输的人，同时还是与发货人订立合同的人，或两者兼而有之。

多式联运作为不同运输方式间的组合，系由众多关系人组成，其法律关系十分复杂，其中主要关系有多式联运经营人与发货人之间的关系，以及与其受雇人、代理人之间的代理关系、承揽关系、侵权行为关系等。多式联运首先应调整上述关系人的法律关系，确定多式联运经营人的法律地位，从而平衡相互间的权利、义务和赔偿责任。

已通过的多式联运公约和现行的多式联运业务，对多式联运经营人概念理解为："多式联运经营人是指本人或通过其代表与发货人订立多式联运合同的任何人，他是事主，而不是发货人的代理人或代表，或者参加多式联运的承运人的代理人或代表，并且负有履行合同的责任。"

可见，当多式联运经营人从发货人那里接管货物时起，即表明责任业已开始，货物在运输过程中的任何区段发生灭失或损害，多式联运经营人均以本人的身份直接承担赔偿责任，即使该货物的灭失或损害并非由多式联运经营人本人的过失所致。

2. 多式联运经营人的基本条件

作为多式联运经营人的基本条件是：

(1) 多式联运经营人本人或其代表就多式联运的货物必须与发货人本人或其代表订立多式联运合同，而且合同至少使用两种运输方式完成货物全程运输，合同中的货物系国际间的货物。

(2) 从发货人或其代表那里接管货物时起即签发多式联运单证，并对接管的货物开始负有责任。

(3) 承担多式联运合同规定的与运输和其他服务有关的责任，并保证将货物交给多式联运单证的持有人或单证中指定的收货人。

(4) 对运输全过程中所发生的货物灭失或损害，多式联运经营人首先对货物受损人负责，并应具有足够的赔偿能力。当然，这种规定或做法并不会影响多式联运经营人向造成实际货损的承运人行使追偿权利。

(5) 多式联运经营人应具备与多式联运所需要的、相适应的技术能力，对自己签发的多式联运单证确保其流通性，并作为有价证券在经济上有令人信服的担保程度。

第二节 国际多式联运运输流程

多式联运是一种现代化的综合运输，涉及面广、环节众多、环境繁杂，因此其业务流程也十分复杂。下面简要介绍多式联运的一般业务流程。

一、国际多式联运进出口业务流程概述

(一) 多式联运合同的订立

多式联运必须订立合同，合同是规范承托双方权利、义务以及解决争议的基本法律文

件。多式联运合同的主要内容有托运人，收货人，多式联运经营人，货物的名称、包装、件数、重量、尺寸等情况，接货的地点和时间，交货的地点和约定的时间，不同运输方式的组成和运输线路，货物交接方式以及承托双方的责任和义务，解决争议的途径和方法等。

（二）多式联运计划的编制

多式联运计划总的要求是：

1. 合理性

要求运输线路短、各区段运输工具安全可靠、运输时间能保证、不同运输方式之间衔接良好，从而保证货物从一国境内接货地安全及时地运到另一国境内的交货地。

2. 经济性

在保证货运质量的前提下，尽可能节省总成本费用，以提高经济效益。

3. 不可变性

在计划中应充分考虑各种因素，留有必要的余地，除不可抗力外，计划一般不能随意改变。在完成多式联运计划编制后，多式联运经营人还应及时将计划发给沿线各环节的代理人，使之提前做好接货、运输、转关或交货等准备工作。

（三）接货装运

按照多式联运合同，在约定的时间、地点，由多式联运经营人或其代理人从发货人手中接管货物，并按合同要求装上第一程运输工具发运。按双方议定的交接方式，凡在DOOR或CY交接的，由发货人负责装箱计数施封和办理出口清关手续，在箱体外表状况良好、封志完整状态下，将货物整箱交多式联运经营人或其代理人；凡在CFS交接的，由发货人负责办理出口清关手续，将货物散件交予多式联运经营人或其代理人，由后者负责拼箱计数施封后装运发送。

（四）多式联运单证的签发

多式联运经营人接管货物和在运费预付情况下收取全程运费后，即签发多式联运单据，表明多式联运对全程联运负有责任。对多式联运合同当事人来说，多式联运单据是多式联运经营人收到货物的证据，是合同的证明，也是货物的物权凭证。多式联运经营人按多式联运单据指明的收货人或被指示的收货人交付货物，收货人凭多式联运单据提领货物。在货物装运发送后，多式联运经营人还应将多式联运单据副本及第一程运输的有关运输单证及时寄往第一程的目的地（港）的代理人，以便做好接货、转关和转运的准备。

（五）运输保险

由于多式联运距长、环节多、风险大，为避免可能发生的货运事故，多式联运经营人还可以向保险公司投保。尽管多式联运经营人有责任限额保护条款，但因多式联运经营人的疏忽、过失、侵权，将使其丧失责任限额保护的权利，并承担很大的赔偿金额的风险。为避免较大的损失，多式联运经营人通常向保险公司投保货物责任险和集装箱险，以防范巨额赔偿风险。

（六）转关手续

多式联运若在全程运输中经由第三国，应由多式联运经营人或其代理人负责办理过境转关手续，对“国际集装箱海关公约”缔约国之间，转关手续已相当简化，通常只提交相应的转关文件，如过境货物申报单、多式联运单据、过境国运输区段单证等，并提交必要的担保和费用，过境国海关可不开箱检查，只作记录而予以放行。

（七）全程运输的协调管理

1. 不同运输方式之间的转运

国际多式联运是以至少两种不同运输方式组成的连续运输，不同运输方式之间的转运衔接，是保证运输连续性、准时性的关键。由于运输工具不同、装卸设备设施不同、转运点的选择不同以及各国的规定和标准不同，因此多式联运经营人或其代理人事前应有充分的了解，以便根据各种不同具体情况和要求实现快速的转运。

2. 各运输区段的单证传递

多式联运经营人作为全程运输的总负责人，通常要与各运输区段的实际承运人订立分运输合同，在运输区段发送地以托运人的身份托运货物，在运输区段的目的地又以收货人的身份提领货物。为了保证各运输区段货物运输的顺利进行，多式联运经营人或其代理人在托运货物后要将有关运输单证及时寄给区段目的地代理人。同时，如该实际运输区段不是最后一程运输，多式联运经营人的代理人在做好接货准备的同时，还要做好下一程运输的托运准备。

3. 货物的跟踪

为了保证货物在多式联运全程运输中的安全，多式联运经营人要及时跟踪货物的运输状况，如通过电报、电传、EDI、互联网在各节点的代理人之间传递货物信息，必要时还可通过 GPS 进行实时监控。

（八）交付货物

按多式联运合同规定，货物到达指定交货地后，由多式联运经营人或其代理人将货物交给多式联运单据指明的收货人或按指示交给指定的收货人，即告完成全程运输任务。交货地代理人应在货物到达前向收货人发出到货通知，以便收货人及时做好提货准备。对于 FCL 交货的，如 CY 条款，货物卸船、收货人办妥进口清关手续后，委托集装箱码头整箱交货；如 DOOR 交货的，则由公路运输至收货人的工厂或仓库交货，交接双方以箱体外表状况良好、封志完整为条件。

（九）运输过程中的海关业务

按照国际多式联运的全程运输（包括进口国内陆段运输）均应视为国际货物运输。因此该环节工作主要包括货物及集装箱进口目的地通关手续、进口国内陆段保税（海关监管）运输手续及结关等内容。如果陆上运输要通过其他国家海关和内陆运输线路时还应包括这些海关的通关及保税运输手续。

这些涉及海关的手续一般由多式联运经营人的派出机构或代理人办理，也可由各区段的实际承运人作为多式联运经营人的代表代为办理。由此产生的全部费用，应由发货人或收货人负担。

如果货物在目的港交付，则结关应在港口所在地海关进行。如在内陆地交货，则应在口岸办理保税（海关监管）运输手续，海关加封后方可运往内陆目的地，然后在内陆海关办理结关手续。

（十）货运事故处理

如果全程运输中发生了货物灭失、损害和运输延误，无论是否能确定损害发生的区段。发（收）货人均可向多式联运经营人提出索赔。多式联运经营人根据提单条款及双方协议确定责任并做出赔偿。如果确知事故发生的区段和实际责任者时，可向其进一步进行索赔；如不能确定事故发生的区段时，一般按在海运段发生处理。如果已对货物及责任投保，则存在要求保险公司赔偿和向保险公司进一步追索问题。如果受损人和责任人之间不能取得一致，则需通过在诉讼时效内提起诉讼和仲裁来解决。

二、国际集装箱海铁多式联运进出口业务流程

（一）国际集装箱海铁多式联运出口业务程序

国际集装箱海铁多式联运出口，是指货方采取海铁联运方式，在内地口岸将出口集装箱装上铁路集装箱班列，由铁路集装箱班列运至集装箱码头后，换装海运船舶，由海运船舶继续将集装箱运至目的港，并交付收货人。以下即为CIF条件下国际集装箱整箱货海铁多式联运出口业务的基本程序。

1. 接受托运申请，订立多式联运合同

内地托运人向多式联运经营人或其内地口岸代理申请订舱，多式联运经营人或其内地口岸代理根据货方提出的订舱申请并结合自己的运输路线等情况，判断是否接受该托运申请，如果接受则订立多式联运合同。

2. 编制月计划、日计划，向铁路部门、船公司订车、订舱

多式联运经营人或其代理在合同订立后，应根据运输任务，编制月计划和日计划，按时向铁路部门申报订车计划，同时还应向船公司订舱、开通知托运人安排货物运送事宜。

3. 提取空箱

除货主自备箱外，实际业务中大多使用多式联运经营人的集装箱或船公司的集装箱。多式联运经营人应根据实际装箱地点和空箱存放情况，确定提取空箱的方式。

（1）在装箱点装箱且装箱点备有空箱，则通知仓库备箱即可；

（2）在装箱点装箱，但装箱点无空箱，则需要安排汽车或火车运空箱至装箱点；

（3）在货主产地装箱，则需要办理申请调箱、提箱并安排汽车或火车送至货主产地等事宜，以便货主装箱。

4. 货主安排货物进库场

在收到进货信息后，对于装箱点装箱的货物，货主自行或委托代理安排汽车等运输工具将货物送至装箱点，以便在装箱点装箱。

5. 申请火车车皮，办理货物装车

多式联运经营人或其代理根据日计划，填写铁路运单，向铁路申请车皮，办理集装箱装车事宜。

6. 报关报验

多式联运经营人根据托运人交付的委托书、买卖合同、发票等报关单证，在内地口岸海关办理转关运输，取得海关批准后，将海关关封交付铁路部门。

7. 签发全程多式联运提单

内地口岸托运人根据多式联运经营人的指示将货物交付铁路部门并装上铁路集装箱专列后，多式联运经营人或其代理签发全程多式联运提单交付托运人。

8. 传递货运信息和寄送相关单证

多式联运经营人内地代理应将铁路运单正本等相关单证寄送多式联运经营人中转港代理，将多式联运提单副本寄送多式联运经营人或其目的港代理，与此同时，还应向有关方传递有关集装箱班列动态等信息。

9. 办理货物在中转港的海关手续及制作货运单据

多式联运经营人中转港代理根据内地代理提供的信息和收到的运单等单证制作出口单证，如场站收据、提单，并办理海关手续，将海关放行单证送交码头，以便接货及装船。

10. 货交船公司，船公司签发提单

多式联运经营人海运出口地代理将海关放行的集装箱装上指定船舶后，船公司签发海运提单，以便多式联运经营人能在目的港凭此提取货物。

11. 传递货运信息及寄送相关单证

多式联运经营人中转港代理应将船舶的动态通知给多式联运经营人、多式联运经营人下一港代理、内地托运人，以便有关方了解船舶的动态，同时将提单等相关单证寄送下一港代理，以便其凭此提取货物。

12. 提取货物与交付货物

多式联运经营人目的港代理凭正本提单从承运人或其代理处提取货物，并根据收货人交付的正本多式联运提单将集装箱交付收货人。

（二）国际集装箱海铁多式联运进口业务程序

国际集装箱海铁多式联运进口，是指货方采取海铁联运方式，在国外装货港将进口集装箱装上船舶，由该船舶运至国内中转港后，换装铁路集装箱班列，由铁路集装箱班列继续将集装箱运至内地口岸，并交付收货人。以下即为 FOB 条件下，国际集装箱整箱货海铁多式联运进口业务的基本程序。

1. 接受托运申请，订立多式联运合同

收货人向多式联运经营人或其内地口岸代理申请订舱，多式联运经营人或其内地口岸代理根据货方提出的订舱申请并结合自己的运输路线等情况，判断是否接受该托运申请，如果接受则订立多式联运合同。

2. 向船公司订舱和向铁路部门申请车皮

多式联运经营人或其代理在合同订立后，应分别向船公司和铁路部门申请订舱、订车皮。

3. 收货人通知托运人准备集装箱装船等事宜

收货人根据从多式联运经营人处所得到的信息，及时通知托运人安排货物交付多式联运经营人在装运港代理或多式联运经营人指定的船公司。

4. 签发全程多式联运提单和收取海运提单

托运人将海关放行的集装箱交付多式联运经营人装港代理，或者根据其指示交付指定船公司后，多式联运经营人或其代理应向其签发全程多式联运提单，托运人取得提单后即可结汇。与此同时，多式联运经营人装港代理应缮制场站收据、提单等，并将集装箱交付船公司或其代理，船公司应向其签发海运提单。

5. 传递货运信息和寄送相关单证

多式联运经营人装港代理应将多式联运提单副本寄交多式联运经营人或其目的地代理，将海运提单寄送多式联运经营人中转港代理，并向有关方传递有关船舶动态等信息。

6. 办理货物在中转港的海关转关手续及制作货运单据

多式联运经营人中转港代理根据上一港代理提供的信息和收到的提单等单证制作铁路运单，并办理海关转关手续，将海关放行单证送交码头，以便接货，并将其装上集装箱班列。

7. 货交铁路，铁路部门签发运单

多式联运经营人中转港代理将海关放行的集装箱装上指定火车后，铁路部门签发铁路运单，以便多式联运经营人能在目的地凭此提取集装箱。

8. 传递货运信息及寄送相关单证

多式联运经营人中转港代理应将铁路集装箱班列的动态向多式联运经营人、多式联运经营人目的地代理、收货人报告，以便有关方了解该班列的动态，同时将运单寄送目的地代理，以便凭此提取货物。

9. 办理海关手续，提取货物与交付货物

多式联运经营人目的地代理凭加盖海关放行章的运单，从承运人或其代理处提取货物，并根据收货人交付的正本多式联运提单将集装箱交付收货人。

三、国际铁路货物联运出口业务流程

国际铁路货物联运出口货物运输组织工作主要包括铁路联运出口货物运输计划的编制、货物托运和承运、国境站的交接和出口货物的交付等。国际铁路联运出口货物流程如图 10－2 所示。

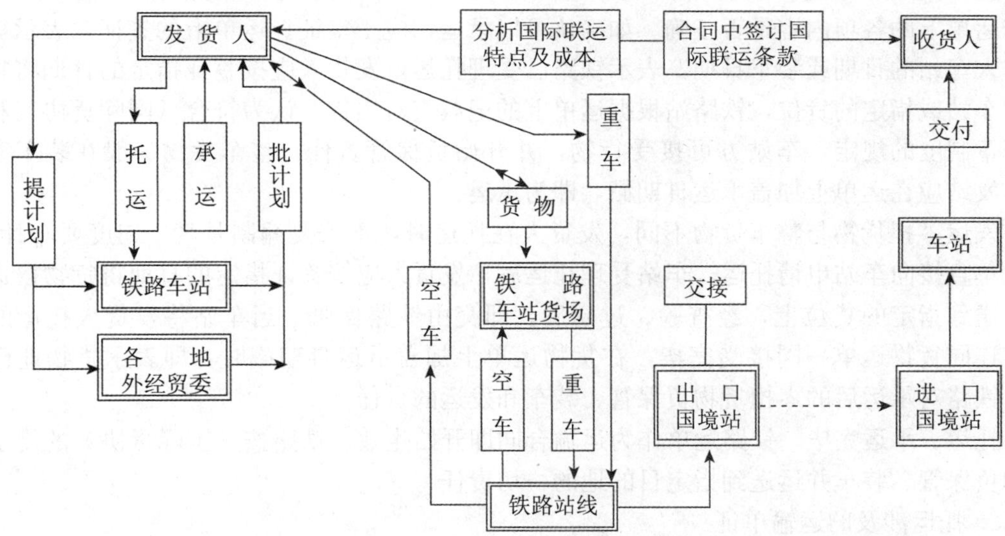

图 10－2　国际铁路联运出口货物运输流程

(一) 国际铁路货物联运出口货物运输计划的编制

国际铁路货物联运出口货物运输计划一般是指月度要车计划，它是对外贸易运输计划的组成部分，体现对外贸易国际铁路货物联运的具体任务，也是日常铁路联运工作的重要依据。

国际铁路货物联运月度要车计划采用“双轨（铁路、外贸）上报、双轨下达”的方法，其编制程序如下：

(1) 各省、市、自治区发货单位应按当地铁路部门的规定，填制“国际铁路联运”月度要车计划表，向铁路局（分局、车站）提出下月的要车计划，并在规定的时间内，分别报送当地经贸厅（局）和各主管总公司。

（2）各铁路局汇总发货单位的要车计划后，上报铁道部；各省、市、自治区经贸厅（局）和各进出口总公司在审核汇总所属单位的计划后，报送商务部。

（3）商务部汇总审核计划后，与铁道部平衡核定。

（4）月度要车计划经两部平衡核定，并经有关国家的铁道部门确认后，由商务部将核准的结果通知各地经贸厅（局）和各进出口总公司，各地经贸厅（局）和各进出口总公司再分别转告所属发货单位；各铁路局（分局、车站）将铁道部批准的月度要车计划分别通知发货单位。

凡发送整车货物，均需具备铁路部门批准的月度要车计划和旬度要车计划；零担货物，则不必向铁路部门编报月度要车计划，但发货人必须事先向发站办理托运手续。

（二）国际铁路货物联运的托运和承运

具有批准的出口运输计划是进行货物托运与承运的前提。托运与承运的过程实际就是铁路与发货人之间签订运输合同的过程。

1. 托运的一般过程

货物的托运是发货人组织货物运输的一个重要环节。发货人在托运货物时，应向车站提出货物运单，以此作为货物托运的书面申请。车站接到运单后，应进行认真审核。

整车货物办理托运，车站应检查是否有批准的月度、季度货物运输计划和要车计划，检查运单上的各项内容是否正确。如确认可以承运，应予签证。运单上的签证，表示货物应进入车站的日期或装车日期，表示铁路已受理托运。发货人应按签证指定的日期将货物搬入车站或指定的货位，铁路站根据运单上的记载查对实货，认为符合《国际货协》和有关规章制度的规定，车站方可接受货物，并开始负保管责任。整车货物一般在装车完毕后，发站应在运单上加盖承运日期戳，即为承运。

发运零担货物与整车货物不同，发货人在托运时，不需要编制月度、旬度要车计划，凭运单直接向车站申请托运。车站受理托运后，发货人应按签证指定的日期将货物搬进货场，送到指定的货位上，经查验、过磅后，即交由铁路保管。当车站将发货人托运的货物，连同货物运单一同接受完毕，在货物运单上加盖承运日期戳时，即表示货物业已承运。铁路对承运后的零担货物负保管、装车和发运的责任。

托运、承运完毕，铁路运单作为运输合同即开始生效。铁路按《国际货协》的规定对货物负保管、装车并运送到指定目的地的一切责任。

2. 托运涉及的运输单证

托运所涉及的运输单证有国际货协运单和运单的随附单证。

（1）国际货协运单（SMGS Rail Way Bill）。简称货协运单，是国际铁路货物联运运单中的一种。货协运单是由发送国铁路代表所有参加运送货物的各国铁路同发货人之间订立的运送契约。因此参加联运的各国铁路和发、收货人在货物运送中便具有了相应的权利和义务，它对铁路和发、收货人都具有法律效力。

（2）运单的随附单据。经国际铁路联运出口的货物通过国境站时，需要履行海关手续、商品检验、卫生检疫等法定手续，为此发货人必须将所需的文件附在运单上。这些文件主要有出口货物报关单、出口货物明细单，根据货物性质的需要，可能还有出口许可证、品质证明书、商品检验证书、植物检验证书或兽医证明书等。其他有关单据，则视合同的规定和货物不同要求而定。在运单上所附的一切文件，应由发货人记入运单第 23 栏“发货人添附的文件”栏内，并牢固地附在运单上，随货物同行。铁路没有义务检查发货人在运单上所添附的文件是否正确和是否齐全。

(三) 发货人在装车发运中的工作

货物办理完托运和承运手续后，接下来是装车发运，货物的装车，应在保证货物和人身安全的前提下，做到快速进行，以缩短装车作业时间，加速车辆周转和货物运送。

1. 货物装车发运的一般程序

按我国铁路的规定，在车站公共装卸场所内的装卸工作，由铁路负责组织；其他场所如专用线装卸场，则由发货人或收货人负责组织。但某些性质特殊的货物，如易腐货物、未装容器的活动物等，即使在车站的货场内，也均由发货人组织装车或卸车。

货物装车发运的主要程序如下：

(1) 货物进站

货物应按铁路规定的时间进站。进站时，发货人应组织专人在车站接货。由铁路装车的货物，应会同铁路货运员对货物的件数、包装、品名、唛头标记、运单及其随附单证逐件进行检查，如发现问题或相互不符，必须修复、更换或查明原因并予以更正。经铁路货运员验收完毕，认为符合运送要求，发货人即同货运员办理货物交接手续，并在运单上签证确认。

零担货物经铁路货运员查验、过磅，发货人按运单记载交付运杂费后，货物在站内的保管和装车发运工作即由铁路负责。

在专用线装车时，发货人应在货车调送前一日将货物搬至货位，并做好装车前的一切准备。

(2) 请车和拨车

由铁路负责装车的货物，有关请车和拨车均由铁路自行办理。

由发货人负责装车时，不论是在车站的货场内装车或是在专用线装车，发货人应按铁路批准的日要车计划，根据货物的性质和交货数量，向车站请拨车辆。发货人要正确合理选择需要的车种和车辆吨位，尽量做到车种适合货种，车吨配合货吨，并在保证货物和车辆安全的前提下，充分利用车辆的载重吨和容积，以提高经济效益。铁路在货车调送到装货地点或车辆交接地点之前，应将送车时间通知发货人，发货人应根据铁路送车通知按时接车，同时组织装车力量，在铁路规定的时间内完成装货工作，按时交车，并将装车完毕时间通知车站。

(3) 货物的装车、加固和施封

装车。货物装车应具备三个基本条件：第一，货物包装完整、清洁、牢固，货物标志、标记清晰完整；第二，单证齐全、内容准确、完备；第三，车辆的车体完整、清洁，技术状态良好，具备装车的必备条件。由发货人装车的货物，发货人应在现场负责监装；铁路负责装车的货物，一般应由铁路监装，在必要时可要求发货人在货场检查货物装载情况。现场监装工作的内容有以下几个方面：①装车前，检查货位上的货物，复核点数，是否符合装车条件。②货车调到时，会同铁路货运员检查车辆是否符合装车要求。③合理装载，装车时对配载货物做到心中有数，计算准确，合理装车并检查货物是否装载恰当，确保货物运输安全。④装车完毕，检查车辆是否封闭、加固、通风以及做好相应的安全措施。⑤记录车号，做好发运登记，并在出口货物明细单上填写车号、运单号和装车日期；如实际车数与原单记载有出入时，应及时做好修改和更正。⑥装车结束后，及时向车站交付运费，取回盖有发站承运戳记的运单副本和运单副本抄件。

加固。对于敞车、平车及其他特种车辆装运超限货物，箱装和裸装机械设备以及车辆等货物，应在装车时放置稳妥，捆绑牢固，以防运送途中发生移动、坠落、倒塌及互相撞击，保证安全运送。由我国铁路用敞车类货车发运货物时，装载加固按我国国内规章办理，暂不执行《国际货协》附件第14号《敞车类货车货物装载加固规则》的规定。货物出口加固工作，应由铁路负责（自装车和专用线装车由发货人负责），但发货人应检查加固情况，如不合要求，应提醒铁路方面重新加固。

施封。它是保证货物运输安全的重要措施之一，以便分清铁路与发、收货人之间，铁路内部之间的相互责任。我国装运国际联运出口货物的棚车、冷藏车、罐车必须施封。货车施封后，应使用只在毁坏后才能启开的封印。铁路装车时由铁路施封，发货人装车由发货人施封；或委托铁路施封，此时发货人应在运单“铅封”栏内注明“委托铁路施封”字样。对出口货物和换装接运的进口货物，各发站和进口国境站必须用10号铁线将车门上部门扣和门鼻拧紧，在车门下部门扣处施封。

2. 货车的配载

(1) 棚车的使用和配载

棚车有顶盖和四壁，有门、窗，能启闭，对货物运送比较完全。装棚车的货物每件包装不宜过长、过大、过重，一般不超过250千克为宜，以利装卸。

我国现有棚车以60吨和50吨为多，因此应根据储运货物的数量，尽可能选用60吨或50吨的棚车。

在配载货物时，应先利用车容和载重量。在安排车容时，应根据每件货物大小和车辆长宽高，进行正确合理的计算，保证货物按数装载和不浪费运力，必要时应制定货物装载方案和绘制装载示意图，供装车时作为掌握和参考的依据。

(2) 敞车的使用和配载

敞车主要装运不怕受潮的货物。对于不能装棚车的货物，采取防潮、防盗措施能保证货物安全的，也可使用敞车装载。我国现在60吨和50吨的敞车较多。

装敞车的散装货物，凡能捆扎成件的（如钢材、钢管等），应尽量捆扎成大件，每车不超过100件。敞车货物的配载，也应充分利用货车的载重量和容积，在保证货物安全运送的前提下尽量做到满载，但装载不得超过车辆限界。

(3) 平车的使用

我国现有平车以60吨为多，30吨次之。平车用于装运长大货物（敞车装卸困难的）。对于汽车、拖拉机及其他裸体机械，一般以装平车为宜。用平车装运货物，其高度和宽度均不得超过车辆限界。

3. 货物发出后办理事项

(1) 登记。发货人的运输人员在发货后，要将发货经办人员的姓名、货物名称、数量、件数、毛重、净重、发站、到站、经由口岸、运输方式、发货日期、运单号、车号及运费等项目，详细登记在发运货物登记表内，作为原始资料。

(2) 通知及上报。如合同有规定，发货后发货人要用电传或传真通知收货人，发货人要及时通知；如规定要上报总公司和当地经贸厅（局、委）的，要及时上报。总之，要做好必要的通知和报告工作。

(3) 修正和更改。如果货物发出后，发现单证或单货错误，要及时电告货物经由口岸的外运分支机构，要求代为修正，如发货后需要变更收货人、到站或其他事项的，要及时按规定通知原发站办理变更。

(四) 国际铁路货物联运出口货物在国境站的交接

联运货物在装车发运后，紧接着就要考虑在国境站的交接问题。

1. 国境站有关机构

在相邻国家铁路的终点，从一国铁路向另一国铁路办理移交或接收货物和车辆的车站称为国境站。我国国境站除设有一般车站应设的机构外，还设有国际联运交接所、海关、国家出入境检验检疫所、边防检查站及中国对外贸易运输（集团）总公司所属的分支机构等单位。

(1) 国际联运交接所。简称交接所，它是国境站的下属机构。交接所执行下列任务：①办理货物，车辆、运送用具的交接和换装；②办理各种单据的交接，负责运送票据、商务记录的编制、翻译和交接工作；③计算国际铁路联运进口货物运到期限、过境铁路运费和国内各项运杂费用；④对货物和票据进行检查，处理和解决货物交接以及车、货、票、证等方面存在的问题。

(2) 海关。海关代表国家贯彻执行进出口政策、法律、法令，是口岸行使监督管理职权的机关，海关对进出口货物履行报关手续。只有在按规定交验有关单据和证件后，海关才凭以放行。

(3) 国家出入境检验检疫所。它是负责进出口商品检验检疫工作的国家行政管理机关。

(4) 边防检查站。它是公安部下属的国家公安部队，其职责是执行安全保卫，负责查验出入国境的列车、机车及列车服务人员和随乘人员的进出境证件。

(5) 中国外运分公司。中国外运分公司是各进出口公司的货运代理。在国境站的主要业务范围是：承办各种进出口物资的铁路发运、转运、联运、口岸交接、分拨、报关、报验和大型集装箱的中转、拆箱和装箱等业务。

2. 国际联运出口货物交接的一般程序

国境站除办理一般车站的事务外，还办理国际铁路联运货物、车辆和列车与邻国铁路的交接，货物的换装或更换轮对，运送票据、文件的翻译及货物运送费用的计算与复核等项工作。出口货物在国境站交接的一般程序是：

(1) 出口国境站货运调度根据国内前方站列车到达预报，通知交接所和海关做好接车准备。

(2) 出口货物列车进站后，铁路会同海关接车，并将列车随带的运送票据送交接所处理，货物及列车接受海关的监管和检查。

(3) 交接所实行联合办公，由铁路、海关、外运等单位参加，并按照业务分工开展流水作业，协同工作。铁路主要负责整理、翻译运送票据，编制货物和车辆交接单，以此作为向邻国铁路办理货物和车辆交接的原始凭证。外运公司主要负责审核货运单证，纠正出口货物单证差错，处理错发错运事故。海关则根据申报，经查验单、证、货相符，符合国家法令及政策规定，即准予解除监督，验关放行。最后由双方铁路具体办理货物和车辆的交接手续，并签署交接证件。

以上仅是一般货物的交接过程。对于特殊货物的交接，如鲜活商品、易腐、超重、超限、危险品等货物，则按合同和有关协议规定，由贸易双方商定具体的交接方法和手续。属贸易双方自行交接的货物，国境站外运公司则以货运代理人的身份参加双方交接。如果在换装交接过程中需要鉴定货物品质和数量，应由国内发货单位或委托国境站商检所进行检质、检量，必要时邀请双方检验代表复验。外运分公司则按商检部门提供的检验结果，对外签署交接证件。属于需要随车押运的货物，国境站外运分公司应负责两国国境站间的押运工作，并按双方实际交接结果对外签署交接证件，作为货物交接凭证和货款结算的依据。

3. 有关联运出口货物交接中的几个问题

（1）联运出口货物单证资料的审核

审核出口货物单证是国境站的一项重要工作，它对正确核放货物，纠正单证差错和错发错运事故，保证出口货物顺利交接具有重要意义。

出口货物运抵国境站后，交接所应将全部货运单证送外运分公司进行审核，外运分公司作为国境站的货运代理公司，在审核单证时，要以运单内容为依据，审查出口货物报关单、装箱单、商检证书等记载的内容和项目是否正确、齐全。如正确无误，则可核放货物，做到差错事故不出国。如出口货物报关单项目有遗漏或记载错误，或份数不足，应按运单记载内容进行订正或补制；运单、出口货物报关单、商检证书三者所列项目如有不符，有关运单项目的订正或更改，由国境站联系发站并按发站通知办理；需要更改或订正商检证书、品质证明书或动植物检疫证书时，应由出证单位通知国境站出入境检验检疫所办理；海关查验实货，如发现货物与单证不符，需根据合同和有关资料进行订正，必要时应联系发货人解决。总之，国境站外运分公司在订正、补制单据时，只限于代发货人缮制单证，而对运单内容和项目以及商检证书、品质证明书、检疫证、兽医证等国家行政管理机关出具的证件，均不代办订正或补制。

出口货物单证经复核无误后，应将出口货物报关单、运单及其他随附单证送海关，作为向海关申报和海关审核放行的依据。

（2）办理报关、报验等法定手续

铁路联运出口货物报关，由发货人委托铁路在国境站办理。发货人在货物发运前，应填制出口货物报关单，作为向海关申报的主要依据。

出口货物报关单格式由我国海关总署统一制定。发货人或其代理人需按海关规定逐项填写，要求内容准确、详细，并与货物、运单及其他单证记载相符。字迹要端正、清晰，不可任意省略或简化。对于填报不清楚或不齐全的报关单以及未按海关法的有关规定交验进出口许可证等有关单证者，海关将不接受申报；对于申报不实者，海关将按违章案件处理。

铁路发站在承运货物后，即在货物报关单上加盖站戳，并与运单一起随货同行，以便国境车站向海关办理申报。

需办理检验检疫的货物，要向当地出入境检验检疫部门办理检验检疫手续，取得证书。

上述各种证书在发站托运货物时需连同运单、报关单一起随车同行，在国境站由海关执行监管，查证放行。

4. 联运出口货物的交接方式

货物交接可分为凭铅封交接和按实物交接两种情况。

凭铅封交接的货物，根据铅封的站名、号码或发货人简称进行交接。交接时应检查封印是否有效或丢失，印文内容、字迹是否清晰可辨，与交接单记载是否相符，车辆左、右侧铅封是否一致等，然后由双方铁路凭完整铅封办理货物交接手续。

按实物交接可分为按货物重量、按货物件数和按货物现状交接三种方式。

按货物重量交接的，如中、朝两国铁路间使用敞车、平车和砂石车散装煤、石膏、焦炭、矿石、熟矾土等货物；按货物件数交接的，如中、越两国铁路间用敞车类货车装载每批不超过100件的整车货物；按货物现状交接的，一般是难以查点件数的货物。

在办理货物交接时交付方必须编制"货物交接单"，没有编制交接单的货物，在国境站不得办理交接。

5. 联运出口货运事故的处理

联运出口货物在国境站换装交接时，如发现货物短少、残损、污染、湿损、被盗等事故，国境站外运分公司应会同铁路查明原因，分清责任，分别加以处理。由于铁路原因造成的货物残损短缺，要提请铁路编制商务记录，并由铁路负责整修。整修所需包装物料由国境站外运分公司根据需要与可能协助解决，但费用由铁路承担；由于发货人原因造成的事故，在国境站条件允许的情况下，由国境站外运分公司组织加工整修，但需由发货人提供包装物料，负担所有的费用和损失。因技术条件限制，无法在国境站加工整修的货物，应由发货人到国境站指导或将货物返回发货人处理。

(五) 国际联运出口货物的交付

国际联运出口货物抵达到站后，铁路应通知运单中所记载的收货人领取货物。在收货人付清运单中所记载的一切应付运送费用后，铁路必须将货物连同运单交付给收货人。收货人必须支付运送费用并领取货物。收货人只有在货物因毁损或腐坏而使质量发生变化，以致部分货物或全部货物不能按原用途使用时，才可以拒绝领取货物。收货人领取货物时，应在运行报单上填记货物领取日期，并加盖收货戳记。

四、国际铁路货物联运进口业务流程

国际铁路联运进口货物的发运工作是由国外发货人根据合同规定向该国铁路车站办理的。根据《国际货协》规定，我国从参加《国际货协》的国家通过铁路联运进口货物，凡国外发货人向其所在国铁路办理托运，一切手续和规定均按《国际货协》和各该国国内规章办理。我国国内有关订货及运输部门对联运进口货物的运输工作，主要包括联运进口货物在发运前编制运输标志；审核联运进口货物的运输条件；向国境站寄送合同资料；国境站的交接、分拨；进口货物交付给收货人以及运到逾期计算等。

(一) 联运进口货物运输标志的编制

运输标志又称唛头（Mark），一般印制在货物外包装上，它的作用是为承运人运送货物提供方便，便于识别货物，便于装卸，便于收货人提货。唛头必须绘制清楚醒目，色泽鲜艳，大小适中，印制在货物外包装显著位置。我国规定，联运进口货物在订货工作开始前，由商务部统一编制向国外订货的代号，作为收货人的唛头，各进出口公司必须按照统一规定的收货人唛头对外签订合同。收货人唛头由七部分组成，按下列顺序排列：

(1) 订货年度代号。

(2) 承办订货进出口贸易公司代号。

(3) 订货部门（即收货人）代号。

(4) 间隔号，外贸为"—"，工贸为"/"。

(5) 商品类别代号。

(6) 合同编号或卡片编号，即采用进口合同所编的顺序号码。

(7) 供货国别地区代号，按照同我国建立外交和贸易关系的国家和地区，分别用两个拉丁字母作为一个国家和地区的代号，如“CF”代表法国，“MR”代表美国等。

例如：2011年（代号11）某工贸公司（假设承办进口订货代号为AA）受某订货部门（假设进口货物收货人代号为BB）的委托，以第003号合同（合同顺序号为003号）向英国（代号为CE）订购船用设备（代号382），目的港为中国上海港（英文名称SHANGHAI CHINA）。其合同编号应为：11AABB/382003CE。其唛头标记应为：11AABB/382003CE SHANGHAI CHINA。

（二）审核联运进口货物的运输条件

联运进口货物的运输条件是合同不可缺少的重要内容，因此必须认真审核，使之符合国际联运和国内的有关规章。

审核联运进口货物运输条件的内容主要包括收货人唛头是否正确；商品品名是否准确具体；货物的性质和数量是否符合到站的办理种别；包装是否符合有关规定等。

（三）向国境站寄送合同资料

合同资料是国境站核放货物的重要依据，各进出口公司在贸易合同签字以后，要及时将一份合同中文抄本寄给货物进口口岸的外运分公司。合同资料包括合同的中文抄本和其附件、补充书、协议书、变更申请书、更改书和有关确认函电等。

（四）联运进口货物在国境站的交接与分拨

联运进口货物的交接程序与出口货物的交接程序基本相同。其做法是：进口国境站根据邻国国境站货物列车的预报和确报，通知交接所及海关做好到达列车的检查准备工作。进口货物列车到达后，铁路会同海关接车，由双方铁路进行票据交接，然后将车辆交接单及随车带交的货运票据呈交接所，交接所根据交接单办理货物和车辆的现场交接。海关则对货物列车执行实际监管。

我国进口国境站交接所通过内部联合办公，开展单据核放、货物报关和验关工作，然后由铁路负责将货物调往换装线，进行换装作业，并按流向编组向国内发运。

（五）联运进口货物交接中的几个问题

1. 进口合同资料

进口合同资料是国境站核放货物的唯一依据，也是纠正并处理进口货物在运输中出现错乱的重要资料，口岸外运分公司在收到合同资料后，如发现内容不齐全、有错误、字迹不清，应迅速联系有关进出口公司修改更正。

联运进口货物抵达国境站时，口岸外运分公司根据合同资料对各种货运单证进行审核，只有单、证、票、货完全相符，才可核放货物。通常联运进口货物货运事故大约有以下几类：

（1）合同资料与随车单证不符；

（2）单证与货物不符，包括有票无货，有货无票；

（3）货物错经国境口岸；

（4）货物混装、短装或超过合同规定的数量；

（5）货物不符合《国际货协》规定，铁路拒收等。

对上述情况，口岸外运分公司应本着以下原则处理：因铁路过失造成的，联系铁路处理；因发货人过失造成的，根据合同资料和有关规定认真细致地查验货物，确有可靠依据的可予以纠正，否则联系有关公司处理。

2. 联运进口货物变更到站和变更收货人的工作

国际铁路联运货物，根据发货人和收货人的需要，可以提出运输变更。运输变更申请应由发货人或收货人提出。

联运进口货物变更到站、变更收货人时，首先应通过有关进出口公司向国外发货人提出。在国外发货人不同意办理变更时，可向国境站外贸运输机构申请，在国境站办理变更。

联运进口货物变更的受理，应在货物到达国境站前。进口由收货人申请变更到站和收货人，只可在货车开至到达国进口国境站且货物尚未从该站发出时提出变更。

第三节 国际多式联运单证

一、国际多式联运单证概述

(一) 多式联运单证定义的解释

《联合国国际货物多式联运公约》对多式联运单证的定义："是指证明多式联运合同以及证明多式联运经营人接管货物并负责按照合同条款交付货物的单据。"该单证包括双方确认的取代纸张单证的电子数据交换信息。国际多式联运单证不是多式联运合同，只是多式联运合同的证明，同时是多式联运经营人收到货物的收据和凭其交货的凭证。在实践中一般称为国际多式联运提单（Multimodal Transport B/L）。

该定义说明：

(1) 多式联运单证不是运输合同，而是运输合同的证明。

(2) 多式联运单证是多式联运经营人收到货物的收据和凭其交货的凭证。

所以，在国际多式联运中，真正的运输合同系由多式联运经营人与发货人订立的多式联运合同。

(二) 多式联运合同及其必备条件

《联合国国际货物多式联运公约》对多式联运合同的定义："是指多式联运经营人凭以收取运费、负责完成或组织完成国际多式联运的合同。"

该合同的成立必须具备下列条件：

(1) 必须至少使用两种以上的运输方式。

(2) 必须是对货物的运输。

(3) 接受货物托运，因有合同而对货物负有进行运输和保管的责任。

(4) 该合同必须是一种承揽、有偿、不要式合同。

(三) 国际多式联运单证系统的构成

国际多式联运单证系统由以下两部分组成。

(1) 在国际多式联运经营人与货主（托运人、收货人）之间流转的单证。这部分单证中最重要的是国际多式联运单证（据）。由于没有可适用的国际公约，世界上并不存在国际上认可的、统一的多式联运单证。实务中使用的多式联运单证在商业上是通过订立合同产生的，它既可以是可转让的，也可以是不可转让的，但目前以使用可转让的多式联运提单最为常见。

(2) 国际多式联运经营人与各区段实际承运人之间流转的单证。这部分单证采用该区段运输方式所使用的运输单证。

(四) 多式联运单证的种类

在没有可适用的国际公约的情况下，并不存在国际上认可的作为多式联运单证的合法单证。现在多式联运中使用的单证在商业上是通过合同产生的。目前，国际多式联运单证可分为以下 4 类。

(1) 波罗的海国际海事协会（BIMCO）制订的 Combidoc。此单证已得到了国际商会（ICC）的认可，通常为拥有船舶的多式联运经营所使用。

(2) FIATA 联运提单（FBL）。它是由 FIATA 制订的，供多式联运经营的货运代理所使用。它也得到了国际商会的认可。

(3) UNCTAD 制订的 Multidoc。它是便于《联合国国际货物多式联运公约》得以实施而制定的。它并入该公约中责任方面的规定。由于该公约尚未生效，因而该多式联运单证尚无任何多式联运经营人选用。

(4) 多式联运经营人自行制定多式联运单证。目前几乎所有的多式联运经营人都制订自己的多式联运单证。但考虑到适用性，与 Combidoc、FBL 单证一样，绝大多数单证都并入或采用“ICC 联运单证统一规则”，即采用网状责任制，从而使现有的多式联运单证趋于标准化。

(五) 转船提单、联运提单与多式联运提单的异同

转船提单、联运提单、多式联运提单都是属于中途需要换装作业的提单。从提单的正面来看，这 3 种提单的栏目设置基本相同，似乎表明各类提单具有一定的可替代性，但从提单背面条款来看，转船提单（Transshipment B/L）与联运提单（Through B/L）都规定承运人仅对自己完成的区间承担责任；而多式联运提单（Combined Transport B/L 或 Multimodal Transport H/L 或 Intermodal Transport B/L）则规定多式联运经营人对全程负责。很明显，它们之间存在本质的不同。

三种提单的基本概念如下：

(1) 转船提单是指在装货港装载的货物不能直接运往目的港，需要在中途港装其他船舶转运至目的港时承运人签发的提单。目前此种提单背面均规定承运人仅对自己完成的区段承担责任。

(2) 联运提单是指承运人对经由海海、海陆、陆海运输的货物所出具的全程提单。目前此种提单背面均规定承运人仅对自己完成的区段承担责任。

(3) 多式联运提单是指多式联运经营人对经由两种以上的不同运输方式运输的货物所出具的全程提单，多式联运经营人对全程运输承担责任。

三种提单之间的区别具体如表 10－1 所示

表 10－1　　三种提单之间的区别与联系

主要内容	转船提单	联运提单	多式联运提单
英文名称	Transshipment B/L	Through B/L	CTB/L，MTB/L，ITB/L
运输栏目	前程运输工具、装港、船名、转运港、卸港、交货地	前程运输工具、前程承运人、收货地、装港、船名、卸港、交货地	前程运输工具、收货地、装港、船名、卸港、交货地

续　表

主要内容	转船提单	联运提单	多式联运提单
运输方式	海运、海—海、海—其他方式	海运、海—海、海—其他方式、其他方式—海	海运、海—海、多式联运
责任期间	船到船	船到船	交货到交货
提单类型	已装船提单	已装船提单	收货待运提单
签发人	海上承运人	海上承运人	多式联运经营人
签发时间	装船后	装船后	收货后
签发地点	装港或承运人所在地	装港或承运人所在地	收货或经营人所在地
银行对单证的处理	UCP 500 23	UCP 500 23	UCP 500 26

(六) 多式联运提单的签发

1. 多式联运提单的签发人

根据《联合国国际货物多式联运公约》的规定，多式联运经营人在接管货物时，应签发一项多式联运单据，该单据应依发货人的选择，或为可转让的单据或为不可转让的单据。多式联运单据应由多式联运经营人或经其授权的人签字。

“多式联运经营人”是指其本人或通过其代表订立多式联运合同的任何人，他是事主，而不是发货人的代理人或代表、或参加多式联运的承运人的代理人或代表，并且负有履行合同的责任。在多式联运下，出现了两种类型的承运人，一种是契约承运人（与货物托运人订立运输合同的人），另外一种是实际承运人（即契约承运人委托的完成货物运输的人）。这种规定不会影响到契约承运人与实际承运人之间的任何追偿权利，对多式联运经营人的规定，是说明在国际多式联运过程中一旦发生损害赔偿行为，多式联运经营人以本人的身份直接参加赔偿。他在联运业务中作为总承运人对货物负有履行合同的责任，并承担自接管货物时起至交付货物时止的全程运输责任，并且对货物在运输路途中因灭失、损坏或延迟交付所造成的损失负赔偿责任。

2. 多式联运提单的签发

多式联运提单一般是在多式联运经营人收到货物后签发的。由于联运货物主要是集装箱货物，因此经营人接受货物的地点可能是集装箱码头或内陆堆场（CY）、集装箱货运站（CFS）和发货人的工厂或仓库。由于接受货物的地点不同，提单签发的时间、地点及联运经营人承担的责任也不同。而且根据多式联运的特点，托运人一旦交出货物，即使货物没有装上船，也可以凭场站收据要求多式联运经营人签发提单。这种提单通常是待装船提单，在结汇上是有困难的。

为了适应信用证规定下的集装箱运输以及多式联运下结汇的需要。《跟单信用证统一惯例》1993 年修订本阐述了关于“联合运输单据的规定”：如果信用证需要联合运输单证或规定的联合运输，但未指定所需要的单证形式或该页单证的开户人，银行当对该项单证予以接受。同时规定，如联合运输包括海运，即使单证中未表明货物已装上指名船舶，或即使单证上订有集装箱运输，货物可能载于舱面的条文，但未特别表明该货物已装于舱面者，该项单证银行均予接受。

多式联运经营人凭收到货物的收据签发多式联运提单时，可以根据发货人的要求签发可转让与不可转让的提单。签发提单前应向发货人收取合同规定和由其负担的全部费用。

多式联运经营人在签发多式联运提单时，应注意以下事项：

(1) 如签发可转让的多式联运提单，应在收货人栏列明按指示交付或向持票人交付。如签发不可转让的提单，应列明收货人名称。

(2) 提单上的通知人一般是在目的港或最终交货地点，由收货人指定代理人。

(3) 对签发正本提单的数量一般没有规定，如应发货人的要求签发一份以上的正本提单时，应在每份正本提单上注明正本份数。

(4) 如签发任何副本，每份副本均应注明“不可转让副本”字样。副本不具有提单的法律效力。如签发一套一份以上的正本可转让提单时，各正本提单具有同样的法律效力的，多式联运经营人或其代表如已按其中的一份正本交货便已经履行交货责任，其他提单自动失效。

(5) 多式联运提单应有多式联运经营人或经他授权的人的签字。如不违背所在国法律，签字可以使用手签、手签笔迹的印章、符号或用任何其他机械或电子仪器印章。

(6) 如果多式联运经营人或其代表在接受货物时，对货物的实际情况和提单中未注明货物的种类、标志、数量或重量，对包数或件数有怀疑，但又无适当的方法进行核对、检查时，可以在提单上作出保留，注明不符之处和怀疑的根据。但是为保证提单的清洁，也可以按习惯处理。

(7) 经发货人同意，可以用任何机械或其他方式保存公约规定的多式联运提单列明的事项，签发不可转让的提单。在这种情况下多式联运经营人在接管货物后，应交给发货人一份可以阅读的单据，该单据应载有此种运输方式记录的所有事项。根据公约规定这份单据应视为多式联运单据。多式联运公约中的这项规定，主要是为适应电子单证的使用而设置的。

(8) 如该提单中记名的收货人以书面的形式通知多式联运经营人，要求将提单记载的货物交给他书面通知中指定的其他收货人时，而且，在事实上，如果多式联运经营人也这样做了，也认为多式联运经营人已履行其交货的责任。

二、多式联运单证填制

(一) 多式联运单证的主要内容

多式联运单证是多式联运经营人、承运人、发货人、收货人、港方和其他有关方面进行业务活动的凭证，主要是起货物交接时的证明作用，证明其外表状况、数量、品质等情况。单据的内容必须正确、清楚、完整，以保证货物正常安全地运输。多式联运单证的主要内容有：

(1) 货物的外表状况；

(2) 多式联运经营人的名称和主要营业所；

(3) 发货人、收货人名称；

(4) 多式联运经营人接管货物的地点和日期；

(5) 交付货物地点；

(6) 经双方明确协议，交付货物的时间、期限；

(7) 表示多式联运单证为可转让或不可转让的声明；

(8) 多式联运单证签发地点、时间；

(9) 多式联运经营人或经其授权的人的签字；

(10) 有关运费支付的说明；

(11) 有关运输方式和运输路线的说明；

(12) 有关声明。

多式联运单证一般都应注明上述各项内容，缺少其中一项或两项没有太大关系，只要所缺少的内容不影响货物运输和各当事人之间的利益，单据仍然有效。

同时，除按规定的内容填制外，还可根据双方的实际需要和要求，在不违背单证签发国的法律时，可加注其他项目。如有关特种货物的装置说明；对所收到货物的批注说明；不同运输方式下承运人之间的临时洽商批注等。

多式联运单证所记载的内容，通常由托运人填写，或由多式联运经营人或其代表根据托运人所提供的有关托运文件制成。但在多式联运经营人接管货物时，发货人应视为他已向多式联运经营人保证，他在多式联运单证中所提供的货物品类、标志、件数、重量、数量概为准确无误，如系危险货物，还应说明其危险特性。

如货物的损害系由于发货人提供的内容不准确或不当所造成，发货人应对多式联运经营人负责，即使发货人已将多式联运单证转让于他人也不例外。而且，多式联运经营人取得这种赔偿的权利，也并不限制他按照多式联运合同对发货人以外的其他任何人应负的赔偿责任。当然，如货物的灭失、损害系由于多式联运经营人意图诈骗，在单证上列入有关货物的不实资料或漏列有关内容，该多式联运经营人则无权享受多式联运公约规定的赔偿责任限制，而应按实际损害赔偿。

(二) 多式联运提单特有的条款

多式联运经营人在某种情况下充当的是契约承运人的角色，他所承担的责任期间自接收货物时起至交付货物时止。因此在他所签发的提单中对承运人的义务要加以扩展，同时对他所要承担的责任要予以明确。多式联运提单中特有的条款如：

1. 联合运输

如果是联合运输，并已就联合运输支付运费，本提单便是联合运输提单。承运人负责安排或组织落实联合运输中的前一程运输以及（或）续程运输。所有由于联合运输而引起的索赔必须在交付货物之日或应当交付货物之日之后 9 月内向承运人提出，否则承运人便应被解除其关于货物的任何责任。如果承运人已就因联合运输而引起的任何索赔向货方支付任何款项，承运人便应自然而然地以代位关系而取得或被赋予货方针对所有其他人包括前一程承运人或续承运人或分立契约人就此项灭失或损害而享有的权利。

本款所载任何规定都不得视为承运人针对前一程承运人或续程承运人或分契约人就赔偿或其他事项所享有的任何权利的放弃。

2. 灭失与损害

如果能对联合运输过程中发生灭失或损害所属阶段加以判明，承运人的责任应适用该阶段的国内法或国际公约。如果在联合运输过程中发生灭失或损害的阶段无法判明，则货方与承运人商定，应将此项灭失或损害视为发生在承运人的船上。

3. 运价本

该条款包含在 Combiconbill，Multidoc 等样本中，其为有关当事人在发生单据中的运价和所适用的运价本之间不相一致时提供有用的实际的解决方案。如 Multidoc95 第 3 条规定，发运时的多式联运经营人所适用的运价本并入在内，在本单据与应适用的运价本之间不相一致时，本单据优先适用。

（三）联运提单及其填写方法

提单是货物的承运人（或其代理人）在受理货物以后签发给托运人的一种书面凭证。提单的性质和作用是：提单是承运人给托运人出具的正式货物收据，证实已按提单所列的内容收到货物。提单是收货人在目的地提取货物的主要凭证和货物所有权的凭证。收货人可持提单（正本）在目的地向承运人或其代理人领取货物。承运人或其代理人也根据提单将货物交给提单（正本）持有者。其中一份正本提单用于提货后，其余正本提单自动作废。提单是承运人或其代理人与托运人之间共同遵守的运输契约，提单签发后，即运输契约的开始，它规定了委托方和承运方必须承担的责任和义务（提单条款），是解决和处理承运人及托运人之间在货物承运后至交付收货人之间所发生问题的主要法律依据。在贸易上，提单是买方向卖方收取货物的主要凭证。提单签发后，卖方即可持提单和其他单证通过银行向买方结汇；在某种情况下，提单又是代表货物的文件，提单就是货物，买方可出卖提单，可以在市场上进行买卖转让，这就是可转让的提单。对承运人来说，提单是向托运人收取运费的主要依据。因此，提单是运输和贸易的重要文件，在缮制提单时绝对不容许有任何疏忽，必须严格和慎重地缮制和签发，否则将使承运人遭受重大损失。

提单各项内容的含义及填写：

（1）发货人：即委托方，在大陆桥运输中，一般是外贸单位，填写其完整名称。

（2）收货人或指示：即提单的抬头人，记名收货人或不记名收货人。由发货人提供具体名称和地址。但在以信用证为支付方的条件下，多为空白抬头（TO ORDER）。总之按发货人的规定填写，以备在目的地由代理联系收货人提取货物。

（3）通知地址：根据发货人提供的通知方及地址填写，当收货人栏内用不记名式（TO ORDER）时，则此栏内必须有被通知方的名称及地址，以备承运人通知其运输信息和提单持有人准备提货。否则，因无法与提单持有人联系，造成无人提货，而发生仓储费或贸易上产生纠纷事件。

（4）前段运输工具：填 BY TRAIN，即火车。

（5）海运船只：不填写。

（6）卸货港：不填写。

（7）收货地点：按实际收货地点填写。

（8）装货港：一般不填写。

（9）交货地点：即集装箱国外最终到站，在到岸价条件下，一般交货地点及最终到站应与买卖合同中规定的目的站一致。

（10）运费支付地：到岸价即 CIF 出口，运费预付时填发站所在地；离岸价即 FOB 出口，运费到付时，不填写。

（11）正本提单份数：由买卖合同规定，按委托人的要求确定份数填写，份数用 ONE/TWO/THREE，不得用阿拉伯数字 1/2/3 填写。

（12）标志和号码：应按发货人提供的标志唛头以及号码如实填写，不能简化、遗漏或填错。另外还须填上铅封号码。

（13）件数和包装种类：必须按发货人提供的资料认真填写，为了避免件数被篡改，需要用英文大写字母注明总数。如一张提单上分别有几种包装种类，总数必须用英文说明。另外还要填上集装箱箱号。

(14) 货名：要用英文大写字母填上货物的确切名称，不得用其他文字。

(15) 总重量（千克），容积（立方米）：对于货物的重量和容积，要求每票货物都要以公制计算的千克和立方米表示。

(16) 运费和费用：大陆桥出口运输的一般做法是在离岸价条件下，注明运费到付(FREIGHT COLLECTED)；在到岸价条件下，注明运费预付（FREIGHT PREPAID)。为划清费用，对于边境交货要注明交货条款。

(17) 说明：提单正本签发的份数，其中一份办理提取货物后，其余各份则作无效。

(18) 提单签发地点及日期：签发地点一般与发货地点一致，提单签发日期应为承运人接管货物并把货物装入集装箱的日期。绝不能预借或倒签提单，因为这将使承运人违背提单条款而承担收货人可能提出的责任。具体填写应为 20TH JULY 2007 AT BEIJING，以防止被篡改。

(19) 代表承运人签字：只有承运人和经承运人委任并授权的代理有权签署。例如，大陆桥集装箱运输的联运提单由中外运或铁外服签发并加盖公章。只对正本提单签字，副本不必签字。

(20) 提单编号：每份提单都应有编号，以便查询和记录。编号的方法可用发货人托运单的号码，也可根据情况自行决定。但号码不要超过 4 位数字。

(四) 对香港地区出口货物运输单证

对香港地区出口货物运输单证，有几点需要特别提示：

1. 货物运输委托书（见样单 10 - 1）

货物运输委托书（简称“委托书”）是委托和接受委托的依据，也是向发货人核收运送费用的凭证，是香港铁路运输最基本的单据之一。委托书一式三份，其中深圳外运或铁外服一份、港中旅一份（由深圳外运或铁外服转交)、运输过程结束后退发货人一份。

委托书可以采取发运前预寄、发运后以快递方式邮寄、发运时附在铁路运单上带交等方式，以货物到达深圳前（或到达深圳时）交深圳外运或铁外服。

委托书一般应由委托人填写、盖章，但承运人要审单，避免差错。委托书所填制的内容与其他单证填制的内容要相符，如果货物内容复杂，难以在委托书里说明，可以附单说明。委托书如有小的修改，应用书面形式及时传真通知深圳外运或铁外服，以便更改。委托书发站承运人也应留底存档备查，其内容应按批填制，并且所运输的货物应为同一货主所属的货物。

【样单 10－1】

中国对外贸易运输总公司深圳分公司联运出口货物委托书

运编号________

发票号________

合约号________

制单日期：　　年　　月　　日

委托单位（全称）		香港过户银行	
地址		香港收货（代理）人	
电挂		地址	
电话		电话	

<table>
<tr><td colspan="8">下列货物装火车由________站发往深圳/香港，委托深圳外运公司/香港中旅货运有限公司参照本委托书各项内容办理接运和卸交，并请随时以动态见告。
本票货物到深圳后请办理_____（选填“原车过轨”，“卸车存仓”，“装集装箱”中的一项）。
本票货物运输所发生的一切费用由下述公司支付：
深圳段费用请向_____公司（全称）托收，
香港段费用请向_____公司（全称）收取。</td></tr>
<tr><td colspan="8">发站装车日期：　年　月　日，　车　　号：（整车填，零担货切勿填）
铁路运单号：（零担货填，整车切勿填）</td></tr>
<tr><td rowspan="2">唛头标记</td><td rowspan="2">件数及包装种类</td><td rowspan="2">货名及规格</td><td rowspan="2">尺码（立方米）</td><td rowspan="2">毛重（千克）</td><td rowspan="2">净重（千克）</td><td colspan="2">信用证条款</td></tr>
<tr><td colspan="2">信用证号</td></tr>
<tr><td rowspan="4"></td><td rowspan="4"></td><td rowspan="4"></td><td rowspan="4"></td><td rowspan="4"></td><td rowspan="4"></td><td>装车截止日期</td><td>年　月　日</td></tr>
<tr><td>结汇截止日期</td><td>年　月　日</td></tr>
<tr><td>可否分批装运</td><td>年　月　日</td></tr>
<tr><td>CIP HK
RMB ￥</td><td></td></tr>
<tr><td>备注</td><td colspan="5">1. 过轨车载陆海联运货在此栏加盖“陆海联运”印章。
2. 超重或超大件资料、危险品资料及特约事项记注在本栏。</td><td colspan="2">委托单位盖章：</td></tr>
</table>

2. 承运货物收据（见样单 10－2）

由于内地铁路与香港九广铁路目前尚未直通，各地发运到香港的货物不能一票直达。因此，铁路提供的货物运输单证，国内银行不同意将其作为对外结汇的凭证。根据对香港运输的特点，中外运或铁外服及其所属机构，以货运代理的身份向各外贸单位签发承运货物收据，它相当于海运提单或国际联运运单副本，既可负责发站至香港的全程运输，又是向银行结汇的凭证。

【样单 10－2】

中国铁路对外服务总公司承运货物收据

注意：本承据自制发之日起满足三个月，无人持凭提货，即造作废

总编　　号

运编　　号

公元　　年　月　日

委托人： 地　址：	发货人： 通　知：

运输线路　自　　至　　经由　　车号　　票号

标记	货物名称	包装	件数	重量或尺码	附记
许可证/明细单号：	信用证号：		启运日期：		

有效承运货物收据共发　　纸，凭壹纸提货，其余作废。

特约事项：	提货地点：
押汇银行签认：　　收货人签认：	承运人签章：

填写和签发承运货物收据的注意事项：

（1）承运货物收据是一份重要的单证，也是一份有价证券，填写时务必严肃认真、慎重、准确，其填制内容的依据是信用证条款，银行要根据信用证条款审查，故填制还必须达到银行的要求。信用证结汇的出口货物，承运货物收据一般须用英文书写。其他结汇方式（如“D/A”、“D/P”、“T/T”）根据委托人的要求可用中文书写；

（2）签发单位必须在发运货物并取回铁路领货凭证后，按实际发运的数量签发，其内容要严格审核，并与委托书保持一致；

（3）签发日期、货物数量必须与铁路运单相同，尚未发运的货物，不能提前签发结汇；

（4）承运货物收据为一正三副，各签发单位可按实际需要增减，签发数量与信用证规定相符，如果根据信用证规定份数增加，每份的总编号、运编号必须一致，防止同一份单证使用不同编号；

（5）承运货物收据内容填写要求清楚、整洁、齐全，字迹要清晰，要使用国家规定简化字，不得使用自造字；

（6）承运货物收据原则上不得修改，特殊情况下，修改不得超过三处，修改处承运人要盖修改章证明；

（7）禁止将空白承运货物收据交委托人代为签发，因为签发承运货物收据者要对该批货物负责。

3. 货物启运通知

货物启运通知可使深圳口岸和驻港机构提前做好接运准备，以便在运输单证迟到或丢失时作为补作单证的依据。各发运单位必须在货物装车后 24 小时内传真至深圳外运或铁外服。

表10－2列出了对欧共体成员国被动配额纺织品出口许可证代码，表10－3列出了我国各省市签证局代码。

表10－2　对欧共体成员国被动配额纺织品出口许可证

国别	丹麦	荷兰、比利时、卢森堡	法国	英国	德国（包括柏林博览会）
代码	DK	BL	FB	GB	DE
国别	爱尔兰	西班牙	葡萄牙	意大利	希腊
代码	IE	ES	PT	IT	EL

表10－3　我国各省市签证局代码表

省市名称	部事务局	北京	天津	河北	山西	内蒙	辽宁
代码	00	01	02	03	04	05	06
省市名称	吉林	黑龙江	上海	江苏	浙江	安徽	福建
代码	07	08	09	10	11	12	13
省市名称	江西	山东	河南	湖北	湖南	广东	广西
代码	14	15	16	17	18	19	20
省市名称	四川	贵州	云南	西藏	陕西	甘肃	青海
代码	21	22	23	24	25	26	27
省市名称	宁夏	新疆	台湾	重庆	武汉	大连	沈阳
代码	28	29	30	31	32	33	34
省市名称	哈尔滨	广州	西安	青岛	宁波	海南	成都
代码	35	36	37	38	39	40	41
省市名称	南京	长春	深圳				
代码	42	43	44				

注：1. 证书第一栏出口公司代码填省市代码加后缀。

2. 在填制证书第二栏时，第6、7字节应填签证局代码，未获签证权的省市，该栏内应填代签单位的代码。

三、路货物托运单据

（一）国际铁路货物托运的办理

我国出口货物的铁路运输，多采用国际铁路货物联运，其托运手续通常按以下程序进行：

1. 审请要车

托运方先根据托运货物的体积估算出所需的车舱空间，若货物体积等于或超出独车运输能力或超过5000千克，则出口公司须向铁路分局申请独车运输，并须根据当地的铁路运输情况，结合货物流向、性质、重量、体积等因素，合理选择货物路线和车次，确定所需车皮数和吨位，填写下月度要车计划表，并于每月4日前（2月提前2天）报上级主管部门及铁路局（分局或车站），当月25日前铁路局（分局或车站）将批准下月度铁路运输计划，如获批准，铁路部门将在要车计划表上填具批准计划编号发还出口公司。

2. 办理货物托运手续

出口公司要到车，且收到L/C经审核无误后，即可办理货物托运手续。由出口公司或货代作为发货人填写国际铁路联运托运单（简称国际铁路运单，Rail－way Bill，见样单10－3），一式三联交给车站申请托运。车站审核托运单内容及已获批准的要车计划后，如确认可以托运，则给予登记，并在运单上标明货物应进入车站的日期与装车日期。

3. 装车

出口公司或货代在货单规定的进栈日期或装车日期到期前，将货物运至车站指定的货位。铁路部门根据托运单记载核查货物，认为可以装车的，在发货人付清有关费用后，即予装车，然后在运单正副本上加盖发货承运日期戳记。运单正本与出口企业预先填妥并交付给承运人的出口货物报关单一起随货同行，以便过境车站向海关办理申报手续。货抵终点后，收货人凭铁路到货通知去提货，铁路方凭运单交付货物，货物交接后，由收货人签字，证明货物如数收讫。运单副本则作为买卖双方凭以结算运费的证明。它与海运提单不同，既不能转让，也不能凭以提货。

由上可知，国际货物铁路联运的托运手续是结合国际货协运单的填写完成的。运单是铁路与托运人之间订立运输契约的证据和承运证明。卖方过境车站在运单上盖戳的日期为交货的日期。运单一般一式五份（运单正本联、运行报单联、银行结汇使用联、货物交付单联、货物到达通知单联），其中第1、5联随货一起交收货人，第2、4联留存到达站，第3联交托运人送交银行办理结汇用。

（二）供应港澳地区铁路货物运输的托运手续

对供应香港地区的铁路货运由中国对外贸易运输总公司承运。货物在国内段铁路起运后，出口公司须向深圳外运公司拍发起运电报，并填写专门格式的联运出口货物委托书（联运出口物资工作单），在货物抵达深圳前寄送深圳外运公司，以便在货物抵达后，核实货物并通知香港中旅货运公司作接车准备。同时，各地外运公司在办理完货物托运并领回铁路证明（即领货凭证）后，代表深圳外运公司签发承运货物收据（Cargo Receipt）一式四份，一般为一正二副及留底，各份总编号相同，第一联正本为物权凭证，收货可凭以提货或转让，它是承运人接受货物的收据，也是承运人与发货人间的运输契约（背面印有有关运输条款和责任条款），其余副本及留底应及时退回深圳外运公司。货物到达深圳北站后，深圳外运公司负责办理到车票据交接、核查货物。然后，深圳外运公司以发货代理人的资格向海关提交发货人随车运抵的出口货物报关单，申报出口，经海关、商检、动植物检疫、边防检查站等单位在联检查验后放行。

货物收据（见样单10－4）的有关填写注意事项：

（1）承运货物收据的中英文字样。

（2）承运人或承运代理人（Carrier or Forwarding Agent）的名称。对非深圳口岸转运或非经深圳外运承运的货物（如广州、黄埔港水运港澳及自行在深圳办理中转运输的货物）均不能签发深圳外运公司的承运货物收据。

（3）托运人（Shipper）名称。

【样单 10－3】

国际铁路运单

运单正本
(给收货人)

批号一

发送路简称 中铁 1	1. 发货人，通信地址	25. 检查标签一	2. 合同号码
		3. 发站	
	5. 收货人，通信地址	4. 发货人的特别声明	

6. 对铁路无约束力的记载	26. 海关记载				
7. 通过的国境站	27. 车辆一	28. 标记载重(吨)	29. 轴数		
	30. 自重一	31. 换装后的货物重量一			
8. 到达路和到站	27	28	29	30	31

慢运 国际货协一 运单	9. 记号、标记、号码	10. 包装种类	11. 货物名称	12. 件数	13. 发货人确定的重量(公斤)	32. 铁路确定的重量(公斤)

14. 共计件数(大写)	15. 共计重量(大写) 零担/整车	16. 发货人签字 发货人/铁路
17. 互换托盘数量	集装箱/运送用具 18. 种类 类型	19. 所属者及号码

20. 发货人负担下列过境铁路的费用	21. 办理种别 零担/整车	22. 由何方装车 发货人/铁路	33.
			34.
	不需要的花消		35.
23. 发货人添附的文件	24. 货物的声明价格		36.
	45. 铅封		37.
	个数	记号	38.
			39.
			40.
			41.

46. 发站日期戳	47. 到站日期戳	48. 确定重量方法	49. 过磅站戳记，签字	42.
				43.
				44.

（4）收货人（Consignee）。无证托收做成空白抬头（TO ORDER）或事先已联系的指示抬头（TO ORDER OF SHIPPER；TO ORDER OF xxx BANK），一般以代收行的指定人为抬头，以方便转让，在 L/C 方式下，则依条款的有关规定。

（5）被通知人（Notify party）。除非 L/C 另有规定，一般填收货人姓名和地址。

（6）起运地、过境地或目的地。因运往香港澳门的货物都须经过深圳，故应写明 Via Shenzhen；运往澳门的货物须经广州，应注明 Via Guangzhou。

（7）收货及装车日期。收货日期即签发单据的日期，一般与装车日期同，也可以早于装车，但装车日期不得迟于信用证或合同规定的发运日期，不得晚于收据签发日期（通常应于装车后才签发收据），且须填明车皮号（Wagon No.）。

（8）件数和运费。件数（大、小写）、运费的支付（预付/到付）按实填，货名与海运提单一样，只填货名统称或与 L/C 所列商品的大类名称相符即可。

（9）运费缴付地（Freight payable）。由于运费通常在当地外运公司签发承运货物收据之前已经支付，所以运费缴付地点通常已经印就在外运公司收货地已付讫字样之后。如"FREIGHT PREPAID AT SHENYANG"。

（10）提取货物的地点和货代名称。即到达货运代理人名称，通常在收据中事先印就"香港中国旅行社"（China Travel Service（H. K）Ltd.）。

（11）押汇银行签章。香港银行一般都办理进口押汇业务，如与银行有押汇业务，该收据抬头一般作为押汇银行抬头，并须经押汇银行签章后方可提货。

（12）收货人签章。货抵进口港时，实际收货人在提货时须在此处签字，表明货已收妥。

（13）承运人签章。这部分不可遗漏，否则收据无效。

（14）"特约事项"栏。根据银行要求及 L/C 或合同的有关规定填写。一般填写"运费已付"、"全程保险已办妥"。

【样单 10－4】

中国对外贸易运输总公司上海分公司承运货物收据

CARGO RECEIPT
第一联（凭提货物）

运编 NO. ______
发票 NO. ______
合约 NO. ______

委托人： Shipper	收货人： Consignee 通知： Notify

自 From 上海 SHANGHAI　　至 To

发运
装车 日期：　　车号：Car No.

标记 Mark & Nos.	件数 Packages	货物名称 Description of Goods	附记 Remarks

全程运费在上海付讫
FREIGHT PREPAID AT SHANGHAI

请向下列地点接洽提货
For Delivery apply to：

中国对外贸易公司上海分公司

押汇银行签收
Bank's Endorsement

收货人签收
Consignee's Signature

第四节　案例——国际多式联运运用

案例 1　2002 年 7 月 19 日，原告合浦烟花厂与威科公司签订烟花销售合同，合同约定：价格条款为 FOB 北海，目的港为汉堡，允许转船，由卖方投一切保险。威科公司向原告出具了一份委托书，委托原告代威科公司办理其从原告处所购烟花的运输、运费支付及保险事宜，由此发生的有关运杂费及保险费由威科公司负担。9 月 10 日，原告与被告安通货代公司签订出口货物运输委托单，委托单记载：托运人为原告，发货人为安利达公司，通知人为威科公司，收货人凭指示，目的港为汉堡，在货名一栏中特别载明"Fireworks（烟花）1. 4G UN 0336"字样，合浦清水江基地仓库装柜，运费从仓库装完柜即开始计算（包括陆运与海运）。9 月 17 日，安通货代公司委托城东运输公司将货物从原告合浦清水江基地仓库运至北海港。途中因司机通过铁路平交过道时，未遵守规定，抢越过道，且运输烟花易燃危险品通过铁路时不按规定申报，导致运输车被火车撞上，汽车及所装烟花燃烧报废。在受损货柜的表面、货柜箱号之下贴有"1. 4G"、"UN 0336"字样的黄色标签。

（1）安通货代公司辩称，原告与威科公司销售合同约定的成交价为 FOB 北海，且出口货物委托单约定运费从仓库装完柜即开始计算，表明货物在仓库装完柜后已视为卖方向买方交付，原告已不拥有该批货物的所有权；托运人为安利达公司而非原告，原告无权索赔。实际装运货物并造成货损的是城东运输公司及其雇员，被告仅是货运代理人，也非承运人，不应承担货损责任。此主张是否正确？

（2）被告认为，烟花系危险品，托运人在托运时未予声明，即使被告是承运人，也应依法免除危险货物运输赔偿责任的特殊问题。此主张是否正确？

（3）本案适用何种法律法规？

解答：（1）错误。威科公司委托原告代办运输、运费支付及保险事宜，其费用由威科公司负担，表明原告办理运输、运费支付及保险事宜仅为一种代理行为，并非对 FOB 价格条款的变更。故原告对涉案灭失货物具有显见的法律上的利害关系，是适合资格的诉讼主体。出口货物委托单虽记载发货人为安利达公司，但同样明确地记载了托运人为原告，被告将安利达公司认定为托运人的抗辩理由，既与该委托单书面记载不符，也与案情事实相悖，故该抗辩理由不成立。原告与安通货代公司签订的出口货物运输委托单明确了双方的权利义务关系，即该委托单构成了双方多式联运合同成立的证明。原告向安通货代公司办理了全程托运手续，而非与各区段承运人分别办理托运手续，即一次托运而非多次托运，故原告为多式联运合同的托运人。安通货代公司向原告收取自清水江基地仓库至汉堡港的全程运费，即一次收取运费；组织并安排全程运输，即自清水江基地仓库至北海港的汽车运输、北海至香港的头程船运输和香港至汉堡港的二程船运输；在出口货物委托单中已自我确认了承运人身份，故委托安通北海分公司为多式联运经营人。

（2）错误。原告在委托单上注明了"Fireworks 1. 4G UN 0336"字样的代码，并在货柜上粘贴了"1. 4G"、"UN 0336"的黄色标签，而有关"Fireworks 1. 4G UN 0336"字样的代码及标签，是《国际海运危险货物规则》规定的烟花的名称、品性、运输方式、积载方式的法定代码和标签，是有资格从事危险品运输的人应该了解和掌握的。被告未对自身从事危险货物运输的资格表示异议，因而原告的上述行为应视为已经依法向被告提交了有关危险货物名称、性质和防范措施的书面材料，即原告已适当履行了法定的危险货物托运人的义务。危险货物托运人固然应该承担更多的法律责任和义务，但这并不意味着承运人就由此解除了妥善和谨慎地装载、搬移、积载、运输、保管、照料和卸载所运危险货物的义务，而涉案货物灭失正是被告在组织和安排汽车运输时未尽到谨慎义务所致，因此，理应承担全额赔偿责任。

(3) 本案是多式联运合同货物损害赔偿纠纷。涉案货物自原告仓库经陆运、海运两种方式运至目的港，属于《海商法》规定的多式联运。因货损发生在中国境内的陆路运输区段，故有关的赔偿责任、责任限额等应符合该区段运输方式的《合同法》等法律法规。

案例 2 浙江兴盛贸易公司于 1997 年 9 月委托速达货代公司办理一批仿皮派克出口美国纽约的订舱事宜，在订舱委托书右上方手书“走 MLB”，指装台湾长荣船，并附长荣公司编号为 EMC1127 号的该批货物上海至纽约协议运价确认书。

速达货代公司接受委托后即向长荣公司订舱，并附上述长荣的运价确认，但速达货代公司在向长荣公司递交的订舱委托上未注“走 MLB”（经查“MLB”系“Mini Land Bridge”缩写，意为北美“小陆桥”）。

事后，长荣公司以全水路方式，将货物从上海运抵美国纽约。货到纽约，收货人向浙江兴盛贸易公司提出异议，认为浙江兴盛贸易公司违反贸易合同约定，未采用小陆桥运输方式，即先从上海海运至北美西海岸洛杉矶或奥克兰或波特兰等基本港，然后以陆桥方式将货物运至纽约，而是全程水路直运，不当延长了运输时间，延误了销售良机，提出退货。浙江兴盛贸易公司为减少损失，最终以原合同半价的条件与对方达成协议，造成损失 21846.6 美元。浙江兴盛贸易公司认为，本案损失是作为货代的速达货代公司代理过失所致，在向速达货代公司追偿遭拒后，于 1998 年 9 月 20 日一纸诉状将速达货代公司告到法院。速达货代公司以浙江兴盛贸易公司拒付运费为由，在次年 6 月 1 日提起反诉，主张 3589 美元的运费返还。

上海海事法院于 1999 年 8 月 19 日开庭。庭审过程中，法官基本认定了以下事实：

(1) 从浙江兴盛贸易公司交给速达货代公司的委托单上，委托事项清晰明确，特别是运输方式“走 MLB”字样，十分醒目，速达货代公司作为专业的货运代理人，对托运人运输方式的特别要求视而不见，在代理实施委托事项时不向承运人明示托运人“走 MLB”约定条款，显然已经构成违约。

(2) 速达货代公司声称因为事先浙江兴盛贸易公司已经与长荣公司确认“MLB”方式及运价，因此不在订舱委托书上注明“MLB”并无过错，这一主张不能成立。根据惯例，海运托运人在托运时，除非特别要求承运人采用多式联运方式，即采用两种以上不同运输方式承运外，通常被认为要求承运人以全程海运完成运输过程。速达货代公司虽然在向承运人长荣公司订舱托运时，附上了运价协议，但运价协议绝不是作为运输合同的订舱托运单本身。就速达货代公司代浙江兴盛贸易公司向长荣公司订立本案货物海运合同的过程而言，在没有什么特别约定前提下，不能将该运价协议视为运输合同中的运输方式条款，更不能武断地将之作为运输方式条款并入订舱托运合同。

(3) 速达货运公司声称，浙江兴盛贸易公司在接受长荣公司出具的全水路的全程海运提单时，未提出任何异议，据此认定，速达货代公司已经圆满完成所有代理事项，事实并非如此。从本案所涉长荣公司签发的编号为 EISU142703052308 提单上，虽然列明了一程和二程船船名，但并未注明是全水路运输，要一个不熟悉海运业务的客户从一份这样的提单上识别出承运人采用的是什么运输方式，是一种过分的苛求，速达货代公司以浙江兴盛贸易公司未能在接受提单时提出异议，而将承运人未以“MLB”方式运输的责任驾驭浙江兴盛贸易公司头上，是不可能成立的。

由于本案事实清楚，在法院的建议下，双方当事人随后在庭外以速达货代公司补偿浙江兴盛贸易公司 6000 美元的代价达成和解，了结此案。

本案的法律分析如下：合同作为签约双方意思表示一致的必要文件，出现在每一笔业务中。货主的订舱委托书（亦称托运单、货物明细单）是速达货代公司出口业务中常见的一种货代书面委托合同。实务中，只要速达货代公司接受来自货主运输标的指向明确的订舱委托书，就意味着速达货代公司已经对货主构成了一种承诺，即必须完成所有委托书上明示的委托事项，除非出现不可抗力，速达货代公司将对不能兑现的承诺承担相应的违约责任。

本案争议的焦点是浙江兴盛贸易公司委托单上的“走 MLB”字样，速达货代公司未在提交承运人的托运书上注明，致使承运人走全水路方式，应由谁承担责任？通过庭上辩论可见，作为专业的货代企业，速达货运公司在代理货主委托事项时，未能将运输方式这一主要条款列入托运合同，显然构成过错。可见，认真审核货主委托事项，包括货物名称、重量、起运港、目的港、运输方式、运费支付、装期、可否装船、可否分批、是否是危险品等，相关事项都应弄得十分清楚。任何的疏漏，都可能导致违约，要承担相应的赔偿责任。

第十一章　综合实务操作

第一节　综合实务操作题目

根据以下案例（见表11-1）背景材料，完成国际物流和国际贸易过程中涉及的有关单证。分为建立业务关系、询盘、发盘、还盘、接受、合同订立、制作形式发票、催开/审核信用证、缮制一般原产地证书、货物出运报检、出口货物的报关、办理货物出运委托、缮制提单、缮制装船通知、货物投保共15个操作步骤。

表11-1　　案例资料

外贸公司（DESUN）：	DESUN TRADING CO., LTD. HUARONG MANSION RM2901 NO. 85 GUANJIAQIAO，NANJING 210005，CHINA TEL：0086-25-4715004 FAX：0086-25-4711363
国外客户（NEO）：	NEO GENERAL TRADING CO. P. O. BOX 99552，RIYADH 22766，KSA TEL：00966-1-4659220 FAX：00966-1-4659213
交易商品：	碎片蘑菇罐头（CANNED MUSHROOMS PIECES & STEMS）
成交方式：	CIF
付款方式：	即期信用证（L/CAT SIGHT）
通知行：	中国银行江苏省分行
出口口岸：	上海
供应厂商：	徐州市盛通食品厂
印刷厂商：	徐州市恒丰印刷厂
货运代理公司：	上海凯通国际货运代理有限公司
承运船公司：	中国远洋集装箱运输有限公司
备注说明：	该外贸公司的业务形态是每个业务员负责业务的始末，直到收汇后转交财务部门办理核销退税事宜

1. 建立业务关系（题目要求和说明见表 11－2）

表 11－2　　题目要求和说明

题目名称	建立业务关系
基本要求	DESUN 公司欲与 NEO 公司建立业务关系，业务人员张亮发邮件给 NEO 公司（2007－2－10），以建立业务关系
使用模板	模板 2　贸易函电 02
相关说明	内容：(1) 我们从阿里巴巴网站上看到您公司的名称和地址，了解到您的产品刚好符合我们的业务范围，我们很荣幸有机会向您介绍我们的公司。 (2) 我公司是一家中国的出口企业，主营各种罐头食品。我们非常希望与您建立业务往来，附件为我们公司的主要产品，我们将提供最优惠的价格和最优质的服务。 函电内容：我们从阿里巴巴网站上看到您公司的名称和地址，并且很高兴地了解到您需要的产品正好符合我们的业务范围。我们很荣幸有这个机会向您介绍我们的公司。我公司是一家中国的出口企业，主营各类罐头食品。我们非常希望能在双赢的基础上尽早同贵公司建立业务关系。我们给您发出了产品目录和价格表以供参考。如果能够收到您具体的询盘，我们将为您提供最优惠的价格。期待您的尽早回复

2. 询盘（题目和要求见表 11－3）

表 11－3　　题目要求和说明

题目名称	询盘
基本要求	NEO（2007－2－12）向 DESUN 公司询盘
使用模板	模板 1　贸易函电 01
相关说明	内容：(1) 非常感谢收到您的邮件，我们也很希望与贵公司建立业务关系。 (2) 我们需要 425 克重（净重）的碎片蘑菇罐头（canned mushrooms），报价请包括产品的包装、装运期，成交方式 CIF，目的港 DAMMAM。 函电内容：非常感谢您 2 月 10 号发来的电子邮件。我们了解到贵公司是出口罐装食品的企业，和您一样，我们也很希望可以同贵公司建立合作关系。最近，我们的市场中正需要 425 克（净重）的碎片蘑菇罐头。如果可以得到您的优惠报盘，我们将会非常高兴。您的报盘请说明产品的包装、装运期，成交方式是 CIF，目的港是达曼。期待您的尽早回复

3. 发盘（题目要求和说明见表 11-4）

表 11-4　　题目要求和说明

题目名称	发盘
基本要求	DESUN（2007-2-13）根据自己的情况给出报价单
使用模板	模板 2　贸易函电 02
相关说明	内容：（1）我们非常高兴收到您的询价，非常感谢您对我们的产品感兴趣。 （2）基于您的要求，我们荣幸地提供如下报价： ①产品：碎片蘑菇罐头； ②规格：每箱 24 听，每听净重 425 克、固重 227 克； ③包装：出口牛皮纸箱包装； ④品牌：买方指定； ⑤数量：1700 箱/每个集装箱； ⑥质量：2007 年新品； ⑦价格：7.8 美元/箱，CIF，DAMMAM； ⑧支付：即期信用证； ⑨装运期：不迟于 2007-4-30。 （3）发盘有效期：15 天。 函电内容：我们已经收到了您 2 月 12 日关于到沙特阿拉伯的碎片蘑菇罐头的询盘，非常感谢您对我们产品的兴趣。基于您的要求，我们荣幸地提供以下的报盘：①产品：碎片蘑菇罐头；②规格：每箱 24 听，每听净重 425 克、固重 227 克；③包装：出口牛皮纸箱包装，用买方品牌；④数量：每个集装箱装 1700 箱；⑤品质：2007 年新产品；⑥价格：每箱 7.80 美元，成交方式 CIF，达曼港；⑦付款方式：即期信用证；⑧装运期：不迟于 2007 年 4 月 30 日。请注意：我们的报盘有效期为 2007 年 2 月 27 日。我们现在没有太多的库存。所以，如果我们的报价符合您的要求，请在 2 月 27 日前回复

4. 还盘（题目要求和说明见表 11-5）

表 11-5　　题目要求和说明

题目名称	还盘
基本要求	NEO（2007-2-14）对 DESUN 公司的报价还盘
使用模板	模板 1　贸易函电 01 模板 2　贸易函电 02

续 表

相关说明	内容：（1）2月16日，NEO公司发来电子邮件，要求DESUN公司用DHL寄出样品（函电内容：已经收到了您2007年2月13日的电子邮件，并且已经及时了解了其中的内容。因为我公司对于产品的质量非常关心，所以我们希望贵司可以按照报盘的标准准备样品。请您用DHL邮寄样品。收到样品之后，我们将马上同您讨论其他的细节。等待您的及时行动）。 （2）2月19日，DESUN公司用DHL寄出两听425克的罐头样品，并发送电子邮件告知对方（函电内容：我们已经收到了您的及时回复。关于样品，我们已经按照您的要求准备了两听425克的罐头。样品已经用DHL寄出，相关编号是：1173694896。您可以通过DHL的网站WWW. DHL. COM来追踪样品的邮寄情况。在样品收到以后，请告诉我们贵公司的评价）。 （3）NEO公司收到样品及报盘后，认为价格偏高，于2007年2月26日还盘。（函电内容：非常高兴收到您寄来的样品。在感谢贵公司的优质产品的同时，我们发现您提供的价格过高，难以接受。需要指出的是，在我们的市场中也有一些欧洲生产商提供的优质碎片蘑菇罐头。它们的价格普遍比贵公司的低5%～10%。因此，我们希望贵公司可以考虑将价格降低5%左右，大约在美金7.40/箱。这个让步对您应该是可以接受的。我们将非常感谢您的早日答复）。 （4）DESUN公司收到后，于当天即回函强调原价的合理性以及不能更改价格的理由。（函电内容：从您今天的电子邮件了解到贵公司已经接受了我们的样品质量，不幸的是，您认为我们的产品同其他国家的同类产品相比价格偏高。我们非常希望同您合作以拓展业务，抱歉的是我们实在没有办法接受您的还盘。请您相信我们，这个价格已经是实价了。事实上，我们已经从各种来源接受了很多的订单。如果您可以接受，请不要犹豫，通知我方。考虑到目前原料的价格不断上涨，我们真诚地希望贵公司可以尽快做出决定。热切等待您的早日回复）

5. 接受（题目要求和说明见表11-6）

表11-6　　题目要求和说明

题目名称	接受
基本要求	NEO（2007-2-28）接受DESUN的报价，并确认报盘
使用模板	模板1　贸易函电01

续 表

<table>
<tr><td>相关说明</td><td>内容：(1) 表示接受。
(2) 确认报盘，内容如下：
①产品：碎片蘑菇罐头；
②规格：每箱 24 听，每听净重 425 克、固重 227 克；
③包装：出口牛皮纸箱包装；
④品牌：买方指定；
⑤数量：1700 箱/每个集装箱；
⑥质量：2007 年新品；
⑦价格：7.8 美元/箱，CIF DAMMAN；
⑧支付：即期信用证；
⑨装运期：不迟于 2007-4-30。
(3) ROSE 的样品将寄给你们，请按照样品准备并扫描商标以确认
(4) 请将合同发给我们，希望我们合作愉快。
函电内容：我们已经收到您 2007 年 2 月 26 日的电子邮件。经过一番考虑，我们决定确认并且接受下面的报盘：①产品：碎片蘑菇罐头；②规格：每箱 24 听，每听净重 425 克、固重 227 克；③包装：出口牛皮纸箱包装，玫瑰牌；④数量：每个 20 尺集装箱装 1700 箱；⑤品质：2007 年新产品；⑥价格：每箱 7.80 美元，成交方式 CIF，达曼港；⑦付款方式：即期信用证；⑧装运期：不迟于 2007 年 4 月 30 日。请注意：我方很快会将“玫瑰牌”商标的菲林片用 DHL 寄给您，请按照我们的菲林片准备商标，并且在开始包装之前扫描商标给我方做最终确认。请将贵公司的合同发送给我方，希望我们能有一个好的开始。</td></tr>
</table>

6. 合同订立（题目要求和说明见表 11-7）

表 11-7　　题目要求和说明

<table>
<tr><td>题目名称</td><td>签订出口合同</td></tr>
<tr><td>基本要求</td><td>根据下述资料和客户在交易磋商中的最后来函要求制作出口合同，要求格式清楚、条款明确、内容完整</td></tr>
<tr><td>使用模板</td><td>模板 3　销售合同</td></tr>
<tr><td>相关说明</td><td>1. 国外客户资料：
NEO GENERAL TRADING CO.
P. O. BOX 99552，RIYADH 22766，KSA
TEL：00966－1－4659220　FAX：00966－1－4659213
2. 我方出口公司资料：
德尚贸易有限公司
DESUN TRADING CO.，LTD.
Room 2901，HuaRong Mansion，Guanjiaqiao 85＃，Nanjing 210005，P. R. CHINA
TEL：025－4715004 025－4715619 FAX：4691619</td></tr>
</table>

续 表

相关说明	3. 我方通知行资料： BANK OF CHINA JIANGSU BRANCH HEAD OFFICE 148 ZHONGSHAN SOUTH ROAD NANJING TELEX：34116/34127 BOCJS CN 4. 我方对押汇银行的要求： 要求可在中国任何银行押汇。 5. 编号要求： 合同号：从 NEO2007026 起编。 6. 装运港： 中国上海。 7. 对付款方式的要求： 买方应通过一家卖方可以接受的银行于装运月份前 30 天开立并送达卖方不可撤销即期信用证，有效至装运日后 15 天内在中国议付

7. 制作形式发票（题目要求和说明见表 11－8）

表 11－8　　题目要求和说明

题目名称	签订出口合同
基本要求	根据下述资料和客户在交易磋商中的最后来函要求制作出口合同，要求格式清楚、条款明确、内容完整
使用模板	模板 4　形式发票
相关说明	1. 国外客户资料： NEO GENERAL TRADING CO. P. O. BOX 99552，RIYADH 22766，KSA TEL：00966－1－4659220　FAX：00966－1－4659213 2. 我方出口公司资料： 德尚贸易有限公司 DESUN TRADING CO.，LTD. Room 2901，HuaRong Mansion，Guanjiaqiao 85＃，Nanjing 210005，P. R. CHINA TEL：025－4715004 025－4715619 FAX：4691619 3. 我方通知行资料： BANK OF CHINA JIANGSU BRANCH HEAD OFFICE 148 ZHONGSHAN SOUTH ROAD NANJING TELEX：34116/34127 BOCJS CN 4. 我方对押汇银行的要求： 要求可在中国任何银行押汇。 5. 编号要求： 发票号：从 2007STD001 起编

续 表

相关说明	6. 装运港： 中国上海。 7. 对付款方式的要求： 买方应通过一家卖方可以接受的银行于装运月份前 30 天开立并送达卖方不可撤销即期信用证，有效至装运日后 15 天内在中国议付

8. 催开/审核信用证（题目要求和说明见表 11－9）

表 11－9　　题目要求和说明

题目名称	信用证审核
基本要求	根据附件 1 销售合同和附件 2 信用证进行审核，并提出改证要求
使用模板	模板 5　信用证审核结果
相关说明	2007 年 3 月 22 日，中国银行江苏省分行通知世格公司收到 NEO 公司通过利雅得银行开来的编号为 0071LC123756 的信用证电开本。试根据 NEO2007026 出口合同对信用证进行审核，指出信用证存在的问题并提出具体的改证要求

9. 缮制一般原产地证书（题目要求和说明见表 11－10）

表 11－10　　题目要求和说明

题目名称	缮制一般原产地证书
基本要求	根据信用证要求准备一般原产地证书
使用模板	模板 6　一般原产地证
相关说明	1. 2007 年 4 月 15 日，德尚贸易有限公司的货物顺利装船出运。根据信用证要求，4 月 7 日，德尚贸易有限公司将普惠制产地证及其它随附单据用 DHL 寄给开证人供其作清关用。 2. 一般原产地证书（商会产地证）和普惠制原产地证书都是一种证明商品的原产国别的一种证书。其中，普惠制原产地证书是当商品出口到给予普惠制的国家时所应提供的原产地证书。在我国一般原产地证书（商会产地证）是由中国国际贸易促进委员会（China Council for The Promotion of International Trade，CCPIT－简称贸促会）签发的。而普惠制原产地证书是由商检局签发的

10. 货物出运报检（题目要求和说明见表 11－11）

表 11－11　　题目要求和说明

题目名称	出口货物的报验
基本要求	根据下述提供资料，制作全套报验所需单证（报检委托书、出境货物报检单、商业发票、装箱单），要求格式清楚、内容完整
使用模板	模板 7　报检委托书 模板 8　出境货物报检单 模板 9　商业发票 模板 10　装箱单
相关说明	1. 德尚贸易公司委托徐州盛通食品厂报检，两家公司资料如下所列。 德尚贸易公司资料如下： 地址：南京市管家桥 85 号华荣大厦 2901 室 邮编：210005 法人代表：张亮 业务联系人：胡爱玲 联系电话：025－4715004 企业性质：私营有限责任公司 食品厂资料如下： 徐州盛通食品厂 地址：徐州市和平路 15 号 邮编：221009 法人代表：李军 业务联系人：孙敏健 联系电话：0516－3402323 企业性质：私营有限责任公司 2. 世格公司规定报检委托书只在当月有效。 CANNED MUSHROOM SPIECES & STEMS（碎片蘑菇罐头）的海关编码为 2003.1011

11. 出口货物的报关（题目要求和说明见表 11－12）

表 11－12　　题目要求和说明

题目名称	出口货物的报关
基本要求	根据下述提供单据，配齐出口报关所需的全套单证，要求格式清楚、内容完整
使用模板	模板 11　报关委托书 模板 12　出口货物报关单 模板 9　商业发票 模板 10　装箱单

续 表

相关说明	1. 这是一笔出口到沙特阿拉伯的食品业务，由于要从上海出运，因此德尚贸易公司委托上海凯通国际货运代理有限公司代理报关。到目前为止，德尚贸易公司已经拿到了出口收汇核销单和商检换证凭单。现在，请你根据上述单据，配齐出口报关所需的全套单证寄往上海。 2. 德尚贸易公司委托上海凯通国际货运代理有限公司代理报关，德尚贸易公司资料如下所列： 地址：南京市管家桥 85 号华荣大厦 2901 室 邮编：210005 联系电话：025 - 4715004 公司十位编码：73314337 - 5 公司海关代码：3201003830 税务登记号码：320102200718388 3. 报关单预录入编号：DS9110008 4. 出运日期：2007 - 04 - 15 5. 制单日期：2007 - 04 - 10 6. 此份报关单是给报关行或代理公司委托报关之用，报关单上的海关编码、报关单填制日期可空着不写

12. 办理货物出运委托（题目要求和说明见表 11 - 13）

表 11 - 13　　题目要求和说明

题目名称	出口货物托运订舱
基本要求	根据附件 1 销售合同和附件 2 信用证（请参照答案信用证审核结果）的规定缮制“货物出运委托书”
使用模板	模板 13　货物出运委托书
相关说明	2007 年 3 月 22 日，中国银行江苏省分行通知德尚贸易有限公司，收到利雅得银行转来的信用证，经审核，世格公司认为其符合要求，随即开始根据信用证的有关规定备货出运。4 月 12 日，世格公司委托货运代理人（上海凯通国际货运代理有限公司）向船公司订舱。请根据信用证及合同的有关规定缮制“货物出运委托书”，并提交货代委托订舱

13. 缮制提单（题目要求和说明见表 11 - 14）

表 11 - 14　　题目要求和说明

题目名称	缮制提单
基本要求	根据要求缮制提单
使用模板	模板 14　提单

续 表

相关说明	有关缮制提单的要求 1. 装运港口：上海 2. 货物包装：净重 17340.00KGS，毛重 19074.44KGS，体积 32.78CBM。 3. 海运提单号：SCOISG7564 4. 船名：HUA CHANG V. 09981 5. 集装箱号/铅封号：COSU2612114 6. 20'集装箱，CFS/CFS

14. 缮制装船通知（题目要求和说明见表 11 - 15）

表 11 - 15　　　　题目要求和说明

题目名称	装船通知
基本要求	根据海运提单和商业发票制作装船通知
使用模板	模板 15　装船通知
相关说明	2007 年 4 月 15 日，德尚贸易有限公司的货物装上由上海港开往沙特阿拉伯达曼港的“HUA CHANG”轮第 09981 船次并出运。在拿到了船公司的海运提单后，德尚贸易有限公司即于 4 月 16 日缮制装船通知书给客户

15. 货物投保（题目要求和说明见表 11 - 16）

表 11 - 16　　　　题目要求和说明

题目名称	货物投保
基本要求	根据信用证要求缮制投保单
使用模板	模板 16　保险单
相关说明	根据信用证要求投保一切险（保险费率 0.6%）、战争险（保险费率 0.03%）；保险加成率 10%

第二节 综合实务操作附件

附件1 销售合同

<table>
<tr><td colspan="6">销售合同
SALES CONTRACT</td></tr>
<tr><td rowspan="3">卖方
SELLER:</td><td rowspan="3" colspan="2">DESUN TRADING CO. , LTD.
HUARONG MANSION RM2901 NO. 85 GUANJIAQIAO,
NANJING 210005, CHINA
TEL: 0086-25-4715004 FAX: 0086-25-4711363</td><td>编号 NO.:</td><td colspan="2">NEO2007026</td></tr>
<tr><td>日期 DATE:</td><td colspan="2">Feb. 28, 2007</td></tr>
<tr><td>地点 SIGNED</td><td colspan="2">NANJING, CHINA</td></tr>
<tr><td>买方
BUYER:</td><td colspan="5">NEO GENERAL TRADING CO. IN
P. O. BOX 99552, RIYADH 22766, KSA
TEL: 00966-1-4659220 FAX: 00966-1-4659213</td></tr>
<tr><td colspan="6">买卖双方同意以下条款达成交易:
This contract Is made by and agreed between the BUYER and SELLER , in accordance with the terms and conditions stipulated below.</td></tr>
<tr><td colspan="2">1. 品名及规格
Commodity & Specification</td><td>2. 数量
Quantity</td><td>3. 单价及价格条款
Unit Price & Trade Terms</td><td colspan="2">4. 金额
Amount</td></tr>
<tr><td colspan="6">CIF DAMMAM PORT, SAUDI ARABIA</td></tr>
<tr><td colspan="2">ABOUT 1700 CARTONS CANNED MUSRHOOMS PIECES & STEMS 24 TINS X 425 GRAMS NET WEIGHT (D. W. 227 GRAMS) AT USD7. 80 PER CARTON.
ROSE BRAND.</td><td>1700CARTONS</td><td>USD7. 80</td><td colspan="2">USD13260. 00</td></tr>
<tr><td colspan="2">Total:</td><td>1700CARTONS</td><td></td><td colspan="2">USD13260. 00</td></tr>
<tr><td>允许
With</td><td></td><td colspan="4">溢短装，由卖方决定
More or less of shipment allowed at the sellers' option</td></tr>
<tr><td colspan="2">5. 总值
Total Value</td><td colspan="4">USD THIRTEEN THOUSAND TWO HUNDRED AND SIXTY ONLY.</td></tr>
<tr><td colspan="2">6. 包装
Packing</td><td colspan="4">EXPORTED BROWN CARTON</td></tr>
<tr><td colspan="2">7. 唛头
Shipping Marks</td><td colspan="4">ROSE BRAND
178/2007
RIYADH</td></tr>
<tr><td colspan="3">8. 装运期及运输方式
Time of Shipment & means of Transportation</td><td colspan="3">Not Later Than Apr. 30, 2007 BY VESSEL</td></tr>
<tr><td colspan="3">9. 装运港及目的地
Port of Loading & Destination</td><td colspan="3">From : SHANGHAI PORT, CHINA
To : DAMMAM PORT, SAUDI ARABIA</td></tr>
<tr><td colspan="2">10. 保险
Insurance</td><td colspan="4">TO BE COVERED BY THE BUYER.</td></tr>
<tr><td colspan="2">11. 付款方式
Terms of Payment</td><td colspan="4">The Buyers shall open through a bank acceptable to the Seller an Irrevocable Letter of Credit payable at sight of reach the seller 30 days before the month of shipment, valid for negotiation in China until the 15th day after the date of shipment.</td></tr>
<tr><td colspan="2">12. 备注
Remarks</td><td colspan="4"></td></tr>
<tr><td colspan="3">The Buyer
NEO GENERAL TRADING CO.
(signature)</td><td colspan="3">The Seller
DESUN TRADING CO. , LTD.
(signature)</td></tr>
</table>

附件 2 信用证

2007MAR22 09：18：11 LOGICAL TERMINAL E102

MT S700 ISSUE OF A DOCUMENTARY CREDIT

PAGE 00001

FUNC MSG700

UMR 06881051

MSGACK DWS765I AUTH OK，KEY B198081689580FC5，BKCHCNBJ RJHISARI RECORO

BASIC HEADER		F 01	BKCHCNBJA940 0588 550628
APPLICATION HEADER		0 700	1057 070320 RJHISARIAXXX 7277 977367 020213 1557 N * ALRAJHI BANKING AND INVESTMENT * CORPORATION * RIYADH * （HEAD OFFICE）
USER HEADER			SERVICE CODE 103：（银行盖信用证通知专用章） BANK. PRIORITY 113： MSG USER REF. 108： INFO. FROM CI 115：
SEQUENCE OF TOTAL	*	27	1 / 1
FORM OF DOC. CREDIT	*	40 A	IRREVOCABLE
DOC. CREDIT NUMBER	*	20	0071LC123756
DATE OF ISSUE		31 C	070320
DATE/PLACE EXP.	*	31 D	DATE 070515 PLACE CHINA
APPLICANT	*	50	NEO GENERAL TRADING CO. P. O. BOX 99552，RIYADH 22766，KSA TEL：00966－1－4659220 FAX：00966－1－4659213
BENEFICIARY	*	59	DESUN TRADING CO.，LTD. HUARONG MANSION RM2901 NO. 85 GUANJIAQIAO，NANJING 210005，CHINA TEL：0086－25－4715004 FAX：0086－25－4711363
AMOUNT	*	32 B	CURRENCY USD AMOUNT 13260，
AVAILABLE WITH/BY	*	41 D	ANY BANK IN CHINA， BY NEGOTIATION
DRAFTS AT...		42 C	SIGHT
DRAWEE		42 A	RJHISARI * ALRAJHI BANKING AND INVESTMENT * CORPORATION * RIYADH * （HEAD OFFICE）
PARTIAL SHIPMTS		43 P	NOT ALLOWED
TRANSSHIPMENT		43 T	NOT ALLOWED
LOADING ON BRD		44 A	CHINA MAIN FORT，CHINA
		44 B	DAMMAM PORT，SAUDI ARABIA
LATEST SHIPMENT		44 C	070430
GOODS DESCRIPT.		45 A	ABOUT 1700 CARTONS CANNED MUSRHOOM PIECES & STEMS 24 TINS X 425 GRAMS NET WEIGHT（D. W. 227 GRAMS）AT

续 表

		USD7.80 PER CARTON. ROSE BRAND.
DOCS REQUIRED	46 A	
		DOCUMENTS REQUIRED: +SIGNED COMMERCIAL INVOICE IN TRIPLICATE ORIGINAL AND MUST SHOW BREAK DOWN OF THE AMOUNT AS FOLLOWS: FOB VALUE, FREIGHT CHARGES AND TOTAL AMOUNT C AND F. +FULL SET CLEAN ON BOARD BILL OF LADING MADE OUT TO THE ORDER OF AL RAJHI BANKING AND INVESTMENT CORP, MARKED FREIGHT PREPAID AND NOTIFY APPLICANT, INDICATING THE FULL NAME, ADDRESS AND TEL NO. OF THE CARRYING VESSEL'S AGENT AT THE PORT OF DISCHARGE. +PACKING LIST IN ONE ORIGINAL PLUS 5 COPIES, ALL OF WHICH MUST BE MANUALLY SIGNED. +INSPECTION (HEALTH) CERTIFICATE FROM C. I. Q. (ENTRY-EXIT INSPECTION AND QUARANTINE OF THE PEOOPLES REP. OF CHINA) STATING GOODS ARE FIT FOR HUMAN BEING. +CERTIFICATE OF ORIGIN DULY CERTIFIED BY C. C. P. I. T. STATING THE NAME OF THE MANUFACTURERS OF PRODUCERS AND THAT GOODS EXPORTED ARE WHOLLY OF CHINESE ORIGIN. +THE PRODUCTION DATE OF THE GOODS NOT TO BE EARLIER THAN HALF MONTH AT TIME OF SHIPMENT. BENEFICIARY MUST CERTIFY THE SAME. +SHIPMENT TO BE EFFECTED BY CONTAINER AND BY REGULARE LINE. SHIPMENT COMPANY'S CERTIFICATE TO THIS EFFECT SHOULD ACCOMPANY THE DOCUMENTS. +INSURANCE POLICY OR CERTIFICATE IN 1 ORIGINAL AND 1 COPY ISSUED OR ENDORSED TO THE ORDER OF AL RAJHI BANKING AND INVESTMENT CORP FOR THE INVOICE PLUS 10 PERCENT COVERING ALL RISKS, INSTITUTE CARGO CLAUSES, INSTITUTE STRIKES.
DD. CONDITIONS	47 A	
		ADDITIONAL CONDITION: A DISCREPANCY FEE OF USD50.00 WILL BE IMPOSED ON EACH SET OF DOCUMENTS PRESENTED FOR NEGOTIATION UNDER THIS L/C WITH DISCREPANCY. THE FEE WILL BE DEDUCTED FROM THE BILL AMOUNT. PAYMENT UNDER THE GOODS WERE APPROVED BY SAUDI GOVERNMENT LAB.
CHARGES	71 B	ALL CHARGES AND COMMISSIONS OUTSIDE KSA ON BENEFICIARIES' ACCOUNT INCLUDING REIMBURSING, BANK COMMISSION, DISCREPANCY FEE (IF ANY) AND COURIER CHARGES.

第三节　综合实务操作模板

模板 1　贸易函电 01

<table>
<tr><td>

NEO GENERAL TRADING CO.，LTD.

P. O. BOX 99552，RIYADH 22766，KSA TEL：00966－1－4659220 FAX：00966－1－4659213

E-mail：neo@neogeneral. com

</td></tr>
<tr><td></td></tr>
<tr><td>

Best Regards
NEO GENERAL TRADING CO.
Tom Smith

</td></tr>
</table>

模板 2 贸易函电 02

<table>
<tr><td>DESUN TRADING CO. , LTD.</td><td>HUARONG MANSION RM2901 NO. 85 GUANJIAQIAO,
NANJING 210005, CHINA
TEL: 86-25-4715004 FAX: 86-25-4711363
E-mail: desun@desun. com. cn</td></tr>
<tr><td colspan="2">TO:
FROM:
DATE:</td></tr>
<tr><td colspan="2"></td></tr>
<tr><td colspan="2">Best Regards
Desun Trading Co. , Ltd.
Foodstuffs Department
Leon Chang</td></tr>
</table>

模板 3 销售合同

<table>
<tr><td colspan="6">销售合同
SALES CONTRACT</td></tr>
<tr><td rowspan="3">卖方
SELLER：</td><td rowspan="3" colspan="3"></td><td>编号 NO.：</td><td></td></tr>
<tr><td>日期 DATE：</td><td></td></tr>
<tr><td>地点 SIGNED IN</td><td></td></tr>
<tr><td>买方
BUYER：</td><td colspan="3"></td><td colspan="2"></td></tr>
<tr><td colspan="6">买卖双方同意以下条款达成交易：
This contract Is made by and agreed between the BUYER and SELLER，in accordance with the terms and conditions stipulated below.</td></tr>
<tr><td colspan="2">1. 品名及规格
Commodity & Specification</td><td>2. 数量
Quantity</td><td>3. 单价及价格条款
Unit Price & Trade Terms</td><td colspan="2">4. 金额
Amount</td></tr>
<tr><td colspan="6"></td></tr>
<tr><td colspan="2"></td><td></td><td></td><td colspan="2"></td></tr>
<tr><td colspan="2">Total：</td><td></td><td></td><td colspan="2"></td></tr>
<tr><td>允许
With</td><td></td><td colspan="4">溢短装，由卖方决定
More or less of shipment allowed at the sellers' option</td></tr>
<tr><td colspan="2">5. 总值
Total Value</td><td colspan="4"></td></tr>
<tr><td colspan="2">6. 包装
Packing</td><td colspan="4"></td></tr>
<tr><td colspan="2">7. 唛头
Shipping Marks</td><td colspan="4"></td></tr>
<tr><td colspan="6">8. 装运期及运输方式
Time of Shipment & means of Transportation</td></tr>
<tr><td colspan="3">9. 装运港及目的地
Port of Loading & Destination</td><td colspan="3"></td></tr>
<tr><td colspan="2">10. 保险
Insurance</td><td colspan="4"></td></tr>
<tr><td colspan="2">11. 付款方式
Terms of Payment</td><td colspan="4"></td></tr>
<tr><td colspan="2">12. 备注
Remarks</td><td colspan="4"></td></tr>
<tr><td colspan="3">The Buyer
(signature)</td><td colspan="3">The Seller
(signature)</td></tr>
</table>

模板 4　形式发票

DESUN TRADING CO., LTD.

Room 2901, HuaRong Mansion, Guanjiaqiao 85#, Nanjing 210005, P. R. CHINA

TEL: 025-4715004, 025-4715619　　FAX: 4691619

PROFORMA INVOICE

TO:

INVOICE NO.: ________
INVOICE DATE: ________
S/C NO.: ________
S/C DATE: ________

TERM OF PAYMENT:

____

PORT TO LOADING: ________________________
PORT OF DESTINATION: ________________________
TIME OF DELIVERY: ________________________
INSURANCE: ________________________
VALIDITY: ________________________

Marks and Numbers	Number and kind of package Description of goods	Quantity	Unit Price	Amount

Total Amount:

SAY TOTAL:

BENEFICIARY:

ADVISING BANK:

NEGOTIATING BANK:

模板 5 信用证审核结果

信用证审核结果

信用证号	
合 同 号	
审证结果	

模板 6　一般原产地证

ORIGINAL

1. Exporter	Certificate No. **CERTIFICATE OF ORIGIN** **OF** **THE PEOPLE'S REPUBLIC OF CHINA**
2. Consignee	
3. Means of transport and route	5. For certifying authority use only
4. Country / region of destination	

6. Marks and numbers	7. Number and kind of packages; description of goods	8. H. S. Code	9. Quantity	10. Number and date of invoices

11. Declaration by the exporter	12. Certification
The undersigned hereby declares that the above details and statements are correct, that all the goods were produced in China and that they comply with the Rules of Origin of the People's Republic of China. ———————————————————— Place and date, signature and stamp of authorized signatory	It is hereby certified that the declaration by the exporter is correct. ———————————————————— Place and date, signature and stamp of certifying authority

模板7 报检委托书

报检委托书

______________________________出入境检验检疫局：

本委托人声明，保证遵守《中华人民共和国进出口商品检验法》、《中华人民共和国进出境动植物检疫法》、《中华人民共和国国境卫生检疫法》、《中华人民共和国食品卫生法》等有关法律法规的规定和检验检疫机构制定的各项规章制度。如有违法行为，自愿接受检验检疫机构的处罚并负法律责任。

本委托人所委托受委托人向检验检疫机构提交的“报检单”和随附各种单据所列内容是真实无讹的。具体委托情况如下：

本单位将于__________年______月间进/出口如下货物：

品　　名：

数（重）量：

合 同 号：

信 用 证 号：

特委托____________________________（地址：　　　　　　　　　　　　　　　　）代表本公司办理本批货物所有的检验

检疫事宜，请贵局按有关法律规定予以办理。

委托单位名称（签章）：	受委托单位名称（签章）：
单位地址：	单位地址：
邮政编码：	邮政编码：
法人代表：	法人代表：
本批货物业务联系人：	本批货物业务联系人：
联系电话（手机）：	联系电话（手机）：
企业性质：	企业性质：
日　　期：　　年　　月　　日	日　　期：　　年　　月　　日

本委托书有效期至　　　　　年　　　月　　　日

模板 8　出境货物报检单

中华人民共和国出入境检验检疫出境货物报检单

报检单位（加盖公章）：　　　　　　　　　　　　　　　　　　＊编号＿＿＿＿＿＿＿

报检单位登记号：　　　　联系人：　　　　电话：　　　　报检日期：　　年　　月　　日

<table>
<tr><td rowspan="2">发货人</td><td colspan="7">（中文）</td></tr>
<tr><td colspan="7">（外文）</td></tr>
<tr><td rowspan="2">收货人</td><td colspan="7">（中文）</td></tr>
<tr><td colspan="7">（外文）</td></tr>
<tr><td colspan="8">货物名称（中/外文）　H.S. 编码　产地　数/重量　货物总值　包装种类及数量</td></tr>
<tr><td colspan="8"></td></tr>
<tr><td>运输工具名称号码</td><td colspan="2"></td><td>贸易方式</td><td></td><td colspan="2">货物存放地点</td><td></td></tr>
<tr><td>合同号</td><td colspan="2"></td><td>信用证号</td><td colspan="2"></td><td>用途</td><td></td></tr>
<tr><td>发货日期</td><td></td><td>输往国家（地区）</td><td colspan="2"></td><td>许可证/审批号</td><td colspan="2"></td></tr>
<tr><td>启运地</td><td></td><td>到达口岸</td><td colspan="2"></td><td>生产单位注册号</td><td colspan="2"></td></tr>
<tr><td colspan="2">集装箱规格、数量及号码</td><td colspan="6"></td></tr>
</table>

<table>
<tr><td>合同、信用证订立的检验检疫条款或特殊要求</td><td>标 记 及 号 码</td><td colspan="2">随附单据（划“√”或补填）</td></tr>
<tr><td rowspan="6"></td><td rowspan="6"></td><td>□合同</td><td>□包装性能结果单</td></tr>
<tr><td>□信用证</td><td>□许可/审批文件</td></tr>
<tr><td>□发票</td><td>□</td></tr>
<tr><td>□换证凭单</td><td>□</td></tr>
<tr><td>□装箱单</td><td>□</td></tr>
<tr><td>□厂检单</td><td>□</td></tr>
</table>

<table>
<tr><td colspan="4">需要证单名称（划“√”或补填）</td><td colspan="2">＊检验检疫费</td></tr>
<tr><td>□品质证书</td><td>＿正＿副</td><td>□植物检疫证书</td><td>＿正＿副</td><td rowspan="3">总金额（人民币元）</td><td rowspan="3"></td></tr>
<tr><td>□重量证书</td><td>＿正＿副</td><td>□熏蒸/消毒证书</td><td>＿正＿副</td></tr>
<tr><td>□数量证书</td><td>＿正＿副</td><td>□出境货物换证凭单</td><td>＿正＿副</td></tr>
<tr><td>□兽医卫生证书</td><td>＿正＿副</td><td>□</td><td></td><td rowspan="2">计费人</td><td rowspan="2"></td></tr>
<tr><td>□健康证书</td><td>＿正＿副</td><td>□</td><td></td></tr>
<tr><td>□卫生证书</td><td>＿正＿副</td><td>□</td><td></td><td rowspan="2">收费人</td><td rowspan="2"></td></tr>
<tr><td>□动物卫生证书</td><td>＿正＿副</td><td>□</td><td></td></tr>
</table>

<table>
<tr><td rowspan="3">报检人郑重声明：
1. 本人被授权报检。
2. 上列填写内容正确属实，货物无伪造或冒用他人的厂名、标志、认证标志，并承担货物质量责任。
签名：＿＿＿＿＿＿＿</td><td colspan="2">领 取 证 单</td></tr>
<tr><td>日期</td><td></td></tr>
<tr><td>签名</td><td></td></tr>
</table>

注：有“＊”号栏由出入境检验检疫机关填写　　　　◆国家出入境检验检疫局制

［1－2（2000.1.1）］

模板 9 商业发票

<table>
<tr><td colspan="2">ISSUER</td><td colspan="3" rowspan="2">商业发票
COMMERCIAL INVOICE</td></tr>
<tr><td colspan="2" rowspan="2">TO</td></tr>
<tr><td colspan="2">NO.</td><td>DATE</td></tr>
<tr><td colspan="2" rowspan="2">TRANSPORT DETAILS</td><td colspan="2">S/C NO.</td><td>L/C NO.</td></tr>
<tr><td colspan="3">TERMS OF PAYMENT</td></tr>
<tr><td>Marks and Numbers</td><td>Number and kind of package
Description of goods</td><td>Quantity</td><td>Unit Price</td><td>Amount</td></tr>
<tr><td></td><td></td><td></td><td></td><td></td></tr>
<tr><td colspan="5">SAY TOTAL: TOTAL:</td></tr>
</table>

模板 10　装箱单

DESUN TRADING CO.，LTD.

Room 2901，HuaRong Mansion，Guanjiaqiao 85＃，Nanjing 210005，P. R. CHINA

TEL：025－4715004，025－4715619　FAX：4691619

PACKING LIST

To：

Invoice No.：____________

Invoice Date：____________

S/C No.：____________

S/C Date：____________

From：____________　To：____________

Letter of Credit No.：____________　Date of Shipment：____________

Marks and Numbers	Number and kind of package Description of goods	Quantity	Package	G. W	N. W	Meas.

TOTAL：

SAY TOTAL：

模板 11　报关委托书

进出口货物代理报关委托书

编号：

<table>
<tr><td>委托单位</td><td colspan="3"></td><td>十位编码</td><td colspan="2"></td></tr>
<tr><td>地　　址</td><td colspan="3"></td><td>联系电话</td><td colspan="2"></td></tr>
<tr><td>经 办 人</td><td colspan="3"></td><td>身份证号</td><td colspan="2"></td></tr>
<tr><td colspan="7">我单位委托　　　　　　　　　　　　　　　　　　　　公司代理以下进出口货物的报关手续，保证提供的报关资料真实、合法，与实际货物相符，并愿承担由此产生的法律责任。</td></tr>
<tr><td>货物名称</td><td colspan="2"></td><td>商品编号</td><td></td><td>件　　数</td><td></td></tr>
<tr><td>重　　量</td><td colspan="2"></td><td>价　　值</td><td></td><td>币　　制</td><td></td></tr>
<tr><td>贸易性质</td><td colspan="2"></td><td>货物产地</td><td></td><td>合 同 号</td><td></td></tr>
<tr><td>是否退税</td><td colspan="2"></td><td>船名/航次</td><td></td><td></td><td></td></tr>
<tr><td colspan="2">委托单位开户银行</td><td colspan="2"></td><td>账　　号</td><td colspan="2"></td></tr>
<tr><td colspan="7">随附单证名称、份数及编号：
1. 合同　　　　份；　　　　　　　　6. 机电证明　　　份、编号：　　；
2. 发票　　　　份；　　　　　　　　7. 商检证　　　　份；
3. 装箱清单　　份；　　　　　　　　8.
4. 登记手册　　本、编号：　　；　　9.
5. 许可证　　　份、编号：　　；　　10.</td></tr>
<tr><td colspan="7">（以上内容由委托单位填写）</td></tr>
<tr><td>被委托单位</td><td colspan="3"></td><td>十位编码</td><td colspan="2"></td></tr>
<tr><td>地　　址</td><td colspan="3"></td><td>联系电话</td><td colspan="2"></td></tr>
<tr><td>经 办 人</td><td colspan="3"></td><td>身份证号</td><td colspan="2"></td></tr>
<tr><td colspan="7">（以上内容由被委托单位填写）</td></tr>
<tr><td>代理（专业）报关企业章及法人代表章</td><td colspan="3"></td><td>委托单位章及法人代表章</td><td colspan="2"></td></tr>
</table>

年　　月　　日

模板 12　出口货物报关单

中华人民共和国海关出口货物报关单

预录入编号：　　　　　　　　　　　　　　　　　　　　　　海关编号：

<table>
<tr><td>进口口岸</td><td colspan="2">备案号</td><td>出口日期</td><td colspan="2">申报日期</td></tr>
<tr><td>经营单位</td><td>运输方式</td><td colspan="2">运输工具名称</td><td colspan="2">提运单号</td></tr>
<tr><td>发货单位</td><td>贸易方式</td><td colspan="2">征免性质</td><td colspan="2">结汇方式</td></tr>
<tr><td>许可证号</td><td>运抵国（地区）</td><td colspan="2">指运港</td><td colspan="2">境内货源地</td></tr>
<tr><td>批准文号</td><td>成交方式</td><td>运费</td><td>保费</td><td colspan="2">杂费</td></tr>
<tr><td>合同协议号</td><td>件数</td><td>包装种类</td><td>毛重（千克）</td><td colspan="2">净重（千克）</td></tr>
<tr><td>集装箱号</td><td colspan="3">随附单据</td><td colspan="2">生产厂家</td></tr>
<tr><td colspan="6">标记唛码及备注</td></tr>
<tr><td colspan="6">项号　商品编号　商品名称、规格型号　数量及单位　最终目的国（地区）单价　总价　币制　征免</td></tr>
<tr><td colspan="6"></td></tr>
<tr><td colspan="6">税费征收情况</td></tr>
<tr><td colspan="2">录入员　录入单位
报关员
单位地址
邮编　电话</td><td colspan="2">兹声明以上申报无讹并承担法律责任
申报单位（签章）
填制日期</td><td colspan="2">海关审单批注及放行日期（签章）
审单　审价
征税　统计
查验　放行</td></tr>
</table>

模板 13 货物出运委托书

货物出运委托书

（货物明细单） 日期：

根据《中华人民共和国合同法》与《中华人民共和国海商法》的规定，就出口货物委托运输事宜订立本合同

合同号		运输编号	
银行编号		信用证号	
开证银行			
汇票付款人			

托运人		付款方式			
提单抬头		贸易性质		贸易国别	
		运输方式		消费国别	
通知人		装运期限		出口口岸	
		有效期限		目的港	
		可否转运	可否分批	运费预付	到付
		正本提单	副本提单	价格条件	

标志唛头	货名规格、海关编号	件数及包装式样	毛重（千克）	净重（千克）	价格币制：单价	总价
	TOTAL：					
SAYTOTAL：						
					TOTAL：	

法定商检：	有进料不超过 20%	来料加工：	来料费：	加工费：	总尺码：	FOB 价：

受托人注意事项		指定货代			
		运费		确认	
		随附单据	1. 发票 份	2. 装箱单 份	3. 报关单 份
			4. 核销单 份	5. 许可证 份	
委托人注意		保险条款			
		保险金额：		赔款地点	
	发运信息			危险品：	制单员

受托人（承运人或货运代理人）：　　委托人（即托运人）：

名称：　　名称：

电话：　传真：　　电话：　传真：

委托代理人签章：　　联系人：

模板 14 提单

1. Shipper Insert Name, Address and Phone

2. Consignee Insert Name, Address and Phone

3. Notify Party Insert Name, Address and Phone
(It is agreed that no responsibility shall attsch to the Carrier or his agents for failure to notify)

4. Combined Transport * Pre - carriage by	5. Combined Transport * Place of Receipt
6. Ocean Vessel Voy. No.	7. Port of Loading
8. Port of Discharge	9. Combined Transport * Place of Delivery

B/L NO

中远集装箱运输有限公司

COSCO CONTAINER LINES

TLX：33057 COSCO CN

FAX：+86 (021) 6545 8984

ORIGINAL

Port - to - Port or Combined Transport

BILL OF LADING

RECEIVED in external apparent good order and condition except as otherwise noted. The total number of packages or unites stuffed in the container, The description of the goods and the weights shown in this Bill of Lading are Furnished by the Merchants, and which the carrier has no reasonable means of checking and is not a part of this Bill of Lading contract. The carrier has Issued the number of Bills of Lading stated below, all of this tenor and date, One of the original Bills of Lading must be surrendered and endorsed or signed against the delivery of the shipment and whereupon any other original Bills of Lading shall be void. The Merchants agree to be bound by the terms and conditions of this Bill of Lading as if each had personally signed this Bill of Lading.

SEE clause 4 on the back of this Bill of Lading (Terms continued on the back Hereof, please read carefully).

* Applicable Only When Document Used as a Combined Transport Bill of Lading.

Marks & Nos. Container / Seal No.	No. of Containers or Packages	Description of Goods (If Dangerous Goods, See Clause 20)	Gross Weight Kgs	Measurement
		Description of Contents for Shipper's Use Only (Not part of This B/L Contract)		

10. Total Number of containers and/or packages (in words)
Subject to Clause
7 Limitation

11. Freight & Charges Declared Value Charge	Revenue Tons	Rate	Per	Prepaid	Collect

Ex. Rate:	Prepaid at	Payable at	Place and date of issue
	Total Prepaid	No. of Original B(s) /L	Signed for the Carrier, COSCO CONTAINER LINES

LADEN ON BOARD THE VESSEL

DATE BY

模板 15 装船通知

DESUN TRADING CO.，LTD.

Room 2901，HuaRong Mansion，Guanjiaqiao 85#，Nanjing 210005，P. R. CHINA

TEL：025－4715004，025－4715619 FAX：4691619

SHIPPING ADVICE

TO：

ISSUE DATE：____________

OUR REF. DATE：____________

Dear Sir or Madam：

We are Please to Advice you that the following mentioned goods has been shipped out，Full details were shown as follows：

Invoice Number：

Bill of loading Number：

Ocean Vessel：

Port of Loading：

Date of shipment：

Port of Destination：

Estimated date of arrival：

Containers/Seals Number：

Description of goods：

Shipping Marks：

Quantity：

Gross Weight：

Net Weight：

Total Value：

Thank you for your patronage. We look forward to the pleasure of receiving your valuable repeat orders.

Sincerely yours,

模板 16 保险单

中保财产保险有限公司

The People's Insurance (Property) Company of China, Ltd

发票号码 保险单号次

Invoice No. Policy No.

海洋货物运输保险单

MARINE CARGO TRANSPORTATION INSURANCE POLICY

被保险人：

Insured：

中保财产保险有限公司（以下简称本公司）根据被保险人的要求，及其所缴付约定的保险费，按照本保险单承担险别和背面所载条款与下列特别条款承保下列货物运输保险，特签发本保险单。

This policy of Insurance witnesses that the People's Insurance (Property) Company of China, Ltd. (hereinafter called "The Company"), at the request of the Insured and in consideration of the agreed premium paid by the Insured, undertakes to insure the undermentioned goods in transportation subject to conditions of the Policy as per the Clauses printed overleaf and other special clauses attached hereon.

保险货物项目 Descriptions of Goods	包装 单位 数量 Packing Unit Quantity	保险金额 Amount Insured

承保险别 货物标记

Conditions Marks of Goods

All Risks

War Risks

总保险金额：

Total Amount Insured：______

保费 载运输工具 开航日期

Premium ______ Per conveyance S. S ______ Slg. on or abt ______

起运港 目的港

Form ______ To ______

所保货物，如发生本保险单项下可能引起索赔的损失或损坏，应立即通知本公司下述代理人勘查。如有索赔，应向本公司提交保险单正本（本保险单共有____份正本）及有关文件。如一份正本已用于索赔，其余正本则自动失效。

In the event of loss or damage which may result in acclaim under this Policy, immediate notice must be given to the Company's Agent as mentioned hereunder. Claims, if any, one of the Original Policy which has been issued in ____ original (s) together with the relevant documents shall be surrendered to the Company. If one of the Original Policy has been accomplished, the others to be void.

赔款偿付地点

Claim payable at

日期 在

Date ______ at ______

地址：

Address：______

第十二章 单证示例

单证示例 1 销售合同

正本
(ORIGINAL)

浙 江 省 成 套 设 备 进 出 口 有 限 公 司

ZHEJIANG COMPLETE EQUIPMENT IMP. & EXP. CO., LTD.

FAX:
ADD: 5 FLOOR, JINZHU MANSION
538 TIYUCHANG ROAD, HANGZHOU, CHINA

NO: ZCEC-HFC0704
DATE: JUNE.06, 2007

销 售 合 同

SALES CONTRACT

TO: MAUSER WERKE OBERNDORF MASCHINENBAU GMBH., WERKSTRASSE35, D-78727 OBERNDORF GERMANY

We hereby confirm having sold to you the following goods on term and condition as specified below:

品名及规格 Commodity & Specification	数量 Quantity	单价 Unit Price	总价 Amount
CYCLINDER BODY (ONLY FOR TESTING IN GERMANY, TO SEND BACK TO CHINA LATER.)	70PCS	CIF HAMBURG USD 181.00	CIF HAMBURG USD 12670.00
TOTAL:	**70PCS**		**USD12670.00**

(1).装运口岸（PORT OF LADING）：~~SHANGHAI~~ HANGZHOU, CHINA
(2).目的港（PORT OF DESTINATION）：GERMANY. PORT
(3).装船标记（SHIPPING MARK）：
(4).装运期限（TIME OF SHIPMENT）：BEFORE JULY,10. 2007
(5).付款条件（TERM OF PAYMENT）：

卖方 浙江省成套设备进出口有限公司
SELLER: ZHEJIANG COMPLETE EQUIPMENT IMP. & EXP. CO.,LTD

买方
BUYER:

单证示例 2　汇票

号码　　汇票金额　　中国上海　　年　月　日

No. 4728294　Exchange for US$35,000.00　Shanghai, China,　SEP. 08　19 93

见票　　日后（本汇票之副本未付）付交

At 45 DAYS AFTER sight of this **FIRST** of Exchange (Second of Exchange, being unpaid) Pay to the order of BANK OF CHINA SHANGHAI BRANCH

金额
the sum of US DOLLARS THIRTY FIVE THOUSAND ONLY.

1

against shipment of:- SPORTING GOODS UNDER INVOICE NO.4728294

此致
To CHENG HO INTERNATIONAL CO., LTD.
313 MOUNT STREET DAYTON, OHIO

上海市文教体育用品进出口公司
SHANGHAI STATIONERY & SPORTING GOODS
IMPORT & EXPORT CORP.

俞培林

No. TC-001-93 Exchange for USD55,197.00　Hongkong APRIL 14, 1993

At .... sight of this Second of Exchange (First Unpaid) pay to the order of

Kincheng Banking Corporation

the sum of US DOLLARS FIFTY FIVE THOUSAND ONE HUNDRED AND NINETY SEVEN ONLY.

2

Value received

Drawn under BANK OF COMMUNICATIONS, SHANGHAI PU DONG BRANCH

Irrevocable L/C No. LCB8930057　dated MAR 5, 1993

To SHANGHAI UNITED FOODSTUFF CO., LTD.
NO.5, LANE 414, YAOHUA ROAD,
PUDONG AREA, SHANGHAI CHINA.

KINCHENG BANKING CORPORATION
KOWLOON BAY SUB-BRANCH
F-23-0 K 8 8 2 3 7 L

For and on behalf of
EKL Engineering Co. Ltd.

Authorized Signature

(137) 200×50×3 89 GP

单证示例 3　商业发票

浙江省成套设备进出口有限公司

ZHEJIANG COMPLETE EQUIPMENT IMP. & EXP. CO., LTD.

发　票
INVOICE

致
To : MAUSER WERKE OBERNDORF
MASCHINENBAU GMBH.,
Werkstrasse 35, D-78727
OBERNDORF, GEMANY

发票编号 Invoice No: ZCEC07HFC004
日期 Date: JUNE. 06 2007
P.O.NO. :
产地国: Country of Origin: CHINA

唛头号码 Marks & Number	数量与品名 Quantities & Descriptions	单价 Unit	金额 Amount
N/M	CYCLINDER BODY (ONLY FOR TESTING IN GERMANY, TO SEND BACK TO CHINA LATER.)	CIF HAMBURG	
	70PCS	@USD181.00	USD12670.00

NO COMMERCIAL VALUE. THE ABOVE PRICE IF FOR CUSTOMS REFERENCE ONLY.

浙江省成套设备进出口有限公司
ZHEJIANG COMPLETE EQUIPMENT IMP & EXP CO.,LTD

单证示例 4 装箱单

浙江省成套设备进出口有限公司

ZHEJIANG COMPLETE EQUIPMENT IMP. & EXP. CO., LTD.

To: MAUSER WERKE OBERNDORF
MASCHINENBAU GMBH.,
Werkstrasse 35, D-78727
OBERNDORF, GEMANY

装箱单

PACKING LIST

Invoice No.: ZCEC07HFC004
P/O Number:
Date: JUNE. 06 2007

Marks 唛头	Descriptions/Art. No. 品 名	Quantity 数量	Packages 件数	G. W. 毛重	N.W. 净重	Meat. 尺码
	CYCLINDER BODY	70PCS	70CASES	24000KGS	23500KGS	35.7CBM

(ONLY FOR TESTING IN GERMANY, TO SEND BACK TO CHINA LATER.)

浙江省成套设备进出口有限公司
ZHEJIANG COMPLETE EQUIPMENT IMP. & EXP. CO.,LTD

单证示例 5 中华人民共和国上海进出口商品商检书

广东出入境检验检疫局检验检疫技术中心
化矿金属材料实验室

CHEMICALS, MINERALS & METALLIC MATERIALS TESTING LAB OF GUANGDONG INSPECTION AND QUARANTINE TECHNOLOGY CENTER

IQTC

地址：中国广州市花城大道66号B座10楼
Add: 10/F., B Tower, 66 Huacheng Avenue, Guangzhou, China
Tel: +86-20-3829 0518 Postcode: 510623
Fax: +86-20-3829 0521
E-mail: cmm@iqtc.cn Website: www.iqtc.cn

检 验 证 书

正本 ORIGINAL

共1页，第1页
报检号：22200604104
日 期：2006年12月15日

申 请 人： 广州易购乐有限公司

申报品名： 月见草基础油 **标记 及 号码：** ***

报验数量/重量： -1-瓶；约-20-ml **接收样品时间：** 2006-12-11

检验结果：

应申请人的要求，我中心对上述样品采用GC法进行检验，检测结果如下：

脂肪酸酯含量(%)	
棕榈酸酯	亚油酸酯
$C_{16:0}$	$C_{18:2}$
5.9	90.4

* * * * * * * * * *

备 注： 上述结果仅代表送检样品的检验结果。

主任检验员： 郑国

1 本实验室经中国实验室国家认可委员会（英文缩写CNAL）认可。未经本实验室书面许可，不得部分复制报告。This laboratory is accredited by the China National Accreditation Board for Laboratories (abbreviated to CNAL) for specific tests as listed in the CNAL Directory of Accredited laboratories. Without the prior written approval from the issuing laboratory, this report may not be reproduced except in full.
2 我们已尽所知所能实施上述检验，不能因签发本报告而免除有关各方根据合同和法律所承担的责任和义务。All inspections are carried conscientiously to the best of our knowledge and ability. This report does not in any respect absolve the other related parties from his contractual and legal obligations.
3 一般情况，检验结果仅对申请人所送样品负责。Ordinarily, test results only for the samples submitted by the applicant.

[illegible]

单证示例 6　出口收汇核销单

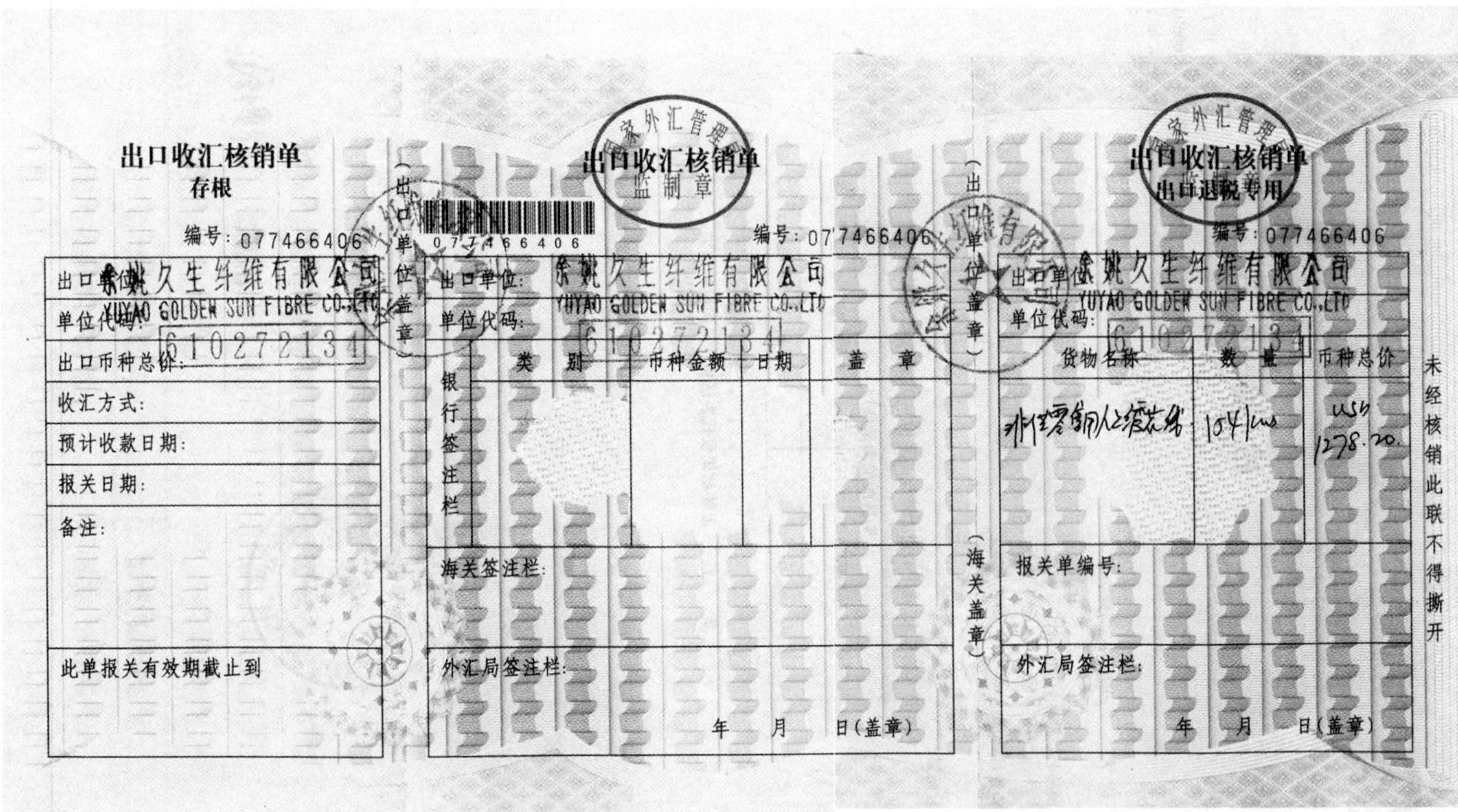

出口收汇核销单
存根

编号：077466406

出口单位：	余姚久生纤维有限公司 YUYAO GOLDEN SUN FIBRE CO.,LTD
单位代码：	610272134
出口币种总价：	
收汇方式：	
预计收款日期：	
报关日期：	
备注：	
此单报关有效期截止到	

（出口单位盖章）

出口收汇核销单
监制章

编号：077466406

出口单位：	余姚久生纤维有限公司 YUYAO GOLDEN SUN FIBRE CO.,LTD			
单位代码：	610272134			
银行签注栏 类别		币种金额	日期	盖章
海关签注栏：				
外汇局签注栏：				
	年　月　日（盖章）			

（出口单位盖章）

出口收汇核销单
出口退税专用

编号：077466406

出口单位：	余姚久生纤维有限公司 YUYAO GOLDEN SUN FIBRE CO.,LTD	
单位代码：	610272134	
货物名称	数量	币种总价
非坯零销人造纤维	1041kg	USD 1278.20
报关单编号：		
外汇局签注栏：		
年　月　日（盖章）		

（海关盖章）

未经核销此联不得撕开

单证示例 7　出口报关单

JG02 *0000000000101133564*

290120070017702060

数据中心统一编号：0000000000101133564

中华人民共和国海关出口货物报关单

预录入编号：017702060　申报现场：杭州海关(2901)　海关编号：290120070017702060

出口口岸 (2248) 洋山港区		备案号		出口日期	申报日期 20070706
经营单位 (3301910270) 浙江省成套设备进出口有限公司		运输方式 江海运输	运输工具名称	提运单号	
发货单位 (3301910202) 杭州汽车发动机厂		贸易方式 (2600) 暂时进出货物		征免性质 (299) 其他法定	结汇方式 其他
许可证号	运抵国(地区) (304) 德国		指运港 (2110) 汉堡		境内货源地 (33019) 杭州其他
批准文号	成交方式 CIF	运费 502/3200/3		保费 502/200/3	杂费
合同协议号 ZCBC-HFC0704	件数 70		包装种类 木箱	毛重(公斤) 24000	净重(公斤) 23500
集装箱号 EMCU1335109 * 1(2)	随附单据 请审查预核签章				生产厂家

标记唛码及备注

备注：FOBUSD9270

随附单据号：07JD5907624

项号	商品编号	商品名称、规格型号	数量及单位	最终目的国(地区)	单价	总价	币制	征免
1	84099199.90	缸体 卡车用点燃式活塞内燃发动机缸体	23500千克 70个	德国 (304)	181.0000	12670.00	(502) 美元	保函

税费征收情况

录入员　录入单位 8300000037648	兹声明以上申报无讹并承担法律责任	海关审单批注及放行日期(签章)
报关员　贺华刚	申报单位(签章) 杭州口岸国际物流有限公司 (杭州口岸国际物流有限公司 报关专用章 (机关现场))	审单　审价
单位地址		征税　统计
邮编　电话	填制日期 2007.06.27	查验　放行

1/1

单证示例 8　代理报关委托书

代理报关委托书

编号：00048141910

我单位现　　（A.逐票、B.长期）委托贵公司代理　　等通关事宜。（A.填单申报 B.辅助查验 C.垫缴税款 D.办理海关证明联 E.审批手册 F.核销手册 G.申办减免税手续 H.其他）详见《委托报关协议》。

我单位保证遵守《海关法》和国家有关法规，保证所提供的情况真实、完整、单货相符。否则，愿承担相关法律责任。

本委托书有效期自签字之日起至　　年　　月　　日止。

委托方（盖章）：

法定代表人或其授权签署《代理报关委托书》的人（签字）

年　　月　　日

委托报关协议

为明确委托报关具体事项和各自责任，双方经平等协商签定协议如下：

委托方	余姚×××	被委托方	×××××
主要货物名称	×××	*报关单编码	No.
HS 编码	□□□□□□□□□□	收到单证日期	年　月　日
货物总价		收到单证情况	合同☑　发票☑
进出口日期	年　月　日		装箱清单☑　提（运）单□
提单号			加工贸易手册□　许可证件□
贸易方式	一般		其他
原产地/货源地	余姚	报关收费	人民币：　　元
其他要求：		承诺说明：	
背面所列通用条款是本协议不可分割的一部分，对本协议的签署构成了对背面通用条款的同意。		背面所列通用条款是本协议不可分割的一部分，对本协议的签署构成了对背面通用条款的同意。	
委托方业务签章： 经办人签章： 联系电话：057462684864　　年　月　日		被委托方业务签章： 经办报关员签章： 联系电话：　　年　月　日	

CCBA　（白联：海关留存、黄联：被委托方留存、红联：委托方留存）　中国报关协会监制

单证示例 9 保证函

JG36

保 证 函

（ ）关保字第 号

担保人 浙江省成套设备进出口有限公司 法定代表人：周运

地址 杭州市体育场路538号金融大厦5楼 电话：85111358-2 开户银行及帐号：

货物名称	红外仪	数量	70件	金额	USD 12670.1
贸易国别	德国	运输工具		货物进(出)口日期	
有关文件及单证号					

申请理由：该红外仪的出口是为了我司进口机床的验收试切工，切工后将全部退回国内。

保证事项：保证在该货物退回后及时销保。

如不能按期履行上述义务，我 公司 愿接受海关处罚。

担保人（公章）（印章：浙江省成套设备进出口有限公司） 经办人（签印）周运

2007年 7月 4日

海关批注：

单证示例 10　暂时进/出口批准决定书

JG72

中华人民共和国 杭州 海关

关于暂时进\出口货物申请

批准决定书

海关编号：杭关监管[2007]014.

浙江省成套设备进出口有限公司：

你单位关于 红 绿. 等货物的暂时进/出口申请（申请书海关编号： ），经审核，符合《中华人民共和国海关法》及《中华人民共和国海关对暂时进口货物监管办法》的有关规定，决定予以批准。

特此通知。

第一联　送当事人

中华人民共和国 杭州 海关（印）

年 7 月 日

（注：本决定书一式两联，第一联送当事人，第二联海关留存）

参考文献

[1] 白世贞，沈昕．国际物流学［M］．北京：科学出版社，2010.

[2] 逯宇锋．国际物流管理［M］.2 版．北京：机械工业出版社，2010.

[3] 苏振东，苏杭．国际物流管理［M］．大连：大连理工大学出版社，2010.

[4] 孙家庆．国际物流操作风险防范——技巧·案例分析［M］．北京：中国海关出版社，2009.

[5] 王赫男，毕晓芬．国际物流［M］．北京：电子工业出版社，2009.

[6] 王任祥．国际物流［M］．杭州：浙江大学出版社，2009.

[7] 王晓东，赵忠秀．国际物流与商务［M］．北京：清华大学出版社，2008.

[8] 王学峰．国际物流［M］．北京：高等教育出版社，2009.

[9] 杨志刚，杜小磊，孙志强．国际物流实务、法规与案例［M］．北京：人民交通出版社，2006.

[10] 周哲，申雅君．国际物流［M］．北京：清华大学出版社，2007.

附录 1

课程教学大纲

一、基本信息

学 分：3

总学时：48（其中实验 18 学时）

适用对象：本科物流管理、物流工程、国际贸易专业

已修课程：高等数学/微积分/物流概论等

二、课程性质、教学目的和要求

（一）课程性质和目的

本课程是物流管理/工程专业的专业课，也可作为国际贸易专业的专业选修课。

“物流”是在 20 世纪 50 年代新发展起来的一门实践性很强的综合性交叉学科。其研究的对象是经济活动中“物”的流动规律。随着现代信息技术和电子商务技术的发展，与之相伴而生的现代物流正在成为新的迫切的社会需求，现代物流管理揭示了物品运输、储存、包装、装卸搬运、配送、流通加工和信息处理等物流活动的内在联系，使物流活动从经济活动中凸显出来。

而在经济全球化的背景下，国际贸易使得国与国之间的联系更为紧密。这其中，国际物流作为一个衔接的纽带，就此应运而生。目前，越来越多的企业开始推行国际化战略，在全世界寻找贸易机会，寻找最理想的市场和最好的生产基地，这样一来，企业必须更新自己的物流观念，扩展物流设施，推行国际物流。所谓国际物流，就是组织货物在国际间的合理流动，也就是发生在不同国家之间的物流。国际物流的实质是按国际分工协作的原则，依照国际惯例，利用国际化的物流网络/物流设施和物流技术，实现货物在国际间的流动与交换，以促进区域经济的发展和世界资源的优化配置。在经济全球化的过程中出现了大批的跨国公司。对跨国公司来讲，国际物流不仅由商贸活动所决定，而且也是其本身生产活动的必然产物。

本课程的教学目的：学生通过学习《国际物流》这门课程后，认识国际物流的概述、国际物流与国际贸易、进出口货物的报关、国际物流中涉及的仓储与包装、国际货运保险、国际物流信息系统建设、国际海上运输实务、国际集装箱运输实务、国际航空运输实务、国际多式联运实务以及综合实务操作和单证示例等，能够达到较系统地学习国际物流的目的。

（二）教学方法与手段

以课堂讲授和案例教学为主，同时开展适量的课堂实验（熟悉并填写国际物流中涉及的各类单证等）和实践活动。

（三）教学安排

课程学分：3 课时

学时数：48 学时

学时安排：课堂教学（30 学时）、上机实践（18 学时）

三、教学内容及学时分配

第一章　国际物流学导论（3 学时，其中实验 0 学时）

要求掌握国际物流的概念、特点、分类、主要的业务模式、未来的发展等；了解国际物流全球化的现状以及发展方向。

重点内容：国际物流的概念、特点及系统组成。

难点内容：国际物流主要业务及方式。

第二章　国际物流与国际贸易（6 学时，其中实验 3 学时）

要求掌握国际贸易的概念以及国际贸易的结算，其中包括汇付、托收以及信用证；了解国际贸易与国际物流两者之间的关系。

重点内容：国际贸易的概念，国际贸易与国际物流的关系。

难点内容：国际贸易结算。

实验一：熟悉国际贸易方式（回顾国际贸易，并通过网络加深了解，填写国际贸易函电以及计算国际贸易涉及的部分结算）。

第三章　进出口货物报关（6 学时，其中实验 3 学时）

要求掌握海关的性质、任务和权力以及常见各种货物的进出口流程、通关程序；了解海关的概念以及货物的退关。

重点内容：海关的性质、任务和权力，常见各种进出口货物通关流程、进出境货物通关程序。

难点内容：常见各种进出口货物通关流程、进出境货物通关程序。

实验二：了解进出口贸易合同的内容、权责等，并填写。

第四章　国际物流仓储与包装（3 学时，其中实验 0 学时）

要求掌握国际物流货物仓储和包装的概念、国际物流仓储业务运作的基本程序、保税仓库，了解保税区的情况以及包装的类型，种类等。

重点内容：保税仓库、国际物流仓储业务运作的基本程序、包装标志的意义。

难点内容：国际物流仓储业务运作的基本程序。

第五章　国际货运保险（6 学时，其中实验 3 学时）

要求掌握保险的基本原则，货物运输保险保障的范围，我国海洋运输货物保险的险别与条款，我国陆空邮运输货物保险的险别与条款，保险实务。

重点内容：保险的基本原则，海洋运输/陆空邮运输货物保险的险别与条款。

难点内容：保险实务。

实验三：保险费的计算以及信用证的审核填写。

第六章　国际物流信息系统（3 学时，其中实验 0 学时）

要求掌握国际物流信息系统概念，国际物流信息系统技术；了解国际物流信息系统设计的原则、步骤等。

重点内容：国际物流信息系统技术。

难点内容：国际物流信息系统设计。

第七章　国际海上运输实务（6 学时，其中实验 3 学时）

要求掌握国际海上运输的概念，包括路段、航线、组织、业务、港口等；国际海上运输涉及的单证。了解海上运输业务流程。

重点内容：海上运输涉及的单证。

难点内容：海上运输业务流程。

实验四：制作海上运输单据。

第八章　国际集装箱运输实务（6 学时，其中实验 3 学时）

要求掌握国际集装箱运输的概念，包括种类、形式、交接方式和地点等；国际集装箱运输涉及的单证。了解集装箱运输业务流程和集装箱运输费用的计算。

重点内容：集装箱运输涉及的单证。

难点内容：集装箱运输业务流程。

实验五：制作集装箱运输单据。

第九章　国际航空运输实务（3 学时，其中实验 0 学时）

要求掌握国际航空运输的概念，包括业务类型、组织方式以及当事人等；国际航空运输涉及的单证。了解航空运输业务流程及运价计算。

重点内容：航空运输涉及的单证。

难点内容：航空运输业务流程。

第十章　国际多式联运实务（6 学时，其中实验 3 学时）

要求掌握国际多式联运的概念，包括内涵、特点以及组织形式等；国际多式联运涉及的单证。了解多式联运业务流程。

重点内容：多式联运涉及的单证。

难点内容：多式联运业务流程。

实验六：制作全套议付单据。

第十一章　综合实务操作

本章作为前面章节的实验教学内容。

第十二章　单证示例

本章结合前面章节的教学内容作为了解。

四、课内实验内容、要求及学时

(一) 实验目的、方式及环境

利用网络资源，使学生在理论学习的基础上加深了解并更为形象地理解国际物流方面的内容。利用单证的填制，专业化地了解国际物流中涉及的各项流程以及职责等。

实验环境：OFFICE 软件、开通 Internet。

（二）实验内容与学时分配

序号	实验项目名称	实验类型	实验内容介绍	应达到的基本要求	学时分配
1	贸易函电	验证	制作贸易函电	发盘、复函、报价、询价	3
2	进出口贸易合同	验证	进出口贸易合同	制进出口合同、形式发票；根据资料和客户在交易磋商中的最后来函要求制作出口合同和形式发票，要求格式清楚、条款明确、内容完整	3
3	信用证审核	验证	信用证审核	根据提供的外销合同对信用证进行审核并提出改证要求	3
4	制作海运单据	验证	制作海上运输单据	根据实验案例，缮制货物出运委托书、海运提单、装船通知	3
5	制作集装箱运输单据	验证	制作装船通知	根据实验案例，缮制集装箱货物托运单、集装箱装箱单、场站收据、设备交接单	3
6	全套议付单据	验证	制作全套议付单据	根据提供的售货确认书对信用证进行审核并提出改证要求	3

五、考核方式及成绩评定

考核方式：闭卷

成绩评定标准：平时成绩占总成绩的20%、课内实验成绩占总成绩的10%、期末考试成绩占总成绩的70%。

附录 2

课内实验教学大纲

一、基本信息

学　分：3

总学时：48（其中实验 18 学时）

适用对象：本科物流管理、物流工程、国际贸易专业

已修课程：高等数学/微积分/物流概论等

二、本课程实验教学目的和任务

（一）课程性质和目的

开展适量的课堂实验（熟悉并填写国际物流中涉及的各类单证等）和实践活动，形象生动地了解书本知识。

（二）教学任务

使学生能够熟练掌握专业文献资料的检索方法，了解单证的填制过程，并熟练掌握计算保险费用等的计算，延伸教学宽度。

三、教学方法与手段

各实验由老师提示内容，由学生独立完成，而后老师再作评价并修改错误的地方。

四、教学内容及要求

实验一：制作贸易函电（3 课时）

（一）实验目的

1. 掌握交易磋商的四个基本环节；
2. 掌握贸易函电的制作；
3. 了解交易磋商的技巧；
4. 培养学生认识能力。

（二）实验类型和内容

1. 利用 Internet，了解大型国际贸易公司；

2. 根据实验要求，使用贸易函电模板制作贸易函电，其步骤包括：询盘、发盘、还盘、接受。要求格式清楚、条款明确、内容完整。

（三）实验要求

1. 描述大型国际贸易公司的现状；
2. 基本学会填写贸易函电。

（四）实验平台

1. 开通 Internet；

2. 应用 OFFICE 平台。

实验二：制作进出口贸易合同（3 课时）

（一）实验目的

1. 掌握合同中需要磋商的六个主要交易条件（品质、数量、包装、价格、交货和支付、不可抗力、仲裁条件）；

2. 掌握贸易合同和形式发票的制作；

3. 了解合同的要约；

4. 熟悉进出口贸易合同的注意事项。

（二）实验类型和内容

1. 利用 Internet，了解进出口贸易合同的权责；

2. 明确进出口贸易合同以及形式发票要填写的内容；

3. 根据实验要求，使用销售合同模板制作销售合同和形式发票，订立合同中的品质、数量、包装、价格、交货和支付、不可抗力、仲裁条款。要求格式清楚、条款明确、内容完整。

（三）实验要求

1. 了解国际贸易中涉及的书面权责文本；

2. 学会分辨贸易合同中出现的错误，并准确填写进出口贸易合同以及形式发票。

（四）实验平台

1. 开通 Internet；

2. 应用 OFFICE 平台。

实验三：信用证审核及保险费计算（3 课时）

（一）实验目的

1. 了解信用证权责；

2. 熟悉信用证填写规范；

3. 明确保险费用的计算；

（二）实验类型和内容

1. 利用 Internet，了解信用证的权责；

2. 根据贸易合同审核开证行开立的跟单信用证；

3. 根据汇票模板，开立银行承兑汇票。要求格式清楚、条款明确、内容完整；

4. 计算保险费用。

（三）实验要求

1. 了解信用证填写规范；

2. 学会分辨信用证中出现的错误，并修改；

3. 学会保险费用的计算。

（四）实验平台

1. 开通 Internet；

2. 应用 OFFICE 平台。

实验四：制作海上运输单据（3 课时）

（一）实验目的
1. 掌握提单的正面条款和内容；
2. 掌握海上运输的基本单证（货物出运委托书、海运提单、装船通知）；
3. 了解提单的背面条款。
（二）实验类型和内容
1. 利用 Internet，了解海上运输基本单证；
2. 根据实验案例，缮制货物出运委托书、海运提单、装船通知。
（三）实验要求
1. 了解货物托运委托书填写规范，要求格式清楚、条款明确、内容完整；
2. 独立完成货物托运委托书的填写；
（四）实验平台
1. 开通 Internet；
2. 应用 OFFICE 平台。
实验五：制作集装箱运输单据（3 课时）
（一）实验目的
1. 掌握集装箱运输的基本单证（集装箱货物托运单、集装箱装箱单、场站收据、设备交接单）；
2. 掌握 LCL、FCL 进出口流程；
3. 了解集装箱运输的交接方式与交接地点。
（二）实验类型和内容
1. 利用 Internet，了解集装箱运输单据的内容及权责；
2. 根据实验案例，缮制集装箱货物托运单、集装箱装箱单、场站收据、设备交接单。
（三）实验要求
1. 了解集装箱运输单据填写规范，要求格式清楚、条款明确、内容完整；
2. 独立完成装船通知的填写。
（四）实验平台
1. 开通 Internet；
2. 应用 OFFICE 平台。
实验六：制作全套议付单据（3 课时）
（一）实验目的
1. 在前五个实验的基础上，了解国际物流涉及的全套单据；
2. 根据提供的售货确认书对信用证进行审核并提出改证要求。
（二）实验类型和内容
1. 复习前五个实验中的各类单据；
2. 根据提供的售货确认书对信用证进行审核并提出改证要求；
3. 回顾国际物流涉及的各项单证；
（三）实验要求
1. 了解全套议付单据填写规范；
2. 学会分辨信用证中出现的错误，并修改；
3. 熟悉国际物流中涉及的各类单证。

(四) 实验平台

1. 开通 Internet;
2. 应用 OFFICE 平台。

五、教学时数分配表

序号	实验名称	实验类型	实验要求	实验时数
1	贸易函电	验证	必做	3
2	进出口贸易合同	验证	必做	3
3	信用证审核	验证	必做	3
4	制作海上运输单据	验证	必做	3
5	制作集装箱运输单据	验证	必做	3
6	全套议付单据	验证	必做	3
合　计				18